华东政法大学“高峰高原”学科建设经费资助

产业与区域经济法治研究丛书

陈婉玲 主编

STUDY ON
THE LEGISLATION OF
PUBLIC-PRIVATE
PARTNERSHIP

政府与社会资本合作（PPP）模式立法研究

陈婉玲 汤玉枢◎著

法律出版社
LAW PRESS·CHINA

自　序

党的十八届三中全会确立全面深化改革的发展战略，以处理政府与市场关系为核心，发挥市场在资源配置中的决定性作用，大幅减少政府对资源的直接配置，依托市场和竞争规则实现资源配置效益最大化和效率最优化。随着社会经济不断发展进步，公共服务需求和发展追求日新月异，提升公共服务供给效率和水平迫在眉睫，打破公共服务政府单一的供给格局，推进供给侧结构性改革是公共服务改革的必由之路。政府与社会资本合作（Public-Private-Partnership，PPP）模式是公共服务供给侧结构性改革的创新性路径，它在拓宽公共服务融资渠道、吸引社会资本参与基础设施与公共服务投资建设、缓解政府公共财政压力的同时，也在加速政府职能转换，推进公共服务供给方式的市场化转变。政府与社会资本在公共服务领域的广泛合作，意味着公共服务资源市场化配置的号角全面吹响，公共服务从政府供给向合作供给、从单一投入向多元投入的新型供给制将成为现实，竞争、规则、效率和监管也将成为公共服务活动的新常态。

公共服务供给侧结构性改革直接关系民生福祉保障、公共利益安全和社会秩序稳定，传统的政府主导、政策支持的“先行先试”发展路径不足以引导和完成这一特殊的社会变革。以PPP模式为改革的重要抓手和市场化配置的基本方法，需要政府具有“壮士断腕”的决心，以非凡的勇气和魄力，摒弃公共服务资源垄断配置特权，斩断与各公共部门、企业间的利益关联，以真诚、平等的姿态，秉承契约精神与社会资本展开合作，需要以法治政府的现代治理理念约束权力、规范合作行为。只有这样，社会资本才能积极响应并参与公共服务领域的改革,才能在追求合理回报的同时兼顾公共利益,才能奉献社会,实现自己的社会责任。因此,政府与社会资本在公共服务领域的合作,需要以法律为载体的顶层设计和制度供给,以法律的权威约束权力,平衡利益,保障公共利益安全和改革成果的实现。

自2013年党的十八届三中全会做出"允许地方政府通过发债等多种方式拓宽城市建设融资渠道,允许社会资本通过特许经营等方式参与城市基础设施投资和运营"的决定之后,PPP上升到国家经济政策的高度,PPP发展进入快车道。国务院办公厅、发改委、财政部等职能部门密集出台各类PPP法规、政策性文件多达百余项。但这些政策性、规范性文件尚存在层次低、权威不足、缺乏系统性等问题。不同部委颁发的规范性文件间隔时间短、频率快令人目不暇接,导致PPP实践中的无所适从。

选择以"政府与社会资本合作(PPP)模式立法研究"为题,展开PPP模式立法理论与法律实践的研究,源于我们对公共服务领域市场化改革法律问题的兴趣和关注。2014年5月,我们向国家社会科学规划办公室提出"政府与社会资本合作(PPP)模式立法研究"重大项目立项的建议并被采纳,入选为2015年年度国家社科基金重大项目课题指南,由此展开了长达一年的课题论证准备,并于2015年8月完成20万字投标书的课题论证。结果虽然有些遗憾,但我们不忘初心,组建PPP研讨团队,坚持收集、整理各种资料,调查实践案例,参与各种政府或企业家举办的座谈会,尽可能了解PPP模式推广与运用中存在的理论与实践问题并持续组织研讨,最终形成了《政府与社会资本合作(PPP)模式立法研究》这一学术成果。尽管它在结构安排尚需进一步推敲,观点尚需进一步斟酌,论证方法也需进一步完善,但它毕竟是国内法学领域为数不多的以"政府与社会资本合作(PPP)模式立法"为研究对象的作品。抛砖引玉,期望理论界尤其是法学界专家学者能对PPP这一社会热点有更深入、集中的关注和法律思考。

本书以我国PPP模式运行为背景,从立法视角探讨PPP模式运行机理、制度设计和立法技术,总体上解决PPP模式"为什么要立法?哪些问题需要重点立法以及怎么立法"的问题。本书的写作体例以2015年提交的《国家社科基金重大项目投标书》为基础,并经反复调整与修改。《国家社科基金重大项目投标书》的论证是一个呕心沥血的过程,两个月的漫漫长夏正值假期,这场战斗搅乱了生活的安宁和秩序,家人、学术友人、学生弟子为此付出了时间与精力。感谢顾功耘教授的无私提携和帮助、感谢科研处童潇教授为搭建项目团队不辞辛苦地奔忙沟通,感谢各学科带头人毫无保留的学术支持,感谢许多同学对观点讨论、结构修饰和资料收集的积极参与。除绪论外,全书共九章,陈婉玲教授撰写第一章至第五章(约25万字),汤玉枢教授撰写第六章至第九章(约20万字),全书由陈婉玲教授负责统稿。写作中,参阅了国内外许多学者关于PPP方面的著述,曹书、陈学辉、李蓓等同学分别参与了部分章节的资料整理和初稿撰写工作,女儿为全书的校正付出了大量的心血,特此一并致谢。

因健康原因,本书撰写计划时断时续,呈现出来的成果也不尽人意。自立项至交付出版历经两年有余,感谢法律出版社陈妮女士及其同人对本书的付印所做的一切努力!

行成于思而毁于随,愿风起云涌的PPP热潮中有更多法律人的理性思考!

陈婉玲　汤玉枢

2017年7月31日

Contents

目录

绪 论

政府与社会资本合作(Public-Private-Partnership,PPP)模式立法旨在推动全面深化公共服务领域改革和公共资源市场化配置,营造权利公平、机会公平、规则公平的投资环境,促进 PPP 模式健康发展。我国现行 PPP 模式立法以部委规章、规范性文件为主,呈现政策性强、"法"出多门的格局。权威不足、制度规范交叉重叠是这种立法格局的必然结果。因此,PPP 模式现行"立法"资源亟须整合,必须以权威的法律形式确立 PPP 制度的稳定性、规范性和权威性。本书的基本思路是以我国 PPP 模式运行为背景,从立法视角探讨 PPP 模式运行机理、制度设计和立法技术,总体上解决 PPP 模式"为什么要立法、哪些问题需要重点立法以及怎么立法"的问题,通过立法的制度设计,明确 PPP 的本质属性和运行规则,确保 PPP 模式在"从摇篮到坟墓"的全周期中发生的主要法律关系都有统一明确的法律制度依据,推动公共领域法律治理进程。

一、国内外研究状况、研究成果和评价

本书主要从"一点两线"的研究进路展开讨论,"一点"是指导 PPP 模式立法的基本理论,"两线"则为"制度构建"和"立法方法"。围绕 PPP 模式立法的"一点两线",对 PPP 模式立法的国内外研究状况进行检讨,并对代表性成果展开评价。

(一)PPP 模式基本范畴的研究现状、成果和评价

有关 PPP 模式基本范畴的研究,主要集中于 PPP 模式的含义、功能、价值以及 PPP 协议的性质等内容。总体而言,PPP 模式并无统一定义,学者间争论较大。

PPP 模式的雏形可追溯到 15 世纪英国的付费公路,但现代 PPP 模式却肇端于 20 世纪 90 年代英国公共服务领域改革。英国财政部部长拉蒙(Norman Lamont)在其 1992 年秋季预算报告(1992 Autumn Statement)中首次提出“私人融资计划”(Private Finance Initiative,PFI)的概念,①拉开以公私部门联合发展公共事业、共担风险的 PPP 模式在全球范围内兴起的序幕。

1. 关于“什么是 PPP”的各种界定

“PPP 模式”,即 Public-Private Partnership,意译为“公私合作制”或者“公私合作伙伴关系”(基于国有企业参与的需要,我国将其定名为“政府与社会资本合作”)。对其内涵,学界尚未达成一致意见,拉蒙认为它指公共部门与私人部门之间为了合作建设城市基础设施项目或是为了提供某种公共物品和服务,彼此之间形成的一种伙伴式的合作关系。拉蒙定义的核心要素有三:一是政府与私人部门的合作;二是发生在基础设施建设或者公共物品和服务的提供领域;三是一种伙伴式合作关系,就此而言,拉蒙关于 PPP 模式的定义最接近其本质属性。然而,拉蒙的观点并没有获得普遍的认同。美国民营化学者萨瓦斯(E. S. Savas)将 PPP 概念归纳为三个层次,首先,PPP 在广义上是指公共和私人部门共同参与生产和提供物品、服务的任何安排;其次,它指一些复杂的、多方参与并被民营化了的基础设施项目;最后,它指企业、社会贤达和地方政府官员为改善城市状况而进行的一种正式合作(Savas,2000)。相对于拉蒙的观点,萨瓦斯的 PPP 概念尽管更有影响力,但因过于复杂且功能模糊,也未获得多数学者的支持,尤其是萨瓦斯的 PPP 定义广义过宽、狭义过窄,将完全被民营化的基础实施项目也称为 PPP,既不科学,也不贴切。公共领域的开放程度取决于一个国家的市场化水平,PPP 模式的核心是合作,缺乏合作的基础设施项目或者公共物品与服务项目,不管是公共部门运营,还是私人部门运营,均不能称为 PPP 项目。正因如此,英国学者格里姆赛和澳大利亚学者刘易斯均不认可萨瓦斯的观点,他们认为 PPP 是指私营实体以合作契约为前提而参与或为基础设施供给提供支持或者为公共基础设施提供服务的安排机制。(Grimsey and Lewis,2004)

德国学者承继概念法学的传统,试图高度抽象、概括出 PPP 的定义,例如,哈特曼(Hartmann)认为 PPP 包括公私部门之间协同工作的所有形式,其一般表现为公私部门之间的联络、协调和合作,且这些工作都应该在考虑技术、经济和社会等方

① Norman Lamont, Autumn Statement, HC Deb, 12 November 1992, Vol. 213, cc. 993 – 1016. 拉蒙宣布其正在考虑新的扩展基建项目私人融资的方式。原文为“…examining ways to increase the scope for private financing of capital projects”。Accessed October 12, 2016: http://hansard.millbanksystems.com/commons/1992/nov/12/autumn-statement.

面的前提下为克服与完成现存复杂问题和任务而服务(Petra Hartmann,1994)。应当说,哈特曼指出了 PPP 模式是一种合作关系的本质,但在适用对象上的表述并不准确,与其相比,特廷格(Tettinger)认为 PPP 是国家机构和私人经济主体之间的不同形式的协作,而该协作的目的是完成原本能够由国家部门承担的公共任务(Tettinger,1997),这种观点可能更合理。但是,德国学者同样发现,PPP 模式几乎不可定义或者说难以给出抽象的定义,因而,有些学者开始另辟蹊径,通过罗列 PPP 的核心要素来确定 PPP 标准,例如,学者罗根开普(Roggencamp)将 PPP 模式各个要素进行罗列,即来自公私两个社会领域的参与者、利益共享和风险分担、合作双方地位平等、超出分工之外的工作需要双方共同决定并共同承担责任、双方自愿的捆绑、融入公私双方的混合的组织形式(Roggencamp,1999)。

各国和地区官方对本国 PPP 模式均有相对统一的界定,但相互间差异很大。例如,欧盟贸易委员会于 2004 年发表的《PPP 及共同体公共合同和特许经营绿皮书》(以下简称《绿皮书》)特别强调欧盟范围内尚无统一有效的公私合作制定义,但该绿皮书认为,PPP 作为一个专业术语,主要涉及"在公共部门和私人企业之间为了基础设施的融资、建设、修缮、运营、维护或公共服务的提供而进行合作的各种形式"(Commission of the European Communities,2000)。美国"PPP 全国理事会"认为 PPP 是指公共机构与营利性公司之间的一个协议,通过该协议,公、私部门共享彼此的技术、资产来为公众提供服务和设施。除了共享资源外,它们还共同承担提供服务和设施中的风险并分享其他相关收益(The National Council for Publis-Private Partnerships,2002)。

我国学者对 PPP 模式的定义集中于公共管理学,研究群体多为中青年学者,因 PPP 模式的实践尚未充分展开,提法相对一致或大同小异,这些定义的基本要素包括:(1)存在于公、私部门间;(2)涉及基础设施和公用事业领域;(3)基于契约;(4)长期合作。例如,余晖、秦虹认为 PPP 模式是指公共部门与私人部门为提供服务而建立起来的一种长期合作关系,这种关系需要正式的协议来确定(余晖、秦虹,2005);蔡蔚认为 PPP 模式是为了共同完成某些公用事业项目的投资、建设及运营任务,政府部门和民间部门签署合同以明确双方权利和义务,达成伙伴关系(蔡蔚,2007)。因 PPP 模式在我国应用形式较单一,故许多学者把 PPP 模式与特许经营"捆绑"起来,甚至有以特许经营代替 PPP 模式的倾向,例如,湛中乐认为 PPP 模式是对任何一种公共部门和私人部门之间达成的特许经营协议的统称(湛中乐,2007);郭文卿也认为广义的 PPP 模式是指公共部门与私人部门为提供公共产品或服务而建立的合作关系,其以授予特许经营权为特征(郭文卿,2014)。事实上,新一轮 PPP 模式是贯彻全面深化改革、让市场在资源配置中起决定性作用战略的产物,但 PPP 模式在中国也不是一个新鲜事物,早在建立和培育社会主义市场经济体制的初期,BOT(Build-Operate-Transfer)即以特许经营的方式展开了实践。因此,把 PPP 等同于特许经营的观点有着深刻的实践基础,但对PPP模式概念的认知模糊不清却蕴含着政府部门的利益博弈:发改委力推特许经营,把PPP模式纳入"特许经营法"调整范围;财政部则力主政府采购,试图把PPP模式收入政府采购的囊中。但是,特许经营只是PPP模式的一种形式或载体,以特许经营囊括PPP模式的全部特征既不科学也不全面,容易造成理论和实践上的误区,降低PPP模式理论价值和应用价值。

2. 关于"PPP协议性质"的争议

对PPP基本范畴的讨论还存在一个有趣的现象,即东、西方契约文化差异引发的PPP协议性质的认知问题。几乎所有的西方学者都认为PPP模式是一种契约关系,但却均未讨论PPP协议的性质。西方契约精神深入人心,其市场化程度高,无论是政府还是社会均没有把公共资源的开发、利用看作政府的垄断领域,政府负有公共物品和服务供给责任,但公共领域市场却是开放的,任何私人组织要参与提供公共物品与服务并非分享了政府的蛋糕,而是协助政府履行责任。故公共部门与私人部门在基础设施与公用事业领域展开合作,政府只是契约的一方当事人,必须遵循平等、自愿、互惠、互利的契约精神。换言之,公共部门在合作契约关系中不存在公权,与私人部门完全处于平等的法律地位,PPP协议仅是在平等主体之间签订的明确各自权利义务关系的协议,其性质与一般的民商协议并无差别,不存在政府作为合作方凌驾于其他合作方的社会条件。但相较于西方发达的契约文化,我国的契约精神尚未深入人心,政府"公权力"优势无处不在,虽称为合作关系,但也要维持一种"强权"的自尊。特许经营无疑是最能表达这种自尊的形式。于是,PPP协议性质就成为学者争论最激烈的问题,并形成各种各样的学说。

(1)授权说,例如,虞青松教授认为,基于不同的赋权类型,公私合作契约分别在合作各方主体间形成多重法律关系,而收费权将合作各方主体联系在一起。公私合作契约在本质上为行政主体作出行政允诺的载体,该载体外在表现为虚拟契约,并导致合作各方主体之间形成两级法律关系。行政主体与企业之间的契约关系是处在第一阶段的行政法律关系。公私合作契约并非独立的行为,而是授权行为和特许行为的载体(虞青松,2013)。把公私合作契约直接定性为"行政主体作出行政允诺的载体",其基本逻辑思路是"特许经营许可 = 特许经营协议 = 公私合作契约"。

(2)行政合同说,持这种学说的多为行政法学者。邢鸿飞教授认为,政府特许经营在提供公共服务、优化资源配置、拓宽融资渠道等方面的作用,无不体现其行政性和公益性。即使在特定案件中,政府特许经营的行政性和公益性,同样可以通过在契约中保留政府特权或主导性权利的条款来实现(邢鸿飞,2004)。王克稳教授认为,政府特许经营的内容直接关涉公共利益,因此,民事合同说与公私法兼具说均有违我国的制度实践。在我国的制度实践中,政府特许经营协议是一种特殊形态的行政合同,说它是行政合同,是因为它具有典型的公法属性;说它特殊,是因为作为授予特许经营权的法律形式,它主要适用行政许可法及规范特许经营方面的特别法(王克稳,2011)。李霞教授则从被授权方权益保障角度认定特许经营协议的行政合同性质,认为若将特许经营协议作为民事合同,对合同两造之间事实上的不对等地位视而不见,片面强调"意思自治",将使处于弱势的相对人的利益在契约自由的原则下受到损害;反之,将特许经营协议界定为行政合同,正视两造之间自然状态下的不对等关系,不仅不会对合同的固有属性构成否定,更会建立起行政权的正当行使与契约的自由精神之间的良性互动关系,充分实现公共利益与私人利益的"双赢"(李霞,2015)。

(3)民事合同说,杨明、曹明星认为特许经营权本质上是一项民事权利,更具体地来说是无形财产权。特许经营权的客体为一种"经营资格或能力",其非物质属性十分明显,所以,将特许经营权界定为无形财产权(杨明、曹明星,2003)。辛柏春认为,项目协议是类似于政府采购合同的特殊民事合同,尽管项目协议是民事合同,但它不同于一般的民事合同,具有特殊之处(辛柏春,2005)。周兰萍认为,PPP 特许权协议的订立与履行依赖于行政行为的实施,但究其实质又独立于行政管理范畴,赋予 PPP 特许权协议以民事属性符合市场交易的内在规律要求(周兰萍,2014)。

(4)公私法混合契约说,李显冬教授认为市政特许经营中的法律关系既不是单纯的行政管理法律关系,也不是单纯的平等民事法律关系,而是两个法律关系的交叉融合,从而形成复杂的特许经营法律关系(李显冬,2004)。邓敏贞副教授认为政府在选取合作者以后,须与合作企业订立合同明确双方的合作关系,根据双方选取的合作模式,围绕公用事业基础设施的设计、建立、运营维护、公用事业产品或服务费率的确立与支付等具体事项约定彼此的权利义务。此类合同因关乎公共利益和公法任务的实现,同时涉及平等主体之间的权利义务关系,兼具公法与私法的混合属性(邓敏贞,2014)。湛中乐教授认为,PPP 协议反映了公共部门与私人部门之间涉及公共服务的买卖合同关系,还反映了私人部门作为公共服务的生产者和经营者与公共部门作为公共服务市场的监管者之间的管理与被管理关系,应属于兼具公法和私法性质的混合合同,双方当事人应同时受到公法和私法原则的约束(湛中乐、刘书燃,2007)。

学说林立的现状反映了 PPP 协议性质的模糊性。社会之进步导致社会关系的复杂性,传统的"非公法即私法"的二元法结构难以适应复杂的社会关系需求,尤其市场领域的法律关系,公法性条款与私法性规范相互交融,已经成为法律实践的新常态,但根深蒂固的传统二元法结构理论却影响着学者对 PPP 协议的判断。另外,由于过度强调行政权力的主导性,过于强调政府对基础设施与公用事业的供给责任,政府高调扮演公共利益守护神,角色错位严重。管控是最能证明政府存在的工具,因此,在 PPP 模式推广过程中,部门利益博弈造成未经仔细甄别即将传统合同理论套用到 PPP 协议的局面。

3. 关于“PPP 模式功能价值”的讨论

PPP 模式的功能、价值是 PPP 模式立法研究的重要对象,学者从不同角度进行研究,并获得了相当积极的结论。概括而言,PPP 模式的基本功能、价值包括如下诸点:(1)可以提升一个国家提供公共产品及服务的质量(李以所,2013)。尽管 PPP 模式设计、运用、推广的最初目的是缓解政府公共财政紧张状况,化解社会发展对以基础设施为中心的公共产品和服务需求的矛盾,但学者普遍认为 PPP 模式使公共部门的支出更加物有所值(姚驰,2011)。(2)促进基础设施发展、改善政府财政结构与状况。即私人部门承担了与基础设施建设相关的高额资本支出,避免政府部门一次性承担这些成本而影响财政的稳定性(Financial Time,2011;马威,2014)。(3)更快的项目建设,当私人部门整体负责项目的设计、建设和运营,可以保证更有效地协调和配合,从而避免项目建设的延期和间断(鲁成庆,2008)。(4)管理水平提高、服务效果更好。私人部门受市场竞争机制作用和资本利益最大化的激励,能够不断提高管理水平和服务效果(李林,2011)。(5)优化资源配置,激励更多创新性解决方案,使提供公共物品的风险得以在公共部门和私人部门之间合理分配,政府由划桨者变为掌舵者,让私人部门能够根据政府设定的标准更有创造性地实现其效果(陈军,2011)。

(二)PPP 模式立法理论的研究现状、成果与评价

PPP 模式立法理论研究涉及 PPP 法的立法价值、立法宗旨、立法目标、立法模式与立法技巧等基本问题和一般规律。最早涉及 PPP 模式立法理论问题的是美国学者萨瓦斯,他在讨论公共物品与服务民营化法律时,把民营化方式划分为委托授权、政府撤资和政府淡出,强调公共物品与服务民营化不能损害社会公众的利益,民营化只是为了提升其供给效率、拓宽其供给渠道,更好地满足社会公众需求(E. S. Savas,1987)。但 PPP 模式并非公共资源民营化。换言之,民营化了的公共物品与服务供给并非基于公共部门与私人部门间的合作,而只是公共物品与服务供给市场化方式。故萨瓦斯对民营化立法的讨论并非真正意义上 PPP 的立法讨论,但萨瓦斯在其著作中专门讨论了“基础设施领域的公私伙伴关系”问题。

1993 年,肯尼斯·克拉克(Kenneth Clarke)继任梅杰政府的财政大臣后,决定进一步推广私人融资计划 PFI 模式。他于 1993 年秋成立了“私人融资小组”(Private Finance Panel,PFP),明确该小组将致力于鼓励公私部门的参与,集思广益,筛选适合私人部门涉及的公共部门项目,并解决可能损害 PFI 模式推广的任何问题。① 1993 年 11 月出版了手册《新突破——面向公共部门和私人部门之间的新型伙伴关系》,对 PPP 立法基本理论进行了相对集中的讨论,认为即使是福利国家

① See Grahame Allen, “The Private Finance Initiative(PFI), Economic Policy and Statistics Section”, *House of Commons Library research paper* 01/117, 2001.

的英国,公共物品与服务也不能完全由政府负担,私人组织参与公共物品与服务的供给更效率,PPP 的本质在于公共部门与私人组织基于契约构建合作伙伴关系,法律应当为 PPP 模式让出更多空间。受其影响,英国废除了有关严格限制私人资本进入公共领域的法律,为私人部门参与政府融资消除了政策和法律的限制(纪彦军、雷飞伦,2007)。1995 年,重新执政的英国工党推动公共部门"现代化"改革,确立了政府公共部门、私人组织、社会组织的新型合作伙伴关系,1998 年英国《政府与志愿及社区组织关系协议》的签订,标志着公共部门与私人部门间的合作发展到新的水平(陈婉玲,2014)。

西方学者一般认为 PPP 模式与传统公共服务供给模式不同,PPP 立法既要维护公共利益,也要兼顾资本利益;既要保护资本逐利性并予以合理回报,也必须受公益性和福利性制约;既要考虑经济效益,更要考虑社会效益(达霖·格里姆赛,莫文·K. 刘易斯,2008)。美国加州大学洛杉矶分校法学院教授乔迪·弗里曼(Jody Freeman)从行政法角度来看,认为公私合作带来了美国行政法(学)的新发展,形成所谓的"混合行政"(Mixed Administration)(Jody Freeman,2000),不过,乔迪·弗里曼所称的"混合行政"并不是严格的行政,其真正的含义只是一种社会治理。

国内学者讨论 PPP 模式立法的时间较晚,管理学学者在主张把 PPP 模式大规模引入公共设施领域时,均提及相较于国外立法,我国法律体系存在立法缺失的问题,但未作深入探究。法学界较早涉及 PPP 模式立法讨论的学者多为行政法或经济法学者,史际春教授认为,公用事业的民营化进程需要较宏观的法律制度安排、规范的公用事业市场准入制度、完善的国有资产管理法律制度、规范的特许经营和项目承包合同竞争市场(史际春,2004),但并未触及 PPP 立法的模式与框架讨论。

政府与社会资本合作纳入党的十八大报告后,PPP 模式成为持续不退的"热词",学界以梳理现行 PPP"立法"资源的方式,检讨现有的 PPP 模式有关的法规、规章和规范性文件,普遍认为我国 PPP 立法存在如下问题:(1)位阶太低且不全面;(2)条文过于简略,存在空白;(3)不同规范之间存在矛盾等问题(柯永健,王守清,2008;陈晓,2010;吴萱,2001),因此,有学者建议 PPP 模式应整体立法,甚至提出以特别法整合散见于其他法规的规定的具体方法,以降低 PPP 模式立法的成本(姚驰,2011)。同时,法学界认识到 PPP 模式专门性立法的重要性与紧迫性,并关注 PPP 立法具体的立法体例与立法框架,例如,肖晓军、吕景春认为,由于全国缺乏统一立法,各个地方政府主导规则制定,导致有关特许经营的法律、法规、政策规定相互之间不协调、不配套、前后不相衔接,法律条文内容含糊不清、不合理、前后矛盾等问题(肖晓军、吕景春,2006)。为我国 PPP 立法研究提供充分的制度依据,学者对外国 PPP 立法实践进行考察,发现英美法系国家基于法律传统和契约精神,均未制定相应的 PPP 法,有关 PPP 项目多以政策(Poliey)和指南(Guideline)的方式予以指引(黄腾、柯永建、李湛湛等,2009)。而大陆法系国家秉承成文法传统,大多制定了 PPP 专门法,例如,德国有《公私合作制促进法》、日本有《关于充分发挥民间事业者的活力来促进特别设施整备的临时措施法》、韩国有《民间参与基础实施法》(叶秀贤、孙慧、范志清,2011)。这两种不同的法律传统对我国香港特别行政区和我国台湾地区也有不同的影响,香港特别行政区以《公私合营 PPP 指南》指导 PPP 实践,我国台湾地区则制定了“民间参与公共建设促进法”(陈秉钊,2006)。基于上述考察,大多数学者认为我国应当制定 PPP 专门性法律(和军、戴锦,2015;孔小明,2009;陈晓,2010)。

但是,我国学者对为什么要制定统一的 PPP 法、PPP 立法权如何配置以及 PPP 法如何架构等问题缺乏研究,只是建议应由中央统一立法,成立具体的管理和推动部门,制定各级政府机关联合互动的促进体系,加强评估及审批 PPP 项目和私营部门参与的可能性,研究制定通用的 PPP 项目实施规范等(鲁庆成,2009)。部分学者认为 PPP 立法应包括主体资格界定、准入制度、听证制度、监管支付、投资者利益保护制度、退出机制、争端解决机制、风险分担模式、其他合同条款要求等(彭涛,2006)。总体而言,我国学界对 PPP 模式立法理论研究相当薄弱,缺乏深入、细致的理性思考。

(三)PPP 模式准入制度的研究现状、成果与评价

PPP 模式是全面深化改革、优化公共物品与服务供给机制的重要抓手,这种改革与创新既涉及公共利益安全,也涉及政府职能转变和社会资本参与资格问题,就准入制度立法而言,学者主要围绕 PPP 模式的适用范围、具体形式、各种主体的准入资格和标准、PPP 项目立项、审批与许可等关键问题展开研究。

1. PPP 模式的适用范围

基于政府财政赤字和国家经济发展的需要,各国政府部门都希望借助 PPP 模式建设基础设施、提供公共物品与服务,以缓解财政资金短缺的矛盾。但并非所有的基础设施和公共服务都适合以 PPP 模式运行,“物有所值”(Value for Money,VFM)通常被认为是决定一个项目能否适用 PPP 模式的基本判断标准和方法(Savas,2000)。

对于 PPP 模式的具体适用范围,学者一般采用以下两种途径分析。

一是概括性地确定 PPP 模式的适用范围,例如,萨瓦斯根据排他性和消费特性把物品和服务区分为个人物品、可收费物品、共用物品以及集体物品(Savas,2000)。刘向杰从排他性和竞争程度立场,认为集体物品适用于公私合作的模式;从消费特征上看,准公共产品适用于公私合作的项目模式;从收费难易程度上看,准经营性项目更适合公私合作的模式(刘向杰,2011)。准公共产品是介于公共产品和私有产品之间的产品,准公共产品也分为两种:一种具有非排他性但具有竞争性,这种产品称为拥挤品;另一种则具有非竞争性但具有排他性。无论是拥挤产品还是具有非竞争性但具有排他性的产品都可以采用 PPP 模式,例如,城市交通、供水、污水处理、固体废物处理、燃气管网建设、港口、物流、发电厂等(纪彦军,2007)。在实践中,也有以概括性规定确认PPP模式适用范围的文件,例如,欧盟《PPP成功指南》(Guidelines for Successful PPPs)、美国《建立PPP项目工具》(Establishing a PPP Program Toolkit)、我国香港特区《PPP简要指引》、新加坡《PPP手册》(Public Private Partnership Handbook)、澳大利亚《全国PPP指南》(National PPP Guidelines)等国家和地区采用了概括的立法标准。

二是以列举方式确定PPP模式的适用范围,我国PPP模式著名专家王守清教授认为PPP主要适用于自然资源开发、基础设施和公用事业项目,并按融资难易程度予以列举:(1)自然资源开采,如采矿/油/气及其加工处理或输送储存设施等;(2)电厂、供水或废水/物处理厂;(3)通信;(4)公路、(城市)隧道或桥梁;(5)铁路、地铁;(6)机场、港口(王守清,2014)。

2. PPP项目前期审查、批准规范化

王守清教授认为一个基础设施项目是否要采用PPP模式,一定要评估比较,保证应用PPP模式比传统的政府投资模式在风险转移、服务水平、服务效率等方面有所改进,既要保证投资者可以获得一定利润以吸引社会资本,又要保障政府和社会公众的利益,以承担社会责任;既要考虑基础设施对经济发展和生活水平提高的重要性,又要考虑项目的可持续性。因此,PPP项目必须进行物有所值(Valuefor Money)评估(王守清,2013)。但也有人提出不同的看法,例如,大岳咨询公司金永祥认为“物有所值”(VFM)在理论上是个好工具,但并不符合我国现阶段的国情,只有在市场体制更成熟时才可以成为PPP的决策工具(金永祥,2015)。

关于PPP项目的审批,学者多从PPP模式的域外经验出发,认为PPP模式立法应当明确PPP项目的具体审批机构(朱蕾,袁竞峰,杜静,2007),而《基础设施和公用事业特许经营管理办法》虽然明确了县级以上政府负责PPP项目的审批,但并没有明确具体的机构,有学者认为政府职能部门应有明确的分工与协调,统称为政府,既容易造成政府角色错位,也不利于政府职能转换(陈婉玲,2014)。也有学者认为前项“管理办法”对PPP项目更加严格,不利于PPP推广(徐向东,2015)。

3. PPP模式中社会资本资质的规范化

社会资本资质是否应当受到规范或者限制,学界并未展开充分的研究,现有的较为一致的结论是社会资本应当受到规制,规制的立足点应当是“保护消费者权益,确保普及服务”与“引入并促进竞争”(杨欣,2008)。为达成规制目标,有学者援引德国学者通说,认为社会资本参与公共物品与服务供给,即公共领域民营化,而民营化可细分为组织私法化、功能民营化与任务私部门化(刘淑范,《台大法学论丛》第40卷),参与PPP项目的社会资本应当具有非公权性、组织性和专业性。公私伙伴关系涉及的基础设施建设领域往往具有一定的垄断属性,相对人很可能出于为自身利益考虑,成为价格和质量的双重制定者,从而使消费者以不合理的价格购买不相匹配的服务。因此,为了保护消费者的权益与杜绝不利于社会公众享受公共服务的现象发生,必须对相对人的行为加以限制[(章志远,2009)]。为抑制相对人不当的垄断地位,防止不良竞争,不断提升公共服务的质量和水平,也需要政府通过规制手段适度介入[(苏杨,2012)]。同时,还有学者认为PPP模式不应限制社会资本的企业形态,既不能排斥国有企业参与,也不能限制其他私人组织资本进入[(邓敏贞,2012)]。

4. PPP模式的合作方式(运作模式)选择

国外学者对合作方式的选择偏向于要素评估方法,即选择一些要素指标,按照一定的标准进行评估,由此选择适合的合作方式,例如,Ghavamifar K. 认为PPP模式的选择主要取决于投资环境、项目类型和规模、设计深度、风险分担、绩效和"物有所值"指标等因素[(Ghavamifar K. 2009)],而艾哈迈德(Ahmed)也认为应从"物有所值"效果、风险分担与财政补偿、融资能力、法律环境等方面考虑PPP模式的运用[(Ahmed MAA,2007)]。国内学者则喜好类型化方法,即把PPP项目予以类型化,依据不同的类型选择不同的合作方式,例如,王灏把PPP模式分为外包类(Outsourcing)、特许经营类(Concession)以及私有化(Divestiture)三类,并进一步予以细分,例如,外包类细分为模块式外包(Component Outsourcing)和整体式外包(Turnkey)两种运作模式,并认为模块式外包可以适用服务分包(Service Contract)和管理分包(Management Contract),整体式外包可以适用"设计—建设"(Design-Build, DB)、"设计—建设—主要维护"(Design-Build-Major Maintenance, DBMM)、"运营和维护"(Operate and Maintenance, O&M)以及"设计—建设—运营"(Design-Build-Operate, DBO);特许经营类可细分为"移交—运营—移交"(Transfer-Operate-Transfer, TOT)、"建设—运营—移交"(Design-Operate-Transfer, BOT)以及其他模式[(王灏,2006)]。有些学者采用三级分类结构方法,把PPP模式细分为22个小类、9个中类和4个大类,并认为政府选择合作方式应遵循从上至下的决策思路。针对9个中类的PPP模式,在所有权转移效益、经营权控制程度、公私合作程度构成的三维框架内,识别出公共项目PPP模式选择的3条路径,结合公共项目属性分析出每条选择路径的适用条件[(杨卫华、王秀山、张凤海,2014)]。其实,合作方式选择偏好与PPP发展水平有直接关联性,我国学者类型化的选择偏好主要是因为我国PPP模式尚处于推广阶段,要素评估方法未获得实践支持。王守清教授认为是否采用PPP,很大程度上取决于项目本身的性质,包括技术复杂性、收费的难易程度、生产或消费的规模、设施规模等,纯公益性项目不适合做PPP,财政补贴额度太大,投资者回报的70%都要通过政府购买服务获得,也不是真正意义上的PPP,PPP项目应当努力采用"物有所值"评估[(王守清,2015)]。

(四)PPP模式中公私利益协调研究现状、成果与评价

PPP模式涉及的法律关系主体结构非常复杂,既有所有权层次上的利益相关者、经营权层面上的利益相关者,也有社会关系层面的利益主体;既有基于公法上的权力主体,也有私法层面的权利主体,且这些复杂的主体的利益目标并不完全一致。因此,PPP模式立法存在多方利益、多种利益协调与平衡问题,在公共部门强势主导、私人部门相对弱小、契约精神不彰的社会环境中,公、私利益协调是PPP模式立法面临的关键问题。

1. PPP模式中公私利益调适的契约化理论

PPP模式的核心是合作,"利益分享、风险分担、资源共用、合作共赢"是合作的基本精神,契约是PPP模式的内核,是维持和调适PPP各方利益的纽带。因此,有学者认为在PPP立法中应尽可能发挥契约对公、私利益的调适功能,确认PPP合作合同在PPP关系中的基础地位,赋予PPP合同优先适用的效力(陈婉玲,2014)。英、美诸国在PPP实践中确有以PPP合同排除某些新的法律适用的案例,德国法也有"公法范畴的法律关系可以通过合同设立、变更或撤销,但以法规无相反规定为限"(湛中乐,2009)。因此,包括公共部门与私人部门在内的PPP参与各方利益均是通过一系列合同安排来实现调适目标的,且PPP参与各方在不违反法律、法规的前提下可以权利保留、义务免除、预设协议漏洞等方式调适PPP合同履行过程中各方利益,通过合同关系的缔结,参与者可以实现市场份额的增长、能力的转移、稀缺资源的分享(简迎辉、包敏,2011)。

2. 政府行为规范与契约化限制

PPP模式反映了现代公共服务理念和制度创新,政府必须制定并执行相关法律,形成以基础设施和公用事业吸引私人投资的制度环境,由政府选择适格的私人合作伙伴,并与之分担风险、分享收益。因此,有学者认为政府在PPP模式中具有多种身份,既是PPP规则制定者与执行者,又是公共服务生产者、采购者和提供者,还是利益协调者和公共服务监管者(湛中乐,2009),形成这种格局的不只是制度禀赋,也是全知、全能和恩惠政府"天然"认知的结果,政府在公共领域的绝对优势反衬出民营部门的弱势(周耀东、余晖,2005)。因此,促进政府与社会资本合作事业健康发展,必须从理论上明晰政府在PPP中的定位、责任和管理主体,科学分离政府的参与者和监管者职能(叶晓甦、徐春梅,2013)。

基于政府强势地位和多重角色的认知,学者从不同角度讨论PPP模式中的政府行为。肖晓军、吕景春认为从操作层面来看,主要存在政府承诺和保证屡屡失信与未形成有效、公平、合理的良性定价机制问题(肖晓军、吕景春,2006);但余晖、秦虹则认为政府在操作层面角色缺失严重,例如,政府受利益驱使,PPP项目立项规划不合理、立项论证不充分、环境与风险评估缺失;重承诺、轻践行,以及未建立社会公众对于

公私合作有效表达的管道(余晖、秦虹,2005);孙治艳也认为政府在PPP项目操作层面存在公平与效率协调不力,政府角色缺位问题(孙治艳,2014)。这些认识揭开了操作问题的表象,却不够准确,这些问题也不是单纯的缺失、缺位问题,而是基于天然强势的惯性角色错位以及对私权藐视的问题。

从政府职能定位来看,政府具有多重角色职能,PPP模式不同环节中政府角色职能完全不同(刘向杰,2011;段绪柱,2015)。政府在PPP项目的准备阶段是规划者和决策者,在PPP项目招投标阶段是合作伙伴的开发主体,在融资阶段应保证政策的连续性和稳定性,创造良好的投融资环境和健全的经济体制保证私营部门的顺利融资,而在PPP项目的建造、运营阶段,政府则是监管者(刘毓,2008)。问题在于政府职能部门缺乏有效的分工与协作,由此形成角色错位和角色冲突。因此,有学者认为应当加快PPP立法以完善政府职能,明确政府在PPP模式各重要环节中的职能定位,降低公共部门和私人部门双方的交易成本(张万宽,2008)。还有学者提出政府在规则制定过程中需要有详细的改革规划和战略部署,必须完善相关的法律法规,以法律规范政府行为,政府在PPP建设与运营阶段必须受到PPP合同条款的严格限制(张丽娜,2010)。

3. PPP合同标准化体系

无论是英美法系的英国、美国、澳大利亚、加拿大诸国,还是大陆法系的德国、日本,PPP合同标准化以及PPP合同限制,是PPP实践不可回避的基本问题。PPP模式的成败在一定程度上取决于PPP合同制度建设。

在契约文化深厚、契约精神发达的国家里,公私合作合同一般均会得到严格的遵守和履行,法律也对违约行为建立了细密责任机制。英、美各国并无专门的PPP法,仅以标准化合同指南指引PPP合作各方,明确PPP项目各主体间权利义务关系。德、日诸国虽然制定了相应的PPP法,但合同指南依然是PPP模式最为重要的法律文件。国外学者对PPP合同标准化体系研究成果丰硕,且更侧重于合同风险分配问题,穆罕默德·科拉(Mohamed Chohra)对PPP合同的风险分配方式进行了深入、细致的讨论,认为最有效的PPP合同风险分配形式是公共与私人部门一起参与项目各阶段的风险管理及风险分配的平衡(Mohamed Chohra,2011)。而弗雷德里克·马蒂(Frédéric Marty)则从信息公开角度讨论PPP合同风险问题,认为私人融资使公私合作伙伴关系中的第三方有忽视合同的可能性,而纳入PPP项目合作关系中的交易银行和评级机构的评价将使项目外包给最适合执行它的一方,减少了信息不对称的风险(Frédéric Maarty,2011)。

在PPP合同标准化方面,国内学者如王守清教授等,把PPP合同文件按合同的签约方标准区分为特许权合同、履约合同、贷款合同、股东协议,且把合同文件按合同内容区分为融资相关文件、项目和公司相关文件、政府支持和保证相关文件、担保和保险相关文件、专家意见与咨询顾问相关文件(王守清、柯永建,2008)。也有学者从契约精神及行政法学的角度对 PPP 合同的合同性和行政性进行讨论,以实证方法阐述 PPP 合同标准化原则和基本条款(邓小鹏、申立银、李启明,2007),PPP 合同缔约阶段应保证合同内容的公平合理,并建立保障公用事业切实履行的机制,提出了标准化 PPP 合同的具体内容(许宗力,2002)。总体而言,国内有关 PPP 合同标准化研究仍停留在初始状态和经验借鉴层面,缺乏相应的深度和广度。

4. 社会资本利益保障制度问题

学者从不同角度来讨论 PPP 模式立法对社会资本利益的保障问题。何寿奎教授认为产权形式是解决公用事业的所有制和规制问题的关键,应以各种形式明晰产权归属,实现对私人部门投资公用事业正当利益的有效保障(何寿奎,2009);湛中乐基于我国特殊的国情和公共部门的绝对优势地位,认为 PPP 模式立法应特别重视诚实信用原则、公平正义、道德自律等基本原则和理念对公私各方合作者的约束,尤其对政府部门履行、变更、解除 PPP 协议的约束(湛中乐,2007);李霞教授则认为应从法律及司法方面强化法律法规的可操作性,应根据公益性和经济性的强弱来决定引入竞争机制的范围,对公开招投标的办法、价格听证制度、信息公开、政府购买公共服务的资金审核与管理办法、绩效评估方式与标准、私营部门提供公共服务的退出机制与办法等进行具体而详尽的规定。同时,确立司法救济方式。此外,对于政府在公共服务政策实施上和规则制定上差别对待的,应赋予私人部门对政府的申诉权(李霞,2015)。

也有部分学者认为应从准入、建设、运营、退出等各环节运行机制入手保障社会资本利益。例如,宋华琳认为私营部门应当享有对准入制度提出异议、要求政府部门确保其特许权专有性和长期有效的权利,凡因公共利益特许权被收回的,社会资本所有人应有权要求政府部门赔偿其损失或者有条件地允许其处分特许权及相关权益(宋华琳,2006)。陶长琪认为应该建立灵活、可靠的收益分配机制以保障社会资本的合法权益(郑志强、陶长琪、冷毅,2011)。章志远教授认为由于目前我国公用事业特许经营的监管体系尚未完全确立,市场准入、中期评估等前期监管机制还不完善,因而市场退出规制往往承载着本应由其他监管机制履行的监管义务(章志远、黄娟,2011)。

(五) PPP 模式风险分担与救济研究现状、成果与评价

PPP 项目因其投资大、周期长、回收慢而潜藏着各种风险,PPP 模式立法必须建立科学、合理的风险分担和救济机制。围绕 PPP 模式风险分担与救济问题,学界对 PPP 模式风险类型、风险防范、危机预警、风险分担与救济机制等重大问题展开了深入细致的讨论,并取得了相当丰富的理论成果,这些理论成果对 PPP 模式立法具有很大的指导意义。

1. PPP 风险类型化

PPP 模式风险具有较大的国别差异,部分外国学者认为发展中国家的 PPP

风险集中于市场风险、财务风险、政治风险、法律风险、建造风险和经营风险(Ozdonganm I. D.,Birgonul M. T.,2000),但这种结论是否具有普适性,尚须经过PPP实践的检验。为此,国内管理学者对PPP模式风险问题展开了长期的、卓有成效的研究,他们以“实证—归纳—分类—验证”的方法,取得了丰硕的成果。王守清教授经过反复筛选、验证,识别出BOT项目的50项风险因素,并将其归类为政治风险、建造风险、经营风险、市场和收益风险、财务风险和法律风险(Wang S. Q.,2000),并以问卷形式调查项目参与者对政治风险、外汇兑换和收益风险的严重性和风险处置措施有效性的判断(Wang S. Q.,2000)。戴大双等学者通过总结40个典型的PPP项目实例,分析需求风险、原材料风险、利率风险、汇率风险、通货膨胀风险5个可量化风险的发生概率和对项目目标的影响(戴大双、于英慧、韩明杰,2005)。柯永建也根据对PPP项目由审查到运行各阶段考察,把PPP风险分为具体的政府干预、政府信用、法律及政策变更等37种风险(柯永建,2010)。PPP风险类型化有助于PPP模式风险控制立法,尤其是这种类型化的PPP风险通过立法的合理配置,不同的风险责任配置给最有能力控制的人,能够有效减少PPP风险的发生。

2. PPP风险分担原则与方式

PPP风险类型化的目的是确立合理的风险分担机制。多数学者从政府与社会资本的关系上分析,认为政府应该承担超过社会资本预期的风险。汉弗莱斯(Humpherys)等学者在分析航空交通项目时提出,政府为了能够增加项目的财务可行性,往往放弃享有相应的收益权利。在这种情况下,当风险损失超过预先规定的私人部门承受范围时,政府将承担超额损失,但当收益超过相应范围时,政府放弃享有相对应的超额收益,以激励私人部门提高项目运营效率(Humphreys I.,Francis G.,Ison S.,2003)。Crampes和Estache也认为双方风险态度对风险分担有影响关系,当双方都持风险中性态度时,分担未明确的风险由谁承担关系不大,但当经营者是风险规避型,而政府持风险中性态度时,如果不考虑成本问题,就应该由政府多承担部分风险(Crampes C.,Estache A.,1998)。国内学者张水波认为项目参与者的风险态度对风险分担谈判和结果有重要作用,而且风险分担并不存在绝对的原则,而是应该在基本原则的基础上,综合考虑双方对风险的态度和项目的具体条件确定(张水波,2003)。最受广泛认可和接受的风险分担原则是风险应该分配给对其最有影响力和控制能力的一方,或者是对其最有承受能力的一方。该原则既确保合理的风险转移的激励作用,又确保风险规避在一定程度上为风险保险(何涛,2003)。

风险分担机制和原则的厘清有助于公、私合作各方采取积极有效的措施降低风险,而不是纯粹地把风险转嫁给其他合作方,而且,把风险分配给最能控制风险的人的原则使风险分担机制更合理。学者们的努力为PPP模式立法就风险分担问题拥有了相应的理论依据,构建PPP风险分担机制具有了现实条件。许多国家的

PPP法或者PPP指南均有相应的风险分担规定或建议，并要求PPP参与各方作为谈判和合同设计的依据。有些学者甚至研拟出风险分担的合同条款(H.M. Treasury,2007)和不同风险处置技巧(Partnership Victoria,2001)，为PPP模式立法提供更准确的参考依据。

3. PPP风险的法律控制

PPP风险是一项系统的集合，从项目决策、立项到建设、运营均存在各种不确定的风险，且每一个环节的风险类型并不完全相同。周期长的PPP项目受到来自政策、法律或者政府的稳定性风险威胁更大，围绕政策等稳定性风险，有学者认为PPP模式立法应当明确这类风险的PPP协议分配机制(Wang S. Q., Tiong R. L. K., Ting S. K., Ashley,1999)，公营和私营部门双方对于风险的分担主要通过权利义务的界定和付款机制的确定来实现，即通过合同条款来定义(Lam K. C., Wang D., Lee P. T. K., Tsang Y.,2007)，王守清教授则建议政府部门在特许权协议中作出保证，并以广西政府部门对来宾B电厂项目的“既未要求或收到过不合法的报酬或佣金，也未在将特许权协议授予项目公司方面行使或利用过任何不合法的影响”声明为例(王守清,2001)证明自己的观点；柯永建把PPP风险分成了具体的政府干预、政府信用、法律及政策变更等37种，并分别针对这37种风险具体提出了风险控制，即主要通过在PPP项目中约定风险的分担(柯永建,2010)，即以契约方式约束政府行为并确保政府履行契约以降低相应的契约风险，这种风险控制机制在法治化程度高、政府信用良好的条件下不失为风险控制的良策，但现阶段我国政策环境受人为因素影响的概率极高，政府毁约、违约情况突出，信用堪忧，在这种环境下，设计由PPP协议约定这类风险控制的制度不具有可行性，应当对PPP模式立法，依法确认政府对这类风险承担责任。

4. 争议的解决

PPP风险导致PPP纠纷、形成PPP争议，这是不可避免的社会现象。对于PPP协议履行过程中出现的争议，最终的解决方式只能是诉讼或者仲裁。但PPP争议涉及政府、社会资本及利益相关者甚至社会公众，究竟以何种诉讼方式解决具体争议却有很大的分歧。英美法系国家以一般契约规则为其主要适用原则，同时辅以特殊规则如契约义务不能约束公权力行使的原则、英王特权原则即公共利益特权原则等解决(王明阳,1987)，这在契约精神发达的国家并无问题，但我国要解决PPP争议，到底如何抉择，颇令人头痛。虞青松教授认为对于行政主体与企业间的争议解决，应当揭开契约的“面纱”，公私合作契约系授权或特许的载体，而授权或特许构成行政主体的行政允诺，公私合作契约纠纷应将之视为行政允诺行为纠纷，适用行政诉讼程序(虞青松,2013)；胡建淼教授认为政府部门在PPP模式中具有双重身份地位的特性，完全适用普通法上关于私人契约的规则必然会遇到困难。英国法院判例承认行政机关在行政契约中的公共利益特权，但要求这种特权必须理性运用，尽管对行政契约的审判一般适用普通法程序,但考虑到行政契约的特殊性,必须构建一些特殊的原则(胡建森,1993);陈军教授进一步分析PPP项目违反公共利益时的争议解决方法,认为最好的方法是由法官居中调解(陈军,2013);而如果争议的目标是PPP项目的公共利益,公民应有提起诉讼的权利和保护公共利益的责任,应该赋予公民向人民法院提起诉讼的权利(孙迎春,2009),这种情况下,可提起公益诉讼,但为了防止滥诉,PPP模式立法可以设置一定的起诉条件(邓敏贞,2013)。

PPP争议解决机制因其法律关系的复杂性,其解决方法应当有所区别。PPP争议多为契约利益纠纷,一般应以普通的民事诉讼或仲裁来解决;当PPP争议涉及行政权力或者具体行政行为是否违法时,应当采用特殊的规则适用行政诉讼予以解决;而PPP争议如果涉及公共利益侵害问题,PPP立法也应赋予社会公众提起公益诉讼的权利。因此,以行政诉讼为主解决PPP争议的认识存在一定的局限性,尤其是行政诉讼解决的只是具体行为是否合法的问题,并不能真正解决复杂的PPP争议。

(六)PPP模式多层次监管机制立法研究现状、成果与评价

1. 我国现有PPP监管机制存在的问题

公私合作模式改变了政府在基础设施和公用事业领域的角色,由原来的直接经营者转变为行业监管者,实行政企分离、政资分离和政事分离。但政府并没有完全适应这种改变,由此形成一系列PPP模式监管问题。余晖、秦虹认为我国政府监管体系不完善,政府部门分工不到位和职责界定模糊,由此形成重复监管和监管不协调的问题(余晖、秦虹,2005)。肖晓军、吕景春支持这种观点,并进一步认为条块之间监管分工不尽合理,纵向监管权力配置与横向权力配置之间缺乏协调机制,条块发生冲突时,又缺乏相应的裁决机制(肖晓军、吕景春,2006)。赵旭则认为政府监管机构及其监管能力存在问题,例如,政府监管机构交叉重叠、多头监管、缺乏独立性、监管知识和技术不足、缺乏经费保障,都制约着监管能力(赵旭,2007)。

监管依据不足、监管对象不明确是PPP监管面临的另一突出问题。宋丽、王胜利指出政府在监管公私合作项目时缺乏完善的法律依据(宋丽、王胜利,2012)。闫海、宋欣认为政府监管权力过于分散,致使政府一方面无法全方位对项目进行监管从而造成监管缺位;另一方面政府职权相互重叠导致监管成本加大、监管效果不佳,对政府的公众信用产生不利影响(闫海、宋欣,2011);李珍刚认为,政府的监管缺失的最突出表现为对价格监管的缺位,即政府往往偏重终端价格控制,未足够重视对成本的监管(李珍刚,2008)。

2. PPP监管模式及立法

(1)PPP监管模式,王守清、刘婷对域外监管主体进行了系统的比对,认为PPP监管主要有独立监管模式和混合监管模式,例如,英国设立独立的法定机构,依法监管并提供相关服务,混合监管模式则由政府直接履行监管职责,并处理PPP业务[王守清、刘婷,2014]。

(2)准入监管立法,英国、加拿大、德国、澳大利亚、日本、荷兰、南非等国家和我国台湾地区、香港特别行政区均基于 PSC 综合评价法①来考察"物有所值",例如,英国于 1999 年和 2004 年出台《物有所值评估指南》,2008 年出台《基于长期价值的基础设施采购法》[李佳嵘,2011]。美国、罗马尼亚、奥地利、比利时、新加坡等国家,则采取竞争性投标法以实现"物有所值"[高会芹、刘运国、亓霞、傅鸿源,2011]。

(3)有关监管的法律文件。英国在监管立法方面的改革是立法先行,列出了英国 5 个主要基础设施部门实行改革时所颁布的主要法律和相应的监管机构、社会监督[屈哲,2012]。其他诸如澳大利亚、南非等国家以及我国香港地区也均有相应的法律文件,例如,澳大利亚制定了 2008 年《全国 PPP 指南》等法律文件[胡鹏翔,2002]。

3. 政府机构的 PPP 监管职能与权限

监管职能是 PPP 项目政府的重要职能,有助于提高 PPP 项目的质量和效率。以公共利益为核心的政府监管应当确保私营部门承担供给公共产品义务时符合社会的整体利益。学者对政府监管的关注侧重于监管机构设置、监管内容和形式的完善以及如何防范政府监管失灵等问题。

许多学者认为明确政府监管机构是 PPP 监管的重要一步,王守清教授以比较法的视角考察了主要英联邦国家的政府监管设置问题[王守清、刘婷,2014],并在对英国、韩国、日本的 PPP 实践梳理时发现它们都有专门负责 PPP 项目管理和咨询的机构,监管机构则未单独设置[梁时娟,2008],由此认为政府并不一定要设立单一的监管机构,但应当由一个指定的中央政府机构牵头、协调各方监管机构的工作[张子龙、王守清,2014]。而徐霞、郑志林、周松研究了英国、美国和新加坡的机构设置后,发现 PPP 项目监管机构有三种设置方式,即以英国为代表的综合行政部门下相对独立的纵向一体化监管体制,以美国为代表的纵向一体化和横向一体化独立监管机构相互分权的体制,以新加坡为代表的行业纵向一体化为主的监管和管理混合体制[徐霞、郑志林、周松,2009]。总体来看,国内学者大多数支持设立独立监管机构,肖晓军、吕景春认为我国应按照谁最易获得信息、谁负责监管的原则,尽量把各部门分散的监管职能集中到一个监管机构,保持相对独立性,使被监管企业面临一个或少数几个监管部门,避免多头监管[肖晓军、吕景春,2006];陈婉玲教授则坚持创设以公共利益为核心的独立监管,应围绕公共利益和供给效率展开,并认为监管独立有利于实现"政企分离"的目

① PSC 综合评价法,即公共部门比较基准评价法(Public Sector Comparator Assessment),常用于衡量 PPP 项目是否"物有所值"。在项目立项、规划和采购各阶段,通过比较项目基准价格与引入 PPP 模式后预估的项目投入,从数量和质量两方面,选取最合理的融资路径。See National Audit Office, Review of the VFM Assessment Process for PFI, 2013.

标,厘清政府职能(陈婉玲,2014);叶晓甦、张永艳、李小朋则提出设立"综合性独立监管机构"的设想,由该机构参与项目全过程的监管,尤其是对日常事项的监管(叶晓甦、张永艳、李小朋,2010)。

对于政府监管的内容与形式,章志军认为应审慎选择规制手段,应当坚持经济性规制与社会性规制相结合、更加重视社会性规制的原则,经济性规制应当突出市场准入和退出、价格规制等内容(章志军,2007);徐霞、郑志林、周松则认为公私合作模式下政府监管的内容包括市场准入监管、服务价格监管、质量监管、退出监管以及评价制度(徐霞、郑志林、周松,2009);洪迪也认为公私合作项目中,政府监管内容主要为价格监管、项目质量监管,并认为监管形式应包括合约监管、激励性监管、内部监管和外部监管相结合,并实行问责机制(洪迪,2013);王俊豪认为 PPP 项目的监管内容和监管形式应进一步细化,监管内容应包括私方合作者的选择机制、价格监管、质量监管,而监管形式要求转变传统的"命令—控制"形式,实施激励与约束相容的监管(王俊豪、付金存,2014)。

针对政府监管存在的问题,学者也从不同的角度探讨其解决方案。闫海、宋欣认为应当加强对政府监管的监管,为避免政府以寻租、腐败等方式阻碍公私合作的有效运营,政府监管也应当受到其他主体的监管,这里的其他主体应包括行业自律协会、上级行政机关以及社会公众(闫海、宋欣,2011);金暄暄提出构建公私合作模式的监管体系应当是多元的,以政府监管为主,构建社会监管体系为补充机制,并完成监管绩效考评机制(金暄暄,2014)。

学界对监管机构、职能、监管内容与形式的讨论,其目的是构建 PPP 有效监管制度、解决监管失灵,而要达成这种目的,PPP 模式立法应当围绕有效的约束政府监管行为为中心,构建以权力限制权力、以制度约束权力的 PPP 监管制度。

4. 独立监管与社会监督

PPP 模式应用涉及面广、投资大、风险多、决策内容复杂、持续时间长、技术与信息要求高,这在客观上要求引入独立的专业化的监管机构(白祖纲,2014),陈婉玲教授也认为 PPP 涉及公共利益安全,如果政府既作为裁判员又作为运动员,既是决策者又是执行者,享有多重角色身份,容易形成角色错位,应当构建独立的 PPP 监管(陈婉玲,2014)。王守清教授认为,应当建立统一的项目信息发布机制,积极发挥独立第三方机构(包括会计事务所、律师事务所、银行等)的作用,完善政府的决策机制,保障社会公众的利益(王守清、刘婷,2014)。

强调独立监管的同时,部分学者还提出发挥社会监督的重要性,屈哲认为公私合作制改革,使监管内容与形式发生重大变化,必须加强 PPP 项目质量、环境、社会安全、最低服务水平等社会性监管工作,以保证公私合作制企业在追求自身利润的同时满足社会福利的需要(屈哲,2014)。李霞也认为在 PPP 模式立法中,社会公众应扮演监督者角色,维护自身合法权益(李霞,2015)。

(七)PPP 模式法律制度的冲突与衔接研究现状、成果与评价

PPP 模式是公共服务领域重大制度改革与创新,这种改革与创新必然伴随着一系列现行法秩序的“破”与“立”,PPP 模式立法应当统筹处理这种“破”“立”关系以及由此引发的制度矛盾与法律、法规间的冲突问题,妥善处理法律与制度的衔接问题,既要处理好新法与现行法的衔接问题,也要剔除现行法对 PPP 模式的不适应性,厘清 PPP 法与现行法的相互关系以及具体的法律概念、法律规范的衔接关系。例如,德国通过修订投资法,使基金公司参加 PPP 项目,消除了投资法对社会资本在 PPP 项目上的准入障碍(李以所,2014),有法国学者也提出 PPP 模式立法与政府采购法相衔接的建议,提出应该在政府采购法中增加相关特定 PPP 模式的采购方法的观点(鲁庆成,2008)。国内学者较少关注 PPP 模式立法与现行法秩序冲突与衔接问题,目前尚无公开发表的研究成果。

二、学术价值、应用价值和社会意义

PPP 模式是公共服务领域全面深化改革的重要方式,其立法理论研究远不能适应 PPP 发展的要求。总体而言,学界对 PPP 模式的理论研究呈现“三多三少”的特点,即管理类成果多、法学类成果少,单一成果多综合成果少,制度建设成果多、立法方法成果少。对现有的 PPP 实践仅限于介绍和归纳,缺乏深入、系统、细致的理论升华;对现有的 PPP“立法”资源既无诸如宗旨、原则、价值以及立法精神、立法依据的理论诠释,也无具体制度构建核心意旨、制度目标的系统说明。所有的“规章”“规范性文件”生长速度之快、数量之多,极为罕见。2015 年我们曾以“政府与社会资本合作(PPP)模式立法研究”为题向国家社会科学规划办推荐作为重大项目资助立项研究,目的在于集中力量对 PPP 立法进行深入、系统、细致的思考。法律是治国重器,良法是善治的前提。建设中国特色社会主义法治体系,必须坚持立法先行,发挥立法的引领和推动作用。

(一)国内外研究存在的局限性

1.研究方法、路径和内容单一,缺少交叉融合,研究成果缺乏系统性,法律视角薄弱

目前,在我国 PPP 学术研究中运用较多的相关外文译著主要包括美国萨瓦斯的《民营化与公私部门的伙伴关系》和英国的达霖·格里姆赛与澳大利亚的莫文·K.刘易斯合著的《公私合作伙伴关系:基础设施供给和项目融资的全球革命》[①]两

① 该书于 2016 年 4 月再版,更名为《PPP 革命——公共服务中的政府与社会资本合作》,由济邦咨询公司译,中国人民大学出版社出版。

本相关的专著。萨瓦斯在他的《民营化与公私部门伙伴关系》一书中对公私合作伙伴关系的论述,更多的是一种管理理念和政府治理的视角,缺少法律思维和相关的法律制度安排。《公私合作伙伴关系:基础设施供给和项目融资的全球革命》一书认为公私合作制是20世纪80年代以来全球性制度革命,是一种私营企业参与或为基础设施供给提供支持的制度安排,该安排机制可以采取多种形式,具有如下一些或全部特点:(1)根据合约的条款,公共部门实体将其控制的土地、财产或设施移交给私营部门实体(同时支付或无须支付对价);(2)私营部门实体新建或扩建设施;(3)公共部门实体规定该设施的运营服务;(4)私营部门实体使用该设施在规定的实践段内提供服务(通常在运营标准和定价方面还有限制);(5)私营部门实体同意在合约结束时将该设施移交给公共部门(付费或不付费)。[①] 其研究视角基于基础设施供给和项目融资范畴,和萨瓦斯一样,对PPP的研究缺少法律视角的关怀。总之,目前国内外PPP研究主要集中于财政、金融与公共管理领域,相较而言,法学界对PPP模式的"反应"更冷静,已有法学方面的成果尤以行政法学界较多,民商法学界、经济法学界等其他法学学科介入较少。

上述现象形成的基本原因在于PPP模式应用是一项庞大的系统工程,其理论涉及诸如管理学、金融学、经济学、法学等学科。对现有PPP研究成果梳理、分析发现,大多数学者在其成果中均或多或少提及法律或制度建设问题;相当多的学者提及PPP立法存在诸多的缺陷或缺失,而且这种缺陷或缺失很难以单学科解决。法学学者在研究PPP立法时,也明显意识到仅仅依据自己熟悉的法学理论难以完成PPP模式所有法律关系、法律制度的构建。因此,单一学科研究存在明显的能力不足问题,PPP模式立法不仅需要管理学、经济学、法学等学科综合、交叉研究,而且也需要法学各学科诸如民法学、商法学、经济法学和行政法学交叉、综合研究,而现有的成果属单一学科较多,综合交叉成果相当缺失。

PPP契约法律关系的复杂性决定了PPP模式的立法研究必须打破传统法学以部门法作为分水岭的隔阂,需要协同不同学科、不同部门法学的力量共同建构PPP模式的共性制度规则和理论,而学者对PPP模式的讨论多受其学科理论的束缚,其研究方法、研究思路和研究手段不能摆脱其学科知识的限制与影响。例如,法学学者多运用传统的理论和制度分析PPP模式的法律关系和PPP契约标准化及其限制问题,研究PPP模式各重要环节的法律性质、法律关系以及具体规范问题;管理学或经济学学者多从PPP模式的运行效率、融资成本以及项目评估、监管需求角度,讨论保障PPP资本投入、减少政府干预以及提高PPP运行效率问题。这些研究成果

---

① 参见[美]E. S. 萨瓦斯:《民营化与公私部门的伙伴关系》,周志忍等译,中国人民大学出版社2002年版,第5页。

并没有交集,也缺乏对话和交流机制,无法形成 PPP 运行模式的共识和共同规则。

2. 基础理论和制度架构薄弱

PPP 模式的应用是在现行法秩序下展开的,例如,PPP 契约制度适用合同法,PPP 项目土地使用权适用土地使用权及招投标相关法。但是,现行法秩序对 PPP 存在明显的不适应性,例如,多数合同谈判是"一对一"的谈判,而 PPP 模式经常采用竞争性谈判机制,是"一对多"或者"多对多"的谈判。单一学科的理论研究——无论是管理学、经济学还是法学——无法解释 PPP 模式系统性法律问题,无法应对 PPP 模式复杂的法律关系。即使以法学学科能够解决 PPP 模式立法问题,也必须是法学各二级学科整体合作、综合检讨,需要集合多种法学研究力量,因此,现行法秩序是建立在已有法制度之上的法秩序。以单一法学视角研究 PPP 模式立法,难以解决 PPP 模式立法的整体性质、应然立法体系和立法权分配问题。PPP 模式立法需要建立一种相对独立的法律制度,而 PPP 模式却是一个系统工程,它需要多学科、多法学视角构建一套能够满足 PPP 模式需求的法律理论和法律制度,以支持 PPP 模式立法。

现有研究成果并没有形成 PPP 立法理论。PPP 模式应用于公共资源领域,社会资本以合作方式介入基础设施和公用事业领域,并为社会公众提供公共物品与服务。这意味着 PPP 模式立法至少应当遵循这样一些理论:(1)公共利益安全理论,公共资源必须服务于公共利益,而不得成为社会资本牟利的工具,公共资源领域引入 PPP 模式,旨在提升公共物品与服务的质量与效率,公共利益最优化或者最大化才是 PPP 模式立法的指导思想;(2)在公共利益安全的前提下,满足社会资本营利性追求是 PPP 模式健康发展的关键,社会资本若不能获得合理的回报,也即意味着社会资本失去其原始动力;(3)政府选择与社会资本合作必须物有所值,如果 PPP 模式不能有效地提升公共物品与服务的质量与效率,不能降低其成本,PPP 模式也就失去自身存在的价值;(4)PPP 模式以合作契约为基础,契约的基本精神是平等、自愿、互惠、互利,这种契约精神排斥政府强势权力;(5)PPP 模式在公共领域应用究竟是缓解政府压力、拓宽公共物品与服务的供给渠道,还是政府甩包袱、转嫁风险的手段,已有的研究成果也无法作出解释。凡此种种,PPP 模式立法理论极为薄弱,这是一个客观的结论。

3. 现有 PPP 模式立法理论成果不能为 PPP 立法提供足够的理论和制度支撑

以 PPP 模式作为未来基础设施与公共服务领域的发展路径是国家战略,虽然国务院各部委及各地方政府密集出台一系列规章、规范性文件,倡导政府职能转变、鼓励社会资本参与 PPP 项目建设,但目前 PPP 模式立法的成熟理论成果微乎其微,且多集中于特许经营和政府采购相关理论问题,PPP 模式既不等于特许经营,也不完全是政府采购,显然,理论界以特许经营或者政府采购为对象的研究成果并不能完全适应PPP模式立法的需求。PPP模式立法应如何配置立法权、如何构建及完善具体制度、如何协调公私利益冲突以及如何实现新的立法与既有立法之间的有效衔接等问题,都缺乏相应的理论成果。更为关键的问题是,现在PPP模式立法的研究成果主要出自工程管理与经济管理的学者和管理者,来自法学领域的研究成果较少,法学界对PPP模式立法研究落后于时代的需要。现有法学成果多为对已经制定的法律规则的理论和应用解释,而不是针对PPP模式立法所为的理论或规则创新,既有与PPP模式立法脱节问题,也存在创新不足问题,以现有的理论或观点对待PPP模式在公共领域的创新与变革,很难形成支撑PPP模式立法的理论基础。

(二)现行PPP模式立法无法达成规范和促进PPP事业健康发展的目标

法治是国家治理的根本,特定时期的法治建设应该契合时代背景和现实需要。PPP模式立法的使命在于确保PPP模式在“从摇篮到坟墓”全周期中发生的主要法律关系都有法可依、有规可循。坚定的政治承诺是PPP制度安排的保障,改革的持续性与公共部门使用资金的效率在很大程度上依赖于政治承诺而非有效管制与竞争政策,但政治承诺很难获得最终的有效落实,唯有以立法方式构建PPP法律制度才是PPP模式健康发展的根本保证,这也是我们进行PPP模式立法研究的价值所在。现有的PPP模式“立法”资源无法撑起PPP事业发展的脊梁。

1. PPP模式总体存在“三高一低”问题,整体有效推进需要制度支撑

PPP模式直接关系“让市场在资源配置中起决定性作用”改革的成效,关系公共利益和人民群众福祉,也关系理顺政府与市场关系、加快政府职能转变、缓解财政压力、提高公共服务效率等一系列重大问题。目前,PPP模式实践存在明显的“三高一低”现象:(1)政府对推广运用PPP的期望高。政府在错综复杂的国际国内环境下,期望以增加公共物品与服务促进传统引擎升级、拉动内需支撑经济增长、深化改革、保证经济结构成功转型,PPP模式成为新一轮社会经济改革进入“深水区”后的推进器和重要抓手,从中央政府到地方政府均赋予了PPP模式特殊的使命。(2)地方政府及融资平台参与PPP兴趣高。受传统政绩考核观念影响,地方政府对PPP项目缺乏理性分析和科学决策,集中推出、盲目跟风。(3)中介咨询机构提供咨询服务热情高。全国各地PPP培训机构如雨后春笋般出现,开设大讲堂,印发培训手册,各地方政府也纷纷公布PPP咨询机构入库选名单,如福建省公布12家、厦门市公布首批17家。(4)PPP真正的参与方——民间资本参与度低。基于“经济人”的理性,在制度缺位、信用缺位、环境缺位条件下,对政府信用度和支付能力的担忧、项目收益率、回报率和话语权保障以及本身融资能力和成本核算等问题都是制约社会资本参以热情的因素,社会资本对政府推出的PPP项目反应较为慎重甚至冷淡。PPP项目持续周期长、规模大、资金投入多,从推出到最终签约需

要较长的准备、谈判和博弈过程。本次经济新常态下PPP模式的试水成效,至少需要若干年时间的观察才能有成败的结论,但制度完善是其基本保障。

2. 观念和认知落后陈旧,实用主义依然是各地方政府开展PPP实践的指导思想

一些地方政府对PPP模式缺乏正确认识,对PPP的价值仍停留在"掉馅饼论""甩包袱论""融资工具论"之上,认为"公共资金有限是政府邀请私人部门参与合同安排以负责资本密集项目的融资建设和运营的主要原因",将PPP单纯理解为一种新的融资工具,通过PPP解决财政投入短缺仍是首位指导思想。但是,PPP的价值不仅在于融资功能,更在于其是公共服务领域的一场变革和政府管理模式的创新。这种对PPP的片面认知直接影响PPP推广的实效。就我国PPP模式实践而言,在财政收入增速下滑、土地出让金锐减、地方举债缩紧的背景下,引入PPP模式确实能够解决地方政府基础设施建设融资"瓶颈",但正如清华大学王守清教授所言,"PPP不是地方政府推卸责任的借口,仅是对现有公共设施服务模式的补充而非替代",必须认识到仅靠PPP并不能完全满足我国基础设施和公共服务的供给需求,更不能完全解决地方债务和资金短缺问题,PPP并非包治百病的良药,并非所有的项目都适合PPP模式。PPP更强调的是平等合作关系,其价值更在于提升公共服务效率。由于缺少系统的理念指引和制度安排等方面的"顶层设计",PPP模式在地方政府的实践中表现得较为急功近利和思想混乱。

3. PPP概念泛化乃至模式异化

PPP概念因其复杂的运行结构而无法统一界定,但各国和地区基于具体情况和相应发展态势,均作出相应的定义,至少在政策导向上予以统一、明确。我国PPP模式运用缺乏统一协调机构,各部委基于自身认识与职责,强调某一概念的主导地位,在一定程度上造成相关PPP概念的泛化和内涵混乱。例如,财政部2014年发布的《政府和社会资本合作模式操作指南》财政部指出PPP项目运作方式主要包括委托运营、管理合同、建设—运营—移交(BOT)、建设—拥有—运营(BOO)、转让—运营—移交(TOT)和改建—运营—移交(ROT)等,国家发展和改革委员会同期发布的《关于开展政府与社会资本合作的指导意见》(发改投资〔2014〕2724号)提出PPP合作方式主要为"特许经营、购买服务和股权合作。经营性项目可以通过政府授予特许经营权,采用BOT、BOOT(建设—拥有—运营—移交)等模式推进;准经营性项目可通过政府授予特许经营权附加部分补贴或直接投资参股等措施,采用BOT、BOO等模式推进;非经营性项目可通过政府购买服务,采用BOO、委托运营等市场化模式推进"。实际上,特许经营、政府采购、政府购买服务与PPP并非同一层面的概念,但在实践中,"特许经营"却被泛化到所有的市政领域进而覆盖所有的PPP模式,政府采购也被扩展到所有的政府与社会资本合

作流程,对 PPP 争端解决适用行政诉讼或民事诉讼程序的分歧实际上就是对政府特许经营行为、政府采购行为与 PPP 合作协议本质及层次结构认识模糊的结果。不同形式的 PPP 在产权、融资和运营等方面具有不同特征,并且合作双方的角色和权利义务关系也存在差异,概念的泛化和模糊将直接影响实践的选择和判断,增加交易成本。而在 PPP 模式实践中,政府以保底承诺、回购安排、明股暗债等方式进行变相融资与国有企业作为 PPP 社会资本合作方参与 PPP 融资等"换汤不换药、新瓶装旧酒"的做法显然有违 PPP 的本质与价值,与推广 PPP 的政策初衷背离。对这种 PPP 模式异化现象,应当予以足够的警惕。

(三)PPP 模式立法研究的应用价值

PPP 模式立法的研究目的在于通过 PPP 立法理论的研究,建立 PPP 模式的法律规则体系和促进、保障体系,因此,本研究总体上具有两个层面的应用价值:一是研究成果将为正在进行和未来进行的 PPP 模式立法提供理论支撑,服务于政府决策和立法;二是对 PPP 发展中阻碍 PPP 项目顺利进行的不确定的法律问题进行探讨,提出可行的、合理的解决方案或应对策略,以指导 PPP 产业界建章立制,预防和规避可能产生的法律风险。

本研究将探索和设计 PPP 模式从立法、规划、运行、监管等过程所涉及的法律理论和制度,提出具体的立法建议,这些研究成果将直接或间接地对我国 PPP 模式的发展起到积极作用。例如,有关 PPP 投融资的制度将扫清社会资本进入公共服务领域投资的法律障碍;有关 PPP 契约机制的研究,将为 PPP 模式提供激励,并构建 PPP 模式中政府及社会资本交易的基本秩序,维护处于弱势一方的社会资本的利益;有关 PPP 模式的决策、规划、监督机制的研究,将为整个 PPP 模式运行中的交易流程提供示范,建议公平、透明的交易模式,为政府职权的行使和监督提供法律规则;专门的 PPP 预警机制及风险救济制度研究,为 PPP 模式在运行中可能出现的风险进行预警,并分析出现的原因及救济制度等问题,向 PPP 模式发展中参与人提供保障,科学划分风险责任的分担机制。PPP 立法的衔接研究,为 PPP 实践中出现的法律冲突提供化解方案。

(四)PPP 模式立法研究的社会意义

党的十八届三中全会关于"允许社会资本通过特许经营等方式参与城市基础设施投资和运营"的精神为 PPP 模式在我国的大规模推广提供了政策背景,在传统的基础设施领域,界定社会资本可以参与的范围,采取与政府部门合作的方式共同提供公共产品及相关服务,成就了 PPP 的实践。PPP 的实践需要理论,特别是法律理论的指导和立法的保障。

本研究的社会意义具体表现为以下三个层面:

其一,推动 PPP 模式的法律治理,丰富法治国家建设的理论体系。当今中国正处在一个伟大的变革时代。党的十八届三中全会明确地把“完善和发展中国特色社会主义制度、推进国家治理体系和治理能力现代化”作为全面深化改革的总目标,“推进法治中国建设”则是实现总目标的基本途径之一。同时,党的十八届三中全会明确“让市场在资源配置中发挥决定性,允许社会资本通过特许经营等方式参与基础设施投资与运营”,李克强总理在政府工作报告特别强调“在基础设施、公用事业等领域,积极推广政府和社会资本合作模式”。因此,PPP 模式应用已经成为公共领域改革、经济结构调整、经济稳定增长的重要抓手。加强 PPP 模式立法理论和制度建设研究,尽早把 PPP 模式推广和应用纳入法治化轨道,依法依规发展 PPP 事业、推动公共领域的法律治理,具有极为深远的政治价值和社会意义。本研究的研究成果通过为 PPP 立法提供理论基础和立法技术上的支持,在一定程度上将丰富法治国家建设的理论体系。

其二,推动我国 PPP 实践,为 PPP 事业健康发展提供法律支持。现行的法律制度不能解决 PPP 运作权利义务无序分配的现状。PPP 模式运作的目的是政府部门和私营部门通过权利义务的合理分配,充分发挥公私双方的优势,实现公共服务的高效率。现行法制度对营造权利公平、规则公平、机会公平的 PPP 投资环境存在一定的负面影响,PPP 模式中公私双方的权利义务分配无法达成公平的目标,也不能为社会公众享受优质的公共服务产品提供有效的法律保障。同时,基于合同自由、公平、诚实信用等原则,引入 PPP 项目竞争性谈判机制,可能导致 PPP 项目谈判旷日持久,不仅会影响 PPP 模式的效率,而且必然会形成过高的前期费用和融资成本,且极易造成一方的权益受损,无法实现权利义务合理配置的目标。据不完全统计,98% 的 PPP 项目在签订合同前所花费的时间都远超非 PPP 项目时间,所超出区间在 11% ~166% 不等;在谈判期间所花费的成本超过非 PPP 项目正常咨询和投标所需成本的 25% ~200%[(Ahadzi and Bowles,2004)]。因此,本研究通过权利义务契约化、契约限制法律化、PPP 合同标准化手段,可以有效地缩短谈判时间、降低交易成本和提升合作效率。

其三,推动公共产品与服务的多元化供给,为社会公众享受高质量的公共服务提供法律保障。我国自 20 世纪 80 年代以来,在基础设施建设方面也面临同样的困境,单纯财政投资建设基础设施的模式已不能满足我国扩大内需、发展经济的需要。特别是自 1994 年分税制改革后,地方政府事权与财权不统一,地方财政需要承担地方机关运作及维持地方经济、社会正常运转所需要的城市道路交通、水电气热等各项市政公用事业所需的支出,但地方财政收入比重却明显低于中央政府,税收增量收入更多地转向中央政府,据统计,地方财政支出的自给率平均只有 60.78%,且由于预算法的限制,地方政府在法律和政策上不允许列编赤字预算,巨大的基础设施建设资金缺口很难满足国家和社会对于公共服务领域的服务质量要求。PPP立法的研究可以改变政府缺乏资金的现状,使更多的资金流入PPP项目中,只要有资金和法律保障,我国政府提供高质量公共服务产品的目标即可实现。

总之,本研究与我国经济发展战略部署相吻合,PPP模式的有效推广对实现经济转型升级、拓宽城镇化建设融资渠道、加快政府职能转变、深化财税体制改革和提升我国公共服务产品质量和效率具有重要意义,加强立法研究是PPP模式健康发展的有力保障。

三、主要内容与研究框架

作为政府与私人部门在公共服务领域的一种合作关系,PPP模式是公共服务领域中政府治理的重大变革,各国均出台相应政策与立法对这种新型的公共服务供给模式加以规范和引导。我国目前关于PPP模式的立法大多以部委规章、规范性文件为主要形式,不仅层次低、效力差,而且政策性强,概念界定混乱、模糊,制度规范交叉、重叠,严重影响PPP模式的顺利推广与运行,迫切需要对PPP立法体系和立法层次加以整合、规范和提升。本研究将围绕PPP模式"为什么要立法?哪些问题需要重点立法?如何立法"的研究进路展开:

(一)总体问题:PPP模式立法现状(为什么要立法)

虽然PPP模式在我国20世纪90年代已有实践,但在全面深化改革背景下却有着其独特的时代蕴含。自党的十八届三中全会提出"允许社会资本通过特许经营等方式参与城市基础设施投资和运营,让市场在资源配置过程中发挥决定性作用"以来,风起云涌的PPP模式承载着调整政府与市场关系、促进经济转型升级、缓解政府财政压力、提高公共服务质量和效率、倒逼政府职能转变、提升国家治理能力等政治、经济、社会多方面使命,其模式运用本身涉及观念更新、利益协调、财税改革、管理创新、制度完善等问题,在实践中仍处于探索与试错阶段,立法上存在以下问题亟须解决:

1. 现有法律、法规和政府规范性文件等PPP规则体系庞杂、混乱,需要统一

截至目前,除《招标投标法》和《政府采购法》外,据不完全统计,与PPP模式直接相关的行政法规、部门规章和规范性文件近百项,主要有(按照颁发时间顺序排列):

(1)《市政公用事业特许经营管理办法》(建设部令〔2004〕126号)。

(2)《国务院关于鼓励和引导民间资本投资健康发展的若干意见》(国发〔2010〕13号)。

(3)《招标投标法实施条例》(国务院令〔2012〕613号)。

(4)《国务院关于加强城市基础设施建设的意见》(国发〔2013〕36号)。

(5)《国务院办公厅关于政府向社会力量购买服务的指导意见》(国办发〔2013〕96号)。

(6)《国务院关于创新重点领域投融资机制鼓励社会投资的指导意见》(国发〔2014〕60号)。

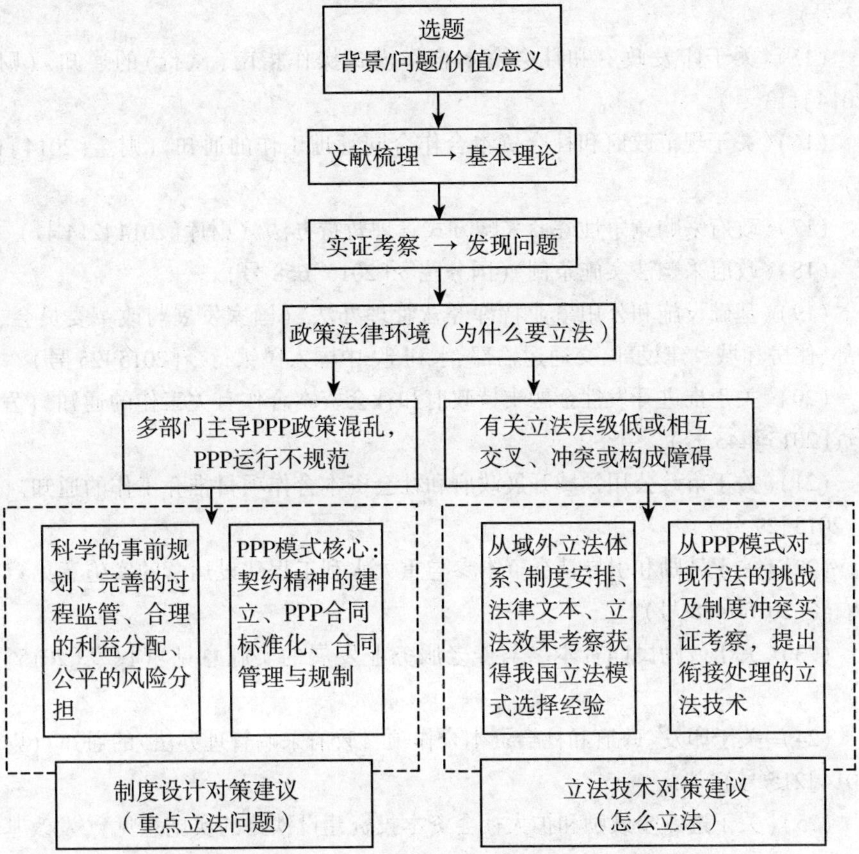

图1　PPP模式立法研究进路

(7)《关于公共基础设施项目享受企业所得税优惠政策问题的补充通知》(财税〔2014〕55号)。

(8)《政府购买服务管理办法(暂行)》(财综〔2014〕96号)。

(9)《天然气基础设施建设与运营管理办法》(发展改革委令〔2014〕8号)。

(10)《国家发展改革委关于发布首批基础设施等领域鼓励社会投资项目的通知》(发改基础〔2014〕981号)。

(11)《关于开展政府和社会资本合作的指导意见》(发改投资〔2014〕2724号)。

(12)《政府采购非招标采购方式管理办法》(财政部令〔2014〕74号)。

(13)《关于推广运用政府和社会资本合作模式有关问题的通知》(财金〔2014〕

76号)。

(14)《关于政府和社会资本合作示范项目实施有关问题的通知》(财金〔2014〕112号)。

(15)《关于印发政府和社会资本合作模式操作指南(试行)的通知》(财金〔2014〕113号)。

(16)《关于规范政府和社会资本合作合同管理工作的通知》(财金〔2014〕156号)。

(17)《政府采购竞争性磋商采购方式管理暂行办法》(财库〔2014〕214号)。

(18)《政府采购法实施条例》(国务院令〔2015〕658号)。

(19)《基础设施和公用事业特许经营管理办法》(国家发展与改革委员会、财政部、住房和城乡建设部、交通运输部、水利部、中国人民银行令〔2015〕25号)。

(20)《关于推进开发性金融支持政府和社会资本合作有关工作的通知》(发改投资〔2015〕445号)。

(21)《关于市政公用领域开展政府和社会资本合作项目推介工作的通知》(财建〔2015〕29号)。

(22)《关于鼓励和引导社会资本参与重大水利工程建设运营的实施意见》(发改农经〔2015〕488号)。

(23)《关于鼓励民间资本参与养老服务业发展的实施意见》(民发〔2015〕33号)。

(24)《关于印发〈政府和社会资本合作项目政府采购管理办法〉的通知》(财库〔2014〕215号)。

(25)《关于进一步鼓励和扩大社会资本投资建设铁路的实施意见》(发改基础〔2015〕1610号)。

(26)《关于在公共服务领域推广政府和社会资本合作模式的指导意见》(国办发〔2015〕42号)。

(27)《关于政府与社会资本合作项目财政承受能力论证指引》(财金〔2015〕21号)。

(28)《关于进一步做好政府与社会资本合作项目示范工作的通知》(财金〔2015〕57号)。

(29)《关于印发〈PPP物有所值评价指引(试行)〉的通知》(财金〔2015〕167号)。

(30)《关于规范政府与社会资本合作(PPP)综合信息平台运行的通知》(财金〔2015〕166号)。

(31)《政府投资基金暂行管理办法》(财预〔2015〕210号)。

(32)《关于在收费公路领域推广运用政府和社会资本合作模式的实施意见》

(财建〔2015〕111 号)。

(33)《收费公路政府和社会资本合作操作指南(试行)》(交办财审〔2015〕192 号)。

(34)《关于鼓励民间资本参与养老服务业发展的实施意见》(民发〔2015〕33 号)。

(35)《关于切实做好传统基础设施领域政府和社会资本合作有关工作的通知》(发改投资〔2016〕1744 号)。

(36)《传统基础设施领域实施政府和社会资本合作项目工作导则》(发改投资〔2016〕2231 号)。

(37)《关于推进传统基础设施领域政府和社会资本合作(PPP)项目资产证券化相关工作的通知》(发改投资〔2016〕2698 号)。

(38)《关于进一步共同做好政府和社会资本合作(PPP)有关工作的通知》(财金〔2016〕32 号)。

(39)《关于在公共服务领域深入推进政府和社会资本合作工作的通知》(财金〔2016〕90 号)。

(40)《政府和社会资本合作项目财政管理暂行办法》(财金〔2016〕92 号)。

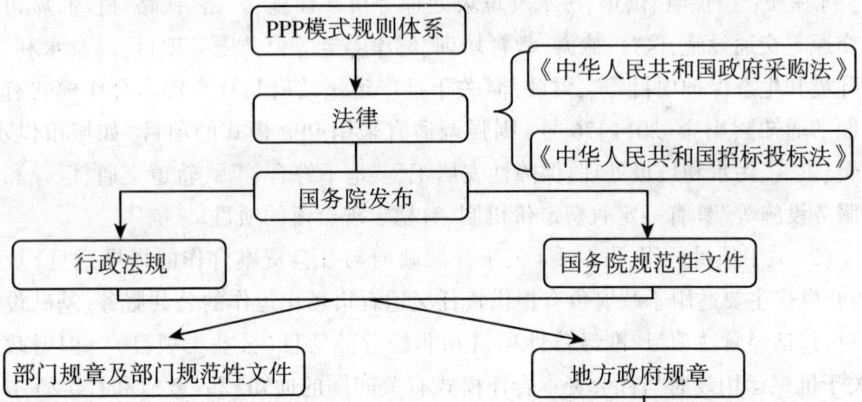

图 2 PPP 模式规则体系结构

各地方政府及部门也密集出台各种 PPP 相关的地方性法规、规章和文件,例如,贵州省出台《关于贵州省创新重点领域投融资机制鼓励社会投资的实施意见》、福建省出台《关于推广政府与社会资本合作(PPP)试点扶持政策的意见》、四川省财政厅《关于印发〈四川省"政府与社会资本合作"项目管理办法(试行)〉的通知》、北京市出台《关于创新重点领域投融资机制鼓励社会投资的实施意见》等文件,全国有19个省市自治区将PPP模式的“探索”“鼓励”“积极推广”写进了政府工作报告。密集出台的PPP模式指导意见和操作指南,层次低、效力差,政府主导特色较浓厚,制度推行较为急促,导致PPP模式实际操作规则适用的问题。

2. 我国PPP模式基础概念泛化,PPP项目适用范围模糊,亟待立法统一

PPP概念并无界定,各国根据各自国情和相应发展态势均作出相应的定义,但至少在政策导向或立法层面是统一和明确的。我国政府各部委从自身职责和定位出发,强调某一概念的主导地位,在一定程度上造成PPP相关概念的泛化和内涵混乱。

(1)自国务院发布《关于鼓励和引导民间投资健康发展的若干意见》(国发〔2010〕13号)以来,“基础设施、公共服务和公用事业”领域成为推广PPP模式的重点,但关于“基础设施”“公共服务”和“公用事业”的内涵外延,我国现行法律法规并无直接定义,相关规定列举的PPP适用范围也存有差异。国务院《关于鼓励和引导民间投资健康发展的若干意见》从交通运输、水利工程、电力、石油天然气、电信、土地整治和矿产资源勘探开发六个方面鼓励和引导民间资本进入基础产业和基础设施领域,鼓励民间资本参与城市供水、供气、供热、污水和垃圾处理、公共交通、城市园林绿化等公用事业建设;国家发改委《关于开展政府与社会资本合作的指导意见》列举“燃气、供电、供热、污水及垃圾处理等市政设施,公路、铁路、机场、城市轨道交通等交通设施,医疗、旅游、教育培训、健康养老等公共服务项目,以及水利、资源环境和生态保护项目等”,财政部《关于推广运用政府与社会资本合作模式有关问题的通知》(财金〔2014〕76号)则强调适宜采用PPP模式的项目“如城市供水、供暖、供气、污水和垃圾处理、保障性安居工程、地下综合管廊、轨道交通、医疗和养老服务设施等”具有一定收费定价机制、有稳定现金流的项目。

(2)关于项目适用,发改委《关于开展政府与社会资本合作的指导意见》规定“PPP模式主要适用于政府负有提供责任又适宜市场化运作的公共服务、基础设施项目,包括经营性项目、准经营性项目和非经营性项目(公益类项目)”,但财政部《关于推广运用政府与社会资本合作模式有关问题的通知》和《政府和社会资本合作模式操作指南》则提出适宜采用PPP模式的项目“具有价格机制灵活、市场化程度较高、投资规模较大、需求长期稳定的特点”,要求各级财政部门重点关注城市基础设施及公共服务领域,优先选择收费定价机制透明、有稳定现金流的项目,可见,基于控制政府负债、降低债务风险的考虑,经营性和准经营性项目由于具有一定的收费机制而属于财政部文件倾向性选择方向,而投资金额较大、缺乏经营性收入、回报机制不够清晰的公益类项目在法律适用上存在一定的模糊空间。

(3)关于“社会资本”的外延。发改委《关于开展政府与社会资本合作的指导意见》中提到的社会资本是“符合条件的国有企业、民营企业和其他各类企业”,财

政部《政府和社会资本合作模式操作指南》"指以建立现代企业制度的境内外企业法人,但不包括本级政府所包括的融资平台及其他的控股国有企业",国发办42号文《关于在公共服务领域推广政府与社会资本合作模式的指导意见》则指出"如果是已经进行市场化改制建立现代企业制度的地方政府融资平台可以作为社会资本参与当地PPP项目",但对其他控股国有企业没有说明。

(4)关于合作方式,财政部《政府和社会资本合作模式操作指南》指出"项目运作方式主要包括委托运营、管理合同、建设—运营—移交(BOT)、建设—拥有—运营(BOO)、转让—运营—移交(TOT)和改建—运营—移交(ROT)等",发改委《关于开展政府与社会资本合作的指导意见》提出PPP合作方式主要为"特许经营、购买服务和股权合作。经营性项目可以通过政府授予特许经营权,采用BOT、BOOT(建设—拥有—运营—移交)等模式推进;准经营性项目可通过政府授予特许经营权附加部分补贴或直接投资参股等措施,采用BOT、BOO等模式推进;非经营性项目可通过政府购买服务,采用BOO、委托运营等市场化模式推进。""特许经营"被泛化及模式异化的情况前文已述,不再赘述。

3. 主导权争夺激烈,政府各部委基于圈地惯性各自制定规则,PPP立法权亟须科学分配

在现行政府职能分工中,发改委基于传统的基础设施产业和特许经营制度管理的角度发布《关于开展政府与社会资本合作的指导意见》,并编制相关通用合同指南,建立PPP项目库,力促"基础设施和公用事业特许经营法"的立法工作;而财政部基于"社会资本进入公共服务基础设施建设和运营"改革第一责任人(党的十八届三中全会中央定位)的政治使命,从财政资金管理和改革角度力促PPP模式,发布《政府与社会资本合作模式操作指南》,并以PPP中心为代表机构统一管理,推广PPP项目试点,推广政府采购程序的运用。财政部重点推行PPP,发改委重点是以"特许经营"为核心的PPP,PPP与特许经营两个概念混同使用潜藏部门利益冲突和博弈,由此主导的规则体系混乱,引起PPP实践的无所适从。

国务院部委、拥有一定的立法权的地方政府毋庸置疑拥有相应的PPP规则、规章制定权。但是,PPP模式运营具有特殊性,一方面,政府在PPP项目中是社会资本的合作方,全国性PPP项目的合作方是中央政府主管部门,地方性PPP项目的合作方是地方各级政府,因此,各级政府依据《立法法》制定各自的规章、规则,难免形成政府在PPP项目中既是领队(教练)、裁判员,又是运动员的角色错位;另一方面,政府契约精神缺失、肆意违约的不良现象在客观上形成了"信任危机"。推动PPP模式在公共领域运用需要限制政府"有钱任性""有权任性"问题,需要把政府的"权力"关进法律的笼子,实现政府与社会资本在契约平等精神上的合作。因此,如何明确PPP立法权限,理顺政府各部委PPP规则制定的权力职责划分,涉及体制

或权力的再分配,需要国家层面来主导协调,从而使PPP规则体系具备全国统一的原则和较强的法律效力,避免由中央部门或地方法规政策所带来的冲突。

4. PPP模式尚未形成合理的生成机制和良性的运行机制,PPP全周期的许多重要制度急需规范,契约精神有待立法加以确认和保障

项目如何选择、资金如何筹集、股权如何配比、红利如何分配、收费如何调整、风险如何分配等诸多问题缺乏统一规则,项目运作政府主导、行政干预色彩较浓,契约精神有待塑造。

(1)PPP合作协议性质问题。当前,在政府与社会资本合作过程中,合作协议的法律属性仍然比较模糊,无论是政策导向还是理论研究都存在"公法性质说"和"私法性质说"之争。PPP相关文件反复强调政府与社会资本合作是基于平等主体之间的合作,"双方在平等协商、依法依规基础上,按照责权明确、规范高效的原则订立项目合同",但新修订的《行政诉讼法》及最高人民法院《关于适用〈行政诉讼法〉若干问题的解释》中的"特许经营协议"则是一种行政协议,其争议将按照行政诉讼程序处理,这显然与PPP模式的本质发生了冲突。

(2)PPP利益协调问题。虽然《关于在公共服务领域推广政府和社会资本合作模式的指导意见》强调推广PPP项目必须遵守"依法合规、重诺履约、公开透明、公众受益、积极稳妥"五项原则,在一定程度上反映了PPP利益协调的政策导向,但这些原则并不足以调适PPP模式的各方利益争议,政府、社会资本、公众利益冲突成为影响PPP模式有效推广的主要因素。

(3)PPP风险分担问题。财政部发布的《关于推广运用政府与社会资本合作模式有关问题的通知》中关于:"注重体制机制创新,充分发挥市场在资源配置中的决定性作用,按照'风险由最适宜的一方来承担'的原则,合理分配项目风险,项目设计、建设、财务、运营维护等商业风险原则上由社会资本承担,政策、法律和最低需求风险等由政府承担"的PPP风险分担原则的规定过于笼统、缺乏可操作性,且规范文件层次低、效力低,需要有更为具体的处理原则和方式。

(4)PPP监管与政府职能问题,PPP项目监管涉及很多环节,立项和建设由发改委负责,建设前期的资金筹集、运行中的利益补偿涉及财政部门,后续的监管维护过程中则建设、水利等行业主要部门都要参与。从中央到省级、市县政府各管什么、如何管,是否需要设立跨部门的协调机构,是否需要设立发达国家普遍采用的从事专业支撑的PPP中心,都是PPP立法的核心内容之一,不能回避。

本质上,PPP模式是基于资本分工的资本合作,社会资本选择与政府合作的重要基础是政府持有的信用资源,PPP通过扩大资本动员能力来提升公共产品和公共服务供给能力,由合同文本构成的契约体系是两种资本结合的基础,在合作中,政府资本必须以市场和契约为基本准则,严格区分政府的行政管理身份与基于交

易属性的合同身份,尊重契约理念,践行契约精神。可见,PPP 模式推进的同时也是转变政府职能、提升国家治理能力的一次体制机制变革。基于基础设施与公共服务领域的特殊性,政府在 PPP 模式中扮演着政策制定、项目规划、项目合作与模式监管等多种角色,如何划清各种职能边界、解决职能冲突、合理行使权力、通过法律约束权限是 PPP 模式运行的重要立法问题。

5. 现行法无法全面应对 PPP 模式发展的需要和挑战,急需立法的协调与提升

PPP 模式需要专门的法律体系的支持,迄今只有单行条例和部门规章、规范性文件,在现有的政策法律框架下许多问题得不到有效解决,一定程度上阻碍项目的落地和实施。除国务院、发改委和财政部等部门出台一系列有针对性的指导性文件之外,PPP 模式还涉及招投标、投融资、财政税收、土地利用、合同管理、诉讼争议及竞争政策等方面,现行法对 PPP 模式无法提供足够的合法性和合规性支持,有些规定甚至对 PPP 的运行构成障碍。例如:

(1)土地使用权问题。PPP 项目的重点在城市基础设施及公用事业领域,这些项目中有的涉及项目用地,有的属于无收益项目,需要通过打包土地资源落实签约,这都可能触及法律红线。例如,PPP 项目用地的取得可能遭遇现有土地"招拍挂"制度障碍,出现因"招拍挂"法定程序难以保证项目公司获得土地使用权的问题。

(2)招标投标问题。招标为目前政府选择社会资本合作伙伴的首选或鼓励方式,但却无相应的有针对性的招标文件的编制,因此,PPP 项目的招标依据仍然是现行的《招标投标法》及《招标投标法实施条例》,但招投标制度中关于投标人数量的要求(不足 3 人不能开标)、"投标价最低者得"的中标条件以及严格烦琐的招标程序规定等对于合作时间较长、交易结构复杂、交易目标特殊的 PPP 模式并不适应。

(3)财政预算制度问题。因为 PPP 模式涉及政府财政资金运用,政府采购无疑将成为政府与社会资本合作的重要途径,但《政府采购法》规定,负有编制部门预算职责的部门在编制下一财政年度部门预算时,应当将该财政年度政府采购的项目及资金预算列出,报本级财政部门汇总。部门预算的审批,按预算管理权限和程序进行。一年一度的预算编制制度和 PPP 的长期合约安排存在衔接空当。

(4)争议解决问题。PPP 模式形成了以政府、社会资本以及消费者等复杂的利益关系或利益链,必然会引发多层次、不同性质的利益冲突和矛盾,例如,政府与社会资本间的合作争议、PPP 项目公司与设计者、承包者、建设者等合作方的纠纷、PPP 项目公司与投资者之间的纠纷以及 PPP 项目公司与消费者间的利益冲突等争议类型,即使是政府与社会资本的争议,也可能由于政府不同的角色而性质迥异。基于合作协议产生的纠纷,其性质为商事合同纠纷;基于行政管理者身份而授予项目公司从事 PPP 项目进而产生的纠纷,其性质为行政许可合同纠纷;基于监管者身份而对 PPP 公司违法行为进行行政处罚而产生的纠纷为行政管理纠纷。这些不同

性质的法律纠纷,需要不同的法律解决机制。基于 PPP 模式特殊的法律关系和公共利益目标,现行法所涵盖的争议解决机制对 PPP 模式争端解决具有不适应性。

PPP 模式作为公共服务领域的变革,其交易结构的复杂性对我国现行法固有的制度安排提出诸多挑战,冲突层出不穷,PPP 模式如果要在公共服务领域成功实施,就必须理顺 PPP 立法与现行法的关系,对可能形成的冲突有明确的预判和冲突解决机制,临时出台的部门规章无法应对这些挑战和冲突,必须从立法技巧和立法技术层面来加以协调。

6. PPP 立法模式选择问题

PPP 立法模式的确立直接关系法律位阶、效力和立法权归属,PPP 模式应用较为成熟的国家大都有契合其 PPP 发展需要的立法体系和相对清晰的立法模式。PPP 法律制度究竟是由国家立法机关以法律形式统一制定,还是由国务院以行政法规形式因时制宜推出,甚至由国务院部委、地方立法机关或政府以部委规章、地方法规或者政策性规范文件实施,立法思路必须明确。在我国目前有关推进 PPP 模式的部委规章和规范性文件中,宽窄不同的适用范围、相互矛盾的性质界定、不同部门的利益博弈、主导概念的不同诠释等问题造成实际运行的混乱,直接或间接影响着投资者的信心,这种过于开放式的政策与立法构架不利于国家对 PPP 项目的统一管理,也使各级地方政府浪费大量时间在政策规章的解析、理解和适用上。

世界银行在其《PPP 指南》(第 2 册)中指出,成功实施 PPP 需要从政策、法律框架、程序、财政管理机制、监管与治理机制五个方面进行针对性制度建设,而我国在这其中的任何一方面都准备不足。只有在具有稳定预期的法律环境下,陌生人的社会才会产生交易,投融资行为才能顺利进行。有必要加强 PPP 模式立法体系研究,形成适合我国国情的 PPP 立法模式和制度框架。

(二)PPP 模式立法研究框架

本研究力争紧扣主题,以 PPP 模式“立法”作为研究对象。一般而言,以“立法”视角来研究某一课题,既要从实体上解决具体的制度建设问题,又必须从程序上解决立法技术和方法问题,完成“为什么要立法”“哪些问题需重点立法”和“怎么立法”的研究任务,这种研究视角有别于单纯的“制度研究”或者“机制研究”,存在“本体制度与形式方法”兼而有之的研究需要,其研究范畴宽泛、涉及面广。尤其是 PPP 运行本身涉及多层次、多阶段、多元化法律关系,其制度安排本身就是一个庞大的工程。

本研究以“基本理论是立法依据,制度设计是立法内容,模式选择是立法技巧”为逻辑,立足于我国 PPP 急需立法的关键性问题,以科学的事前规划、完善的过程监管、合理的利益分配和公平的风险分担为目标,本着重点突出、结构简洁的立场,以 PPP 的基本理论、法律实践和法律冲突等基本问题为研究的核心,沿着“法律制度建设”和“立法方法与技巧”两条基本思路,通过对域外 PPP 立法体系、立法模式以及法律文本、制度设计的全面把握,结合我国目前 PPP 立法现状,提出以统一立法为基础,相关法律、法规规章相结合的立法模式选择,对我国 PPP 模式立法进行实证考察和制度建构,并提出相应立法建议,完成“如何立法”的研究目的。

基本理论的展开以问题为导向,通过对 PPP 模式源流、本质、价值、基本法律关系与运作机理的全面考察和分析,追根溯源、厘清界限,回答“什么是 PPP”这一基本命题。PPP 并非单纯的融资工具和稳增长工具,更是政府职能转变的重要方式,是寻求新型执政方式的重要措施。其价值在于:(1)宣示一种事实:市场化资源配置比传统官僚制更具效率;(2)回应一种潮流:消费者主权催生低成本享受高服务的诉求;(3)推动一种变革:公共服务安排与服务生产分离的配置方式;(4)坚守一个原则:公共利益始终是 PPP 制度构建与模式运行的最高利益考量。PPP 模式基本理论研究旨在解决 PPP 推广过程中价值混乱、认知扭曲与政府角色错位等问题,为 PPP 模式的立法宗旨、立法原则、立法框架和制度安排提供理论依据。一是通过对 PPP 模式源流、本质与价值的考察,提出 PPP 立法应遵循的基本原则与立法宗旨;二是通过对 PPP 法律关系的梳理,明确 PPP 各参与方的主体地位及其权利义务;三是通过对 PPP 模式中政府多种角色定位的分析,明晰政府在 PPP 不同阶段中的权力界限;四是通过对 PPP 各种合作方式运作机理的分析,消除 PPP 实际运用和操作的混乱与冲突。

法律实践的归纳是一种选择结果,而不是选择过程。PPP 模式在各发达国家已有数十年的实践,无论是 PPP 模式的运作还是 PPP 模式立法,都积累了相当丰富的域外经验,这些立法经验扎根于各国具体的社会经济实践,可谓精彩纷呈、争奇斗艳,呈现明显的多样化特点。PPP 模式立法的域外经验要真正做到“他山之石,可以攻玉”,为我国 PPP 模式的实践与立法所用,必须进行深入细致的梳理分析和有目的的选择、筛选,为我国立法获得有益的启示。PPP 模式立法域外经验的选择具有一定的主观性,整体糅合与相对集中是本研究处理 PPP 模式域外立法经验的基本出发点。一方面,我国目前 PPP 模式推广的政策目标模糊、主导权限纷争、制度环境混乱、政府信用缺位,立法层级低、立法交叉冲突等问题突出;另一方面,PPP 项目涉及的制度范围广泛,包括特许经营、政府采购、土地管理、竞争政策、投融资体制等内容,法律关系具有特殊性和复杂性,我国目前尚没有专门的 PPP 法,无法在操作上发挥制度的确定性、同一性和严肃性优势。立足于我国统一 PPP 模式立法的迫切现实,对域外 PPP 的立法模式、立法体系、制度安排、立法技巧、立法效果进行较全面、细致的比较分析,结合我国立法实践与困境,论证制定一部完整、协调的 PPP 法的价值与意义,解决 PPP 立法模式的选择和 PPP 基本法的制度安排和结构体系问题是我们考察域外立法的根本目的。

现行法律冲突构成PPP模式立法挑战性的障碍。PPP模式作为公共服务供给机制的创新和改革,必然会对公共领域的政府职能、管理体制、产权制度、财政体系和公共利益等方面产生重大影响,这些影响甚至冲击维系其基本制度的既有立法,系统梳理并发现既有制度的适用障碍或冲突,构建消除障碍、协调冲突机制是PPP模式立法研究必须解决的基本问题。总体来看,我国PPP模式立法要成功克服和解决法律冲突,必须在立法内容和立法技术上予以创新,并重点完成四方面制度设计:一是科学的事前规划机制,通过构建以"物有所值"和"公开、公平、公正"原则为核心的PPP项目和社会资本评估体系,优化PPP准入门槛,确保合作项目的择优选择;二是合理的利益分配机制,通过构建公共利益优先,兼顾资本利益追求的PPP利益协调机制,确保PPP合作共赢目标的实现;三是公平的风险分担机制,通过PPP风险分担与救济机制的构建,确保政府与社会资本的有效合作;四是完善的多层次监管机制,通过构建以政府监管为主、社会监督并举的多层次PPP独立监管机制,确保PPP模式的健康发展。

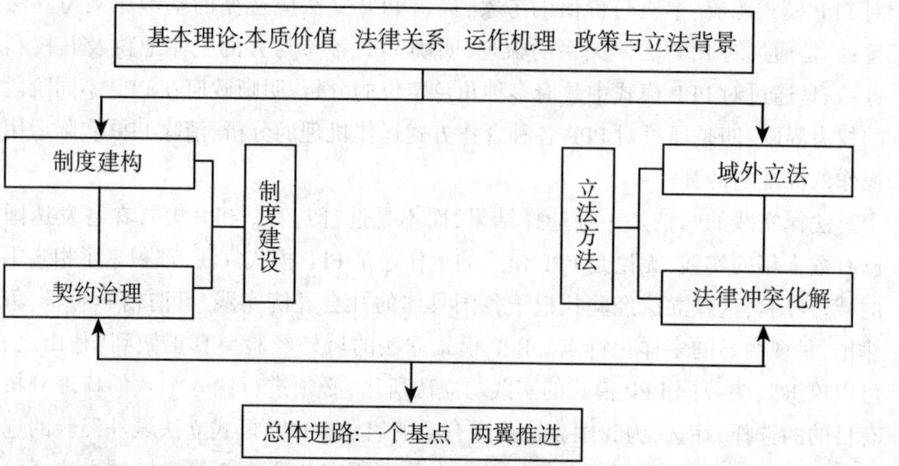

图3 PPP模式立法研究框架与逻辑关系

(三)研究的预期目标

立法的意义在于通过架构制度化的治理方案和全社会普适的公共规则,为法治在实施等层面的后续展开奠定基础。现代法治建设的成功,不仅取决于政治的力量,也有赖于学术的质量。因此,PPP模式立法研究的使命在于通过缜密的论证,为立法部门制定相关立法提供理论支持、制度建议和技术方案。由此,本研究的预期目标主要为:

第一,本书的学术理论目标在于排除分歧,为PPP模式立法宗旨、立法目标、制度设计提供扎实、全面的理论依据。

1. 公共利益安全理论

政府与社会资本在基础设施与公用事业领域的合作,既可有效地克服市场缺陷与政府缺陷,也可满足差异化、个性化的公共需求,增加公共物品和公共服务供给能力和效率。但基础设施和公用事业领域事关国计民生,事关社会平等、公平和正义,PPP 模式运营并不意味着政府完全摆脱公共物品和公共服务供给责任,更不意味着私有化。PPP 模式存在的必然性源自社会公众对公共物品与服务的多样化需求以及效率对竞争方式、竞争规则的向往,虽然引入私人部门,但这只是手段和渠道,其核心目标仍然是向公众提供公共物品与服务。因此,PPP 模式必须服务于公共产品与服务的本质属性,不能改变公共产品与服务供给的社会功能,公共利益应当而且也必须成为 PPP 模式最高利益考量。一方面,受到资本利益最大化的影响,PPP 模式承载着多元的价值追求;另一方面,受合作契约机制的约束,政府与社会资本双方必须信守诺言,履行契约义务,当公众利益与契约精神发生碰撞时,需要有更具体的处理原则和方式加以协调,无论采取何种利益保障措施,公共利益安全都应该是 PPP 模式立法的首要宗旨和制度安排的原则。通过适当契约细化和政府权力保留等措施促使"公共利益安全"得到落实是本书预期的理论目标。

2. 平等合作理论

现代国家治理已然出现政府通过契约机制完成其各项职能的倾向,契约治理昭示着国家在治理中角色的重新配置。PPP 模式的核心是公私部门之间的一种长期合约关系,它不仅是对公用事业部门产权特征的重新定义和理解,也深刻反映了政府与市场关系的变迁。PPP 中公共部门与私人部门的伙伴关系通常需要以正式的协议来确立,公私合作是一种基于合同的合作,合作的核心是契约精神,即政府基于公平、公开、公正精神,以平等的身份与社会资本开展合作,因此,树立契约理念、践行契约精神、完备契约框架、以"契约约束机制"明确各方的权利、义务,这种平等合作的理念应该贯穿 PPP 运行的整个过程。

3. 风险分担控制理论

PPP 项目周期长、投入高、回收慢,且受公共利益约束,必须实施有效的风险分担控制。风险分担必须科学、合理,政府既不能把 PPP 模式实施的风险全部或过高地转移给社会资本,也不能大包大揽承担本应由社会资本承担的风险。风险控制的基本原则是不同的风险应该由能够更有效控制和管理风险的一方来承担,而且风险与收益要对等。通常来说,项目的建设、运营风险由社会资本承担,法律、政策风险由政府承担,而不可抗力风险由双方分担。同时,风险分担还必须充分考虑竞争性调整,以防止因竞争性调整形成的新的风险。

4. 政府职能分离理论

传统的基础设施供给模式为“设施政府投资、资产政府拥有、价格政府制定、经营政府控制、盈亏政府负责”,政府既是公共物品与服务制度的“安排者”,又是公共物品与服务的“提供者(生产者)”和活动的“监管者”,政企不分、监企不分。PPP模式下政府公共服务直接“提供者(生产者)”的身份转变为社会资本的“合作者”,即PPP的实施者,实现了“政企分离”,但政府仍履行“制度安排者(政策制定者)”和“项目监管者”的职责,即政府仍然3种角色错位、职能混淆。PPP模式必须实现政府职能的“监企分离”和“政监分离”才能有效推进。

5. 多层次监管理论

PPP模式运用于基础设施和公用事业领域,无论是公共物品还是公共服务,公共性是PPP项目的根本属性。PPP模式是多种利益的结合体,涉及以政府为代表的公共部门利益、以资本为代表的私人部门利益和以消费者为代表的个体利益,基础设施公共服务的“公共性”和PPP模式复杂的利益结构决定PPP监管必须是多层次监管,例如,以准入为核心的事前审查,以质量、价格等服务为内容的事中监督为特质的政府监管,以公司治理为特质的自律监管,以公益诉讼、舆论监督和第三方评估为特质的社会监管。PPP模式运营涉及各方利益,既可能存在市场失灵,也可能出现政府失灵,任何单一的、传统的监管方式,都不足以保障PPP事业健康发展,必须依法创设多层次、独立的公共监管机制。

第二,本研究的制度目标在于通过对PPP运行中具体制度规则的解构,形成可供立法机关参考的立法建议,这些立法建议具体包括但不限于:

1. 建议由全国人大制定有别于特许经营的政府与社会资本合作基本法,并以“公共利益安全”为最高宗旨,平衡社会资本合理回报与公共利益至上的关系。

2. 提出政府与社会资本合作基本法的框架设计和体例安排。

3. 建议就相关问题作出统一规定:

(1)建议制定以“物有所值”为核心的PPP模式准入指标体系;

(2)建议制定政府权力清单,明确政府PPP项目规划、决策、监管与实施职能界限;

(3)建议制定专属于PPP模式的项目审批许可程序;

(4)建议制定合理的利益协调机制,保障各方利益平衡;

(5)建议制定公平的风险分担机制,明晰政府与社会资本各自权利义务边界;

(6)建议制定基于成本的调价机制和项目再谈判、退出机制,保障资本回报率;

(7)建议建立独立、多层级的PPP监管机制。

4. 建议统一制定PPP合同标准化文本。

5. 建议整合、梳理PPP模式与现行法的冲突,并以基本法的形式加以协调或剔除。

表1 政府与社会资本合作模式立法制度构建

	要解决的问题	制度建设	立法建议
准入问题	• 政府PPP规划、决策、审批权力界限 • PPP适用范围和项目识别标准 • PPP社会资本资质标准 • PPP谈判机制的选择 • 公共利益安全与效率优先之争 • 政府审批与许可制度改革	• 构建政府控制PPP准入权的理论依据，提出政府PPP规划、决策与监管职能分离理论 • 构建物有所值评价体系，并明确PPP项目识别与筛选标准 • 提出在公共利益安全与效率冲突时，物有所值的效率标准应服从于公共利益优先理论 • 确立公开、公正、公平的社会资本合作方竞争选择条件与程序 • 明确特许经营、政府采购等不同的PPP适用方式和操作流程 • 明确审批与许可条件、程序，提高审批、许可效率	• 建议制定统一明确的以"物有所值"原则为核心的PPP项目论证与社会资本资质评估体系 • 建议制定统一的公开、公平、公正的择优选择机制 • 建议立法明确政府PPP项目规划、决策与监管职能界限 • 建议建立公开、透明、高效的项目审批、许可制度程序
利益分配与风险分担问题	• 公私合作契约化理念的树立 • PPP利益协调问题 • PPP风险分担与救济问题 • PPP合同规范化及规制问题	• 以契约精神为基础，剔除公权优势，构建平等、自愿、互利、互惠的长期合作关系 • 构建规范化PPP标准合同体系，明确合同条款保留与解决机制 • 构建以自我控制、契约约束、法律保障"三位一体"的利益协调机制 • 构建"能者多劳"与"投资回报匹配"相结合的风险分担机制 • 构建权责的明确PPP项目激励和补贴标准 • 构建预警责任、信息披露、用户反馈结合的风险防范和预警机制	• 建议统一制定PPP合同标准化文本 • 建议制定政府权力清单制度 • 建议设计政府权力保留条款 • 建议专设包括再谈判、资本退出等在内的社会资本利益保障条款 • 建议制定特定损益分配条款 • 建议规定政府诚信义务条款

续表

	要解决的问题	制度建设	立法建议
监管问题	• PPP 模式“谁监管”的问题 • PPP 模式“监管什么”的问题 • PPP 模式“如何监管”的问题	• 提出多层次监管理论,以独立监管为中心,形成政府监管、公司自律监督、社会监督相结合的多层次监管体系 • 明确政府在 PPP 模式不同阶段不同的监管职能 • 提出完善第三方评估机制,构建社会监督机制 • 提出改革“行业监管”传统思维,转变政府监管理念,加强 PPP 过程监管	• 建议设立独立于各行业主管部门的统一 PPP 监管机构,协调和统筹各行业监管职能:(1)机构设置上必须与政府政策部门分开;(2)监管机构内部决策层的结构及其委员有任期限制;(3)监管机构独立资金来源;(4)只有法院可以否决监管机构的决定;(5)监管机构有雇用员工和进行人事调整的自主权

四、研究思路、研究视角和研究路径

(一)研究思路

总体研究思路为:基于 PPP 模式“为什么要立法?哪些问题需要重点立法?具体怎样立法”的研究任务,以公共利益安全为基础,以契约精神为核心,以促进和规范基础设施和公用事业领域 PPP 模式改革、创新为目标,通过对我国 PPP 实践典型案例的实证分析,发现现存问题,有针对性地进行制度规范构建,同时,对 PPP 模式的中外立法实践、立法模式、法律文本以及 PPP 运行环节中法律冲突与处理展开系统化研究,为中国特色的 PPP 立法提供理论与制度支撑。

PPP 模式作为舶来品,在发达国家有着较为成熟的实施经验和理论总结。本研究在大量梳理、分析相关文献和国外立法状况的基础上,认为“公共利益安全”已成为也应该是推行 PPP 模式的首要价值考量和终极目标。基础设施和公用事业关系国计民生,其改革的目的在于增强公共产品供给效率和供给质量,满足人民多层次、多样化需求,提升人民的生活福祉,缓解政府公共产品供给能力不足的压力。基础设施和公用事业的诸多“公共性”决定着“公共利益安全”必将是贯穿 PPP 模式全过程的核心理念,也是进行 PPP 立法必须把握的立法宗旨,因此,本书的立法制度设计以“公共利益安全”为基础。

PPP 模式的精髓是合作,合作的基础是契约,任何有效的合作,必然本着平等、自愿、互惠、互利的契约精神;任何成功的合作均必须坚持公开、公平、公正、竞争的市场理念。因此,契约精神是 PPP 模式的核心。基于维护公共利益安全的需要,政府尽管拥有 PPP 项目从规划、决策到审批(许可)、监管的控制权,但这并不能改变政府与社会资本合作关系中的合作者地位,这种合作者地位决定了政府拥有的权力资源优势必须受到合同约束和法律限制。因此,本研究强调用契约理念调整合作关系主体的利益分配和风险分担,强调对合同的有效规制和标准化构建,促进PPP 模式合同框架的有效落实。

基础设施和公用事业领域推行政府与社会资本合作是公共服务供给制度的重要变革,其目的在于减轻财政负担,实现市场在资源配置中的决定性作用,PPP 模式并不是私有化,也不是政府甩包袱,而是提高公共产品供给效率、提升人民福祉。因此,PPP 模式立法必须围绕推动改革、创新的目标。

(二)研究视角

PPP 模式立法研究采用以法学研究视角为主与管理学、经济学、政治学理论为制度分析支撑的研究视角。从法学研究角度来看,综合性法学思维和立法方法将是贯穿于本研究研究的主要方法。PPP 模式的制度体系体现了多部门法律的融合,必须综合运用各法学学科的思维和理念,采用综合立法的技术才能全方位解决PPP 模式发展的法律诉求。

私法研究视角本质上是以赋予权利、规范权利和保护权利为核心的研究方法。私法研究方法对政府与社会资本合作关系法律制度研究有着极重要的意义,因为这种合作关系的本质是以契约为载体的权利义务关系。PPP 模式作为一种公共物品与公共服务供给的改革与创新,合作各方究竟配以何种权利、何种义务才能达至利益平衡,才能促进 PPP 事业发展,仍处于探索之中,甚至政府与社会资本合作协议的性质在理论上也仍存在极大争议,尤其是政府拥有极大的权力资源和优势地位,以平等、自愿、互惠、互利为核心的契约精神如何在政府与社会资本合作关系中得以贯彻,这些问题更需要以私法理念加以解决。

公法研究视角有利于厘清政府责任,限制政府权力。政府在与社会资本合作中的地位、职能是不能回避的问题,PPP 项目从规划、决策、立项到特许经营、监管,政府公权控制着 PPP 模式各重要环节,这既是 PPP 项目公共性、公共利益的安全需要,也是公共资源改革实践的基本力量。但是,PPP 模式毕竟以资本合作为基础,一味追求公权控制对 PPP 模式发展乃至公共服务领域的改革并无裨益。公权的过度干预或者不当介入,不仅会造成社会资本的过度恐慌、妨碍社会资本持有者的投资热情,而且会助长政府肆意违约、毁约的风气,破坏平等、自愿、互惠、互利、竞争的契约精神,同时,权力寻租和腐败现象将不可避免。因此,公法研究视角用于确定公权作用的范围、对象与公权在各重要环节作用的度和量,进而平衡 PPP 模式中公权与私权的边界、公益与私益的冲突,为 PPP 模式立法提供正确的理论和方法。

因此,运用综合性的法学思维方法完成本研究任务应该是首要的研究视角。诚如法学家伯尔曼所言,当今时代是“综合的时代”,这是通向未来之路的希望。这需要在看待PPP立法问题时克服二元论思维,克服非此即彼思维的局限,走向研究对象彼此整合的整体性,融通宪法、民商法、行政法、经济法等各个部门法的理论资源,形成系统化的PPP立法理论框架,有助于以法治方式为PPP模式提供全周期的制度保障。

当然,公共管理学、经济学中诸如政府管制理论、交易成本理论、效率分析、激励理论、博弈理论等丰厚的理论学说以及定量定性、数理模型等研究方法能够为PPP模式的制度构建提供很好的分析框架和论证方法,因此,交叉学科研究也是本研究不可或缺的研究视角。

(三)研究路径和技术路线

1. 国外经验借鉴和制度比较路径

PPP模式起源于英国,发达于欧、美诸国。相对来讲,美国和欧洲PPP产业发展已经规模化、常态化。因此,学习借鉴国外PPP模式立法经验和理论研究成果是本研究重要任务。本研究将在充分掌握国外资料的基础上,对国外立法、学术研究、司法判例等进行系统整理、消化,在研究和研讨的基础上形成可供借鉴的理论和制度模式。但是,PPP模式具有中国特色,中国公共领域改革与创新的基础具有自己的特质,因此,在域外PPP立法经验与PPP模式法律制度中所获得的任何经验、技巧、规则,都必须与中国特色的PPP实践相结合,必须满足中国国情和公有制经济基础,只有那些符合中国社会、经济、政治、文化背景要求的立法经验、法律规则,才是应当借鉴的立法经验和法律规则,而不应采取拿来主义。因此,国外经验和制度借鉴将在这些经验和制度比较研究的基础上,既考虑其科学性,又考虑其可行性。

2. 国内调研和实证研究路径

PPP模式是一种实践先于理论的经济现象,本研究着眼于构建具有中国特色的PPP模式法律制度,其逻辑起点是我国PPP模式的实践。尽管"推动政府与社会资本在基础设施和公共领域合作"是党的十八届三中全会提出的重大改革政策,但PPP模式在我国的实践已达20年之久。这些实践无论是成功还是失败,都为PPP模式实施与立法积累了丰富的经验与教训,通过考察、调查、访谈等方式,深入了解我国PPP模式实践存在的问题和制度需求,总结现行的以规章、规范性文件为特质的PPP立法过程、经验与教训,针对PPP模式的现实需求和真实存在的问题进行研究,使本研究的理论和制度解决方案具有针对性。因此,本研究每个子课题将深入相关政府部门、相关企业进行调研,整理出PPP模式运行各个环节的现实问题,形成初步解决方案的研究方向,然后再进行理论研究,形成立法建议。

3. 多学科研讨和系统整合路径

PPP理论涉及多学科的交叉组合,例如,传统福利经济学从稀缺资源的社会福利效率出发评价 PPP 的价值;公共选择理论和产权理论则分别用来分析公共部门与私人部门的博弈规则。因而在研究每一个问题时,需要检讨不同学科针对相关问题已经有的研究成果,对既有研究成果进行分析,按照研究对象要解决的问题或实现的目的分析不同学科差异、缺陷,进行多学科、多视角的思考,明确需要进一步解决和研究问题,形成研究思路或方向,开展研究。

五、研究的重点、难点与创新

目前,政府及社会各界对 PPP 模式相当追捧,但对 PPP 模式的本质缺乏准确的认知,对 PPP 模式涉及的社会关系认识极混乱。事实上,PPP 模式实践及 PPP 法律关系,既有公权力的运用,也有私权力的行使;既存在行政管理关系,也存在契约合作关系;既有公共利益维护,也有资本利益和消费者权益的保护。利益纠缠、权力交错、结构复杂、类型繁复,这是 PPP 模式的基本写照。本研究拟解决的重点难点问题具体归纳如下:

(一)PPP 模式法律关系和交易结构梳理问题

PPP 模式法律关系呈复杂性、层次性和多元性特点

首先,相较于普通的合作关系,政府与社会资本的合作关系具有特殊性:一是政府身份特殊,具有行政管理和契约当事人双重身份,政府既是 PPP 项目规划、决策者,又是社会资本的合作方,还是 PPP 运行的监管者,这种复杂的身份特征使多重法律关系交错、层叠,政府角色难以判断,加剧合作风险;二是 PPP 模式适用领域特殊,PPP 模式作用于基础设施和公用事业,重点在于提供公共服务,基于公共服务的公共性和公共利益的安全需要,社会资本利益追求将受到限制,政府控制在所难免。资本利益与公众利益的矛盾使 PPP 法律关系中各主体的权利义务安排无法纯粹或绝对市场化。

其次,PPP 模式契约关系主体多元,PPP 模式运行机理是吸引社会资本参与公共服务,PPP 项目参与者多如顾问公司、设计公司、工程建设公司以及融资公司等类型,它们或提供资金,或提供技术,或提供策划,或提供工程施工,等等。因此,PPP 契约关系除政府与社会资本合作合同外,每个参与者均以契约当事人身份参与,并构成不同的契约关系,由此形成了以合作契约为中心的合同包或者合同束。

再次,政府基于公共利益安全需要,对 PPP 模式参与者特别是合作方行使准入权,对 PPP 项目设计、建设、融资等重要环节实施监管,对 PPP 项目运营实施质量、价格、普遍服务的监管,这些均相应地形成行政法律关系。

最后,PPP 公司向社会公众提供公共产品供给,公众因接受 PPP 公司的产品或服务而与其构成一般的民事法律关系。PPP 模式法律关系的复杂性和层次性决定

其成为PPP立法的关键问题,由此也成为本研究的难点和重点。

(二)以公共利益安全为导向的PPP模式效率控制问题

公共产品与服务无论采用何种供给模式都必须服务于公共利益,社会资本与政府合作模式也不例外。但是,社会资本的介入使PPP模式与传统的政府垄断模式相比具有更多元的价值追求,社会资本追求利益最大化,营利是社会资本的基本目的。因此,PPP模式存在固有的公共利益与社会资本利益冲突和矛盾,能否将这种冲突和矛盾和谐地解决决定着PPP项目的成败。同时,公共物品供给之所以采用PPP模式,是因为社会资本市场化运作更有效率,这种效率不仅仅来自社会资本投资者及PPP公司更具有经验、技巧,还在于资本利益的驱动效应。政府在选择合作伙伴时更期待物有所值,这种物有所值也是一种效率,而且是一种比较效率。如何把握公共利益安全与效率的关系,如何保持公共利益与效率的平衡,把效率控制在公共利益安全允许的范围内,尽可能满足资本利益的合理需求,是本研究研究的关键问题和重点问题。

(三)以角色转换和权力清单为手段的PPP模式政府职能与契约责任边界问题

基于基础设施与公用事业领域的特殊性,政府全方位、多维度参与PPP模式运作,其与社会资本、公众之间构成多重关系,在PPP的不同阶段扮演不同的身份或者角色,极易出现身份的错位或混同,导致PPP模式法律关系复杂化。如何确认和区分不同层面、不同阶段政府职能定位是困扰着PPP立法的难题。以权力清单、契约责任和政府机构改革的方式,让不同的政府部门各行其是、实现PPP模式下政府政企分离、政监分离,这将是本研究的重点问题。

(四)以合同效力为基础的PPP模式契约结构与性质问题

PPP模式的契约结构极复杂,包含以PPP协议为基础的一系列合同包或合同束;它不是性质单一的合同,而是具有不同性质的合同的组合;它也不是效力一致的合同,而是具有不同效力结构的合同体系。PPP模式契约结构的复杂性为模式的运行带来不确定性。同时,特许经营合同与PPP协议关系如何处理?PPP模式合作合同与其他合同效力如何界定?凡此种种,均涉及PPP契约结构与性质问题。因此,全面检讨、细致分析PPP模式各种契约结构和性质问题是本研究关键问题。

(五)PPP模式下消费者利益与契约精神冲突的化解问题

在PPP模式下基础设施产权结构发生变化,政府由公共服务的直接提供者转身为PPP模式的合作者,契约成为政府必须尊重、具有约束力的行动准则。一方面,消费者的诉求由传统的政府直接实现变为通过公私合作方式予以满足;另一方面,消费者必须直接面对具有资本利益追求的社会资本或PPP项目公司,接受其提供的服务并合理付费,但却不是PPP合作模式的参与者,法律关系与地位的变化将可能使其某些权利被弱化甚至剥夺，如何将PPP模式多元价值特点与基础设施和公用事业的公共性特点相结合，强化消费者的知情权、安全权、受尊重权等传统权利，约束企业行为，明晰政府保障责任、补充责任，设计合理有效的消费者利益诉求机制是本研究的难点。

（六）PPP模式多层次监管机制问题

基于公共利益安全的考量和资本逐利性的担忧，PPP模式更需要加强监管。PPP模式运作的各个环节，从规划、决策到设计、建设再到运营、移交，每一个环节都有不同的监管对象、监管内容和监管目标，传统的基础设施与公用事业监管体制已经不能适应PPP模式监管的特殊需要，尽管监管是政府的职能和职责，但监管是一种外在的约束和纠错机制，监管效率必须是监管机制的目标。有效的监管究竟是依靠政府自身的力量还是依靠外部的、独立的公共力量，还是“八仙过海、各显神通”？传统的政府既是公共服务制度的“安排者”（规划、决策、审批），又是公共服务产品的“提供者（生产者）”和市场的“监管者”，政企不分、政监不分的管理体制容易导致“厂商保护”和权力掣肘，存在公信力差、角色冲突严重、监管效率低下、执法有失公允等诸多问题，并直接导致社会资本不愿意与政府在基础设施产业方面开展合作。如何明晰政府在PPP政策制定、项目实施和市场监管的不同职能定位，形成超越政府决策与市场主体之上的独立监管制度，如何培育包括社会监督在内的多层次监管机制是本研究的重点问题。

本研究的创新之处在于：

1. 构建PPP模式公共利益安全理论，为PPP模式立法提供理论基础

政府与社会资本在基础设施和公用事业领域合作旨在创新公共产品供给机制、提升公共产品供给能力和供给效率。因此，PPP模式立法必须处理好公共利益安全与效率这一根本问题。本研究认为公共利益安全是PPP模式的起点，也是PPP模式的归宿；公共利益安全是本，效率是用，本、用关系对立统一。PPP法必须围绕公共利益安全构建其权益结构和体系，必须围绕公共利益安全的核心促进其健康发展，因此，研究提出公共利益安全理论，强调维护公共利益安全，把推进公共利益最优化作为PPP模式立法的指导思想。

2. 以法律约束政府公权力，强化政府与社会资本合作的契约化精神

传统的特许经营理论着眼于以契约精神弱化政府公权力，特许经营协议被赋予约束公权力的特别使命，由此也被冠以行政协议的属性，政府特许经营权也相应受到一定的契约约束。但从效果来看，这种以契约约束公权力的方式并未取得好的效果，有的政府肆意违约、毁约的现象较严重，公权力任意行使始终不能得到有效的解决。本研究认为特许经营协议应以特许经营权替代，特许经营权行使必须依法、依规，用法律方式规范政府的特许经营权，并把政府准入权、监管权纳入法制

化轨道。同时,依法明确政府与社会资本间的关系应以合作协议为基础,政府与社会资本合作具有平等的法律地位,各自的权利、义务应由合作协议约束,从而确立政府与社会资本合作的契约地位,避免PPP模式法律关系性质交叉、地位模糊、法律适用困难的尴尬境地。

3. 以法律保障私权利益,构建以契约为中心的PPP模式法律秩序

社会资本参与基础设施与公用事业是公共资源开发、利用的重心,但公共资源领域是政府公权的固有领地,PPP模式已有的实践证明:如果私权不能受到应有的尊重、私益不能获得有效的保障,社会资本就不可能放心进入公共资源领域并与政府展开有效合作。而以特许经营权协议方式弱化政府公权、限制政府权力的传统已经证明这种契约相当脆弱。因此,本书认为PPP模式立法必须树立尊重私权、保障私益的基本精神,必须对PPP项目之建设、运营权提供充分的法律保护。为确保PPP模式在公共资源领域有效实践,确保公共领域改革和PPP事业健康发展,必须明确政府与社会资本间的合作契约中心地位,以法律形式维护社会资本的合法权益和PPP模式法律秩序。

4. 基于交易关系的权利(利益)与风险让渡理论

PPP模式中政府与社会资本的合作不是基于政府行政权力的行政管理关系,而是基于平等主体之间的交易关系,政府通过放松管制,开放运营权将原本的基础设施垄断利益与社会资本进行交换,获得基础设施与公共服务责任与风险的分担,社会资本以资金、技术、经验的付出获得基础设施建设中包括收费在内的运营权,同时也承担了投资运营的诸多风险。交易双方在交易过程中必然衡量彼此成本与收益,通过协商、谈判、妥协最终达到利益的平衡和最佳配置,因此,PPP模式是政府与社会资本基于交易关系的一种风险与利益相互让渡的过程。

5. 以制度调适为手段,保障基础设施和公用事业的改革、创新

PPP模式作为公共服务领域的重大改革与创新,社会资本的参与突破了政府公共领域固有的边界和产权结构;适度竞争的引入突破了公共产品垄断经营的固有格局;多元主体结构和竞争性谈判机制改变了特许经营和政府采购惯常的招投标方式。这些突破与改变均在不同程度上超越了现行法的制度界限。因此,PPP模式立法必须注重制度调适,注重PPP模式立法与已有法律、法规的衔接,对现有的法律制度必须有破有立,为基础设施和公用事业改革与创新保驾护航。

6. 构建自我控制、契约约束和制度激励“三位一体”的利益保障理论

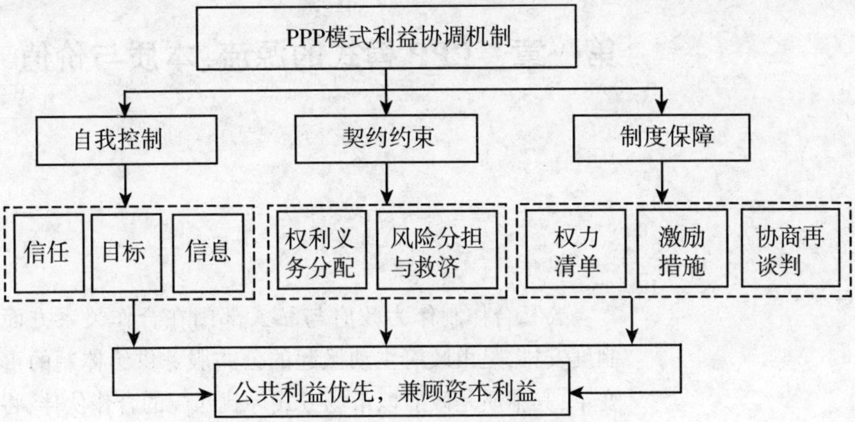

图 4 PPP 模式“三位一体”利益协调机制

第一章　PPP 模式的源流、本质与价值

公私合作制作为政府与私人部门在合作关系方面的制度安排，是由政府主动掀起的公共服务供给体制的重大变革，其本质是政府以市场方式寻找匹配的合作伙伴，将私人资本引入基础设施与公共服务领域，提升公共资源配置效率和公共物品与服务供给质量。在重新定位过程中，政府从直接的公共资源配置者和公共物品与服务提供者转变为模式的推动者，借助和通过市场的力量协调供应和行动，政府的重点"是任务而不是执行""是结果而不是投入""更多的是掌舵，更少去划桨。"①公私合作制模式通过市场竞争机制寻找匹配的合作伙伴，引入私人部门的资金、技术及其他优势，形成混合机制以市场化操作来提高公共资源配置的效率。

一、起源及运用：从发达国家到新兴经济体

尽管私人参与基础设施供给的历史可以追溯到 19 世纪中叶欧洲的"铁路热"，甚至到更早的英国 14 世纪的"付费公路"，但是 20 世纪下半叶基于"新公共管理"（New Public Management，NPM）理论而兴起的政府治理变革和重塑运动是讨论现代 PPP 的现实背景。"新公共管理"理论强调政府应集中精力"掌好舵"而非"划好桨"，因此政府应善于下放权力，实行参与式管理，通过参与和合作，分散或减轻公共行政的压力，表现在公共物品与服务上，应该将

① ［英］达霖·格里姆赛、［澳］莫文·K. 刘易斯：《公私合作伙伴关系：基础设施供给和项目融资的全球革命》，济帮咨询公司译，中国人民大学出版社 2008 年版，第 52 页。

“购买公共服务与提供公共服务的责任相分离,以产出或工作表现为基础对公共服务进行评价,在此基础上可以将公共服务外包给私人部门或者将公共服务私有化”,①“新公共管理”理论打破传统的公共部门与私人部门之间的界限,为民营化浪潮在西方国家的流行提供了理论基础。

第二次世界大战后,西方国家普遍加大对经济的干预力度,对包括公用事业在内的一些重要行业实行了不同程度的国有化,形成长达半个世纪的国有化历程。在国有化运动中,通过国家的力量对国民经济结构进行大规模的调整,对影响经济发展的基础产业以国有化的方式合并、集中和规模化,并通过对国有企业的直接管制接管了原来由私人提供的公用事业领域。在这期间,许多国家的宪法把公共部门兴办公用事业的优先权视为神圣不可侵犯的,只有较少的国家对公共事业实行私人运营,公共产品供给大都成为具有政府垄断特质的公共事业。

公用事业的国有化虽然在西方经济发展中发挥了一定的积极作用,但政企不分、产权模糊、资源浪费、缺乏竞争、效率低下以及不堪重负的公共财政压力加剧了经济停滞、通货膨胀和劳资关系的紧张,国有化以及政府管制的公共服务模式受到了公众的质疑,凯恩斯主义的失灵使反对国家过分干预经济、恢复市场机制、鼓励竞争思维的新自由主义呼声高涨,民营化潮流开始涌动。

在讨论西方民营化(私有化)浪潮之前,有必要对其在中国的语境加以界定。英文“privatization”(另一拼写形式是“privatisation”)通常被中国研究者翻译为“民营化”或“私有化”,但中文语境的“民营化”与“私有化”却有不同的指向,②因此,在选择以中文语义的“私有化”或“民营化”概念来阐述西方“新公共管理”变革问题上,学者周义程对“民营化”与“私有化”概念的辨析较为中肯,其“民营化”概念更适合PPP的中国语境。③

在《现代汉语词典》中,并没有收录“民营化”和“私有化”这两个词,但有对“民

① [加]耶斯考比:《公共部门与私营企业合作模式:政策与融资原则》,杨欣欣译,中国社会科学出版社2012年版,第19页。

② 长期以来,我国理论界一般将“私有化”一词作为“国有化”概念的对立物加以理解,认为“私有化的本质属性在于产权变更,在于生产关系的变化,尤其在于产权中的所有权的变更,在于生产关系中的所有制变更”,即私有化就是指把国有资产出售给私人。在西方发达国家,对“privatization”概念的理解则比较宽泛,“各种经营活动由原来的公共部门转移到私人部门属于‘privatization’;运用竞争机制以提高公共部门绩效的任何活动也是‘privatization’;甚至用市场来代替直接的国家管理的一系列方法也被认为是‘privatization’”(See Joel D. Wolfe, *Power and Privatization Choice and Competition in the Remaking of British Democracy*, ST. Martin’s Press, 1996. p. 12),即将国家从具体的生产经营活动中解放出来,放弃过度集中管理与行政干预的各种措施都可能被理解为“私有化”,而无论是否要将国有企业的产权转让给私人。

③ 参见周义程:《公共服务市场化、民营化、私有化:概念评述与辨析》,载道客巴巴网:http://www.doc88.com/p-684391418208.html,最后访问日期:2016年5月30日。

营”和“私有”的解释。“民营”是指人民群众投资经营;私人经营,[1]“私有”是指私人所有。[2] 很显然,在中文中,“私有”和“民营”并非同一的,“民营”的外延要比“私有”大得多。“私有”意味着所有权归某个个体,“私有化”意味着所有权的变更。“民营”既可以是属于被“私有”的,也可以是不被民营者所“私有”的。“民营化”既可以是实现了所有权的变更,也可以是在所有权不变的情况下经营权、收益权的转移,例如,企业改革中的合伙制、承包经营、租赁经营、股份合作等形式都并不等同于所有权的变更,亦即不属于中文中的“私有化”。关于这一点,萨瓦斯(E. S. Savas)区分得很清楚。在他看来,英国政府于20世纪70年代末80年代初推行的撒切尔主义式的将国有企业出售给私人部门的非国有化运动只是民营化的一种特殊形式。[3] 欧文·休斯(Owen E. Hughes)亦指出,将民营化理解为通过转移股权的方式来把企业行为的控制权从公共部门转向私人部门,这种观点有些狭隘,更为准确的理解应是政府从整体上减少介入程度。[4] 可见,政府出售只是民营化中形式之一而非全部。而符合中文中“私有化”含义的形式主要有政府出售和无偿赠与两种形式,所以民营化的概念范围包含私有化但又大于私有化(这里指中文中的“私有化”)。通过回顾所列举的学术界对被翻译为“民营化”或“私有化”的英文词汇“privatization”之诸多界定,再加上对照中文词典关于这几个概念的相关解释,我们不难发现,中文中的“私有化”一词难以涵盖“privatization”的内容。是故,“privatization”最好只翻译为“民营化”。同时,在被翻译为中文的关于公共服务供给的英文相关文献中,之所以会出现公共服务“民营化”和“私有化”的称谓不同但概念厘定却惊人地相似之情况,完全是因为中文翻译的偏颇。

彼得·德鲁克在1969年出版的《不连续的时代》中创造了“私有化”这个术语,借此来描述政府放弃国营公司和工厂的做法。在他看来,私有化有两种形式:一种是将国有企业归于私人所有;另一种是让私人承包者来接管公共服务设施,从而“把政府从做事的人转变为提供者,由政府以外的承包商按照政府规定的标准去承担一个活动”。斯蒂夫·H.汉克认为,私有化“意味着资产服务功能由公营部门转移到私人手中。因此,它包括了从出售国有企业到公共事业承包给私人承包者等一系列做法”。[5] 西方语境的“私有化”一词的含义有狭义和广义之分。狭义上

---

① 参见中国社会科学院语言研究所词典编辑室编:《现代汉语词典》,商务印书馆1996年版,第884页。

② 同上书,第1193页。

③ 参见[美]E. S. 萨瓦斯:《民营化与公私部门的伙伴关系》,周志忍等译,中国人民大学出版社2002年版,第14页。

④ 参见[澳]欧文·E. 休斯:《公共管理导论》,彭和平、周明德、金竹青等译,中国人民大学出版社2001年版,第136页。

⑤ 斯蒂夫·H. 汉克主编:《私有化与发展》,管维立译,中国社会科学出版社1989年版,第1页。

的私有化仅指国有企业的产权转移。广义“私有化”还包括自由化(liberalization)、合同出租(contracting-out)、财源替代(financial substitution)等“民营化”方式。中国语境的“私有化”则与“国有化”相区别,其本质在于产权变更和生产关系的变化,即把国有资产合法或非法地永久转让给私人部门。①

萨瓦斯将公共服务民营化界定为“更多依靠民间机构,更少依赖政府来满足公众的需求。它是在产品、服务的生产和财产拥有方面减少政府作用,增加社会其他机构作用的行动”。② 从 20 世纪 70 年代到 80 年代初起,西方国家掀起了一轮国有企业的变革与民营化浪潮。这次民营化浪潮通过出售全部或部分国有资产以及签订管理合同、承包制以及竞争投标方式等一系列“放权让利”的改革措施使国有经济占国内生产总值的比重逐步下降,并且涉及几乎所有的政府垄断部门。③ 这次变革的重要意义和特别之处在于,它不仅限于国家退出以前由私人部门主导的领域,而且在一些传统的由政府提供服务的公共领域也通过创新手段,引入私人力量。在民营化的背景下,私人部门参与公共服务逐步成为公共服务供给改革的流行趋势,从政府撤资(government divestment)到强制竞争性招标(compulsory competitive tendering),从公共服务的外包(contracting out)到鼓励私人投资行动(private finance initiative),从西方发达国家到新兴经济体,私人参与公共服务的方式得到发展与创新,PPP 的理论与实践正是在这样的背景下兴起和发展的。

20 世纪 90 年代,英国率先提出并运用公私合作制的概念,其 PPP 模式源自于解决经济危机的民营化浪潮。早在 17 世纪中叶,英国就开始对公共产品尤其是基础设施服务实施国有化计划,1657 年,英国政府成立国有的邮政总局,将其作为中央政府的一个部门,直接经营邮政业务,这是英国政府对部分公用事业进行国有化的开端。到了 19 世纪初期,国有化思想在英国工人运动中具有很强的影响力,④ 1918 年英国工党通过了由韦伯等起草的纲领性声明《工党与新社会秩序》作为新党章,首次提出要埋葬私有制,确立了国有化的目标。从 1918 到 1934 年,英国经

---

① 参见周义程:《公共服务市场化、民营化、私有化:概念评述与辨析》,载道客巴巴网:http://www.doc88.com/p-684391418208.html,最后访问日期:2016 年 5 月 30 日。

② [美]E. S. 萨瓦斯:《民营化与公私部门的伙伴关系》,周志忍等译,中国人民大学出版社 2002 年版,第 4 页。

③ 萨瓦斯将民营化的形式分为委托授权(包括合同承包、特许经营)、政府撤资(包括补助、凭单、法令委托、出售)和政府淡出(包括清算、民间补缺、撤出—卸载、放松规制)3 大类 11 种。参见[美]E. S. 萨瓦斯:《民营化与公私部门的伙伴关系》,周志忍等译,中国人民大学出版社 2002 年版,第 128 页。

④ 1916 年,在伯明翰举行的工人职工大会主张把铁路收归国有,1917 年,英国“全国特鲁工人联合会”要求铁路由国家和公认代表共同管理。1918 年,英国“矿工联合会”通过决议,表明“在煤矿业的历史中,为了全国的利益,把整个煤矿业由私人所有和私人管理转归国有,而由工人和国家共同管理和经营的时机已经到来”。参见[德]马克斯·比尔:《英国社会主义史》(下卷),何新舜译,商务印书馆 1959 年版,第 329 页。

过7次大选,工党都在竞选宣言中提出很多国有化的主张。第二次世界大战结束后,在工党与保守党“政治共识”背景下,[1]英国先后掀起两次世界瞩目的国有化浪潮,国有企业在英国的煤炭、钢铁、燃料、电力和运输等基础部门占据绝对支配地位,到1980年,英国大小国有企业共有16,283家,在国民经济中已占有相当重要的地位,城市供水、能源、电信、交通运输等领域重大基础设施主要由政府投资建设和运营。国有企业产值占英国国民生产总值的10.5%;就业人数占总劳动力的8.1%;固定资本约占全国固定资本总额的15.3%,大致与私营制造业固定资本总额相等。由于国有企业在基础设施和基础工业领域占据主导地位,国有经济对整个国民经济具有举足轻重的影响。

但国有企业政企不分导致国家和企业间的关系紧张;政府加强对国有企业的管理和约束,妨碍了国有企业主动性的发挥;国有企业的高成本、低效率加剧了英国的经济停滞;英国政府为了刺激经济,依靠扩大公共开支人为刺激需求,国有企业挤占大量资金,加速了英国的通货膨胀,结果导致巨额的财政赤字;工会势力的膨胀加剧了劳资关系的紧张,使国有化问题演变为政治与社会问题。19世纪70年代中期的世界经济危机更是雪上加霜,英国经济陷入以财政赤字严重、失业率上升、通货膨胀、经济增长停滞为特征的“英国病”泥潭。为摆脱经济困境,英国新自由主义逐步控制了话语权,非国有化运动开始席卷许多大型国有企业。

1979年撒切尔夫人执政,在其强硬的政府瘦身运动和改革政策背景下,国家权力边界进一步收缩,公共开支大幅缩减,国有企业进行组织流程再造和民营化,市场经济原理被引入公共产品领域,英国经济发展模式进入转折点,撒切尔革命掀起了世界性新一轮政府再造(reengineering goverment)运动和民营化浪潮。政府不仅开始通过向公众出售国有股份的方式开展国有企业私有化计划,还力图通过邀请私人部门以长期合作协议的方式进入由公共部门长期垄断的公共服务和基础设施领域,激励企业提高自主经营的能力,并按照市场的规则来提升企业经营和服务的绩效。[2] 撒切尔政府公共服务民营化治理理念在梅杰政府和布莱尔政府的进一步发展下,成为引领公共政策改革的世界性潮流和方向。

1992年英国开始实施“私人融资计划”(Private Finance Initiative,PFI)来提供“高质量和更具成本效益的公共服务”,旨在将私有化带来的好处扩展到那些无法被私有化的核心公共服务领域,“以签署协议的方式,通过私人部门和设计、融资机

---

① 所谓“政治共识”(consensus polities),又称“巴茨克尔主义”(Butskellism)或“中间道路”,即工党以实现福利国家为满足,不再追求更长远的“社会主义”目标;保守党认可福利制度,接受有限的国有化方案,承认某种程度的“计划经济”,这实际上是第二次世界大战之后英国两党在这一时期执政价值取向出现的趋同倾向。

② 参见肖林、马海倩:《特许经营管理》,上海人民出版社2013年版,第221页。

构以及建设、资产管理等部门建立合作伙伴关系,将私人部门承担的角色和任务延伸到以往由公共部门提供公共服务的领域(如健康卫生、教育、交通运输设施、监狱和政府行政管理职能),以实现最终交付高质量成果的目标",①英国财政部将 PFI 定义为"公共部门以一个长期协议或合同的形式从私人部门购买高质量的服务,包括双方一定的交付成果、相应的维护维修或建设必要的基础设施。公共部门不仅希望获得私人融资,还希望能充分利用私人部门由于承担较大风险而产生的卓越的管理技能"。②可见,PFI 是英国一项鼓励公共部门向私人部门购买基本公共服务或产品的政策,③主导思想是将原来由政府提供的公共服务和基础设施建设、运营等内容最大限度地委托给私人部门,政府的角色从公共服务的提供者转变为公共服务的购买者。为积极推动 PFI 计划,梅杰政府成立了"私人融资小组"(Private Finance Panel),专门进行 PFI 理念传播和普及工作,PFI 逐渐成为英国新公共项目的默认交付机制,政府在投资建设道路、法院、社会住房、医院及学校时都会首先考虑这种模式。

1997 年布莱尔政府在继续推广 PFI 模式的同时,废弃了 PFI"通用评估规则",引入公私伙伴关系(Public-Private Partnerships, PPP)概念,指出公私伙伴关系是公共部门同私人部门联合一起工作的安排。从广义上来讲,任何公共部门同私人部门协助来实现政策、提供服务及基础设施均是公私伙伴关系。在基础设施领域中需要私人部门投资来提供公共服务的最常见形式就是私人融资模式,但 PFI 不完全等同于 PPP,外包、PFI 等模式均属于 PPP 范畴。公私合作模式最能够实现采购物有所值,到 2006 年,全英国签署的 PFI 项目合同达 677 份,合同总额 427 亿英镑,英国 PPP 投资占英国公共服务年度总投资的 10% ~14%。④

PPP 是英国工党政府基于 PFI 概念引入的一个新理念,它是英国公共部门与私人之间关系演变的自然结果,这种演变主要经历了 3 个阶段:

第一阶段:私有化。私有化需要把整个企业的所有权和经营权都交给私人部门。从 20 世纪 80 年代初期开始,撒切尔政府大规模出售国有企业,启动私有化运动。这一阶段中,英国的通信、交通、能源等部门的大型国有企业,如英国电信公

---

① Julie Froud, "The Private Finance Initiative: Risk, Uncertainty and the Atate", *Accounting, Organizations and Society*, Vol. 28, 2003, pp. 567 - 589.

② HM Treasury, "Value for Money Assessment Guidance", Accessed September 12, 2016. http//www. hm-treasury. gov. uk/hmt/documents/pulic_private_partnerships/ppp_index.

③ See Jane Broadbent, Richard Laughlin, "Accounting Choices: Technical and Political Trade-offs and the UK's Private Finance Initiative", *Accounting, Auditing & Accountability Journal*, Vol. 15, Issue 5, 2002, pp. 622 - 654.

④ See Esther Cheung, Albert P. C. Chan, Stephen Kajewski, "Reasons for Implementing Public Private Partnership Projects", *Journal of Property Investment & Finance*, Vol. 27, Issue 1, 2009, pp. 81 - 95.

司、英国石油公司、英国燃气公司、英国航空公司等公司企业都通过股票销售等形式转到私人部门。私人部门专业技术和管理经验的引入加上市场力量的金融规律,为这些行业的变革带来了巨大的推动力。

第二阶段:立约承包。英国在20世纪80年代和90年代早期通过立法强制要求地方政府把许多公共服务,包括垃圾回收、街道清扫、学校卫生与饮食服务、法律服务、计算机服务以及住房管理等内容通过竞争性招标的形式,把合同承包给那些被评估为更加高效的、能提供所需服务的私人部门运营商。当时,它是一种降低提供辅助性服务成本的方法,但由于被承包的公共服务实际很少能达到预期的结果,而且遭到劳动者的极力抵制,英国于1997年取消了强制性立约承包。

第三阶段:鼓励私人投资行动。1989年英国废除了曾经严格限制引进私人资本投资公共资产的规定。PFI计划于1992年由英国财政部长拉蒙首次宣布实施。与私有化模式不同,鼓励私人投资行动重视私人部门的管理技术优势和财力支持,其关注的焦点是服务和资金效益,公共部门与私人部门通过签订长期合同达到利益共享与风险共担,政府最终仍需为提供公共服务承担政治责任。

英国PPP模式已经发展了几十年,有着较为成熟的法律规定以及机构设置。英国合作伙伴关系组(Partnerships UK,PUK)本身就是一种公私合作框架,其中政府部门占49%的股份,该机构对PPP运行中出现的问题提供帮助,其运作成本从项目费用或持有的股本金中解决。1993年政府在财政部下专门设立了私人融资工作组(Private Finance Panel,PFP)和私人融资办公室(Private Finance Office,PFO),同时政府各职能部门内也都设立了私人融资办公室。财政部PFP的主要职能是促进公共部门和私人部门参与私人融资动议;促进项目创新;拓展可能利用私人融资的项目领域以及处理实施过程中可能遇到的问题。1994年新任梅杰政府的财政部大臣肯尼斯·克拉克(Kenneth Clarke)在英国产业联合会(Confederation of British Industry,CBI)的一次演说中重申了PFI的两大基本原则:第一,私人部门必须真正承担风险,不得利用纳税人的钱来对项目进行担保;第二,项目中公共部门的任何开支都必须被证明是物有所值(Value for Money)。①

英国财政部有一个PPP政策小组(PPP policy team),PPP政策小组制定有关PPP的政策并指引和提供有关PPP/PFI项目建议及统计资料,保障公共基础设施投资的动力及物有所值、维持市场信心并改进项目执行。PPP政策小组一个非常重要的工作是负责PFI标准合同(Standardisation of PFI Contracts,SoPC)的发布及

---

① See HM Treasury,"Private Finance:Overview of progress",*News release* Vol. 94,No. 118,1995;Grahame Allen,*The Private Finance Initiative(PFI)*,*Economic Police and Statistics Section*,House of Commons Library,2001,p. 15.

更新,指导PFI项目的实践。PFI标准合同明确了公共部门及私人部门风险分担的标准模式、原则、主要合同条款。1999年7月,第一版《PFI合同标准化指引(SoPC)》发布。发布标准化合同的目的是在PFI项目的主要点上促进合同取得商业平衡、保证公共部门采购到符合要求的服务、实现价值最大化。第二版在2002年9月发布,第三版在2004年4月发布,2005年12月发布了“附件”。最新版本(SoPC4)于2007年3月发布,最新版本更新了指引,吸收了法律的新规定及PFI市场的新发展,整合了附件的变化及减损,根据2006年3月“PFI:加强长期伙伴关系”文件中明确的事项提出了新的指引观点。

2012年英国政府在总结以往PFI的不足过程中,颁布了“PPP新路径”,简称PF2。PF2在继续利用PPP吸引私人融资的特点之外,还致力于消除浪费、改进效率、更好地保护公共利益的多项改革。英国财政部于2012年12月出版了《标准化PF2合同》,其主要目的是:第一,基于“PPP新路径”来结构化PF2合同,在公共和私人之间合理分摊风险,并促进大家对PF2这种新模式有共同的理解;第二,将合同条款划分为“强制条款”(不允许修改)和“推荐条款”(为了适应不同行业,可以以此为基础进行修改);第三,让合同标准化更加落地,例如,提供了标准服务产品模板、格式化的付款机制以及PPP股东协议等;第四,让合同当事人无须过重地谈判,从而减少PPP采购时间和费用。[①] 为了加强公共部门和私人部门之间的合作伙伴关系,以便更好地维护公众利益,《标准化PF2合同》规定了英国政府将以小股东的身份作为PPP项目的共同投资人,英国政府基于该项规定,专门成立了中央控制小组(Central Government Unit, CGU),负责公私合作制模式中的公共机构项目股权投资活动,政府在PPP项目公司中持有的股权按照“一股一权原则”行使股东权,除此之外,不得基于公共投资人或政府身份享有任何其他权利。中央控制小组基于股东权选任并派遣PF2项目公司董事,这些董事与其他公司董事一样负有信托责任(Duciary duties),中央控制小组与私人机构间完全成为一种股东间的关系。根据《标准化PF2合同》规定,政府或公共部门股权注入不得突破小股东的限制,股权比例必须为30%~49%,具体投入的实际比例则必须由专业评估确定。同时,政府或公共机构股权价格也应当通过充分的市场竞争来确定,且具体的政府采购人不得向PF2项目注资。

在美国,民营化主要指政府与社会部门(包括私营组织和非营利组织)共同经

---

① 《标准化PF2合同》希望通过下列措施能够为公共利益带来更好的物有所值:第一,引入公共机构股权;第二,服务条款更加灵活;第三,改进项目的市场准备,例如,在采购前进行市场意向测试;第四,采用强制的项目时间表,并加速使用精益采购技术;第五,更快、更好的公共机构审查和批准过程;第六,研究新的物有所值技术来替换现有物有所值指南。参见邱闯:《PF2:英国PPP的新模式》,载《中国投资》2015年第3期。

营公用事业,实质更多地依靠私人部门而非公共部门。美国公共事业民营化的主要实践形式包括:(1)资产出售(Asset Sale),政府或公共部门基于民营化需要,把机场、公用气源、基础设施以及其他公营资产出售给私人企业并由私人企业负责公共物品与服务供给;(2)对外承包(Contrating out),即政府或公共部门以竞争性招标、投标或者竞争性对话等方式将特定的公共物品与服务供给交由私人企业承包供应;(3)公司化改组(Corporatization),政府或公共部门基于增强公共物品与服务供给效率要求,依照公司化方式建立现代企业制度,改组后的公共服务公司依照市场规则和商业规则运作;(4)特许经营(Franchise),政府或公共部门以特许经营方式把特定的公共物品与服务供给交由私人企业运营;(5)内部市场化(Intemal Market),政府对日常工作需要的文印、办公设备维护、雇员培训等支持性服务,成立一个相对独立的企业实体运作,政府则依据竞争性规则向这些独立运作的企业实体或外部供应商购买这种支持性服务;(6)联合管理(Joint Venture),即政府部门和私营企业共同成立一个联合董事会对公共服务设施和公共服务供给进行控制和管理,公共服务设施可以是政府所有,也可以是私营企业所有;公共服务可以承包给私营机构,也可以由政府部门和私营部门联合提供;(7)管理外包(Managememt Contract),即把基础和公共服务设施交由私人企业承包经营和管理;(8)私人开发和运营基础设施(Private Infrastructure Development and Operation),私人部门以投资建设道路、机场、污水处理等基础设施,然后以使用者付费的方式回收成本并获得合理回报;(9)公私伙伴关系(Public-Private Partnership),公共部门与私人企业、非营利组织建设合作伙伴关系,以优势互补、风险共担方式共同为社区提供公共服务;(10)凭单制(Voucher),即政府不直接提供某项公共服务,而是发给需要该服务的公民一种凭证,公民持该凭证到市场上去购买所需要的服务。在美国,中小学教育实行的是典型的凭单制度。① 可见,美国民营化范畴宽泛、形式灵活多样,除资产出售、公司化改组和内部市场化外,大部分民营化方式都体现了私人参与的PPP模式特性。

美国基础设施与公共服务民营化实践源于20世纪90年代前,不过,当时美国的公路、桥梁等基础设施建设资金均来自公共财政投入,基础设施与公共服务领域也多为公共部门运营。推动美国基础设施与公共服务领域民营化的直接原因是联邦和各州政府公共财政能力的不足。随着经济发展增长缓慢,作为主要财政收入

① See Gibbon H. ,*A Guide for Divesting Government-owned Enterprises*,Los Angeles: Reason Public Institute, 1996, pp. 22 - 23;在美国,有学者将政府委托社区组织、邻里组织或非营利组织进行的自我服务(Self-Service)和志愿者提供公共服务(Volunteer Service)也纳入民营化范畴,参见李增田:《美国公共服务民营化的实践与战略演变》,载中国改革论坛网:http://www. chinareform. org. cn/gov/service/Experience/201012/t20101212_54573. htm,最后访问日期:2016 年 12 月 12 日。

来源的税收不断减少,但医疗、失业救济、养老服务等公共财政支出却不断增加,尤其2008年金融危机的爆发,公共财政负担显著加重,财政赤字不断扩大。例如,2012年,美国联邦政府财政赤字达1.1万亿美元,有42个州出现财政赤字,总额高达1030亿美元,许多州处于财政违约的边缘,出现了公共服务不到位,急需市政工程被推迟的情况,美国绝大多数州也纷纷采取减少公共服务或加税举措,公路等基础设施工程因为资金紧张而被延期或取消的现象并不少见。"需求是发明的动力",为解决财政困境,美国联邦政府开始鼓励私人部门投资建设基础设施、参与公共服务;同时,联邦政府除对最困难的城市提供资金支持外,还减少城市建设资金支持。美国政府认为私人部门参与基础设施与公共服务设施建设、解决社会福利问题,既是一种权利,也是一种义务;公私合作不仅仅是一个双方合意的契约,而且是一种可持续关系的开始,以优势互补、相互包容、彼此协作为基础的 PPP 模式必须充分考虑公共利益。①

1981年里根担任总统后,美国通过并实施了具有里程碑意义的减税政策。但是,税收收入的减少,也导致联邦政府以及各州政府的公共服务投资的缩减。由此,里根政府建立了有关社会部门的特别行动小组,它的使命就是发展有利于解决公众需求的活动。特别行动小组有两个主要宗旨:一是确认现有的成功或有潜力的私人创新项目,同时给予这些项目以全国性关注来促进其更广泛地推广。二是鼓励社会部门与政府合作,按照社会需求程度优先安排适当的人力和财力资源。②与卡特的国家城市政策报告一样,里根政府关于私人部门创新的特别行动小组也被认为是成功的。这两种行为,都使公私合作原则被大众接受并得到广泛宣传。美国国家经济发展委员会是一个有关商业和教育的非营利性公共政策组织,通过颁布名为《公私合作:一个城市团体的机会》的政策来支持总统的提议。这个报告主要关注公私合作,并且建议政府机构通过设立企业的途径来实施公私合作。报告还呼吁私人部门参加社区服务,又一次提高私人部门的社会责任。③

继英国、美国之后,PPP 模式在加拿大、法国、德国、澳大利亚、新西兰、日本等主要西方国家得到了广泛的响应,许多国家设立了专门的政府机构来推动 PPP 的发展,在法国、西班牙,PPP 主要以特许权协议的形式在基础设施领域加以运用;在澳大利亚,PPP 活动主要集中于新南威尔士和维多利亚州,维多利亚州财政厅于

---

① See Katharine Lyall, *Public-Private Partnerships in the Carter Years*, *Public Private Partnerships*: *Improving Urban Life*, *Perry Davis*, *ed.*, *Montpelier*, VT: Capital City Press, 1986, pp. 4 – 5.

② See Renee A. Berger, *Private-Sector Initiatives in the Reagan Administration*, *Public-Private Partnerships*: *Improving Urban Life*, *Perry Davis*, *ed.*, *Montpelier*, VT: Capital City Press, 1986, p. 18.

③ See Cory Sinclair, The Role of Public-Private Partnerships in the Development of Cultural Facilities, UMI Microform 3360946.

2002 年建立维多利亚公私合作制机构(Partnerships Victoria Unit)引导 PPP 模式的发展。同时,非政府组织和学术界也对 PPP 的发展起到了积极的促进作用,欧盟、联合国、经济合作与发展组织以及世界银行等国际组织也将 PPP 的理念和经验在全球范围内大力推广。而作为新兴经济体,包括中国、印度、巴西、墨西哥在内的许多发展中国家纷纷开始学习和应用 PPP。

在印度,PPP 来自于政府的政策推动。伴随人口增加,经济快速发展以及城市化水平的提高,基础设施服务提供与需求之间的矛盾日益突出,基础设施落后已经成为制约印度经济持续增长的障碍。为此,20 世纪 90 年代以来,印度就一直在尝试在基础设施和公共服务等领域推行公私合作制,从基础设施 PPP 项目涉及的资金总额而言,印度在所有发展中国家居第 5 位,印度目前正在实施的公私合作项目有 86 项,总金额达到 3400 亿卢比,而在所有公私合作项目中,印度基础设施领域所占的比重最高,这主要是道路、桥梁,其次是市政项目。近年来,印度确立了要对基础设施建设进行大规模投资的方针,在其第十二个五年规划(2012 ~ 2017 年)中,政府对电力、公路、铁路、机场、港口等基础设施项目的建设都提出了详细的方案。[①] 2014 年,印度政府公布基础设施升级计划,总统穆克吉表示,小型机场、高速列车、连接港口与内陆的项目将是新一届政府推进基础设施升级的重点领域。在未来 10 年内实施,将创造快速、投资友好及可预见的 PPP 模式,并将铁路现代化改造作为基础设施发展计划的头号任务。[②] 印度政府精心制定了一套基于公私合作方式发展基础设施的战略,鼓励社会资本参与基础设施建设。为此,政府还采取了很多措施,包括将海外投资者为基础设施项目融资所得的利息税从 20% 降至 5%,外国公共机构投资者投资尤其以基础设施为目标的企业债券的限额从之前的 50 亿美元上调至 250 亿美元。[③]

综上所述,公私合作制的本质是将非国有经济成分引入自然垄断产业,充分发挥政府和私人部门各自的禀赋优势,相互合作提供公共服务的制度安排。在法国,75% 人口的供水是通过 PPP 合同实现的,里昂水务(Lyonnaise des Eaux)和威望迪公司(Veolia Environment)两家 PPP 模式的经营者控制着全国 62.5% 的供水、36% 的污水处理、75% 的市中心供热、60% 的垃圾处理、55% 的电缆运营以及 36% 的垃

---

① 参见《印度政府公布基础设施升级计划》,载中华人民共和国商务部对外投资和经济合作司网:http://www.mofcom.gov.cn/article/i/jyjl/j/201406/20140600618900.shtml,最后访问日期:2016 年 6 月 9 日。

② 参见《印度十二五基础设施发展规划》,载于中华人民共和国商务部对外投资和经济合作司网站:http://hzs.mofcom.gov.cn/article/aa/201206/20120608168218.shtml,最后访问日期:2016 年 6 月 25

③ 参见陈婉玲:《公私合作制的源流、价值与政府责任》,载《上海财经大学学报》(哲学社会科学版)2014 年第 5 期。

圾收集。美国的公共服务企业普遍由私人承包经营,或资金由政府提供,或政府授予特许权但不直接插手其组织和运营,如城市和州政府的环境卫生、供水、废水处理、公共急救、医院、公园和其他公共场所管理、公路管理等事项,美国有些地方政府甚至将消防、监狱等市政机构也委托给私人经营管理。PPP 模式的应用在全世界已经成为一种趋势和潮流。在工业化国家,PPP 模式已从基础设施领域发展到教育、卫生、垃圾处理、环保产业等城市发展和公共建筑等民生工程,而对新兴经济体而言,快速的经济增长使供水供电、道路交通等基础设施产业对 PPP 模式有着巨大需求。虽然 PPP 的应用没有统一标准,各国 PPP 缘起的背景及推广的路径不完全相同,每一个引入 PPP 的国家都有自己独特的发展历程和制度解构,但政府在提供公共产品与服务方面的捉襟见肘是 PPP 兴起的客观本源,这里"政府不足"既包括财政能力的窘迫,也指政府治理能力的缺陷,公共服务投资巨大的需求与政府有限的财政预算之间的冲突以及在公共产品供给上的"政府失灵"是促使政府让渡垄断,邀请私人部门参与公共产品与服务,填补建设资金缺口的前提。

我国现实生活对公私合作伙伴机制有强烈的需求,而且已经有大量的实践探索和案例。从政府与市场的合作角度看,PPP 模式在我国可追溯到晚清时期的"官督商办"。而现代意义上的 PPP 模式则始于 20 世纪 80 年代"改革开放"时代背景,以吸引外资投资基础设施为特质,以 BOT 模式的实践为典型。1984 年深圳沙角 B 电厂是我国最早采用 PPP 模式的公共服务项目,[①]1994 年国家计委批准了一批 BOT 试点项目,包括广西来宾 B 电厂项目、成都自来水六厂 B 厂项目、广东电白高速公路项目、武汉军山长江大桥项目和长沙望城电厂项目等项目。广西来宾 B 电厂项目为国家批准的首个 BOT 试点项目,由法国电力公司和阿尔斯通公司联合中标并获得 18 年的特许经营权,该项目已于 2015 年 9 月移交至广西政府。与此同时,部分地方政府也推出了一些 BOT 项目,其中包括北京第十水厂 BOT、上海黄浦江大桥 BOT、沈阳水厂 TOT、新疆托克逊电厂等项目。这些 BOT 试点项目涵盖领域广泛,涉及电力供应、水务、公路、桥梁等内容。受项目运行风险和制度供给乏力等因素影响,以上试点项目未能全部顺利建成,却为 PPP 模式的发展积累了宝贵的经验。进入 21 世纪,我国社会主义市场经济体制已初步建立,PPP 模式的市场环境进一步改善,原建设部先后出台了一系列政策文件,加速了 PPP 模式的应用,第一轮 PPP 模式浪潮集中在市政公用事业领域,以污水项目、地铁、燃气、新城等项目为主,例如,北京地铁四号线、淮南新城项目,威立雅水务公司、新奥能源控股有限

① 该项目由香港合和电力(中国)有限公司和深圳经济特区电力开发公司于 1984 年合作兴建,并于 1988 年 4 月正式投入商业运行。香港合和电力(中国)有限公司拥有上述电厂 10 年的特许经营权,该电厂已于 1999 年 8 月移交给深圳市广深沙角 B 电力有限公司。

公司(原新奥燃气)、港华燃气有限公司等在各地区投资的水务、燃气项目,与20世纪80年代的BOT现象不同,这些项目的市场化特征较为明显,除外资以外,民间资本积极参与,形成较为激烈的招投标竞争市场。

我国新一轮PPP热潮肇端于2013年党的十八届三中全会为推进经济体制的全面深化改革,落实市场在资源配置中起决定作用的现代治理理念而确定的关于“允许社会资本通过特许经营等方式参与城市基础设施投资与运营”的基本精神,根据国务院落实党的十八届三中全会《关于全面深化改革若干重大问题的决定》重要举措分工方案,财政部成为落实PPP改革举措的第一责任人。基于供给侧结构性改革的时代背景,为配合新型城镇化战略,化解地方政府债务,规范地方政府融资平台,财政部与国家发展和改革委员会与2014年分别发布《关于推广运用政府和社会资本合作模式有关问题的通知》(财金〔2014〕76号)和《关于开展政府与社会资本合作的指导意见》(发改投资〔2014〕2724号),从中央到地方一系列PPP政策文件层出不穷,新一轮PPP浪潮序幕正式拉开。

二、宽泛而开放的定义及适用范围

迄今为止,PPP已经在世界范围内得到了广泛的应用。其应用范围已从道路、桥梁、隧道、港口、轨道交通、供水、供电、燃气、电信、垃圾处理等传统公用事业领域拓展到大型信息技术系统的提供、监狱的建造和运营、学校和医院的建设和运营,甚至航天、国防等更为宽广的领域。但是,PPP本身是一个崭新且非常宽泛的概念,[①]它用来描述各种涉及公共部门与私人部门在一起合作的契约安排,各国均以自身的发展背景和战略需要对PPP模式加以定位。

(一)不同的表述与实践

美国公私伙伴关系全国理事会(National Council on Public Private Partnerships)认为:公私伙伴关系是指公共机构(联邦、州和地方)与营利性公司之间的一个协议。通过协议,公私两个部门共享彼此的技术、资产来为公众提供服务和设施。除了共享资源外,它们还要共同承担提供服务和设施中的风险,并分享服务和设施带来的收益。[②] 在美国,PPP的适用范围较为广泛,除了用于公共与私人部门合作进行的基础设施建设项目外,也包括由政府出资而由非政府机构(如志愿者组织,即非营利性组织)提供的社会服务或由公共部门资助、私人部门进行研发的领域(如

① 在PPP术语成为世界潮流之前,广为采用的相关术语主要是特许经营(Concession)、BOT(建设—经营—转让,Bubld-Operate-transfer)和PFI(Private Finance Initiate)等表述。

② See The National Council for Public-Private Partnerships, *For the Good of the People: Using Public-Private Partnerships to Meet America' s Essential Needs*, 2002, p. 4.

技术开发)。

英国财政部于2000年发布一份名为《公私伙伴关系——政府的举措》的官方文件,该文件将PPP定义为"公共部门与私人部门为了共同利益而在一起的长期合作",并从3个方面解释了公私伙伴关系:第一,在国有行业中引入私人部门所有制;第二,鼓励私人投资行动,根据这一计划,公共部门通过合同长期购买商品或服务,利用私人部门的管理技术优势,同时受益于私人的财力支持以巩固公共项目;第三,扩大政府服务的出售范围,从而利用私人部门的专业技术和财力,开发政府资产的商业潜能。①

加拿大"PPP国家委员会"将PPP定义为"公共部门和私人部门之间的一种合作经营关系,它建立在双方各自经验的基础上,通过适当的资源分配风险分担和利益共享机制,最好地满足事先清晰界定的公共需求"。② 公私合作是一种长期的基于绩效的政府采购公共基础设施的方式,由社会部门进行融资、建设和从设计、规划、长期维持等方面保持基础设施正常运行并且由社会部门承担主要风险。③

欧盟委员会于2004年4月发布了《公私伙伴关系与共同体公共合同与特许法律绿皮书》(Green Paper on Public Private Partnerships and Community Law on Public Contracts and Concessions),强调欧盟范围内尚无统一的PPP定义,但作为一个专业术语,PPP主要涉及公共部门与私人企业之间为了确保基础设施的融资、建设、修缮、运营与维护或服务的提供而进行合作的各种形式。④

联合国培训研究院所指的PPP涵盖了不同社会系统倡导者之间的所有制度化合作方式,目的是解决当地或区域内的某些复杂问题。PPP包含两层含义:其一是为满足公共产品需要而建立的公共和私人倡导者之间的各种合作关系;其二是为满足公共产品需要,公共部门和私人部门建立伙伴关系进行的大型公共项目。⑤

在我国新一轮PPP热潮中,PPP统称"政府与社会资本合作"模式。2014年国家发改委与财政部分别对"政府与社会资本合作模式"从政策层面加以界定,财政部认为,"政府与社会资本合作模式(Publc-Private-Partnership)是在基础设施及公共服务领域建立的一种长期合作关系,通常模式是由社会资本承担设计、建设、运营、维护基础设施的大部分工作,并通过'使用者付费'及必要的'政府付费'获得

---

① See HM Treaaury, "Public Private Partnership: The Government's Approach", 2000, p. 10.

② Allan R. J., PPP: A Review of Literature and Practice, Saskatchewan Institute of Public Policy Paper, Vol. 4, 1999.

③ See PPP Canada, "P3 General Information", Accessed May 30, 2016. http://www.p3canada.ca/en/about-p3s/frequently-asked-questions/.

④ See Commission of the European Communities, "Green paper on Public-Private Partnerships and Community Law On Public Contracts and Concessions", *Brussels*, Vol. 30(4), 2004, p. 327.

⑤ 参见王灏:《城市轨道交通投融资问题研究》,中国金融出版社2006年版,第55页。

合理投资回报;政府部门负责基础设施及公共服务价格和质量监管,以保证公共利益最大化”,[①]发改委进一步指出,PPP 模式是“政府为增强公共产品和服务供给能力、提高供给效率,通过特许经营、购买服务、股权合作等方式,与社会资本建立的利益共享、风险分担及长期合作关系”。[②] 2015 年 5 月 19 日,国务院办公厅转发财政部、发展改革委、人民银行《关于在公共服务领域推广政府和社会资本合作模式指导意见的通知》(国办发〔2015〕42 号),强调政府和社会资本合作模式是公共服务供给机制的重大创新,即政府采取竞争性方式择优选择具有投资、运营管理能力的社会资本,双方按照平等协商原则订立合同,明确责权关系,由社会资本提供公共服务,政府依据公共服务绩效评价结果向社会资本支付相应对价,[③]保证社会资本获得合理收益。政府和社会资本合作模式有利于充分发挥市场机制作用,提升公共服务的供给质量和效率,实现公共利益最大化。从国务院及各部委对 PPP 性质与功能的界定可以看出,我国政府在政策层面对 PPP 范畴的理解也不完全统一。

各国推广 PPP 模式的侧重点也不同。英国私人融资计划作为公共项目的融资模式,更强调私人企业在融资中的主动性和主导性,其目的是为基础设施积累私人部门的融资。PFI 项目由政府部门发起,由财团进行项目建设—运营,并按事先的规定提供所需的服务。相比于 PPP 模式,PFI 中私人部门的融资责任、风险承担与前期投入都较大,以此换来更为广泛的项目控制权,公共部门在合同期限内因使用承包商提供的设施而向其付款,在合同结束时,有关资产的所有权或留给承包商,或交回公共部门,取决于原合同规定。可以看出的英国政府致力于推行 PFI 的着眼点在于有效利用私人资本提供公共服务,以实现资金的“物有所值”(Value for Money),而非最终的基础设施和公共服务设施的所有权。PFI 项目的适用具有多样性,大的项目可能来自国家重点领域如国防部的空对空加油罐计划、军事飞行培训计划、机场服务支持等项目;小的如公共服务设施建设,如教育或民用建筑物、警察局、医院、能源管理或公路照明,甚至包括公路、监狱、医院等项目。

与英国不同的是,法国至今没有关于公私合作伙伴关系的政策,特许经营(Concessions)制度是其政府在建设和管理“商业型”公共服务和公共基础设施中与私人部门合作的最悠久、最普遍模式,被大量运用于铁路、水务、电力和电车轨道等基础设施网络融资。依据特许经营合同,私人企业被授予有效的特许经营权,在特定时期内负责公共服务的设计、融资和经营,合同到期时这些基础设施的所有权将被收归公共实体。传统的特许经营制度主要是政府管理和配置资源重要的工

---

① 财政部《关于推广运用政府与社会资本合作模式有关问题的通知》(财金〔2014〕76 号)。

② 国家发展和改革委员会《关于开展政府和社会资本合作的指导意见》(发改投资〔2014〕2724 号)。

③ 这里的“对价”支付方式包括由政府完全支付、由使用者支付和使用者支付加政府补贴等方式。

具,其逻辑起点是对市场失灵的修正与控制。该模式影响了许多大陆法国家并被广泛运用于污水处理、城市交通以及铁路、电力等服务领域。

在美国,私人部门在公共服务领域比其他国家发挥更大的作用,但美国政府更热衷于运用合同外包方式与私人部门进行合作,他们认为"合同外包"比政府"内部生产"更优越。合同外包是政府购买公共服务的主要方式,至少有 200 种服务是由承包商向政府提供的,约 99% 的政府实施过合同外包,其范围涵盖公共工程、公共交通、公共安全、公用事业、医疗健康、人力资源、公园及绿化、娱乐与文化艺术、社会福利与保障等领域,如供水系统、废水处理、资源回收、垃圾填埋、车辆维修、停车库、飞机场、医院、竞技场所和会议中心等项目。① 在合同外包的过程中,政府部门与私人部门建立合同关系,约定由私人部门向社会公众提供服务,政府部门提供对价并进行监督。

此外,公私合作制的运用还衍生出 PPI(Private Participation in Infrastructure,私人部门参与基础设施建设,韩国使用)、PSP(Private Sector Participation 私人部门参与模式,世界银行使用)、PFP(私营部门融资的项目,澳大利亚使用)等概念。可见,公私合作制并没有一个通用的定义,基于频繁的制度变迁与观念变革,各国对 PPP 的界定存在较大的差异性,有的国家 PPP 概念仅限于一些特许权项目,指私人部门在特许权下提供公众付费的各类服务,而有些国家的 PPP 范畴则十分宽泛,包括公共部门与私人部门各种类型的共同合作,其结构与运作方式追随各国时代变迁和现实需要得到发展和诠释。在规范性研究中,学者们提到的 PPP 概念也大都从广义上加以认识,而非特指某一种类型或某一领域的项目运行。"试图去总结 PPP 是什么或者应该是什么几乎没有任何意义,它没有固定的定义,并且也很难去考证这个含义模糊的英文单词的起源,PPP 的确切含义要根据不同的案例来确定。"②但是,PPP 模式"是对政府与私人部门或对立或从属的传统关系的革命",它通过政府与私人组织之间建立不同程度的合作关系,以"契约约束机制"明确双方的权利和义务,最终使合作各方达到比预期单独行动更为有利的结果,从而提高公共服务效率与质量。③ 目前,PPP 模式的应用领域已由最初的"硬经济"领域(如道路、高速公路、铁路、桥梁、隧道、机场、通信、电力等领域)逐步推广到"硬社会"基础设施(如医院、学校、供水、污水处理、监狱和城市改造)、"软经济"(研究开发、技

---

① 参见[美]E. S. 萨瓦斯:《民营化与公私部门的伙伴关系》,周志忍等译,中国人民大学出版社 2002 年版,第 74 ~ 75 页。

② Hall D., Robin de la M., Davis, "Terminology of Public-private Partnerships", *Public Services International Research Unit(PSIRU) Paper*, 2003.

③ 参见陈婉玲:《公私合作制的源流、价值与政府责任》,载《上海财经大学学报》(哲学社会科学版)2014 年第 5 期。

术转移、职业培训、囚犯改造)和“软社会”(社区服务、社会福利、安全保障、环境规划)在内的所有公共服务领域。①

(二)PPP 模式基本概念要素

从学理上来讲,PPP 是指为了实现共同目标和互惠互利,公共部门与私人部门权力共享、共同经营、维护以及信息共享而形成的合作关系;而实践中,PPP 的架构通常是“由公共部门和私人部门签订一份长期合同→由私人部门进行公共服务项目的设计、建设、融资和运营→由公共部门或使用设施的公众在公私合作合同存续期间为使用设施向私人部门支付费用→项目设施所有权在公共部门一方,或合同结束时转移给私人部门一方”的一个过程②,Public(公共部门)、Private(私人部门)、Partnerships(合作关系)共同构成了 PPP 模式的基本概念要素。③

1. 关于公共部门(Sector)

英文“Public”一词具有强烈的“公共性”内涵。“公共性”作为一种社会文化现象,其内涵历经不同的诠释和解读,呈现不同的“样态”,但它大致囊括了:(1)共在性,共处性,共和性;(2)公有性,公用性,公利性;(3)共通性,共谋性,共识性;(4)公意性,公义性,公理性;(5)公开性,公平性,公正性等谱系。④ 而公共部门作为最具有“公共性”的组织载体,被授予公共权力,以公共利益为组织目标履行公共管理职责,向全体社会成员提供公共服务。从公私合作制的主体构成看,确定了公共利益的实施主体,也就明确了公共部门的实体范围。公共利益是在人与人、人与社会互动中所体现出的整体利益,维护公共利益要以国家公权力为根本保障。公权力来源于人类生活的共同需要,是某一共同体全体成员共同权力的集中体现。由于社会成员的广泛性和分散性,公权力一般由政府公共部门代表社会成员行使,以处理全体成员共同生活中的矛盾与争端,防止社会碎片化进而维护绝大多数人的公共利益,因此公权力是公共利益得以实现的坚实后盾。公权力一般由国家立法机关以法律形式予以确定,同时就其实施主体和运行边界作出规定,就这个层面

---

① [英]达霖·格里姆赛、[澳]莫文·K. 刘易斯:《公私合作伙伴关系:基础设施供给和项目融资的全球革命》,济帮咨询公司译,中国人民大学出版社 2008 年版,第 4 页。

② 参见[加]耶斯考比:《公共部门与私营企业合作模式:政策与融资原则》,杨欣欣译,中国社会科学出版社 2012 年版,第 3 页。实践中,对非核心公共领域的 PPP 项目所有权归属可以契约方式具体约定。

③ 社会科学将社会物品分为公共物品与私人物品,进而将向社会提供物品的属性将社会部门划分为三大部门:第一部门为纯粹的公共部门,主要指政府组织;第二部门为非公共部门,主要是各类工商企业,西方学者称为私人部门;第三部门是不属于第一部门(政府)与第二部门(企业)的其他组织的集合,这些部门的结构与特征较为复杂,萨拉蒙教授将之总结为组织性、民间性、非利润分配性、自治性、志愿性五个方面。

④ 参见郭湛、王维国:《公共性的样态与内涵》,载《哲学研究》2009 年第 8 期。

而言,公权力的执行主体承担着国家责任和行政义务。[①]

由于人们在认定公共部门内涵和外延时,采纳的标准和评价方式不同,因此,公共部门有广义与狭义之分,广义的公共部门包括政府部门、公共企业和非政府部门(第三部门)等部门,而狭义的公共部门则特指政府组织。政府是人民权利让渡的产物突出了政府的"公共"性质,使政府成为最主要、最纯粹的公共部门:"第一,对社会公共事务进行管理;第二,其用来从事公共管理的权力是一种公共权力;第三,其所掌握和运用的资源是一种公共资源,财政来源于全体公民的税收,其实质上是一种公共财政;第四,其为社会所提供的产品是一种公共物品;第五,其行为的价值取向是公共利益,政府应该是一种'公益人'而不应该是一种'自利人'",[②]即政府具有社会福利最大化的职能,与私人部门的工作动机不同,私人部门具有天然的自私动机,而政府组织必须抑制这种动机的存在。

PPP框架下的政府首先必须是"服务型政府",即"以为公民服务为宗旨并承担公共服务责任的政府",其角色塑造以"公共性的价值、引导型职能和注意义务"三个公共责任为维度。[③] 在公共服务领域,政府主要承担"提供物品、定价和管制"三类经济活动,基于公共物品的公共性尤其是公益性的考量,政府直接提供公共服务是传统思维,私人资本进入存在准入限制,但由于政府提供公共服务具有"产出的非市场性即垄断性,其服务性产出往往不像产品一样看得见、摸得着,产出的量和质难以测定和量度",传统公众监督机制失效,顾客劣势地位显著,组织效率与公众满意度下降,与私人部门相比,"公共部门在经济、效率、创新、公共服务态度、水平和质量等方面往往相形见绌","公共悖论"成为政府履行公共管理职责中的"世界性难题",[④]让渡公共服务垄断特权,与私人资本展开合作成为国际社会政府再造的潮流,因此,PPP的制度目标,是保障政府有效提供公共物品,满足公共需求。

政府作为大规模的组织机构,在行业管理分工和民主集中制原则下,其运转具有层级性和分散性。PPP模式中的公共部门,主要是指政府及其主管部门或下属机构,它"可能是中央政府的一个部门、一个州或区域政府、一个地方主管部门、一个公共机构或任何一个公共部门控制下的实体",[⑤]如政府拥有的以提供公共服务

---

① 参见付金存、王岭:《跨界治理视域下中国城市公用事业公私合作制的主体性质探析》,载《经济与管理》2016年第7期。

② 胡象明:《关于公共部门的界定与公共管理学的研究范围—— 兼谈公共管理学与行政管理学的关系》,载《武汉大学学报》(社会科学版)2001年第5期。

③ 参见孔繁斌:《公共性的再生产——多种性质你的合作机制建构》,江苏人民出版社2008年版,第225页。

④ 参见周志忍:《公共悖论及其理论阐释》,载《政治学研究》1999年第2期。

⑤ [加]耶斯考比:《公共部门与私营企业合作模式:政策与融资原则》,杨欣欣译,中国社会科学出版社2012年版,第4页。

为宗旨的公共企业等情形。在我国,"Public"主要指各省、自治区、直辖市人民政府及其授权机构、各行业主管部门以及事业单位、行业运用公司等其他相关机构。

2. 关于私人部门

私人部门是相对于公共部门的称谓,其以活动依赖于个人的收入、个人所有的资产,并且以自身利益为活动的宗旨,而没有以公共利益为目标为的基本特点。在现代经济中,大部分关于生产以及生产要素合理使用的决策都是由私人部门作出的,人们普遍相信缩小政府职能是有利的,而且私人部门的生产更富有效率。①

综观国外的 PPP 实践,私人部门的范围主要是私有企业、志愿者组织、社区组织和非政府组织(Non-Governmental Organizations, NGO)。在德国,2005 年颁布的《公私合作制促进法》规定与公共部门进行合作的只能是非公主体,包括在修改《远程公路建设私人融资法》时将"运营者"改为"私营企业"。目前 PPP 的私人主体包括私人企业和第三部门。私人企业在市场经济活动中始终扮演着重要的作用,私人投资进入基础设施领域有利于实现新的投资回报,体现企业的社会价值,同时借助公共部门的优势不断壮大自己的力量。而第三部门(Third Sector)的出现和发展是近年来令人关注的现象。美国的社会学家阿米诺伊·艾奇奥尼(Amitai Etzioni)在其 1972 年发表《"第三部门"未显现的潜力》中首次运用了第三部门的概念。戴维·奥斯本(David Osborne)认为,第三部门是被私人拥有和控制的组织构成的,其存在是为了满足公共或者社会的需要,不是为了积累社会财富。

在我国政府新一轮力推的 PPP 模式中,"Private"强调"社会资本"形态,所包含的资本主体范围更为广泛。在党的十八届三中全会提出全面深化改革的总体目标,决心从广度和深度上推进市场化改革,大幅减少政府对资源的直接配置,推动资源配置依据市场规则、市场价格、市场竞争实现效益最大化和效率最优化,并确定"允许社会资本通过特许经营等方式参与城市基础设施投资和运营"的政策背景下,财政部和发改委陆续颁布《关于推广运用政府和社会资本合作模式有关问题的通知》和《关于开展政府和社会资本合作的指导意见》以及一系列推广 PPP 模式的相关政策文件,明确将"Private"表达并定位为"社会资本","指已建立现代企业制度的境内外企业法人,但不包括本级政府所属融资平台公司及其他控股国有企业",②即

---

① 参见[英]萨拉·科诺里、阿里斯泰尔·曼洛:《公共部门经济学》,崔军等译,中国财政经济出版社 2003 年版,第 18 页。

② 《政府与社会资本合作模式操作指南》,财政部 2014 年 11 月 29 日发布。国务院《关于在公共服务领域推广政府和社会资本合作模式指导意见的通知》第 13 项专门对地方政府融资平台公司的投资行为做了限制,规定"对已经建立现代企业制度、实现市场化运营的,在其承担的地方政府债务已纳入政府财政预算、得到妥善处置并明确公告今后不再承担地方政府举债融资职能的前提下,可作为社会资本参与当地政府和社会资本合作项目,通过与政府签订合同方式,明确责权利关系。严禁融资平台公司通过保底承诺等方式参与政府和社会资本合作项目,进行变相融资"。

符合条件的国有企业、民营企业、外商投资企业、混合所有制企业以及其他经济组织等企业或组织。2015 年,国务院转发的《关于在公共服务领域推广政府和社会资本合作模式指导意见的通知》提到“社会资本”包括“境内外企业、社会组织和中介机构”,其界定的“社会资本”范围显然较之于发改委、财政部前期对“社会资本”认识有扩大之势,其将政府与社会组织、中介组织在公共服务领域的许多合作也纳入 PPP 的范畴,如政府向社会组织购买的养老服务、法律服务等内容。“社会组织、中介机构”等第三部门能否以“社会资本”身份与政府进行合作,涉及 PPP 适用领域及合作方式的理解,即涉及 PPP 内涵外延的宽窄问题。从转变政府职能、改革创新公共服务供给机制、优化社会管理、推进国家治理体系和治理能力现代化、提高公共服务质量与效率的角度出发,我们认为有必要采用较为宽泛的“社会资本”概念。

然而,PPP 模式中的“社会资本”显然不同于传统社会学或政治学意义上的“社会资本”概念。“社会资本”原初之义发源于社会学领域,其是相对于经济资本(物质资本)和人力资本的概念,指社会主体(包括个人、群体、社会甚至国家)间紧密联系的状态及其特征,其表现形式有社会网络、规范、信任、权威、行动的共识以及社会道德等方面。社会资本存在于社会结构之中,它通过人与人之间的合作进而提高社会的效率和社会整合度。自 20 世纪 90 年代以来,社会资本理论成为学界关注的前沿和焦点问题,社会学、政治学等许多学科都从学科的角度对社会资本进行了研究,以解释经济增长和社会发展,甚至被西方国家的决策圈看作解决社会矛盾的新思路,即所谓的“第三条道路”。布迪厄(Pierre Bourdieu)认为,“经济资本是可以直接并即时性地转换为货币并可以财产权的形式加以制度化”的资本,它“由生产的不同要素(诸如土地、工厂、劳动、货币)、经济财产、各种收入及各种经济利益所组成”,而社会资本则是“以关系网络的形式存在”,即社会成员和社会团体因在“场域”中占有不同的位置而获得不同的社会资源和权利,“场域”是个动态变化的过程,而变化的动力是社会资本。[①] 詹姆斯·科尔曼(James Coleman)则特别强调社会资本与经济学范畴内资本概念的区别,认为社会资本是与物质资本和人力资本相并存的,是每个人生来就具有的三种资本之一。其中物质资本是有形的,社会资本和人力资本是无形的,社会资本存在于“人际关系网络”,其有义务与期望、信息网络、规范与有效惩罚、权威关系、多功能社会组织和有意创建的组织等形式。[②] 帕特南(Robert Putnam)在科尔曼的基础上,将社会资本从个人层面上升

① 参见[法]布迪厄:《文化资本与社会炼金术——布尔迪厄访谈录》,包亚明译,上海人民出版社 1997 年版。

② 参见吕涛:《社会资本与地位获得:基于复杂因果关系的理论建构与经验检验》,人民出版社 2014 年版,第 48 ~50 页。

到集体层面,并把其引人政治学研究中,从自愿群体的参与程度角度来研究社会资本,将社会资本定义为一种社会关系与随之而来的规范和信任。① 总之,无论社会学、政治学还是经济学的研究,社会资本作为一种独立的、能够给行为主体带来利益的社会关系和信任资本,以社会网络为基础条件,其含义都已经超越了钱与物的范围。

政府之所以选择以“社会资本”概念表达 PPP 合作方的范畴,主要基于政府与社会二元结构中的“社会性”,意指排除了政府所属融资平台公司及其他控股国有企业以外的民间的、外资的、经营性国有资本等类型都可成为 PPP 合作对象。但在公共服务供给制度改革中,以“社会资本”概念替代“私人部门”表达政府寻找合作伙伴的方向与旨趣,容易引起理解上的混乱。PPP 模式是组织之间的一种合作关系,双方以签订合同为基本运作基础,合作的纽带是有能力参与投资、设计、建设与运营“实体”而非“资本”,“社会资本”概念用于表达社会关系或社会态度,它本身不具备潜在的生产能力,也无法进行直接的测量,以“社会资本”囊括经营性国有企业和大部分非国有经济成分的市场主体,实际上是概念上的偷梁换柱,缺乏准确性。

3. 关于伙伴关系

所谓伙伴关系,是指多个部门(公共部门、私人部门、第三部门)中的两个或更多组织间有意向的合作关系,这种关系聚集了各种不同的资源,确认并进而寻求一种共同解决问题的联合途径。有学者从组织学角度认为合作伙伴关系是指在两个或多个组织实体中,任何一方都无法独立完成相关事务时所采取的联合行动以及为发起联合行动而作出的对所需资源的相互承诺。在欧洲城市治理中,更加宽泛地称为“伙伴制”,指为了解决某一特定问题,由一个特定的城市政府部门与他人结盟来推行一项政策的过程,这种联盟可能只是一种临时性的特别安排,或是由若干人参与的一种长期战略。综上所述,任何有关私人部门、志愿部门、公共部门之间的组合都有可能被视为“合作伙伴关系”。②

公共服务领域的政府与私人部门伙伴关系实际上是政府对公共服务供给迫在眉睫的问题所作的回应。一方面,多样化的消费需求和优质化的消费目标在客观上对公共资源配置和公共服务提出更高的要求,政府在公共服务提供方面难以独当一面,“在缺少足够的政府人员或专门技能来提供各种服务、对政府官僚体系扩

① Robert D. Putnam, “Tuning In, Tuning Out: The Strange Disappearance of Social Capital in American”, *Political Science and Politics*, Vol. 28, No. 4, 1995.

② [英]达霖·格里姆赛、[澳]莫文·K. 刘易斯著:《公私合作伙伴关系:基础设施供给和项目融资的全球革命》,济帮咨询公司译,中国人民大学出版社 2008 年版,第 5 页。

张存在普遍抵触情绪、渴望灵活的管理或者需要检验一种特殊思想的情况下",①政府必须放弃传统的"全能型"控制思维与行动模式，寻找合作途径解决问题。另一方面，基于"市场失灵"与"政府失灵"理论，由政府部门或私人部门单独提供公共服务均有其固有局限，政府的"有形之手"和市场的"无形之手"协调配合、共同行动、扬长避短是最有效率的选择。可见，PPP 实质上是公共部门与私人部门在公共服务领域进行的全周期合作的过程，通过打破传统的公私边界，共同提供公共产品，满足公共服务的多样化需求，提高服务的供给水平和产品质量。

伙伴关系以合作为价值实现的前提，要维持政府与私人部门良好的可持续的伙伴关系，双方必须树立合作的思维。首先，平等、协商的契约精神是合作的基础，以契约制度约束平衡双方的权利义务分配；其次，利益共享、风险共担则是合作的纽带，任何一种合作都具有共同的利益需求和互惠互利的本质，在 PPP 模式下，虽然公私双方的目标大体一致，但是由于二者的性质迥然不同，二者在最终的价值追求上必定分道扬镳。公共部门的最终目的是实现公共福利的追求，而私人部门则是为了实现自身的营利。二者之平衡即在于用最低的成本、最高的效率提供公共产品。那么如何来协调这个利益冲突？实际上也是通过合作的方式进行磋商，将以最少的资源实现最多的产品或服务作为一个折中的目标，平衡二者的利益从而来实现 PPP 模式的继续运行。而最终的风险分担，也是根据合作中的相关约定来在公私部门之间进行分摊。可以说，合作的精神贯穿 PPP 模式运行的始终，其主线就在于维系双方的合作关系，平衡二者的利益，不断重新分配双方的权利义务。

（三）PPP 适用领域：以公共服务为视角

迄今为止，公私合作制的应用范围已由最初的城市供排水与污水处理、集中供热、管道燃气、轨道交通等传统城市公用事业领域，逐步扩展到医疗卫生、教育培训、技术研发等公共服务甚至公共安全领域，其应用领域越来越广。但项目的"价格调整机制相对灵活、市场化程度相对较高、投资规模相对较大、需求长期稳定"应该是采用 PPP 模式运作的前提条件。由于 PPP 项目运用的侧重点及研究视角的差异，其适用领域的表述也各不相同，主要有：

（1）公用事业说（Public Utility），分为公共产品（Public Goods）和公共服务（Public Service），前者有时也用公共设施（Public Facilities）或基础设施（Infrastructure）或公共资产（Public Assets）来表示。

（2）基础设施说（Infrastructure），认为 PPP 是发生在基础设施领域的一场全球性革命，并将基础设施分为"经济性基础设施"和"社会性基础设施"两大类，进而

① ［美］莱斯特·M. 萨拉蒙：《公共服务中的伙伴——现代福利国家中政府与非营利组织的关系》，田凯译，商务印书馆 2008 年版，第 12 页。

又从“硬性”与“软性”两方面对基础设施进行分类,英国学者格里姆赛和刘易斯(Grimsey and Lewis)、加拿大学者耶斯考比(Yescombe)均从基础设施角度对PPP模式的运作机理进行分析。

表2 格里姆赛和刘易斯对基础设施的分类①

硬经济基础设施	道路、高速公路、桥梁、港口、铁路、机场、电信、电力
软经济基础设施	职业培训、金融制度、研发促进、技术转让、出口援助
硬社会基础设施	医院、学校、供水、住房、排水、儿童保健、监狱、养老院
软社会基础设施	社会保障、社区服务、环保机构

表3 Yescombe对基础设施的分类②

经济性基础设施	保证日常经济生活正常运行不可或缺的基础设施,如公共交通设施和公用事业网络(供水、排水、供电等类型)	硬性基础设施	为进行经济活动或社会活动而建设的建筑物或其他有型设施
社会性基础设施	保证社会制度正常运行不可或缺的基础设施,如学校、医院、图书馆、监狱等类型	软性基础设施	为经济性基础设施(如清扫街道)或社会性基础设施(如教育、培训、社会服务)而提供的各种服务

(3)公共服务说(Public Services)。在中文语境中,“公共服务”既可以是名词形态,也可以是动词形态,作为名词的“公共服务”是指政府为满足社会公共需要而提供的产品与服务的总称,作为动词的“公共服务”则指使用公共权力或公共资源的社会生产过程。“公共服务说”认为PPP模式适用于政府负有提供责任又适宜市场化运作的所有公共服务领域,包括加强城乡公共设施建设,发展教育、科技、文化、卫生、体育等公共事业,为社会公众参与社会经济、政治、文化等活动提供保障。公共服务以“公共利益”为目标,以“不特定的社会公众”为服务对象,是21世纪公共行政和政府改革的核心理念,强调政府的服务性和公民的权利。从政府运用公共权力回应社会公众差异性需求的活动过程来看,其提供的产品无论有形或无形均是公共服务的过程,公共服务应该属于更高一级的范畴,其中应包含有形物品的产出,如基础设施建设等内容。

① 参见[英]达霖·格里姆赛、[澳]莫文·K.刘易斯:《公私合作伙伴关系:基础设施供给和项目融资的全球革命》,济帮咨询公司译,中国人民大学出版社2008年版,第19页。

② 参见[加]耶斯考比:《公共部门与私营企业合作模式:政策与融资原则》,杨欣欣译,中国社会科学出版社2012年版,第1页。

关于 PPP 的适用领域，我国相关政策文件出现了“公共服务”“公共产品”与“基础设施”等多种表述，例如，国务院转发的《关于在公共服务领域推广政府和社会资本合作模式指导意见的通知》采用广义的“公共服务”概念，认为 PPP 模式是“公共服务供给机制的重大创新”，其列举的“公共服务”行业包含基础设施建设，如“交通运输、市政工程”等形式；财政部《关于推广运用政府与社会资本合作模式有关问题的通知》及财政部《政府和社会资本合作模式操作指南（试行）》则认为 PPP 是“基础设施及公共服务”领域的长期合作关系，将 PPP 适用领域明确分为“基础设施”和“公共服务”两种；发改委《关于开展政府与社会资本合作的指导意见》则明确指出：PPP 模式主要使用于政府负有提供责任又适宜市场化运作的“公共服务、基础设施”项目。可见，当前我国 PPP 项目使用领域主要分为“基础设施”与“公共服务”，前者如交通运输、市政工程等类型；后者是指医疗、卫生、养老、教育等类型。基于基础设施本身具有的“公共性”特质。本研究采用广义的 PPP 公共服务概念，包括基础设施与公共服务等适用领域。

表 4　相关政策文件关于 PPP 适用范围的表述

发布机构	名称	PPP 领域总称	范围
国务院办公厅转发财政部发展改革委人民银行	《关于在公共服务领域推广政府与社会资本合作模式指导意见的通知》（国办发〔2015〕42 号）	公共服务领域	能源、交通运输、水利、环境保护、农业、林业、科技、保障性安居工程、医疗、卫生、养老、教育、文化等
财政部	《关于运用政府与社会资本合作模式有关问题的通知》（财金〔2014〕76 号）	基础设施及公共服务	城市供水、供暖、供气、污水和垃圾处理、保障性安居工程、地下综合管廊、轨道交通、医疗和养老服务设施等
发改委	《关于开展政府与社会资本合作的指导意见》（发改投资〔2014〕2724 号）	公共服务、基础设施	燃气、供电、供水、供热、污水及垃圾处理等市政设施，公路、铁路、机场、城市轨道交通等交通设施，医疗、旅游、教育培训、健康养老等公共服务项目，以及水利、资源环境和生态保护等项目

续表

发布机构	名称	PPP 领域总称	范围
财政部、住房城乡建设部	《关于市政公用领域开展政府与社会资本合作项目推介工作的通知》(财建〔2015〕29 号)	市政公用领域	城市供水、污水处理、供热、供气、道路桥梁、公共交通基础设施、公共停车场、地下综合管廊等
发改委、财政部、住房和城乡建设部、交通运输部、水利部、中国人民银行	《基础设施和公用事业特许经营管理办法》	基础设施和公用事业	能源、交通运输、水利、环境保护、市政工程等
财政部、民政部、工商总局	《政府购买服务管理办法(暂行)》	基本公共服务	公共教育、劳动就业、人才服务、社会保险、社会救助、养老服务、儿童福利服务、残疾人服务、优抚安置、医疗卫生、人口和计划生育、住房保障、公共文化、公共体育、公共安全、公共交通运输、三农服务、环境治理、城市维护等
发改委	《关于发布首批基础设施等领域鼓励社会资本投资项目的通知》(发改基础〔2014〕981 号)	基础设施	铁路、公路、港口等交通运输设施,新一代信息基础设设施,重大水利、风电、光伏发电等清洁能源工程,尤其管网及储气设施,现代煤化工和石化产业基地等

续表

发布机构	名称	PPP 领域总称	范围
我国台湾地区	“促进民间参与公共建设法”	公共建设	指下列供公众使用或促进公共利益之建设： 1. 交通建设及共同管道； 2. 环境污染防治设施； 3. 污水下水道、自来水及水利设施； 4. 卫生医疗设施； 5. 社会及劳工福利设施； 6. 文教设施； 7. 观光游憩重大设施； 8. 电业设施及公用气体燃料设施； 9. 运动设施； 10. 公园绿地设施； 11. 重大工业、商业及科技设施； 12. 新市镇开发； 13. 农业设施

关于公共服务与公共产品的关系，我们赞成将政府提供公共产品的过程统一纳入“公共服务”范畴。虽然在经济学中，产出可以分为产品和服务两种形式，产品是有形的产出，如交通运输、供水、供电、供气、污水处理等市政设施；而服务是无形的产出，如教育、医疗、保健等形式。但是经典经济学理论所使用的“公共产品”并不是从政府产出的产品物质形式去定义，而是将其当作与“私人物品”相对应的一类商品。萨缪尔森认为：“公共品是指这样一类商品：将该商品的效用扩展于他人的成本为零；无法排除他人参与共享。”①其最好的例子有国防、安全、灯塔、法治和秩序、交通设施、医疗保健、环境以及科研与教育等类型，这里既包括有形的实物供给，也包括无形的民生服务。可见，在他的分析中，公共产品并不局限于产出的实物形式。实际上，根据各种相关理论，公共产品与公共服务之间并不存在本质区别，政府为公众提供公共产品的实质就是提供共同消费性质的服务。

三、PPP 模式：一场公共服务供给模式的变革

公共服务供给模式，即通过集体性的制度安排，对公共服务的供给者、服务的

① ［美］保罗·萨缪尔森、威廉·诺德豪斯：《经济学》（第 19 版），商务印书馆 2013 年版，第 34 页。

数量与质量、生产与融资方式、管制方式等事项作出决策、安排并进行监管的系统。[①] 公共服务供给模式的认知与选择是一个追随制度变迁不断深化的过程。长期以来,基于对公共物品属性的坚守以及对市场调节的理性判断,政府成为公共服务单一的供给主体,政府财政预算支出是公共服务的唯一资金来源。随着公共物品需求的日益复杂化、多样化,改进公共服务供给方式,调动市场力量参与公共服务生产,构建"多元共治"的公共服务供给模式,提高公共服务水平与效率成为政府改革的方向。PPP 是改善传统公共服务供给模式的治理工具,对于公共治理而言,PPP 是介于公共治理和市场治理之间的"第三条道路"。[②] 作为公共服务供给模式的创新机制,PPP 之所以在世界范围内被广泛推崇,得益于其制度价值与优势。首先,PPP 模式对公共部门与私人部门均能形成较好的激励效果。就公共部门而言,政府能够从私人部门获得更多先进的管理技能和专业技术,伙伴关系使政府有更多机会接近顾客,政府能够有效抉择以满足社会公共需要。对于私人部门,PPP 的利益与风险分担机制激励其提供优质公共服务,并据此获得投资收益。其次,PPP 模式能够以低成本提供公共服务。私人部门拥有诸多的优势,如先进的管理、技术、工艺等事项,在项目建设中,私人部门极力追求优良的成本收益运行方案以降低运行成本。最后,在公共部门与私人部门之间进行风险分担能够有效地将特殊风险配置给适合管理风险的伙伴,公共服务整体失效的可能性大大减弱,由此得以避免传统模式中政府失灵情况的出现。

PPP 不同于私有化,其本质在于合作。与公共服务传统供给模式相比,PPP 打破政府垄断与彻底市场化非此即彼的桎梏,通过连接政府与非公共部门在资金、技术、管理等方面的优势,实现比各方单独行动更有利的结果。PPP 的本质是合作而非对抗,是混合所有制经济在公共服务领域的创新和运用,尽管参与各方的动机、期望的付出和回报不同,但却可以通过激励相容的制度安排,基于 PPP 搭建的平台,凝练出共同的目标和利益,实现良性互动达至"双赢"。因此,PPP 并非单纯的融资工具和稳增长工具,更是政府职能转变的重要方式,是寻求新型执政方式的重要措施。其价值在于:(1)宣示一种事实:市场化资源配置比传统官僚制更具效率;(2)回应一种潮流:消费者主权催生低成本享受高服务诉求;(3)推动一种变革:公共服务安排与服务生产分离的配置方式;(4)坚守一个原则:公共利益始终必须是 PPP 模式制度构建和运行的最高利益考量。

---

① 参见叶响裙:《公共服务多元主体供给:理论与实践》,社会科学文献出版社 2014 年版,第 31 页。

② See Buse K. , Walt G. , "Global Public-Private Partnerships: Part 1: A New Development in Health", *Bulletin of the World Health Organization*, Vol. 78(4), 2000.

(一)一种事实:公共服务市场化比传统官僚制更具效率性

马克斯·韦伯曾经将"官僚体制"描述为权威的、遵循规则和程序、非人格化的层级制,并宣称"一个组织越是接近于他的官僚制模式就可能越有效率,正是官僚制行政管理的较高效率,解释了现代社会中官僚制的广泛扩张"。然而,官僚制对组织管理的非人格化的过分强调以及盲目追求组织内部结构有序化往往暴露其僵化保守、缺乏创新和效率的弊端。与以竞争为核心的灵活的市场机制相比,官僚机制运行的低效率弊病显而易见,竞争性市场中的企业基于"利润"诱因机制来评价其经济绩效,但官僚制在提供公共物品时却没有类似的激励机制使其提高生产效率。私人企业要考虑无数购买者的需求而作出不同决策,官僚制只根据决策者要求提供公共物品,只对"单一买者"(上层决策者)负责。政府官僚制在提供公共物品方面不存在竞争而存在垄断,并且是合法的垄断,这种垄断地位使政府行为没有竞争意识。"由于没有产权约束,政治人行动时不必担心成本问题,在没有成本压力下,自由度比企业家要大,不计成本的政府行为不断。"从经费来源来看,与私人企业必须以公众的回应为生存之本不同,"财政预算"和"拨款供给"使官僚制的经济生命线不受制于公众,因此缺乏以公众为中心的动力。官僚制或趋于"预算"增加,或扩大生产却不考虑民众真正的需求,或基于部门利益的追求,导致机构臃肿,人浮于事,效率低下。官僚制的这些缺陷日益不能适应时代发展的需要,在公共服务领域,科学技术的日新月异,信息化、全球化和高度竞争化时代要求速度、便利、弹性、多样性、人性化的公共服务,而政府公共能力却日益捉襟见肘。

受1929~1933年世界性经济危机的冲击和战争的影响,运用国有化弥补市场缺陷曾是西方国家调控社会经济的重要政策工具。基于公共利益的价值追求,使第二次世界大战之后的很长一段时间,公共服务主要都由各国政府提供,无论是公共服务项目的投资、建设还是运营,都完全依靠政府供给并管理。然而,进入20世纪70年代以后,西方国家普遍出现的经济滞胀现象使凯恩斯国家干预主义遭遇质疑与反思。公共部门并不比私人部门见多识广,其设备和人员缺乏,对信息的收集和处理能力有限,官僚制导致的低效率都证明在公共服务领域必须重新审视政府角色。政府发挥促进者和监管者的作用,公共物品的生产与经营则应更多地留给市场。"更多依靠民间机构,更少依赖政府来满足公众的需求。……在产品、服务的生产和财产拥有方面减少政府作用,增加社会其他机构作用的行动。"①20世纪80年代,西方国家掀起的新公共管理改革运动为PPP的兴起提供了理论背景,"公共服务市场化"理念的核心内容即放松管制,将市场竞争机制引入公共服务领域,

---

① [美]E. S. 萨瓦斯:《民营化与公私部门的伙伴关系》,周志忍等译,中国人民大学出版社2003年版,第2页。

打破传统公共服务政府垄断供给模式,公共服务事业面向社会,允许私人企业经营,以此提高公共服务的供给效率、质量与公众满意度。

在一个资源稀缺的世界中,效率是重要的社会目标。在可利用资源有限的条件下,如果能够提供最多最优的产品,这就是有效率的机制。在产权经济学看来,市场交换是分配财富的最有效的机构,也是资源分配的最有效手段,因为要配置好各种资源,无论政府有多少智慧,计划有多周密,都不可能比市场这台"超级计算机"更高明,相较于"资产政府拥有、价格政府制定、经营政府控制、盈亏政府统负责"的传统公共资源配置模式,市场借助其发现价值的功能,不仅能够通过市场竞争实现各种资源和生产要素的最佳组合,而且能够让各种资源按照市场价格信号反映的供求比例流向最有利的部门,以尽可能少的资源生产尽可能多的产品、获得尽可能大的效益。理论和实践都证明市场配置资源是最有效率的形式。问题的焦点不再是产权归谁所有,而是谁来使用的问题。谁有能力,谁能有效使用资源,谁能使生产要素得到最佳配置,谁就应该是产权的使用者。

公共服务采用PPP模式运行,通过政府与社会资本之间合理的风险分配,激发私人部门项目设计和施工质量的管理和技术优势,促进资源在项目全周期内得到高效利用。我国政府在推进国家治理体系改革中明确提出,要"大幅度减少政府对资源的直接配置,推动资源配置依据市场规则、市场价格、市场竞争实现效益最大化和效率最大化"。可见,公共资源市场化配置的"治道变革",在总体上无非是"政府职能的市场化、政府行为的法制化、政府决策的民主化。政府职能的市场化包括国有企业的民营化、公共事务引入内部市场机制等"。①

(二)一种推动:消费者主权催生低成本享受高服务诉求

随着居民收入的提高,消费者主权的诉求日渐高涨,产生了用商业规律约束公用事业生产与销售的现象,从而实现用更低成本享受更好的产品和服务的社会要求。正如萨瓦斯所言:"在福利国家诞生之前,只有富人能保护自己免受工业革命带来的不幸和灾难;绝大多数人需要国家的社会保障",即国家对不幸者提供最低限度的保护。然而在今天,随着个人经济力量的增长,更多的公民可以自己管理自己的事务,福利国家在市场力量的冲击下日渐衰落。市场力量正在改变教育、医疗卫生、住房、退休保障和其他"福利"构成要素的供需条件。消费者对教育、医疗、住房、退休保障及其他物品和服务的支付能力日益提高,他们对这些服务的需求超出了的政府提供能力。简言之,经济因素正在减少公众对政府物品和服务的依赖,他

① [美]埃莉诺·奥斯特罗姆:《公共事务的治理之道》,余逊达、陈旭阳译,上海三联书店2000年版,第45页。

们更乐于接受民营化方式来满足需求。①

在消费者主权时代，消费者有能力通过“货币选票”影响商品生产，选择商品服务。从“纳税人付费”到“用户付费”资源控制权的转移，公众对公共服务应拥有更大的选择权。“这个国家的‘公共’系统（包括政府和私人部门）已变得过于制度化、过于官僚化、过于专业化、过于关注自身的保护。……必须使这些主要系统为人民工作。……可能通过制度安排的重新设计……使社区的生命维系系统更富竞争力、更公正。……选择权应该得到扩展。……私人或公共部门的购买者不应依赖唯一的供方。”②既然消费是生产的实现，生产者利润目标的实现取决于消费者效用目标的实现，那么，生产服从消费、生产者服从消费者也就成为一条基本法则，多样化的消费需求和优质化的消费目标在客观上对公共资源配置和公共服务提出更高要求，引入竞争机制和PPP模式是消费者主权的产物，因为“效率会因为在竞争性投标人之间可以进行选择的优点而产生”。③

（三）一种变革：公共服务制度安排与生产经营相分离的配置方式

公共服务供给关系即服务提供者与服务消费者之间的关系，服务提供由服务安排、服务生产与经营等活动组成，服务安排属于决策问题，服务生产与运营则属于执行问题。基于公共物品的公共性和公益性理论，传统公共服务由政府控制和提供，政府集服务安排、生产与经营于一身。随着民营化浪潮在全球的涌动和新公共管理理念的兴起，政府在公共服务中的角色与作用发生变化，政府公共服务生产者的职能正在退化，“传统的层级制政府正在让位于公共利益的不断分散，控制正在让位于互动和参与”，④市场等其他主体开始进入公共服务领域，公共服务安排、服务生产与经营功能开始出现分离。在这样的背景下，政府公共服务提供者的责任范围开始缩小，其关注的焦点更多地集中于为公众提供高效率公共服务的制度安排上，而不是亲自参与服务的生产与经营。历史已经表明，政府既可以直接向公众提供公共服务，也可以通过制定法律法规、财税补贴或者签订合作合同等形式引导私人部门为社会提供公共服务。

PPP模式是政府与私人部门之间合作的多样性安排，无论是购买服务、特许经营还是股权参与，私人部门都承接了原先由政府统一负责的某些职能，其结果是政

---

① 参见[美]E. S. 萨瓦斯：《民营化与公私部门的伙伴关系》，周志忍等译，中国人民大学出版社2003年版，第5页。

② Popa L. et al., “Competitive Advantage in the Publie Sector”, Theoretical and Empirieal Researches in Urban Management, 2011, 6(4), pp. 60 – 66.

③ [美]珍妮特·V. 登哈特、罗伯特·B. 登哈特：《新公共服务：服务，而不是掌舵》，丁煌译，方兴、丁煌校，中国人民大学出版社2013年版，第84页。

④ 同上书，第63 ~ 64页。

府承担的公共资源配置活动部分或全部由私人部门来承担。相对于公共资源配置和公共服务由政府包办的传统模式,PPP 无疑是公共服务领域的重大变革。公共服务关系包含着三个基本的参与者:消费者、生产者和安排者(提供者)。传统公共服务中政府既是服务的安排者,也是服务的生产者,这直接导致了官僚制的高成本和低效率。政府应该是公共服务的安排者,决定应该做什么、为谁而做、做到什么程度或者水平、怎么付费等事项,至于服务的生产和提供,完全可以通过外包、补助、特许经营等形式由私营部门或社会机构来完成。"政府的自信甚至自负导致了公共物品垄断性的直接生产模式,它所伴随的高成本、低效率、质量不尽人意和回应性缺乏不仅损害了公众对政府的信任,而且无端耗费公共资源,导致普遍的财政拮据。"①

(四)一种形态:公私部门共同承担责任和义务的混合所有制

PPP 模式是一种混合所有制的资源配置方式。党的十八届三中全会《关于全面深化改革若干重大问题的决定》明确指出要"积极发展混合所有制经济",实现国有资本、集体资本、非公有资本等交叉持股、相互融合。混合所有制经济在本质上是一种结构性创新,在公有制与非公有制之间形成一种以公、私联合,混合所有的新的所有制形态。选择 PPP 模式配置公共资源,提供公共物品,是节约交易成本、提高服务效率最有效的途径。作为一种介于层级结构与市场之间、由公私部门共同承担责任和义务的公私混合运营模式,由 PPP 内部公私部门的合作代替政府单独投资或者完全的自由市场交易,减少了公共财政支出或项目在自由市场的交易费用,提高公共产品供给效率的同时也提高了市场交易效率,符合市场经济体制的运行前提,既获得了市场机制的优势,又减少了政府公共开支。公共资源配置选择混合制运行,一方面,纯粹的市场配置无法保证公共服务的社会性基础,存在"市场失灵"的潜在危险;另一方面,由政府权力配置则易受官僚制制约,出现"政府失灵"。因此,对国有资本继续控股经营的自然垄断行业,根据公共资源与公共服务重要性差异,采用 PPP 模式中的不同的具体形式,配置不同的股权结构,放开竞争性业务,形成混合所有制形态,有助于实行政企分开、政资分开,进一步破除各种形式的行政垄断,构建公共服务供给的多元化主体,推进公共资源配置的市场化改革。

---

① [美]E. S. 萨瓦斯:《民营化与公私部门的伙伴关系》,周志忍等译,中国人民大学出版社 2003 年版,第 5 页。

第二章　PPP 模式运作机理及其交易结构

一、我国 PPP 模式类型化及其政策依据

公共服务项目存在“经营性”“准经营性”与“非经营性”之分。“经营性项目”是具有明确收费基础且经营收费能够完全覆盖投资成本的项目，即适合采用“消费者付费”（用户付费）机制回收成本的项目，这部分项目大都属于“准公共品”范畴。与纯粹的“公共品”不同，“准公共品”具有可收费属性和一定程度的可经营性，基于消费多样化、层次化需求，这部分公共品的建设、运营通过引入市场力量和私人部门的资本、技术、人才及管理比政府直接生产更有效率，特许经营是政府摆脱“运动员”“裁判员”的角色冲突的有效途径。“非经营性项目”即缺乏“用户付费”基础与纯粹“公共品”的生产与供给，纯公共品具有很强的公共性和公益性，其不宜也无法产生利润问题，主要由“政府付费”埋单。为提高公共品供给效率，摆脱“运动员”之累，政府可采用购买服务形式与社会资本合作；而对于经营收费不足以覆盖投资成本，尚需政府补贴部分资金或资源的“准经营性项目”，则采用特许经营附加政府缺口补助或直接投资参股的复合运作方式。①

从各国 PPP 政策与实践来看，政府与私人部门在公共服务领域建立长期合作关系，一是为了解决政府财政压力；二是为了提高公共服务效率。由此引发了 PPP 模式“融资”和“效率”两种价值追求。用户付费特许经营与政府付费购买服务作为 PPP 项目的主要运作模式，前者体现 PPP

---

① 参见国家发展和改革委员会《关于开展政府和社会资本合作的指导意见》（发改投资〔2014〕2724 号）。

的“融资路径”,后者则更强调 PPP 的“效率路径”。2015 年国务院《公共服务 PPP 指导意见》提出:广泛采用政府和社会资本合作模式提供公共服务。在能源、交通运输、水利、环境保护、农业、林业、科技、保障性安居工程、医疗、卫生、养老、教育、文化等公共服务领域,鼓励采用政府和社会资本合作模式,吸引社会资本参与。其中,在能源、交通运输、水利、环境保护、市政工程等特定领域需要实施特许经营的,按《基础设施和公用事业特许经营管理办法》执行。国家从政策导向上明确了 PPP“双轨制”的发展路径。

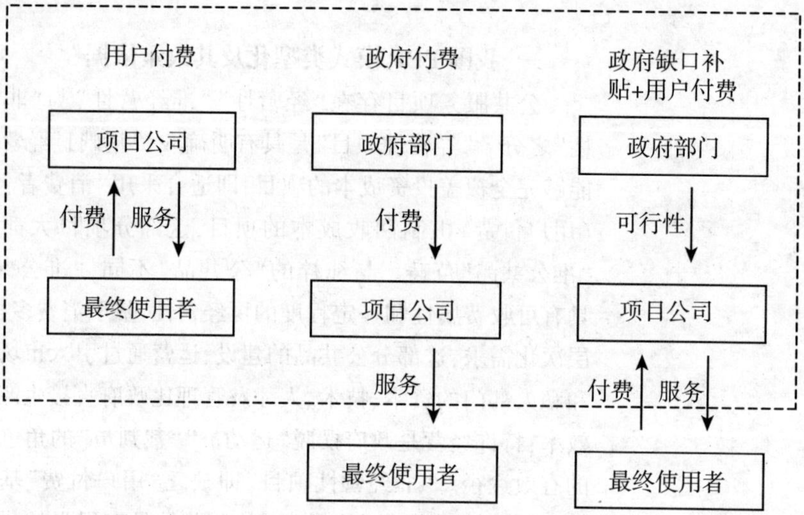

图 5　PPP 项目收费机制分类

以“双轨制”模式分类并进行 PPP 管理体系和政策制度的顶层设计,由发改委主导特许经营类 PPP 制度体系,财政主管部门主导政府付费购买类 PPP 制度体系。前者以招投标平台选择社会资本合作者;后者以政府采购平台选择并购买社会资本投资者提供的服务。这将有利于部门之间明确职能分工,有效解决 PPP 多头管理“瓶颈”,化解地方操作实践无所适从的现实问题。近年来,围绕着“双轨制”的 PPP 运作,国务院、发改委、财政部等相关部委陆续发布了一系列指导意见和制度规范,在一定程度上解决了 PPP 模式运行的制度依据问题。① 在 2016 年 7 月召开

① 我国新一轮 PPP 模式的发展具有典型的政策推动色彩。2010 年国务院发布《关于鼓励和引导民间资本健康发展的若干意见》(国发〔2010〕13 号)、党的十八届三中全会《中共中央关于全面深化改革的若干意见》以及国务院《关于加快城市基础设施建设的意见》(国发〔2013〕36 号)释放的政策信号为 PPP 模式大规模推广营造了政策背景,国务院办公厅 2015 年 5 月 9 日转发财政部、发改委和人民银行《关于在公共服务领域推广政府与社会资本合作模式的指导意见》使各部委摒弃 PPP 主导权争议,经统筹协调联合发布 PPP 模式总体政策框架。

的国务院常务会议上，财政部与发改委关于 PPP 项目的权责得到了初步划分。未来，传统基础设施领域的 PPP 项目将由发改委牵头负责，而传统公共服务领域的 PPP 项目推进则由财政部负责。

（一）用户付费特许经营型 PPP 模式（简称特许经营型 PPP 模式）

特许经营作为商业领域的一种营销形式，在新公共管理理论影响下，20 世纪 70 年代被引入公共服务领域，80 年代开始在我国得到运用。公共服务特许经营是政府间接提供准公共品的一种重要方式，政府通过市场竞争机制选择社会投资者并授予其在一定时间和范围内对某公共资源或公共品进行经营的权利，即独家经营某一垄断性公共服务的权利。特许经营者在一定范围内承担原由政府承担的公共职能，并通过向用户收取费用或出售产品以清偿贷款、回收投资并赚取利润，政府与企业通过签订合同或其他方式明确双方权利义务，企业通常必须向政府付费。在公共服务领域采用特许经营运作模式，实际上是政府以经营权的让渡与社会资本开展合作，属于广义 PPP 范畴。特许经营型 PPP 模式在实践中有多种运作方式，例如，BOT（Build-Operate-Transfer，建设—经营—转让，是指由私人部门或项目公司承担兴建项目设计、融资、建造、运营、维护和用户服务职责，合同期满后项目资产及相关权利等移交给政府的项目运作方式）、[①]BTO（Build-Transfer-Operate，建设—转让—经营）、BOO（Build-Own-Operate，建设—拥有—经营）、BOOT（Build-Own-Operate-Transfer，建设—拥有—经营—转让，指私人部门在获得政府授予的特许权后，投资、建设基础设施，并通过向用户收费而收回投资实现利润，在特许期内私人部门具有该设施的所有权，特许期结束后移交给公共部门的项目运作方式）等方式，无论采用何种特许经营运作方式，一定包含经营（Operate）的因素，公共服务经营环节一定由社会资本来完成。

表 5　PPP 特许经营与商业特许经营的比较[②]

	PPP 特许经营	商业特许经营
特许人	政府	企业
对象与内容	城市基础设施等公共服务项目	注册商标、企业标志、专利、专有技术等

① BOT 融资模式出现于 20 世纪 70 年代末 80 年代初。目前国际上公认的第一个 BOT 项目是 80 年代初期土耳其为建设火力发电厂而提出的，随后土耳其又利用这一融资方式建设机场和博斯普鲁斯第二大桥。

② 参见王俊豪、陈无风：《城市公用事业特许经营相关问题比较研究》，载《经济理论与经济管理》2014 年第 8 期。

续表

	PPP 特许经营	商业特许经营
特许目标	有效提供公共服务,减轻政府财政压力	企业利润最大化
合同及双方关系	由于政府具有合同主体和监管主体双层身份,使双方关系较为复杂并在民事合同与行政合同性质上存在争议	典型的民事合同
双方权利义务	基于合同和项目的公共性,双方权利义务并非完全对称	权利义务对等
特许范围	具有区域性	无地域性限制

在我国,特许经营型 PPP 模式主要适用于“准公共共品 + 用户付费”的经营性项目与准经营性项目。用户付费是将价格机制引入公共服务市场化过程中,政府对某种公共服务确定“价格”,由使用者或消费者支付费用来反映消费者需求的一种服务提供方式。由于政府财政无法满足服务需求的多样化发展,某些品种的公共服务尤其是“准公共共品”由政府直接提供容易产生不公平、负外部性乃至资源浪费,通过社会资本参与部分或全部投资,政府与社会资本通过一定的合作机制分担项目风险,以“用者付费”模式将个人需求与个人承担能力相结合,将自身利益与公共服务利用程度相结合,有利于提高服务使用效率与社会公平,满足多样化消费需求,减少财政压力。特许经营型 PPP 被广泛应用于环境保护与城市基础设施领域如收费公路、铁路、城市交通、港口、机场以及电力、供水、燃气、电信等公共服务领域,我国目前广泛推广的阶梯电价就是用户付费项目的典型。由于特许经营型 PPP 项目的资产最终归政府保留,这种合作一般存在使用权与所有权的移交过程,即要求合同结束后社会资本方将项目的使用权或所有权移交给政府。

国家发改委《PPP 指导意见》明确指出,要依法放开公共服务项目的建设、运营市场,推动自然垄断行业的改革,对于具有明确的收费基础,并且经营收费能够完全覆盖投资成本的经营性项目(用户付费项目),通过政府授予特许经营权,采用 BOT、BOOT 等模式推进;对于经营收费不足以覆盖投资成本、需政府补贴部分资金或资源的准经营性项目,也可通过政府授予特许经营权附加部分补贴措施,以 BOT、BOO 等模式推进。可见,我国特许经营型 PPP 模式主要适用“用者付费”和“用者付费 + 政府补贴”两种收费机制。2015 年 4 月 25 日,国家发改委、财政部、住房与城乡建设部、交通运输部、水利部和中国人民银行联合发布《基础设施和公用事业特许经营管理办法》(国家发改委等六部委第 25 号令),鼓励和引导社会资本参与以用户付费为基础的基础设施和公用事业建设运营并提供制度性框架,该《特许经营管理办法》于 2015 年 6 月 1 日起施行,特许经营模式成为我国当下 PPP 的主要推广模式。

根据《基础设施和公用事业特许经营管理办法》规定，基础设施与公用事业特许经营是“指政府采用竞争方式依法授权中华人民共和国境内外的法人或者其他组织，通过协议明确权利义务和风险分担，约定其在一定期限和范围内投资建设运营基础设施和公用事业并获得收益，提供公共产品或者公共服务”的方式，[①]其可以采取：(1)在一定期限内，政府授予特许经营投资新建或改扩建、运营基础设施和公用事业，期满届满移交政府（BOT）；(2)在一定期限内，政府授权特许经营投资者新建或改扩建、拥有并运营基础设施和公用事业，期限届满移交政府（BOOT）；(3)特许经营投资者投资新建或改扩建基础设施和公用事业并移交政府后，由政府授予其在一定期限内运营（BTO）；(4)以国家规定的其他形式开展活动。[②] 特许经营一般期限为 30 年，特殊情况可由政府或其授权部门与特许经营者加以约定。基础设施与公用事业特许经营项目由县级以上人民政府有关行业主管部门或政府授权部门（以下简称项目提出部门）根据经济社会发展需求以及有关法人和其他组织提出的特许经营项目建议等内容，提出项目实施方案，并由县级以上人民政府授权的有关部门和单位作为实施机构负责项目的实施工作，实施机构通过招标、竞争性谈判等竞争方式依法选择特许经营者。

在用户付费 PPP 项目中，社会资本方除承担项目的设计、融资、建设与运营责任之外，还须考虑市场需求风险，因此，对用户收费的标准一般由 PPP 特许权协议或立法中的“调节机制”加以规范（如电价调节机制）。特许经营实施机构应当与特许经营者签订特许经营协议，根据有关法律、行政法规和国家规定，协议可以约定特许经营者通过向用户收费等方式取得收益，向用户收费不足以覆盖特许经营建设、运营成本即合理收益的，可由政府提供可行性缺口补助或由政府授予特许经营者相关其他开发经营权益，特许经营协议应当明确价格或收费的确定和调整机制，双方当事人应当遵循诚实信用原则，按照约定全面履行合同。

（二）政府付费购买服务型 PPP 模式（简称购买服务型 PPP 模式）

政府付费购买公共服务是新公共管理运动和政府治理变革的产物，政府使用财政资金通过合同外包、补助或凭单等方式购买服务，将原来由其直接向社会公众提供的一部分公共服务，转交由社会力量提供，并根据服务数量和质量来支付费

---

① 《基础设施和公用事业特许经营管理办法》第 3 条。

② 《基础设施和公用事业特许经营管理办法》第 5 条。2015 年 7 月 2 日，国家发改委发布《关于切实做好〈基础设施和公用事业特许经营管理办法〉实施工作的通知》（发改法规〔2015〕1508 号），提出除了上述几种常见的特许经营形式外，还可探索推广设计—建设—融资—运营（DBFO）、改建—运营—移交（ROT）、建设—拥有—运营（BOO）、转让—运营—移交（TOT）和运营管理（O&M）等灵活多样的合作模式。

用。政府付费购买公共服务的制度设计意在克服权力腐败,通过引入市场竞争机制来促进采购资金的有效运用和公共资源的优化配置,与特许经营相比,政府付费购买公共服务更强调"物有所值",主要考虑工程、货物、服务的质量与价格。该模式适用于自然垄断性较弱,市场上可供选择的服务提供者较多但政府有负有供给责任的基本公共服务领域,如基本医疗卫生、公共教育、公共文化、城市基础建设、环境保护、基本养老服务等领域。自20世纪70年代末英国民营化以来,政府向社会购买公共服务形成一股席卷全世界的潮流,成为现代政府转变职能、提高公共服务供给效率不可或缺的治理工具和社会管理策略。

20世纪80年代在美国出现的购电协议(Power Purchase Agreements,PPA)是现代政府购买服务的雏形。PPA的出现得益于1978年美国《公用事业管制政策法》(Private Utility Regulatory Policies Act,PURPA)的出台,该法鼓励私人部门兴建热电厂,并将所生产的电力出售给受该法律规范的电力公用事业部门。20世纪90年代,购电协议随着英国电力工业的私有化被引入欧洲,促成了电力生产与电力分配的分离。根据购电协议,电力生产者收取的电价包括电力供应费(也称流量收费,即私人部门为公用事业单位提供电力所收取的费用,包括修建发电站的资本开支和固定运营开支)和电力使用费(也称变量收费,即私人部门应向使用电力的公用事业单位在提供电力时收取的发电的边际成本,主要包括用于发电的燃料成本,如煤或天然气)①私人部门负责生产并提供其承诺的供电量,公用事业单位支付电力供应费但不负责发电站的运营,即电力生产者只负责承担保证供电的建设、运营风险,不需要承担电力的使用风险。自改革开放以来,我国公共服务体系和制度建设不断推进,公共服务提供主体逐渐多样化,初步形成了政府主导、社会参与、公办民办并举的公共服务供给模式。为进一步深化体制改革,提高公共服务质量与效率,党的十八大强调要"推广政府购买服务,凡属事务性管理服务,原则上都要引入竞争机制,通过合同、委托等方式向社会购买",②明确要求在公共服务领域更多地利用社会力量,加大政府购买服务力度。2013年9月26日,国务院办公厅发布《关于政府向社会力量购买服务的指导意见》(国办发〔2013〕96号),明确提出在"十二五"时期,"政府向社会力量购买服务工作在各地逐步推开,统一有效的购买服务平台和机制初步形成,相关制度法规建设取得明显进展。到2020年,在全国基本建立比较完善的政府向社会力量购买服务制度,形成与经济社会发展相适应、高效合理的公共服务资源配置体系和供给体系,公共服务水平和质量显著提高"的战略

---

① [加]耶斯考比:《公共部门与私营企业合作模式:政策与融资原则》,杨欣欣译,中国社会科学出版社2012年版,第7页。

② 《政府购买服务管理办法(暂行)》第2条、第4条、第6条。

目标。

根据党的十八届三中全会有关精神和国务院办公厅〔2013〕96号文的部署,2014年12月15日,财政部、民政部、工商总局印发《政府购买服务管理办法(暂行)》,将政府购买服务定义为"通过发挥市场机制作用,把政府直接提供的一部分公共服务事项以及政府履职所需要服务事项,按照一定的方式和程序,交由具备条件的社会力量和事业单位承担,并由政府根据合同约定服务向其支付费用"的公共服务供给方式,并明确"各级行政机关和具有行政管理职能的事业单位"是政府购买服务的"购买主体","在登记管理部门登记或经国务院批准免于登记的社会组织、按事业单位分类改革应列入公益二类或转为企业的事业单位,依法在工商管理或行业主管部门登记成立的企业、机构等社会力量"是政府购买服务的"承接主体"。① 根据《政府购买服务管理办法(暂行)》界定的政府购买服务范围、购买主体和承接主体来看,其调整的购买对象既包括政府履职所需服务,也包括公共服务购买,其承接购买服务的"社会力量"主体覆盖PPP的"社会资本"范畴,可见,《政府购买服务管理办法(暂行)》是目前政府购买型PPP模式的主要部门规章依据。②

2015年5月19日,国务院办公厅转发的《关于在公共服务领域推广政府和社会资本合作模式指导意见的通知》,就公共服务领域推广PPP模式做出政策引导。目前,公共服务领域适合采用政府购买PPP模式的主要是依靠"政府付费",其是具有突出公共性和公益性、适合采取市场化方式提供的非经营性项目,如公共教育、劳动就业、人才服务、社会保险、社会救助、养老服务、儿童福利服务、残疾人服务、优抚安置、医疗卫生、人口和计划生育、住房保障、公共服务、公共体育、公共安全、公共交通运输、三农服务、环境治理、城市维护等领域中的项目。③ 由于"非经营性"公共服务项目涉及公共财政预算管理、政府采购、政府型债务管理以及财政支出绩效评价等财政职能,财政部在其2014年发布《关于适用政府与社会资本合作模式有关问题的通知》中反复强调推广运用PPP模式,"是深化财税体制改革、构建现代财政制度的重要内容,地方各级财政部门要着力提高财政管理能力,按照公开、公平、公正的原则,探索项目采购、预算管理、收费定价调整、绩效评价等有效

---

① 《政府购买服务管理办法(暂行)》第2条、第4条、第6条。

② 根据《政府购买服务管理办法(暂行)》,现阶段我国政府向社会力量购买的服务内容主要包括"政府向公众提供的一部分公共服务事项"和"政府履职所需要的服务事项"两部分,前者属于公共服务购买,后者属于政府行政事务购买。

③ 《政府购买服务管理办法(暂行)》第14条。根据国家发改委《关于开展政府与社会资本合作的指导意见》精神,对于缺乏"使用者付费"基础、主要依靠"政府付费"回收投资成本的公共服务项目,可通过政府购买服务,采用BOO、委托运营等市场化模式推进。其实,我国新一轮PPP有许多属于社会效益好、投资回收周期长、经济效益较差的拟建、新建公共服务项目,故需要进行可行性缺口补助,涉及财政性资金的投入,这类项目也需履行政府采购程序。

管理方式,规范项目运作,实现中长期可持续发展,提升资金使用效益和公共服务水平,切实履行财政管理职能",力主将PPP模式纳入政府采购管理,表现出对政府购买类PPP项目强烈的政策主导倾向。政府购买公共服务的财政支出必须依据《预算法》框架执行,即购买主体应当在购买预算下达之后,及时编制购买服务指导性目录、充分向社会公布购买的服务种类、内容以及对承接主体的资质要求和绩效评价标准等信息,建立健全项目申报、预算编报、组织采购、项目监管、绩效评价的规范化流程。采用公开招标、邀请招标、竞争性谈判、单一来源等方式确定承接主体,签订采购合同,明确所购买服务的范围、标的、数量、质量要求以及服务期限、资金支付方式、权利义务和违约责任等内容,政府购买主体按照合同要求支付资金,并加强对服务提供全过程的跟踪监管和对服务成果的检查验收,政府购买服务所需资金,应当在既有财政预算中统筹安排。

根据2015年颁布的《政府采购法实施条例》,政府为社会公众提供公共服务被纳入政府采购服务概念范围,其第2条第3项规定:"政府采购法第2条所称服务,包括政府自身需要的服务和政府向社会公众提供的公共服务"。① 根据《政府采购法》对政府采购及相关采购对象的界定来看,只要政府向社会资本购买"属于政府集中采购目录内或采购限额标准以上"的公共工程和服务,符合"使用财政性资金"的条件,其行为就是政府采购行为,这类PPP项目将被纳入政府采购法律框架加以调整,必须依照《政府采购法》和《招标投标法》在公开、公平、公正和诚实信用原则下依法进行。

为规范PPP项目的政府采购(以下简称PPP项目采购)行为,财政部专门制定《政府与社会资本合作政府采购管理办法》(财库〔2014〕215号),对"政府为达到权利义务平衡、物有所值的PPP项目合同,遵循公开、公平、公正和诚实信用原则,按照相关法规要求完成PPP项目识别和准备等前期工作后,依法选择社会资本合作者的过程",即对PPP项目采购过程做了详细规定。除《政府采购法》《招投标法》《预算法》《政府购买服务管理办法(暂行)》和《政府与社会资本合作政府采购管理办法》之外,国务院、财政部从政府采购角度推出的《招标投标法实施条例》(国务院第613号令)、《政府采购法实施条例》(国务院令第658号)、《政府采购非招标采购方式管理办法》(财政部令第74号)、《政府采购竞争性磋商采购方式管理暂行办法》(财库

① 《政府采购法》2014年修正第2条规定:本法所称政府采购,是指各级国家机关、事业单位和团体组织,适用财政性资金采购依法制定的集中采购目录以内的或者采购限额标准以上的货物、工程和服务的行为。本法所称的采购,是指以合同方式有偿取得货物、工程和服务的行为,包括购买、租赁、委托、雇佣等;货物是指各种形态和种类的物品,包括原材料、燃料、设备、产品等;工程是指建设工程,包括建筑物和构筑物的新建、改建、扩建、装修、拆除、修缮等;服务是指除货物和工程意外的其他政府采购对象。

〔2014〕214 号)及其有关问题的补充通知(财库〔2015〕124 号)等一系列配套法规、部门规章也共同构成政府购买类 PPP 项目的制度体系。

表 6　购买服务型 PPP 与用户付费特许经营 PPP 的比较

	政府付费购买服务 PPP	用户付费特许经营 PPP
实施依据	《政府采购法》《招投标法》《预算法》《政府购买服务管理办法(暂行)》和《政府与社会资本合作政府采购管理办法》等法律法规	《基础设施和公用事业特许经营管理办法》
适用领域	具有经营性、准经营性的环境保护与城市基础设施领域,如收费公路、铁路、城市交通、港口、机场以及电力、供水、燃气、电信等领域	具有突出公共性和公益性、适合采取市场化方式提供的非经营性项目,如公共教育、劳动就业、人才服务、社会保险、社会救助、养老服务、儿童福利服务、残疾人服务、优抚安置、医疗卫生、人口和计划生育、住房保障、公共服务、公共体育、公共安全、公共交通运输、三农服务、环境治理、城市维护等领域
制度价值	提高公共服务供给效率	一方面,充分利用社会资本资金,以弥补政府公共财政预算的不足;另一方面,充分利用私人部门在运营管理方面的优势,以提高基础设施运营效率
典型模式	合同外包	BOT、BOOT、BTO 等
回报机制	政府付费	“用户付费 + 政府可行性缺口补助”

(三)股权合作型 PPP 模式

欧盟《关于公私合作制和公共合同与特许经营共同体法的绿皮书》(Green Paper on Public-private Partnership and Community Law on Public Contracts and Concessions,以下简称《绿皮书》)将公私合作制分为机构型和契约型(也译为纯合同形式——PPPs of a purely contractual nature)和制度化形式(PPPs of an institutional nature),机构型和契约型也成为目前欧洲各国 PPP 的主要实现形式。机构型 PPP 主要通过公私部门合资组成公司实现,公部门通过在项目公司中的持股和地位来实施对公司的影响和控制。而契约型 PPP 则是指公私部门以合同关系作为基础,如特许经营合同、政府购买合同等合同而进行的合作。股权合作型 PPP 模式即机构型 PPP 模式。

股权合作是公共部门与私人部门最具实质性的合作,在美国,最初的 PPP 就是指联合公共部门和私人部门的资金成立合资企业参与城市重建的公用事业项目。

为了解决推行PFI模式过程中交易成本高昂、未来总负债和总回报不透明、采购招商流程过于复杂、项目进展缓慢、交易成本高昂以及政府在PFI运行中修改服务要求困难等问题,同时也为了避免企业以高杠杆率融资参与PPP项目(如股本仅占10%,其余90%的市场融资)引发运行风险并转嫁给政府和公众,英国政府于2012年颁布PPP新路径(又称PF2)。PF2模式致力于消除浪费、提升效率,从而更好保护公共利益,其最大特征是政府参股投入部分资本金作为股东,政府有权获得与私人股东相同的信息,分享该项目的利润,同时一些公共设施可以更灵活、更广泛地用于公共用途,而无须另外收费,进一步实现了项目的"物有所值"。双方以股权融资形式进行合作,以此为基础形成有效机制,解决私人投资难以利用高杠杆率获得资本市场融资,化解了PFI模式的问题。①

国家发改委发布的《关于开展政府与社会资本合作的指导意见》明确指出:"对于经营收费不足以覆盖投资成本、需政府补贴部分资金或资源的准经营性项目,可以通过政府直接投资参股的措施,采用BOT、BOO等模式推进。"股权合作模式作为政府与社会资本资金合作的重要融资模式,其主要表现为政府与社会资本双方共同投资,主要适用于经营性收费不足,需要政府直接投资参股、关系民生的重大基础设施建设项目,其主要特征是鼓励社会资本以"参股、控股"形式参与基础设施投资建设运营,目前,股权合作型PPP模式作为公共服务领域投融资机制改革的重要举措,常见于需要盘活存量国有资产和重大基础设施项目的新建、扩建,如水利工程建设、铁路投资建设等项目。② 例如,发改基础〔2015〕1610号就"支持铁路总公司以股权转让、股权置换、资产并购、重组改制等资本运作方式盘活铁路资产,广泛吸引社会资本参与,扩大铁路建设资金筹集渠道,优化存量资产结构"。股权合作型公私合作符合我国现阶段混合所有制改革方向,是混合所有制经济形态在公共服务领域的集中表现。

此外,需要注意的是,公共部门和私人部门的股权合作与前述契约型合作的方式并不能完全区分,因为在一个项目中既可进行契约型的合作也可以进行股权的合作。例如,在交通设施服务领域,公共部门与私人部门通过签订特许经营协议的方式进行契约合作,同时亦可以与私人资本共同组建政府参股项目公司。股权合作与契约合作相比,一方面,更有利于政府对公共服务产业的监管。公共服务产业涉及公共利益,与每个不特定的居民密切相关,德国法称其为"生存照顾"行业,属

① 参见谢宗博:《从英国PPP模式里学些什么?》,载《中国财经报》2016年7月7日,第5版。

② 国家发改委、财政部、水利部《关于鼓励和引导社会资本参与重大水利工程建设运营的实施意见》(发改农经〔2015〕488号)、发改委、财政部、国土资源部、银监会、国家铁路局《关于进一步鼓励和扩大社会资本投资建设铁路的实施意见》(发改基础〔2015〕1610号)等都特别强调鼓励社会资本以合资方式进入铁路、水工程建设领域,运用股权合作推广PPP模式。

于国家任务。[①] 依照国家和社会的二元理论,国家任务只能由政府承担履行责任,但是民营化的理念盛行、小政府概念的扩张,使在理论上政府部门将部分国家任务交由私主体承担,其只要进行必要的监管即可。换言之,国家从直接提供的义务转为了担保义务,但其中的监管责任变得尤为重要。因为私主体参与公共服务领域的目的在于盈利,资本的天然属性与国家提供质优价良的公共产品之间具有冲突性,这种利益冲突的协调即政府的监管重点所在。与契约合作性的合作方式相比,股权合作中政府与私人部门共同成立一个实体(项目公司)进行公共服务的提供,显然更有利于项目的监督,政府部门作为项目公司的股东,即使发现监管的漏洞仍可及时补救。另外,更利于政府与私主体之间的合作。政府可以成立PPP项目引导基金,作为政府公共股权代持人,由其针对具体的PPP项目,采取竞争方式开展项目融资,引进长期投资者通过股权投资PPP项目,成立项目公司,由其作为承包人开展建设和运营。政府作为少数股权投资者,不仅可以增强社会资本参与的信心和主动性,更重要的是,通过派驻董事、加强信息披露等手段,可以提高项目透明度,加强对私营部门承包商和运营商的监督及约束,进一步降低资金成本。

二、特许经营型PPP模式运作机理与交易结构

特许经营作为对垄断经营权的一种处分方式起源于商业领域,18世纪由法国政府引入公共服务领域。[②] 与商业领域的特许经营不同,公共服务领域的特许经营最初设计是将政府垄断的公用事业通过特许的方式授权给私人部门经营,由私人部门排他性地向社会公众提供公共服务,并通过"用者付费"和必要的"政府付费"获得投资回报,政府负责公共服务价格与质量监管,即特许经营是政府处分其公共服务垄断经营权的一种方式。19世纪和20世纪早期,特许经营在许多国家用于建设铁路、高速公路、桥梁隧道、供水和污水处理等基础设施与公用事业领域。[③] 根据欧盟2014年制定的《特许经营合同授予程序指令》备忘录的界定,特许经营是PPP重要表现形式,"有近60%的PPP合同是特许经营合同"。[④] 20世纪80年代,以

① See Ch. Heinze, Daseinsvorsorge im Umbruch, BayVBI, S. 34, 2004. 转引自詹镇荣:《民营化与管制革新》,台北,元照出版有限公司2011年版,第95页。

② 1782年,法国政府将第一个BOT特许经营权授予佩里埃兄弟公司(Perier Brothers),以满足巴黎城市供水的需要,佩里埃性兄弟公司由此获得15年的水务特许经营权。

③ 如英国M6收费公路。作为英国首条收费公路,全长44公里的M6收费公路是一个无须在任政府支付的独立特许经营项目。1992年,英国政府与中部高速公路股份有限公司签订了特许经营协议,中部高速公路股份有限公司取得了规划、设计、建设、融资与经营的权利,该公司需要对全部投资负责,并从直接使用者手中收取一定费用作为投资回报。政府将诸如计划、设计、建筑与收入风险全部转交私人企业。该特许经营合同期限为53年,期满后公共部门可将权利全部收回。

④ European Commission, MEMO 14/19, 15 January 2014.

BOT为代表的特许经营模式在我国市政公用事业领域已经有丰富的实践,建设部为此专门出台《市政公用事业特许经营管理条例》,2015年发改委等六部委共同颁布了《基础设施和公用事业特许经营管理办法》①。目前,特许经营是新一轮PPP浪潮中政府在"能源、交通运输、水利、环境保护、市政工程"等基础设施和公用事业领域力推的PPP实现方式。

狭义的基础设施"特许经营"仅指"经营权"的许可与转移,其前提是"第一,法律制度赋予政府有权授予或拒绝授予特许经营权给企业;第二,根据所有权结构,政府拥有企业的资本设备,而将经营管理权竞标",②狭义的"特许经营"指政府独自承担基础设施投资建设责任,仅将其拥有的设施所有权中的"经营权"授予私人企业,经营者只负责基础设施的运营和维护,不承担投资的职责和风险。但是,我国《基础设施和公用事业特许经营管理办法》对"特许"的范畴作了较为宽泛的界定,"特许经营协议"可以授予社会资本在一定期限和范围内"投资、建设、运营"基础设施和公用事业。在"特许经营"框架下,政府既可授予社会资本运营维护存量基础设施的权利,也可约定其对新建、改扩建项目进行投资。③ 可见,在政府与社会资本以特许经营形式合作中,社会资本不仅负有项目"经营"的权利,还可能根据已有和新建的项目特点负责投资、建设和维护,在特许经营型PPP模式中,政府实现了包括投资、建设、运营、维护等较为宽泛的"经营"责任的转移。

(一)特许经营型PPP模式的运作机理

基础设施和公用事业领域的特许经营,是政府以特许经营权为合作条件与社会资本进行合作的一种PPP模式,通过竞争方式选择合作对象并依法授予其特许经营权,通过协议明确双方权利义务和风险承担,约定社会资本在一定期限和范围内投资、建设、运营基础设施和公用事业,向社会提供公共产品或公共服务并获得收益。特许经营权型PPP模式与作为一般行政许可的特许经营在本质上有所不同,作为一般行政许可的特许经营只是一种经营方式,政府基于行政职能依法赋予经营者特许经营权,经营者只有取得特许经营权才能依法开展营业,政府与经营者间不存在任何契约上的权利义务。特许经营型PPP模式需要对被许可人的资质、

---

① 《市政公用事业特许经营管理办法》由建设部于2004年发布,其目的是"为了加快推进市政公用事业市场化,规范市政公用事业特许经营活动,加强市场监管,保障社会公共利益和公共安全,促进市政公用事业健康发展",该办法主要适用于城市供水、供气、供热、公共交通、污水处理、垃圾处理等行业。鉴于2004年到2015年10余年间我国宏观经济结构发生的巨大变化以及特许经营实践中出现的一些问题,该旧办法无法给出解决方案,为配合新一轮PPP模式的规范化推广,2015年《基础设施和公用事业特许经营管理办法》的实施效力应具有系统性和针对性。

② George. L. Priest, "The Origins of Utility Regulation and the 'Theories of Regulation' Debate", *Journal of Law and Economics*, Vol. 36, 1993, p. 289.

③ 参见《基础设施和公用事业特许经营管理办法》第2条、第3条之规定。

数量进行限定,政府除依法授予参与合作的社会资本持有者的特许经营权外,还必须享有或承担契约上的权利义务。换言之,在特许经营型PPP模式中,政府授予其合作方的特许经营权,只是政府与社会资本间订立的特许经营协议确立的一个合作条件,通过特许经营协议,政府还必须承担契约义务,首先,政府基于合作契约,除特别许可特定社会资本运行此类PPP项目和提供服务外,还必须保证其具有一定的垄断性和排他性权利,“在一定的约束条件下,特许经营权可以看作是对愿意以较低价格提供产品或服务的企业的一种奖励”。[①] 目前,能源、交通运输、水利工程、环境保护、市政工程部等基础设施和公用事业领域的政府与社会资本合作大都采用特许经营的运作模式,这能够发挥社会资本融资、专业、技术和管理优势,提高公共服务质量和运营效率,解决政府垄断的短板与低效问题。其次,社会资本在特定行业并非永久经营,因为该特定经营权本属于政府,仅是政府将经营权释放给社会资本,国家具有保留的权利。例如,在我国的收费公路项目中,一般的特许经营期限最长为30年。[②] 政府部门与社会资本的合作仅在约定期限内进行,合作期限届满后,这些公共设施所有权与经营权必须移交,合作各方权利义务究竟应如何分配、公共利益与社会资本利益如何平衡、社会资本的合理回报应如何保障,这些都需要作为特许经营型PPP模式运行基础的特许经营协议(合作契约)予以明确。最后,政府不仅可以单独许可社会资本进行项目的建设、运用,还可以与社会资本进行合作,共同组建项目公司进行共同经营。从实践来看,特许经营型PPP模式是当前我国PPP热潮中最重要的合作模式。政府与社会资本之间不仅通过特许经营协议的方式进行契约式合作,政府部门和社会资本还通过股权的方式进行合作,这种方式真正地将政府部门和社会资本联结为一体,类似于民法中的联营性关系,共同出资、公担风险、共享收益。正因如此,特许经营型合作关系的具体运作流程具有复杂性。以下通过一般项目的特许经营过程分别阐述。

1. 项目实施方案的提出

在一般情况下,基础设施特许经营PPP项目及其实施方案由政府有关行业主管部门或政府授权部门(以下简称特许经营PPP项目实施部门)提出,根据《基础设施和公用事业特许经营管理办法》的规定,特许经营项目应符合国民经济和社会发展总体规划、主体功能区规划、区域规划、环境保护规划和安全生产规划等专项规划、土地利用规划、城乡规划、中期财政规划等要求,必须有明确的建设运营标准

① 王俊豪、陈无风:《城市公用事业特许经营相关问题比较研究》,载《经济理论与经济管理》2014年第8期。

② 参见《收费公路管理条例》第13条第2款之规定。《基础设施和公用事业特许经营管理办法》第6条亦规定的特许经营期限最长为30年。

和监管要求,项目提出部门应保证特许经营项目的完整性和连续性。① 这是实施部门应当遵循的基本原则,属于立法规定的原则性规定。因为具备实施主体资格的要求,即"包含县级以上政府的组成部门,和经授权的部门"较低,因此,为保证项目实施方案的科学性和效率性,立法需要对事实项目的总体要求进行原则性规定。②项目实施方案的确定目的在于明确特许经营期间的双方权利义务、风险分担等主要问题,为后续的特许经营协议建立一个基本的方向。

根据《基础设施和公用事业特许经营管理办法》的规定,项目实施机构在制定实施方案时,应该包括以下内容:(1)项目名称;(2)项目实施机构;(3)项目建设规模、投资总额、实施进度以及提供公共产品或公共服务的标准等基本经济技术指标;(4)投资回报、价格及其测算;(5)可行性分析,即降低全生命周期成本和提高公共服务质量效率的分析估算等;(6)特许经营协议框架草案及特许经营期限;(7)特许经营者应当具备的条件及选择方式;(8)政府承诺和保障;(9)特许经营期限届满后资产处置方式;(10)应当明确的其他事项。③ 这些具体内容的确定需要结合具体项目的特点,运用专业的分析和论证手段来进行。由于许多项目具有很强的专业性,为保证项目的顺利落地,项目的实施部门应该委托专业第三方评估机构进行项目实施方案的讨论和论证。实施方案的确定在整个项目的合作中具有指导性和方向性的作用,关系整个项目的成败。一方面,公共服务领域涉及公共利益,实施机构作为维护公共利益的代表,需要保证项目交由社会资本进行兴建和运用之后,在普遍服务、价格、质量以及风险、责任等方面得到强有力的监管。政府部门的监管除既有相关法律之外,更多地依靠契约的方式进行。如何将监管目的和监管权力安排到契约中是一项立法政策,更是一种立法技术和执法水准的体现,这些内容均须通过实施方案予以大方向上的确定。另一方面,项目实施方案可以说是社会资本参与项目热情的调节器,如果项目实施方案对社会资本宽松,则可能聚集更多的社会资本参与;反之,如果项目实施方案对社会资本过于严苛,则必然会限制社会资本的参与热情,导致参与的社会资本寥寥无几。

2. 项目可行性评估

为保证特许经营项目及其实施方案的科学性和有效性,特许经营项目提出部门一般在项目准备立项之前委托具有相应能力和经验的第三方专业机构开展特许经营"可行性评估"。我国评估行业通过20年的发展,已经积累了丰富的评估、咨询经验,专业评估咨询机构的加入成为PPP项目有效实施的主要技术力量支撑,目

---

① 参见《基础设施和公用事业特许经营管理办法》第9条。

② 在实践操作过程中,国有企业经政府部门授权后,作为项目的实施部门亦非罕见。

③ 参见《基础设施和公用事业特许经营管理办法》第10条。

前,资产评估机构、会计师事务所、税务师事务所、咨询公司、投行等行业均积极参与PPP相关评估业务,通过对项目的主要内容和配套条件,如市场需求、资源供应、建设规模、工艺路线、设备类型、环境影响、投融资等事项,从经济、技术、工程等方面进行调查研究和分析比较,对建成后可能取得的财务合法权益及社会环境影响进行预测,从而提出项目是否"物有所值"的可行性研究报告。特许经营可行性评估应当主要包括以下内容:(1)特许经营项目全生命周期成本、技术路线和工程方案的合理性,可能的融资方式、融资规模、资金成本,所提供公共服务的质量效率,建设运营标准和监管要求等内容;(2)相关领域市场发育程度,市场主体建设运营能力状况和参与意愿;(3)用户付费项目公众支付意愿和能力评估。① 依据现行法律、法规以及规范性文件,对任何特许经营型PPP项目均须进行可行性评估,这种可行性评估的方法以"物有所值"(VFM)为中心,评估的最主要的目的在于该特许经营型PPP项目运用是否比运用传统政府采购的方式更具有经济上的合理性。

特许经营型PPP项目可行性评估如果仅仅评估前述三项内容,虽然也能够达成一定的评估目标,但仍然存在相当大的误差和风险,这是因为对于每一个具体的特许经营型PPP项目而言,这种评估只是针对PPP项目运行的实际结果进行一定的预判,即使评估结果是优良的,也不能保证未来PPP项目的运行结果完全与其相符。因此,特许经营型PPP项目评估只是政府决定其是否可行的重要参考依据。政府应当在可行性评估基础上"先计算出如果通过传统的公共部门采购,一个项目的成本净现值将是多少,然后将之与PPP的成本净现值进行比较",②即对适用PPP的成本净现值和适用传统采购方式的净现值都需要进行预估。如果前者更低,则可证明采用PPP模式是合理的,实现了"物有所值"。合理分担项目风险被认为是实现"物有所值"(VFM)利益的关键要素。③ 也正因如此,2015年我国财政部第167号文《PPP物有所值评价指引(试行)》,对如何在PPP模式中引入"物有所值"评价方法进行了规定,以保证PPP项目的开展具备经济合理性。④

3. 特许经营方式的选择

由于特许经营范围广泛,在此范围内,政府和社会资本的合作方式灵活多变。从世界范围来看,在基础设施领域内的特许经营的合作方式主要有以下几

① 参见《基础设施和公用事业特许经营管理办法》第12条。

② [加]耶斯考比:《公共部门与私营企业合作模式:政策与融资原则》,杨欣欣译,中国社会科学出版社2012年版,第76页。

③ See Carol Harlow, *Richard Rawlings*, *Law and Administration*, Cambridge University Press, 2009, p.415.

④ 《PPP物有所值评价指引(试行)》从评价的具体操作流程、定性评价、定量评价以及评价结果的公布与信息公开等方面进行指引,其目的在于对我国的PPP项目进行引导,类似于行政指导。

种方式:[①]

(1)建设—运营—移交(Build-Operate-Transfer,BOT)

这种方式是公共基础设施项目中最为常见的一种方式。社会资本自己筹集基础设施建设融资,并负责建设、经营这些基础设施,在特许经营协议约定的经营期限内向用户收费,或者获得政府的财政缺口性补贴,经营期限届满,将基础设施的所有权移交给政府部门。如果在特许经营期间社会资本还明确拥有基础设施的所有权,则是其变形的方式,即建设—拥有—运营—移交(Build-Own-Operate-Transfer,BOOT)。在有些国家,这两种并不进行区分。这种方式之所以常见,主要是这种合作方式可实现政府对基础设施更好的控制。因为经营期限是有限的,在期限届满之后,政府部门实现了基础设施的产权的掌控,具有国家战略的重要意义。一般而言,经过特许经营期限之后,基础设施的投入成本也已收回,政府对该基础设施拥有产权,便可以对公众实现免费开放,社会公众可能由此分享更多、更优的公共利益资源。

(2)建设—移交—运营(Build-Transfer-Operate,BTO)

此种合作方式是BOT方式的变形,其在融资方式、建设方式、经营类型等方面均相同,不同之处在于BTO是先移转所有权后经营,BOT是先经营后移转所有权。BTO与BOT基本差别在于公、私各方责任和风险承担。因为根据所有权理论,所有权人对于标的物的损坏、灭失以及侵权责任承担责任。[②] 换言之,采用BOT方式在基础实施经营期间的各种标的物风险责任的承担在于社会资本一方,而BTO则在于政府一方。这种区分是具有十分重要的现实意义,在遇到不可抗力或者战争等不可预见的政治风险时,BTO的风险负担对于社会资本而言更轻。而且在基础设施刚建好就移交给政府也不涉及经营期满之后的移交审计和清算问题,更易操作。但是对于社会资本而言,低风险即意味着低收益,此种合作方式的成本和支出较为容易计算,其利润空间相对较小。[③]

(3)设计—建设—融资—运营(Design-Build-Finance-Operate,DBFO)

此合作方式属于英国PFI的一种具体形式,"私主体设计、兴建、融资和运营基础设施,再以统一的价格将公共基础设施服务卖给政府部门。这种方式与传统的依照承诺的服务或者产品的标准来提供不同,而是依据政府对运营公司支付的价

---

① 参见[美]E. S. 萨瓦斯:《民营化与PPP模式:推动政府和社会资本合作》,周志忍等译,中国人民大学出版社2015年版,第241~247页。

② 参见梁慧星、陈华彬:《物权法》,法律出版社2010年版,第186页。

③ See Steve Steckler and Lavinia Payson,"Infrastructure,Privatization for New York:Competing for a Better Future", in E. S. Savas, ed., *Report of the New York State Senate Advisory Commission on Privatization*,1992,p. 194.

格来确定服务的质量和标准"。[①] 这种方式更强调社会资本的自主性,社会资本对整个 PPP 项目具有很强的主导性。DBFO 这个术语是英国高速公路局提出来的,用来描述依据私人融资计划制订的基于特许经营公路计划。这是一种更倾向于服务购买型的合作方式,而非资产采购的合作。在这种模式下,社会资本承担着更多的财政和经营风险,一旦项目发生风险,社会资本可能面临很大的危机。正是基于 DBFO 风险特点,各国政府在推行这种 PPP 模式时均明确预设了风险补偿方案,风险一旦发生,政府部门即可对 DBFO 项目提供专项财政补贴。[②]

(4)建设—拥有—运营(Build-Own-Operate,BOO)

这种合作方式中,社会资本根据特许经营协议对基础设施进行兴建和运用,并明确的取得该基础设施的所有权。因为这种方式可以使社会资本获得所有权,意味着可以永久对基础实施进行管理和收费,从而使其受到社会资本的青睐。当然由于基础设施变为社会资本永久的运用,政府对其的规制较一般的合作方式而言更严格,特别是在定价和日常运营中的管制。然而,在实践中越来越多的基础设施均采用此种方式进行,如弗吉尼亚和加利福尼亚州的收费公路、中国连接香港和广州、澳门和广州的收费公路、纽约肯尼迪国际机场的新航站楼、英吉利海峡的海底隧道等项目。[③]

(5)运营管理(Operate & Manage,O&M)

这种合作方式指的是社会资本对政府出资建设的基础设施进行经营和管理,政府向该社会资本支付一定费用。这种方式是最早的政府与社会资本合作的方式,美国早期的服务合同外包多数适用此形式,只是美国的政府服务合同外包并无特许经营的理论,一般于政府合同中进行规范,这种形式类似于本书随后论及的政府购买服务,基于在公共基础设施中的政府和社会资本合作具有长期性和运营、管理的不确定性和复杂性,在大陆法系国家一般均要求社会资本具有一定的管理水平和资质,因此,需要通过特许经营的方式进行。

另需要说明的是,《基础设施和公用事业特许经营管理办法》在明确列举了 BOT、BOOT、BTO 3 种基本方式的同时,也明确了可以适用国家规定的其他形式的合作方式,[④]从而为 PPP 模式创新和选择更加适合的 PPP 模式类型留下了法律空

---

① Carol Harlow and Richard Rawlings, *Law and Administration*, Cambridge University Press, 2009, p. 413.

② 参见[英]达霖·格里姆赛、[澳]莫文·K. 刘易斯:《公私合作伙伴关系:基础设施供给和项目融资的全球革命》,中国人民大学出版社 2008 年版,第 4 页。

③ 参见[美]E. S. 萨瓦斯:《民营化与 PPP 模式:推动政府和社会资本合作》,周志忍等译,中国人民大学出版社 2015 年版,第 245 页。

④ 参见《基础设施和公用事业特许经营管理办法》第 5 条。

间。至于选择何种合作方式,应视具体的经营项目而定。这些具体的因素包括项目的经营性质、盈利水平、竞争的充分程度以及行业的发展前景,等等,最终由项目实施机构决定。

4. 特许经营者的选择

项目提出部门会同发展改革、财政、城乡规划、国土、环保、水利等有关部门对特许经营项目实施方案进行审查,经审查认为实施方案可行的,项目提出部门综合各部门书面审查意见,报本级人民政府或其授权部门审定特许经营项目实施方案。实施方案确定之后,即应向社会公开,进入选择特许经营者的环节。

依照《基础设施和公用事业特许经营管理办法》第15条的规定,特许经营项目选择特许经营者的方式有招标、竞争性谈判等方式。如果采用招标的方式,则适用《招标投标法》和《政府采购法》的相关规定。其中,建设运营标准和监管要求明确、相关领域市场竞争比较充分的项目应当通过招标方式选择特许经营者。竞争性谈判指采购人直接邀请供应商就拟采购标的进行谈判的采购方式。① 至于采用何种方式确定特许经营者,由项目的实施机构确定。一般而言,采用招标投标的方式可以实现效率最大化,而竞争性谈判的方式更能满足政府部门的采购目的。② 选择特许经营者的标准包括参选者是否具有相应管理经验、专业能力、融资实力以及信用状况是否良好。我国政府鼓励金融机构与参与竞争的法人或其他组织共同制订投融资方案。同时,特许经营者的选择应当符合内外资准入有关法律、行政法规规定。③ 这是《基础设施和公用事业特许经营管理办法》对选择标准的总体原则,具体标准根据不同的选择方式而不同。如果依照招标投标方式进行,一般有最低标得标制度和最有利标得标制度。④ 最低标得标虽然具有一定的经济效益优势,但对于整个项目而言可能并非最科学的选择标准。而最有利标得标制度则因为综合考虑了报价结构、技术、工期、财务状况、资格与经历等因素,所以可以选择到最为合适的特许经营者。若采用竞争性谈判的方式,则应由实施机构组成谈判小组分别与每个供应商进行谈判,谈判结束后,谈判人应当要求所有参加谈判的供应商在规定时间内提出最后报价,谈判人依据评标标准确定中标供应商。

(二)特许经营协议

我国现行立法对特许经营协议概念缺乏明确的界定,当前诸多学理上的论证

---

① 参见杨汉平:《政府采购法律问题研究》,中国政法大学经济法学2001年博士学位论文,第56页。

② 参见曹富国、何景成:《政府采购管理国际规范与实务》,企业管理出版社1998年版,第167页。

③ 参见《基础设施和公用事业特许经营管理办法》第17条。

④ 参见杨汉平:《政府采购法律问题研究》,中国政法大学经济法学2001年博士学位论文,第53页。

更重视特许经营协议的性质,而忽略对概念的界定。一般而言,特许经营协议指的是政府部门与私主体间签订的授予特许经营权的协议,对于基础设施和公共事业领域而言,公共资源的开发、利用,基础设施运营与管理,公共服务供给均为政府及公共部门独占、独享和独有,根本不容私人企业、私人组织染指,基础设施和公用事业运营向由政府及公共部门负责,其经营权专属于政府。这里既有公共利益安全的考量,也有传统运作方式的惯性作用,其是否开放以及多大程度开放,取决于国家的公共政策和市场化程度。公共政策的调整可能导致公共领域范围发生变更,例如,过去为公共领域,现在则不属于公共领域,过去经营权专属于政府及公共部门,现在则可能部分或完全市场化运作,如电信、通信行业。同样,市场化程度越高,公共领域范围会越窄。在现行法律或政策框架下,某些经营权专属于政府及公共部门的特定行业和领域,政府如果将这种经营权依法特别许可给私主体,以达成政府经营任务的目标,①私人部门所获得的经营权即为特许经营权。从理论上看,特许经营型PPP模式中的特许经营协议不仅包含特许经营权的授予,还包含与该特许经营权相关的其他内容,例如,经营权的主体要求、经营权的权利内容和范围,经营权的行使,等等。故而,特许经营权所涵盖的范围相当广泛,随着政府与社会资本合作的广度和深度不断的加深和拓宽,这种特许经营协议所包含的内容也会越来越多,其边界也会不断扩张。因此,特许经营协议的内涵和外延无论在理论上还是在实务中,都是一个不断变化、不断发展的一个概念,并且,这种变化和发展在不同的国家和地区,也将具有不同的载体或表现形式。但不管其如何变化、发展,其根本特质即特许经营权的授予这一点不会改变。

学界对特许经营协议的性质存在不同认识,②其中最大的分歧在于为民事契约还是行政契约。行政契约和民事契约的区别显著:首先,行政契约必须以书面的方式订立,而民事契约仅特定契约属于要式契约。其次,契约的无效条件不同,总体而言,行政契约的无效情形较民事契约更广。再次,行政机关得就行政契约的履行

① 特许经营的行业领域一般为公共服务领域,这类行业和领域因资源的有限和涉及公共福祉,需要由国家严格管制,才能保证公民的基本权利。

② 主要有行政合同说,参见邢鸿飞:《政府特许经营协议的行政性》,载《中国法学》2014年第6期;虞青松:《公私合作契约的赋权类型及司法救济——以公用事业的收费权为视角》,载《上海交通大学学报》(哲学社会科学版)2013年第5期;李霞:《论特许经营合同的法律性质——以公私合作为背景》,载《行政法学研究》2015年第1期;林明昕:《行政契约法实务问题之回顾——兼论公、私法契约之区别》,载《中正大学法学集刊》2005年第18期;民事合同说,参见辛柏春:《BOT项目协议的法律性质》,载《行政与法》2005年第5期;公私混合合同说,参见陈清秀:《特许合约与公权力之行使》,载《月旦法学杂志》1998年第34期;邓敏贞:《公用事业公私合作合同的法律属性与规制路径——基于经济法野的考察》,载《现代法学》2012年第3期;经济合同说,参见史际春、肖竹:《公用事业民营化及相关法律问题研究》,载《北京大学学》(哲学社会科学版)2004年第4期。

进行指导和协助,而民事契约双方则依诚信履行合同。此外,契约的调整和中止事由不同,特别是行政契约中的行政机关得基于公共利益的理由单方调整和中止契约,而民事契约中的单方解除权并无该情形。最后,契约的强制执行方式不同,行政契约可以约定一方不履行契约给付时另一方可径行强制执行。① 除此之外,从司法实践来看,二者适用的诉讼程序完全不同,前者适用行政诉讼程序,后者适用民事诉讼程序;纠纷的解决方式不同,虽行政契约亦有行政和解制度,但民事契约还可通过仲裁的方式解决纠纷,而行政契约一般认为是不适用仲裁争议解决方式的。基于上述的种种区别,认定特许经营协议的性质尤为重要。

从理论上看,要认定特许经营协议的性质,首先需要对特许经营协议中的主要法律行为——特许,进行界定。学界主流的观点认为,特许经营中的特许属于一种特殊的行政许可。② 一方面,因为特许经营涉及公共利益的社会公共服务领域,因此,不管是对授权的行政机关还是对从事特许经营的经营者均需要高密度的强制性规范,以达到国家对这些行业和领域有效规制的目的。另一方面,行政许可显然属于一种具体行政行为,需要对行政机关进行约束,防止权力滥用。因此,特许经营的特许进行属于一种国家任务和行政任务,这点应当没有疑问。那么,特许经营权授予的载体——特许经营协议,属于何种性质呢?从各大陆法系国家关于特许经营协议的内容看,"特许经营契约所要规范的法律关系复杂,涉及私法和公法的相互交错领域,兼具公法契约和私法契约的内容,因此特许经营契约属于公法与私法混合的契约。就涉及的单纯私法权利义务事项可用私法原则和规定进行解释,反之则适用公法的规定"。③ 这种观点具有一定合理性,特许经营协议不仅有关于特许权的授予问题,还有关于特许经营期间的风险分担、融资方式等涉及平等主体之间法律关系的内容。但从行政契约和民事契约的判断标准来看,无论是从契约主体标准,还是从契约的标的、契约内容是否包含公法上的义务等要素来认定,特许经营协议均与行政契约具有更为紧密的关系。即使契约内容中包含了部分与行政权力义务不是很紧密的私法关系,但是并不影响契约的主要性质为行政契约的

---

① 参见林明锵:《行政契约法研究》,台北,翰芦图书出版有限公司2006年版,第113~123页。

② 特许与许可之间关系的处理曾经是《行政许可法》制定过程中一个颇具争议的问题,在其征求意见稿及草案中,特许与普通许可一起被视为行政许可的一种类型,但在最后的审议过程中,这一规定模式被取消,"特许"作为一个专门用语并没有出现在《行政许可法》的条文中。其理由在于:目前的行政审批制度尚在建构之中,对于行政许可的分类和各类行政许可的适用范围还有不同意见,科学分类的客观条件和主观条件都还不够成熟。尽管特许与一般的行政许可之间确实存在差异,但人们依然普遍认为,《行政许可法》第12条第2款有关"有限自然资源开发利用、公共资源配置以及直接关系公共利益的特定行业的市场准入等需要赋予特定权利的事项"的规定事实上指的就是特许。参见张兴祥:《中国行政许可法的理论与实务》,北京大学出版社2003年版,第80页。

③ 陈清秀:《特许合约与公权力之行使》,载《月旦法学杂志》1998年第34期。

认定。换言之，应将特许经营协议认定为行政契约，将其纳入公法轨道，"更能胜任监督权力、保障权利、平衡公私利益的任务"。[①] 并且从立法实践来看，在行政契约中适用私法的基本原则亦具有法律上的容许性。[②] 因此，特许经营协议应当围绕行政法和行政程序法进行制度构建。

然而，特许经营型PPP模式中的特许经营协议并不是传统意义上的特许经营协议。特许经营型PPP模式虽然也包括特许经营权的授予，但这种授予并不是行政权力行使的产物，而是政府与社会资本合作的结果，即政府以授予特许经营权为条件，与社会资本合作方本着平等、自愿、合作的原则，订立合作协议，这里的合作协议才是特许经营型PPP模式的法律基础，所谓的特许经营协议只是政府与社会资本合作契约的代名词而已，是以特许经营协议的"旧瓶"装特许经营型PPP合作协议的"新酒"。以特许经营协议取代特许经营型PPP模式的合作协议，并认定其具有行政契约的本质有违平等合作精神，也不利于限制政府公权肆意干预PPP项目的行为，更不利于全面深化改革和转变政府职能，同时，也不利于以PPP模式为载体实现政府与社会资本在公共领域更广泛的合作。

特许经营协议应当主要包括以下内容：(1)项目名称、内容；(2)特许经营方式、区域、范围和期限；(3)项目公司的经营范围、注册资本、股东出资方式、出资比例、股权转让等；(4)所提供产品或者服务的数量、质量和标准；(5)设施权属以及相应的维护和更新改造；(6)监测评估；(7)投融资期限和方式；(8)收益取得方式，价格和收费标准的确定方法以及调整程序；(9)履约担保；(10)特许经营期内的风险分担；(11)政府承诺和保障；(12)应急预案和临时接管预案；(13)特许经营期限届满后，项目及资产移交方式、程序和要求等内容；(14)变更、提前终止及补偿；(15)违约责任；(16)争议解决方式；(17)需要明确的其他事项。[③] 这些条款属于特许经营协议中的必要条款，这些必要条款的制定和设计是在项目实施方案、特许经营者的申报方案等文件的基础上，经政府部门和特许经营者双方沟通、协商合意进行确定的。在确定的过程中应当坚持两个原则：其一，政府应当维护公共利益，防止

---

① 参见江必新：《中国行政合同法律制度——体系、内容及其构建》，载《中外法学》2012年第6期。

② 例如，我国台湾地区"行政程序法"第149条规定：行政契约，本"法"未规定者，准用"民法"相关之规定，德国行政程序法亦有类似规定。参见林明锵：《行政契约法研究》，台北，翰芦图书出版有限公司2006年版，第113页。我国《特许经营管理办法》第51条亦规定：特许经营者认为行政机关作出的具体行政行为侵犯其合法权益的，有陈述、申辩的权利，并可以依法提起行政复议或者行政诉讼。

③ 《基础设施和公用事业特许经营管理办法》第18条规定，是否需要成立特许经营项目公司，实施机构必须在项目招标或谈判阶段加以明确并在相关文件载明，需要成立项目公司的，实施机构应当与依法选定的投资者签订初步协议，约定其在规定期限内注册成立项目公司，并与项目公司签订特许经营协议。

公权力的贱卖,具体标准即保证通过特许经营协议的履行,为公众提供安全、廉价的公共产品和服务,同时最大限度地减少财政支出。其二,社会资本应对项目的风险和收益情况进行全面的评估,以实现风险的合理分担,保证真实、自愿地签订契约。

(三)特许经营 PPP 项目的投融资结构

特许经营模式项目的顺利进行需要一定的资金来源,用于项目的施工建设、运营等支出。特许经营协议的投标人为了获得中标项目,首先需要具备运行项目资本,在实务中,如何融资是特许经营者所最为看重的问题。社会资本获得项目资本的方式主要有向商业银行贷款、成立基金或者获得政府产业基金和引导基金的支持。在项目建成后,这些资金可以在符合一定条件下转移和退出。

1.资金来源

从我国既有立法和实务来看,特许经营 PPP 项目的项目资金来源从法律上可分为两类:一类是直接向银行申请贷款;另一类是成立 PPP 基金。而 PPP 基金又可再分为私募基金、政府 PPP 产业基金。

(1)银行贷款。《基础设施和公用事业特许经营管理办法》规定,金融机构可以为特许经营项目提供财务顾问、融资顾问、银团贷款等金融服务。政策性、开发性金融机构可以给予特许经营项目差异化信贷支持,对符合条件的项目,贷款期限最长可达 30 年。探索利用特许经营项目预期收益质押贷款,支持用相关收益作为还款来源。[①] 在实践中,商业银行是进行融资的最为重要的渠道,从全球范围来看,2005 年商业银行为全球的 PPP 项目提供了 1400 亿美元的贷款支持。[②] 因为 PPP 项目涉及的法律关系和财务关系均比较复杂,无论是项目的实施机关还是特许经营者均需有融资和财务顾问服务,银行可以作为财务顾问提供财务和融资方案的制定意见。有的特许经营项目需要的资金项目较大,需要运用银团贷款模式,即多家银行提供贷款。PPP 向银行贷款可分为固定资产贷款、现金流贷款业务、项目融资业务等模式,除了依据《商业银行法》《合同法》的规范外,还需要依照《固定资产贷款管理暂行办法》办理,一般是项目的启动阶段使用的融资模式。商业银行与特许经营者签订的贷款合同中对资金的适用、管理、担保等内容均须进行约定。

(2)私募基金。特许经营项目可以采用成立私募基金,引入战略投资者,发行企业债券、项目收益债券、公司债券、非金融企业债务融资工具等方式拓宽投融资渠道。私募股权投资基金投资 PPP 项目具有广阔的前景。私募股权投资基金以传统的财务投资人身份介入 PPP 项目有利于其自身的风险控制,但政府应引导其以

① 参见《基础设施和公用事业特许经营管理办法》第 23 条。

② [加]耶斯考比:《公共部门与私营企业合作模式:政策与融资原则》,杨欣欣译,中国社会科学出版社 2012 年版,第 76 页。

社会投资人身份介入 PPP 项目，发挥其在人才、管理、资金方面的优势，为投资市场培育优质基础设施和公共产品项目。在税负相当的情况下，私募股权投资基金应以较为灵活的有限合伙形式投资 PPP 项目，以吸引更多投资人。传统以政府信用为背书的股权投资模式终结后，为控制股权投资风险，私募股权投资基金可通过夹层融资、优先股、可转换债等方式创新股债结合模式，以降低股权投资风险。①

(3)政府产业基金。国家鼓励通过设立产业基金等形式入股特许经营项目。鼓励特许经营项目公司进行结构化融资，发行项目收益票据和资产支持票据等内容。国家产业基金的资金来源于中央和地方政府的财政资金，并以该资金作为政府参股特许经营项目公司的股权形式参与项目投资。在政府产业基金中，还有一种特殊的基金，即政府产业引导基金，《基础设施和公用事业特许经营管理办法》规定：县级以上人民政府有关部门可以探索与金融机构设立基础设施和公用事业特许经营引导基金，并通过投资补助、财政补贴、贷款贴息等方式，支持有关特许经营项目建设运营。② 政府产业基金是各级政府通过预算安排，以单独出资或与社会资本共同出资设立，采用股权投资等市场化方式，引导社会各类资本投资经济社会发展的重点领域和薄弱环节，支持相关产业和领域发展的资金。政府投资基金是一种不以营利为目的的政策性基金，在引导基金退出及利益分配的过程中遵循"保证政府资金"和"让利于民"的原则。一般而言，政府产业基金用于政府必须入股的项目，以保证政府部门对于项目的控制，这些行业关系重大的公共利益、民生工程，所需要的资金比较大、项目的收益较低，所以需要政府提供产业资金进行支持。为保证政府产业基金的合理使用，财政部于 2015 年出台了《政府投资基金暂行管理办法》的通知，对于 PPP 领域的产业基金的资金来源、使用方式、管理结构等内容进行了详细的规定。③

2. 资金转移

项目资金的转移可以通过债权转让、股权转让的方式进行。除此之外，还有当前最为重要的方式，即建立平台进行资产证券化。2016 年 12 月 26 日，国家发改委、中国证监会联合发布《关于推进传统基础设施领域政府和社会资本合作(PPP)项目资产证券化相关工作的通知》，正式开启 PPP 领域的资产证券化道路。所谓资产证券化是指将资产放入特殊目的载体作出破产隔离，并将资产池中的资产收益包装成不同条件的证券并发行的一种融资模式。④ 与 PPP 项目有关的资产证券化类型包括资产支持专项计划与资产支持票据。根据《政府和社会资本合作项目财政管理暂行办法》第 32 条的规定，"项目建设完成进入稳定运营期后，社会资本方

① 参见黄华珍：《私募股权投资基金在 PPP 项目中的应用研究》，载《建筑经济》2016 年第 4 期。

② 参见《基础设施和公用事业特许经营管理办法》第 24 条。

③ 参见财政部关于印发《政府投资基金暂行管理办法》的通知(〔2015〕210 号)。

④ 参见林华：《PPP 与资产证券化》，中信出版社 2016 年版，第 213 页。

可以通过结构性融资实现部分或全部退出,但影响公共安全及公共服务持续稳定提供的除外"。即项目资金投入基础实施之后,在特许经营协议中一般对社会资本退出机制进行了一定限制,例如,在项目开始实施至运行期间严格限制社会资本转让资产,或者开始运用之后只有符合一定的条件才能退出。这无疑限制了社会资本的资本利用率。而PPP项目经过资产证券化之后,则实现了将固定的资产转化为流动的资本,鼓励该资本进行证券化交易,使资产市场化,在实质上可以缓解政府的资金压力,提升社会资本的资金使用效率。

在PPP领域推行资产证券化,需要满足几个条件:首先,对原始权益人有具体要求,即原始权益人(特许经营者)内部控制制度健全,具有持续经营能力,无重大经营风险、财务风险和法律风险;且近3年未发生重大违约或虚假信息披露,人民银行企业信息信用报告中无不良信用记录,且无重大违法违规行为。其次,对基础资产有基本的要求:(1)基础资产符合法律法规及国家政策规定,权属明确,可以产生独立、可预测的现金流且可以特定化。基础资产的交易基础应当真实,交易对价应当公允,现金流应当持续、稳定。若以存量项目(或已建成开始运营的项目)开展资产证券化,则还要求基础资产运营已有一定期限(如1年以上),且现金流历史记录良好,数据容易获得。(2)基础资产不得附带抵押、质押等担保负担或者其他权利限制,但通过专项计划相关安排,在原始权益人向专项计划转移基础资产时能够解除相关担保负担和其他权利限制的除外。(3)基础资产不属于《资产证券化业务基础资产负面清单指引》的附件《资产证券化基础资产负面清单》的范围。①

(四)特许经营PPP项目的风险分担与回报机制

1.风险分担

PPP项目的建设是一个系统过程,涉及的风险因素多且复杂,主要包括政治风险、法律风险、市场风险、不可抗力风险和税收、利率、外汇、通货膨胀、环保等社会管理风险等风险类型。PPP项目的运作涉及多方利益主体,有效地进行风险管理是PPP项目能否取得成功的关键。相对而言,政府部门对政治风险、法律变更风险的承受能力强,而私人部门更精于计算,更有技术、经验和管理优势,其对与经营活动直接相关的融资、建设、经营等市场风险更具有控制与防范能力。基于科学的PPP模式风险分配规则,把风险配置给最能够控制或者最能够减少风险发生的人,因此,必须建立合理公平的风险分担机制,以法律和契约方式建立合理、科学的PPP项目风险分担制度是PPP项目有效实施的核心问题。

特许经营项目的范围广泛,每个具体的项目的风险分担方式不一而足。其中最科学的风险分担方式是根据每个项目的特性,特别是依据每个项目的技术性特

① 参见林华:《PPP与资产证券化》,中信出版社2016年版,第234~235页。

征以及影响项目兴建和运用的不确定性。① 其中政府部门必须在各种竞争性过程中更关注对风险进行合理隔离的风险分担矩阵。② 虽然每个项目的风险分担不同，但是在法律制度的设置上，应遵循一定的原则，毕竟特许经营协议的经营周期很长，很多风险是无法实现在合同中进行明确约定的。对此，有很多学者提出了关于合理分担风险的观点，多数学者从政府与社会资本的关系上分析，认为政府应该承担超过社会资本预期的风险。③ 从总体上来看，政府在基础设施和公共事业领域实施改革，改革的目标应当是转变政府职能、提高公共物品与服务供给的数量、质量和效率，市场在公共资源配置中发挥主要作用，而不是以增加公共利益之名行甩包袱、卸负担之实。促进公共利益增长、公共物品与服务供给增加是政府的重要任务，国家对其应当承担最终担保责任，由此而言，国家对超出社会资本预期的风险应当承担责任。同时，在具体的PPP项目风险责任分配中，如果需要抽象出一个基本的风险负担原则，则风险应该分配给对其最有影响力和控制能力的一方，或者是对其最有承受能力的一方。该原则既确保合理风险转移的激励作用，又确保风险规避可以适当地为风险保险。因为在特许经营的方式进行的公私合作中，除了适用行政法关于行政契约的规范外，也适用私法的基本原则和精神。在私法的基本原则中，特别是在通过契约方式进行的合作中，诚实信用和公平原则是最重要的。风险和责任、收益应当是相匹配的。因此，哪一方对项目更具有控制力和影响力，则这一方应当承担更多的项目风险。

2. 回报机制

由于特许经营型PPP项目社会资本取得投资回报的资金来源，主要是使用者付费和适当的可行性缺口补助，因此，社会资本承担了主要的市场风险。虽然对于经营收费不足以覆盖投资成本的"准经营性项目"而言，政府可根据市场情况确定具体的政府补贴，即"可行性缺口补助"，但这种政府补助只是政府对特许经营投资人投资成本回收的最低承诺，只有当使用者付费不足以弥补投资成本时政府才承担次"兜底责任"，因此，在特许经营PPP模式中，社会资本始终承担主要的市场风险。可行性缺口补助包括政府授予特许经营者相关其他开放经营的权益，特许经营涉及需要政府提供可行性缺口补助的，应当严格按照《预算法》规定，综合考虑政府财政承受能力和债务风险状况，合理确定财政付费总额和分年度数额，并与政府年度预算和中期财政规

---

① See Mohamed Chohra, Mu Shiyu, Cheng Hu, "Risks and New Transformations of PPP Contracts", *Journal of Southeast University*(*English Edition*), Vol. 27, No. 4, 2011, p. 461.

② See Froud J., "The Private Finance Initiative: risk, uncertainty and the state, Accounting", *Organizations and Society*, Vol. 28(6), 2003, p. 582.

③ See Grimsey D., Lewis M. K., "Evaluating the Risks of Public Pivate Partnerships for Infrastructure Projects", *International Journal of Project Management*, Vol. 20, 2003, pp. 107 - 118.

划相衔接,确保资金拨付需要。政府可以在特许经营协议中就防止不必要的同类竞争性项目建设、必要合理的财政补贴、有关配套公共服务还有基础设施的提供等内容作出承诺,但不得承诺固定投资回报和其他法律、行政法规禁止的事项。

三、政府购买型 PPP 模式运作机理与交易结构

政府购买型 PPP 模式是政府将其应该提供的一部分公共服务事项,通过政府采购流程交由符合条件的社会资本承担,并根据合同约定使用财政资金向社会资本支付费用的政府与社会资本合作模式。在国外,政府购买型 PPP 又被称为"公共服务合同外包",即"政府与营利或非营利性民间组织签订承包合同的形式实现某一活动的民营化"。[①] 政府公共服务外包(采购)以"政府承担、定项委托、合同管理、评估兑现"为特点,因其在消减政府规模、减轻政府负担、节省服务成本、提高服务效率等方面的优越性和相对简单的操作方式备受各国政府的推崇。美国是运用合同外包方式实现政府购买公共服务最为成熟的国家,其运用范围非常广泛,涵盖公共工程、公共交通、公共安全、公用事业、医疗健康、人力资源、公园及绿化、娱乐与文化艺术、社会福利与保障等领域。1979 年,英国首相撒切尔开始推行公共服务市场化改革,对政府承担的职能与服务进行市场检验,[②]提倡政府部门的活动采用竞争招标、外部委托(合同出租)等向私人力量购买的方式来办理。目前,我国政府购买服务主要是"适合采取市场化方式提供、社会资本能够承担"的基本公共服务领域,如公共教育、劳动就业、人才服务、社会保险、社会救助、养老服务、儿童福利服务、残疾人服务、优抚安置、医疗卫生、人口和计划生育、住房保障、公共文化、公共体育、公共安全、公共交通运输、三农服务、环境治理、城市维护等领域。[③] 由于政府购买公共服务 PPP 模式连接政府与社会资本的市场交易行为,涉及用什么购买(资金来源)、如何购买(购买形式)和向谁购买(社会资本的选择)以及社会资本利益与公共服务公共性、公益性的考量,必须形成相应规范性制度,明确权利义务关系,提高制度效率。

(一)PPP 项目政府采购一般流程

PPP 项目采购,是政府为达到权利义务平衡、物有所值的 PPP 项目合同,遵循

---

① [美]E. S. 萨瓦斯:《民营化与公私部门的伙伴关系》,周志忍等译,中国人民大学出版社 2003 年版,第 129 页。

② 市场检验是指公共部门在提供公共服务前要先决定"是自己生产还是向别人购买",在仔细考量"目前所从事的活动是否确有必要,这些活动和任务是否可以通过私有化的方式来提供"等问题之后,只有明确了这些活动是政府义不容辞的责任且在无法实行私有化的前提下,才可以不考虑进行市场检验。市场检验包括确认活动的范围和性质,建立服务水平和质量标准,竞争招标和选择,协商和确定具体细节,监测和评价等步骤。英国各级政府都设有一定的指标,即多大比例的工作任务必须通过市场检验程序。

③ 《政府购买服务管理办法(暂行)》第 14 条第 1 项。

公开、公平、公正和诚实信用原则，按照相关法规要求完成 PPP 项目识别和准备等前期工作之后，依法选择社会资本合作者的过程。在现行政府采购法律框架下，PPP 项目采购方式包括公开招标、邀请招标、竞争性谈判和单一来源采购，项目实施机构可以根据 PPP 项目的采购需求特点，依法选择适当的采购方式。根据《政府与社会资本合作政府采购管理办法》，PPP 项目政府采购一般应遵循以下流程：

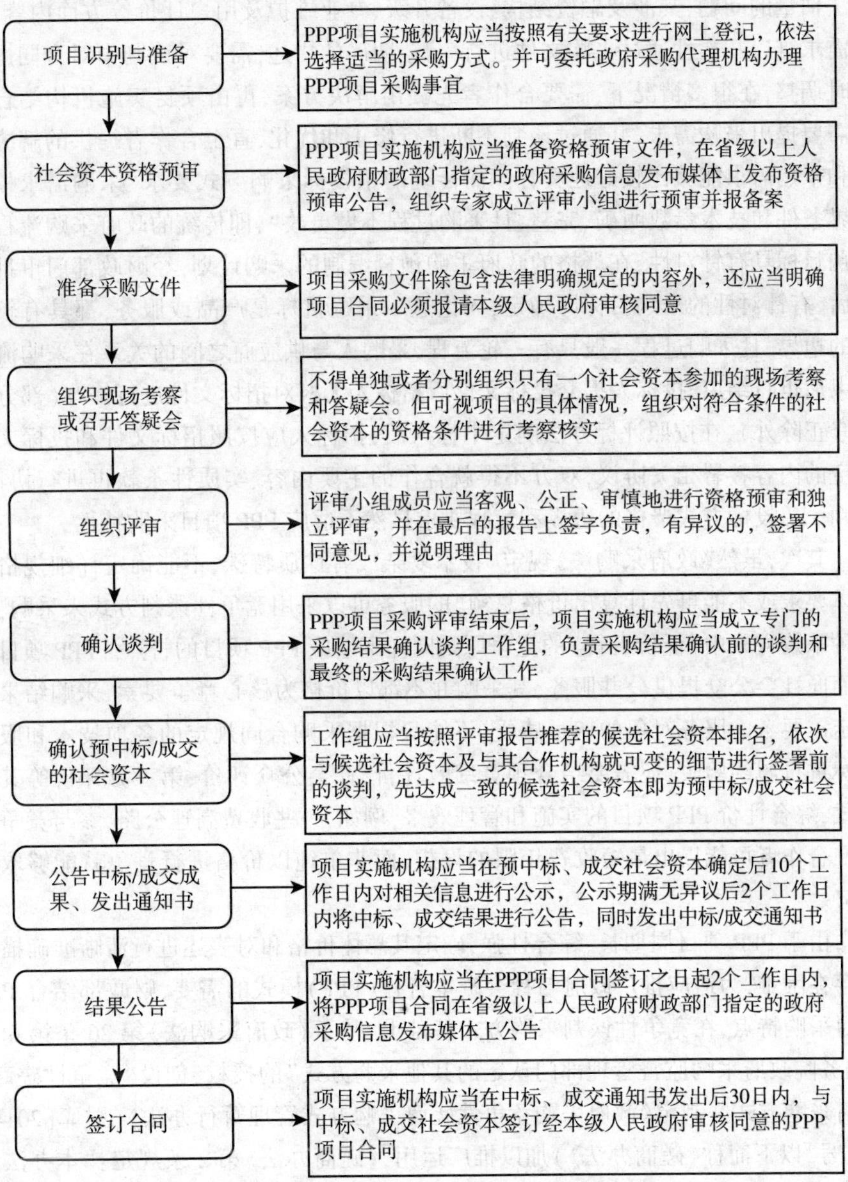

图 6 PPP 项目政府采购一般流程

(二)竞争性磋商采购方式与流程

以公开招标为核心的传统政府采购方式,虽然其制度设计和实践运用均较为成熟,但相对PPP模式而言仍缺乏针对性。

首先,PPP项目采购边界具有模糊性和长期性,严格的招投标方式显然不适应PPP项目采购特性。PPP项目的长期性决定了该项目的运行存在许多不可预见和无法估量的问题,其涉及融资结构、设备升级、专业维护及用户评价等方面内容,采购需求难以一次性通过采购文件进行完整、明确的描述,需要对谈判中对合同内容适时调整,在很多情况下,需要合作者先提出解决方案,再由项目实施机构结合项目需要提出采购需求,并通过谈判不断进行修正和优化,直至合作者提供的解决方案和采购需求能够比较好地契合。而传统的招投标采购方式要求"采购需求核心边界条件和技术参数明确、完整,且采购过程不做更改",即传统的政府采购流程的采购目标具有针对性,在严格的政府采购预算编制的采购计划,经财政部门审批通过后,有针对性的采购目标即确定,无论这一采购目标是产品或服务,都具有较严格的边界,且采购过程一般只有一轮流程,采购人与供应商之间的关系在采购流程结束后也将结束,投标人提交投标文件后招标人无权对招标文件进行修改(部分错误修正除外),在按照评标办法确定中标人后,招标人应按照招标文件和投标文件规定的内容签署相关协议,双方不得就合作的主要内容、实质性条款再进行协商、谈判。招投标方式严格的边界和流程要求显然不适应PPP项目采购特性。

其次,虽然《政府采购法》规定"技术复杂或者性质特殊,不能确定详细规格和具体要求或不能事先计算出价格总额"的服务可以采用竞争性谈判方式来采购,但这种采购方式中"低价者得"的竞争原则同样不适应PPP项目的特点。PPP项目大多面向社会公众提供公共服务,其采购并不都以价格为核心竞争要素,采购结果的评定需要考虑服务对象的切身感受,不能只根据采购合同规定的各项技术和服务指标进行履约验收,还需要结合预算绩效评价、社会公众评价、第三方评价等其他方式,综合评价PPP项目的实施和管理效果,例如,一些收费高速公路,参与竞争的潜在合作者可能提出最短收费年限的设想,而非单纯以价格进行竞争就能够取得优势。

由于PPP项目周期长、综合性强,确定其总体价格和对表述进行清晰准确描述都存在困难,为适应推广政府与社会资本合作(PPP)模式的需要,财政部结合PPP项目采购特点,在竞争性谈判采购方式基础上,基于《政府采购法》第26条第6项"国务院政府采购监督管理部门认定的其他采购方式"的授权,创设"竞争性磋商"政府采购方式并制定《政府采购竞争性磋商采购方式管理暂行办法》(财库〔2014〕214号,以下简称《磋商办法》)加以推广运用,《磋商办法》第2条规定:"本办法所称竞争性磋商采购方式,是指采购人、政府采购代理机构通过组建磋商小组(简称磋商小组)与符合条件的供应商就采购货物、工程和服务事项进行磋商,供应商按照磋商文件的要求提交响应文件和报价,采购人从磋商小组评审后提出的候选供应商名单中确定成交供应商的采购方式"。"竞争性磋商"采购方式引入"先明确采购需求,后竞争报价"两阶段选择中标人模式,着力实现在需求标准完整的基础上合理报价的公平交易规则,将 PPP 政府采购制度功能聚焦到"物有所值"的基本目标上来,其采购方式灵活度高,采购周期适中,为 PPP 项目社会资本合作方的选择提供了可供操作的新的路径安排,也是英国、德国等发达国家广泛使用的较先进的 PPP 采购方式。

在明确采购需求阶段,竞争性磋商关于磋商小组的组成、供应商来源方式、磋商公告、磋商文件与响应文件要求等的要求与竞争性谈判的要求基本一致。磋商文件应当包括供应商资格条件、采购邀请、采购方式、采购预算、采购需求、政府采购政策要求、评审程序、评审方法、评审标准、价格构成或者报价要求、响应文件编制要求、保证金交纳数额和形式及不予退还保证金的情形、磋商过程中可能实质性变动的内容、响应文件提交的截止时间、开启时间及地点以及合同草案条款等内容。由于公共服务项目一般周期长、规模大,交易结构复杂,采购标的涉及的技术、服务指标和要求难以确定,其采购需求无法像一般的招投标流程那样界限清晰明确,往往需要结合供应商提供设计方案或解决方案,经过反复磋商后才能确定,因此,《磋商办法》允许在供应商首次提交响应文件的截止到日前,采购人、采购代理机构或者磋商小组可以对已发出的磋商文件进行必要的澄清或者修改,供应商也可以在提交响应文件截止日期前,对所提交的响应文件补充、修改或者撤回。在磋商过程中,磋商小组可以根据磋商文件和磋商情况实质性变动采购需求中的技术、服务要求以及合同草案条款。

经磋商确定最终采购需求后,供应商按规定的时间向磋商小组提交最后报价,采购程序进入竞争选择供应商阶段。磋商小组采用"综合评分法"对提交最后报价的供应商的响应文件和最后报价进行综合评分。综合评分法是指供应商递交的响应文件满足磋商文件全部实质性要求且按评审因素的量化指标得分最高者为成交候选供应商的评审方法。与竞争性谈判"价低者得"的成交原则不同,综合评分法以"物有所值"为核心,其评审标准中的分值设置与评审因素的量化指标相对应,充分考虑公共服务的公共性与公益性需求,更加注重投资人服务质量与综合实力,避免因竞争性谈判中"价低者得"的原则而产生恶性竞标风险和低效率,是对传统"价低者取胜"竞争方式的突破。

(三)政府购买型 PPP 模式交易结构的法律分析

同政府直接投资兴建和提供公共服务的传统模式相比,政府通过购买的方式特别是以竞争性磋商向社会资本购买服务的方式提供公共服务具有转变政府职能、节约政府开支、保障社会公平等方面的作用,因而在很大程度上代表了政府提供公共服务的基本方向。

1. 法律性质和法律适用

政府购买型PPP模式在法律性质上为政府与社会资本的契约合作,即通过签订购买契约的方式在公共服务领域进行合作。从交易资金来源角度来看,政府支付给社会资本的资金来源于财政资金,通过财政预算直接支付给社会资本。这种契约即政府采购合同,即PPP政府采购合同。唯一应注意的问题是政府购买型PPP模式与传统政府采购的区别,传统的政府采购是一次性的"以钱易货"行为,政府用现金直接购买公共物品与服务,每一次采购都是一次独立的采购行为,无须与供应商建立长期的可持续的合作关系;而政府购买型PPP模式与传统政府采购的区别在于:一是前者更强调公共服务领域的购买服务,此种公共服务本应由政府提供,这是政府和社会资本合作的本质属性,而后者无此特性;二是前者包括选择供应商,而后者只是强调购买产品、服务和基础设施;三是前者采购的形式更为丰富,包含竞争性磋商等内容。① 虽然二者有上述不同,但是其中最重要的共性在于二者均通过契约形式进行,即政府采购合同,这亦是PPP政府采购的外在法律形式。政府采购合同属于民事合同,此法律属性已为立法和学界共识。② 换言之,在政府购买服务型PPP模式中,政府部门与社会资本间系以私法的形式进行合作。

当前PPP政府采购所适用的法律主要有以下几个:《国务院关于深化预算管理制度改革的决定》(国发〔2014〕45号)、《国务院办公厅关于政府向社会力量购买服务的指导意见》(国办发〔2013〕96号)、《政府购买服务管理办法(暂行)》(财综〔2014〕96号)。除此之外,因为政府购买服务的本质为政府采购,故而此种PPP模式还适用《政府采购法》《政府采购法实施条例》以及《合同法》。

2. 对供应商的主体要求

PPP项目实施机构在与社会资本进行充分的项目磋商并确定中标方之后,双方应当签订经本级人民政府审核同意的PPP项目合同。根据《政府购买服务管理办法(暂行)》的规定,政府购买服务的主体是各级行政机关和具有行政管理职能的事业单位(包括党的机关、纳入行政编制管理且经费由财政负担的群团组织);而

---

① 参见财政部:《政府采购品目分类目录》(2013年版)中的C服务类下的教育服务、医疗卫生服务、文化体育娱乐服务等类型,即以公众为服务的对象。此外,国务院办公厅《关于政府向社会力量购买服务的指导意见》也将"把政府直接向社会公众提供的一部分公共服务事项,按照一定的方式和程序,交由具备条件的社会力量承担,并由政府根据服务数量和质量向其支付费用"纳入"政府向社会力量购买服务"的范畴。

② 参见王小能:《政府采购法律制度初探》,载《法学研究》2000年第1期。《政府采购法》第43条规定:政府采购合同适用合同法。采购人和供应商之间的权利和义务,应当按照平等、自愿的原则以合同方式约定。

承接政府购买服务的主体(承接主体)则包括在登记管理机关登记或经国务院批准免予登记的社会组织、按照事业单位分类改革应划入公益二类或转为企业的事业单位以及依法在工商管理或行业主管部门登记成立的企业、机构等社会力量。承接主体应当具备以下条件:(1)依法设立,具有独立承担民事责任的能力;(2)治理结构健全,内部管理和监督制度完善;(3)具有独立、健全的财务管理、会计核算和资产管理制度;(4)具备提供服务所必需的设施、人员和专业技术能力;(5)具有依法缴纳税收和社会保障资金的良好记录;(6)前三年内无重大违法记录,通过年检或按要求履行年度报告公示义务,信用状况良好,未被列入经营异常名录或者严重违法企业名单;(7)符合国家有关政事分开、政社分开、政企分开的要求;(8)法律、法规规定以及购买服务项目要求的其他条件。[①]

3. 合同的标的

PPP型政府购买服务的法律性质为政府采购行为,主要适用《政府采购法》的规定。而《政府采购法》虽然已经明确了采购的标的包括"服务",但"服务"仅被笼统定义为"除货物和工程以外的其他政府采购对象。"[②]并且在最初的政府采购所涉及的服务领域中也仅限于购买维持政府自身运作的服务,公共服务并未被纳入采购范围。因为一般认为,公共服务的提供主体是政府部门,政府部门不应将其外包给社会资本。直至2015年3月《政府采购法实施条例》颁布实施,我国才明确规定"服务"包含政府自身需要的服务和政府向社会公众提供的公共服务这两大类。[③] 此外,根据《国务院办公厅关于政府向社会力量购买服务指导意见》所明确"政府向社会力量购买服务,就是通过发挥市场机制作用,把政府直接向社会公众提供的一部分公共服务事项,按照一定的方式和程序,交由具备条件的社会力量承担,并由政府根据服务数量和质量向其支付费用"。可知,政府购买服务之"服务"主要指政府向社会公众提供的公共服务,而非满足政府自身需要的服务。

4. 合同的履行和监督

政府在购买服务型PPP合同签订后,应当按照合同约定全面、实际履行采购合同。全面履行合同亦即围绕合同价款与特定服务的提供等核心问题,全面履行政府采购型PPP契约规定的各项义务,具体地说,政府购买型PPP合同双方应在平等基础上依据诚实信用原则,全面、完全地履行合同,任何一方契约当事人存在不适当履行合同、拒绝履行合同、不完全履行合同以及迟延履行、瑕疵履行等情形的,均

---

① 参见《政府购买服务管理办法(暂行)》第7条之规定。

② 《政府采购法》第2条第7款规定:本法所称服务,是指除货物和工程以外的其他政府采购对象。

③ 《政府采购法实施条例》第2条第5款规定:《政府采购法》第2条所称服务,包括政府自身需要的服务和政府向社会公众提供的公共服务。

构成对契约的违反,若无法定或约定的免责事由,均须承担违约责任。相应地,若发生不可抗力、情势变更等合同履行障碍时,政府购买型 PPP 合同双方当事人有权在意思自治的基础上通过平等协商来对原合同进行修改、中止或解除。因此,政府购买型 PPP 合同的履行应当遵循诚实信用精神与合同履行的一般原则,同时,基于政府购买型 PPP 合同的特殊性,尤其政府拥有公共资源和公共权力优势,法律应当对政府购买型 PPP 合同的修改和解除时当事人的意思自治进行必要的限制,防止政府任意变更、终止或解除合同而对合作相对人造成利益损害,法律应当构建严格的契约责任制度,保护守约方的合法权益不受非法侵害。同时,政府购买型 PPP 合同的履行直接关系公共物品与服务供给秩序,关系公共利益安全和民众公共福祉,因此,法律还应建立严格的政府购买型 PPP 合同履行监管机制,确保政府购买型 PPP 合同约定的各项合同条款得到严格、全面的执行。

在政府购买型 PPP 模式中,政府从公共服务的生产者和提供者变成了间接购买者及监督者。换言之,政府的职能包括社会管理和公共服务,购买只是转变了履行职能的方式,政府的责任并没有因此减轻或者弱化,而是责任的承担方式发生了改变,国家担保责任成为政府购买型 PPP 模式中政府公共物品与服务供给责任的基本形式,这意味着政府不再承担直接的供给责任,而是最终承担国家担保责任,[①]政府在监管公共服务方面的能力得到了增强。政府、私人部门(社会资本)和社会公众形成了双重代理关系,政府和私人部门是平等的契约关系,私人部门和社会公众是供给关系,是公共物品与服务供给者与消费者的关系,是政府提供公共服务责任的延伸。健全监督约束体制为政府购买提供良好环境保障,有助于保证服务总量和水平,实现政府购买的内涵。我国《政府采购法》构建起了政府购买监督,这种监督并非通过传统的命令、处罚等方式实现,而是通过合同的方式进行。"因此,对于政府合同的谈论不仅仅在于对于合同的形成,更重要的在于通过合同的履行实现公共政策。"[②]这里的公共政策就是保证公共服务的提供实现公共利益,保证公民的基本权利。

对于政府购买型 PPP 模式而言,政府的监管内容大致包括 3 个方面:(1)有关政府采购的法律、行政法规和规章的执行情况;(2)采购范围、采购方式和采购程序

---

① 在功能民营化中,由于政府部门可能不直接提供公共服务,其责任便从公共服务的直接提供责任转变为对公共服务提供的国家担保责任。即国家向公众担保,将提供符合规定的公共服务,当社会资本无法提供或提供不符合要求时,政府部门承担相关责任。关于 PPP 中政府的国家担保责任,参见许登科:《德国担保国家理论为基础之公私协力法制——对我国促参法之启示》,台湾大学法律学研究所 2008 年博士学位论文,第 316 ~ 321 页。

② Jody Freeman, "The Contracting State", *Florida State University Law Review*, Vol. 28, 2002, p. 189.

的执行情况;(3)政府采购人员的职业素质和专业技能。[①] 这些监管内容在具体的政府购买型 PPP 合同监管时往往直接表现为购买型 PPP 合同的执行情况,尤其是作为购买型 PPP 合同标的的公共物品与服务的价格、质量以及普遍服务的执行结果,这些公共物品与服务的价格、质量和普遍服务,既涉及社会公平,也涉及公共利益安全,执行不好有可能造成社会矛盾。而且,购买型 PPP 合同履行期较长,有关价格的确定方式可能随着合同的履行情况和社会发展而发生变化,而价格的确定涉及政府财政预算的支付以及社会公众的支付能力,以购买型 PPP 模式供给的公共物品与服务,其价格执行或价格调整对社会公众极具敏感性,更需要政府严格监管、慎重应对。总的原则是政府在对购买型 PPP 合同的公共物品与服务价格进行监督和管理时,应当严格依据购买型 PPP 合同确定的定价机制履行合同,合同任何一方不得随意提高或降低价格;在涉及公共利益时,政府应当慎重行使单方调整价格的权利,且应当适当降低公共物品与服务的价格。在合同的履行中,如果有订立合同时不可预见的情形发生而需要提高价格的,需要双方协商,并进行价格听证等程序,让作为公共物品与服务消费者的社会公众参与表决程序。此外,虽然在项目实施方案和社会资本中标者方案中对购买型 PPP 合同标的有着清晰、完整和明确的表述,但购买型 PPP 合同履行是一个长期的过程,合同谈判或缔结时的社会经济关系、科学技术进步、社会公众需求等基础性关系均会不可避免地发生变化,购买型 PPP 合同有关公共物品与服务描述将不能满足社会公众对其服务质量的要求;或者购买型 PPP 合同在谈判或缔约时根本无法对服务质量进行准确、客观、清晰地描述或者因为公共服务的复杂性不能描述,这些在客观上要求政府在实施购买型 PPP 合同履行监管时必须充分考虑其不完全性,并充分注意购买型 PPP 合同中的"社会资本对降低成本乐此不疲,其中最为直接的表现是对于合同未约定的质量问题视而不见",[②]需要政府部门在合同的长期履行中加强对质量的监督和管理,并对合同作合理的解释以保证公共利益的实现,减少合同履行中的纠纷。

5. PPP 信息披露制度

购买服务型 PPP 合同应当依法适用合同法,其签订、履行、终止均应按照合同法的规定执行。相较于一般的私法合同,购买服务型 PPP 合同最大的区别在于合同标的涉及公共利益,涉及社会民生或福祉,由此需要接受更多的管制。这种管制不仅针对社会资本,也同样针对与社会资本合作的政府及公共部门。因此,在购买服务型 PPP 模式运行过程中,PPP 信息披露制度具有双重监管的功能。目前,理论

---

① 参见《政府采购法》第 59 条之规定。

② Oliver Hart, Andrei Shleifer, Robert W. Vishny, "The Proper Scope of Government: Theory and an Application to Prisons", *The Quarterly Journal of Economics*, Vol. 112, No. 4, 1997, p. 1127.

界对购买服务型 PPP 信息披露制度基本上还处于概念表述阶段,对如何构建购买服务型 PPP 信息披露制度尚无统一认识。从理论上看,PPP 信息披露制度指的是在购买服务型 PPP 模式运行过程中,对于政府购买服务型 PPP 合同的主体、内容、履行状况等依照法律、法规的规定向社会公开的制度。在现行法框架内,除《政府采购法》《政府采购条例》等法律有关于供应商选定、合同内容以及合同履行等主要采购信息公开的规定可以适用于购买服务型 PPP 模式外,①发改委、财政部等部委新近颁行的各类有关 PPP 的规章、规范性文件也多有要求信息公开的内容,例如,2014 年发改委《关于开展政府与社会资本合作的指导意见》(国发〔2014〕60 号)明确要求做好信息披露工作,2016 年 10 月公布了《政府和社会资本合作项目信息公开暂行管理办法(征求意见稿)》,拟将所有的 PPP 项目公司视为应承担信息公开义务的公共部门,适用《政府信息公开条例》的规定。② 该管理办法明确规定了在公私合作中,作为私主体的一方承担信息公开的范围、内容及其法律责任,保证了公众的知情权,也有利于政府部门对其进行监管。同时,也规定了项目实施部门广泛的信息公开义务,确保政府权力的合法行使。

四、股权合作型 PPP 模式运作机理与交易模式

在欧盟制定的《绿皮书》中,将公共部门与私人部门的合作区分为契约型 PPP 和组织型 PPP,其中组织型 PPP 指政府与私人部门在一个实体组织间展开合作,共同履行提供公共产品和服务的业务,这个实体在欧盟和其他国家和地区一般称为公私合营公司,在我国称为政府参股项目公司。③ 事实上,组织型 PPP 关系是公私合作中最为典型的合作形式,因为在契约型 PPP 关系中,公共事务纯粹由私人执行,政府部门通过纯粹契约的方式对私人从事的涉及公共利益(Public Interest)的公共事务行为进行监管,以履行国家担保责任。而政府与私部门共同组建公私合营公司,共同参与公共事务执行,则可以更有效地实现监管和国家担保责任的履行。在英国,PFI(Private Financial Initiate)发挥了重要作用,但英国学界对其批评不断,其中,PFI 契约无法将真正的风险从公部门转移至私部门是一个重要缺陷,因

① 参见《政府采购法》第 7 条、第 11 条、第 63 条等;《政府采购条例》第 8 条、第 17 条、第 30 条、第 43 条、第 50 条等。

② 虽然这种将所有的 PPP 项目公司和社会资本均视为公部门的做法有失妥当,但这恰恰说明了政府与社会资本合作中的信息公开是非常重要的一项内容。

③ 我国《政府和社会资本合作模式操作指南(试行)》第 23 条规定:项目公司股权情况主要明确是否要设立项目公司以及公司股权结构。社会资本可依法设立项目公司。政府可指定相关机构依法参股项目公司。项目实施机构和财政部门(政府和社会资本合作中心)应监督社会资本按照采购文件和项目合同约定,按时足额出资设立项目公司。因此,有政府参股的项目公司即为政府与社会资本的股权合作,我们称其为“政府参股项目公司”。

为无论如何,政府必须对实质上的公共服务承担最后的纠纷担保责任。于是在英国地方层面上,又出现了由英格兰和威尔士地方政府与社会资本共同出资设立的 4Ps 公司(Public Private Partnership Programmes,现为 Local Partnerships),对 PFI 加以修正和改进。[①] 公私合营公司的类型不仅包括政府与私人共同设立一个新的公民合资事业,也包括政府参与民营事业投资以及政府将现有公营事业资金一部分转移至民间两类。随着民营化范围广度和深度的不断扩张,无论在数量还是参与社会经济力度方面,政府参股项目公司都成为国家公共事业繁荣、提高公民公共生活保障水平之重要力量。

(一)股权合作型 PPP 项目公司的设立

1. 股权合作型 PPP 项目公司成立的必要性

项目公司是依法设立的自主运营、自负盈亏的具有独立法人资格的经营实体,是政府与社会资本为实施 PPP 项目而专门成立的公司。[②] 在 PPP 项目合作中,是否成立项目公司由项目的实施机构决定。[③] 在公私合作的过程中,社会资本是否需要以项目公司的形式进行,由政府部门决定。一般而言,在重大的基础设施建设中需要成立项目公司。成立项目公司的原因在于:首先,通过公司制的形式可以降低项目给社会资本带来的风险。项目公司成立后,可以独立的名义进行融资,满足公司的资金需求。另外,在项目的实际运营中可能发生亏损,那么社会资本作为项目公司的股东对项目公司的债务承担有限责任。其次,有利于 PPP 项目的治理。在大型的 PPP 项目中,在项目资金来源方面,为保证项目的顺利实施,政府对本贷比有最低要求;在社会资本的组成方面,基于股东的多样性可以提高效率,设立项目公司可以融合不同类型的社会资本,进行优势互补。最后,组建项目公司有利于增加社会资本的流动性。在 PPP 项目开始后,如果原有的社会资本希望退出项目或者新的社会资本希望参与项目,则只需要转让其持有的项目公司股份即可,但是必须征得政府方的同意。毕竟 PPP 项目的合作周期很长,必须建立社会资本进入和退出项目的机制,方能提高合作效率。

---

① See Carol Harlow, Richard Rawlings, *Law and Administration*, Cambridge University Press, 2009, p. 420.

② 《PPP 项目合同指南(试行)》第一章第一节第二点规定:项目公司是依法设立的自主运营、自负盈亏的具有独立法人资格的经营实体。项目公司可以由社会资本(可以是一家企业,也可以是多家企业组成的联合体)出资设立,也可以由政府和社会资本共同出资设立。但政府在项目公司中的持股比例应当低于 50% 且不具有实际控制力及管理权。第二章第一节第一点规定:项目公司是社会资本为实施 PPP 项目而专门成立的公司,通常独立于社会资本而运营。根据项目公司股东国籍的不同,项目公司可能是内资企业,也可能是外商投资企业。

③ 《基础设施和公用事业特许经营管理办法》第 16 条规定:实施机构应当在招标或谈判文件中载明是否要求成立特许经营项目公司。

股权合作型PPP项目公司属于项目公司的一种,即政府以项目公司的股东形式与社会资本合作,政府是否参股项目公司由项目实施机构决定,并预先在项目实施方案中列明。至于何种项目需要由政府参股,现行法律并无明文规定。股权合作型PPP项目公司的目的一方面在于更好地开展项目,另一方面可通过股东身份实现对社会资本更为有效的监督。因此,我们认为在一些重大项目,特别是涉及公众人数众多,并且在一定地域和公共服务产品市场中具有垄断性质的项目,应当成立股权合作型PPP项目公司。[①] 在这些项目中需要更多的政府参与和管制,这种管制不仅仅依靠政府的强制性命令,更需要通过契约的方式进行监管。而政府通过与社会资本合股,可以与社会资本签订股东协议、共同制定公司章程,可以实现直接参与项目的重大决策、掌握项目实施情况。

2. 股权合作型PPP项目公司类型选择与股权构成

我国当前立法对于项目公司的组织形式并无明确规定,从现有已成立的项目公司类型来看,股权合作型PPP项目公司的组织形式一般为有限责任公司。[②] 股权结构主要是指项目公司中政府参股的比例,至于社会资本由何种形式构成则未有强制性要求。股权结构在制定项目实施方案时应当确定。[③] 因为项目公司具体负责项目的建设、运营和管理,因此,如果项目公司的股东本身包含项目建设方、运营的承包商、原料供应商、运营商、融资方等主体,对于项目的成功进行具有很好的促进作用。[④] 政府与其他股东相同,享有作为股东的基本权益,同时也须履行股东的相关义务,并承担项目风险。项目公司的股东的持股比例在股东协议中明确,但政府的持股比例应低于50%且不具有实际控制力及管理权,并且可以通过股东协议的约定,依照项目公司的股东比例进行分红。政府部门参股的资本形式可以是

---

① 公共服务领域可分为垄断性质和竞争性质的领域,在竞争性的公共产品服务领域更多适用市场规则,而在具有垄断性质的领域则需要更多的政府管制。参见王俊豪:《论自然垄断产业的有效竞争》,载《经济研究》1998年第8期。

② 参见《解析PPP项目公司的控制权应如何分配》,载搜狐网:http://mt.sohu.com/d20161206/120744939_465587.shtml,最后访问日期:2017年1月15日。

③ 《政府和社会资本合作模式操作指南(试行)的通知》第11条第1款规定:项目实施机构应组织编制项目实施方案,依次对以下内容进行介绍:项目公司股权情况主要明确是否要设立项目公司以及公司股权结构。

④ 有学者认为让承包商和设备供应商等专业公司参股PPP项目公司,将有利于项目按期、按质达到商业完工标准,并在实际运营中充分发挥已有经验,提高运营效率,参见Faruqi S., Smith N. J., "Karachi Light Rail Transit(LRT), A Private Finance Proposal", *Journal of Engineering, Construction and Architecture Management*, Vol. 4 – 233, 1997, pp. 233 – 246. 也有学者认为让国际贸易公司参股可能会大大降低项目公司原材料采购成本,参见John E. S., Isr Wipadapisut, "Alternate Financing Strategies for Build-operate-transfer Projects", *Journal of Construction Engineering and Management*, Vol. 2, 2003, pp. 205 – 213。

财政资金、PPP 产业基金也可以用土地使用权等作价入股。

(二)股权合作型 PPP 项目公司的法律地位

股权合作型 PPP 项目公司因为涉及重大基础设施项目,在公共服务领域中发挥越来越重要的作用,政府以参股方式直接在基础设施和公共事业领域展开卓有成效的合作,合作的深度与广度均超出了其他各类 PPP 模式。但股权合作 PPP 模式由此也引发了一个新的法律问题,即政府及公共部门参股形成的 PPP 项目公司究竟是公法人还是私法人?如果被认定为公法人,则适用行政法、行政诉讼法以及国家赔偿法等公法规范,股权合作型 PPP 是私法人享有基本权利的相对方和义务主体;如果是私法人则受到宪法的基本权利保障,享有除自然人专属的人身权利之外的包括出版结社自由、营业自由、财产权等权利能力。① 股权合作型 PPP 项目公司包含政府和社会资本两大基本类型股东,前者包括参与出资的政府、公共部门甚至公益性国有企业,后者包括商业性国有企业、私人企业、私人组织以及自然人,公益性国有企业在 PPP 实践中地位较为复杂,公益性国有企业作为政府或公共部门参与 PPP 模式时,则其为社会资本的合作方;当其与政府及公共部门合作参与 PPP 模式时,其法律地位应当认定为社会资本,为政府及公共部门的合作方。不管如何,在股权合作 PPP 模式中,政府参股项目公司存在两种不同性质的股东,故 PPP 项目公司既要满足政府及公共部门高质量地提供公共物品和服务的公益目的,又要满足社会资本追求利益最大化的目的,即使是公益性国有企业作为社会资本参与股权合作型 PPP 模式,也必须保证其获得利益合理回报的目的。因此,在股权合作型 PPP 模式中,政府参股项目公司内部存在不同质的股东类型,股东的异质性不仅导致公司目的分裂,而且直接决定其行为的异质性。合作共赢也许是这种股权合作型 PPP 模式唯一的驱动力。同时,股东的异质性、公司目的分裂也使股权合作型 PPP 项目公司的法律地位形成一定的交集或交融,合作各方所追求的资本利益与公共利益均须以股权合作型 PPP 公司为载体,且这一载体的法律地位不得模糊不清,且股权合作型 PPP 项目公司的法律地位在司法实践中争议更大,现有涉及该问题的典型判例都存在认定标准不一且判决自身观点解说不足的问题,难以产生

---

① 从《德国基本法》第 19 条第 3 项关于"基本权利依其本质,于得适用于本国法人之范围内,亦对其适用之"的规定来看,法人可以与自然人一样享有基本权。德国法上的基本权类似于我国宪法意义上的人民基本权利。虽然我国《宪法》未明确法人可以享有基本权利,但笔者认为,根据法解释学理论,这里的"人民"应该包括自然人和法人,即除了自然人的人身权利外,法人也享有基本权利。当然这里的法人仅能指私法人,公法人则不能享有基本权利,因为其是基本权利的相对方,或者称为义务人,是具有保障公民享有基本权利的义务主体。

令人信服的效果。①

但是,股权合作型PPP项目公司的外在表现为追求利益最大化的私法人。无论如何,这种客观表现构成了可信赖的法律上的利益,任何第三人在与股权合作型PPP项目公司交易时,基于这种客观信赖所发生的利益应当受到法律的保护。这是因为股权合作型PPP项目公司的股东异质性及其目的的差异性归根结底只是公司内部关系,这种内部关系可能对股权合作型PPP项目公司本身的制度建设产生影响,但却不得损害基于客观信赖的交易相对人的利益。由是观之,股权合作型PPP项目公司在法律上认定为私法人,并无太大的法律障碍,我国商业性国有公司均为国有资产投资形成,不仅政府是绝对的大股东甚至是唯一的股东,但现行法并没有以其资本来源于政府或国家,即认定其为公法人;即使是公益性国有公司,其私法人的法律地位也没有因为出资人身份而受到影响。基于出资人地位或者资金来源来确定股权合作型PPP项目公司的性质是错误的,同样,基于出资人公共利益追求的目的来确定股权合作型PPP项目公司地位也是片面的。

股权合作型PPP项目公司是一个矛盾统一体。这种矛盾的统一体集结着公共利益与私人利益、社会利益与个人利益,同时集结着公权力与私权利、监管者与被监管者,这些性质迥异的组织体、矛盾、对立的利益关系纠缠于一个共同体,难怪理论界陷入公法人还是私法人的论争之中,陷入股权合作型PPP项目公司究竟应当追求资本利益最大化还是公共利益最优化矛盾之中。

然而,股权合作型PPP项目公司是否要追求合理的回报,这种合理回报与利益最大化能否画上一个等号?从理论上来看,资本追求利益最大化只是一个目标,一种理想,在实践中任何一种资本均无法达成其最大化的目标。因此,资本利益最大化并不是资本的现实追求,现实条件下的资本追求的只是合理的回报,这种合理回报永远是相对的,而不是绝对的,私人部门如果把一定数量的资本投入市场而获得15%的回报,这种回报是合理的;如果获得25%的回报同样也是合理的。私人部门如果把相同数量的资本用来与政府合作,共同组建股权合作型PPP项目公司,由此每年获得8%的回报并持续相当长的时间,这种回报同样是合理的。所以,利益最大化只是理想状态中的资本目标,现实生活中的资本追求的只是合理回报,从这个

① 例如,在德国汉堡电力股份公司案与德国电信股份有限公司案中,德国联邦宪法法院与德国联邦行政法院对于认定法人公法地位的标准不一,且不管宪法法院还是行政法院都未给出令人完全信服而清晰的理由,参见詹镇荣:《民营化与管制革新》,台北,元照出版公司2011年版,第71~75页。在美国,公共学校如果未遵循基本正当程序就不能开除学生,而私立学校则没有这种限制,但法院同样没有详述其原因何在,参见Paul M. Schoenhard,"A Three-Dimensional Approach to the Public-Private Distinction",*Utah Law Review*,Vol. 2,2008,p. 638。在我国台湾地区,针对同一案件(高雄捷运公司BOT案),各级法院的判决结论和判决理由均出现重大分歧。参见许登科:《民间参与公共建设法制中民间机构之法律地位》,载《中正大学法学集刊》2011年第33期。

意义上说,合理回报就是利益最大化。在 PPP 模式中,无论是特许经营型 PPP 还是购买服务型 PPP 还是股权合作型 PPP,保证私人部门(社会资本)获得合理回报是其成功的前提条件,由此可以看出,股权合作型 PPP 项目公司在追求合理回报时提升了公共物品与服务供给的数量、质量和效率,从而也相应地推动了公共利益的增长。因此,股权合作型 PPP 项目公司追求合理回报或利益最大化,与其究竟是公法人还是私法人的性质并无直接的关联性。

对股权合作型 PPP 项目公司究竟采用何种管制措施或者管制态度,也与其是公法人还是私法人的性质无关。相对于完全开放的市场领域的普通公司,股权合作型 PPP 项目公司的经营活动应当受到更严格的管制,这种更严格的管制大致表现为如下三个方面:一是股权合作型 PPP 项目公司价格自主权受到限制,不能像普通公司那样享有充分的定价权,只能接受政府指导价甚至政府定价;二是股权合作型 PPP 项目公司经营活动受到信息公共规范,必须依法披露更多的经营信息,而不得以商业秘密为由拒绝信息披露;三是股权合作型 PPP 项目公司供给的公共物品与服务受到契约或法律的严格限制,必须实行普遍性服务,而不得搞差异化服务或者自主决定供给的公共物品与服务。股权合作型 PPP 项目公司之所以要受到更严格的法律或契约限制,是因为股权合作型 PPP 模式作用于公共领域,股权合作型 PPP 项目公司的服务对象是社会公众,依法提供的是公共物品与服务,具有公共性,涉及国家基本民生和民众福祉,相较于普通公司,更容易危及公共利益安全和社会稳定。因此,股权合作型 PPP 项目公司受到更严格的管制,不是因为政府出资,也不是因为其性质为公法人,而是因为其作用于公共领域、提供的公共物品与服务和公共利益安全。尽管人们一般会认为股权合作型 PPP 项目公司的法律地位的差异可能会形成不同的法律政策,基于资本利益最大化和公共事业经营目的间的要素考量,不同的性质可能采取的法律态度不同,甚至由此认为股权合作型 PPP 项目公司如为公法人,则应受到更多的政府管制,如为私法人,则更应尊重私主体的意思自治和营业自由。但是,正如前面讨论的那样,股权合作型 PPP 项目公司受到更多的管制,是因为其公共性,公共利益安全、社会秩序稳定是股权合作型 PPP 项目公司受到更严格管制的根本原因。

至于股权合作型 PPP 项目公司究竟是公法人还是私法人的法律性质认定,可以以其是否具有垄断地位加以判断,如果股权合作型 PPP 项目公司具有垄断性地位,则看排除其私法自治原则的适用。在这种情形下,取得特许的私人在做出行为时负有特殊的公法上的义务,国家与私人之间存在一个紧密的法律关系形态,例如,在养老服务领域,股权合作型 PPP 项目公司作为一种特殊的私主体,即负有普遍服务义务,不得基于其利益最大化追求从事差异化服务。因此,股权合作型 PPP 项目公司如在相关市场中形成了国家垄断,则应视其为公法人,反之则为私法人。

理由如下:首先,市场独占形成的最重要法律关系——政府参股项目公司与消费的法律关系——具有不对等性。当公共产品的提供者唯一且为特定区域内服务所不可或缺的时候,消费者并无选择的自由,在这种情况下,股权合作型PPP项目公司应当承担一定的公法上的责任,并适用强制性规范和程序约束其经营行为。其次,在其市场独占时,政府部门为降低公众使用公共产品的价格和享受高质量服务,通常会直接或间接地对股权合作型PPP项目公司进行财政补贴。政府的补贴行为涉及对纳税人权力的处分,股权合作型PPP项目公司在经营活动中也享受了财政补贴优惠,则应课以与公法人相当的义务。[①] 最后,从私主体的角度来看,将独占市场的股权合作型PPP项目公司视为公法人并限制其私法上的意思自治、营业自由等权利具有正当合理性。因为私法主体的本质是通过市场交换进行活动,获取利益,除非涉及公共利益等情形才会受到强行法的约束。但是在市场垄断中,股权合作型PPP项目公司并非处于传统的私法市场中,国家通过授权或许可已将其他私主体排除出相关市场,股权合作型PPP项目公司也因接受更多管制而获得更多的独占的经济利益。[②]

(三)股权合作型PPP项目公司的治理

股权合作型PPP项目公司存在着不同质的股东——政府和社会资本(私人部门),分别代表公共利益和资本利益,这些异质股东必须将各自代表的利益纳入合作的共同体范畴,并形成共同的公司利益,这是股权合作型PPP项目公司正常运营的基本条件。股权合作型PPP项目公司在日常经营决策中应如何进行公司治理,当前并无专门性的立法规定。在法律解释上,股权合作型PPP项目公司必须依据现行《公司法》规定建立其公司内部治理制度,以保证实现公共利益和社会资本利益的平衡。同时,政府作为出资人提供的合作资本在性质上为国有资产,在解释上当然应当适用《企业国有资产法》中关于涉及国有资产企业管理的相关规定。

1.股东会表决机制

现行法律和法规并未对股权合作型PPP项目公司的表决机制进行特别的规定,当然适用现行《公司法》有关公司表决机制的条款。如前所述,政府股权在股权

---

① Daphne Barak-Erez认为如果一个私主体存在强制、授权和补贴,则其行为应当视为国家行为。See Daphne Barak-Erez,"A State Action Doctrine for an Age of Privatization",*Syracuse Law Review*,Vol. 45,1995,pp. 1173 - 1175.

② Jody Freeman教授认为,虽然提供公共服务的私人主体具有营业自由的权利,但是其享受了政府的优惠政策,而应当受更多的公法规范约束。但在传统的经济规则中,国会等立法机构并没有把公法规范适用于私法主体的制度,因此,她主张应当在公共服务领域中扩大公法规范于私人主体上的适用,参见Jody Freeman,"Extending Public Law Norms Through Privatization",*Harvard Law Review*,Vol. 116,No. 5,2003,pp. 1303 - 1305。此外Dominique Custos & John Reitz亦持相同意见,参见D. Custos,J. Reitz,"Public-Private Partnerships",*American Journal of Comparative Law*,Vol. 8,No. 3,2010,p. 577。

合作型PPP项目公司中所占的股权比例不能超过50%，并且不能对公司的决策和经营具有掌控力。从PPP的操作实践来看，政府出资的比例一般控制在10%～40%，这就要求政府部门结合财政资金、项目的总体规模以及项目的自偿率等要素，决定应当以何种比例参股项目公司。[①] 无论什么样的比例设置，现有立法精神的精髓在于使政府参股项目成立具有独立经营权的私法主体，实现真正意义上的政府与社会资本合作，将原本属于政府的公共职能转移至社会资本。具体的制度设计便是控制政府参股比例，将公司的经营决策权交给社会资本。在公共服务进行公司化运营中，应当发挥公司组织的最根本特征。"人们一直以为所有权与经营权相分离是公司组织的本质特征，其实不然，股权私有才是现代公司制度的基石"。[②] PPP模式的灵魂就在于发挥社会资本的效率优势，以公司形式实施公共物品与服务供给。限制政府在股权合作型PPP项目公司的股权比例且不得超过50%，其实质是限制政府过多地干预公司的运营，干扰公共领域改革进程。依据我国现行《公司法》，除公司章程另有规定外，公司表决按照出资比例进行，一般经营性实务中，经公司1/2的股东同意就可通过股东会决议。然而，股权合作型PPP项目公司毕竟与一般的公司不同，其经营范围是具有公共利益的公共服务领域和行业，政府部门所持有的股权在一定程度上代表了公共利益和民众福祉，政府作为股权合作型PPP项目公司的股东可能被要求承担更大的责任，也拥有更多的权利，在涉及公司经营、决策的重大事宜中发挥监督和引导的职能。[③]

申言之，公司的一般经营决策权主要依照一股一权的比例进行表决，而涉及重大事宜的则应采用政府一票否决权。政府在股权合作型PPP项目公司中享有一票否决权是否违反现行《公司法》的一般规定？有待进一步商榷。但从现行《公司法》第42条关于有限责任公司的股东会依照出资比例行使表决权，但公司章程另有规定的除外，由是观之，政府在股权合作型PPP项目公司中可以以章程形式规定一票否决权。[④] 即国有股的出资人应当在公司章程制定时，将涉及公司重大事宜的表决机制确定为一票否决权。这一做法与《企业国有资产管理法》的规定是相符的，第12条规定，国有资产的出资人应当制定或者参与制定国家出资企业的章程；第30条规定，国家出资企业合并、分立、改制、上市，增加或者减少注册资本，发行债券，进行重大投资，为他人提供大额担保，转让重大财产，进行大额捐赠，分配利

---

① 参见《解析PPP项目公司的控制权应如何分配》，载搜狐网：http://mt.sohu.com/d20161206/120744939_465587.shtml，最后访问日期：2017年1月18日。

② 朱锦清：《国有企业改革的法律调整》，清华大学出版社2013年版，第160页。

③ 同上书，第174页。

④ 我国《公司法》第42条规定：股东会会议由股东按照出资比例形式表决权；但是，公司章程另有规定的除外。

润以及解散、申请破产等重大事项,应当遵守法律、行政法规以及企业章程的规定,不得损害出资人和债权人的权益。这些重大事项应当在公司章程中予以体现,其中,表决权是章程的重要内容之一。唯政府一票否决权的行使必须限于公共利益维护需要,而不得肆意行使一票否决权,干扰股权合作型PPP项目公司的正常运营。

股权合作型PPP项目公司构建有限制的一票否决权表决机制具有重大意义,其核心问题在于对不同的表决内容进行类型化即确定哪些适用一般表决权,哪些适用特殊表决权机制。在实践中,我们认为可以采用三分法:即涉及公司日常经营活动的事宜,一般依照股权比例表决,经代表1/2以上表决权的股东通过,股东表决权按出资比例确定;而公司的特别事项(例如,修改公司章程、增加或者减少注册资本的决议以及公司合并、分立、解散、清算或者变更公司形式、延长经营期限、制定和修改项目公司章程、对外担保、股权质押的决议等事项)则需要经代表2/3以上表决权的股东通过,股东表决权按出资比例确定;特别重大事项(涉及民生保障、社会稳定且影响公众利益、公共安全、项目公司股权变动等事项)则应由全体股东一致通过,即政府部门具有一票否决权。由于PPP项目多为基础设施和公用事业,大多关系公共安全与公众利益,例如,公共服务的价格调整、社会资本交易股权或者退出股权等情形均可能涉及公共利益的侵害。为了保证公共安全与公众利益,政府方出资代表作为公共部门应当对社会资本进行积极引导,在涉及民生保障、社会稳定且影响公众利益、公共安全等事项行使否决权。

2. 股权合作型PPP项目公司的监管问题

随着我国PPP热潮的持续进行,股权合作型PPP项目公司无论是在深度还是广度上均成为公共服务和基层设施建设的中坚力量,是社会发展和繁荣稳定的支柱。股权合作型PPP项目公司涉及诸多垄断或者准垄断行业,掌握大量的资源,对其正常的经营活动也需要加强监督。这种监管主要通过在股权合作型PPP项目公司中的章程予以体现。章程的制定具有极其重要意义,政府出资的代表应当主持或者作为章程的主要起草者,将具有监管性质的条款写进章程中。在公司章程中可以对公司的经营范围、公司的最低资本额、内部机构的组成与决议方式、公权力行使的种类和范围、财产管理、会计、经营模式以及重要事项控制权等内容进行规定。① 国家对股权合作型PPP项目公司的监管是防止国家公权力虚化的必要措施,应当从公司监管和外部监管两方面同时展开。

各国公司法一般是通过独立董事制度和监事会制度构建公司的内部控制制度,实现出资人对公司的有效监管。许多发达国家和地区的理论和经验显示,为了确保公司高效地从事经营活动,法律一般均确立公司董事会在公司经营管理中的

---

① 参见詹镇荣:《民营化法与管制革新》,台北,元照出版公司2011年版,第252页。

独立地位和中心地位。[①] 在股权合作型 PPP 项目公司中更应当提高董事会的独立性与中心地位,特别是独立董事制度设立,可以起到很好的监督作用。因为独立董事与公司的经营管理层之间不存在利害关系,对董事和经理的制约不会受到其他因素的干扰,可以大胆和独立地对公司日常经营活动进行监督。此外,监事会的主要职能是对公司的业务和财务进行监督。[②] 在我国当前的 PPP 项目实务中,对股权合作型 PPP 项目公司经营决策权、人事权、财务管理权、收益分配权等权力的监管主要是通过公司的内部机构——监事会实现的,一般应当有政府出资方的代表参加。在资金监管方面,政府方出资代表为监督社会资本对项目公司资金的专款专用,确保项目顺利进行,应对资金进行事前、事中和事后的监管,要求项目资金使用人对资金的使用情况进行说明,并定期提供财务报表。

股权合作型 PPP 项目公司除应发挥独立董事和监事会的监督作用外,法律还应构建必要的外部监管制度,应当发挥国有资产管理部门和社会监督作用,实行内部监督和外部监督相结合,提高监督效率。[③] 外部监管主要的监管主体是国有资产管理部门,作为国有资产的所有权者,国有资产管理部门监管应当通过对公司进行审计、检查等方式实现。例如,委托会计师事务所对公司的年度财务会计报告进行审计,维护出资人权益;通过定期或者不定期对股权合作型 PPP 项目公司的财产、账册以及相关的文件和资料进行现场检查,保证公司依法经营。在社会监督方面,应通过信息公开和听证制度进行保障。信息化社会中股权合作型 PPP 项目公司掌握了大量的信息,其中,公司的财务状况、公司的经营决策、决定等内容均与公共利益相关,应依照法定程序向社会公开,保证公众的知情权,接受社会的监督。此外,在作出直接涉及人民群众的利益经营决策(如价格调整、经营范围的变化)前应当举证听证会,听取公众的意见。

---

① 参见赵渊:《董事会中心说与股东会中心说:现代美国公司治理学说之辩》,载《比较法学》2009 年第 4 期。

② 参见施天涛:《公司法论》,法律出版社 2006 年版,第 155 页。

③ 参见白江:《公司治理前沿法律问题研究》,法律出版社 2015 年版,第 295 ~ 296 页。

第三章　PPP 模式主体关系与利益协调

公私合作模式如今已成为深刻影响世界经济发展的重要的制度创新。中国的 PPP 模式有独特的时代背景。自党的十八届三中全会提出“允许社会资本通过特许经营等方式参与城市基础设施投资和运营”①以来，风起云涌的 PPP 模式应用和创新正承载着缓解政府财政压力、提高公共服务质量和效率、调整政府与市场关系、促进经济转型升级、推动政府职能转变、提升国家治理能力等政治、经济、社会多方面使命，PPP 模式涉及政府、社会资本、社会公众等多方利益主体，其项目参与方则包括政府、企业和金融机构等主体，其主体关系表现出明显的层次性、复杂性和动态性特点。就 PPP 模式内部而言，政府与社会资本基于平等主体的交易关系签订 PPP 协议，构成民事法律关系，同时，金融机构、评估机构、建设单位、中介机构等在 PPP 模式不同阶段以各自的利益追求参与 PPP 项目运行，形成以 PPP 合作协议为基础的不同法律关系。从 PPP 模式外部来看，消费者与 PPP 项目公司之间基于接受基础设施或公共服务形成民事法律关系，权利义务由一般民事合同予以确认，政府与公众基于社会契约形成代理关系，政府接受公众让渡的一部分权利，有义务向公众提供持续、普遍、高质量的公共服务。由于参与各方利益本位不同，多层次、复杂的 PPP 主体在产权界定、定价、经营权、补贴等问题上存在分歧，利益关系处于不断的博弈和调整中，处理 PPP 关系中可能存

---

① 《中共中央关于全面深化改革若干重大问题的决定》(2013 年 11 月 12 日中国共产党第十八届中央委员会第三次全体会议通过)。

在的利益冲突,建立科学有效的利益协调机制是 PPP 模式顺利推进的关键。

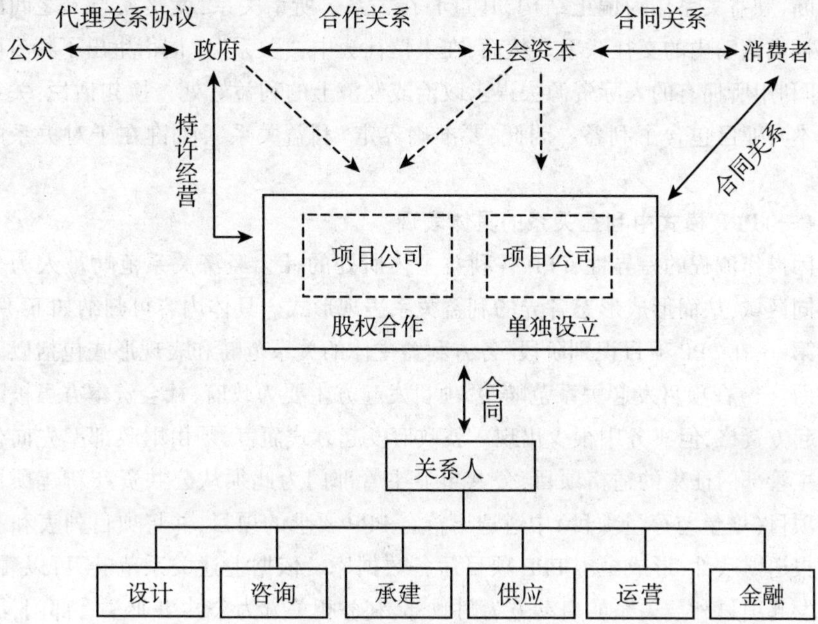

图 7　PPP 模式主体关系模型

PPP 模式所涉及的具体利益表现形式(如公共利益和社会资本利益)在相关的官方文件、学术著作和民间话语中已被广泛应用,但 PPP 项目所涉利益的关系范畴未见统一界定,对相关问题的深入系统探讨较少。利益只有在特定关系范畴内才能形成具体表现形式,充分解析利益关系的内部结构,厘清其真正含义,是构建 PPP 利益协调机制的前置性理论支撑。我们认为,公私利益竞合关系、契约与非契约利益互补关系和多层次利益共生关系构成了 PPP 基本利益关系。本章通过对 PPP 各种利益关系的梳理,构建出 PPP 模式利益关系的基本类型,形成 PPP 利益冲突与成因的分析范式,并以此为基础构建制度保障、契约与非契约约束和自我控制为核心的“三位一体”PPP 利益协调机制。

一、PPP 模式利益关系类型与互动

自 2014 年国家层面连续颁布了 29 部法规、规章及其他规范性文件以来,全国大部分的省级行政区也纷纷起草和颁布 PPP 有关规范性文件、指导意见。其中山东省、安徽省自 2014 年以来分别出台 3 部意见及通知,四川省在 2014 年以来出台 4 部意见及通知,居全国首位。这些规范性文件调整范围覆盖了 PPP 项目的全生命周期,涉及设计、融资、建造、运营、维护、终止及移交等整个操作流程中各类 PPP

利益关系的调整,但缺乏对PPP项目利益关系统一明确的定义。从语言学的角度来判断,利益关系作为偏正结构,其重心在关系。所谓关系,就是人与人之间的在一定社会范畴内的交往联系。然而,在人情社会中,"关系"一词衍生出了特有的含义,即利用所拥有的人际资源去谋求政治或经济上的利益好处。换句话说,关系的内涵本身业已包含了利益。因此,要准确界定"利益关系",关键在于对关系的界定。①

(一)PPP模式中利益关系的具体表现

因操作流程的差异性,PPP各利益主体所处的社会经济关系范畴被人为分割成不同区域,从而形成形态各异的利益关系表现形式。具体内容可归纳如下:②

第一,在PPP项目识别阶段,各方利益主体的关系范畴和表现形式包括以下几个方面:(1)在项目发起关系范畴中,项目发起方主要为政府,社会资本方虽被赋予了发起方资格,但实务中很少出现。就政府发起方式而言,须由财政部率先向公共事业主管部门征集的适格项目,公共事业主管部门为此须从公共资产新建项目和改建项目(增量与存量项目)中遴选出符合PPP要求的项目,并将项目列表和基本信息报送财政部,形成全国PPP项目后备数据库。依据上述关系范畴,可以看出,政府发起项目利益关系的启动方为财政部,利益相关方为公共事业主管部门,因双方发起行为形成了财政部与公共事业主管部门之间以项目征集为主要内容的利益关系。在这类利益关系中,作为公权者的政府所属部门虽以国家身份出现,但代表的是社会公众的整体利益;(2)在项目征集关系范畴中,公共事业主管机关因遴选本部门增量和存量公共资产建设项目而与公共资产所在地政府部门形成了以项目遴选为主要内容的利益关系;(3)就社会资本发起方式而言,社会资本方以项目建议书(Proposals)形式向财政部社会资本合作中心主动推荐PPP项目(企业自提项目),财政部会同公共事业主管部门对企业自提项目建议书进行评估(Review),确定备选PPP项目并制定初步实施计划。社会资本方将入选项目的相关资料和可行性报告提供给财政部社会资本合作中心,财政部会同公共事业主管部门对该项目从定性和定量两个方面进行"物有所值"评估,若通过物有所值测试评估即进入项目准备阶段。上述PPP项目的启动方为社会资本方(企业),利益相关方为财政部社会资本合作中心和公共事业主管部门,形成了以项目可行性评估和"物有所值"综合评估为主要内容的公私利益关系。

第二,在PPP项目准备阶段,各方利益主体的关系范畴和表现形式包括以下两

① 参见[美]E. S. 萨瓦斯:《民营化与公私部门的伙伴关系》,周立忍译,中国人民大学出版社2002年版,第34页。

② 参见财政部《政府和社会资本合作模式操作指南(试行)》(财金〔2014〕113号)相关规定。

个方面：(1)在管理架构关系范畴中，县级以上地方政府须指定相关职能部门或事业单位作为 PPP 项目的具体实施机构，并同步建立专门统筹协调机制，以达到行政资源的高效配置，由此形成地方政府与相关职能部门和事业单位以统筹、协调和实施 PPP 项目为主要内容的利益关系；(2)在实施方案的编制与审核关系范畴中，项目实施机构负责编制项目实施方案，包含项目概况、风险分配基本框架、具体运作方式、项目投融资结构、回报机制、标准化合同体系、监管框架和采购方式等核心内容。财政部社会资本合作中心须对实施方案进行"物有所值"综合评估和政府财政承受能力论证，论证通过后由项目实施机构将其报送至政府审查，若审查通过即可进入项目采购阶段。通过以上关系范畴的表述不难看出，编制、评估和审查项目实施方案的行为使项目实施机构、财政部社会资本合作中心和地方政府间形成了以项目实施方式评价为核心的利益关系。

第三，在 PPP 项目采购阶段，各方利益主体的关系范畴和表现形式包括以下方面：(1)在封闭式资格预审关系范畴中，项目实施机构须发布公告并邀请社会资本方及与社会资本合作的金融机构参与资格预审，由此产生项目实施机构与受邀社会资本方、相关金融机构间的以社会资本方参与 PPP 项目资格预审为主要内容的利益关系。(2)若 3 家以上社会资本方回应并通过预审，各方主体则进入开放式资格预审、采购文件编制和社会资本方响应文件编制的关系范畴。具体而言，项目实施机构须编制采购文件，并在省以上政府指定媒体发布正式预审公告，将该项目采购信息向市场主体全面开放。经过市场主体报名、实施机构资格审查与文件发售、实施机构对采购文件的澄清和修改后，社会资本对修改后的正式采购文件进行响应，而后组件评审小组，由其对社会资本编制的响应文件进行评审。当然，如果项目引入竞争性谈判方式，那么评审小组须与社会资本方经过多轮博弈，对采购文件实质内容数次修改，评审小组给每个适格社会资本方评分，并编制社会资本方排名信息表。由此，项目实施机构与适格社会资本方之间形成了以项目采购文件所定实质内容为竞争性谈判核心的利益关系。(3)作为前述关系范畴的延续，根据评审小组的人员构成与比例的相关规定，形成项目实施机构与评审专家所代表的社会公众之间以评审小组的组成人员遴选为主要内容的利益关系，即以公权者身份出现的公共部门可以成为社会公共利益的代表，也可以成为本部门利益的追逐者，以何种身份出现在利益关系中取决于权力配置的合理性和监督机制的有效性。(4)社会资本方的排名确定后，项目实施机构须成立"采购结果确认谈判工作组"，该工作组须与表内所列社会资本方按排名先后顺序进行"确认谈判"，若与排名在先的社会资本方就项目相关事宜达成一致，即可中选，若双方无法达成一致意见，即从表内删除，谈判工作组须与下一个社会资本方继续谈判，直至找到可达成一致意见的表内社会资本方为止。在项目双方签订项目合同后，除涉及国家秘密和商业秘密的内容外,项目实施机构须将项目合同公示,由此形成了“采购结果确认谈判工作组”与表内社会资本方之间以项目采购文件为核心的利益关系。

第四,在PPP项目执行阶段,各方利益主体的关系范畴和表现形式包括以下几个方面:(1)在项目公司设立的关系范畴中,中选社会资本方在项目执行阶段可设立项目公司,政府可指定相关机构参股该项目公司,项目实施机构与财政部社会资本合作中心负责监督社会资本方依据采购文件、项目合同按期足额出资设立项目公司。由此产生中选社会资本方、政府指定相关参股机构之间以项目公司股权为核心的利益关系,并同步产生社会资本方、项目实施机构与财政部社会资本合作中心之间以按时出资设立项目公司为主要监督内容的利益关系。(2)在融资管理关系范畴中,项目公司实体须向金融机构(债权人)进行融资,由此形成中选社会资本方控股的项目公司与金融机构之间产生的以金融交易为主要内容的利益关系;若项目公司未设立,中选社会资本方与金融机构进行融资,并形成私人资本利益间的金融交易关系。(3)在绩效监测与支付关系范畴中,项目实施机构和财政部社会资本合作中心须对融资过程全面监督,以防止项目公司的债务转移到政府一方,由此形成了项目公司或中选社会资本方与项目实施机构和财政部社会资本合作中心之间的以防止项目公司的债务转移到政府一方为主要内容的利益关系;一旦项目公司未完成融资,则由中选社会资本方负责向政府出具履约保函,但金融市场系统性风险和不可抗力不在担保范围内,由此形成了中选社会资本方与政府之间的以中选社会资本方负责向政府出具履约保函为主要内容的利益关系;当项目出现重大经营或财务风险,足以威胁或侵害债权人利益时,债权人可依据与政府、社会资本或项目公司签订的直接介入协议或条款,要求社会资本或项目公司改善管理等;在直接介入协议或条款约定期限内,重大风险已解除的,债权人应停止介入。由此产生金融机构等债权人与项目公司或中选社会资本方之间的以直接介入协议或条款为主要依据的利益关系;若项目合同涉及政府支付义务,须将其纳入政府财政预算内,并采取措施严控财政风险,由此产生中央政府与地方政府间以PPP项目合同涉及的政府支付预算为主要内容的利益关系。(4)在中期评估关系范畴中,如果中选社会资本或项目公司违反项目合同约定致使国家安全和重大公共利益受损的,政府有权临时接管项目,直至启动项目提前终止程序。由此产生政府与中选社会资本或项目公司之间以国家安全和重大公共利益免受损为核心的利益关系。

第五,在PPP项目移交阶段,各方利益主体的关系范畴和表现形式包括以下两方面:(1)在移交准备关系范畴中,项目实施机构或政府指定的其他机构代表政府收回项目资产,相关机构须组建项目移交工作组,指定移交方案,由此形成政府与项目实施机构或政府指定的相关机构间以PPP项目资产回收为核心的利益关系。(2)在性能测试、资产交割与绩效评价关系范畴中,因工作组对项目资产进行评估、性能测试和交割资产而形成了项目移交工作组与项目公司之间以项目资产评估为核心的利益关系。

（二）PPP模式利益关系类型化①

PPP项目投资大、周期长，从立项、运行到移交等环节均涉及多元利益主体，其利益关系具有显著"异质性"，②社会公共性与经济私有性、契约性与非契约性以及关联递减与递增等利益纵横交错，因此，对PPP利益关系的理解不能停留在线性思维模式上，而是要对PPP社会公共利益与私人利益之间形成的公私利益关系、具有财产性的契约利益关系和具有人身性的非契约利益关系以及核心利益关系、一般利益关系和边缘利益关系进行系统、整体的范畴解析。

1. PPP模式公私利益的竞合关系

公益与私益在PPP模式中客观存在，公益主体为政府与社会公众，私益主体主要是社会资本方，在特定情况下政府也可能成为私益主体，政府的公益属性源于国家的公共性，政府的私益属性来源于国家的自利性。公益主体与私益主体在PPP模式内形成了多种利益关系，且形式多变。以主体的逐利方向是否一致为标准，PPP公私利益关系可以分为竞争关系与合作关系两类，简称竞合关系。此类竞争关系不是非此即彼，合作关系也未必共赢，二者有积极作用，也会产生消极影响。简言之，PPP公私利益竞合关系自发形成，但该竞合关系积极作用的发挥须以规则的自觉建构为保障，而利益协调机制当属这种规则的重要组件。

首先，PPP模式彰显公益和私益的良性竞争。根据公私利益主体的二元划分，可以将公私利益竞争关系分为政府与社会资本方之间的竞争和公共性政府与自利性政府之间的竞争。社会资本利益与政府代表的公共利益之间的竞争关系主要体现于私权利与公权力间的博弈。政府主管部门在PPP项目中拥有凌驾于私权之上的公权力，在存量资源一定的前提下，公权力与私权利的博弈必然产生以资源配置为核心的竞争关系。例如，在PPP特许经营协议的制定中，政府让渡特许经营权的同时，可能保留许多"特权"，借公共利益之名在决策上"独断专行"。一旦项目出现重大问题，地方政府难免动用行政手段进行干预，导致社会资本"泥牛入海，受尽

---

① 参见陈婉玲、曹书：《政府与社会资本合作（PPP）模式利益协调机制研究》，载《上海财经大学学报》（哲学社会科学版）2017年第2期。

② 总体而言，特定PPP项目因其影响力而涉及各种各样社会属性复杂的利益相关者，我们称为"异质利益相关者"，所形成的利益关系因之也存在异质性。这种异质性源于活动的领域不同和所处环境的差异，如公路、铁路、桥梁、机场、医院、水利系统、管道及发电厂等情形，除对自然环境造成直接影响外，PPP基础设施项目对经济环境、社会环境均会造成间接的深远影响，故利益相关者的外延也随着环境拓展不断延伸。See Julian Siering, Adam Svensson, "Managing External Stakeholder Relationships in PPP Projects", *Chalmers University of Technology*, No. 163, 2012, p. 2.

欺负”。① 这种特权若不加以限定,将会演变为模糊的自由裁量权,导致政府自利性迅速膨胀,成为恶性竞争的主要诱因。因此,PPP 模式下的公私利益竞争关系是一把“双刃剑”,良性竞争能够提升项目运行效率,恶性竞争则会让项目功亏一篑。为形成良性竞争,需明确公权力与私权利的内容及边界,运用协调机制消除公权力的模糊性。

其次,PPP 模式的核心精神是公益和私益的积极合作。PPP 模式中公益主体与私益主体间基于各自目标形成合作关系,政府力图通过公共产品与服务供给主体多元化的方式保障社会公共利益的实现,而社会资本则获得更为广泛的投资机会。与竞争关系相类似,合作关系的作用也存在正反两面。积极合作关系能促使公私利益主体间优势互补,相互配合,产生“一加一大于二”的聚合效应。消极的合作关系则会产生“搭便车”现象,利益主体因资产专用性而被“套牢”,由此陷入进退维谷的困境。为促进积极合作,政府须在 PPP 项目各阶段明确权力边界,评价社会资本方资质,谨慎选择合作伙伴,辅助社会资本方的经营,并将项目收益、风险分担等社会资本方关注的事项写入刚性制度中,让社会资本方对政府承诺的履行充满信心;同时,社会资本方也应提供切实可行的 PPP 项目可行性报告,在项目运行中积极履行项目合同中的义务。

但 PPP 项目利益关系中的私益因其逐利性而无法像经济学上的“涓滴效益”所希望的那样自然渗入社会公共利益。例如,在 PPP 项目以社会资本发起方式启动环节,由财政部社会资本合作中心和公共事业主管部门则对企业自提项目进行可行性评估和“物有所值”评估,目的是通过人为干预协调公私利益关系的竞争,形成合作关系,落实社会公共利益的最终目标。可见,私益向公益的转换机制只能人为建构。建构 PPP 公私利益关系的竞合协调机制须围绕两个关键问题展开:一是激励社会资本方参与 PPP 项目,并保障社会资本投资预期回报的落实;二是引导政府切实保障 PPP 项目的社会公共属性,并对政府自利性予以限制。具体而言,一方面,政府须通过权力清单和负面清单准确定位主管部门权责的边界,同时要给社会资本方留足投资空间,引导社会资本投资的正确流向,并通过立法措施将其确定下来;另一方面,政府须认真考虑社会资本方在 PPP 项目中对风险、收益与成本的关注,通过刚性制度安排免除社会资本方后顾之忧,激励它们积极参与 PPP 项目,为公共产品与服务供给侧改革助力。

可见,PPP 公益与私益的关系实质上是竞争性的合作关系,表现为以良性竞争为手段、以积极合作为最终目的的利益互动。竞争性合作关系是 PPP 模式本土化

---

① 参见《社会资本参与公共事业“受尽欺负”》,载经济参考报网:http://dz.jjckb.cn/www/pages/webpage2009/html/2015-01/27/content_1513.htm,最后访问日期:2016 年 10 月 20 日。

的基石，形成竞争性合作关系的关键在于公权力的有效制约、私权利的公平配置，这两个关键点是 PPP 利益协调机制建构的核心。

2. PPP 模式契约与非契约利益的互补关系

契约关系与非契约关系贯穿 PPP 项目的始终，契约关系明确但不完整，非契约关系对契约难及之处予以控制，避免出现约束空白，由此形成非契约资源的控制权，简称剩余控制权；①非契约关系高效但隐蔽，需要契约关系的不断吸纳予以净化，如此，剩余权益控制权的配置方能符合正义。在 PPP 模式中，契约关系与非契约关系的互补有助于 PPP 模式的制度优势和价值的实现。

一方面，PPP 模式强调权利和义务对称的契约关系。从某种意义上讲，PPP 项目就是各方参与者缔结的多个契约的集合。其中，短期契约、中期契约和长期契约纵横交错，形成多组结构复杂的契约关系。这些契约关系对 PPP 项目的顺利运行意义重大，它们通过对项目资源所有者之间的权利、义务和责任进行公平配置，为项目各方尽快发展出长期而稳定的竞争性合作伙伴关系提供明确的依据。实践证明，内容相对完备且权利义务配置公平的契约对 PPP 项目有效运行是至关重要的。

另一方面，PPP 模式关注以剩余控制权为核心的非契约关系。现实经济生活复杂多变，试图在契约订立之初对所有事项均作出明确约定是不可能的，合作关系的"长期性"加剧了 PPP 模式中契约的不完全性，也增加了非契约资源②的基数。非契约资源对 PPP 项目而言，其价值远高于提供私人产品的商业项目。但非契约资源具有典型的工具性，它既能补充契约的不足，也能加剧契约不完全性造成的损失，可见，剩余控制权的公平配置至关重要。

PPP 模式中的契约与非契约利益是一种互补关系。在 PPP 模式中，契约的制订、修改程序须尽量将契约外资源中的私人权益吸纳进来，以便将其净化为公益占主要成分的"准公共资源"。如此，非契约资源控制权的配置方能趋向正义，从而形成契约与非契约利益的良性互补。例如，在 PPP 项目采购阶段，项目实施机构须发布公告并邀请社会资本方、与社会资本合作的金融机构参与资格预审，政府在决定社会资本候选方时并没有项目协议，社会资本方受邀与否也并不取决于报价的高低，而取决于非契约资源。其中，政府过去与社会资本方合作建立的信赖关系就是

---

① 它是在契约中事先不能规定的那份控制权的权力。所以，相对于条款列明的或已作规定的特定控制权来说，它们就成了剩余控制权。参见［美］威廉姆森：《治理机制》，王建等译，中国社会科学出版社 2001 年版，第 88 页。

② 克莱因认为非契约资源是多种契约可替代性治理工具的组合，如声誉、习俗、惯例、物质资本产权等类型。这些弹性治理工具的使用，能够节省签约成本，并增加契约关系的弹性或适应能力。弹性治理工具越有效，明确契约关系中的规定就越简单，有时候甚至根本不需要明确的契约，也就是说，更有弹性的替代性治理工具的存在使初始的不完全契约变得更加不完全，See Benjamin Klein, "Transaction Cost Determinants of Unfair Contractual Arrangements", *The American Economic Review*, Vol. 70, No. 2, 1980。

典型的非契约资源,这类资源的收集与判断应由政府掌握。

具体而言,政府应组建专门委员会就契约的补充和非契约资源的控制权配置问题予以商讨。该委员会的成员应由多方代表组成。实际上,这一做法已是国际惯例。以美国众议院548号法案规定的墨西哥—美国经济合作委员会为例,该委员会以指导美国边境地区公共基础设施为手段,促进美国经济复苏和就业提升。法案将委员会成员分为有投票表决权成员和无投票表决权成员两部分。有投票表决权成员由16人组成,分别由亚利桑那州(Arizona)、加利福尼亚州(California)、新墨西哥(New Mexico)、得克萨斯州(Texas)的州长各任命4名成员。4人团由每州边境地区官员1人(政府代表)、学术界领导者1人(专家代表)和边境地区商界代表2人(社会资本代表)组成。无投票表决权成员由2人组成,由国土安全部和商务部各自任命1人。委员会18人团队的构成,一方面反映出法案在公私合作伙伴关系中对社会资本方的偏重,这与美国新自由主义和市场至上的理念相契合;另一方面反映出美国联邦立法解决各州利益冲突的途径——表决权平等。此外,该委员会的权力范畴还包括举行听证权、发出传票决定权、订立合同权、联邦政府机构信息获取权、联邦政府机构协助获得权和获得邮政服务权。[①] 我国在专门委员会成员构成方面,应重点考虑公益代表方在委员会的比例和权利结构两方面问题。关于特定PPP契约的制定、补充与非契约资源的配置事项,必须经专门委员会的表决方可通过。尤其重要的是,须将为公益而生成的PPP项目非契约资源控制权配置于该委员会,让委员会指导政府和社会资本方出现在抵御风险最合适的位置上。如此,方能形成PPP项目契约与非契约的互补关系,实现社会资本方合理收益和公共利益"双赢"的局面。

3. PPP模式核心利益、一般利益和边缘利益的共生关系

社会资本方参与PPP项目的基础是其投资回报率的充分保障,这种保障性的来源包括终端用户付费、政府缺口补贴和政府直接购买三个方面。正是基于PPP模式独特的投资回报机制,各方利益相关者[②]围绕各自的利益诉求形成了多层利益关系。以利益主体与PPP项目的关联性为分类标准,可以将PPP多层利益关系分为核心利益关系、一般利益关系和边缘利益关系:(1)PPP核心利益关系由项目公

---

① See The national council for PPP, "Ben Brubeck, Six Signs the White House is Serious About Improving Infrastructure and Utilizing P3s", Accessed September 12, 2016. http://www.ncppp.org/mo1113c/legislative-developments/federal/.

② 在PPP项目中利益相关者可以划分为三个层次,第一个、第二个层次是资产所有权与经营权分离层面的利益相关者,如委托代理关系中的项目公司、公共机构、建设承包商、经营公司、担保公司、担保信托;第三个层次则是社会关系层面的利益相关主体,包括基础设施使用者、社会资源拥有和使用者、纳税人、社会就业阶层等主体。

司中的社会资本投资者、政府指定的参股机构(职能部门或事业单位)和起监督作用的其他政府部门(项目实施机构等部门)构成,这类利益关系因与 PPP 项目的关联性最为紧密而被界定为核心利益关系;(2)PPP 项目一般利益关系是由项目公司与有合作关系的金融机构、承建商、供应商、运营商、担保机构和保险公司等利益相关者间基于私益形成的以契约为主的利益关系;(3)边缘利益关系是指项目公司与终端用户、纳税人、新闻媒体、环保人士与部门等基于公益而形成的利益关系。

首先,PPP 项目公司的双重身份决定其成为利益关系之核心。在 PPP 项目中,项目公司有区别于其他企业实体的双重职能,即营利性职能与公共性职能,并以公共性职能为其最高职能。在项目筹建之初,项目公司既承载着社会资本方对市场回报的合理预期,又肩负着政府让渡的项目管理与协调权,保障实现公益的使命。"PPP 项目公司的设立、运行、对社会资本回报率的保障作用、项目公司社会责任等事项无疑都是 PPP 项目顺利运行的核心问题,特别是在对伦理道德问题有极高敏感性的项目运行环境中(如中国),公司社会责任对公益的保障作用更加明显",① 这使项目公司成为 PPP 利益关系的核心。其次,项目公司与其他市场主体间的交易关系因对项目建设、运营,担保等重要事项的推动作用,成为利益关系的重要组件,为描述其重要性次于核心利益关系,将它称为一般利益关系。PPP 项目公司设立后,选择实力强大、经验丰富、技术过硬、责任心强的企业负责项目运行的某一环节,将会保障整个项目如期完工,提高项目质量,并最终影响社会公共利益实现程度和社会公众的幸福指数。此外,公共设施的真实用户、消费者权益保护组织、土地所有权人、土地使用权人与相邻权人、本地社区、受影响的商业主体、其他法定主体、新闻媒体、自然环境保护人士和相关部门等利益相关者虽然不直接介入 PPP 项目启动、准备和采购等环节,却可能对投资回报、工程质量等事项造成间接影响,故将其界定为边缘利益关系。

PPP 模式竭力促成多层次利益关系处于和谐共生的状态。PPP 多层次利益关系与生物学的"互利共生"状态最为相似之处当属"若互相分离,皆不能生存"。PPP 项目兼具营利性与公共性双重目标且其依赖于多层次利益关系共同作用方能实现。如果利益相关者脱离所属利益关系,抑或某层面利益关系与其他层面利益关系互斥,项目的双重目标皆无从谈起。具体而言,在项目启动阶段,政府与选定社会资本方进行多轮谈判,将项目各阶段营利性目标与公共性目标分解,分层管理,力图在各层面达成共识。随后,政府与社会资本方组建项目公司,由其承载项目多层次目标;项目公司运用融资、新技术利用和机制创新等特殊职能和一般性管

① Julian Siering, Adam Svensson, "Managing External Stakeholder Relationships in PPP Projects", *Chalmers University of Technology*, No. 163, 2012, p. 3.

理职能,完成公共基础设施的建设,提供公共产品与服务,使边缘利益关系中社会公众的需求得以满足,从而实现项目公共性;同时,项目公司通过用户付费或政府购买等形式回收成本,获得合理利润。上述各环节目标的落实,皆有赖于各层次利益关系间的互利共生;反之,一旦认定项目存在重大质量问题,社会公众拒绝付费,政府也会因纳税人的质疑收回财政补贴或用于购买服务的财政资金,项目的公共性与营利性目标均无法实现。因此,多层次利益互利共生关系为 PPP 模式竭力促成之局面,也是 PPP 利益协调的目标。

表 7 PPP 模式利益关系类型与互动

阶段	PPP 模式下各方利益的关系范畴	竞合		互补		共生		
		公益	私益	契约性	非契约性	核心	一般	边缘
识别	财政部与公共事业主管部门之间的项目征集关系	Y	—	—	Y	Y	—	—
	社会资本方与 CPPPC、公共事业主管部门之间的项目评估关系	Y	Y	—	Y	Y	—	—
准备	地方政府与相关职能部门、事业单位的项目统筹、协调关系	Y	—	—	Y	Y	—	—
	项目实施机构、CPPPC、地方政府间的项目实施方式评价关系	Y	—	—	Y	Y	—	—
采购	项目实施机构与受邀社会资本方、金融机构间资格预审关系	Y	Y	—	Y	Y	—	—
	项目实施机构与适格社会资本方之间的采购竞争性谈判关系	Y	Y	—	Y	Y	—	—
	项目实施机构与评审专家所代表的社会公众之间的博弈关系	Y	Y	—	Y	Y	—	Y
	“采购结果确认谈判工作组”与表内社会资本方之间的谈判关系	Y	Y	—	Y	Y	—	—

续表

阶段	PPP 模式下各方利益的关系范畴	竞合		互补		共生		
		公益	私益	契约性	非契约性	核心	一般	边缘
执行	中选社会资本方、政府指定相关参股机构间的股东关系	Y	Y	Y	—	Y	—	—
	社会资本方、项目实施机构与财政部社会资本合作中心间的监督公司设立关系	Y	Y	Y	—	Y	—	—
	项目公司与金融机构之间的金融交易关系;与承建商、供应商、运营商、保险公司等间的合同关系	Y	Y	Y	—	—	Y	—
	项目公司或中选社会资本方与项目实施机构和 CPPPC 间的企业债务风险监督关系	Y	Y	Y	—	Y	—	—
	中选社会资本方与政府间的履约保函关系	Y	Y	Y	—	Y	—	—
	债权人与项目公司或中选社会资本方间的直接介入公司关系	—	Y	Y	—	—	Y	—
	中央政府与地方政府间的预算与转移支付关系	Y	—	—	Y	Y	—	Y
	政府与中选社会资本或项目公司间保障国家安全和重大公共利益的监督关系	Y	—	—	Y	Y	—	Y
移交	政府与项目实施机构或政府指定机构间资产回收资格确认关系	Y	Y	—	Y	Y	—	—
	项目移交工作组与项目公司间的项目资产评估关系	Y	Y	—	Y	Y	—	—

注:“Y”符号为 yes 的缩写,意指 PPP 项目各阶段所涉关系范畴的利益偏在。

二、PPP 模式利益关系的冲突

在看到 PPP 模式对公共事业供给侧改革的巨大推动作用同时,也必须清醒地认识到,长期积累的经济社会问题在 PPP 模式本土化的过程中会以各种形式显现出来,包括上述利益关系类型中公私利益间相互转化的制度障碍、契约关系的不完全性与非契约关系的隐蔽性间的矛盾、以项目公司为核心的利益关系营利性与社会性(双重属性)矛盾等问题。这些问题对中国PPP模式未来发展构成强大的阻力,不仅影响经济转型与可持续发展,而且将影响民生福祉的改善,加剧社会阶层的分化与流动性障碍,降低公众对政府的信用度。可以预见,制约PPP模式在我国孕育的老问题未得到根本解决之际,新生问题还将不断出现。因此,对PPP模式中利益关系的深层矛盾与成因的不断讨论具有极高的理论价值与实践意义。

(一)利益竞合关系:公益与私益的博弈

从长远意义上讲,PPP模式中的公私利益关系是PPP伙伴关系的基本构成要素,对PPP公私利益关系的协调直接关系PPP伙伴关系在我国的可持续发展,关系着经济利益、社会利益和生态利益在利益主体间的公平分配。长期以来,由于我国市场经济的不健全、纵向特许经营的垄断化和部门化及社会公共利益诉求的程序缺失等诸多方面原因,公私利益冲突和资源分配不公问题在PPP模式下仍会出现。若不对这些矛盾冲突进行解析并找到成因,势必演变为公共事业供给侧改革的制度性障碍。

1. 社会公共利益普遍性与私人资本利益专属性的不对称

与私人产品相区别,公共产品具有用以满足公共需求的非排他性和非竞争性的特点,通常主要由国家承担供给义务和责任,是全体国民共享经济社会改革发展成果的重要体现。但是,从我国实际情况来看,公共产品的供给总量难以满足社会公共需要。加之城乡二元发展战略、区域发展失衡和产业结构失衡并存等原因,各种公共产品在城乡、区域和社会群体间的实际分配均存在明显的不均衡问题。PPP伙伴关系是将私人资本引入公共产品和服务供给侧,力图以满足私人资本的合理逐利性为手段,形成公私供给主体对公共产品与服务的足量均衡供给和分配格局,并最终满足社会公众对公共利益的诉求。那么,分散的私人专属利益能否自然汇聚成统一的具普遍性的公共利益呢?依据涓滴理论,PPP模式中的私人资本负责投资以刺激经济发展,最终能够自然惠及社会各利益群体,如水之向下"涓滴"。但这一理论的实际效果并没有预想的那么灵验。以我国的区域非均衡发展战略为例,自我国改革开放30多年来,经济发展水平、综合国力和人民生活水平都上了一个新台阶,而东西部地区经济发展却不平衡。因此,PPP利益结构中私益的外溢与公益的积累并不对称,私益向公益的转化路径须人为建构。那么,如何建构PPP利益关系中私益向公益转化的路径呢?由于PPP伙伴关系的根本属性是公益性,而公益性决定了项目不应以私益利润最大化为最终目标,但私人资本方凭借基于特许协议或项目公司控股而取得的公共事业领域垄断地位,极易通过提高价格或其他损害公益的方式来获取高额利润。这必然会引起社会公众的不满,最终还可能引发公众的政治抵制风险。因此,PPP项目在规划与准入阶段既对社会资本方的收益方式、投资回报率最高额、融资、再融资、退出与替代机制等核心问题有明确的限制。即政府通过一系列制度设计保障PPP项目的顺利运行和公益的落实。

2. 社会公共利益的整体性与公共部门利益身份化的不协调

人们普遍认为,PPP项目中的政府以公权者的身份代表国家利益,而国家利益和社会公共利益又基本重合,那么公权者维护国家利益就是在维护社会公共利益,这是自然发生的过程。但这一理念并非总是奏效的,政府也有自身利益诉求,当公权力的影响范围形成市场真空,而市场主体在市场真空之外极力寻求非竞争入口之时,政府与市场主体就会结成联盟,形成垄断利益关系。这种身份化、部门化和垄断化的利益关系如在PPP领域出现,则会对社会公共利益造成巨大损害。那么,PPP项目中这一危害产生的原因为何呢?

随着现代国家理念的不断深化,政府的社会职能也越发突出;与其相对,现代西方经济学认为,政府内部的官僚集团也会有自己的利益,也是经济人,也会追求自身利益的最大化,这种逐利性甚至会导致政府的变异,如大量滋生寻租与腐败现象等现象。新公共管理理论将政府的自利性细化为两个方面:一是政府官僚的自利性和政府组织的自利性。前者通常易于理解,而后者则不然。政府组织常被人们设定为履行公共管理职能,是社会公共利益的最高代表者,并不具有自利性。事实上,政府组织同样拥有自身的特殊利益,如特殊的政治地位、经济待遇和精神文化特权等内容。随着社会分工的发展,政府管理工作从社会工作中分离出来,成为一种特殊的专业化、专门化工作,政府组织的自利性,其特殊利益也就越来越突出。二是横向政府部门的自利性和纵向政府部门的自利性。前者是指同一政府机关的内部不同部门之间的利益差别,这是由政府管理工作本身的日益分化造成的。后者指中央与地方、上级与下级政府部门之间的利益差别。自利性与阶级性、社会性的并存,并不意味着三者处于同等地位。政府的阶级性总是属于主导、核心的地位,社会性则是政府属性外在的主要表现,是为阶级性服务的,自利性通常只能在事实领域处于隐蔽状态,属于次要地位。正是因为这三重属性的存在,政府往往既要实现统治阶级及自身组织或官僚利益的最大化,又要保证社会能够高效率地产出。也就是说,政府的自利性与阶级性、社会性存在一定的矛盾,但这并不意味着它们之间总是处在绝对的对抗关系中。三者在一定的制度安排下可以协调一致,甚至政府的自利性有时可以为实现政府的阶级性和社会性目标提供内在的激励动力,使其更好地服务于政府的阶级性、社会性。因此,PPP制度设计者须以民生福祉作为政府自利性与阶级性、社会性的最佳平衡点,以权利的配置和权力的制衡为中心,以政府机构间的制衡和社会公众的监督为手段,保障政府的公益维护者身份。

(二)利益互补关系:契约关系与非契约关系的冲突

由于投资数额巨大、运营周期长、利益相关方众多等特点,PPP项目注定是一种风险巨大的复杂项目,各方利益主体能否建立长期稳定的合作伙伴关系成为项目顺利运行的关键。基于此,政府和社会资本方为保证风险和收益的合理分配,均对以标准化合同为载体的契约关系情有独钟,而契约的不完全性又限制了它对公私合作伙伴关系的约束作用。因此,契约外资源对契约不完全性的补充便显得至关重要。但契约外资源并不总是对契约起到修正和补充作用,如果不加以控制,反而会对契约关系造成损害,从而形成了契约关系与非契约关系的冲突。

1. 契约关系的不完全性

PPP 模式的运行周期长达几十年,在如此漫长的时间中,参与 PPP 项目的政府与社会资本方之间须建立稳固的信任关系以实现该制度的最终目标。在 PPP 制度设计层面上,政府寄希望于通过前期标准化合同的订立与后续补充协议的完善等手段,人为建构两个部门间与私人部门内部的信赖基础。但是,政府与社会资本方要想发展出可以相互信任和依存,彼此认同的长期而稳定的伙伴关系,光靠契约关系是无法实现的。其原因在于,由 PPP 项目公司与其他项目参与者间组成契约关系具有不完全性,无法对现有和未来的所有事项做出全面有效的调整。不完全契约理论认为由于人的有限理性、信息的不完备性以及交易不确定性的存在,使契约的界定成本过高。由于契约是签约方基于主观评估而做出的,而未来的不确定性导致了事物的不可预期,所以在事前订立完全契约是不可能完成的,不完全契约是必然存在的。这种契约的不完全性激发了交易主体后契约机会主义行为的动机,而资产专用性带来的可占用性准租又使这种机会主义行为由可能转变为现实。在 PPP 实务中,一方面,政府可以在契约再谈判时利用社会资本方资产专用性带来的"捆绑"效应,以中止、替代相威胁,从而直接要求社会资本方增加风险负担,降低契约所定之收益率,接受政府对契约条款实质内容的改动。例如,在公路 PPP 项目契约中,政府并未承诺不再启动与该项目有竞争关系的其他项目。在项目投入运行后的第 2 年,若政府就试图启动某桥梁的建设项目。该桥梁一旦建成,就会对在先公路的收益造成巨大影响,而政府凭借公路 PPP 项目社会资本方投入资产的专用性,业已将社会资本方与项目捆绑在一起,社会资本方撤出项目所产生的成本是自身无法承受的,故只能被动承受损失。另一方面,社会资本方也可以利用不完全契约留下的漏洞和监督执行的困难来减少专用性投资。同时,基于政府公共部门对项目建设的最终责任,很可能借由投资专用性的衰弱,以退出合同相威胁,要求对合约实质条款进行更改,或者增加政府的公共成本投入,或者减少自己依据初始合同而本应承担的风险。如果契约当事人减少专用性投资,那么人为的投入不足就会造成生产效率的损失,这意味着生产成本随之上升,而各方在再次谈判时对修正条款的争论又会耗费大量的资源,更增加了交易成本。

2. 非契约关系的隐蔽性

非契约关系对于契约关系有修正作用。它通常以与政府在先合作中建立的信赖关系、项目熟识关系、业内信誉、企业品牌知名度等形式出现,具有契约关系所欠缺的弹性和适应能力,可以通过自身的机制来调节 PPP 项目特定利益关系中各方利益主体的诉求。例如,在 PPP 项目确认谈判和签约环节,“采购结果确认谈判工作组”将按排名先后顺序与评分表内社会资本方进行“确认谈判”,若与排名在先的社会资本方就项目相关事宜达成一致,即可中选,若双方无法达成一致意见,即从表内删除,谈判工作组须与下一个社会资本方继续谈判,直至找到可达成一致意见的表内社会资本方为止。此时谈判双方并没有项目协议,社会资本方中选与否既取决于报价的高低,又取决于与政府在先合作中建立的信赖关系、项目熟识程度、业内信誉、企业品牌知名度。[①] 这些非契约资源在特定情形下确实会对契约关系不完全性进行修复。例如,在 PPP 项目中利用其声誉影响,当缔约的私营部门声誉较好时,会主动维护其声誉水平,当遇到合同未约定的事件时,通常会顾忌声誉损害的影响而不会主动谋取不正当的短期利益。但同时,非契约关系的隐蔽性和变动性又会限制其作用范围,需要用契约关系对其予以补充,二者是互为补充的关系。

(三)利益共生关系:以项目公司为核心之利益结构双重属性的矛盾

1. 核心利益关系中政府与社会资本方的博弈

在 PPP 项目各环节,政府、社会资本方均起到至关重要的作用,形成了核心利益关系。具体而言,政府、社会资本方各自拥有 PPP 项目得以运行的专属核心资源,这些专属资源具有高度互补性。PPP 模式也正是看中二者专属资源的互补性,力图通过 PPP 项目对其进行整合,形成合力。因此,政府、社会资本方所组成的 PPP 项目利益关系被界定为核心利益关系。但政府与社会资本方的利益诉求存在巨大差异,在将专属资源让渡给 PPP 项目公司的同时,双方也将各自的价值取向一并迁移至 PPP 项目公司中,从而使 PPP 项目公司从设立之初就具备了社会资本方营利性和政府社会性之双重属性。项目公司的双重属性是一对矛盾统一体,项目公司应以营利性为手段,以社会性为目的,最终落实项目保障社会公共利益的职能。为达至 PPP 项目社会性,政府有两种路径选择:一是在项目公司外部组建第三方监督机构,对项目运行全程进行实时监管;二是指定公共投资方参股项目公司,以股东的身份对项目公司运行进行内部监督。在第一种路径中,第三方监管机构监督效果的最大障碍来自于信息不对称。因此,建立信息充分披露机制将成为第三方监管方式能否奏效的关键;在第二种路径中,公共投资方因参股而成为小股

---

① 参见台湾地区行政法学会:《行政契约之法理/各国行政法学发展方向》,台北,元照出版公司 2009 年版,第 213 页。

东,而公司治理中小股东与控股股东的博弈在PPP项目公司中会越发显著,赋予公共投资小股东何种权利,以对控股股东侵害公司的社会性行为进行救济是内部监督方式得以有效运行的核心问题。此外,还应注意公共财政预算对政府投资的限制作用,避免国有资产流失。

2.一般利益关系中项目公司与社会资本方的营利性偏好

PPP项目公司与承包商、建设商、运营商、供应商、保险公司通过特定市场行为形成一般利益关系网络。一般利益关系的各参与方为PPP项目的运行提供了特定市场资源,各自在考量自身特点和能力的基础上承担着PPP项目的部分专属经济职能。同时,在PPP项目范畴内,这些特定专属资源会产生“乘法效应”,保障PPP项目在全寿命期内社会职能的顺利运行。一般利益关系的经济职能和社会职能均是PPP项目不可或缺的要素。

但我们也应清醒地认识到,社会资本方的利益诉求并不会因PPP项目的社会性而有所改变。具体而言,无论是以社会资本为控股股东的PPP项目公司,还是项目的承建者、运营方等市场主体,它们对PPP项目作出投资决策,分担项目风险,参与项目建设、运营的根本出发点是为了投资回报,从而满足社会资本方的营利性偏好。如果项目公司与其他市场主体的营利性偏好在必要与合理的范围内得以满足,那么这种偏好将成为动力,促进PPP项目社会性的实现;如果这种营利性偏好处理不当,将导致PPP项目公司的营利性反噬社会性,最终损害国家利益与社会公共利益。

3.边缘利益关系中项目的社会性“空转”

PPP项目边缘利益关系是由项目公司与终端用户、纳税人、新闻媒体、环保机构等基于社会性而形成的利益关系。这种利益关系有其独特的法权结构,它以社会权利为核心,以公共权力和私权利共同调整为手段。社会权又称生存权或受益权,其概念有两层含义:一是公民有依法从社会获得其基本生活条件的权利;二是在这些条件不具备的情况下,公民有依法向国家要求提供这些生活条件的权利。与自由权、人身权等权利不同,社会权的实现更依赖于国家的积极作为,而政府通过PPP项目将社会资本引入其中,在实现社会资本合理投资回报的同时,满足社会公众对公共事业需求的做法正是国家为实现公众社会权而积极作为的具体表现。进一步讲,作为公共产品与服务的终端用户,社会公众当然享有PPP项目所生成的公共事业受益权,新闻媒体、环保机构、纳税人等其他边缘利益相关者则运用专属公共权力与私权利对社会公众的社会权利予以保障。①

PPP项目规模巨大,质量问题潜伏期长,如果单靠政府一方的监控恐难照顾周

---

① 参见秦玉秀:《建筑企业BT(建设—移交)业务法律操作实务》,中国法制出版社2013年版,第87页。

全。没有一套完善的社会评价和监督体系,PPP 项目公司很可能利用监管的漏洞,凭借信息优势追求经济利益最大化,并通过虚假信息等手段使 PPP 项目公司的社会性"空转"。因此,只有建立完善的事前、事中与事后项目质量评估体系,才能保证公共产品与服务的质量;只有进行层次分明的目标管理,才能有的放矢;只有建立社会全方面监督,才能保证边缘利益相关方协同合作,共同为项目顺利运行而努力。

另外,宏观的法律、政策环境等方面也会极大地影响着 PPP 项目公共利益诉求的实现,且不受边缘利益相关者的控制,故政府须依托 PPP 项目,建立机制,缓解法律和政策环境变化对 PPP 项目社会性落实的消极影响,避免 PPP 项目的社会性"空转"。

三、PPP 利益协调机制的框架设计

鉴于 PPP 利益关系的复杂性和利益冲突的长期性与普遍性,利益协调理应成为政府与社会资本有效合作的核心和基础。协调 PPP 模式中各类利益的竞合关系、互补关系和共生关系是现实不容忽视和回避的问题。协调 PPP 利益关系的步骤可以归纳如下:首先,对政府公共投资和社会资本准入的公共事业领域进行清晰界定,并通过制度激励引导社会资本进入政府退出的领域;其次,对政府与社会资本方在 PPP 项目中的营利行为和社会公共行为进行规范;最后,对政府与社会资本方提供的公共产品与服务质量进行全过程评估,发动社会监督,保障 PPP 项目社会性的实现。

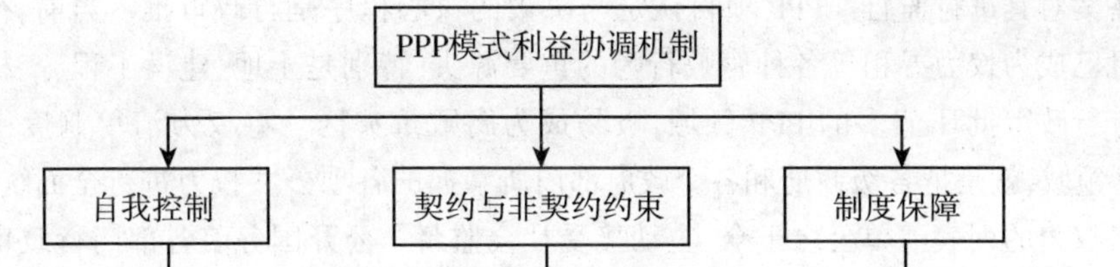

图 8 PPP 模式利益协调机制框架

(一)制度激励与保障机制

1. 政府 PPP 财政支出的界定:权力清单与责任清单

利益协调机制预期效果得以发挥的关键是对政府行为的有效约束。权力清单制度能够明确界定政府干预项目经营的条件、权限、责任等重要事项,在避免政府过度干预的同时,发挥其监管职能,保障项目公共性的落实。[①] 因此,优化政府财政权力清单制度,准确定位政府公共投资资金的正确流向,避免政府过度干预是利益协调机制的重要组成部分。

第一,要协调 PPP 项目利益冲突,实现公私利益的"双赢",制度设计者既要准确定位政府投资的边界,又要给社会资本留足投资空间。随着经济发展,为了缓解政府财政资金的不足,政府资金在公共投资建设中所占的比重应该降低,尽量退出具有一定竞争性的准公共产品的生产领域,将国有资产转移到教育、科学、安全秩序和社会保障等竞争性弱的公共产品领域,增加这些领域的公共投资。在市场经济发达的西方国家,政府用于公共投资建设上的资金比例大大降低,已经远远小于发展中国家的水平。就我国而言,竞争性强的公共行业应该缩减甚至取消政府的直接投资,同时增加社会资本的投资,这种做法可以提供公共事业领域的供给效率。

第二,通过政府权力清单,明确中央政府与地方政府在公共投资领域的财权和事权,做到"法无授权不可为"。在中央政府、省级政府和市县级政府三个层次中,公共产品的投资审批权主要应集中于省级以下的地方政府,中央政府则通过核准和备案对其进行监督。PPP 项目认定与决策的核心程序是行政审批。当前,行政审批已成为权力寻租等各种腐败行为的重要源头,特别是土地、建设工程、产权交易等行政审批环节多的 PPP 领域,极易成为腐败重灾区。将权力清单制度引入 PPP 领域,就是把各级政府和各个政府部门所掌握的各项公共权力进行全面统计,并将权力的列表清单公之于众,主动接受社会监督。公开国务院各部门行政审批事项清单,具有锁定各部门行政审批项目"底数"和接受社会监督的现实意义。同时,引入责任清单制度,对权力被削弱后无所事事或认为政府"无形的手"可有可无的不作为进行针对治理。

PPP 政府权力清单与责任清单应尽量细化,而不能只简单地给出政府可为与不可为的结论,必须全面考量政府在 PPP 项目中行政审批、核准与备案的功能,在权力清单和责任清单中进一步明确职权与职责的表现形式,主要内容包括:(1)现有的 PPP 相关政策与法律并不健全,如果出现了制度外适合采用 PPP 模式的公共

---

① 参见谢建平:《权力清单制度:国家治理体系和治理能力现代化的制度性回应》,载《华东师范大学学报》(哲学社会科学版)2014 年第 6 期。

事业项目，政府须依具体情况进行招标，对应标社会资本方进行资格审查，并授予最终确认的社会资本方从事 PPP 相关活动的排他性权利。以上权力应在权力与责任清单中以审批权形式列明；(2) 对于社会资本方依预先公布的条件自提申请的 PPP 项目，政府须对项目申请人所提申请按照既有条件予以审查，符合条件即给予权利与资格。这种审查权应在清单中以核准权的形式列明；(3) 对于无须授权或授予资格但对 PPP 项目进展有重大意义的程序事项，社会资本方须在事后向主管机关备案，其目的在于方便行政机关与社会公众的管理与监督。审批的前提一般是现有政策与法律并未向 PPP 模式开放的公共事业领域，获得批准就是解禁，通常以试点的方式出现；核准的前提是要件的既存，只要政府招标或企业自提的 PPP 项目符合条件，就可以给予准许；备案属于事后控制手段。

第三，理出 PPP 负面清单，为社会资本和国外资本松绑，做到"法无禁止皆可为"。要加快公共基础设施建设速度，提供保质保量的公共产品与服务，如果能够合理引导社会资本进入公共投资领域，鼓励各类社会投资者增加投资，就可以真正实现公共事业供给主体的多元化。事实上，社会资本投资公共领域的力度一直不大，还存在投资不继、后劲不足等问题。近几年来情况有所改善，我们已经看到了社会资本投资公共设施的范围和基数在不断扩大。进一步来讲，公共产品与服务领域具有非竞争性和非排他性，并非所有领域均适用 PPP 模式。在政府公共投资体系深化改革的热潮中，尤其应对此保持清醒认识。对于适合 PPP 模式落地生根的公共事业领域，应排除社会资本进入障碍，降低其运营成本；同时，对不适合引入 PPP 模式的公共事业领域，则应采用 PPP 负面清单制度，在为社会资本松绑的同时，对其活动范围进行合理限制，实现"扬其所长，弃其所短"的目标，并对其原则性要求具体细化，使之具有可操作性。[1] 目前，考虑到社会资本方对投资回报的重视，政府鼓励社会资本方进入的是具有非竞争性的准公共事业领域，主要集中于公共交通设施、污水处理、公共医疗等项目。未来在理论和实务均有充足积累之后，应逐步放开负面清单中的项目。此外，在实务中被证明无法适用 PPP 模式的公共事业项目，也应及时纳入负面清单中，形成动态循环负面清单机制。当然，这种动态循环机制应依据刚性制度理性为之。否则，针对社会资本方的 PPP 负面清单将演变为新的"枷锁"。

此外，外资在我国公共投资建设中的作用很小，并呈现逐步退出之势。外资进入公共基础设施领域，将带动民间资本投入规模的扩大和投资技术水平、投资效率的提高。因此，外资 PPP 投资目录的出台对其进入公共事业建设领域也具有极大

① 参见刘向杰：《公私合作项目的政府行为研究》，西南交通大学公共管理学院 2011 年博士学位论文，第 43 页。

推动作用。随着国际统一大市场的逐步形成,国际公共投资市场也存在巨大的潜力和商机,需要我们进一步完善法律法规,吸引外商来华投资基础设施的同时,让本国社会资本走出国门,实现公共投资的多元供给和国际化。

2. 社会资本激励措施

就目前我国政府与社会资本的合作情形而言,政府"一厢情愿"的表现较明显,社会资本对 PPP 模式的尝试意愿并不强。要解决这一难题,须认真考虑社会资本方在 PPP 项目中的关注点,构建相关措施,免除社会资本方后顾之忧,鼓励他们积极参与 PPP 项目,为公共产品与服务供给侧改革助力。社会资本方 PPP 项目的核心关注点无外乎风险、收益与成本三大方面,激励措施也应围绕这三个方面展开。具体内容如下:

(1)投资安全与风险回避

在决定是否参与 PPP 项目问题上,社会资本方率先考率的问题是自身投资的安全性,而后才是追求投资回报的最大化。社会资本方的风险主要来源于政府信用、政府决策和社会资本的话语权三个方面。就政府信用而言,主要集中于政府对签订协议的严格遵守和政府支付承诺的兑现两个方面;政府决策方面主要集中于政府决策失误谁来埋单的问题。政府的决策既可以保证社会资本方的收益,也可能反过来损害社会资本方的利益。在这种情况下,地方政府的决策失误就会转化为社会资本的风险;社会资本话语权问题主要涉及政府能否遵循市场规律,除项目对国家利益和社会公共利益有造成重大损害之可能,不应干预 PPP 项目市场行为。

为消除上述风险,让社会资本回归安全状态,首先,要树立和展示政府的平等与守信精神,应通过刚性制度建设真正对政府决策行为形成约束,避免项目设计、定价机制等环节出现问题而导致政府失信行为的发生;其次,真正确立政府与社会资本方的平等合作地位,PPP 才有可能在中国得以全面推广,并真正发挥作用;最后,须设计合理的风险分担机制,消除社会资本方的顾虑。在公私伙伴关系中,合理的风险分配机制就是让政府与社会资本方出现在最合适的位置上,这有利于在相关各方之间形成激励约束机制。具体而言,风险划分标准要结合多项原则综合确定,包括归责原则、最低成本原则、有效控制原则、风险上限原则和风险收益对等原则,等等。一般而言,政治风险、法律风险等要由政府承担,因为社会资本方对此类风险无能为力;而微观层面的按时竣工风险、技术风险等主要由社会资本方承担。同时,还应规定当风险超出一定范围时,另一方会给予补偿或分担一定比例的风险。例如,在公共交通建设项目合同中,因其他公共交通项目的分流而导致社会资本方达不到预期收益最低线,政府须对其提供政策或资金补贴。

(2)成本控制、合理收益与退出机制

影响社会资本方收益水平的主要来源于有定价、价格临时调整和预期外其他因素三方面。关于公共产品与服务的定价问题,终端用户总是希望所提供的公共产品或服务物美价廉,而社会资本方则期望收益最大化。政府则须通过合理的定价机制找到最终用户和社会资本投资者的最佳平衡点。此外,在PPP项目的运行周期内,如通货膨胀率、利率、汇率等市场环境可能发生巨大变化,若没有及时准确的价格调整机制,社会资本方将因不确定因素过多而放弃该领域的投资。当然,公共产品或服务的价格也不适合频繁调整,否则将影响社会稳定,引发社会公众对政府的不信任。为克服定价与调价的矛盾,政府须针对具体公共产品或服务类别配套设计相适应的调节机制,并注意与物价指数等市场因素挂钩。此外,如果因非商业风险造成社会资本方预期收益与实际收益相差甚远,难以覆盖成本,投资项目将很可能因实际履行不能遭遇暂停或终止,此时社会资本方的退出机制就显得十分必要。例如,发生法律法规的变更、政策的变化或服务需求量由于竞争性项目而被分流、服务价格的单方面调整等情形。

3. 协商与谈判

截至2016年年初,全国各地共有7110个PPP项目纳入综合信息平台,总投资约8.3万亿元。其中,新建项目占投资总额的91%,而实际开工项目351个,不足总数的5%;未纳入综合信息平台的项目,还处于项目识别阶段的PPP项目5542个,约占总数的78%。PPP合同之所以落地难,主要原因有3个方面:首先,PPP项目中政府最关心"物有所值"评价,社会资本方最关心财政承受能力的评价。但是由于政府和社会资本方往往对PPP的概念掌握不清,政府既不知道如何对项目公司的运营进行绩效考核,也不知道如何基于绩效考核结果对项目公司进行准确科学的财政补贴;其次,政府和社会资本方没有在PPP合同中厘清彼此的权利义务,在权利义务的限定上边界不清,在"怎么签"的问题上难以达成共识;最后,政府方迫切需要法律或政策作参照,没有明确的法律和政策依据签订不了协议。社会资本方则希望放宽条件,达成更广泛的合作。如果不协调好法理理念的冲突,PPP合同也难以签订。①

解决上述问题的重要途径是建立PPP社会资本方提前介入、谈判机制,该机制是增进了解、建立互信的必经之路,是找准双方利益着眼点的一剂良方。多次、深入谈判机制的建立有助于使PPP项目各方在合同中详尽规定应承担的责任与义务、风险应对及违约处理事项,强化涉及公私方的利益条款,一旦出现问题可依章办事。在社会资本方提前介入机制的建设过程中,应注意做好几个关键问题:一是社会资本方提前介入机制要制度化、规范化,不管是以政府工作会议纪要的形式还

---

① 参见虞青松:《公私合作契约的赋权类型及司法救济——以公用事业的收费权为视角》,载《上海交通大学学报》(哲学社会科学版)2013年第5期。

是政策法规的形式,无论是临时性决议还是长期性法规,最终要推动社会资本方提前介入机制的立法;二是社会资本方的提前介入要尽量有公示性,使 PPP 整个流程在阳光下运行,曝光度越高,PPP 的合法合规性就越强,以此最大限度地降低政府部门违法、违规的风险;三是政府方在整个谈判过程中不能做出中标的承诺,这违反了公开招标、机会均等的原则。

(二)契约约束与非契约补充机制

设计契约与非契约约束机制的目的是实现契约约束机制与非契约约束机制功能最大化,并协调二者所生利益互补关系的异化问题。通过契约的制定与修改,利益相关者能够将围绕风险与救济等焦点问题竭力达成的共识通过权利和义务的配置不断吸纳和确定下来,以备后事定分止争;通过非契约资源的明确配置,利益相关者能够凭借剩余控制权对契约无法涵盖的部分予以弥补,从而达到解决争端的目的。因此,契约与非契约约束机制在协调机制中起到不可替代的作用。

契约对行为的约束优势明显,但缺陷也同样突出。政府与社会资本方所处地位的强弱容易致二者信息不对称和项目风险的转嫁,①处于弱势的社会资本方希望项目执行前既与政府达成一组精密的契约,保障其投资回报率和经营自主权,“但现实的不确定性决定了交易双方不可能在事前缔结一个能够覆盖全部交易情况的完全契约”,②在契约各方重新谈判时,又极易出现一方凭借另一方专用性投资而进行的“敲竹杠”行为,③为获得决策和运营的效率,剩余控制权的配置极为重要。剩余控制权行使的最终目的在于取得剩余资源索取权,就治理角度而言,两者应当相互对应。④ 那么,剩余资源索取权如何配置呢? 有学者认为,应当将 PPP 契约外剩余资源索取权配置于公共部门,“因为公共部门要对最后的结果负责,而私人部门的责任已经被合同条款严格地设定了,所以这些未在合同中界定的风险只能由政府承担。”⑤该理论最大的弊端即在于对国家理性的过度夸大,实际上,期待政府对契约外剩余权益进行公益与私益二元划分的想法本身就是非理性的,期待政府对社会资本方因剩余资源索取权统一配置于政府而蒙受的损失进行缺口补贴也存在太多不确定性。

---

① See Rutgers J. A., Haley H. D., “Project Risks and Risk Allocation”, *Cost Engineering*, Vol. 38, No. 9, 1996, pp. 27 – 30.

② 王涛、赵守国:《董事会制度:成因、作用及启示》,载《西北工业大学学报》(社会科学版)2005 年第 6 期。

③ 参见杨瑞龙、聂辉华:《不完全契约理论:一个综述》,载《经济研究》2006 年第 2 期。

④ See Hart O. and J. Moore, “Foundations of Incomplete Contracts”, *Review of Economic Studies*, Vol. 66, 1999, pp. 115 – 138.

⑤ Froud J., “The Private Finance Initiative: Risk, Uncertainty and the State”, *Accounting, Organizations and Society*, Vol. 28, No. 6, 2003, p. 582.

为发挥契约机制与非契约机制的互补作用,应建立专门委员会,通过公正的程序设计,划分契约外剩余权益的属性,提高契约对外部剩余私益的吸纳效能,明确行使剩余公益控制权的主管机关。具体而言,政府应组建专门委员会就契约的补充和非契约资源的控制权配置问题予以商讨。该委员会的成员应由多方代表组成。实际上,这一做法已是国际惯例。此外,该委员会的权力范畴还包括举行听证权、发出传票决定权、订立合同权、联邦政府机构信息获取权、联邦政府机构协助获得权和获得邮政服务权。我国在专门委员会成员构成方面,应重点考虑公益代表方在委员会的比例和权利结构两个方面问题。[①] 关于特定 PPP 契约的制订、补充与非契约资源的配置事项,必须经专门委员会的表决方可通过。尤其重要的是,须将为公益而生成的 PPP 项目非契约资源控制权配置于该委员会,让委员会指导政府和社会资本方出现在抵御风险最合适的位置上,[②]如此,方能形成 PPP 项目契约与非契约的互补关系,实现社会资本方合理收益和公共利益"双赢"的局面。

(三)自我控制机制

自我控制概念来源于心理学,是指是人们克服冲动、习惯或自动化的反应,有意识地掌控自己行为方向,抵制满足直接需要和愿望的能力,其目的是执行能带来长期利益的目标指向的行为。[③] 在 PPP 语境下,自我控制中的"自我"指以政府和社会资本方为核心的利益相关者。为避免多层次利益共生关系的异化,政府与社会资本方均须将参与 PPP 项目的目标分解,在不同的目标层次寻找利益关系维系的平衡点;同时,注重项目相关信息的充分披露和共享,增进互相了解,为争端解决打下坚实的基础。此外,通过自觉的项目工程质量验收与评价制度保障具体项目公共产品与服务的质量。

1. 政府与社会资本方目标分层管理

政府对 PPP 项目的指导需要有一个完整的目标体系。社会资本方通过与政府主管机构的及时沟通与谈判,协调营利性微观个体目标、政府主管机构的中观监管目标和公共性宏观整体目标之间的关系,从而形成目标分层管理模式,实现经济效益和社会效益双重最大化共赢共生的格局,这显然更符合 PPP 项目的宗旨。我国 PPP 的政策目标变化较多,且不够清晰。PPP 模式承载着"剥离政府性债务""提高

---

① See Tah J. H. M., Carr V., "Towards A Framework for Project Risk Knowledge Management in the Construction Supply Chain", *Advances in Engineering Software*, Vol. 32, 2001, pp. 835 – 846; Jackson S., Flanagan R., "A Systematic Approach to Managing Budget Risk During Project Appraisal", *The RICS Foundation Construction and Building Research Conference*, Nottingham Trent University, UK, September 2002.

② 参见刘新平、王守清:《试论 PPP 项目的风险分配原则和框架》,载《建筑经济》2006 年第 2 期。

③ 参见于斌、乐国安、刘惠军:《自我控制的力量模型》,载《心理科学进展》2013 年第 7 期。

公共服务质量与效率”“政府职能转变”以及“国资国企改革”多重目标,只有政府与社会资本方能够做到目标的分层管理和合理组合,PPP模式才能得到有效的开展。

表8 PPP项目目标分解①

目标层次	组织之间		组织内部
	政府	社会资本方	
低层次目标	增加公共基础设施与服务的数量	获取本项目的合理收益	配套设施的充足供给
中层次目标	资金的有效利用	增加企业市场份额	风险和收益的分配
高层次目标	提高公共基础设施与服务的质量	赢得信任以获取更多投资机会	互相信赖

2. 项目信息充分披露

高质量的PPP信息披露能够达到吸引社会资本、增加对政府信任、确保物有所值和减少腐败风险的目标。我国PPP信息披露主要围绕PPP项目本身进行,主要包括项目基础信息、评价方法、评价结论以及附件。相较而言,世界银行PPP信息披露范围则比我国要广泛,其信息披露范围包括两个层面:第一层面是必须披露的内容,主要涉及制度环境信息的披露,包括PPP的政治环境、法律和政策框架、过程和制度以及对商业秘密的指引等问题;第二层面是推荐信息披露的内容,包括立法或政策具体规定、指引明细、采购前信息披露、采购后信息披露、秘密信息、标准合同规定等方面。

PPP信息披露在世界各国各地区都是处于探索的阶段,尽管表现形式不同,但是内容实质非常接近,尤其是采购前后信息披露都涉及风险、评价、绩效和合同管理等问题。我国在PPP信息披露的主体上应借鉴世界银行的做法,吸纳更多的参与者提供信息,选择更多的信息进行披露,以更好、更全面地反映PPP项目的全貌。② 其改进应围绕两个目标:一是政府与社会资本方之间的信息流动效率应得到提高,以便于社会资本方能迅速有效的评估项目风险,从而促进其对未来不确定性的预防能力提升;二是增强理解披露信息的能力,这包括社会资本方公布文件的简明易懂,对现金流结构、信用评级依据、风险预测说明等较为详细的解释。此外,我

① 参见亚洲开发银行主编:《公私合作手册》(2014年版),第35页。

② See World Bank, “Frame Work of Disclosure in Public-Private Partnership Projects”, Accessed November 24, 2015. http://pubdoc s. worldbank. org/pubdocs/publicdoc/2015/11/773541448296707678/Disclo-sure-in-PPPs-Framework. pdf.

国 PPP 信息披露的内容应有所拓展，并指明出处。例如，项目概况、项目产出说明和绩效标准、PPP 运作方式、风险分配框架和付费机制等内容可以在项目基础信息中查找；定性评价和定量评价在评价方法中查找；PPP 项目合同、绩效监测报告和中期评估报告等内容在 PPP 项目文件的附件中可以查询。

表 9　世界银行 PPP 推荐披露的信息内容

PPP 项目采购前信息披露
标底：经审核批准项目的简介、服务、估计成本、可能的收入来源和暂定的采购日。
招标：项目意向书、资质、标书、合同草案和项目的细节报告。
评估：投标人的姓名、筛选出有资质的投标人名单、优先支持人姓名、投标会议记录、所有在采购期间与投标人交流内容和修改文件。
报告：获得的任何监管报告、物有所值报告披露资金到位信息。
基本项目信息：高水平信息。
风险：重大风险、风险分配、风险缓解、真实风险事件和成本。
选择 PPP 的理由：定性分析和定量分析。
财务信息：融资结构、估计和真实的收入、预测的和实际的权益报酬率。
政府支持：担保、补贴、土地、权利、服务支付和其他。
关税：关税及其相关的规则。
绩效：与目标对照的实际绩效、与合同条款对照的实际惩罚、独立的工程或审计报告、使用者的反馈和调查问卷。
合同终止：终止条款和移交条款。
再谈判或变化：变化细节、变化对成本、财务承诺、或有负债、风险分配、关税或支付、服务或服务水平的影响。

3. 项目工程质量验收与后评价制度

作为公共产品与服务供给体系的重要组成部分，PPP 项目工程质量验收制度意义重大，项目工程能否满足社会公众对该公共事业项目的价值需求，只有通过质量验收才能给出答案。该制度主要涉及工程验收主体和验收内容两个方面。其中，验收内容至少应包括项目质量、工期、功能和施工程序四个方面是否符合合同要求。同时，PPP 项目后评价制度对 PPP 项目而言，意义更加重大。PPP 项目后评价机构应包括市场中介组织和政府后评价机构两类，项目后评价机构围绕“建成项目是否达到原定的规模、标准和内容；建成项目是否能充分发挥其社会效益；项目使用单位有无变更建设功能和使用用途等"[①]分析项目实施过程的成绩和问题并作出评价。在发达国家,对PPP项目进行后评价,已成为检验公私合作有效性和"物有所值"的重要手段。PPP项目后评价制度在我国还没有完全采用,该制度的本土化须从以下三个方面着手:(1)在专门立法中明确该制度的地位、作用、内容和具体程序;(2)辅助立法规定,在公共投资项目监督实践中,加强后评价人才的培养和积极促使社会中介组织发展;(3)在相应的政府机构内部成立后评价组织,主要由发改委负责牵头,按照职责分工和协调的要求,建立既有明确分工又能相互配合的政府后评价工作机构。

四、公共利益:PPP模式运行的最高利益考量[②]

PPP模式作用的领域是传统的公共服务领域,涉及国计民生和社会公共福祉,这是公共服务产品必须由政府提供的根本原因,也是公共服务领域普遍形成各种自然垄断的客观现实基础。对于公共服务领域而言,发挥市场在资源配置中的决定性作用,其本质在于引入多元化主体向社会公众提供更多的公共产品、更多的公共服务,从而克服公共领域因缺乏竞争或者自然垄断形成的低效率问题,缓解因政府资金短缺或投入不足而形成的公共服务供给压力。因此,公共服务市场化需要引入PPP模式,但PPP模式必须服务于公共产品的本质属性,不能改变公共产品供给的社会功能,公共利益应当而且也必须成为PPP模式最高利益标准公共利益作为PPP模式的最高利益考量,这是由公共物品所有权性质和PPP主体结构决定的。

公共物品的公共性决定其所有权由国家行使。所有权指拥有并控制一项资产或者基础设施的权利或利益,传统私有化和公私合作制首要的区别是交易后谁拥有资产或企业,私有化即指向私营企业出售或转移一项公共资产或基础设施的所有权。[③] 相反,在公私合作制协议下,政府拥有资产或基础设施的所有权,指导资产或基础设施的管理以及设定用户费率。在私有化语境中,开发经营提供公共产品或服务所能产生的权力和利益一般专属于特定的私主体,此时,私主体和其所有的资产或基础设施自然难以将公共利益置于首位。而在公私合作制中,这种权力和利益仍属于公共主体,由此奠定了公共利益能够在公私合作制中作为最高利益考量的基础。

传统的私有化和公私合作制另一个核心区别是结构,PPP模式形成的特殊结

---

① 参见李丽红、高喜珍:《财政投资项目后评价管理机制研究》,载《商业经济》2004年第5期。

② 参见陈婉玲:《公私合作制的源流、价值与政府责任》,载《上海财经大学学报》2014年第5期。

③ See Hasity H. O. Steen, John R. Jenkins, "We built it, and they came! Now what? Public-private partnerships in the replacement era", *Stetson Law Review*, Vol. 41, 2012, p. 249.

构也使公共利益能够成为其最高利益。结构即在私有化后或者达成公私合作制后双方形成的最终合同安排。在私有化场景中,除了可能的监管角色外,政府的参与度是很小的。相反,在大多数公私合作制安排中,政府保留了在协议安排方面起实质性作用的角色和在资产或基础设施上发挥控制和监督的作用和影响,①而这又为在公私合作制下,将公共利益作为最高利益考量来实现提供了现实可能性。

(一)以公共利益价值目标为中心的制度安排

公共利益目标作为PPP模式的最高价值追求,不仅是一种理论可能,也是一种现实的制度安排,保证和促进公共利益目标实现的制度安排贯穿于公私合作制的实践。

首先,依法干预是PPP模式运行的基本方式。传统民商法对私人交易恪守意思自治的法律原则,政府对于私人交易的内容和结果一般不干预,但各国针对公私合作的法律却明显地强化政府干预能力。德国基于公私合作制项目招标的复杂性以及周期长、综合性强的特点,在《公私合作制促进法》中明确要求引入竞争性谈判机制,选择最优合作对象以满足公共采购的目标需求。② 美国佛罗里达州有关公私合作的立法,确立了一系列强化政府监督职能的法律制度,总检察长负责公私合作制项目的监督工作,这些工作包括但不限于向公私合作制各方提供关于开发、利用和完善内部控制措施以确保财政问责的建议,接受并调查与公私合作制项目及其运营过程中产生的有关欺诈、滥用和存在缺陷的指控。③ 同时,为保障公共利益,法律还禁止政府与私人企业共同拥有一家企业或以政府信用为私营企业提供担保,其目的就是阻隔国家信用与私人企业纠结在一起,以保护"公共资金"的安全,这里的"公共资金"安全要旨即指公共利益的核心地位,而在普通的私人机构合作中,法律并不会直接干预合作当事人间提供融资或担保的行为。

其次,最佳价值判断是公共利益实现的实践基础。在PPP模式中,各国法律均要求政府在挑选私人合作方之前,必须依职权进行调查以确认私人合作者潜在的资源和财务融资能力,包括在最终挑选一家私人合作伙伴之前要求一家独立的财务顾问实施和认证财务审查。政府在决定私人合作方时,一般不采取传统的"低价竞标"采购程序和采购规则,报价最低的投标者并不总是选择合作方的最佳选择。合作方的"最佳价值"不仅仅是价格优势,更重要的是包括满足公共部门需求的创

① See Hasity H. O. Steen, John R. Jenkins, "We built it, and they came! Now what? Public-private partnerships in the replacement era", *Stetson Law Review*, Vol. 41, 2012, p. 249.

② 德国《公私合作制促进法》(2005年9月1日联邦法律通报I2676)全称为《公私合作制加速实施和改善其法律框架条件法》,其第2条"公共采购条例"专门增加了"竞争性谈判"的规定。

③ See Hasity H. O. Steen, John R. Jenkins, "We built it, and they came! Now what? Public-private partnerships in the replacement era", Vol. 41, *Stetson Law Review*, 2012, p. 249.

造性在内的其他因素和标准。在特殊情况下,私人部门在特定公共领域的项目经验和技能,可能成为其获得合作机会的最重要的因素。① PPP 模式之所以强调尽职调查、考量最佳价值和强调合作方的项目经验,而不单纯遵循“价低者得”的一般原则,其目的就是保障和提高公共产品或服务的质量,从而最好地实现公共利益的价值目标。

最后,契约细化和权利保留是公共利益实现的保障。PPP 模式中的公共利益在具体实践中往往由抽象的目标转化为具体的私人合作方行为准则,律师在草拟公私合作协议时,以契约方式细化或固化公共利益目标,并将其转化为私人合作方的基本义务,设定具体的行为标准,并将私人合作方落实公共政策的能力作为选择的标准,②而制定或落实公共政策的细化标准,正体现了 PPP 模式将公共利益作为最高利益考量的价值取向。在 PPP 模式中,即使确定了私人合作伙伴,政府的责任和参与也并不会因为有负责具体经营的私人合作者而终止,政府在确保居民能够充分获得服务和私人合作方按合同要求履约方面仍负有责任。③ 监督任务可能包括“监督服务质量,解决合同纠纷和客户投诉,实施制裁和业绩奖励”以及在合同终止和续签时重新谈判合同条款。保留对私人合作伙伴的监督、检查和处罚的权利,仍是出于为公众提供持续优质的公共产品或服务的考量,也是因为把公共利益作为最高考量因素。此外,依法建立某些特别程序,如基于 PPP 项目而举行听证会,无疑也体现对公共利益的重视。

(二)社会资本投资回报与公共利益目标的协调

任何交易的价值都不仅是使交易方的总体回报率最大化,即使是最世俗的私人交易,价值范围也不仅仅涵盖直接或间接降低成本,还能涵盖如增加客户信任和减少客户担忧等无形的价值。④ 社会资本介入公共资源、提供公共产品,它注定使 PPP 模式更具宽泛的价值含义和多元的价值考虑,PPP 模式单纯地追求公共利益价值并不现实,也缺乏生命力。

公与私的冲突是 PPP 模式中的天然矛盾,以政府为代表的公共利益与以私人部门为代表的社会资本利益在 PPP 模式中交织在一起,形成了性质相背的价值目标:公共利益最优化和资本利益最大化。长期以来,人们似乎更倾向于这两种价值

---

① See Hasity H. O. Steen, John R. Jenkins, “We built it, and they came! Now what? Public-private partnerships in the replacement era”, Vol. 41, *Stetson Law Review*, 2012, p. 249.

② See Nestor M. Davidson, “Values and Value Creation in Public-private Transactions”, *Iowa Law Review*, Vol. 95, 2009, p. 937.

③ See Hasity H. O. Steen, John R. Jenkins, “We built it, and they came! Now what? Public-private partnerships in the replacement era”, *Stetson Law Review*, Vol. 41, 2012, p. 249.

④ See Nestor M. Davidson, “Values and Value Creation in Public-private Transactions”, *Iowa Law Review*, Vol. 94, 2009, p. 937.

目标的不可调和性,似乎强调公共利益就免不了要牺牲私人主体的资本利益,追求资本价值也必然会影响公共利益的实现。诚然,公共利益与资本利益的差异以及一定程度上的此消彼长关系是客观存在的,但矛盾是对立统一的,PPP 模式让我们清楚地认识到公共利益与资本利益相互协调、相互促进的一面,公私双方在一定的法律和制度框架内合作发展、良性互动,完全可以达成互利共赢的结果。与两者间的不可调和性比较而言,这种合作“双赢”可能更为深层次,更能反映公共利益和资本利益的本质,它更能显示公私合作各方对彼此价值目标的包容和尊重。协调公共利益与资本利益在价值目标上的差异,PPP 模式可谓是一种成功的范例。

一方面,让私人部门参与合作有助于促进各种公共目标的达成。现代社会发展面临的重大问题是公共产品或服务需求不断增长,公共部门资源获取能力越来越有限,私人部门提供公共产品或服务效率更高,更具技术专长和创新能力。以 PPP 模式建立公私合作关系,既有利于推动社会经济增长,也有利于政府落实公共政策,提升公共服务水平。但是,政府必须清楚地认识到,在 PPP 模式中,无论私人主体参与该合作项目有多大的意愿和热忱,都不能简单地将公益目标施加给私人主体。政府必须采取一定的措施和激励,使私人部门认识到公共目标的落实能够实现自身资本投资回报率最大化,此时才能形成良性共赢的合作关系。政府在采取这些措施和激励时,必须把落实公共目标的能力作为选择合作伙伴的重要条件,促使私人部门积极、主动地了解和落实公共政策。同时,政府必须强化监管以及监管规则的透明度,降低监管的复杂性,保障私人部门所追求的资本利益,吸引更多私人部门参与合作,提供更多、更好的公共产品和服务。

另一方面,私人部门认识到落实公共政策的重要性也能促进其自身利益包括投资回报率的最大化。从本质上来看,国家以法律确立规则体系并保护每一个执行规则的人的合法利益,法律并不关心私人交易的内容和结果,只关心法律规则是否获得有效的执行。对 PPP 模式而言,公私合作的基础是向公众提供更多、更好的公共产品和公共服务,私人部门如果基于合作契约安排,努力落实公共政策、提升公共产品与公共服务供给能力和品质,其所追求的资本利益就能够获得法律保障。但从实践来看,规制公私合作制的法律往往会考虑公共政策,而公共政策的抽象性也可能成为公私合作项目发生变化和风险的变量,合作协议在细化或固化公共利益或公共政策,也会增加保障私营机构权利的条款,这些条款如果有悖于公共利益或公共政策,其所规定的私营部门利益就不可能获得法律的保障。就这个角度而言,私营部门主动去了解公共政策、提高自身落实公共政策的能力,也有利于更好地保障其自身的权利、增加获得交易的机会和更高的投资回报。

(三)树立以公共利益为核心的 PPP 监管理念

公共服务领域引入 PPP 模式,其本质是通过公共资源配置市场化和竞争机制,增加公共产品与服务的供给能力,提升供给效率。尽管PPP模式以契约方式明确责权利,建立公、私各方的合作伙伴关系,一些原来由政府承担的工作转移到了私人部门,但政府承担向社会提供公共品和服务的责任并未因此改变。在整个PPP模式运行中,政府的职责是确保PPP运行“在实质上和程序上都符合公共利益”,即政府的角色定位于确保公共利益居于支配地位,确保PPP模式的产生与运行都符合公平、正义的价值观。①

在市场化配置公共资源的条件下,政府应着力提高对PPP模式运行的监管能力。一方面,公共领域缺乏竞争或者竞争不充分,即使引入公私合作、实施公共产品和服务的多元供给,也不能排除市场失灵对公共利益的不利影响;另一方面,公共利益最大化是公共资源运用的目标,也是公共资源市场化改革的动因,应当实现公共福利均等化分配。从公共利益理论出发,政府对PPP模式运营市场的监管应当是针对私人行为的政策,或者从公共利益出发制定规则,通过市场监管创造性地实现公共利益整合、维护和分配。② 政府应当强化对PPP模式运营的监管,提升监督、管理契约关系或公私伙伴关系的能力,它并不是针对PPP业务及其企业自主权的管制,而是基于“自然垄断”特性或对国计民生有重大影响而对PPP运行方向和效果的控制,既要允许私人部门投资有一个合理的回报,又要严格维护公共利益的底线。

公共资源市场化配置不管由谁经营,以何种方式运营,都必须能够改进和提升现有公共产品与服务供给能力,满足社会公众的多元化需求,这是公共资源运营的核心目标。长期以来,国家对基础设施和公用事业领域PPP项目的监管,最大偏差在于重产业利益而轻公众利益、重产业政策而轻竞争政策。③ 基于这种政策偏差,政府多存在偏袒公共资源运营机构,例如,公共物品与服务价格调整要调必涨,听证会多为走过场,每听必过;或者政府存在明显的角色错位或角色混同。政府与社会资本以合作方式向社会公众提供公共物品与服务,不管这种合作究竟采用何种的运营模式,是私人单独供给还是政府与社会资本合作提供、是政府购买还是股权合作,政府与这些公共资源运营机构始终存在千丝万缕的联系。这种联系在客观上决定了由政府负责实施PPP项目监管,很难真正地落实竞争政策、保障社会公众利益。创设公共监管机构独立地实施PPP项目分类规划、分类监管,应当成为PPP模式监管的基本方向。

---

① 参见[美]珍妮特·V.登哈特、罗伯特·B.登哈特:《新公共服务:服务,而不是掌舵》,丁煌译,中国人民大学出版社2013年版,第48页。

② 参见王树文:《我国公共服务市场化改革与政府管制创新》,人民出版社2013年版,第18页。

③ 参见宋林军:《公共基础实施行业市场化的政府监管》,载周林军、曹远征、张智主编:《中国公用事业改革:从理论到实践》,知识产权出版社2009年版,第196页。

独立的公共监管机构实施的监管以公共利益和供给效率为中心。从理论上来看,公共利益与供给效率呈正相关,供给效率越高,公共利益越能更好地实现,同样,公共利益实现的越好,公共产品与服务的供给效率也就越高。公共利益导入PPP 模式,让私人部门参与或合作提供公共物品和服务,既可缓解政府公共财政压力,也可提升公共资源利用效率。同时,以合作方式供给公共物品与服务,也是公共领域改革、发挥市场在公共资源配置中决定性作用的具体途径。但是,社会资本导入公共领域,可能在公共物品与服务供给方面形成一定的竞争格局,但公共领域的天然垄断状态并没有得到根本改善,在垄断或者在竞争不充分条件下,PPP 项目运营者有可能利用这些条件限制产品产出以操纵价格,由此会损害公众利益,而且,其公共资源利用效率低下也会从根本上损害公共利益。同时,公共服务市场化改革的目的就是更好地实现公共利益最大化,竞争机制也有助于降低公共资源损耗和公共产品与服务成本,让公众在产品与服务上有更多的选择,更好地满足公众需求。因此,以公共利益与供给效率为核心展开 PPP 项目的独立监管,这是由公共产品与服务的本质属性和不完全竞争的客观状态决定的。

第四章 PPP 模式的项目融资及其实现路径

PPP 模式既是公共服务的一种供给方式,也是投融资机制的一种创新。与私有化完全剥离政府提供公共物品的职能不同,PPP 模式在整个项目周期中均采用公私双方共同负责机制,以合理的分担机制避免了公共服务供给风险的过分集中,具有独特的制度优势。我国公共服务领域面临巨大的融资需求,而传统的地方融资平台模式因其法人独立地位模糊、公司治理不规范、债务风险大、缺乏透明度等问题,蕴含巨大的危机而难以为继。PPP 模式在"剥离融资平台公司政府融资职能"与着力于预算制度改革和地方债改革中无疑将大有作为。PPP 是以公共服务项目为主体的融资活动,是解决基础设施建设等公共服务资金来源的一种实现形式,贷款、债券、股权基金、资产证券化等形式是 PPP 模式主要的融资方式。与传统的项目融资依赖投资信用不同,PPP 融资主要根据项目的规模、预期收益以及政府扶持力度安排融资。贷款作为 PPP 项目融资的基本方式,以项目的直接收益和政府扶持转化的效益为还贷的资金保障,以项目公司的资产和政府的有限承诺为贷款的信用保证。从财政部印发的《PPP 项目合同指南(试行)》中所列的 PPP 项目基本合同体系来看,融资是 PPP 项目体系中很重要的一部分,其融资类型、融资路径和法律关系错综复杂,项目融资的风险主要在于项目本身,需要通过各方的高效参与,实现风险合理分担,才能使项目顺利推进。PPP 项目融资存在较突出的法律问题,已有的制度安排不能提供充分的保障,有效解决 PPP 融资中存在的法律问题是 PPP

项目成功实施的关键。

一、PPP 项目融资类型化及其考量原则

从 PPP 资金构成整体来看,PPP 项目的资金由权益资金和债务资金构成,因而 PPP 的融资类型也主要是由股权融资和债权融资构成。在股权融资中,常见的股东是项目参与方、当地投资者、政府、特许权获得方、机构投资者、双边或者多边组织。债权资金则通常是由政策性银行、商业银行、养老基金、主权基金等金融机构提供。PPP 项目融资作为 PPP 模式的首要环节,其运作关系政府与社会资本在公共服务领域的长期可持续合作,是 PPP 有效运行的前提条件,其问题的核心无不与政府和社会资本的权利义务如何承担和风险如何配置有关,只有坚持公共利益的核心价值,兼顾多元利益平衡,坚持合理的风险分担原则和配置的融资活动才能获得健康的 PPP 融资结构。

(一)PPP 项目融资类型化

根据政府和私人部门在项目公司资本金的占比,股权融资可以进一步细化为以下三种类型:(1)私人部门主导提供,即项目资本金的构成以社会资本为主,政府投资为辅。例如,北京地铁四号线项目,PPP 部分总投资为 46 亿元,其中股本资金 15 亿元,由香港地铁公司、首创集团各出资 49%,北京市基金设施投资公司作为政府方实施机构出资 2%。社会资本占资本金的绝大部分,公共部门占资本金的比重很低。(2)政府主导提供,即项目资本金的构成以政府投资为主,社会资本为辅。例如,2008 年北京奥运会国家体育场(鸟巢)项目,北京市政府授权设立的机构代表政府与由中信集团等三家公司组成的联合体签订特许权协议。该项目公司资本金组成为:北京国资委 58%,中信集团等三家公司组成的联合体共计占比 42%,资本金总计 10.43 亿元。公共部门占资本金的 58%,占比高于私营部门的 42%。(3)纯私人部门提供,政府几乎不提供任何权益资金。例如,罗斯托克的瓦诺隧道项目,德国首个 F 模式下的 PPP 公路项目,公共部门不提供任何权益性资金,不作为项目公司的股东。该项目中,法国承包商 Bouygues 成为首选投标人,成立项目公司 Warnowquerung Rostock GmbH & Co. KG。项目公司的股东为布伊格集团(Bouygues Group),麦觉理基础设施集团(Macquair Infrastructure Group),德意志银行牵头的银行财团。①

根据债权资金的还款来源或还款保证的不同,PPP 中债权融资可分为有政府担保和无政府担保两大类。

---

① 参见欧亚 PPP 联络网:《欧亚基础设施建设公私合作(PPP)案例分析》,王守清主译,辽宁科学技术出版社 2010 年版,第 127 ~ 128 页。

政府担保的债权融资主要表现为:(1)严格意义上的政府担保。政府或代表政府的公共部门作为担保者提供严格意义上的担保,以获得银行等金融机构的贷款,当债务人不能支付到期债务时,直接向债权人做出代为偿付的承诺。(2)基于公共支付权的政府担保。这是为了获得银行等金融机构的贷款的债权融资方式。政府与提供贷款的金融机构签订协议,但协议不是直接承诺PPP项目公司借款到期未能支付时代为支付,而是向金融机构承诺将遵守PPP合同支付有关费用,承诺将严格按照特许权协议履行合同义务,①政府的公共支付构成对私人部门或项目公司债务的重要还款保障,从而给金融机构以放贷信心。(3)政府提供对流量或需求的担保,以帮助项目公司获得银行等金融机构的贷款的债权融资方式,当项目运营中公共产品或服务的需求低于一定的标准时,公共部门对私营部门进行补贴,以保证项目公司的收益和私营部门实现预期的收益率,从而有能力偿还贷款。从严格的法律意义上来讲,基于公共支付权的担保和对需求或流量的担保,并不是真正的担保,因为尽管政府提供此类担保,但政府对债务到期不能偿还的债务并没有直接的支付义务,不具有法律上的约束力,更多的是表现出政府对项目提供一定支持的意愿。

在无政府支付承诺或担保的债权融资中,比较有代表性的是:(1)就项目资产设立担保物权的融资方式,即金融机构发放贷款不是基于政府的担保或承诺,而是基于对项目公司的资产设立担保物权作为还款保障而进行的融资方式。(2)基于产品支付的融资方式。约定在款项还清以前,由贷款人享有与债权等价对应的那部分项目产品的所有权。

(二)PPP模式的多元价值与核心价值

政府大力推广PPP模式存在提供更好的公共服务、缓解财政压力、拓宽社会资本投资渠道、降低建设和运营成本、提高项目整体效益等多元价值追求。新一轮PPP热潮虽然肇端于缓解地方政府债务风险和压力,弥补提供公共产品或服务的资金缺口的现实,但PPP模式的价值目标不仅仅在于解决资金不足的问题,PPP不仅是一种融资模式,也是一种全新的管理模式,其思路是按照市场化方式提供公共服务,"市场化"理念和"公共服务"本质是PPP模式的两大关键性要素,是PPP所有制度设计必须坚守的基础,由此,公共利益应成为PPP的核心价值和最高利益考量。PPP不同于私有化,首要的区别便是交易后谁拥有资产或项目公司。私有化即指向私人企业出售或转移一项公共资产或基础设施的所有权,在私有化的语境中,私主体是项目资产及其收益的最终所有权人,资本利益将凌驾于项目之上;相反,在PPP模式下,政府或代表公共利益的一方拥有资产的所有权,对资产或项目

---

① 参见刘向杰、田泽永:《公私合营项目无追索融资模型研究》,载《经济问题》2008年第9期。

的管理提供指导,并有权设定定价的标准,①资产或公共基础设施最终要转移给公共部门,这为公共利益能够在PPP中作为最高利益考量奠定了基础。此外,在私有化场景中,政府对项目的参与度是很小的。而在大多数PPP合作制中,基于公共利益维护的考虑,政府往往保留了在协议安排方面起实质性作用的角色。

(三)PPP项目的风险配置原则

很多学者对PPP项目融资可能面临的风险进行了识别,如Ozdoganm和Birgonul将项目主要风险因素归纳为政治风险,法律风险,市场风险,财务风险,建造风险和经营风险。② Wang等人将识别的50项风险因素归类为政治风险、建造风险、经营风险、市场和收益风险、财务风险和法律风险。③ 扎耶德(Zayed)和张(Chang)认为项目风险主要集中在政治风险、财务风险、收益和市场风险、激励风险、采购风险等方面。④ 梅尔纳(Merna)和史密斯(Smith)将风险分为整体风险和要素风险,其中整体风险是指通常包括在这个项目合同中的风险;要素风险则是指与建设、运营和融资等相关的风险。结合PPP项目运作的现状,我国PPP项目中存在的风险大致有:社会风险,如行政优先权;法律风险,如政策变动以及政府承诺问题;财务风险,如资本金构成、债权融资方式、公共部门担保、债股比例;经营风险和收益风险,如定价问题,补贴问题、市场需求变化问题;激励风险,如激励标准的制定和落实;制度风险,如价格的再调整权等问题;违约风险,如争端解决问题。

在政府与社会资本之间合理配置风险不仅可以发挥私人部门的优势,也可以使公共部门能够有精力专注于其基本职能的执行,如服务标准的设定并确保其得到执行以及公共利益的保护。那么问题的关键就是我们应该按照怎样的原则分配PPP风险呢?较一致的观点是"将特定的风险交予最适合控制和管理该风险的部门承担",例如,因法律政策的变更而产生的风险交由公共部门承担更为合理,而市场经营或公共服务的需求等方面的风险由私人部门承担则成本更低。除此原则外,PPP风险配置还应考虑风险收益对等原则,风险产生的收益主要由哪一方享有,那么该方就应该更多地承担此风险,这样风险的承担和风险产生的收益才能对

---

① See Hasity H. O. Steen, John R. Jenkins, "We built it, and they came! Now what? Public-private partnerships in the replacement era", *Stetson Law Review*, Vol. 41, 2012, p. 249.

② See Ozdonganm I. D., Birgonul M. T., "A Decision Support Framework for Project Sponsors In the Planning Stage of Build-Operate-Transfer (BOT) projects", *Construction Management and Economics*, Vol. 18, 2000, pp. 343-353.

③ See Wang S. Q., Tiong R. L. K., Ting S. K., Ashley D., "Evaluation and Management of Political Risks in China's BOT projects", *Journal of Construction Engineering and Management*, Vol. 126, 2000, pp. 242-250.

④ See Zayed T. M., Chang L. M., "Prototype Model for Build-Operate-Transfer Risk Assessment", *Journal of Management in Engineering*, Vol. 18, 2002, pp. 7-16.

等,这也是公平承担风险原则的要求。PPP风险承担必须设定上限,在通常情况下,风险越大收益越大,对合作双方的利益诱惑可能导致行为的无序,例如,政府为了吸引社会资本合作而盲目地给予过度的担保和承诺,私人部门为了获得更大的收益而盲目地追求高风险的项目或一味放大融资杠杆率,这都将对PPP项目的运营产生极大的负面影响。如果对风险的承担没有上限,政府可能因此面临巨大的财政支付危机,私人部门也可能因收益不足以弥补融资的成本而面临破产的风险,社会公众可能变相承担高额的融资成本,社会福利将大大减损。

二、PPP项目公司资本金结构及政府控制权

根据政府和私人部门在项目资本金的构成比例不同,PPP股权融资可分为私人部门主导,政府主导和纯私人提供三种类型,而股东的股权占比反映了股东对公司的参与和控制程度,由此产生公共部门控制权的问题。公司控制权是一种能够直接或间接地对公司的管理或经营政策施加控制性影响的权力,[①]就一般的公司而言,股东的出资比例及其对公司控制权的大小,完全是投资人之间协商一致的结果。然而,由于PPP项目的公共特性,公共部门不仅是PPP合作当事人,还是PPP运行的监督者和管理者,对政府在项目公司是否需要持有股权以及股权的占比问题应该在制度上有所安排。公共部门控制权主要是指公共部门在PPP项目中的参与和控制程度,表现为公共部门在项目公司是否需要持有股权以及股权的占比问题。公共部门如果不占比,其对项目公司的控制就相当弱,则其监督和管理的职责恐难以履行,公共利益作为PPP项目的核心价值恐也难以得到保障;但如果公共部门占比较大,又会存在私营部门控制权损失和激励难等问题。2014年12月30日,财政部颁布的《PPP项目合同指南(试行)》规定:"项目公司可以由社会资本(可以是一家企业,也可以是多家企业组成的联合体)出资设立,也可以由政府和社会资本共同出资设立。但政府在项目公司中的持股比例应当低于50%且不具有实际控制力及管理权",财政部的这一规定准确地贯彻了政府推广PPP模式"主要是要发挥社会资本在PPP项目中的投资、建设、融资、运营与维护等各方优势,以提高PPP项目的服务供给效率和服务质量"的政策目标。基于发挥社会资本积极性的目的,必须给予社会资本对PPP项目公司的充分自主经营权,政府不应与社会资本争夺PPP项目公司的控制权。虽然财政部和地方政府对PPP项目出资作出了相应规定,但PPP立法上并无明确的制度安排,各地方政府在是否明确政府出资比例限制这一点上并不相同,这给PPP模式的融资实践带来许多困扰与混乱。

如何处理政府的股权比例,应当综合考虑以下因素:首先,必须要考虑到政府

① 参见何自力等:《公司治理:理论、机制和模式》,天津人民出版社2006年版,第13页。

在PPP项目中的角色或职责以及履行职能所需的条件。基于项目的公益属性和公共利益保护的要求，对PPP项目全周期的监督、管理和检查是政府应承担的重要职责，PPP模式中政府要参加与上述职能有关的重大事项的决策和协调。[①] 政府要履行上述职责，就需要对项目公司拥有一定的控制权，而拥有公司的控制权主要基于股东享有的股权。但若政府动辄使用行政权等参与或干预项目公司的重大决策则可能对PPP模式的公司治理形成破坏，项目公司的独立法人地位存疑。因此，如果政府或代表政府的公共部门在项目资本金中没有任何占比，其维护公共利益的职能和对项目重大决策的参与等功能均难以恰当地履行或实施。其次，在PPP模式中，项目资金来源主要是债权融资，项目资本金占总投资的比例较之债权融资规模而言是比较低的。债权融资的资金主要来源于银行等信贷机构，而银行等信贷机构之所以愿意发放贷款，往往是以政府或公共部门的担保为前提，这意味着PPP项目的融资风险主要是由公共部门和银行等贷款方承担的。[②] 而股权的大小或资本金出资的占比直接影响股东收益的分配，因而如果政府股权占比过低，将存在风险和收益不匹配的问题。

但是如果政府或公共部门绝对控股，尽管能为项目顺利实施提供政治和资金等保障，但私人部门的股权占比较低，其对项目公司的控制权就弱，在项目公司决策中，PPP项目可能因私人部门话语权较弱而无法发挥其专业和经验优势，或因为政府过度干预影响PPP项目效用等原因。而且，股东权益资金的多少也代表股东对项目的承诺和对未来发展前景的信心。[③] 此外，私人部门股权比重低还可能存在激励不足的问题。

基于以上分析，我们认为原则上政府拥有一定的控制权是必要的，是政府履行对PPP项目的监管职责、参与项目公司的重大决策、获得与其承担风险相适应的收益以及维护公共利益等目标所要求的。与此同时，政府的控制权在原则上也应是有限的，以尽可能避免影响私人部门的日常经营和管理以及私人部门的控制权收益损失和激励不足等问题。可以考虑对政府的资本金出资比例的区间做一个规定，并根据不同行业和运作模式的特征，对其股权的具体比例作指导性的规范。

另外，现行公司注册资本认缴制与PPP项目融资存在制度设计上的不适应性。2014年新修改的《公司法》将注册资本实缴登记制改为认缴登记制。即新《公司

① 参见刘峰、刘建安：《国际BOT/PPP项目融资适用性比较——兼述参与BOT/PPP项目的益处》，载《国际工程与劳务》2014年第6期。

② 参见丁韶华：《项目融资中的控制权配置——博弈及相关法律问题研究》，南京大学金融工程专业2013年博士学位论文，第46~48页。

③ 参见盛和太：《PPP/BOT项目的资本结构选择研究》，清华大学建设管理专业2013年博士学位论文，第11页。

法》施行后,公司股东可以自主约定认缴出资额、出资方式、出资期限等内容,不再就公司股东实缴注册资本的时间和比例作出强制性规定,取消了一般公司的最低注册资本金的规定;同时工商部门不再将实缴注册资本作为登记事项。但PPP项目总投资额一般都比较大,其资本金的出资到位情况不仅关系债权人的利益,更直接关系公共服务项目的有效运行和成功实施。新《公司法》规定股东有权在章程中自由约定出资期限,让公司资本回归股东自治属性,以提高资金的使用效率和激发市场的活力,是十分有必要的,是立法的一种进步。但是,权利总是要有边界的,股东如果在章程中模糊约定至公司经营届满才完成出资义务或公司股东通过随时修改公司章程对出资期限进行调整,使其出资始终处于不确定状态,以逃避出资义务的,则确有滥用权利的嫌疑。而如果PPP项目公司资本金制度对此没有一个明确的安排,那么一旦投资者利用这一点逃避出资义务,则项目的公共利益目标难以保障。可见,PPP项目公司资本金的出资存在与注册资本制度改革衔接的问题。

考虑PPP项目的特殊性,有必要在未来统一的PPP立法中对PPP项目资本金出资方面进行更明确的安排,PPP项目股东出资期限的自由度较之于一般的公司应有所限缩,明确规定股东必须对出资限期进行明确的约定且根据不同的PPP项目的行业特征、投资规模分别规定一个最长的出资时间,使股东对项目公司的出资是明确可期待的,从而避免出现《公司法》修改后可能出现的各种出资不确定、股东滥用权利损害债权人和其他公共利益的行为。

三、PPP项目政府担保制度

政府担保在PPP融资中特别是债权融资中十分常见,这与当前PPP项目资金主要来源于银行贷款有很大的关系,也与我国直接融资体系不完善有关,直接融资体系的不发达在一定程度上导致了PPP项目融资对以银行为主的间接融资的严重依赖,由此政府的担保显得更重要。一方面,政府在PPP项目融资中是否应该提供担保以及应该提供何种类型的担保一直是个极富争议的问题;另一方面,就项目资产设立担保物权而言,PPP项目中社会资本投资形成的资产或权益具有一定的不确定性,项目公司对项目资产的所有权特别是处分权也存在一定的不确定性,而这直接关系项目投资者以及项目公司对项目资产的支配权,进而影响他们就各种项目资产设立的担保物权的合法性问题,我国现行法律对担保物权的规定尚不能完全满足PPP项目中对担保制度的需求。

(一)PPP项目政府担保存在的法律问题

有观点认为政府在PPP项目融资过程中应尽可能地避免提供任何担保,英国财政大臣肯尼斯·克拉克(Kenneth Clarke)就强调:"PPP项目中,私人部门必须真正承担风险,原则上不得利用纳税人的钱来对项目进行担保,且任何财政对项目的支付都应该被证明是物有所值的。"[①]产生这些争议的原因主要是政府出于对 PPP 项目提供过渡担保可能产生负面效应的担心:会使政府承担过多的负债,而且如果对这些负债没有事先评估的话,政府就会陷入巨大的支付危机;会诱使私人部门只选择收益高但风险大的项目,因为风险越高,收益越高,而超额的风险已经由公共部门承担,但收益仍归属于私营部门,私人部门从自身利益最大化的角度进行选择,则其必然只愿意投资那些收益高且风险大的项目。与此同时,一旦或有债务变成真正的债务,则该债务将由财政负担,导致最终风险实质上是由政府,更进一步地说是纳税人和消费者承担的,这是极不公平的。最后,对于 PPP 项目的需求进行担保,在需求不足时,由政府提供补贴意味着公共部门还将承担项目公司的经营风险。而一个项目运营风险应主要依靠投资人自身的判断,不能通过政府补贴来降低风险。为避免政府担保的负效应,必须解决政府担保的合法性和 PPP 风险配置原则问题。

1. 政府担保的合法性问题

政府担保的合法性分析主要是对政府提供严格意义上的或者担保法律意义上的担保而言的。政府担保的合法性主要涉及两个问题:一是政府作为担保人的主体资格的合法性问题;二是政府能够以何种资产提供担保或政府担保的种类的合法性。就主体资格而言,我国《担保法》对政府作为担保人的资格进行了限制性规定,因而政府直接以其土地或其他公益性设施为项目提供担保,很可能涉嫌违法。

就政府能够提供担保的财产或担保的种类而言,《物权法》对可以进行抵押的财产也做了明确规定,土地所有权和公益性设施等属于不得抵押的财产。为此,在实践中,很多地方政府以间接的担保取代直接的担保,即不直接用土地或公益性设施提供担保,而是采用变通的方式,如比较常用的也是非常有争议的就是采用"土地收益权质押"[②]来为项目的债务提供担保。根据《物权法》的规定,权利质押主要包括债权质押、股权质押、知识产权质押和其他权利质押。根据物权法定主义原则,物权的种类和内容只能由法律规定而不能由当事人自由约定。[③] 很显然,土地收益权质押不属于法定明示列举的权利质押类型,至于其是否属于兜底性条款规定的其他财产权利则需要进一步的分析。

首先,根据物权法的一般理论,权利质押必须满足两个条件:一是有质押权利凭证,可以转移占有;二是质押权人对质押享有优先受偿权。具体到土地收益权质

---

① See Nestor M. Davidson, "Values and Value Creation in Public-Private Transactions", *Iowa Law Review*, Vol. 94, 2009, p. 937.

② 土地收益质押权,主要是指政府对未来土地的预期收益权进行质押而设立的一种担保物权。

③ 参见梁慧星:《中国物权法研究》,法律出版社 1998 年版,第 67 页。

押,该类土地通常没有达到土地出让标准,没有完成一级开发工作,因而一般也无法办理土地使用权证,更不能办理权利登记公示手续。[①] 而且,由于不能办理权利登记公示,实践中地方政府以同样一块地与多个债权人签订土地收益权质押的现象较常见,对债权人权益保护十分不利。其次,债权人并不能有效控制、自主处分质押的土地。一级土地的开发和出让是一项行政管理权利,实行该权利的主体必须有法律授权或政府委托授权。最后,根据土地出让金支出管理制度,质押权人的优先受偿权也很难实现。此外,银监会 34 号文[②]对土地收益权质押也不予认可。因而土地收益权质押很难说是一项合法的担保物权。所以有必要根据现行的法律,特别是《物权法》《担保法》等法律对政府的担保进行一个梳理。PPP 模式中,政府提供的担保必须首先是合法的,违法的担保无论是对公共利益的保护还是债权人的保护都是十分不利的。

2. PPP 项目风险分担问题

政府为 PPP 项目公司的债务直接提供担保涉及的风险主要是财务风险,财务风险主要属于市场风险,私人部门作为主办人,从风险收益对等原则和有效控制原则考虑,其是比较有能力和动力控制该风险的,所以私人部门应当承担该风险。同时,从风险应当交由最适合控制和管理该风险和风险成本最低原则考虑,政府的信用更高,政府的信用能使项目公司以较为优惠的利率获得债权资金,所以,这里的财务风险应该由政府与私人部门共同承担。

关于政府提供的基于公共支付权的担保,即政府向金融机构承诺将遵守 PPP 合同支付有关费用,承诺将严格按照特许权协议履行合同义务,从而给金融机构以信心的担保,这种承诺担保严格属于法律或政策风险,政府对此最能有效控制,控制的成本也最低,因而由公共部门承担是合适的。

关于流量或需求的担保,主要属于市场和经营风险,正如英国在采用特许经营的项目中一般不给予补贴,其中一个主要的理由便是流量应该由投资者自己测算,如果政府在流量低的时候给予补贴,则意味着政府在承担经营风险。[③] 对于经营风险而言,私人部门更有能力和优势管理这类风险,因而该类风险主要由私人部门承担是更为恰当的。

---

① 参见秦玉秀:《建筑企业 BT(建设—移交)业务法律操作实务》,中国法制出版社 2013 年版,第 156 ~ 158 页。

② 《银监会关于切实做好2011 年地方政府融资平台贷款风险监管工作的通知》(银监会〔2011〕34 号)规定:凡是以地方各级政府及其所属部门和主要依靠财政拨款的经费补助事业单位以直接或间接形式提供担保,以学校,医院、公园等公益性资产作为抵押品,以政府承诺担保、无土地使用证的土地出让收入承诺和规划土地储备作为抵押的贷款,均属违反《物权法》《担保法》《银行业监督管理法》的行为。

③ 参见谢煊、孙洁、刘英志:《英国开展公私合作项目建设的经验及借鉴》,载《中国财政》2014 年第 1 期。

3. 地方融资平台发展的启示

地方融资平台发展到现在存在很多问题，政府发文明确要求剥离其政府融资职能，而 PPP 又是在这样的背景下提出的，颇有"取而代之"的含义。两者是不同公共服务提供方式，但具有交叉的或类似的职能，所以地方融资平台出现的问题，也是 PPP 所应避免的，分析地方融资平台存在的问题十分必要。

地方融资平台的"软预算约束"问题很严重。所谓软预算约束主要是指当地方政府出现财政危机时，中央政府一般会承诺提供援助，当地方政府能够通过获得限额外的资金补贴从而维持其运作时，这就说明预算是软性的，就会引起地方政府超支的道德风险。[1] "软预算约束"导致政府债务累计，可能引发政府支付危机。PPP 模式如何避免地方融资平台的弊端，可以借鉴德国的做法，即在预算法中明确规定，对于包括 PPP 在内的所有可能对财政产生影响的措施，必须进行必要的经济可行性分析。同时加大政策的透明度，使决策者能够获得决策所需的全部相关数据和信息，只有 PPP 在经济性分析上能增加透明度，那么它和传统的项目建设方式之间才能出现真正的竞争。[2] 这些做法对我国有一定的借鉴意义。

现阶段政府之所以要大力推广 PPP 模式，逐步剥离地方融资平台的融资职能是因为 PPP 模式能吸引社会资本参与公共服务的提供，能够通过科学的风险分配机制更合理地分配政府和私人部门的风险，从而更好地提高公共服务的效果和质量，同时增加政府财政的透明度和预算的执行，避免原来地方融资平台融资的很多弊端。如果仅仅考虑 PPP 项目融资模式是用于避开公共支出限制和将公共投资从预算中剔除，并不计入政府资产负债表，[3]将 PPP 作为规避新修订的《预算法》等法律规定的一个工具，这不仅曲解了 PPP 的真正内涵，也会使 PPP 取代地方融资平台而不能从根本上解决"软预算约束"等问题。所以，在 PPP 项目融资中，公共部门的担保就成为一个敏感的问题，过度的或随意的担保、担保的决策缺乏透明度、涉及财政支付却没有进行经济可行性分析等问题，则很可能导致 PPP 模式重蹈地方融资平台的覆辙。

（二）PPP 项目政府担保制度的域外经验

政府担保是进行合理风险分配的必然要求。政府担保在 PPP 项目中发挥了重要的保障作用，这一点在发展中国家表现得尤为明显。政府若不提供相当的担保，

---

① 参见张志华、周娅、财政部预算司课题组：《地方政府预算约束的硬化》，载《经济研究参考》2009 年第 43 期。

② 参见李以所：《公私合作伙伴关系（PPP）的经济性研究——基于德国经验的分析》，载《兰州学刊》2012 年第 6 期。

③ 参见唐祥来、倪琳：《国际基础教育公私伙伴关系（PPP）模式：争论与启示》，载《外国教育研究》2013 年第 4 期。

PPP 项目很难获得成功。例如,土耳其阿科伊核电厂项目,该项目由私营部门(项目承包商)和公共部门(土耳其政府所有的电力管理局)合作,组建 PPP 项目公司进行项目建设,期限是 15 年,15 年后移交政府。尽管土耳其政府与该项目私营部门投资者进行了几年的谈判,但由于双方对风险分配方面始终不能达成一致,特别是土耳其政府不愿为项目公司的外部债务提供担保,也不愿意为市场需求提供担保,造成私营投资方的信贷担保机构拒绝为私营部门的投资或出口信贷提供担保,从而导致该项目融资困难,项目最终没有得到实施。由此可见,发展中国家在运用 PPP 时,一定的政府担保是必要的。

政府提供担保虽然是必要的,问题的关键却是如何提供以及担保的形式和程度。在国际上,政府通过间接担保,在增强企业的信用的同时明确私人部门或项目公司的贷款主体地位的政府担保方式受到推崇。相较于政府直接为私营投资者的外债或最低购买数量提供担保,政府的间接担保更能平衡私营部门、公共部门和 PPP 项目机构之间的利益和目标。例如,在 CIPULARANG 收费公路二期项目(印度尼西亚)的 CPF 融资方案中,2000 年印度尼西亚政府确认该项目由 Jasa Marga(代表公共部门)作为项目的主要发展商。在项目融资方面,由于 Jasa Marga 代表的印度尼西亚政府面临资金有限的困难,于是 Jasa Marga 制定了一套新的融资策略,建立了承包商的预融资方案(CPF)。在这个方案中,若干当地银行向 Jasa Marga 承诺,通过向 9 个选定的承包商提供贷款为项目提供资金。这些银行同意提供这些承诺是因为 Jasa Marga 担保项目一定要建成且在建设阶段的任何时候都不会中止。换句话说,银行获得担保,无论项目发生什么情况,都能回收贷款。该协议进而以安慰函(信心保证书)的形式形成,承包商用安慰函向这些银行申请贷款。

CPF 方案的特殊之处主要有:第一,不是由项目股权投资人直接与银行达成贷款协议,而是投资人聘用的承包商直接从银行获得贷款,大大减轻了项目投资人的融资压力。第二,也是最重要的,承包商之所以能从银行获得贷款,主要基于政府提供的间接担保。政府与金融机构达成协议,表明和确认已正式和合法地聘用有关的承包商从事本项目的建设,还保证,当项目移交政府之后,政府将按照特许权协议支付,从而偿还承包商为建设项目所贷的款项,包括事先同意的利率计算的利息,也即政府提供的实际是政府的公共支付承诺。也得益于 CPF 方案的实施,该项目运行得比较成功。

(三)PPP 项目政府担保制度的完善

第一,进一步理顺包括《物权法》《担保法》等现行法律与 PPP 模式中政府担保的关系,明确政府可以提供的担保种类、形式和程序。首先,需要明确提供政府担保的主体,提供政府担保的主体不外乎两大类:一类就是政府或公共部门直接提供;另一类就是代表政府或公共部门的国有独资或政府控股的公司或机构。未来

PPP立法将担保的主体规定为后者比较合适,后者在实质上是政府对PPP项目进行市场化运作的商业平台,对于PPP项目的实际运作比较熟悉,也可以避免与现行《物权法》《担保法》的冲突。其次,进一步明确政府担保的种类,政府可以设立担保物权的标的范围,例如,进一步明确土地收益权能否成为政府担保的标的。对于合法性存疑但确实又有运用需求的,可以增加限制性规定,总之要避免政府担保合法性的不确定性,这对规范PPP的运作,对债权人利益和公共利益的维护均十分有必要。最后,明确在政府担保中如果涉及需要运用政府财政资金作为PPP项目的还款来源的程序,可以借鉴德国的做法,在预算法中明确规定在决策是否提供涉及运用财政资金的担保时必须进行必要的经济可行性分析并规定透明度要求,公共部门因担保而承担的或有债务必须是显性的,经过正当程序的和事先的、全面谨慎的预测和评估后,风险必须在政府或公共部门的可承担的范围之内。

第二,通过对政府担保的几种类型的分析并借鉴国际经验,相较于政府直接为私营投资者的外债或最低购买数量提供担保,政府的间接担保似乎更能平衡私营部门、公共部门和PPP项目机构之间的利益和目标。因而在未来我国PPP项目实践中以及PPP统一立法中,也可以进行一定的倾向性安排,鼓励PPP项目使用政府的间接担保,即意向性担保,将政府引入,对项目融资进行间接担保,增强企业信用的同时又明确了私营部门或项目公司是贷款的主体,既符合政府担保的适当性和合法性的要求,又有利于降低PPP项目的融资成本,增强金融机构的信心并促进PPP项目的顺利实施。

第三,针对流量或需求的承诺,如果确因项目的特殊性而有必要让公共部门提供一定担保,那么笔者建议必须完善相关的配套制度,如信息公开制度,公共部门和私营部门如果达成利益调解机制,承诺在特定条件下,如果流量或需求低于某一个范围,就给予私营部门补偿,那么最低值的确定和是否触发补偿条件的判断必须基于完善的信息公开,以使公众很能够了解其购买的公共产品或服务的成本,从而判断用纳税人的钱对私营机构进行补偿究竟是否具有正当性和合理性。

四、PPP项目资产设立的担保物权制度

在PPP融资中,提供债务资金的债权人为了保障自己的权利,除了要求政府提供担保外,往往还会要求项目投资人或项目公司在其所有的项目资产上设立担保物权以作为还款保证。资产的产权界定是项目公司的资产设立担保物权的核心问题,直接关系项目投资者以及项目公司对项目资产的支配权,关系项目投资者或者项目公司对各种项目资产设立的担保物权的合法性问题。我国《物权法》关于浮动抵押的规定尚不能满足PPP项目融资中最常运用的浮动抵押的需求,必须加强相关的立法研究。

(一)项目资产设立担保物权存在的问题

1. PPP 项目资产的产权界定

由于我国 PPP 尚处在推广阶段,PPP 的立法不尽完善,社会资本投资所形成的资产或权益具有一定的不确定性,而这直接关系项目投资者以及项目公司对项目资产的支配权,进而关系项目投资者或者项目公司对各种项目资产设立的担保物权的合法性问题。很显然,如果投资者或者项目公司对某些特定的资产并不拥有设立担保物权所需的支配权或处分权,那么其设立的担保物权就是不合法的。

我国相关法律就项目公司对 PPP 项目设施是否拥有所有权并没有明确规定。财政部 2008 年发布的《企业会计准则解释第 2 号的通知》在某种程度上否认了项目公司对 PPP 项目设施的所有权。① 在实践中,不同的 PPP 项目特许权协议的约定更是混乱,有的约定在特许经营期,项目公司对项目资产拥有所有权,有的则约定没有。对此,有观点认为项目公司应当有权拥有项目设施的所有权,否则就极大地限制了长达二三十年的特许经营期间的投资人的融资能力,从而影响了社会资本投资到 PPP 项目中的积极性。② 如果法律不能确认项目公司对 PPP 设施的所有权,那么项目公司试图就项目设施设立担保物权以获得银行贷款的合法性就是存疑的。③

2. PPP 项目运用浮动抵押的困境

我国《物权法》关于浮动抵押的规定尚不能满足 PPP 项目融资中最常运用的浮动抵押的需求。由于浮动抵押可在不影响公司生产经营的情况下给予项目公司所有财产最大的处分的权利,因而在 PPP 项目融资中常常会运用到浮动抵押,而我国现行法律对浮动抵押的规定尚不能很好地满足 PPP 项目融资需求。

首先,我国《物权法》第 181 条对浮动抵押的范围作了明确的约定,主要限于生产设备、原材料等,而项目融资担保文件中比较通行的做法是不对担保标的的范围作出限制,即项目公司全部的资产均可以是浮动担保的标的。

其次,根据《物权法》第 189 条的规定,设定浮动抵押的当时尚没有实际取得的财产,在登记当时并不构成担保范围的标的,只有当将来真正取得时才能构成标的,而这与项目融资中运用浮动担保制度的初衷和目的是不相符的。

---

① 《企业会计准则解释第 2 号》(财会〔2008〕11 号)规定:“五、企业采用建设经营移交方式(BOT)参与公共基础设施建设业务应当如何处理?(五)BOT 业务所建造基础设施不应作为项目公司的固定资产”。

② 参见徐向东:《PPP 项目实践的十大法律问题》,载《东方早报》2014 年 12 月 2 日,第 9 版。

③ 例如,伴随社会资本进入养老产业投资后,很多问题也接踵而至,特别是社会资本投资养老院等项目后其产权究竟如何界定,投资者对其投资形成的产权如何流转,支配权如何判断等问题,都直接关系投资人或项目公司对养老院的资产或其股权或其他权益设置的担保物权是否为有权处分与是否合法的判断。

最后,没有对债权人,主要是金融机构的介入权作出规定。根据我国《物权法》和《担保法》的规定,担保权人是没有自力救济权的,担保权人不能直接占有、处分担保物,这主要是基于立法禁止流质、债务公平受偿等方面的考虑,但我们也看到一概否定自力救济,也导致了我国在实现担保物权方面效率低下的现状。[①] 而在PPP 项目中,这种限制的弊端更明显。由于 PPP 项目主要提供准公共物品,因此项目资产的处置往往受到很多限制,因此对于债权人而言,对担保财产的管理权比处置权更重要。而根据目前法律的规定,作为债权人的金融机构的权利主要是债务到期不能清偿时就担保资产拍卖、变卖等方式的所得优先受偿,这对于债权人利益的保护而言十分不利,从而打击其对 PPP 项目的融资提供支持的积极性。

3. PPP 项目运用权力质押的困境

在 PPP 项目中,由于投资人或项目公司拥有的主要是特定时间内的经营权和收益权,而往往对相关的公益设施等资产本身并不具有所有权,所以在 PPP 模式中,投资人或项目公司提供的担保物权中权利质押比较常见。PPP 项目中权利质押存在的问题主要是:根据物权法定原则,物权的种类和内容应当是由法律规定,而非当事人的约定。PPP 模式可能会涉及一些权利质押的标的并不属于《物权法》第 223 条明示列举的可以出质的权利。而认定是否属于兜底性条款的其他财产权利,则有待进一步分析。而且往往这一类权利质押没有规范的权利质押凭证,没有法定的登记机构,因而设立的权利质押的效力往往存疑,制约了项目公司的融资能力。

例如,以基础设施收益权质押为例,其在实践中运用很广泛但尚存在很多法律问题。有人认为其不具有可转让性,因为收益权转让的主体必须具备相应的资质。也有观点认为这种资质仅基于招投标程序,并非债权理论中"基于特定身份而产生的债权",而且通过设立独立的收费账户,将收益权质押转换成账户上的质押,即可解决问题。[②] 由于目前立法并没有对此作出明确的规定,相关的配套制度如登记机关也不明确,因而导致实践中就 PPP 项目资产设立的权利质押可能得不到法律的保护,不利于交易的安全和 PPP 项目的融资。

(二)项目资产设立担保物权的域外经验

英国和美国法律中将浮动抵押的标的物界定为财产。财产这个概念的外延较为广泛,所有能够带来收益的可以转让的物或权利等都可以称为财产。因而无论是根据英国法还是美国法,项目公司几乎全部的财产都可以构成 PPP 项目融资中

---

① 参见李定毅:《动产浮动抵押担保的风险及其防范》,载《法学杂志》2009 年第 3 期。

② 参见崔明亮:《基础设施收益权质押法律制度研究》,载《华北水利水电大学学报》2014 年第 6 期。

设立的浮动抵押标的物的范围,对于实现项目资产的物尽其用与促进PPP项目的融资起很大的作用。而且就未来的财产,英国法律认为如果未来的财产在其还没有形成时就已经可以描述和确定,那么它就可以成为担保标的物的范围,而不用等其实际存在时再列入担保范围。[①] 在PPP项目融资中,通过一系列详细的融资文件对于准确描述和确定未来产生的收益或资产并不难,所以以全部资产设立浮动担保是完全可行的。

在担保物权的受偿方面,由于PPP项目资产比较特殊,资产的出售往往需要公共部门的审批或许可,而非通常的可以自由出售的资产;资产往往是一些公益性设施,变现或找到第三方接盘都比较困难;债权人更看重对项目资产的管理权,而非担保物的变现价值。因而英美国家的法律允许在债务人违约时,作为担保物权人的金融机构有权介入管理,其可以取得对担保物的占有,自己或指定第三人对担保物进行经营管理,而不必经法定拍卖等程序变现后优先受偿。英美法的规定更利于债权人的担保权益的保护,基于这种保护,PPP项目也更容易获得债权融资。

(三)项目资产设立担保物权相关制度的完善

第一,产权的明晰界定对于就项目资产设立担保物权的合法性而言是至关重要的。PPP立法应明确项目设施的所有权的问题,允许项目公司在特许经营期内对项目设施拥有所有权,并根据需要设置一定的限制性条件,这也是项目公司就其资产设立担保物权的法律前提。与此同时,为避免项目公司拥有产权而可能导致的双重征税的问题,建议完善相关配套制度,对PPP项目公司的税收作合理的安排,并根据PPP项目的特殊性给予其一定的税收优惠,这对于提高PPP项目的融资能力、吸引社会资本而言,是非常有必要的。应明确界定社会资本投资所形成的资产或权益。有必要对不同行业运用PPP模式时,就社会资本投资形成的产权进行明确的界定,同时考虑到每个具体行业的特殊性,例如,不同行业的公益属性不同,其私营投资者对项目资产的处分权自然也不同,因而很难在统一的特许经营法中进行明确的规定,作一些原则性的规定是可行的也是必要的,然后辅之以各种单行立法,针对行业本身的特征,运用PPP模式形成的资产的属性和特殊性,对私营投资者的投资权益进行一个明晰的界定。在这个前提下,投资者对项目资产能够设立何种担保物权及其效力也就可以判断了。这对于规范PPP项目的融资,保障私营投资者的投资权益和公共利益的保护均是非常有利的。

第二,未来对PPP进行统一立法时,有必要对PPP项目融资中涉及的浮动抵押作进一步的规定,以弥补现行物权法等法律关于浮动抵押的规定尚不足以满足

---

① 参见彭贵:《英国浮动抵押制度研究》,西南政法大学民商法专业2006年博士学位论文,第24页。

PPP项目的需求的不足。例如,可以借鉴英美国家的规定,进一步扩大浮动抵押的标的物范围,对于将来能够取得的资产也并非必须在实际取得时才构成担保范围的标的,而可以规定只要该未来的财产可以通过融资文件等方式进行明晰的描述和界定就可以成为担保标的物的范围。

第三,针对PPP项目中权利质押运用比较普遍的现状和基于物权法定原则的要求对PPP项目中设立的权利质押的合法性的质疑,有必要进一步完善PPP项目中常用的权利质押的凭证制作、转让的方式和限制以及登记机关和方式等方面的规定。就权利质押中权利的主体资格限制问题,例如,在收益权质押中,由于对收益权人的主体资格有所限制,此时将收益权质押转化成特定的账户质押,不失为一种可行的变通方式。就登记机关而言,笔者认为可以考虑由项目所在地的工商行政管理机构统一进行登记,以更好地保护权利人的利益和交易的安全。

第四,增加对作为债权人的金融机构的介入权。金融机构成为担保权益人后,其享有的权利不应仅限于优先受偿权,而规定在债务人违约时,作为担保物权人的金融机构有权介入管理,其可以取得对担保物的占有,自己或指定第三人对担保物进行经营管理,这样更有利于债权人的担保权益的保护,同时基于这种保护,PPP项目也更容易获得债权融资。

五、PPP项目再融资制度

政府和私人部门对于PPP项目再融资的需求和关注点有所不同。因而再融资问题的关键是如何对其进行合理的限制,使其既不损害私人部门的投资积极性,又能保证政府承担合理的风险,保护公共利益。通过PPP合同对再融资的比例、再融资收益的分配等事项进行明确约定是解决PPP项目再融资困境的有效路径。

(一)PPP项目再融资存在的法律问题

除通过股权融资和债权融资获得发起PPP项目所需的资金外,因项目运行过程中部分资金的提前退出或出现新的融资需求时,就会涉及再融资的问题,以弥补过程中的融资需求。政府和私人部门对于PPP项目再融资的需求和关注点有所不同。私人部门是PPP项目再融资的主要推动者,再融资一般会放大融资杠杆,从而增加每股资本金的收益,提高资产收益率。正是因为再融资一般会让私人部门获利,私人部门为了追求更高的净资产收益率,会倾向于不断推高项目的资产负债率,直到净资产收益率达到最大值或受其他条件制约而不能继续加大。相反,由于政府的主要关注点在于PPP项目成本和公共服务的提供效率和质量,而推动再融资对这两者的意义均不大。再融资还可能因严重的负债而使PPP项目面临更多风险,基于项目的社会公益属性,政府往往会对项目进行注资或接管以维持服务的连续性,从而变相承担了部分再融资风险。而政府承担这种风险,实质上是拿纳税人的钱承担了再融资的风险。从PPP项目融资风险配置原则来看,风险和收益应当对等,但是再融资的收益主要是私人投资者的资产收益率的提升,而一旦再融资出现风险,政府“最后接管人”的角色则意味着实质上是消费者或纳税人承担了最大的风险,显然存在风险和收益不对等的问题。

如何吸引私营投资者参与PPP项目融资是发展PPP项目所必须考虑的因素,再融资对于提高投资收益率、增加资本的灵活性确有很大意义,因而“一刀切”地禁止再融资显然是不合理的。而且让私人部门获得一个长期的稳定的正常的收益率也是PPP的目标之一,否则社会资本不会进入这个领域,即使进入,一个长期亏损的项目,又怎么能指望其为公众提供优质的公共服务？同时,公共利益又是PPP项目的主导核心价值,所以再融资问题的关键是如何对其进行合理的限制,使其既不损害私营部门的投资积极性,又能保证公共部门承担合理的风险。

(二)PPP项目再融资的域外经验

为了更好地平衡政府和私人部门在PPP项目融资上的不同目标和关注点,很多国家通过PPP指南、PPP合同等形式对再融资的比例、再融资收益的分配等问题进行规定或约定。例如,英国Derant Valley医院PPP项目,该项目总投资1.15亿英镑,融资完成时本项目采用的融资工具是贷款和资本金,此后则有债务/债券转换和股权出售作为再融资的一部分。2001年Derant Valley医院项目的特殊目的公司(负债1.01亿英镑),通过将800万英镑的高级债务转换成债券进行了再融资,主办人通过出售权益和再融资共获得1640万英镑的进项,根据英国财政部的指南,再融资的收益应该与该基金会分享,后者获得约1000万英镑,主要以减少给项目公司的年度支付额的形式支付。[①] 这个项目可以说是一个“双赢”的PPP项目,私营投资者通过再融资,出售部分股权,获得了比较高的收益,同时由于英国财政部PPP指南又对再融资的收益分享作了比较严格的规定,例如,在这个项目中,公共部门分享的收益甚至超过了50%。

再融资得以实施的一个重要前提就是私营投资者通过其科学而专业的管理将PPP项目公司经营好,所以允许私营机构再融资是对私营部门的一种有效的也是必要的激励。同时PPP项目主要是提供准公共物品,其核心价值是增加公共利益,更有效率地提供更优质的公共产品或服务,私营机构应该获得稳定的合理的收益,但如果私营机构获得超额收益,那就可能存在定价太高、损害公共利益的情形,这是不合理的,所以提前设置再融资的收益分享比例,就是一个十分有必要的利益调节机制,使再融资在激励私营投资者的同时又能保证其获得的是一个合理的而非

---

① 参见欧亚PPP联络网:《欧亚基础设施建设公私合作(PPP)案例分析》,王守清主译,辽宁科学技术出版社2010年版,第237~238页。

超额的收益，如此也符合 PPP 项目的本质。

（三）PPP 项目再融资制度的完善

我国金融市场还不够完善，PPP 再融资和其他投资退出途径还不够通畅，此外，无论是 PPP 政策还是现有的规范或标准合同，都对社会资本的再融资分配等问题规定或约定较少。在未来 PPP 立法中应对再融资的条件、杠杆比例、再融资的收益分配比例和方式进行一定的制度安排，以更好地实现 PPP 项目的价值。

首先，要对再融资的条件作出限制性规定，基于 PPP 项目风险配置原则即风险和收益应当对等，应规定再融资应主要用于弥补 PPP 项目新的融资需求；其次，再融资往往会提高资产负债率和融资的杠杆率，从而增加 PPP 项目的风险，而在 PPP 模式中，风险的承担应当有上限，具体到再融资，则意味着要对再融资的风险设置一个上限，例如，针对不同类型的 PPP 项目的融资杠杆率规定一个上限，如果经计算，实施再融资方案导致项目公司的杠杆率超过上限的，则该方案就不能通过，反之可以进行再融资；再次，再融资往往涉及对首次融资达成的融资协议的债务期限、金额和融资工具等内容的变更，而这些变更可能影响公共部门的利益，因而有必要规定再融资若涉及增加公共部门的义务的，必须事先经公共部门的同意；最后，法律应当对再融资的收益作出明确的规定，如规定再融资收益公共部门的最低分配比例。

六、PPP 项目投资退出机制

PPP 项目要吸引社会资本参与公共私营合作项目的投资，需要考虑社会资本如何退出的问题。如果没有一个通畅的投资退出机制，而 PPP 项目合同的存续期间又往往长达二三十年之久，如此漫长的投资周期会使大多数私营投资者望而却步，因而建立一个通畅的退出机制对于吸引社会资本参与 PPP 项目投资而言至关重要。公共部门主要关注股权转让会导致不适格的主体参与 PPP 项目，导致无法按照既定目的或标准实施；而社会资本投资者希望通过转让股权来吸引新的投资者或实现退出，获得投资收益。因此，投资退出机制的关键在于如何在 PPP 项目合同中设定一个适当的股权变更限制机制，在合理的期限和限度内有效地限制社会资本不当变更股权。

社会资本退出 PPP 项目主要通过股权转让实现。原始股东能够入选 PPP 项目库并成为 PPP 项目的合作伙伴，是政府综合考量其融资能力、技术能力、管理能力等方面择优审定的，如果允许私人投资者自由转让股权，可能会因不适格主体的进入而影响公共服务提供的效率和质量，因而公共部门往往倾向于限制甚至禁止股权变更。相反，对社会资本合作者而言，希望有一个顺畅的退出机制实现其资金价值，通过自由转让其所持有的股权以吸引新的投资者或实现退出，提前获得投资收益。

为更好地平衡公共部门和私营部门的不同需求和关注点,在相关立法和合同安排中必须要设定一个完善的股权转让机制,明确规定股权转让的条件,从而避免私营合作方不当变更其股权。考虑大量的投资实践,私营机构参与 PPP 项目投资,出于风险隔离、税务筹划及投资退出等事项的考虑,通常会设立一个多层的投资路径进行投资,即母公司会层层设立控股子公司,最后一层子公司作为 PPP 项目公司的股东进行投资。在这种情况下,即使 PPP 项目公司的私营投资者没有转让股权,而其母公司以及与其有控股关系的任何一个中间层的公司的股权变更都会实质上导致 PPP 项目公司的股东变更。对此,有的 PPP 项目合同会规定,在一定的期间内,项目公司包括其各级控股母公司的股权变更均须政府的事前书面批准。那么,是否投资路径的每一层级的公司的股权变更都需要限制,股权变更的范围和程度到底应该如何设定,才能在保证 PPP 项目质量和公共利益的前提下又能保证社会资本投资的灵活性,这些都有必要在 PPP 立法中进行规范。

必须进一步完善 PPP 的股权转让机制,特别是设定一个适当的股权变更限制机制。对于私营部门通过一个多层的投资路径进行投资的方式,从简政放权和增加市场活力的角度考虑,笔者建议,在原则上项目公司的股权变更须经过政府的事前书面批准,而其各级控股母公司的控股股权的变更则可以视情况而定,对于那些不是特别敏感的 PPP 项目或者股权变更主要是关联交易等对 PPP 项目运作影响不大的,可以规定不需要审批而只要进行备案。

就股权转让可能涉及的主体资格不适格的问题,未来 PPP 立法时应完善对主体资格限制的规定,针对不同的 PPP 项目应评估确认关键性主体资格限制和非关键性的主体资格限制。关键性主体资格限制主要是指特定 PPP 项目对股东应具备的资质的要求,如建造资质、开发资质或者特定行业的职业许可资质,此类资格限制直接关系 PPP 项目的具体实施,其股权转让应受到相应的限制,至少转让的前提必须是受让者也同样具备上述资质。非关键性的主体资格限制,如公共部门根据当时项目要求提出的所应具备的条件,但在股东拟转让股权时已不再是必须的,或是程序性的主体资格限制,如当时选任私营部门所经的特定程序,则可以考虑此类主体资格限制对项目的实施影响不大,因而对于仅仅会导致非关键性的主体资格的瑕疵的股权转让,法律原则上应当允许。另外,可以增加股份锁定期的安排,针对不同行业和具体 PPP 项目的实际,合理约定股权锁定期,以更好地平衡公共部门和私营部门的不同需求和利益。

第五章　PPP模式政府角色与监管再造

加强对PPP模式监管的目标是以“公众受益”为核心，在将政府的政策目标、社会目标和社会资本的运营效率、技术进步有机结合的基础上，促进社会资本竞争和创新，确保公共利益最大化。社会资本的介入形成了新的具有多元价值追求的产业组织和市场化的运营模式，与传统的建立在自然垄断理论之上的对国有垄断的监管相比，“谁监管”“监管什么”“如何监管”成为基础设施产业公私合作运营后必须解决的问题，竞争性垄断市场结构要求更新传统监管理念，以公共利益为核心来设计PPP独立监管框架。

一、PPP模式政府基本角色

在重新定位过程中，政府借助和通过市场的力量协调公共服务的供应和行动，从公共服务的直接的生产（建设）、经营者转变为PPP模式制度的安排者、推动者、合作者和监管者，其重点是“任务而不是执行”，是“结果而不是投入”，应该更多地去“掌舵”，更少去“划桨”。在PPP模式中，政府基于确保PPP全周期“在实质上和程序上都符合公共利益”的核心职责而具有双重身份：一方面以平等主体与社会资本签订协议，让渡项目建设（生产）、经营权；另一方面又以管理者的身份，承担规则制定、选择合作者和运行监管的职责。在PPP模式全过程中扮演以下角色，首先，作为PPP的决策者，基于与消费者的社会契约关系，为追求公共利益的价值目标，政府应做好PPP规划与制度安排，控制包括规划、决策与审批在内的PPP“准入权”，“掌好舵”是政府主要的职责;其次,作为PPP的合作者,在PPP合作协议的签订与履行过程中,政府应处于交易对象的平等地位与社会资本订立合同,以私法主体从事私法活动,履行契约义务;最后,作为PPP的监管者,政府应行使包括质量、价格、财务、服务水平和普遍服务在内的PPP项目绩效“监管权”,承担因合作风险带来的对消费者的公共服务补充与终极提供责任。

(一)决策者:做好政策准备和规划方案

建立清晰的政策框架有利于政府部门与社会资本理解PPP的核心理念以及制度目标,尤其对于社会资本而言,他们“想知道参与投标的过程与评估需要花费的金钱准备,并由此决定是否值得他们参与这个过程;他们想知道详细的设计以及何时将要开工;招标过程将需要多长时间;招标过程如何做到可行、有竞争力和透明;政府部门将如何管理长期的合作伙伴关系;行业监管对他们的合同有什么影响以及政府如何参与到项目中、如何监管”等问题①,因此,政府推广PPP之前必须做好政策准备和规划方案,明确项目实施的管理框架,规范项目从识别到实施全生命周期的操作流程。

PPP模式要求政府摆脱公共服务“划桨人”的身份束缚,集中履行“掌舵”职责,改变传统“全能型”功能,将其决策与执行职能适当分离,作为公共服务的安排者,政府的职能是制定PPP相关政策而不是亲自参与公共物品的生产与运营,即决定应该提供什么、怎么提供、为谁提供、提供到什么程度或水平以及怎么付费等问题。“掌舵的人应该看到一切问题和可能性的全貌,并且能对资源的竞争性需求加以平衡。划桨的人聚精会神于一项使命并且将这件事做好。掌舵型组织机构需要发现抵达目标的最佳途径,划桨型组织机构倾向于不顾任何代价保住其行事之道”。② 当然,中央政府及其部门与地方政府部门在PPP决策与执行的权限职能上应进行分工,一般而言,中央政府及其部门负责制定PPP整体政策、法律法规和运行标准,对PPP在公共领域的全面推广作出规划与安排,制定PPP产业目录和全国性PPP项目库,拟订PPP操作指南与合同文本,建立与PPP相适应的宏观市场环境;地方政府及其部门则主要结合本地情况具体落实中央政府PPP规划与安排,发布本地PPP项目库并负责PPP项目的实施与监督。

首先,为吸引社会资本参与公共服务,实现提升公共服务质量与效率的目标,政府必须明确推行PPP模式的政策方向。世界各国的经济发展实践证明,经济社会的发展要由一定规模的基础设施的投资来拉动,基础设施的超前发展是经济快

① [英]爱德华·法夸尔森、[哥伦比亚]克莱门西亚·托雷斯·德·米斯特拉尔、[英]E. R. 耶斯考比、哈维尔·恩西纳:《新兴经济体公私合作模式》,唐李亚宁译,中国电力出版社2015年版,第20页。

② 叶响裙:《公共服务多元主体供给:理论与实践》,社会科学文献出版社2014年版,第16页。

速发展的前提,而明确的政策指引和制度保障完善能够激发社会资本参与热情,树立投资信心。

其次,政府应做好 PPP 模式总体规划,通过对项目识别、项目准备、项目采购、项目执行和项目移交中各环节的整体设计,保障社会资本投资回报和 PPP 项目社会性的实现。并不是所有的公共产品提供都适用于公私合作模式,在构建基础设施体系时,政府要做好规划工作,在项目适用性的可行性分析基础上通过"项目库"提供适合公私合作的具体产品。"项目识别"是决定是否采用 PPP 模式的关键,其很大程度上取决于项目本身的性质,包括建设运营所需经验技术的复杂性、用户缴费或政府支付的难易程度、公共事业刚性需求的规模、配套设施的规模、环境保护和公众对项目喜好。①

最后,政府应完善合作者选择的制度路径,切实履行 PPP 准入权的行使。作为 PPP 项目的发起人,在特定 PPP 项目确立后,项目所在地的政府为寻找社会资本合作者往往在公开的媒体上发布有关信息,寻找有兴趣参与的社会资本。招投标是选择项目的建设者、经营者的重要方式。政府以招标文件形式,向社会公布项目设计与对社会资本投资者的资质要求、技术及其实力以及项目建设后所要达到的经济社会、公众服务的目标。政府必须适时将 PPP 政策意向上升为法律,建立一套对社会资本有吸引力又不损害公共利益的法律框架,以法的强制力保障 PPP 模式的有效开展。

(二)合作者:以契约精神塑造政府行为

PPP 模式特征蕴含合作的思想理念。合作,能产生"合作剩余",共同行动中积极的相互配合与支持可以带来巨大的效益。PPP 是政府与私人部门在基础设施建设等公共服务领域基于契约形成的长期互利、服务公众的合作形式,其目的是以"合作治理"和协同的力量共同解决公共品供给效率问题,即"在某个具体项目上,以最少的资源,实现最多的产品或服务"。② 在我国,PPP 模式是政府为完成公共服务职能,吸纳社会资本力量以公私合作形式代替政府单独提供公共服务的制度创新,PPP 模式的核心是合作,政府与社会资本的关系本质上是一种互补关系而不是替代关系。

合作的动力是风险共担与利益共享,因此,PPP 合作双方关系必须建立在自愿、平等的基础之上,在契约精神引导下,利用制度的约束合理分配权利义务,如此才能实现利益共享、风险共担和互惠互利的本质。PPP 模式的设计就是要实现政

---

① 参见王梅:《市政工程公私合作项目(PPP)投融资决策研究》,经济科学出版社 2008 年版,第 50 页。

② 贾康、孙结:《公私伙伴关系(PPP)的概念、起源、特征与功能》,载《财政研究》2009 年第 10 期。

府由公共服务直接供给者到项目合作者的身份转变,其重点是政府契约精神的塑造。当政府作为一个理性"经济人"进行合作行为时,在交易时必须考虑交易成本。"在某种意义上讲,政府是一个超级企业(但是一种非常特殊的企业),因为它能通过行政决定影响生产要素的使用"。[①] 也就是说,在有政府参与的市场行为中,从经济学角度来看,政府部门也是一个经济组织。而交易成本经济学认为,"经济组织的问题其实就是一个为了达到某种特定目的而如何签订合同的问题"。[②] 就政府部门而言,其在与社会资本合作中,主要是通过与社会资本签订合同而实现双方利益的分配,以实现提供公共产品的目的。作为 PPP 项目合同的签署一方,和社会资本约定了合作的方式、双方于合作期间的权利义务,其在合同的地位与社会资本方面是平等的,形成平等的民事法律关系,双方应该依照私法的公平原则解决争议。由此可见,政府若要在基础设施与公共服务领域中推广 PPP 模式,则必须加强自身的契约精神培养,要求其在与社会资本合作的经济行为中必须强调自由、平等、互利、理性原则,这是对政府传统行政权力和垄断思维的冲击与突破。

(三)监管者:以公权介入利益冲突

经济学家一般认为,监管是指政府对市场活动进行一定的限制和规范,政府通过对 PPP 项目的监管协调各方利益。政府监管也是政府管理经济的一种特殊形式,政府通过制定市场规则,提供激励、奖励和惩罚措施,直接干预市场资源配置和主体活动,间接改变项目公司和消费者供需矛盾。政府对 PPP 项目的监管涉及市场准入监管、服务质量监管、成本价格监管等多个环节。从市场准入的角度来看,政府必须依法对投标人的资格、资质、商业信誉、业绩、融资渠道、技术以及设备等方面进行审核,保证合适的项目中标人参与特许项目的投资建设、经营,依法与其签订特许经营合同。在公共产品服务质量和服务价格的监管上,要明确公共基础设施领域的市场化改革并不是以向消费者提高价格或降低公共产品的服务质量为代价,政府的监管责任应确保向消费者收取合理的费用,提供可持续的优质服务。因此,政府监管必须关注政府、企业和社会公众利益的协调,规范产品的定价体系,寻求合理价格均衡点;要充分考虑消费者对服务质量水平的要求,对不同收入水平和不同地区经济发展存在的差异努力实现价格和服务质量的内在统一。

综上所述,政府在 PPP 项目的规划与实施全过程均扮演重要的角色,公私合作制内在优势的发挥很大程度上取决于明确的政府职责及恰当的职责履行,只有在真正理解政府角色和职能的前提下,才能抓住公私合作制成功的关键。但是,政府

---

① [美]罗纳德·H. 科斯:《企业、市场与法律》,盛洪、陈郁译,上海格志出版社、上海三联书店、上海人民出版社 2014 年版,第 93 页。

② [美]奥利弗·E. 威廉姆森:《资本主义经济制度》,段毅才、王伟译,商务印书馆 2003 年版,第 36~37 页。

与社会资本合作提供公共服务并不是政府公共服务供给责任的卸载，而是政府在公共服务供给体制改革中角色的变化，即政府从公共服务直接生产者身份转变为 PPP 制度的决策者、PPP 项目合作者与 PPP 运行的监督者。

二、PPP 模式推广与运用中的政府责任①

PPP 的引入有助于缓解政府在公共服务领域的财政压力，这几乎是各国政府推动 PPP 模式的普遍动机。许多学者认为“公共资金有限是政府邀请私人部门参与合同安排以负责资本密集项目的融资建设和运营的主要原因”，②确信 PPP 模式“最主要的驱动力仍然是意识形态和审计”。③ 就我国 PPP 模式实践而言，实用主义依然是各地方政府展开 PPP 实践的基本思想，将其作为政府解决公共服务领域融资问题的工具，将解决财政投入短缺问题放在首位，对 PPP 在促进公共服务效率提升方面的作用认识不足，对竞争机制的引入不够，缺少系统的制度安排和具体的实施程序等方面的“顶层设计”。当前，公共服务领域推广 PPP 模式作为改革趋势已经不可避免，政府的职责是掌舵而不是划桨，但这绝不是政府公共服务供给责任的卸载，而是政府承担公共服务供给的另一种途径，为保证公共服务供给的公益性和公共性，无论在政策引领、制度供给还是运行监督上，政府都负有不可替代的作用、责任与义务。

（一）PPP 价值：以公共利益为最高利益考量

社会公共服务涉及国计民生和社会公共福祉，这是公共资源和公共服务产品主要由政府提供的根本原因，也是公共服务领域普遍形成各种自然垄断的客观现实基础。对于公共服务领域而言，发挥市场在资源配置中的决定性作用，其本质在于引入多元化投资主体，向社会公众提供更多、更优质的公共产品和公共服务，克服公共服务领域因缺乏竞争或者自然垄断形成的低效率问题，缓解因政府资金短缺或投入不足而形成的公共产品供给压力。因此，公共服务市场化需要引入 PPP 模式，但 PPP 模式必须服务于公共产品的本质属性，不能改变公共产品供给的社会功能，公共利益应当而且也必须成为 PPP 模式最高利益标准。

公共利益作为 PPP 模式的最高价值取向是由其所有权性质和结构决定的。

公共所有权主体决定着公共利益能够成为 PPP 模式的最高利益。传统私有化和公私合作制首要的区别是交易后谁拥有资产或企业。所有权指拥有并控制一项

---

① 参见陈婉玲：《公私合作制的源流、价值与政府责任》，载《上海财经大学学报》2014 年第 5 期。

② Grimsey D., Lewis M. K., “Evaluating the Risks of PPPs for Infrastructure Projects”, *Intrenational Journal of Project Management*, Vol. 20, 2002, pp. 107－118.

③ Spackman M., “Public Private Partnerships: Lessons from the British Approach”, *Economic Systems*, Vol. 26, No. 3, 2002, pp. 283－310.

资产或者基础设施的权利或利益。所谓私有化即指向私营企业出售或转移一项公共资产或基础设施的所有权。[①] 相反,在PPP协议下,政府一方拥有资产或基础设施的所有权,指导资产或基础设施的管理以及设定用户费率。因此,在私有化语境中,由于资产或者基础设施的权利或利益,即通过开发经营得以提供公共产品或服务所能产生的权利和利益属于特定的私主体,此时,私主体和其所有的资产或基础设施自然难以重视公共利益。而在公私合作制中,该种权力和利益仍属于公共主体,由此奠定了公共利益能够在公私合作制中作为最高利益考量的价值基础。

PPP模式形成的公私双方特殊结构也要求政府选择公私合作时必须以公共利益因素为标准。传统的私有化和公私合作制另一个核心区别是结构,结构指的是在私有化后或者达成公私合作制后形成双方合作地位的最终合同安排。在私有化场景中,除可能的监管角色外,政府的参与度是很小的。但是,大多数国家围绕公共利益问题,以法律形式保留政府在合作协议安排上的某些权力,从而维持政府在PPP实践中的主导地位和PPP模式运行中的控制和监督作用。

首先,必须强化政府干预能力。保持政府在PPP模式中适度的干预能力是确保公共利益安全、稳定社会秩序的基本途径。这种干预能力在大多数国家都是以法律形式实现的,以美国佛罗里达州为例,该州以公私合作立法方式确立了一系列旨在强化政府监督职能的法律制度。依据佛罗里达公私合作相关法律,总检察长负责公私合作制项目的监督工作,有权就公私合作制各方有关开发、利用和完善内部控制措施提出财政问责建议;有权接受并调查与公私合作制项目及其运营过程中可能存在的涉及欺诈、滥用以及存在缺陷的任何指控,[②]这种以总检察长监管为中心的干预方式,既能保证PPP模式独立运营、减少政府不当干预现象的发生,又能够有效地维护公共利益安全。美国佛罗里达州法律禁止政府或代表公共利益一方与私人部门一方共同拥有一家企业或以政府信用为私营企业提供担保,其立法目的就是阻隔国家信用与私人企业纠葛在一起,以保护"公共资金"安全,这里的"公共资金"安全指的就是公共利益,而在普通的私人机构合作中,法律并不会直接干预合作当事人间提供融资或担保的行为。[③]

其次,以"最佳价值"选择私人合作方。所谓"最佳价值"指的是最符合公共利

---

① See Cal. Debt, Inv. Advisory Comm'n, "Issue Brief, Privatization vs. Public-Private Partnerships: A Comparative Analysis 12 (2007)", Accessed January 2, 2017. http://www.treasurer.ca.gov/cdiac/publications/privatization.pdf.

② See Chasity H. O. Steen, John R. Jenkins, "We Built It, and They Came! Now What? Public-private Partnerships in the Replacement Era", *Stetson Law Review*, winter, 2012.

③ See Jackson-Shaw Co. v. Jacksonville Aviation Auth., 8 So. 3d 1076, 1086 (Fla. 2008) [citing Dade Co., Bd. of Pub. Instr. v. Mich. Mut. Liab. Co., 174 So. 2d 3, 5-6 (Fla. 1965)].

益要求且最有效地维护公共利益安全。在各国 PPP 模式立法实践中，法律要求政府在筛选、确认私人部门前，即应依职权调查每一位潜在合作方的资源和财务融资能力，并在确认进行合作的私人部门前对其进行由一家独立的财务顾问实施和认证的财务审查。政府在决定私人部门合作方时，一般不采取传统的"低价竞标"采购程序和采购规则，而是以"最佳价值"报价为标准，综合决定合作伙伴。从实践上看，合作伙伴的"最佳价值"选择，价格优势不是唯一的标准，甚至不是最重要的标准，选择的标准可能还包括更重要的、能够满足公共部门需求的、创造性的其他各种综合要素，在特殊情况下，私人合作部门在特定公共领域的项目经验和技能，可能成为其获得合作机会的最重要的因素。PPP 模式之所以强调尽职调查、考量最佳价值和强调合作方的项目经验，而不单纯遵循价低者得的一般原则，其目的就是保障和提高公共产品或服务的质量，从而最好地实现公共利益的价值目标。

最后，以契约细化和权利保留为中心来维护公共利益安全。公共利益安全涉及国家安全、社会稳定。PPP 模式中的公共利益，构成合作的核心利益。这种核心利益在实践中往往被细化为 PPP 模式运营的具体目标，并贯彻于有关的 PPP 模式立法和公私合作契约的具体条款之中，即以法律条款确立公共利益维护目标，以合作协议细化或固化公共利益目标，并将其转化为私人合作方的基本义务，设定具体的行为标准，并将私人合作方落实公共政策的能力作为考量选择的标准，[①]这种细化了的契约条款和规范性文件将确保国家公共政策的实现。尤其是政府在选择确定私人合作伙伴后，其责任和参与也并不会因为有一个负责具体经营的私人部门合作者而终止，政府对确保居民能够获得充分的服务和私人合作方按合同要求履约上仍负有监督责任。监督任务可能包括"监督服务质量，解决合同纠纷和客户投诉，实施制裁和业绩奖励"以及在合同终止和续签时重新谈判合同条款。保留对私人合作伙伴的监督、检查和处罚的权利，仍是出于为公众提供持续优质的公共产品或服务的考虑，也体现了公私合作制中将公共利益作为最高利益考量的价值取向。此外，依法建立某些特别程序，如举行听证会，无疑也能体现对公共利益的重视程度。

(二) PPP 立法：法律框架及其冲突的协调

肇始于欧美的公私合作制，已经成为各国和地区促进社会经济发展、提升公共服务和公共产品供给能力的重要途径。作为一种制度安排，PPP 模式改变了传统的公共资源运营方式，突破了公私分明、互不统属的固有所有制形态，实现了公共利益与资本利益互惠互利、共存共赢的社会经济效果，因此，PPP 模式是社会经济

---

① See Nestor M. Davidson, "Values and Value Creation in Public-private Transactions", *Iowa Law Review*, Vol. 94, 2009.

领域特别是公共领域的重大变革。由于PPP模式是公共部门与私人部门之间基于契约所为的长期、互利共赢、服务公众的合作方式,各国政府都非常重视运用法律手段建立政府与私人部门的合作伙伴关系,通过PPP立法,为公私合作双方达成最合适和互利的协议设置了基本的规则;通过PPP立法,提高、限制或者禁止公私合作的领域和门槛;通过PPP立法,为公私合作双方提供合理的契约基础和分配契约蕴含的风险。

有关PPP的法律实践,存在两种截然不同的方式:一种方式是以契约文本的方式,确立PPP契约的基本内容和效力,英、美以及加拿大政府没有专门针对PPP模式的法律,为了促进PPP模式的发展,不断推出各种契约文本或指南用以引导PPP模式在英国改革领域的应用;欧盟委员会也对PPP模式发布了相应的文本指南,2003年1月发布《PPP模式指导纲要》,2004年4月发表《PPP模式绿皮书》,指导欧盟各国PPP模式的实践。另一种方式是制定单独的PPP模式的法律,统一规范PPP模式在公共领域的实践,韩国1994年《基础设施吸引民间资本促进法》,新西兰于2002年的《地方政府法案》,我国台湾地区2002年的"促进民间参与公共建设法",巴西2004年的《公私合营(PPP模式)法案》以及德国2005年《公私合作制加速实施和改善其法律框架条件法》(以下简称德国《公私合作制促进法》)。

无论是以规范的契约文本或指南,还是以单独的成文法律,有关PPP模式的法律实践除了规范PPP模式各类合同文本的基本内容和排除效力外,一个重要的任务就是剔除不同法律在PPP模式应用中相互冲突的规定。德国《公私合作制促进法》总共10条,除第9条"新公告"、第10条"生效"外,其他各条均对PPP模式涉及的法律矛盾与冲突以修改或排除的方式予以剔除。具体内容包括第1条"反限制竞争法的修改",增加公共采购与服务采购关系的处理,引入竞争性谈判程序;第2条"公共采购条例",系统地检讨、修改了2003年实施的德国《公共采购条例》,普遍推行竞争性谈判机制;第3条"远程公路建设私人融资法的修改",调整了2003年实施的德国《远程公路建设私人融资法》的相关内容;第4条"联邦预算法的修改",增加了PPP项目风险分配规定,废除了该法第4款的规定;第5条"土地购置税法的修改",增加了PPP项目用地免税的内容;第6条"土地税法修改",增加了PPP模式土地所有权转让的规定;第7条"投资法修改",增加了资本投资公司在PPP项目中的土地用益权内容,第8条"向统一的法规序列回归",对本法第2条"公共采购条例"的部分内容可因反限制竞争法的授权,通过法律规定被改变,以应对可能出现的新的法律冲突。

PPP模式既不同于政府提供公共资源与公共服务,也不同于公共建设项目完全委托给私营机构,作为第三条道路,政府与私人部门在本应由政府负责的项目的设计、策划、生产、融资、管理、运营和投入使用等方面进行的合作,必然会引发各种各样的深层次矛盾和法律障碍。上述各国 PPP 模式法律实践的核心在于以创新的方法拓展 PPP 模式发展空间,化解 PPP 模式引发的利益冲突并为其提供必要的法律支持和优惠措施。我国 PPP 模式多为地方政府融资使用,其依据也表现为部委规章或地方性法规,如建设部《市政公用事业特许经营管理办法》和《北京市城市基础设施特许经营条例》等规范性文件,缺乏统一的法律支持。这种过于开放式的构架不利于国家对 PPP 项目的统一管理,也使各级地方政府浪费大量时间在许多相同目的和效果的事件上,可能忽略了不同项目的差异性,也很难突破现有法律的限制。因此,有必要制定统一的《公私合作制促进法》和不同类型公共资源与公共服务 PPP 模式的规范文本。[①]

(三) PPP 契约:政府责任和权利保留

政府与私人部门以 PPP 模式建立长期、稳定、互惠互利的合作关系,旨在改变本应由政府供给公共产品与公共服务的传统方式,提升供给能力和供给质量。作为一种正式的制度安排,PPP 模式以公、私各方的信任与协作为基础,它要求政府与私人部门必须以契约方式固化业务活动的性质、要求的结果、产品或服务支付费用、价格或收费标准,明确公、私合作方各自的权利义务,建立明确的风险分配机制,以防范和控制 PPP 模式可能发生的公共风险。正因如此,各国法律对 PPP 模式合同均有系统而明确的规范,甚至以提供标准化合同作为 PPP 运作的基本法律文件,例如,英国政府并没有成文的 PPP 法律,但却制定了各种 PPP 契约范本,供不同的 PPP 项目选择使用;欧盟《PPP 模式指导纲要》和《PPP 模式绿皮书》也对契约性质、内容、形成程序、进入与退出机制、风险分配、价格或收费、监督与检查等内容给出了指导性意见和契约文本。PPP 契约机制并不仅限于正式生效的文本或补充文本,而是涵盖了从项目谈判、确认到终止、转移或清算各个环节,贯穿 PPP 项目的整个过程,律师在 PPP 契约机制中发挥着重要的作用,不仅参与项目谈判、起草契约文本,还必须负责把抽象的公共政策、公共利益转变为具体的 PPP 项目目标和具体的私营主体行为准则,[②]在美国,律师负责的 PPP 项目契约可能是法院裁决 PPP 纠纷的最重要依据,除非契约条款违背公共政策或公共利益,否则,所有的契约条款都会获得法院的认可和支持。

---

① 在现在很多地方做 PPP 后,都出现了与合同法、会计法相矛盾的地方,普遍的解决办法是报发改委、报国务院,所以对于 PPP 模式的立法很重要的一条就是要明确 PPP 法律的法律阶次,以保证其以较高的法律阶次清除 PPP 模式的法律障碍,并对构成其障碍的其他法律条款加以修改,如日本在推行《PFI 法》时就修改了与该法律不一致的 12 部其他法律。

② See Nestor M. Davidson, "Values and Value Creation in Public-private transactions", *Iowa Law Review*, Vol. 94, 2009.

政府在PPP契约机制中负有广泛的责任。[①] 鉴于PPP模式涉及公共资源控制权的转移和公共产品或服务的供给风险,政府在项目设计、定义、融资、建设、经营整个过程中扮演积极的角色。[②] 从契约机制角度来看,政府在PPP模式契约机制中所承担的第一个责任是引入竞争性谈判。欧盟委员会要求其成员国在PPP模式中应采用竞争性谈判,其基本考虑因素是公私合作制项目招标的复杂性,即PPP项目周期长、综合性强,确定其总体价格和对标书进行清晰准确的描述都存在很大的困难。依据德国《公私合作制促进法》[③]第2条规定,政府在缺乏能力的情况下以PPP方式实施公共采购时,在符合指定满足其需求和实现其目标的技术手段或者指定项目计划的法律条件和融资条件的情况下,应当采用竞争性谈判。政府的第二个责任是保持PPP项目公开,保持其透明度,既然PPP项目应当选择竞争性谈判机制,那么,有关PPP项目的性质、目的、范围、条件等内容必须向所有的符合招标条件的私人机构公开,即使是PPP项目的策划人,只要其不违反竞争规则,也同样可以参加谈判。保持PPP项目透明度,让所有的符合条件的私人机构依据公开的程序参与PPP项目,既有助于降低由PPP模式复杂性引发的风险,也有助于形成公开、公平、有序、竞争的格局。

政府在PPP契约机制中基于公共政策或公共利益的需要,也保留了除监督权以外的相应权利。首先,保留使用费率设置和实施权。PPP模式的基本价值在于在政府管制下引入市场竞争、提高公共产品市场的供给效率。这些公共产品价格或收费标准并不能完全交由市场决定,不能完全等同于私人产品。尽管公共产品与国计民生关联程度有所差异,但政府保留以PPP模式提供的公共产品使用费率设置和实施权,仍是PPP模式的惯例,其核心在为公众提供持续优质的公共产品或服务。其次,保留接受公共投诉并调查处理的权利。以PPP模式提供的公共产品和服务本应由政府依法提供,其法律属性不会因所供方式的改变而发生变化,因此,以PPP模式供给的公共产品和服务仍是社会公共产品和公共服务的组成部分。即使政府引入市场机制,选择私人部门或者与私人部门共同供给,但政府在PPP契约机制仍然保留着接受公众投诉并调查处理的权利,对没有履行PPP契约义务或者提供公共产品和服务达不到契约要求的私人机构实施处罚。再次,保留信息获

① “责任”一词在法律上有不同的诠释,如法律的否定性评价或者法律上的不利后果或者一种特殊意义上的义务。这里的政府责任泛指政府基于其职责所应承担的特殊意义上的义务。参见陈婉玲:《经济法责任论》,中国法制出版社2005年版,第46页。

② 参见宋波、徐飞:《公私合作制(PPP)研究——基于基础设施项目建设运营过程》,上海交通大学出版社2011年版,第26页。

③ 德国《公私合作制促进法》[2005年9月1日(联邦法律通报I2676)],其第2条“公共采购条例”专门增加了“竞争性谈判”的规定。

取权。私人部门以 PPP 模式获得公共资源与公共服务经营权与一般的经营活动不同,一般私人部门的经营活动不受政府干预,其经营信息也无须向社会公众公开。在 PPP 模式中,私人部门尽管拥有根据契约独立经营的权利,但提供的公共产品和公共服务,事关公共利益和公共福利,政府不可能放任其自由经营,保留获取与 PPP 项目有关的各种信息的权利,有助于促使私人部门严格履行 PPP 契约义务,提升公共产品与服务质量。最后,保留 PPP 关系协调权。合作持续时间长和复杂的系列交易构成了 PPP 模式的基本特点,以 PPP 模式建立的合作伙伴关系,不仅是一种经济交易关系,也是一种社会交易关系,即使是最完备的契约,也会因时间的推移、交易条件的变化、客观外在情势的变更等因素导致 PPP 契约的不适应性,补充和完善这种契约的不适应是保障 PPP 契约目标实现的关键。政府保留合作伙伴关系调适权,基于各种不确定因素,确实改进风险与收益共享、为公私各方提高更加优惠的条件,有助于提高公私合作的效用。

三、监管再造:政府 PPP 决策、实施与监管职能的分离①

公共服务监管即以政府为主体的监管者,基于公共权力依法对基础设施产业或公共服务领域的投资、建设、生产、运营者及其相关活动实施的管理与监督,公共服务监管以纠正资源配置低效率和产品分配不公平,实现社会公共利益最大化为目标。在社会资本以 PPP 模式介入公共服务领域后,基础设施产业形成了新的微观基础,与传统的建立在自然垄断理论之上对结构性垄断市场的监管制度相比,以竞争性垄断市场结构为基础的新的产业组织模式要求更新传统监管理念,设计新的监管框架。监管体制的改革首先是政府自身的改革——政府必须完成由产业的所有者和运营者向中立的监管者过渡的角色转移。②

(一)混合产业组织:PPP 模式监管客体的变革

公共服务保障社会生产和居民生活乃至国家或地区社会经济活动的正常进行,也是社会赖以生存发展的一般物质条件,其具有的公共性和公益性决定其必须以社会民生效益最优为目标,即以较低的成本向社会提供产品和服务,实现较高的生产效率和社会分配效率。从理论上来看,公共服务既可以由政府提供,也可以由市场提供。私人企业以市场方式进行基础设施建设,提供公共服务,其优势是具有较高的生产效率,但受利益最大化驱使,私人企业往往会制定大大高于成本的价格而损害消费者利益,这意味着基础设施建设和公共服务运营不能以纯粹的市场调

---

① 参见陈婉玲:《基础设施产业 PPP 模式独立监管研究》,载《上海财经大学学报》2015 年第 6 期。

② 参见余晖:《中国基础设施产业政府监管体制改革总体框架》,载周林军等主编:《中国公用事业改革:从理论到实践》,知识产权出版社 2009 年版,第 67 页。

节来运作。政府作为公共服务主体,具有与市场不同的价值目标、职责定位、行为准则和运作方式。政府追求社会福利最大化职责使“设施政府投资、资产政府拥有、价格政府制定、经营政府控制、盈亏政府负责”成为公共服务传统的供给模式,国有独资企业作为公共服务的生产者和经营者,是具有结构性垄断地位的唯一的产业组织,即“国家所有、垄断经营、政企不分、政资不分”是基础设施产业传统供给模式的常态。①

但是,由政府包办公共服务的传统模式早在20世纪60年代即暴露出结构性问题:单一的投资渠道造成基础设施产业投资严重不足,政府供给能力不能满足社会经济快速发展的需要;服务质量不能获得及时有效的改进,服务价格却不断上涨。同时,剩余利润索取权与剩余利润控制权的不对称使国有企业成本意识淡薄,代理人滥用控制权实现个人效用的最大化,官僚对资源的独占和腐败造成对社会公众利益的直接侵害。实践证明传统的由政府包办基础实施服务、由国有企业垄断经营的供给模式是一种低效率的制度安排。“政府失灵”印证了“没有任何逻辑证明公共物品必须由政府官僚机构来提供”。② 放松基础设施产业管制、开放公共服务市场、公共物品供给引入市场机制成为各国在基础设施等公用事业领域进行改革的新理念。

PPP模式通过对基础设施、公共服务提供者、消费者和生产者三方关系的重塑和再造,打破传统的公、私边界,形成新的产业组织——PPP混合项目公司(以下简称PPP公司)。尽管目前世界范围内对公私合作制并没有一个通用的定义,但公私合作制意味着由公、私部门共同在特定的公共项目的设计、融资、建设、运营以及运用等环节上,即整个项目周期内资源共享、合作互惠,政府部门以土地、基础设施等不动产权利以及通行权、特许经营权等为条件与私人部门展开合作,私人部门则以外部资金、专业技术以及市场运作的激励机制、管理经验等条件参与基础设施服务经营,改善和提升公共服务的质量和效率,满足公共利益的需求。

基础设施、公共服务项目在公私合作之前一般由政府部门独立完成,国有企业是其唯一的运营主体,公私合作之后,合作各方共同成立新的具有多元股权性质的实体,在具体操作上,通常专门成立一家特殊目的实体(Special Purpose Vehicle, SPV,一般以项目公司为组织形式),负责基础设施项目的设计、融资、建设和运营,

① 在我国经济体制改革过程中,竞争性领域的国有企业已经进行了商业化和公司化改革,取得了相当的经营自主权,不受国家的直接控制,实现了普遍的政企分离;而基础设施产业的国有经营主体实际上仍然是“政府垄断企业”,具有政企高度合一的特殊性,属于特殊意义的国有企业,本书讨论的国有企业即指基础设施领域中具有特殊意义的国有企业。

② 周志忍:《当代国外行政改革比较研究》,国家行政学院出版社1999年版,第6页。

由该实体独立承担项目的整体责任。①

混合产权的 PPP 公司的出现要求对 PPP 模式下被监管主体进行重新理解和定义，与传统国有企业结构性垄断的“政企合一”模式相比，基础设施 PPP 模式在监管客体上发生了变化：

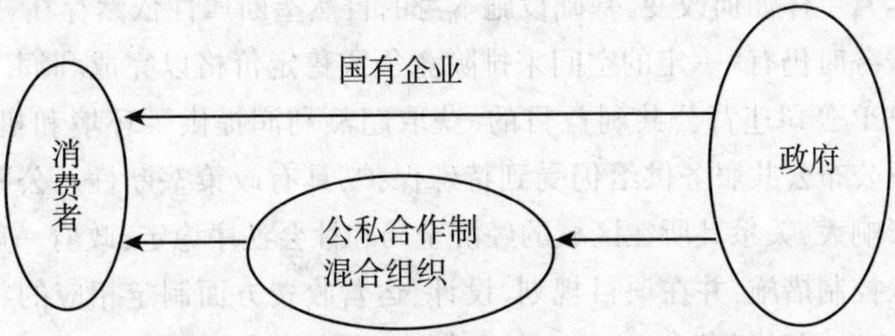

图 9　公共服务传统供给模式与 PPP 模式

1. PPP 公司市场地位独立性。PPP 模式形成新的社会化产权体系，并确立了 PPP 公司规范的治理结构：股东及债权人为维护自身的经济利益，必然会加强对 PPP 公司的控制；PPP 公司在法律框架内具有独立的法人地位，代表投资人的利益对项目经营管理负责，根据政府颁发的经营许可证或项目合同条款，按照市场规则开展生产经营活动，成为独立核算的资产所有者和经营风险的承担者，拥有独立的生产经营决策权，在政策和法律允许的范围内自由选择运用财产和融资，并根据所提供的服务获得相应回报，实现资产所有者预算约束硬化。

2. PPP 公司投资主体多元化。PPP 公司一般以股本募集方式获得资本，因此，任何一个符合条件的资金持有人或者具有项目专门技术、技能及管理经验的相关方在项目运作的过程中都可能基于需要而加入，这些利益相关方通常包括政府部门或国有实体、私人发起人、承包商、融资方以及其他诸如法律、财务、技术等市场主体以顾问、保险商、评级机构等不同身份介入，并以股东协议或者合作协议方式确立各自的身份，形成不同的权利、责任或义务机制，在明确的任务分工和风险分

① 参见李以所：《德国公私合作制促进法研究》，中国民主法制出版社 2013 年版，第 14 页。20 世纪 80 年代中期，日本采用“第三部门”的方法，号召公共部门（第一部门）和私人部门（第二部门）联合组建基于项目的公司，直至 1995 年，全日本约有 7580 家“第三部门”企业实体，其中，当地政府资本比例超过 25%，涉及城市发展、休闲度假地开发、交通、电信等项目。我国国内首例吸引民间资本进入基础设施建设领域的 BOT 项目——泉州刺桐大桥的运营机构泉州刺桐大桥开发有限公司就是由民营企业——名流公司和政府共同投资组建的，其早期的股份构成是国有占 40%，民资占 60%；北京国家体育场项目则由私营企业与政府合作成立特许经营公司而共同参与建设经营管理，是典型的 PPP 模式运作项目，北京市国有资产经营管理有限公司被指定作为公共部门（北京市政府）的代表，出资比例为 58%，其余的 42% 由中国中信集团公司、北京城建集团有限公司和美国金州控股集团有限公司组成的中信集团联合体进行融资，作为私营部门合伙人，三者的出资比例分别为 65%、30%、5%，公共部门和私营部门共同组建项目公司负责该项目的融资、建设、运营和维护，并在 30 年特许权期满后移交给北京市政府。

担基础上组成一个整体。①

3. PPP公司就特定公共服务而言仍具有垄断地位。PPP公司就特定的公共服务而言仍具有垄断地位。第一,公共服务领域具有规模经济特质,依据特定的公共标准提供一般的公共服务,其服务平均成本随服务量的提高而递减,无论公共产品或服务的运营主体如何改变,基础设施本身的自然垄断属性依然存在,PPP公司在提供公共服务时仍有"一定的空间来排除竞争或稳定价格以完成利润",这在一定条件下为PPP公司违背公共利益目的、获取超额利润提供了环境和机会。第二,PPP模式下公布公共服务供给仍受到特殊保护,具有政策垄断性。公共服务项目因其外部影响大,关系其所在区域的经济全局和社会秩序稳定,政府一般均为采取严格的准入控制措施,并在项目规划、设计、运营收费方面制定相应的特许经营条款,保护PPP公司的经营利益,如在特许期内不再建同类有竞争性项目、政策性亏损补贴。第三,服务收费的垄断性。"在经济较发达的地区同类项目之间服务与收费容易形成寡头垄断,在经济欠发达地区,资金供应匮乏,公共项目设施不健全,消费者可供选择的服务设施较少",PPP公司往往具有完全垄断性。②

作为一种制度安排,PPP模式改变了传统基础设施和公共服务项目的产权模式,通过混合所有制组织实现公共利益与资本利益互惠互利、共存共赢。社会资本的进入,使私人资本回报率成为公共服务运营目标考量之一,"去行政化"成为PPP公司与传统国有企业的本质区别。但是,"某种程度上私有垄断比国有垄断危害性更大,因为私有企业经营特点之一是短期行为和趋利性"。③ 如果在推进公私合作制中缺乏与之相匹配的监管制度,PPP公司可能成为实际的市场垄断者,当企业利润目标与公共利益目标相冲突时,公共需求将遭遇市场失灵,寻租、俘获等问题仍然存在,政府便不得不重新启动行政命令的方式管制企业经营活动,从而背离公私合作制的初衷。与基础设施传统的国有企业垄断模式相比,政府的作用表现为"以监管替代传统的直接干预",克服由于规模经济和成本信息不对称导致的市场失灵,引导企业经营活动符合公共利益目标。

---

① 例如,澳大利亚墨尔本城市连接线公路项目公司为Transurban公司,该公司为1996年在澳大利亚证券交易所上市的单一项目型公司,发起人包括Transfieid基础设施投资有限公司、Hastings基金管理有限公司和日本的大林组(Obayashi)公司。而法国大量的基础设施则是基于PPP模式的私人特许经营制度(在法国称为公共服务委托制度)进行管理和开发的,通过成立特殊目的的公共企业来建造和运营,例如,20世纪50年代通过组建由地方政府和公共信贷机构提供股本金的特许经营控股公司来开发法国高速公路网。

② 参见何寿奎:《公共项目公私伙伴关系合作机理与监管政策研究》,西南政法大学出版社2010年版,第33页。

③ 吕志勇、陈宏民:《我国自然垄断产业市场改革的几个关键问题研究》,载《产业经济》2003年第8期。

(二)监管独立:政府 PPP 项目决策、实施与监管职能的分离

监管是市场经济条件下的一种规制或管制,即基于特定的公共政策需要,法律授权政府或者特定机构对特定产业和微观经济活动主体的进入、退出、资质、价格以及涉及国民健康、生命安全、可持续发展等行为进行的监督和管理。现代监管理念的核心是监管独立,监管独立性原则是监管机制改革广泛认同和普遍遵循的法律原则。但判断监管是否独立的标准却是一个较为复杂的问题,一般来讲,所谓独立性是指监管机构独立于行政、立法和司法部门。受传统体制影响,我国基础设施监管机构一般内设于政府部门,政府既是公共服务制度的“安排者”,又是公共服务产品的“提供者”(生产者)和活动的“监管者”。在基础设施 PPP 模式中,政府除继续履行“安排者”和“监管者”职责之外,其公共服务直接“提供者”的身份转变为社会资本的“合作者”。这意味着政府在 PPP 模式中仍然扮演着“运动员”和“裁判员”的双重角色,政府角色错位、职能混淆可能成为影响 PPP 产业改革与创新的关键因素,因此,必须明晰政府在 PPP 政策制定、项目实施和市场监管的不同职能定位,形成超越政府决策与市场主体之上的独立监管制度,即监管机构独立于政策制定部门和被监管企业,使三者成为互相制衡的不同主体,以确保监管的公正性,避免出现政府既是教练员,又是运动员和裁判员的问题。

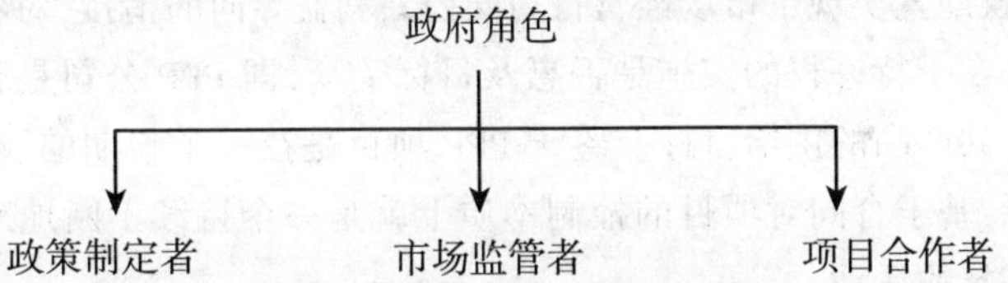

图 10　PPP 模式下政府多重角色

1. 基于 PPP 合同约束与公共利益实现的合作与监管

公共服务领域“政企合一”传统模式下,政府既是产业政策的制定者、监督者,又是具体业务的垄断经营者,政府直接控制国有公用企业的生产计划、人事安排和盈余分配,国有公用企业在政府控制下直接负责公共政策的执行。然而,PPP 模式引入公共服务领域后,政府“在保证公众利益的前提下,允许私人部门在这些投资有一个合理的回报。……以授权、提供部分财政支持、指导和监督等方式,确保公众获得所需要的服务和基础设施,而不是直接提供服务”。[①] 因此,PPP 模式的运用将导致政府在公共服务中的身份转变,政府对负责公共服务运营的 PPP 公司,不能沿用传统的国有公用企业控制手段,直接以“管人、管事、管物”方式干预 PPP 公司

---

① [美]E. S. 萨瓦斯:《民营化与公私部门的伙伴关系》,周志忍等译,中国人民大学出版社 2003 年版,第 341 ~ 342 页。

运营活动,政府作为PPP模式的一方“合作者”,必须具有明确的契约精神和市场意识,以项目合同为依据履行其缔约责任。

政府与私人部门在PPP框架内的合作关系必须以合同为纽带、以特殊项目公司为载体。PPP合同作为合作各方行动的依据和“游戏规则”,对“业务活动的性质、要求的结果、服务支付的费用(由此产生的利润空间)以及各方的一般权利与义务”都作了详细的规定,政府、公用企业、投资人以及利益相关者围绕PPP项目所签署的合同、协议、备忘录等文件,构成PPP项目基础性法律文件,对所有的合作方形成具有法律效力的约束。政府部门作为PPP的合作方,只能以合同约束的方式和适应市场要求的经济手段达成PPP项目所追求的公共利益目标;只能依靠契约控制工程质量、进度和投资规模,平衡投资效益和社会效益的冲突和矛盾。“监管不是由法定监管机构或不可见的市场力量产生的,而是细则明确的合同产生的直接结果”,①政府作为PPP合同的缔约者参与基础设施服务,“划好桨”是其在合同框架下履职的正确定位。

项目协议是项目合同包②的中心和基础,是所有PPP交易的核心合同文件,也是政府监督社会资本运营活动和策略的主要法律工具,其中的经营约束条款是实施项目控制和监管的主要依据。经营约束条款事实上针对的是PPP公司特许权使用行为,特许权配置实现了市场经营行为同公共利益导向的衔接,对特许经营权进行约束的重心在于特许权的实施是否惠及目标受众,即PPP公司是否通过特许权配置实现了公共产品的供给目标。鉴于PPP项目是在一个长期的、动态和不稳定的环境中运行,基于合同对项目的控制本质上就是一个持续不断地对项目健康状态实施全程监督的活动。

PPP协议的本质是参与者缔结一组契约的集合,借以明确PPP项目各要素所有者的权利、责任和义务,明确公共利益和经济效益的调适、平衡的标准和手段,并对项目组织租金进行合理分割,从而促进项目参与者间的相互合作。从我国PPP模式实践来看,政府如港务、水务、交通运输、市政等行业主管部门以及事业单位、国有公用企业等机构均有可能成为PPP项目的实施机构,代表政府与社会资本合

---

① [英]达霖·格里姆赛、[澳]莫文·K.刘易斯:《公私合作伙伴关系:基础设施供给和项目融资的全球革命》,济邦咨询公司译,中国人民大学出版社2008年版,第56页。

② 项目合同包由所有的PPP项目合同、协议、备忘录等法律文件构成,是包括融资、建设、咨询、服务在内的复杂的合同系统。

作,成为 PPP 公司的股东,①以这些机构为代表的政府部门兼具市场主体特征和非市场主体特征。一方面,政府部门作为 PPP“合作者”是 PPP 合同的缔约者,代表国有资产参与项目投资和利润分配,履行合同义务,承担违反合同所带来的法律后果;另一方面,政府部门也是政策制定、资源分配和市场监管者,履行控制和监督职能。显然,“政府的市场与非市场主体特征存在角色冲突,这将导致政府参与项目投资时带有行政色彩,给项目带来不应有的非市场因素的影响,产生效率损失”。②

公共服务 PPP 模式必须实现“监企分离”。“政府 PPP 实施机构与 PPP 公司之间存在千丝万缕的利益联系,由其负责监管不可能真正落实竞争政策,保障社会公众利益。”③行业主管部门作为政府 PPP 的实施机构具有“厂商保护主义”倾向,其同时承担对 PPP 运行的市场监管,将面临监管者与被监管者的角色冲突,有可能受股东利益驱使丧失监管者中立性立场。为确保监管的公正性,必须明确区分政府 PPP 合作者与市场监管者的不同身份定位,规定监管机构及其成员不得在任何受监管的 PPP 公司内任职,也不能直接或间接拥有 PPP 的财务利益。

2. 政府 PPP 政策制定与市场监管功能的剥离

政府在 PPP 模式中不再是公共服务或公共产品的直接提供者,这意味着基础设施产业“政企不分”问题在客观上得到解决,并强化了政府 PPP 政策制定者的身份。“一个国家要实施 PPP,政府必须表明对应用 PPP 的清晰而长期的政治支持”,④“政策制定者”角色的核心内容是“方针的制定和制度的生产”,主要是决定基础设施公共服务由谁做、做到什么程度或者水平、怎么付费等问题,如定义 PPP

---

① 根据《基础实施和公用事业特许经营法》(征求意见稿)第 7 条、第 11 条、第 35 条的规定,“县级以上地方人民政府有关部门依据本级人民政府的授权作为实施机关,负责本部门职责范围内基础设施和公用事业特许经营项目的具体实施工作”,“实施机关应当通过招标等市场竞争方式依法选择特许经营者,并签订书面特许经营协议”,“实施机关应当按照特许经营协议的约定履行相关承诺”。国家发展改革委 2014 年发布的《关于开展政府和社会资本合作的指导意见》(发改投资〔2014〕2724 号)要求“相应的行业管理部门、事业单位、行业运营公司或其他相关机构,作为政府授权的项目实施机构,在授权范围内负责 PPP 项目的前期评估论证、实施方案编制、合作伙伴选择、项目合同签订、项目组织实施以及合作期满移交等工作。”

② 吴卓瑾、乔宝云:《构建合理的 PPP 管理框架,推进财政和国家治理现代化》,载《中国财政》2014 年第 15 期。

③ 陈婉玲:《公私合作制的源流、价值与政府责任》,载《上海财经大学学报》(社会科学版)2014 年第 5 期。

④ 欧亚 PPP 联络网编著:《欧亚基础设施建设公私合作(PPP)案例分析》,王守清主译,北方联合出版传媒(集团)股份有限公司、辽宁科学技术出版社 2010 年版,第 21 页。

模式特征、设计 PPP 适用领域和范围[①]以及公共利益目标,在宏观层面上建立对私人部门既有吸引力又符合社会公共利益的政策与法律框架、目标和实施策略,为公私合作提供稳定的制度环境。

各国公共政策制定部门一般是政府负责管理经济、贸易运行的主管部门,如英国的贸工部、美国的商业部、德国的联邦经济技术部。我国新颁布的《基础设施和公用事业特许经营法(征求意见稿)》第 7 条、第 8 条明确规定:"省级以上人民政府发展改革部门负责指导和协调本行政区域内基础设施和公用事业特许经营工作,会同有关部门制定基础设施和公用事业特许经营的重要制度、重大规划","国务院发展改革部门应当会同有关部门,制定特许经营项目提出、评估和实施的具体办法"。因此,国家发改委极有可能成为 PPP 模式的政策制定者,其公布开展政府和社会资本合作的"指导意见",制定"合作项目通用合同指南",建立 PPP 项目库,牵头研究、调研并起草基础设施和公用事业特许经营法等 PPP 示范推进工作都是属于政府的 PPP 政策制定和制度安排行为。作为推进政府与社会资本合作的政府决策部门,发展改革委具有明显的政治性、意志性和导向性特征,"掌好舵"是政府决策部门应该履行的职责。

市场监管则是直接干预市场机制或间接改变企业和消费者供需决策的特殊行为,其作用是填补公众与监管产业之间的信息真空,弥补由此产生的信息不对称,确保 PPP 运行"在实质上和程序上都符合公共利益"。基础设施产业引入社会资本,政府虽然减少对公共服务资源配置的直接干预,但市场监管却成为政府保护公共利益的重要职能,必须有一个强有力的监管机构和有效的监管制度,才能确保社会资本行为满足广大消费者的需求,并符合公共利益要求,只有这样,基础设施公共服务推行 PPP 模式才能带来社会利益。[②] OECD《PPP 准则》第 17 项指出:"服务监管应该被委托给能胜任的专业机构,有必需的资源,并且隔离了其他方面的不正当影响",[③]监管者应该是中立的裁判者,而不是资产的代表者,更不是 PPP 政策的制定者,正因如此,监管机构强调专业性,要求其成员必须由具有一定专业职能的经济和法律等方面专家组成,监管机构一般只能承担有限的职能,即对 PPP 公司服

---

① 例如,英国政府财政部依据财政审查于 2003 年 7 月决定对项目成本小于 2000 万英镑的项目不再实行 PFI(Private Finance Initiative,私人融资计划);财政部印发《财政部关于政府和社会资本合作示范项目实施有关问题的通知》,公布天津新能源汽车公共充电设施网络等 30 个政府和社会资本合作模式(PPP)示范项目,涉及供水、供暖、污水处理、垃圾处理、环境综合整治、交通、新能源汽车、地下综合管廊、医疗、体育等多个领域。

② 参见王俊豪等:《中国城市公用事业民营化绩效评价与管制政策研究》,中国社会科学出版社 2013 年版,第 103 页。

③ OECD,"OECD Principles for Private Sector Participation in Infrustructure",2007. Accessed January 14,2017. Available from:http://www.oecd.org/daf/inv/investment-policy/ppp.htm.

务质量、价格结构以及投资收益等方面的控制是监管机构的主要任务。

政府的政策制定与市场监管职能有着本质与内容上的差异，只有职能分离才能避免政治影响和行政干预，保证监管的独立、权威、公正与高效。PPP模式的引入和实践几近20年，泉州刺桐大桥、厦门BRT、上海延安东路隧道皆为国内较早采用PPP模式的基础设施建设，政府负责基础设施产业PPP项目决策，其行业主管部门实施PPP项目监管，这些行业管理处多为行政主管的职能单位或附属事业单位，经费大都由财政全额拨款，其职责包括：(1)参与制订中长期专业发展规划和计划；(2)参与制定行业管理标准；(3)参与或负责从业资质、许可证的审批；(4)负责行风建设；(5)负责上岗人员培训；(6)经地方性法规授权或受主管部门委托行使执法检查、实施行政处罚，等等。[①]因此，传统的PPP模式基本上是政府统一规划、决策、监督和管理的，这种政事不分、决策与监督不分的管理体制，其监管活动往往受上级主管部门或有可能作为PPP股东的政府政策部门的掣肘和影响，存在公信力差、角色冲突严重、监管效率低下、执法有失公允等诸多问题，并直接导致社会资本不愿意与政府在基础设施产业领域内开展合作。

在推行PPP运营实践中，为避免政府规划、决策与监管功能的错位，必须以法律形式确定政府对PPP项目规划、决策权，准确界定项目范围、公共利益标准等公共政策，形成公平的PPP运行机制。同时，依法确立PPP项目谈判、合作和实施的具体机制，负责落实和执行PPP项目。除此之外，还应以法律手段建立一个有别于政府PPP决策、执行部门且独立地执行监管政策的监管机构。监管机构是依据法律授权独立设立的专业性公共机构，人员构成一般以技术人员、法律、财务、审计等方面专业人员为主，人员任用选拔不受利益集团的影响并保持队伍的相对稳定；监管机构财权与事权必须双重独立并依法行使，非依法定程序不受任何组织的非法干预。实现政府决策和监管的责权分离，依法保障监管机构实体化和监管处置权程序化，让监管机构独立享有PPP项目监管权并依法承担监管责任，对推进PPP项目运营、缓解政府供给能力和资金压力、提升公共服务质量具有重大的现实意义。然而，遗憾的是各级政府对PPP项目决策与监管分离的价值并没有清醒的认识，甚至只是把PPP运营当成社会融资“圈钱”的一种途径，并没有改变政府“一统”的运行体制，以行政手段解决PPP项目问题仍是政府的惯常措施，由此观之，依法建立统一、独立、权威的PPP项目监管机构，是当前基础设施产业市场化改革、增强公共

---

① 例如，上海市水务局是上海市水利、供水和排水行业的主管部门，相应行业管理职能由其下属供水管理处、排水管理处等分别承担，它们负责编制城市供水、节水、排水发展规划和年度计划并组织实施；组织编制用水定额、用水计划并指导实施；组织城市供排水监测；管理城市污水集中处理；负责供水企业特许经营权的授予和对特许经营者的监管。而上海市水务资产经营发展有限公司及其供排水企业除作为项目投资人外，也可参与制订行业中长期建设计划，监督项目法人履行职责，等等。

服务供给能力、提升公共服务质量的关键。

(三)“政监分离”下PPP独立监管框架设计

PPP模式运行需要合理的以明确政策制定、资产投资和市场监管界限为基础的法律制度框架,必须明确PPP独立监管的制度设计。从实践来看,各国对不断开放的基础设施、公共服务领域的监管体制尽管历经反复试错和调整,但分业监管抑或混业监管,始终是PPP监管模式争执的焦点。确立权威、公正、独立的监管机构,在开放中实现监管与决策功能分离,是各国共同的经验,例如,英国以《自来水法》推进其水务民营化,以自来水特许经营形式吸引私人资本参与并构建了政企分离的水业运营基础,设立英国自来水服务监管办公室(Office of Water Service, OFWAT)作为全国性的政府监管机构,对自来水供应与污水处理业务实行垂直性经济性监管,与原来的国家江河管理局实现了政监分离。可以说,PPP模式运作的实践创设了“政监分离”的法律原则,并逐步形成了衡量监管机构独立程度的主要指标,这些指标包括:(1)机构设置上是否与政府政策部门分开;(2)监管机构内部决策层的结构及其委员的任期;(3)听取监管机构汇报的机构不制定行业政策;(4)监管机构独立资金来源;(5)只有法院可以否决监管机构的决定;(6)监管机构有雇佣员工和进行人事调整的自主权。①

美国以独立的监管委员会监管基础设施产业运行,借以减少政治因素对监管活动的影响。监管委员会的监管权来源于国会的授权,其运作完全独立于政府行政部门。独立监管委员会的组织结构、监管规则和监管程序则由相应的单独立法设定,其成员一般由专家、学者等专业人士组成,有法定的任职期限,保证监管具有专业性、独立性和公正性,不被利益集团收买或成为被监管者的俘虏。② 以能源产业为例,在天然气市场开放背景下,美国分别设置能源主管部门和能源监管机构,实行能源产业的政监分离,前者负责能源发展和安全的公共政策制定,后者具体负责监管政策制定和执行,如监管管道输油公司的运营和费率、审查跨州天然气管道输送项目、管输价格、管道服务以及液化天然气接收站的建设和运行等事项。美国联邦能源监管委员会(The Federal Energy Regulatory Commission, FERC)监管范围包括美国电力事业、天然气产业、水电项目和石油管道运输系统,其成员由5名委员组成,委员任期交错排列,委员产生由总统提名、参议员批准,每位委员拥有相等的投票权,总统任命其中一位委员为主席和行政负责人,财政独立预算。而美国州

① 参见OECD科学技术与工业署信息、计算机与通信政策委员会电信与信息服务政策工作组:《电信监管:制度结构和监管责任》,载高世楫、俞燕山编著:《基础设施产业的政府监管——制度设计和能力建设》,社会科学文献出版社2010年版,第326页。

② 参见周林军:《美国独立管制机构探析》,载周林军、曹远征、张智主编:《中国公用事业改革:从理论到实践》,知识产权出版社2009年版,第282页。

公用事业监管委员会则是“一个强有力的机构，它把专业人员和行政人员的权威结合在一起，既拥有干预的专业知识，也具有干预的能力，拥有为公共利益服务对所实施的决策不断进行监督和在必要时随时加以修正的手段”。[①] 美国能源产业政监分离模式的监管结构如图 11 所示。

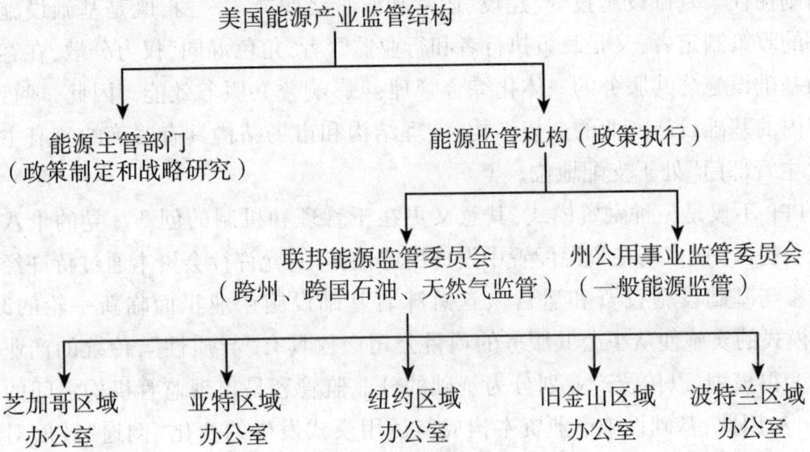

图 11　美国能源产业政监分离模式

PPP 模式的运用直接导致各国公共服务管理体制改革。改革的基本方式是由立法机关国会或议会讨论设立独立的监管机构，以法律的形式确立其监管范围、监管职能、职权，政府依据相应的授权法组建各相应产业独立监管机构，并依法任命其领导人。各国有关 PPP 立法极为重视保护监管机构独立行使监管权法律原则，一个成功的 PPP 独立监管体制不仅应使监管机构在财政上完全独立，与项目公司没有利益关系，而且还应做到政府决策与监管之间的相对独立，即政府决策部门设定 PPP 政策框架，监管机构在法律规定的框架内依法实施监管。为保证 PPP 监管公正、有效、专业和独立，各国法律还要求专业监管机构成员必须由专家担任。当然，PPP 监管的独立性是一个相对的概念，其主要是为了防止各种外在因素的干预和影响，而不是指其不必对任何其他机构负责，因此，监管机构必须依法设立，监管行为必须依法受到法律约束并具有可问责性，监管职能配置必须遵循合理、专业、综合、高效原则。[②]

在现行法律框架内，我国公共服务监管统一由政府负责，这种政府监管体制实

---

① 刘戒骄：《公用事业监管的美国经验》，载周林军、曹远征、张智主编：《中国公用事业改革：从理论到实践》，知识产权出版社 2009 年版，第 299 页。

② 参见王俊豪等：《中国垄断性产业管制机构的设立与运行机制》，商务印书馆 2008 年版，第 71 ~ 82 页。

际采用的是多部门分业、分散监管模式,即行业主管部门负责制定并执行相应行业的公共政策、发展规划、技术标准,并负责监督管理,[①]而基础设施产业的进入主体、合并、标准、安全、互联互通、价格、收费、经营等方面的监管权,则被政府各职能部门如计划、财政、物价、工商、环保、卫生、建设、劳动、技术监督等部门所分割,[②]主管部门则往往集基础设施投资、建设、运营和监管诸职能于一身,既是基础设施公共服务的政策制定者,又是政策执行者和行业监管者,角色混同、权力分散,在客观上制约基础设施公共服务的一体化综合管理,[③]影响公共服务效能。因此,现行法律框架内的基础设施产业的产权结构、治理结构和市场结构具有明确的政府主导倾向,"主管部门"处于支配地位。

PPP 不仅是一种融资模式,其意义更在于管理和机制的创新。党的十八届三中全会提出"让市场在资源配置中发挥决定性作用,允许社会资本通过特许经营等方式参与基础设施投资和运营",这意味着基础设施产业正面临新一轮的改革。PPP 模式的实施使从事公共服务的项目公司产权具有"异质性",传统的产业界限逐步变得模糊,以传统产业划分为基础的分业监管容易出现监管机构之间的政策冲突。[④] 因此,基础设施产业资本构成与运用模式发生的变化"倒逼"政府对监管

---

① 例如,政府的水行政主管部门"水务局"的职能是:(1)贯彻落实国家关于水务工作方面的法律、法规、规章和政策,起草本市相关地方性法规草案、政府规章草案,并组织实施;拟订水务中长期发展规划和年度计划,并组织实施。(2)负责统一管理本市水资源(包括地表水、地下水、再生水、外调水);会同有关部门拟订水资源中长期和年度供求计划,并监督实施;组织实施水资源论证制度和取水许可制度,发布水资源公报;指导饮用水水源保护和农民安全饮水工作;负责水文管理工作。(3)负责本市供水、排水行业的监督管理;组织实施排水许可制度;拟订供水、排水行业的技术标准、管理规范,并监督实施。(4)负责本市节约用水工作;拟订节约用水政策,编制节约用水规划,制定有关标准,并监督实施;指导和推动节水型社会建设工作。(5)负责本市河道、水库、湖泊、堤防的管理与保护工作;组织水务工程的建设与运行管理;负责应急水源地管理。(6)负责本市水土保持工作;指导、协调农村水务基本建设和管理。(7)承担本市人民政府防汛抗旱指挥部(本市防汛抗旱应急指挥部)的具体工作,组织、监督、协调、指导全市防汛抗旱工作。(8)负责本市水政监察和行政执法工作;依法负责水务方面的行政许可工作;协调部门、区县之间的水事纠纷。(9)承担本市水务突发事件的应急管理工作;监督、指导水务行业安全生产工作,并承担相应的责任。(10)负责本市水务科技、信息化工作;组织重大水务科技项目的研发,指导科技成果的推广应用。(11)参与水务资金的使用管理;配合有关部门提出有关水务方面的经济调节政策、措施;参与水价管理和改革的有关工作。(12)承办市政府交办的其他事项。

② 例如,根据《价格法》的规定,公用事业价格监管主体为县级以上人民政府的价格主管部门,地方一般是物价局,在中央为发改委,此外,信息产业部、铁道部等也参与有关公用事业价格的制定和监管。

③ 目前,我国在政府体制改革中已设立有相对独立的分业监管机构,国务院直属机构、直属事业单位或国务院部委管理的国家局等机构均承担一定的监管职能,具有监管职能专门化的趋势,如国家电力监管委员会。而在诸如轨道交通等城市基础设施领域,却大多没有一个专门的独立的监管机构。

④ 参见余晖:《中国基础设施产业政府监管体制改革总体框架》,载周林军等主编:《中国公用事业改革:从理论到实践》,知识产权出版社 2009 年版,第 101 页。

理念和机制实施必要的改造和调整，重塑自身的监管职能，实现“行业主管”向“模式监管”的角色转换。由于各种基础设施 PPP 项目运行具有监管目标和监管内容的一致性，①为防止监管权分割导致的“产业捕获”和效率制约，国务院应当依据法律创设一个独立于发展改革委和各行业主管机构的 PPP 综合监管机构，②各省、自治区、直辖市政府依层级专设 PPP 监管局，对采用 PPP 模式运行的基础设施产业集中进行价格、质量和普遍服务控制，形成政策制定部门专司 PPP 政策制定，监管机构专司 PPP 运行裁判，代表政府实施 PPP 合作的机构不再染指市场监管的 PPP 独立监管机制，具体组织结构及职能如图 12 所示：

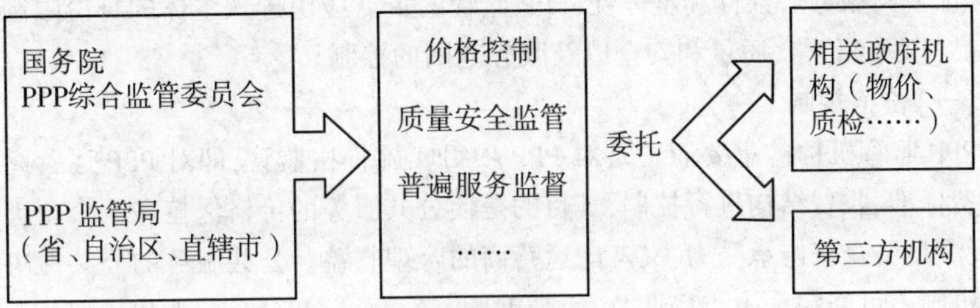

图 12 新型 PPP 监管机构框架

根据国家 PPP 统一推广的原则，国务院依法创设国家 PPP 综合监管委员会，各省、自治区、直辖市依法创设 PPP 监管局，国家制定统一的 PPP 监管法，通过法律授权的方式确立监管机构的监管权限、监管范围和监管程序。监管机构按照政府 PPP 项目投资目录，对 PPP 运行主体的服务价格、操作规程标准和服务质量以及服务范围等方面实施监管，履行 PPP 监管职责。同时，PPP 监管法在赋予 PPP 监管机构明确的法律地位同时，给予监管机构独立的人事权和财政权，明确监管机构对国务院和立法机关负责，赋予监管机构执法权威和有效的执法手段。为强化对 PPP 监管机构的约束，PPP 监管法还应将 PPP 监管置于法律框架内运行，依法确认法院对其执行和决定拥有否决裁定权，确保 PPP 项目及监管符合公共利益要求。就当前国家 PPP 模式推广实践而言，国务院应首先明确其职能部门尤其是发改委、财政部和各主管部门的工作协调机制，防止 PPP 项目出现监管漏洞或监管真空，并着力培育、发挥第三方中介机构的辅助作用，推动建立 PPP 综合监管机构。

四、PPP 核心监管：价格、质量与普遍服务控制

社会资本以 PPP 方式参与基础设施建设、提供公共产品，将彻底打破公共服务

① 主要是价格控制、质量监管和公共服务监督，下文将予以分析。

② 我国《宪法》第 89 条第 3 款的规定，国务院有权“规定各部各委员会的任务和职责，统一领导各部各委员会的工作，并且领导不属于各部各委员会的全国性行政工作”。

政府垄断经营的局面,这意味着PPP模式具有更宽泛的价值内涵和多元的价值考量。以政府为代表的公共利益与以私人部门为代表的资本利益在PPP模式中相互交织、合作发展,这两种完全不同的利益诉求形成了公共服务市场化逻辑与"公用"属性之间的矛盾。基础设施运营具有天然的垄断性,"除非它们受到调控和管理,否则,私人经营者就会像垄断者一样,限制产量并提高价格,这会给整个经济的效率和收入分配带来恶果"。[①] PPP模式只是改变了公共服务或产品的提供方式,即由原来的政府直接提供转变为公私部门合作供给,公用事业在社会经济中的基础性和公共性地位完全没有改变。为防止社会资本进入可能带来损害公共利益风险,保证公共服务公共性和整体性,PPP监管的重点应由进入主体的身份限制转向对产品(服务)价格、质量和安全以及服务范围的控制。

(一)价格规制

PPP监管机构的重要职责是对PPP项目实施价格监管,即对PPP运营商的服务收费标准、收费结构进行控制,其目的是使公共服务的价格保持在一个合理范围内,既满足公众普遍承受力,又考虑运营商的合理收益。公共服务的公共性决定其定价机制不可能完全由市场调节、实行市场定价,而且PPP公司取代或部分取代政府垄断经营,在事实上仍具有一定的垄断地位,对其所提供的公共服务产品的价格有较大的控制机会,容易以垄断定价、歧视价格等方式侵害消费者剩余。[②] 为保证PPP公司的回报率使其有良好的财务状况和发展潜力,同时又能使其坚守服务的公共性要求,政府必须保留对PPP模式运行的价格控制权。因此,PPP监管机构应当以价格法和行业立法为基础,监督PPP项目公司严格执行相应的价格标准,确保公共服务实行政府指导价和政府定价制度的落实。[③] 不过,现行法对公共产品或服务价格的规范相当弹性,仅仅对定价主体、定价程序、定价原则以及价格构成等方面作出原则性规定,在政府垄断公共产品或服务供给的情况下,并无太大的问题,因为政府决定或指导公共产品或服务定价往往会自觉地接受公共政策限制,甚至

① 世界银行编:《1997年世界发展报告:变革世界中的政府》,中国财政经济出版社1997年版,第6页。

② 基础设施采用PPP模式在公共服务价格选择上存在两难:为了维持社会资本持续运行,公共品价格不应低于平均成本;但只有当价格等于边际成本时,社会总福利才能达到最大,而具有自然垄断性质的公共产品边际成本持续低于平均成本,这两个条件不可能同时满足。如果按照边际成本定价,私人部门无法正常经营,政府部门必将给予一定补贴,这又会产生机会主义和寻租行为。参见宋波、徐飞:《公私合作制(PPP)研究——基于基础设施项目建设运营过程》,上海交通大学出版社2011年版,第138页。

③ 我国《价格法》第18条规定:下列商品和服务价格,政府在必要时可以实行政府指导价或者政府定价:(1)与国民经济发展和人民生活关系重大的极少数商品价格;(2)资源稀缺的少数商品价格;(3)自然垄断经营的商品价格;(4)重要的公用事业价格;(5)重要的公益性服务价格。《中华人民共和国电力法》第35条规定:电价实行统一政策,统一定价原则,分级管理。

会牺牲国有运营商利益,以维持较低的价格和稳定的价格秩序。对PPP新型运营模式而言,这种过于原则、弹性的价格规范,无疑会困扰PPP监管的价格执法并妨碍公共产品、服务定价机制的执行,这是因为:一方面,PPP模式运营包含多元的利益主体,社会资本具有鲜明的趋利性,在信息不对称、成本核算复杂的情况下,PPP运营商对公共产品、服务定价难以公开、透明;另一方面,PPP运营商对公共产品、服务供给具有垄断性,在营利目的驱动下必然会以各种方式、方法提价或变相涨价,以获得更大的资本利益。因此,我国价格法应当针对PPP运营模式确立一套具体的、可供操作的公共产品、服务定价规则。

从各国实践来看,公共产品、服务的价格监管主要有两种方式,即成本加成监管机制和价格上限监管机制。前者在企业成本的基础上再给一个合理的利润形成服务价格;后者则给出一个较大空间的价格上限,且这个价格上限会随通货膨胀、时间以及技术进步率等进行调整。无论哪种价格监管方式,成本是制定并控制价格的依据。PPP公司拥有自由独立地位,政府不能强制介入企业内部活动,信息不对称是成本核算的"瓶颈"。价格规制必须以被监管者成本与利润透明为基础,西方国家对公共服务价格监管都有相应的信息披露和成本制度,例如,美国PUC为对本地燃气进行有效价格监管,定期委托专业审计公司对地方分销公司(Local Distyibution Company,LDC)提供的"天然气成本复原"(The Gas Cost Recovery,GCR)进行监督和审计,确保GCR数据构成符合法律并计算准确,并对"不谨慎"的成本核算通过退款和解机制进行调整。①

我国价格法对公共服务价格监管并未涉及成本控制问题,但2006年国家发改委发布《政府制定价格成本监审办法》(国家发改委令第42号),明确监管机构对基础设施运营企业的成本要定期监审,掌握企业的成本结构和成本变化,以期对企业的财务状况作出合理分析和判断。这一部委规章除效力层次低外,其所要求的"成本定期监审查"也缺乏相应的可操作性。就PPP运营而言,判断其成本结构状况、成本变化需要透明、公开、确定的财务成本信息,因此,价格法亟须确立公共产品、服务价格信息披露制度。在构建成本监审制度之同时,政府可考虑直接或委托行业协会,建立一套基础设施和公用事业会计体系,强制或选择性地要求PPP公司采用。同时,立法机关应修改价格法,完善包括价格听证在内的公众参与机制,明确公众参与的权利义务、范围、方式、程序,强化PPP运营的社会监督,为价格监管提供制度保障。

(二)安全与服务质量控制

公共服务涉及基础设施产业如道路、管网、通信、水电、园林绿化、垃圾处理等

---

① 参见陈婉玲:《基础设施产业PPP模式独立监管研究》,载《上海财经大学学报》2015年第6期。

基础设施和公共服务设施建设,它承载着城市的功能和运行,承载着国民经济快速健康发展和人民群众生命财产安全。以党的十八大为契机,2013 年国务院发布《关于加强城市基础设施建设的意见》(国发〔2013〕36 号),特别强调“在保障政府投入的基础上,充分发挥市场机制作用,进一步完善城市公用事业服务价格形成、调整和补偿机制。加大金融机构支持力度,鼓励社会资金参与城市基础设施建设”。这意味着 PPP 模式将成为基础设施建设的基本路径。然而,在 PPP 模式运营过程中,如何贯彻国务院确立的基础设施建设规划引领、民生优先、安全为重、机制创新和绿色优质原则,值得法律界关注。基础设施政府垄断与 PPP 模式的差别在于政府垄断经营可以不计成本、不惜代价来确保公共利益实现和公共安全,即使亏损运营,也不会降低安全质量和社会效果,而 PPP 运营在客观上要求其必须考虑社会资金效率和资本利益。私人或私人部门利益追求有可能使其偏离基础设施的功能定位,忽略其公共利益和民生优先的考量。因此,PPP 监管的核心任务之一就是确保基础设施安全和服务质量,保证 PPP 运营符合民生优先的公共利益原则。

从实践来看,首先,基础设施安全和服务质量监管首先是加强基础设施建设和服务质量控制,杜绝 PPP 公司基于经济利益的成本压缩和损害工程质量行为,如塌陷、爆炸、污染、辐射等安全隐患。同时,鉴于消费者缺乏对公共物品服务质量的比较与选择机会,监管机构必须严格 PPP 项目的服务指标动态监管,防止市场趋利性对服务质量的侵袭。其次,建立严格科学的质量安全技术标准,排除 PPP 运营商滥用优势地位,英国自来水服务监管办公室为维护消费者权益,曾制定“服务标准保证方案”,规定自来水服务质量标准,包括遵守与顾客的约定、答复顾客账单疑问、对顾客意见及时反应、预先通知中断自来水供应、及时安装水表、排除溢水和处理自来水低压问题,等等,如果自来水经营企业不能达到这些标准,顾客有权要求经济赔偿,企业每次赔偿一般为 10 英镑,监管机构有权对企业和顾客纠纷作出仲裁。[①] 最后,建立社会评估监督体系,确立服务质量控制辅助机制,我国基础设施服务虽然也有各种标准体系,但结构与内容均不够完善,培育社会第三方机构负责安全与服务质量的监测和评估,辅助监管机构进行 PPP 运营执法,提高 PPP 运营执法、监管水平,如新加坡监管机构专门致力于安全与服务质量的标准制定和实施,而样品检测、取样和产品认证等则委托给第三方的“生产力和标准委员会”执行。总体而言,PPP 监管机构必须以安全为先、民生优先为原则,定期对 PPP 运行效果进行评价并及时将检查、监测、评估结果和整改情况以适当的方式向社会公布,接受社会公众的监督。

---

① See OFWAT, The Guaranteed Standards Scheme, Office of Water Services, 1997.

(三)普遍服务

普遍服务是政府制定公用事业公共政策的基本价值目标,是消费者平等享有公共服务的机会和权利,大多数国家立法均视普遍服务为一项法律原则,并在法律上确立"强制服务义务"和"普遍服务权利"的一般性规定,政府的政策部门确定普遍服务的范围,运营商承担提供普遍服务的社会责任,而监管机构则负责对运营主体履行普遍服务社会责任的监督。例如,美国《联邦管制法典》(The Fsderal Code of Regulations,FCR)、《天然气法》(Natural Gas Act,NGA)和《州际商业法案》(Interstate Commerce Act,ICA)均确认无论是国家、州政府垄断经营还是私人或私人部门介入的 PPP 运营,都必须为社会公众提供普遍服务,任何差别的、不平等的或者歧视性的服务行为都是违法的,美国联邦能源管理委员会(Federal Energy Regulatory Commission,FERC)有权依据违反普遍服务的法律规定,对运营商实施管制,强制运营商予以改正。①

基础设施的普遍服务由其公共性决定,为了维持社会公众的基本权利,保障基础设施服务全社会的利益共享,政府通过制定与实施相关法规政策,促使城市基础设施的经营者向所有存在现实或潜在需要的消费者,以可承受的、无歧视的价格提供基本服务。② 在政府垄断经营的传统模式中,政府通常以对各地区、各层次的消费者实行交叉补贴或财政补贴办法实现普遍服务,但基础设施引入 PPP 模式之后,PPP 公司带有资本获益目标的诉求,利润最大化的市场法则将被带入并影响项目运营的价值取向,"大量私人企业参与供水和卫生设施服务,并不必然意味着穷人能够得到更好的服务。除非服务合同是仔细制订的,否则这些合同可能会将为低收入地区提供的服务排斥在外,并形成地方垄断企业"。③ 尽管基础设施实施 PPP 模式,政府将提供公共服务的职责通过吸引社会资本投入的方式进行了转移,但更应该加强对 PPP 公司"普遍服务"义务的监管。

监管者的监管权来自法律的授权,监管本身是一个执法的过程,监管活动应该是法律意志的体现。必须通过立法确定以 PPP 模式运营的基础设施服务价格、质量标准和服务范围,监管者的责任在于依法判断、监督运营者是否在法律框架下行动并给予奖惩。

---

① 参见陈婉玲:《基础设施产业 PPP 模式独立监管研究》,载《上海财经大学学报》2015 年第 6 期。

② 基础设施普遍服务基本精神是:(1)可获得性。即只要消费者需要,基础设施的经营者都应该高效率地向消费者提供有关服务;(2)非歧视性。对所有消费者一视同仁,在服务价格、质量等方面不因地理位置、种族、宗教信仰等的差异而存在歧视;(3)可承受性。即服务价格应该合理,使大多数消费者都能够承受。

③ 世界银行编:《2000/2001 年世界发展报告:与贫困作斗争》,中国财政经济出版社 2001 年版,第 97 页。

政府对PPP项目的监管,在于解决市场失灵、普遍服务和质量、价格、服务水平和财务不符合绩效要求等问题。必须通过立法保障和规范政府PPP监管权力的运用,防止权力滥用和不当行使。我国目前PPP项目的政府监管仍然沿袭“行业监管”传统思维和框架,监管目标不够清晰,监管权力分散。从政府规划、决策与监管职能的分离的视角来研究政府PPP项目监管的原则、内容、手段,明确政府监管权力边界,划清监管权力归属,解决PPP实践中多头干预以及社会资本无所适从的不利局面。

第六章 PPP 模式的理念创新与制度突破

公私合作制已经成为现代化建设的新模式,无论是应对公共预算的融资危机还是社会对高水平公共服务与基础设施的巨大需求,PPP 模式均有极为广阔的发展前景和空间,但若现行法律理念与制度安排不能契合 PPP 发展需求,可能导致项目的规划、立项、建设、运营法律保障不力甚至形成法律适用的阻力,使 PPP 项目陷入困境。各国均以促进 PPP 事业健康发展、保护 PPP 模式的制度创新为立足点,对各种法律秩序、法律制度、法律条件予以必要的调整,使之能够满足 PPP 模式的制度需要。本章重点解析 PPP 模式对现行法理念与秩序的冲击,为解决立法矛盾与冲突提供理论与现实依据。

一、PPP 模式的核心是合作治理

公私合作制是“公共部门与私人部门为提供公共服务而建立起来的一种长期合作关系”,[①]在国外,它被泛指为“公共和私人部门共同参与生产和提供物品、服务的任何安排;也指一些复杂的、多方参与并被民营化了的基础设施项目;有时也指企业、社会贤达和地方政府官员为改善城市

① 李以所:《德国公私合作制促进法研究》,中国民主法制出版社 2013 年版,第 4 页。

状况而进行的一种正式合作”,[①]可见,PPP 模式的核心是政府与私人部门在公共服务领域的一种高层次合作治理方式。在合作治理机制中,政府与私人部门不再是公共资源、公共社会权力的争夺者,政府不再是管理者,私人部门也不再是公共服务供给的旁观者和利用者,政府与私人部门均为公共服务领域的基本力量,分别代表着政治势力、经济势力或社会势力在公共领域共同发挥作用,合力解决公共服务供给问题,提升公共服务供给能力。

人类的社会生活在本质上是一种以合作精神为纽带的共同体生活。人与人之间的配合、互助、协作、合作——无论是正式的还是非正式的——折射的都是合作主义的光辉。合作对于社会共同体而言,犹如人的灵魂,缺乏合作精神的社会,不可能获得推动社会健康发展的效果。我国古代先贤荀子在《王制》一篇中曾言:“人力不若牛、行不若马而牛马为用,何也？人能群,彼不能群也”,这里的“群”不只是群居,更是一种合作,是人的社会性的最朴素的表述。人类社会在自然进化中获胜并不完全得益于竞争,更得益于合作,合作才是人类社会不断发展的根本保证。罗尔斯说:“一个民主社会通常被视作为一个社会合作体系”,[②]“人人为我、我为人人”的合作主义精神必须转化为共同体所有成员的自觉行动。“人人为我”构成了民主制度的出发点。但是,片面强调“人人为我”在本质上是一种极端的自私自利,这种自私的品格并不能获得共同体生活的包容,以“人人为我”为出发点的民主制度“不能适应于普遍的社会合作体系的建构,不能为合作行为的发生提供充分的支持”,[③]这是因为以自我为中心的利己观不仅对社会其他成员缺乏必要的包容或牺牲,而且以利己为中心的群体最终带来的是一种人性的撕裂,“人人为我”需要一个基本的前提,即“我为人人”,一个人如果凡事都能够为他人着想,那么,他人也必然为其着想,其基本境界就是互帮互助、团结协作。因此,合作主义是一种集体主义,“人人为我”的落脚点是“我为人人”。

合作不仅将人类导向道德恢复和重建,还能医治和矫正被过度竞争撕裂、扭曲的价值观,促进共同体生活的健康、和谐发展。作为一种公共服务供给模式,公私合作制为我国公共领域供给侧改革开辟一条崭新的路径。政府与社会资本在 PPP 模式中以公共利益或公共目标为最高考量,合作无疑是 PPP 项目实施过程中最重要的概念,贯穿于 PPP 项目从规划、立项、招标、谈判、建设、运营、销售、监管等各重

---

① Savas E. S., *Privatization and Public-Private Partnerships*, Seven Bridges Press, LLC, 2000, pp. 105 – 106. 萨瓦斯把 PPP 限定于公、私的“共同参与”是正确的,但把政府与社会在公共产品和公共服务领域的合作理解为民营化并不适合中国的 PPP 实践。

② [美]约翰·罗尔斯:《作为公平的正义——正义新论》,姚大志译,上海三联书店 2002 年版,第 10 页。

③ 张康之:《合作的社会及其治理》,上海人民出版社 2014 年版,第 19 页。

要环节。PPP 模式的运营实践和制度建设以合作为基础,PPP 项目争议、纠纷、危机解决也以合作为基本的指导思想,即合作治理是 PPP 模式的本质。

(一)合作治理以差异性的多元主体平等共存为前提

合作是一种差异化的共存,公共产品或服务供给力量的多元共存而不只是政治势力的单极存在。合作治理以差异性的多元主体平等共存为前提,同时也催生多元主体的基础性力量。合作治理与任何形式的集权治理都是不相容的,它以一切社会因素的平等共存为基础,所有的参与势力均为伙伴关系,互相协助、协同、协作,彼此配合、包容、互动,改变了政府在公共领域单极力量驱动的局面。

PPP 模式在政府与社会资本形成了一种新型的平等关系。在传统的公共服务供给模式中,政府垄断或主导公共资源和公共物品的供给,政府与私人部门之间的关系,只是一种管理与被管理、领导与服从的关系,即使那些被政府批准从事公共物品供给的公共部门,也只是政府的附属物。这意味着在传统的公共服务领域,公共物品供给主体除隶属关系外不可能形成平等的关系,更不可能基于平等地位形成政府与社会资本的伙伴关系。公共服务领域采用 PPP 模式并非是政府的自觉行动,而是公共物品需求发展、变化催生的结果——政府面对难以应对的不断增长公共服务需求压力,不得不向私人部门伸出橄榄枝,以共享裁量权为代价,与私人部门展开平等的合作以供给公共物品。在 PPP 模式下,政府与社会资本的合作关系是一种平等的伙伴关系,合作使公共服务不再是政府垄断运营、公共物品不再是政府单一供给,私人部门获得公共物品供给的合法主体资格,形成了公共物品供给主体多元化格局。以城市水务为例,传统的自来水供给均由政府直接领导、水务管理公司(公共部门)供给,城市居民日常生活使用的自来水即由公共部门统一供应,管网老化、水质差、损耗大、服务态度差等成为自来水供给长期困扰的问题。城市供水系统引入 PPP 模式后,通过建立新的独立市场化运作的自来水供给主体,形成多个不同的自来水供给主体的竞争态势,打破城市居民自来水单一的供给结构,有效地提升公共物品供给质量和效率,进而增强民众社会福利水平。

PPP 模式中的政府与社会资本在公共服务领域内的合作关系以平等价值为基础。这不仅是现代"合作精神"的基本内涵,也是社会公平正义的内在要求。首先,公私合作中的平等关系是一种契约平等,即合作各方以契约为基础明确各自的权利义务,树立契约精神,严格遵守契约规则,享有契约权利、履行契约义务,不得肆意变更、修改契约条件,更不得任意撕毁合作契约。其次,这种平等关系是法律地位平等,而不是力量对等或势均力敌,即公、私合作各方平等地为对方提供应有的支持和保障,与其说优势互补、相互"取长"的合作,还不如说是一种彼此弥补不足、相互"补短"的合作,无论是作为政府的"公"还是作为社会资本的"私",在合作关系中的一切权利和义务只能来自法律和契约,而不能来自法律和契约以外的权力优势或资本优势。最后,这种平等关系是合作利益关系的平等,即公、私合作源自于合作各方的利益诉求,不同的合作方在合作关系中的利益诉求并不一致,这种利益关系构成合作契约的基础。

(二)合作治理的灵活性需要制度约束与保障

政府与社会资本在公共服务领域的合作需要灵活协商的姿态与机制。这种需求在一定程度上是由PPP模式的长期性、复杂性和不确定性决定的,PPP合作各方对未来可能发生的变化——政治的或者社会的,经济的或者环境的——不可能清楚地预见并采取相应有效的对策措施。换言之,对于普通契约履行而言,契约权利和契约义务的设定具有明确的针对性,契约履行的条件是可以预测的、可控制的,情势变更或者那些不可预见、不能控制的因素只是一种例外的、偶然情形。但对PPP契约而言,几乎没有人能够预测国家的政治、经济状况以及社会发展政策在5年、10年甚至20年、30年内会不会改变、如何改变,几乎没有人会预见合作各方在合作期间究竟会发生何种变化,且PPP契约是一个合同束,涉及PPP项目从规划、立项、批准到建设、运营、移交等,谈判对象多、谈判方法特殊、内容复杂、涉及面广。只有构建必要的协商解决机制,才能充分、有效地处理契约履行过程中各种复杂的问题,确保契约及时做出适当的、必要的调整,互谅互让、相互配合、彼此协商是合作各方必须秉持的基本态度。

合作并不是一味地妥协、无原则地和稀泥,而是一种以制度建设和制度约束为基础的治理方式。灵活协商是PPP项目长期的合作润滑剂,但是,政府与社会资本的合作仅有灵活、协商的机制是不够的,缺乏制度和法律约束的PPP契约在公、私利益交杂的特殊条件下有可能变成一纸空文。公共服务供给制推行PPP模式改革,既涉及国家的公共政策安全,也涉及公共利益保障,是极其敏感、关键的问题。在政府垄断公共资源及政府承担公共服务供给责任的传统体制下,公共资源价格、利用方式、效率以及公共物品供给质量、价格、服务对象往往被忽略或者缺乏市场化运营的观念,因为政府提供公共物品在一般情况下是无偿的或廉价的,即使资源损耗严重、公共物品定价不合理,也会在行政强权掩饰下被忽略。政府与社会资本在公共服务领域合作,意味着政府独享公共资源利用权与公共物品供给裁量权的局面被打破,私人部门将与政府分享公共资源利用、公共物品供给的生产、收益、偏好裁量权成为一种客观存在的现实。一方面,社会资本在资本利益最大化驱使下可能会不断侵蚀公共利益和公共物品消费者利益,想方设法扩大其资本获益的可能性,政府及其官员以权谋私、权钱交易的概率也被不断放大,腐败风险加剧;另一方面,对公共服务供给的质量、价格及普遍服务对象实施有效的监督、控制始终是政府不能推卸的责任,放弃或者懈怠这种责任有可能增加公共安全风险。因此,合作治理需要制度约束公共物品生产、收益、偏好裁量权,需要法律规范合作行为和合作治理行为。没有法律保障和制度支持的合作不可能完成公共物品供给侧改革目标。

(三)同意、包容与信任构成 PPP 合作治理的核心内容

合作理念作为 PPP 模式的核心思想,应当内化为一种文化,植根于所有的公私合作关系并指导 PPP 模式立法。同意、包容与信任是合作理念的核心内容,同意为一种合作意愿被细化为合作各方相互间的认可,一方面政府承认社会资本在公共服务领域具有供给公共物品的资格,这既是公私合作的底线,也是国家凝聚社会资本、弥补公共领域财政能力不足的基础性条件,是公私各方互动的必然要求。另一方面,公私合作各方对各自的价值追求以及合作目标的差异性有着清醒的认知,政府寻求社会资本在公共领域合作,其基本目标是增加公共产品供给的投入,弥补公共财政能力的不足;社会资本愿意与政府合作,其基本目标是寻求可持续发展的机会,实现资本利益增长。目标差异并不妨碍合作,因为合作目标可以相互交集、相互包容,并在合作各方之间形成一种共同期待,这种共同期待构成公私合作的动力基础。合作理念要求合作各方相互包容、相互信任,政府应当充分尊重社会资本谋求资本或成员利益最大化的正当性和合法性,尊重其基于这种目的、动机而形成的合作目标、价值观与行为习惯。社会资本也必须充分认同政府追求公共利益及公共利益安全的目标,努力遵守和执行法律和契约关于抑制资本利益最大化的措施,在促进公共物品生产效率、提升社会公众公共福利水平的前提下谋求资本利益。只有充分尊重社会资本和项目公司"独立发展、独立运行"的地位和能力,公私合作双方才能基于信任共同直面各种风险与挑战。

PPP 模式是政府与社会资本基于契约关系展开的合作,其直接动因来自财政压力、垄断势力和低效率,深层动因则来自公共事业的两难选择。通过以契约方式与私人部门建立合作伙伴关系,既避免了政府卷入复杂的产权关系,又导入市场竞争激励机制,重新界定了政府与社会资本的权责利关系,提高了公共物品供给的效率。私人部门从事公共服务供给虽然并不意味着私有化或者民营化,却存在明显的市场化倾向,其结果是政府以放弃公共资源垄断为代价不断转移其责任风险,政府职能和行为发生转变,其角色"由实际行政任务的履行者,转变为实现特定行政目的的规制者和担保者"。①

公共服务供给通过特许经营或政府购买服务方式,逐渐向作为市场主体的私人部门开放,但政府仍将承担公共服务最终的供给责任。首先,我国现行的基本经济制度是以公有制为基础的市场经济,社会主义国家的根本特质决定其必须为社

① 宋波、徐飞:《公私合作制(PPP)研究——基于基础设施项目建设运营过程》,上海交通大学出版社 2011 年版,第 10 页。

会公众谋福祉,公共物品供给是政府的基本职能,不能完全交付市场或私人机构;其次,政府完全摆脱公共物品供给责任意味着公共事业民营化或私人化,公共物品完全市场化供给将迫使社会公众消费投入、费用负担增加,降低生活质量;最后,公共事业民营化可能危及公共安全,危及社会稳定。这在客观上要求政府在公共物品供给侧改革过程中必须对公共物品供给负终极责任。政府既是公共物品供给的垄断者,又是供给责任的终极承担者,在财政能力欠缺、管理效率低下、资源消耗过度、公众需求难以满足的窘境中,选择与社会资本合作,实属无奈之举。这种合作只有在成功的前提下才能达成政府转移公共物品供给责任风险的效果,否则,政府因供给能力不足产生的社会矛盾不仅不会缓解,反而会愈演愈烈,危及公共安全和社会稳定。这就是几乎所有的人均认为政府应对 PPP 项目的履行负担保责任的根据。由此,政府必须创造各种有利条件,积极推进与社会资本的合作,以合作精神指导 PPP 实践发生的各种争议、问题、危机的解决;以合作精神构建 PPP 模式的法律制度,创造能够满足 PPP 模式有效运行的法律秩序。合作是合作者之间相互配合、相互支持的共同行动,是一种正式的、规范化的制度安排,政府与社会资本以合作契约为基础构建双方关系和行动规则,并以法律形式确认行动体制、规则体系。

二、PPP 模式对传统公共服务供给制度的变革

PPP 模式在根本上改变了传统的公共服务治理方式,开启了以合作治理为中心的公共服务新秩序,公共部门与私人部门在合作关系中处于完全平等的地位,无论是政府还是私人组织、社会机构,实现合作目标是公私合作各方的共同任务,也是各方的共同利益。我国 PPP 模式中"社会资本"的表述有特殊的内涵:一方面,它是我国以公有制经济为基础的社会主义市场经济的特殊要求,国有企业作为社会主义市场经济的重要经济力量,无论是商业类国有企业还是公益类国有企业,其独立的市场化运营既明显区别于西方私人机构,也区别于公共部门,是公共领域 PPP 实践的重要参与力量;另一方面,社会资本在范畴上更为广泛,以社会资本取代私人部门有助于推动公共服务领域更深刻、更广泛的改革。在公共服务领域导入 PPP 模式后,社会资本的加入打破了政府垄断公共物品供给的格局,政府以特许经营、购买服务等方式向社会公众提供公共物品在客观上创造了更多的公共物品的生产者,通过各种生产要素的重新组合及生产要素有偿使用,增加公共物品数量、提高公共服务质量,进而提升社会公众公共福利水平,既增加了生产要素的投入,也实现了以技术进步和科学管理提高生产要素的质量和使用效率的目标。政府与社会资本在公共服务领域的合作对传统理念与制度的冲击,将直接导致法律思维与制度安排的巨大变化。

(一)打破公共服务政府垄断格局

政府供给公共物品犹如人民依法纳税一样,在传统观念中被视为天经地义的事,由此,政府垄断公共服务供给成为一种实然状态。1948 年英国工党政府在宣布建成世界上第一个福利国家的同时,以“国有化”方式对公共政策实施重大调整,某些原先已经转移由私人部门提供的公共服务,被重新纳入政府的公共服务范畴,社会福利的国家责任扩大,私人部门的公共服务功能被弱化。但是,英国工党政府公共服务“国有化”政策不仅使政府机构臃肿、效率低下,而且加重了民众对国家的依赖程度,“削弱了个人的进取和自立精神”。① 保守党上台后根据福利多元主义理论,实施社会福利的民营化,承认私人部门在公共领域的积极作用,以“市场竞争”方式将公共服务外包给私人机构。1995 年,布莱尔领导的工党重新执政并提出公共服务领域“现代化”政策,倡导政府与私人机构在公共领域合作,其所推行的政府与私人机构在公共领域的合作伙伴关系得到美国、加拿大等西方国家普遍推广。政府与私人部门在公共领域的合作直接催生公共服务供给多元化,政府、私人组织、社会机构通过合作方式形成公共服务多元供给机制,打破了政府垄断公共资源和公共物品供给的局面。

首先,裁量权的共享。公共物品供给传统上处于政府垄断状态,政府依法享有公共资源和公共物品供给裁量权,公共物品如何生产、如何确定价格、如何投入流通等内容均由政府单独控制。公私合作制的结果是裁量权在政府与私人部门间的共享,即政府不得不让渡部分裁量权给私人部门或者在公共物品供给机制中分配、平衡这种裁量权。美国学者约翰·D. 多纳休、理查德·J. 泽克豪泽把这种裁量权划分为生产、收益以及偏好三个独立领域,并认为生产的裁量权是公私合作的核心。② 私人部门在参与公共物品供给过程中如果不能分享其裁量权,PPP 模式即失去存在的客观基础。因此,公共物品供给裁量权共享是 PPP 模式对传统政府垄断公共资源、公共物品供给权的最大的冲击。

其次,供给主体多元化。通过 PPP 模式,更多的私人组织、社会机构参与公共物品供给,并可能形成独立的市场化运作的供给主体。政府垄断的公共资源必将逐步开放,公共领域里竞争的格局将逐步改变。同时,更多的社会力量介入、参与,公共物品供给也将趋于多样化,能够满足不同的社会阶层、不同的社会群体多样化需求。这种多层次需求的满足将提升公共物品质量,且适度竞争可以有效地提升供给效率和服务质量。

---

① [英]安东尼·吉登斯:《第三条道路——社会民主主义的复兴》,郑戈译,北京大学出版社、三联书店 2000 年版,第 14 页。

② 约翰·D. 多纳休、理查德·J. 泽克豪泽:《合作:激变时代的合作治理》,徐维译,中国政法大学出版社 2015 年版,第 52 页。

最后,公共物品消费理念转变。在传统公共物品供给模式中,政府运用财税投入公共物品供给,虽然不同的公共物品可能由不同的机构提供,如燃气、自来水、电力分别由燃气公司、水务公司、电力公司提供,但公共物品供给的数量、质量、价格以及提供的对象均由政府决定,民众在政府垄断供给的传统中已经形成了公共物品免费消费或便宜消费的观念和习惯。从实践来看,现有的公共物品与服务供给设施长期超负荷运载,公共物品与服务供给长期依赖财政补贴,必然会使产品品质、服务质量难以提升、效率低下。公共物品实行 PPP 模式供给后,私人部门在与政府共享裁量权的同时,往往能够比政府创造出更多的价值,其必然会要求控制这种额外价值的分配,同时,还有可能要求政府适当地让渡一定的收益权。这种收益权的让渡在理论上也是必需的,是吸引社会资本与政府合作提供公共物品的前提条件,因为任何社会资本都存在逐利的性质,营利目的是社会资本最根本的目的,利益最大化是社会资本的基本追求。资本的逐利性决定了民众对以 PPP 模式提供的公共物品的消费不可能免费,甚至必须以市场化购买公共物品。而且,即使公共物品由非营利的社会机构提供,这些社会机构同样需要必要的成本维持机构的运转,这些成本仍必须由民众承担。因此,PPP 模式的公共物品供给必然会导致民众消费理念的转变。

(二)引入市场竞争机制

PPP 模式的推广形成多元主体、多层次、多样化的公共服务供给格局,政府不再垄断公共物品供给、不再垄断公共资源利用,未来政府可能只承担基本的公共物品供给任务,而大量的公共物品均将交给市场,由市场根据供给与需求关系解决生产什么、如何生产以及为谁生产的“三位一体”问题。消费者在免费或廉价使用政府提供的基本公共物品的基础上,如果需要享受更高、更好的公共物品,则必须依据市场规则购买、使用;同样,公共物品的经营者必须适应市场要求,不断改进产品质量、不断提升管理水平和效率,市场竞争机制将发挥作用。但是,基于公共物品具有公共性,具有涉及公共利益安全与社会公众一般福祉的特性,以 PPP 模式提供公共物品,其品种、数量、价格以及营销对象并不能完全由私人部门自由决定,政府在 PPP 模式下对公共物品供给承担最终担保责任,必须强化对 PPP 模式中的公共物品供应商的价格、质量和服务对象的监管。

(三)公共服务混合所有制的生成

政府与社会资本在公共领域中的合作催生了公共资源混合所有制。混合所有制指的是财产权分属于不同性质所有者的经济形式,在宏观层面上混合所有制指的是一个国家或地区所有制结构的非单一性,而在微观层面上则指不同所有制性质的投资主体共同出资组建的企业。从总体上来看,混合所有制是不同经济所有制按照一定原则实行联合生产和经营的经济形式,混合所有制是各所有制主体在追求优势互补的动机支配下形成的。混合所有制的形成机理在于公有制经济和非公有制经济在经营决策、收入分配、投资融资等方面在机制上的摩擦,这种摩擦导致一系列经济参数的扭曲。就 PPP 模式而言,公共资源为政府垄断控制,政府拥有公共物品供给裁量权,然而,政府开发、利用公共资源、供给公共物品存在明显的低效能、高损耗或高投入、低产出问题,尤其政府财政能力欠缺、管理效率低下使公共物品供给与需求关系扭曲;同时,私人部门拥有大量的社会资本,但在公共领域却望而止步,市场机制、竞争规则在公共领域完全不能发挥应有的功能。公共领域巨大的资本需求与政府因财政能力而资本供给不足,社会资本因法律禁止、行政垄断却只能游离于公共领域之外,因此,政府与社会资本在公共领域展开合作不仅能够解决其资金问题,而且突破了公共领域禁区,社会资本与政府共享公共物品供给裁量权,在 PPP 项目公司中拥有独立自主的经营决策权、人事权,在法律和契约条件下享有一定的定价自主权,有助于发挥市场竞争的效用。

公私合作制是一种混合所有制,PPP 公司在本质上是一种混合所有制企业。混合所有制既非混合经济,也非股份制经济,而是各种不同所有制经济以公有制经济为基础实行联合生产或经营的所有制形式,判断一个企业是否为混合所有制,关键看其是否能够满足混合所有制的基本条件,即不同所有制的联合,且有公有制经济的参与。在现行法框架内,我国基本的经济成分包括公有制经济与非公有制经济,前者包括国有经济、集体经济,后者外资经济和私人经济,从所有制形态看,涉及全民所有制、集体所有制和私人所有制。混合所有制首先要求参与联合生产或经营的各方具有不同的所有制,既可能是全民所有制的国有企业,也可能是集体所有制的集体企业间的联合,也可能是公有制经济与非公有制经济的联合。如果参与联合的企业具有相同的所有制性质,则不能形成混合所有制。混合所有制还要求公有制经济的参与,缺乏公有制经济参与的不同所有制的联合不能生成混合所有制。我国把 PPP 模式界定为政府与社会资本合作,这里的政府不仅指从事行政管理的行政机关,也包括政府创设的公共部门;社会资本则涵盖了国有企业、集体企业、外资企业、私人企业和个人资本,范围相当广泛。政府与国有企业合作生成的 PPP 公司却不能满足混合所有制的要求。不过,这种合作应当是一种特例。从实践来看,许多地方在推动 PPP 模式实践时,把国有企业作为政府的代表,与私人资本展开合作,故 PPP 模式中的社会资本地位可能更复杂。在大多数情况下,社会资本只包括集体所有制在内的外资企业、私人企业及个人所有的资本。党的十八届三中全会提出要积极发展混合所有制经济,实际是指要发展国有资本、集体资本、非公有资本等资本交叉持股、相互融合的经济。就 PPP 模式而言,政府与社会资本合作通常指政府及其公共部门与集体企业的合作,或者政府及其公共部门与外资企业、私人企业间的合作以及政府及公共部门与个人合作,基于合作而成立的 PPP 公司在本质上是以公有制为基础的不同所有制经济间的联合,因而是混合所有制形式。

PPP 模式催生的混合所有制经济体以政府与社会资本合作为基础条件,是我国目前进行的混合所有制改革的重要组成部分,混合所有制作为未来经济的发展方向,将承载着以公有制为主体、不同所有制经济共同发展的基本经济制度,以优化资源配置的方式实现国有资产安全有效、保值增值。混合所有制改革的实质是国有企业彻底市场化,让各种不同性质的所有制经济实体具有平等的市场主体地位。现阶段以 PPP 模式为载体的公共物品供给侧改革在客观上要求政府不断开放公共领域,扩大公共物品供给主体范围,导入市场机制和竞争机制,最终达成与私人机构分享公共物品供给裁量权。同时,PPP 模式以合作各方优势互补为先决条件,政府与私人机构必须本着平等、互惠、合作、双赢的精神,协商解决 PPP 模式运行过程中的各种争议、问题、危机,因此,政府与社会资本合作在根本上要求地位平等、公平对待、权义对等,由此,国家应当以 PPP 模式运营为契机建立新的行为规则,对所有的不同性质所有制经济一视同仁,以合作理念为指导,创新以法律和契约为中心的法律制度和法律秩序,任何利益均不能凌驾于规则之上,不能根据各自利益随便修改规则。

(四)创新融资模式

较之实践中广泛运用的"地方融资平台模式"[①]解决城镇化建设和基建投资带来的巨大融资需求,PPP 的制度优势是显而易见的。融资平台主要是由地方政府设立,因而其公司治理不规范的问题严重,政府相关部门的人员兼任融资平台的管理人员,容易导致政企不分,融资平台的独立法人地位难以得到保障。同时,融资平台在资金的筹措和使用方面严重依赖并服从于地方政府,政府违规或过度担保屡见不鲜,债务风险大,且缺乏透明度,蕴含巨大的危机。而在 PPP 模式中,公共部门和私营部门既相互合作又相互监督、竞争的关系,具有更为完善的公司治理、公共支付的透明度要求等优点,运用该模式提供公共服务不失为一种更明智的选择。2014 年,我国政府决心改革并规范政府举债融资制度,提出"要剥离融资公司平台政府融资职能",[②]"要求政府债务只能通过政府及其部门举借,不得通过企事业单

---

① 所谓地方政府融资平台,是指由地方政府及其部门和机构等通过财政拨款或注入土地、股权等资产设立,承担政府投资项目融资功能,并拥有独立法人资格的经济实体。参见《国务院关于加强地方政府融资平台公司管理有关问题的通知》(国发〔2010〕19 号)。

② 《国务院批转发展改革委关于2014 年深化经济体制改革重点任务意见的通知》(国发〔2014〕18 号)指出……三、规范政府举债融资制度:开明渠、堵暗道,建立以政府债券为主体的地方政府举债融资机制,剥离融资平台公司政府融资职能。对地方政府债务实行限额控制,分类纳入预算管理。推行权责发生制的政府综合财务报告制度,建立考核问责机制和地方政府信用评级制度。建立健全债务风险预警及应急处置机制,防范和化解债务风险。

位等举借;地方政府举债采取政府债券方式;剥离融资平台政府融资职能”,[①]同时,在预算改革和地方债改革中明确提出要推广 PPP 模式,“要求地方各级政府结合清理甄别工作,认真甄别筛选融资平台存量项目,对适宜开展 PPP 模式的项目,要大力推广该模式”。[②] 由此可见,PPP 模式存在巨大的制度优势和现实需求,它既是一种创新的公共服务供给模式,也是一种创新的融资模式。

三、PPP 模式变革对传统观念的冲击与修正

作为一种政府与私人部门在公共领域合作行动的方式,PPP 模式为现代社会各国经济持续发展创造了新的机遇。在我国,PPP 模式也是公共服务供给侧改革的创新之举,通过 PPP 模式的推广,公共服务领域得到进一步开放,改变了公共服务由政府供给的单一局面,破解公共服务供给难题。同时,也引发公共物品结构性变化和公共服务消费观念的转变。依据萨缪尔森的观点,公共物品指的是将该商品的效用扩展于他人的成本为零且无法排除他人参与共享的物品。[③] 从现代社会经济发展来看,公共领域及公共物品的定义正在发生变化,公共物品范围越来越小、越来越窄,许多传统的公共物品逐渐失去固有的属性,成为名副其实的半私人物品或定向物品。以公路为例,道路是最基本的公共物品,多一个人使用道路既不会增加其他使用人的成本,也无法排除他人参与共享道路,但高速公路却失去了普通道路固有的公共属性,成为有车人的专用道路,行人则被禁止进入高速;而增加使用高速的人和车辆,其成本也并非为零,高速公路应当是典型的定向物品,而 PPP 模式建设的高速公路则完全有可能成为半私人物品。同时,公共物品不再是免费或廉价的午餐,有偿使用、付费使用成为公共物品的新常态。以合作方式生产公共物品的裁量权由政府独享转变为与私人部门分享,甚至完全由私人部门依法享有,这些公共物品价格原则上由私人机构基于市场供给与需求关系自主决定,这是公共领域引入 PPP 模式后社会资本参与、市场竞争机制发挥作用的必然结果。但是,由于涉及公共利益安全与社会民生,PPP 模式的运行理念和规则设计必须对传统自由市场理念进行适当的修正与限制。

(一)PPP 模式公共利益优先对社会资本逐利性的抑制

社会资本在法律上的性质较为复杂,既可能是私人组织拥有的资本,也可能是社会机构拥有的资本。前者以营利为目的,具有一般资本的属性;后者从事公共物

---

① 《国务院关于深化预算管理制度改革的决定》(国发〔2014〕45 号)。

② 《地方政府存量债务纳入预算管理清理甄别办法》(财预〔2014〕351 号)。

③ 参见[美]保罗·萨缪尔森、威廉·诺德豪斯:《经济学》(第 19 版),萧琛主译,商务印书馆 2013 年版,第 34 页。

品供给时不以营利为目的,具有明确的公益性或非营利性,但这并不意味着社会机构从事公共物品供给完全是无偿的或者是廉价的。政府垄断公共物品供给可以不计成本、不考虑收支平衡,在运作亏损时可以财政补贴的方式弥补。但社会资本以PPP模式运营公共物品供给时,必须考量运营的有效性和持续的运营能力。我国PPP模式下的社会资本通常指的是以企业为代表的包括国有企业在内的资本,例如,发改委《关于开展政府与社会资本合作的指导意见》中的社会资本是"符合条件的国有企业、民营企业和其他各类企业",财政部在《政府和社会资本合作模式操作指南》中社会资本则"指以建立现代企业制度的境内外企业法人,但不包括本级政府所包括的融资平台及其他的控股国有企业",国发办42号文《关于在公共服务领域推广政府与社会资本合作模式的指导意见》则指出"如果是已经进行市场化改制建立现代企业制度的地方政府融资平台可以作为社会资本参与当地PPP项目",但对其他控股国有企业没有说明。

社会资本在PPP模式中的逐利性必须受到法律有效的抑制,因为政府放弃独占的裁量权,愿与社会资本共享的前提条件是社会资本合作方必须同时放弃资本利益最大化的目标。人们之所以推崇PPP模式,是因为作为合作方的私人部门往往比公共部门的运作效率要高,这使"物有所值"成为考核PPP项目是否成功的基本标准。事实上,私人部门的基本生存环境是竞争,竞争生态迫使其讲求效率、节约成本、降低费用,造就了其有效地把资源转化为结果的能力;而作为另一合作方的政府虽然无须饱受竞争的挤压,但同样面临着诸如公开、透明、正当程序、公平对待等压力,这些压力如果与官员素质、问责机制、部门利益以及社会、经济环境碰撞、纠缠在一起,政府往往会牺牲生产率最大化为代价,低效能、高损耗几乎成为公共部门供给公共物品的代名词。

政府与社会资本在公共服务领域内合作,可以有效地利用私人部门的优势,提升公共物品生产、供给效率。但是,私人部门在与政府分享生产裁量权、提升生产率的同时,也会相应地行使收益裁量权和偏好裁量权,在资本利益最大化目标驱使下可能使公共物品供给完全走向市场化并增加自己的利益。这种收益裁量权的运用对营利的私人组织与不营利的社会机构,其结果是一样的:私人组织取得的经济利益离资本利益最大化更近;社会机构即使缺乏营利目的动机,但仍可通过收取更多的费用增加更多的资金储备。因此,私人部门分享收益裁量权的结果可能会使PPP项目收益部分或全部流进私人机构,由此,政府与私人部门通过PPP模式所形成的生产效率、所增加的整体价值并没有让公共物品消费者获得任何实质性的利益,反而需要支付更多的费用。

社会资本在PPP模式中的逐利性必须受到法律的抑制,另一个重要原因是在公共服务领域中社会价值高于资本价值。公共物品供给涉及国计民生和公共利益安全，政府之所以与社会资本合作，一方面是政府建设的需要，从某种意义上来说，政府大包大揽所有的行政事务和公共事务的问题必须得到彻底的解决，既因为法治时代全能政府被迫进行相应的“瘦身”，也因为社会、经济环境越来越复杂，政府同时应对行政和公共事务的能力越来越弱；另一方面可以借助私人部门的市场优势提升公共物品供给效率、降低公共资源消耗和浪费。在 PPP 模式中，项目公司面临着社会价值与资本价值、公共利益与资本利益的选择、平衡问题。从实践来看，政府与社会资本合作的过程也是政府以放弃独占公共物品裁量权为代价与私人机构平等交易的过程。私人部门得以共享裁量权也是以放弃对资本利益最大化的优先考量为先决条件的。必须以法律形式抑制资本的逐利性，培育私人组织、项目公司遵循社会价值、公共利益优先的价值观，恪守放弃利益最大化的承诺。

以法律形式抑制资本逐利性必须授权独立机构严格监管 PPP 项目运作。营利是资本的本质属性，法律抑制私人部门逐利性并不能完全期望私人机构、项目公司的自律，制度的约束是抑制资本逐利性与法律得到遵守的根本保证。从理论上来看，政府具有行政职能、拥有行政权力，由政府运用行政管理权去监督管理公共物品的生产者和经营者是可行的，政府以平等交易方式与私人机构共享其独占的裁量权，其目的在于保障公共利益安全、提升公共物品供给的质量和效率，由此而言，政府也不能对私人组织、项目公司谋取利益最大化、损害消费者利益和公共利益的行为放任不管。因此，政府对 PPP 项目公司、私人组织具有监督管理权应当没有疑问，尤其是在危及公共利益安全时自然不能袖手旁观。但是，在 PPP 模式中，政府以平等身份与社会资本合作，若再行使对 PPP 的监督管理权，尤其政府在 PPP 模式中具有自己的利益，其角色定位存在两难的状态。换言之，政府是 PPP 项目的合作者，能否为公共物品消费者利益而严格监督私人组织、项目公司遵守法律和合同的规定？解决政府在 PPP 模式中行政监督管理权的尴尬和困境，根本的方法是构建 PPP 独立监管机构，对 PPP 运营实施独立监管。

独立监管机构对 PPP 项目运行的监管在本质上是一种第三方监管。独立监管机构基于客观、公正、独立的原则，对 PPP 项目从规划、立项、谈判、运营等所有重要环节实施全过程监管，并对 PPP 项目公共物品供给的价格、质量、服务对象进行独立评估，对 PPP 项目争议实施独立裁决。因此，独立监管制度的创设有助于保障 PPP 模式公共利益目标的实现和公共安全的维护，有助于维护公共物品消费者等利益相关者的合法权益，从而促进公共领域 PPP 事业健康发展。

（二）PPP 项目不确定性与契约柔性化制度诉求

公私合作制以合作契约为基础构建一种崭新的公共物品供给机制与运营模式，以契约条款为中心而构建的契约规范构成了 PPP 模式中合作各方行动的共同法律基础，这些契约规范以确认合作各方权利义务为核心，构建合作各方之间的伙伴关系,合作目标的实现成为契约规范的合作各方的核心利益。政府在追求公共利益时必须兼顾社会资本的营利性,而私人部门在追求资本利益最大化时必须兼顾公共利益,这种双重利益的抉择与平衡始终是 PPP 契约必须重点解决的问题。然而,PPP 项目的基本特点是投资期限长、投资金额大、成本回收慢、承担风险多,在复杂的社会、经济环境变迁过程中,政府、私人组织和项目公司要作出正确的抉择和平衡公共利益与资本利益关系并非是轻而易举的事,尤其这种社会、经济环境变迁所导致的各种条件的变化,往往是合作各方难以预见、难以控制的,这就要求合作各方在 PPP 项目协商、谈判过程中必须本着客观、公正的态度与互谅互让的方法,对 PPP 项目执行过程中可能发生的变化进行充分的预测、预判,并构建具体的解决问题、困难甚至危机的预设机制。

首先,契约权利柔性化要求契约设计必须有利于合作。相较于普通契约,合作契约基于 PPP 投资与风险的复杂性和不确定性,其条款设计重点往往不在于确定合作各方具体的、明确的权利、义务,而在于明确合作各方在 PPP 项目中的一般权利、义务关系;复杂的 PPP 风险的一般分配和负担的原则;在发生某种纠纷、争议或风险时应当遵循的一般法律原则和具体解决机制。通过明确一般的法律原则、权利义务关系和争议解决机制,构建互谅互让、互惠互利、平等协商、团结协作的合作伙伴关系,尽可能避免 PPP 项目因契约确认的硬性条款而必须解散、终止等不利于合作的情况发生。平等、互助、协作的合作意旨贯穿于合作契约,合作制度的设计围绕利益分享、责任分担、资源共享、风险共担等法律原则。明确公共利益是公私合作的主要目的,即公私双方在公共领域展开合作是为了完成公共任务或者满足公共需要,公私各方在 PPP 项目范围内将各自发挥自己的优势并彼此配合、互助、协同行动,PPP 合作各方分享在 PPP 项目运营过程中因增产、增量、增效形成的整体价值增加所带来的利益,实现"双赢"或"共赢"。明确合作各方只对自己的过错形成的责任负责,在 PPP 运营过程中发生的难以预料、难以控制风险由合作各方共担。可见,合作伙伴关系在客观上决定"契约条款必须有利于项目参加者的合作"。①

其次,刚性条款与柔性条款的有机结合。PPP 模式是一种极其灵活的公共物品供给模式,既可能是在某公共项目的计划、融资、建造、运营、应用等环节上的合作,也可能是贯穿于整个项目的整体合作。尤其当合同期限长达十几年甚至几十年时,PPP 项目必然存在形形色色的不可预见、难以预料的问题,故 PPP 契约在也往往相应地设计一些具备灵活性的具体条款,这些契约条款往往旨在建立有助于条款履行和危机化解的处理机制,这些机制可能包括:(1)风险分担机制,PPP 项目

---

① 李以所:《德国公私合作制促进法研究》,中国民主法制出版社 2013 年版,第 15 页。

风险最适当的分配方法是把项目风险分配给最能控制风险发生的主体承担；(2)契约调整机制，因契约的长期性可能发生各种纠纷、争议、危险、危机而设计出合同内容调整和调节机制；(3)补偿机制，为保证公共物品供给的数量和质量，保证公共物品消费者的消费能力，为提高公私合作制效益而设计出契约补偿机制；(4)激励机制，为鼓励私人机构持续、稳定地提升公共物品供给效率而设计出税收优惠减免机制；(5)惩罚机制，对违反公共目的或公共利益的私人机构予以惩罚。这些系统的契约机制直接体现了契约权利柔性化倾向。

再次，合作不确定性形成的责任弹性。合作契约的长期性决定了任何一种合作都是一个动态的、复杂的变化过程，这种变化过程使政府与私人机构间的合作受到各种各样的环境影响并使合作结果变得扑朔迷离，这就是合作的不确定性。人们可以通过科学分析、技术处理降低合作的不确定性，但绝不可能完全消除不确定性。不确定性使政府与私人机构间的合作结果难以控制，表现良好的合作可能被固定、扩大或复制；而表现不佳的合作必然被缩减、停止或彻底终止。对于合作的不确定性，没有法律可以准确地界定合作各方的责任界限，法律体现的可能只是意思自治的精神，并以契约方式形成一个弹性的责任分配机制，把责任配置给最能够控制和避免风险发生的合作方，且是否应当承担责任的认定还必须通过其他机制如协商机制、裁决机制、仲裁或诉讼机制决定。

最后，合作各方间的责任关联性。PPP模式的本质在于"运用合作来创造公共价值"，政府通过与私人部门的合作实现公共目标。[①] 在PPP模式中，合作各方的动机存在明显的差异，政府在期望通过与社会资本合作以弥补公共财政资金欠缺的同时，能够利用私人组织市场运作的优势，增加公共物品供给、提升社会福利水平；私人组织则希望以资本投入占有相应的公共资源并取得公共物品供给的合法性。政府与私人组织围绕公共目标和公共利益展开多层次、综合性的合作，形成一个利益相关的共同体，成则"共赢"，败则皆输。因此，"一个公私合作制项目的基础并不是一个详尽的带有给付目录的公共给付描述，而是一个功能上的、以结果为导向的(输出导向型)的公共给付描述"。[②] 合作契约必须既能够确保私人部门在"如何最好且最有效率地实现政府规定的公共目标"的问题上拥有足够的决策及行动空间，也能够确保政府的任务主要集中在确定合作的目标，特别是确定并监督私人组织提供的公共物品质量上。政府与社会资本对于公共目标和公共利益具有共同的责任，政府对私人部门公共任务的完成具有担保责任。

---

① 参见[美]约翰·D.多纳休、理查德·J.泽克豪泽：《合作：激变时代的合作治理》，徐维译，中国政法大学出版社2015年版，第241页。

② 同上书，第52页。

(三)PPP 模式创新呼唤灵活的立法技巧

现代社会呈现着多元力量良性互动、多元博弈、合作共治的态势,它在客观上改变了既成的社会经济关系、社会传统和社会结构。PPP 模式的运用释放了公共服务供给空间,政府不再是公共服务领域绝对的霸主,私人资本开始接受"政府定价"或者"政府指导价",资本利益最大化的观念受到限制,社会开始思考着合作,市场需要竞争更需要合作,合作治理作为一种更高的境界、更优的行为模式,在公共服务供给中得到推崇和践行,以合作为核心的 PPP 契约贯彻着平等、互助、协作、合作的精神,一系列的弹性调适机制成为 PPP 契约预设解决争议的方案。PPP 框架下的所有这些变化揭示了社会经济制度系统性的新的客观现实并构成对传统法律思维制度安排的修正与挑战,PPP 模式立法必然是对传统理念、法律秩序的变革,以修改、剔除与例外适用等立法技巧的灵活运用创新法律制度,弥补现行法的空白、避免法律间的冲突,在现行法框架内实现法律、法规的有效衔接。

首先,必须修改现行立法,力求 PPP 法律依据的一致性。修改意为修订改正,法的修改是一项重要的立法活动,即立法机关依照法定程序对正在生效的法律的条文进行修订改正的立法行为。《隋书·高祖纪下》记载:"律令格式,或有不便者,宜依前敕修改,务当政要。"法的修改通常包括修正和修订两种形式,修正也可称为部分修改,法律修改的内容仅涉及部分条款,立法机关依法定程序完成某一法律条款的修改时,以修改决定或修正案等专门的立法文件文本予以公布施行,我国现行宪法先后所作的四次修改,均以修正案的名称予以公布实施;修订是对法律进行全面的修改,也称为整体修改,立法机关仅须公布一个修订后的整个法律文本,而无须公布专门列举修改内容的立法文件。

法的修正和修订作为法的修改的形式,有着明显的差异:一是审议内容,立法机关在修正的情况下,仅审议修改决定草案或者修正案草案,对草案以外的内容不予审查;而在修订的情况下,立法机关审议的是修订草案文本的全部内容,而不局限于对修改内容进行审议。二是通过的对象,法律修正时,立法机关表决通过的是修改决定或者修正案,而不是根据修改决定或者修正案所为修正的整个修正文本;法律修订时,立法机关表决通过的是整个修正文本。三是公布对象,法律修正时因采用修改决定和修正案形式的差异,其公布对象有所差异。采用修改决定形式的,需要公布修改决定和整个修正文本;采用修正案形式的,只需要公布修正案。法律修订时,因对法律进行全面修订,不单独制定修改决定或者修正案,立法机关通过一个整体的修订文本,立法机关直接公布修订文本。四是生效时间,法律修正时,原法律生效时间不变,修改决定或者修正案也有一个新的生效时间;法律修订时,因修改内容多、相当于制定一部新的法律,无论是修改的内容还是没有修改的内容,均适用新的生效日期。五是"新法"的界定,法律修正时,修改的条文适用新的生效时间，是新法，而未修改的条文适用原来的生效时间，是旧法；法律修订时，无论是新修改的条文还是原有的条文，均适用一个新的生效时间，均为新法。

PPP 模式在公共服务领域的推广需要土地、财政、投资、税收、合同、招投标、政府采购等相关法律制度的调整，如果现行规定未能契合 PPP 特质，均可能发生法的修改问题。牵涉条款多、联系较为密切、运用较为频繁的相关立法，如招投标法和政府采购法，可采用修订方式来整体修改，以达成法律内部的统一；而对牵涉内容较少，修改条款不多的可采用修正方式，以节省立法成本、提高立法效率。

其次，必须大胆剔除阻碍 PPP 模式发展的法律条款。剔除不是一个法律概念，更不是一种立法活动。剔除的基本意思是去除、排除或清除，但是，剔除可以是一种立法方法，即通过这种方法，去除现行法中可能会妨碍、阻碍 PPP 模式健康运行的某些法律条款。剔除最直接的手段是立法机关通过颁布修改决定的方式排除特定法律中的某些具体条款对 PPP 模式的适用，从而减少 PPP 模式运营的法律障碍。从这一角度出发，剔除是法律修改的一种方法，也是一种立法技巧。剔除方法的采用有助于在复杂的法律关系和法律体系中找出最佳的解决路径。

最后，必须构建 PPP 法律适用的例外制度。传统公共资源与公共领域一向不容私人及私人部门染指，相关法律凡涉及公共资源开发利用、公共物品与服务供给、公共领域管理等内容的多为禁止性或限制性规定，这种立法传统与 PPP 模式的开放性形成冲突，必须作出适当的法律适用例外规定。例如，大部分 PPP 项目特别是基础设施建设均会涉及项目用地的土地使用权问题，我国现行有关土地及土地使用权的法律、法规中，土地使用权的取得包括以划拨方式无偿取得和以出让、转让方式有偿取得。凡为公共利益目的而需要取得城市基础设施用地、非营利性教育用地、非营利性体育设施用地、非营利性公共文化设施用地以及其他非营利性社会福利设施用地等类型的，均可以划拨方式无偿取得土地使用权，但经营性 PPP 项目能否以划拨方式取得土地使用权，需要法律予以明确；社会资本投入非经营性 PPP 项目或者政府补贴的 PPP 项目后，能否获得 PPP 项目用地附近相邻土地优先使用权或开发权，也需要 PPP 模式立法加以明确规定。其他诸如 PPP 项目涉及的税收优惠、竞争限制以及政府采购等方面也会不同程度形成冲突。PPP 模式立法不可能做到同时修法，但可以例外适用来协调处理与现行法的冲突。

第七章　PPP 模式与现行法的冲突和衔接

目前,我国 PPP 模式主要适用于包括市政设施,如燃气、供电、供水、供热、污水及垃圾处理等基础设施;交通设施,如公路、铁路、机场、城市轨道交通等基础设施;公共服务,如医疗、旅游、教育培训、健康养老等基础设施以及资源生态如水利、资源环境和生态保护等基础设施和公用事业领域,其运行不可避免地与土地使用权制度、投融资制度、招投标制度、特许经营制度、政府采购制度和财政税收制度等方面息息相关。作为一种制度创新,PPP 的模式特质必然与现行法及其形成的法律秩产生矛盾,发生冲突,以立法视角检讨 PPP 模式与相关法的冲突与衔接具有重大的理论和现实意义。

一、特许经营型 PPP 模式与特许经营相关法

特许经营制度的外延较广泛,可区分为商业特许经营和政府特许经营。商业特许经营是指拥有注册商标、企业标志、专利、专有技术等经营资源的企业(特许人),以合同形式将其拥有的经营资源许可其他经营者(被特许人)使用,被特许人按照合同约定在统一的经营模式下开展经营,并向特许人支付特许经营费用的经营活动;[①]政府特许经营则指政府采用竞争方式授权境内外的法人或者其他组织,通过协议明确权利义务和风险分担,约定其在一定期限和范围内投资建设运营基础设施和公用事业并获得收益,

① 参见《商业特许经营管理条例》第 3 条第 1 款。

提供公共产品或者公共服务。[1] PPP 模式语境下的特许经营特指政府与社会资本以特许"经营权"的模式在基础设施和公用事业领域中展开的合作,属于 PPP 模式的一个类型,适用于政府负有提供责任又适宜市场化运作的公共服务领域公共物品的供给。政府负有责任指政府必须向社会公众提供公共物品,这是传统的政府公共职能的基本内容,公共物品供给不足有可能引发社会矛盾,直接威胁社会稳定和公共秩序安全,因此,政府有责任向社会公众供给更多、更好的公共物品。然而,公共物品有可以市场化运作的,也有不可市场化运作的,前者如市政、交通等基础设施和医疗、教育等公共服务,后者如国防、外交等公共领域。适宜市场化运作指的是公共物品供给可以引入竞争机制、由市场机制调节供给、社会公众付费消费,通常被称为经营性项目或使用者付费项目。这些适宜市场化运作的公共物品或彻底市场化经营的如通信、电信、网络,或由政府控制直接运营。无论如何,使用者都必须有偿、付费使用,如高速公路、私人医院。在特许经营型 PPP 模式中,一方面,私人部门经政府特许经营,以市场化运作方式向社会公众提供公共服务,依据法律和契约限定的条件向社会公众收取费用,获得相应的资本利益回报;另一方面,政府以特许经营方式吸引社会资本投入,可以降低公共财政能力负担、缓解财政资金不足的压力、提高公共物品供给质量和效率,双方通过合作实现互利双赢。

(一)特许经营型 PPP 模式应排除适用行政许可法

政府特许经营作为 PPP 模式的重要载体,究竟是否属于行政许可,值得深入细致的研究。我国《行政许可法》确定的行政许可包括普通许可、特许、认可、核准及登记。在诸多的行政许可类型中,唯特许与 PPP 模式之特许经营有着一定的关联性。所谓特许是指行政机关代表国家向被许可人授予某种权力或者对有限资源进行有效配置的管理方式,主要适用于有限自然资源的开发利用、有限公共资源的配置、直接关系公共利益的垄断性企业的市场准入,如出租车经营许可、排污许可。特许作为行政许可的一个类型,必须具备两个基本的特征:一是相对人取得特许后,一般应依法支付一定的费用,所取得的特许可以转让、继承;二是特许一般有数量限制,并以公开招标、拍卖等公开、公平的方式决定是否授予特许。从我国《行政许可法》第 12 条规定来看,行政许可可以设定的事项包括:(1)直接涉及国家安全、公共安全、经济宏观调控、生态环境保护以及直接关系人身健康、生命财产安全等特定活动,需要按照法定条件予以批准的事项;(2)有限自然资源开发利用、公共资源配置以及直接关系公共利益的特定行业的市场准入等,需要赋予特定权利的事项;(3)提供公众服务并且直接关系公共利益的职业、行业,需要确定具备特殊信誉、特殊条件或者特殊技能等资格、资质的事项;(4)直接关系公共安全、人身健康、

---

① 参见《基础设施和公用事业特许经营管理办法》第 3 条。

生命财产安全的重要设备、设施、产品、物品,需要按照技术标准、技术规范,通过检验、检测、检疫等方式进行审定的事项;(5)企业或者其他组织的设立等,需要确定主体资格的事项。我国《行政许可法》对行政许可各类型适用范围未作具体的划分,故第12条所列各项均可能以特许方式设定行政许可。

特许经营型PPP模式应排除适用行政许可法。尽管PPP模式下的特许经营与行政特许具有许多相似和共同的地方,如特许的主体为政府或者依法取得某些公共权力的公共部门,通过公共权力的运用实现公共领域的特定目标,而且无论是特许经营还是行政特许,均可作为公共资源配置的方式,但这些共性形成的原因是政府具有的公共管理职能,这种公共职能使政府成为公共资源的垄断者。然而,政府特许经营与行政特许具有质的差异。

特许经营型PPP以合作理念为指导,贯彻公、私部门间互助、协作、合作的自由意旨,政府与社会资本双方以契约为基础构建平等的伙伴关系,以认同、包容、合作进行优势互补,双方不存在以公权力运用为特质的强制性的管理与服从关系,政府以行政管理为中心的公权力运用受到法律的严格限制,以公权力运用为基础的监管通常被限定在价格、质量和普遍服务方面;行政特许是有限自然资源开发利用、公共资源配置以及直接关系公共利益的特定行业的市场准入措施,行政特许在赋予被许可人特定权利的同时,也要求被许可人必须在法律规定条件下服从行政机关的管理,这种管理以强制力为基础,行政机关与被特许人之间存在一种以管理与服从为中心的行政管理关系,并在公权力作用下具有不平等的法律地位。

PPP模式之特许经营核心在于经营,行政特许的核心是特许。从运作模式来看,特许经营型PPP以公共物品裁量权的让渡为代价,换取社会资本在公共领域的投入,从而增加公共物品供给的数量、质量和效率,缓解政府公共投入不足的压力,故PPP模式之政府特许经营重在经营,特许仅仅意味着一种传统的公共物品裁量权的让渡或分享,政府与社会资本在公共物品供给过程中的优势互补、物有所值,才是政府特许经营的目标。行政许可中的特许宣示的是政府在有限自然资源开发利用、公共资源配置和公共利益安全维护中的权威,是公权力在公共领域的特殊表现。政府特许经营贯穿着平等、自愿、合作的法律原则,而行政许可中的特许则是赤裸裸的权力彰显,与合作理念、契约精神没有任何的关联。在深化市场经济改革、调整产业结构的进程中,公共物品供给侧改革需要政府在公共领域放权简政。以法律形式确认PPP模式之特许经营不属于行政特许,排除行政许可法的适用,有助于公共领域市场化改革,调动社会资本参与公共物品供给。如果坚持公权凌驾于私权的传统作风和传统观念,以行政特许对待PPP模式之特许经营,以所谓的行政契约替代合作契约,则不仅合作理念难以深入公共领域改革,而且市场机制与竞争法则也必然难以引进公共领域,更不可能形成平等、独立的公共物品多元化供给主体。

(二)特许经营型 PPP 模式应排除适用《市政公用事业特许经营管理办法》

现行法对于政府特许经营的规范始于 2004 年的《市政公用事业特许经营管理办法》,该办法共 31 条,对特许经营概念、适用范围、主管机构、法律原则、参与竞标条件、政府选择的程序、特许经营协议基本条款、主管部门责任、特许经营者责任、取消特许经营权、临时接管的条件以及监管等内容作出规定。尽管当时尚未明确引入 PPP 模式,但市政公用事业市场化改革却以特许经营方式而加快推进。依据该办法第 2 条规定,所谓市政公用事业特许经营,即指政府按照有关法律、法规规定,通过市场竞争机制选择市政公用事业投资者或者经营者,明确其在一定期限和范围内经营某项市政公用事业产品或者提供某项服务的制度。由是观之,特许经营是市政公用事业市场化的一种制度安排,主要适用于城市供水、供气、供热、污水处理、垃圾处理等行业。由于 2004 年《市政公用事业特许经营管理办法》基本意旨是推进公用事业市场化改革,而不是促进政府与社会资本合作,其立法重点在于推动公共事业单位企业化运营,在于强化企业化运营的事业单位的监督和管理,故 2004 年《市政公用事业特许经营管理办法》在性质上属于行政许可法的范畴,其规范特许经营与 PPP 模式之特许经营有着天壤之别。

政府与社会资本合作的倡导始于党的十八届三中全会关于全面深化改革的决定,以简政放权、市场配置资源的政策导向催生了公共物品供给侧改革。2015 年国家发展和改革委员会等六部委颁行的部门规章——《基础设施和公用事业特许经营管理办法》,则是 PPP 模式之特许经营的基本依据。《基础设施和公用事业特许经营管理办法》共 8 章 60 条,分别由总则、特许经营协议订立、特许经营协议履行、特许经营协议变更和终止、监督管理和公共利益保障、争议解决、法律责任、附则构成。《基础设施和公用事业特许经营管理办法》基于公、私合作的制度安排需要,相较于《市政公用事业特许经营管理办法》第 1 条规定,《基础设施和公用事业特许经营管理办法》放弃了"加快推进市政公用事业市场化,规范市政公用事业特许经营活动,加强市场监管"的目的性表述,取而代之为"鼓励和引导社会资本参与基础设施和公用事业建设运营,提供公共服务质量和效率,保护特许经营者合法权益",明显淡化了以规范、管理为特质的行政强制性色彩,尤其《基础设施和公用事业特许经营管理办法》不再限于"促进市政公用事业健康发展"的局部利益,而是从"促进经济社会持续健康发展"的整体高度,确立了 PPP 模式之特许经营"保障社会公共利益和公共安全"的总体目标。

2015 年六部委颁布的部门规章《基础设施和公用事业特许经营管理办法》以特许经营协议为中心,全面地规范了特许经营协议的订立、履行以及变更和终止等各重要环节的法律问题,条文多达 32 条,占《基础设施和公用事业特许经营管理办法》全部61条的52%,而且从特许经营项目规划、方案、评估、立项到招标、竞争性谈判等竞争性选择、特许经营协议主要内容、价格或收费调整机制、政府为项目提供的优惠政策等内容,从特许经营协议履行到特许经营协议的变更和终止,《基础设施和公用事业特许经营管理办法》对特许经营协议进行了细致的设计。即使是2004年《市政公用事业特许经营管理办法》已有的内容,《基础设施和公用事业特许经营管理办法》也以促进政府与社会资本合作为宗旨、以平等自愿、互惠互利的契约精神为指导,对其进行了彻底地改造、修正。相较于《市政公用事业特许经营管理办法》,《基础设施和公用事业特许经营管理办法》不仅大幅增加了条款和内容,而且立法宗旨、指导思想和法律原则均发生了根本性的变化,完全实现了质的飞跃。

首先,《基础设施和公用事业特许经营管理办法》以契约为中心贯彻了平等合作的法律原则。在《市政公用事业特许经营管理办法》中,政府自居市政公用事业领域的"王者地位",对特许经营活动实施指导、管理、监督、检查和处罚,并干预特许经营者的经营权,例如,在《市政公用事业特许经营权管理办法》中,以"责任"形式确认政府有权提出价格调整意见;有权对特许经营企业的经营计划实施情况、产品和服务的质量、安全生产情况进行监督;有权对特许经营企业实施监督检查。在特许经营企业危及或可能危及公共利益、公共安全等紧急情况下,临时接管特许经营项目。这种以政府为中心的制度设计,显然不能满足吸引和鼓励社会资本参与公共物品供给的要求。《基础设施和公用事业特许经营管理办法》在一定程度上摒弃了《市政公用事业特许经营管理办法》的做法,以契约为中心建构了PPP模式之政府特许经营制度,一方面,《基础设施和公用事业特许经营管理办法》明确规定"基础设施和公用事业特许经营应当坚持公开、公平、公正,保护各方信赖利益",并坚持"转变政府职能,强化政府与社会资本协商合作"与"保护社会资本合法权益,保护特许经营持续和稳定性"的法律原则;另一方面,《基础设施和公用事业特许经营管理办法》用超过一半的条款,对特许经营协议的订立、履行以及变更和终止进行了系统的规定,提出了多项满足PPP模式要求的协商合作机制如第三方评估机制、竞争性谈判机制、金融服务及差异化信贷支持机制、财政补贴机制以及特许经营协议变更机制、专家或第三方调解机制,合作理念和合作精神贯穿于PPP模式之政府特许经营的全过程。

其次,《基础设施和公用事业特许经营管理办法》贯彻了公、私利益平衡精神。在《市政公用事业特许经营管理办法》中,公共利益被置于优先地位,《市政公用事业特许经营管理办法》第5条规定:"实施市政公用事业特许经营,应当遵循公开、公平、公正和公共利益优先的原则,"政府"在危及或可能危及公共利益、安全等紧急情况下,临时接管特许经营项目"。该办法自始至终没有涉及特许经营者的合法权益保护问题，更未涉及投资利益或资本利益保护问题。在政府与私人机构合作的 PPP 模式中，资本利益必须得到充分尊重和保护，才能达到吸引社会资本参与公共物品供给的目标，故《基础设施和公用事业特许经营管理办法》在强调保护各方信赖利益的基础上，明确要求政府特许经营必须遵循“兼顾经营性和公益性平衡，维护公共利益”的法律原则。值得指出的是公共物品供给涉及公共利益和公共安全，公共利益优先是各国 PPP 模式实施的基本价值标准，而《基础设施和公用事业特许经营管理办法》以经营性与公益性的兼顾来维护公共利益，实际上是一种理想而难以实现的结果。经营性以资本利益最大化为目标，资本对利益的追求无穷无尽，故必须予以法律限制；公益性却以社会公众利益最佳化为目标，社会公众对福祉的追求同样是越多越好。兼顾经营性与公益性平衡达成公共利益维护也许只是一种“乌托邦”式的追求，当资本利益与公共利益冲突且不可调和时，公共利益优先仍然是必须坚持的基本价值。因此，《基础设施和公用事业特许经营管理办法》在 PPP 模式之政府特许经营中兼顾资本利益和公共利益的平衡，“保护社会资本合法权益，保证特许经营的持续性和稳定性”，更多地在于宣示政府对社会资本价值追求和资本利益的尊重与保护，更彻底地贯彻政府与私人部门的合作精神。

（三）特许经营型 PPP 协议是一种合作契约，应排除行政契约定性的干扰

契约在传统的法律观念中历来为私人合意的产物，旨在私人间设立、变更或终止一定的权利义务关系。但国家法治的昌盛、行政观念的嬗变，社会成员积极参与行政活动在客观上改变了传统的以支配为中心的行政关系，行政契约成为契约理念与现代公共行政的契合，行政领域导入契约理念以改造传统行政，并使政府与私人间契约关系争议可依行政诉讼法解决。然而，行政契约既以行政机关为一方当事人，在政府公权极其强大的条件下能否体现当事人的自治精神，却也令人心存疑虑，在实践中凡涉及政府为一方当事人的所谓的行政契约，强权的身影便无处不在，故行政契约究竟是否能达成行政与契约的统一、能否达成法治社会的目标，仍应加以考量。而在《市政公用事业特许经营管理办法》中，特许经营协议被定性为行政契约，其基本条款包括：特许经营内容、区域、范围及有效期间；产品和服务标准；价格和收费的确定方法、标准以及调整程序；设施的权属与处置；设施维护和更新改造；安全管理；履约担保；特许经营权的终止和变更、违约责任、争议解决方式，等等。这些基本条款多为限制特许经营企业的自主经营权而设，其实质是行政支配关系透过契约而更加具体、更为细致。换言之，行政契约扩张了行政权力，强化了支配关系。

特许经营协议为行政契约的性质业经法律确认。2014 年修订的《行政诉讼法》第 12 条第 1 款当事人“认为行政机关不依法履行、未按照约定履行或者违法变更、解除政府特许经营协议、土地房屋征收补偿协议等协议的”，可依法提起行政诉讼。在《行政诉讼法》明确规定基于“政府特许经营协议”可提起行政诉讼的情况

下,最高人民法院于2015年4月27日公布了《关于适用〈中华人民共和国行政诉讼法〉若干问题的解释》,其第11条规定:"行政机关为实现公共利益或者行政管理目标,在法定责任范围内,与公民、法人或者其他组织协商订立的具有行政法上权利义务内容的协议,属于……行政协议,""公民、法人或者其他组织就下列行政协议提起行政诉讼的,人民法院应当依法受理:(一)政府特许经营协议……"最高人民法院的司法解释与《行政诉讼法》第12条第1款规定可谓一脉相承,解释的目的也不在于重复《行政诉讼法》对政府特许经营协议的定性,而是强调人民法院在收到社会资本一方告政府不履约的案件申请时,必须立案,以使社会资本在与政府发生纠纷时有司法途径可以救济。可见,最高人民法院司法解释旨在解决政府特许经营涉官立案难的问题,然而在行政诉讼中原告胜诉率不到10%的事实证明,这实际上增多了政府与社会资本合作的困难。

"在PPP模式下,政府与社会资本是基于PPP项目合同的平等法律主体,双方法律地位平等、权利义务对等,应在充分协商、互利互惠的基础上订立合同,并依法平等地主张合同权利、履行合同义务"。[①]"项目实施机构和中标、成交社会资本在PPP项目合同履行中发生争议且无法协商一致的,可以依法申请仲裁或者提起民事诉讼"。[②]令人遗憾的是财政部这一正确意见并没有被立法者接受,《行政诉讼法》从解决民告官难的问题出发,直接把政府特许经营协议定性为行政协议,这是极其错误的。一方面,政府特许经营协议的定性问题应当是实体法解决的问题,《行政诉讼法》只是一种程序法,由它界定政府特许经营协议的性质,显然是越俎代庖;另一方面,《基础设施和公用事业特许经营管理办法》规范的特许经营与《市政公用事业特许经营管理办法》所指的特许经营有着质的差异,后者在制定之时,PPP模式尚未倡导,法治国家战略也未形成,行政权力过于强大,故《市政公用事业特许经营管理办法》虽未直接把特许经营协议界定为行政协议,但显然把特许经营纳入行政许可范畴。《基础设施和公用事业特许经营管理办法》完全着眼于PPP模式推行,且对政府特许经营协议进行了全新的制度设计,其所规范的政府特许经营协议在本质上是一种合作协议,应当被定性为民事契约。政府只是一种特殊的民事主体,把特许经营协议定性为行政契约,与PPP模式推崇的平等主体之间的合作伙伴关系存在本质的矛盾。

1. 政府特许经营协议是平等主体间订立的契约

PPP模式下的政府特许经营协议是一种合作契约,与行政契约具有本质区别。行政契约是政府为了实施行政管理而与相对人达成的协议,行政契约当事人具有

① 参见财政部《财政部关于规范政府和社会资本合作合同管理工作的通知》(财金〔2014〕156号)。
② 参见财政部《政府和社会资本合作项目政府采购管理办法》(财库〔2014〕215号)第22条。

不平等的法律地位，行政机关居于支配地位，而行政相对人完全处于被支配地位。因此，行政契约关系从根本上看是公权力扩张而衍生的不平等关系，政府基于公共利益或公共安全需要，临时接管特许经营企业，在政府强权之下如何保护社会资本的合法利益？这是一个不能回避的现实问题。很难想象，若政府以这种支配思维实施的与社会资本合作究竟是怎样一幅景象？这绝对不是政府与社会资本合作的 PPP 模式应有的景象。PPP 模式下的政府特许经营协议是一种合作契约，属于民事合同的范畴。政府基于公共物品供给状况，通过规划、评估、立项确立 PPP 项目，以竞争性谈判和招投标方法，与私人机构平等协商，确定合作建设、运营 PPP 项目的权利义务。因此，政府特许经营协议是平等主体之间在公共领域签订的民事协议。

2. 政府在 PPP 模式下不具有优于社会资本的法律地位

将 PPP 模式下的政府特许经营协议定性为行政协议，即意味着政府基于公共利益或公共安全，具有优于私人机构的法律地位。但六部委颁布的《基础设施和公用事业特许经营管理办法》完全摒弃了《市政公用事业特许经营管理办法》关于“公共利益优先”的原则，改采“兼顾经营性和公益性平衡，维护公共利益”的原则，就此而言，政府在 PPP 模式下并不具有优于私人机构的法律地位，而且政府与私人机构在公共领域合作是一种优势互补的合作，旨在发挥社会资本融资、专业、技术和管理优势，提高公共服务质量效率，而不是单纯为了公共利益而实施的行政管理。同时，《基础设施和公用事业特许经营管理办法》要求 PPP 模式下的特许经营应当坚持“转变政府职能，强化政府与社会资本协商合作”原则，即意味着政府在公共领域负有的公共物品供给职能需要转变，通过与社会资本合作达到公共物品供给市场化目标。因此，政府特许经营只是促进公共物品供给侧改革的一种途径。

3.《基础设施和公用事业特许经营管理办法》保护的各方信赖利益是一种契约信赖利益

信赖，也即信任并依赖，是人在社会活动时的主观心理状态。信赖利益指的是当事人之间基于某种信赖关系而引发的利益，因其极具主观性而无法用客观的尺度衡量。所以信赖利益不是一个严格的法律用语。信赖利益源于大陆法的损害赔偿制度和英美法的违约救济制度。① 传统民法对信赖利益的保护一般局限于善意

---

① 1936 年，美国学者富勒在《合同损害赔偿中的信赖利益》一文中明确提出了“信赖利益”的概念。到目前为止，信赖利益也没有一个被普遍接受的定义，并形成了损失说、利益说、处境变更说、代价说以及信赖利益否定说等不同的学说。在这些不同的学说中，对信赖利益比较一致的认识有如下几点：(1)信赖利益是一种消极利益；(2)信赖利益是人们在交易过程中的内心道德情感即信用观念的法律外化；(3)信赖利益具有很强的保护交易安全的功能。由此，理论界普遍认为信赖利益的特点包括：(1)信赖利益的交易性；(2)信赖利益发生的阶段性；(3)信赖利益的外部性；(4)信赖利益的法定性；(5)信赖利益的固有性和成本性；(6)信赖利益兼具人身和财产双重属性。

取得制度,但现代民法对信赖利益保护却越来越多,例如,合同法中的缔约过失责任、先合同义务和后合同义务,均为信赖利益保护的产物。此外,信赖利益保护在现代法上还被视为一项公法原则,即行政机关做出行政行为,如果该行为无效或被撤销,相对人基于对行政行为信赖而产生的利益损失应得到补偿,但相对人造成的无效或撤销除外。《基础设施和公用事业特许经营管理办法》第 4 条规定:"基础设施和公用事业特许经营应当坚持公开、公平、公正,保护各方信赖利益"。这里的各方信赖利益是一种契约信赖利益,而不是行政信赖利益,一方面,《基础设施和公用事业特许经营管理办法》以合作理念为指导,强化政府与社会资本协商合作,促进政府转变职能,作为合作主体,政府完全被置于平等的合作者的地位;另一方面,《基础设施和公用事业特许经营管理办法》保护的是各方信赖利益,这表明《基础设施和公用事业特许经营管理办法》要保护的是 PPP 模式中参与各方当事人的信赖利益,这里的各方是所有的 PPP 项目参与者,而不仅仅是政府的相对人。若为行政信赖利益,则《基础设施和公用事业特许经营管理办法》不会有"各方"信赖利益的表述。

(四)PPP 模式下政府特许经营规范矛盾的排除

在现行法框架内,有关 PPP 模式下的政府特许经营制度规范因沿袭特许经营的概念而显得扑朔迷离。为厘清 PPP 模式与公用事业特许经营制度之间的联系与冲突,我们选择有关特许经营的部门规章、地方法规进行比较,这些部门规章和地方法规包括 2004 年《市政公用事业特许经营管理办法》、2015 年六部委颁行的《基础设施和公用事业特许经营管理办法》以及《北京市城市基础设施特许经营条例》《上海市城市基础设施特许经营管理办法》《深圳市公用事业特许经营条例》,对条文分析的结果证明泛化的特许经营概念导致 PPP 模式的模糊性,混淆了 PPP 模式和特许经营制度的性质,增加了 PPP 模式实践的复杂性和不确定性。

特许经营作为一种行政许可的制度安排,存在于人们的认识世界,2004 年《市政公用事业特许经营管理办法》第 2 条将其定义为"政府按照有关法律、法规规定,通过市场竞争机制选择市政公用事业投资者或者经营者,明确其在一定期限和范围内经营某项市政公用事业产品或者提供某项服务的制度"。由此,人们讨论特许经营时多以公权力支配关系解读其固有的法律属性,例如,特许经营为一种行政许可,政府与特许经营者间具有不平等的法律地位,特许经营协议为行政契约,政府在公用事业领域以公共利益优先为原则,管制、监督、管理是政府维持这种支配关系的基本措施,等等。在党的十八届三中全会后,PPP 模式成为我国全面深化改革和发挥市场配置资源决定性作用的重要抓手,催生了政府与私人机构在基础设施和公用事业领域展开的多种形式的广泛合作,揭开了公共物品供给侧改革的序幕。在 PPP 模式中,政府与私人机构基于合作理念和契约精神,在平等、自愿、协商、合作的原则上订立 PPP 契约,构建相互间的权利与义务规则。这样一种崭新的政府与私人机构间的合作关系却被装进特许经营的旧瓶子里,这就是发改委牵头打造、六部委共同推进的 PPP 模式基本规章《基础设施和公用事业特许经营管理办法》。公私合作在部门利益搅动下被塞进"特许经营"范畴,预示着 PPP 模式在我国的实践十分坎坷。《基础设施和公用事业特许经营管理办法》第 3 条规定:"政府采用竞争性方式依法授权中华人民共和国境内外的法人或者其他组织,通过协议明确权利义务和风险分担,约定其在一定期限和范围内投资建设运营基础设施和公用事业并获得收益,提供公共产品或者公共服务。"

1. "旧瓶"装"新酒"式的概念充斥着相当多的无奈

特许经营权究竟以何种方式取得?对此,《市政公用事业特许经营管理办法》和《深圳市公用事业特许经营条例》要求政府通过市场竞争的方式确定公用事业特许经营者,而《北京市城市基础设施特许经营条例》《上海市城市基础设施特许经营管理办法》则规定由政府通过授予公用事业特许经营权确定特许经营者的权利义务,而《基础设施和公用事业特许经营管理办法》却直接把竞争与授权糅合在一起,"用竞争方式依法授权",也可谓奇招迭出。但是,竞争和授权在本质上是一对矛盾的概念,竞争强调市场因素,授权强调行政因素,难以放在同一语境下。PPP 模式的本质在于推进公共物品供给侧市场化改革,核心在于以竞争方式提升公共服务质量效率,故 PPP 强调合作、竞争,特许经营偏重于控制、授权。特许经营的本质是一种行政许可的授权关系。

2. 整体、宏观的公共物品供给侧市场化改革载体变得狭窄、局促

从总体上来看,政府对 PPP 模式的变革性意义缺乏清醒、充分的认识,相较于《市政公用事业特许经营管理办法》"促进市政公用事业健康发展"的宗旨,六部委颁行的《基础设施和公用事业特许经营管理办法》立足于"促进经济社会持续健康发展",已经有了长足的进步,但是"以政府与社会资本合作为主要内容的全球性制度革命……正在持续、深刻地改变着我们所处的经济社会环境","在城市化进程的关键时刻,对包括'硬的''软的'在内的基础设施全面深刻而不是浅尝辄止的理解和体会,精心细致的而不是粗枝大叶的操作和管理,是国家治理体系和治理能力现代化建设中的有机组成部分,是中国经济社会可持续发展的重要一环"。[①] 由此而言,政府对 PPP 模式的认识尚有相当多的不足,且在 PPP 模式主导权争夺、部门利益博弈和传统特权思维的交互作用下,以平等、协商、合作为特质、极具变革性意义的 PPP 模式,最终"被选择"了以特许经营为主要载体,活生生地被烙上特权、管制

---

① [英]达霖·格里姆赛、[澳]莫文·K. 刘易斯:《PPP 革命——公共服务中的政府和社会资本合作》,济邦咨询公司译,中国人民大学出版社 2016 年版,第 2 页。

和不平等的印迹。

3. PPP 模式之政府特许经营主体范畴歧义、模糊

公、私合作的主体是公共部门和私人机构,前者指政府及经授权履行一定的公共职能的机构或组织,后者指各种各样的私人企业或者私人组织,其含义和范畴相对约定俗成。我国在倡导 PPP 模式之初,即以社会资本取代私人机构而概括为政府与社会资本合作,政府是公共部门,但并非公共部门的全部,社会资本为境内外法人或者其他组织,例如,《市政公用事业特许经营管理办法》《国家发展和改革委员会关于开展政府和社会资本合作的指导意见》把社会资本界定为“符合条件的国有企业、民营企业和其他各类企业”,财政部的《政府和社会资本合作模式操作指南(试行)》则认定社会资本是“指以建立现代企业制度的境内外企业法人,但不包括本级政府所包括的融资平台及其他的控股国有企业”,社会资本的概念不仅与传统的习惯性含义完全相悖,而且相对抽象且不统一。

就 PPP 模式下的政府特许经营而言,政府与社会资本合作变成了政府与特定的行政相对人间的特许经营关系,政府是特许经营权的授权主体,对于依法享有一定公共职能的事业单位能否作为特许经营权的授权主体,现有的部门规章和地方法规没有明文规定,就通常解释为其也应属于政府的范畴。而作为政府与社会资本合作的特许经营者,或为“境内外的企业和其他经济组织”(北京),或为“境内外的法人或者其他经济组织”(上海),或为“具备一定资质的企业法人”(深圳)。对于 PPP 模式通常存在的项目公司,《基础设施和公用事业特许经营管理办法》及北京、上海的地方法规均规定当需要成立项目公司时,特许经营者应当按照约定或规定成立项目公司,《市政公用事业特许经营管理办法》及深圳相关规定则均未涉及项目公司。从某种意义上来看,项目公司可能是公用事业特许经营制度和 PPP 模式之政府特许经营的“分水岭”,特许经营者在行政许可性质的特许经营条件下,无须成立合作性质的项目公司;而 PPP 模式下的政府特许经营必须以协议方式明确成立项目公司。

PPP 模式下的政府特许经营可能包含着政府、社会资本和项目公司三方关系,且彼此间的法律关系以平等、自愿、协商、合作为基础,政府在 PPP 模中是一种特殊的民事法律关系的主体;而公用事业特许经营制度仅涉及政府与特许经营者间的关系,且相互间的关系是一种管理与服从的支配关系,是一种不平等的、管理与被管理的行政许可关系。

二、政府购买型 PPP 模式与政府采购相关法

我国公共服务体系和制度建设始终处于与社会经济变革同步推进的状态。政府向社会力量购买公共服务始于 20 世纪 90 年代中期,并在全国范围内逐步形成

了政府主导、社会参与、公办民办并举的公共服务供给模式,呈现提供主体和提供方式多样化的发展态势。然而,这种多样化的公共服务供给模式在总体上仍然是政府主导,社会力量参与不足。政府公共职能转变与社会公众日益增长的公共服务需求,迫切需要政府进一步强化公共服务职能,创新公共服务供给模式,有效动员社会力量,构建多层次、多方式的公共服务供给体系,提供更加方便、快捷、优质、高效的公共服务。政府购买服务 PPP 模式是政府与社会资本合作模式在公共物品供给机制中的重大创新,国务院办公厅2015 年5 月19 日转发的财政部、发改委、人民银行《关于在公共领域推广政府与社会资本合作模式的指导意见》构成政府购买服务 PPP 模式的基本政策性依据。政府在公共服务领域中倡导 PPP 模式,其目的在于发挥市场机制作用、提升公共服务的供给质量和效率,实现公共利益最大化。

(一)政府购买型 PPP 模式是一种公共服务供给方式,与政府购买服务具有不同的内涵、外延

在现行法或制度框架内,PPP 模式被各种各样的政策性规范性文件严重撕裂,这不仅仅是因为 PPP 模式作用于基础设施和公用事业领域,涉及不同的主管机关,基于部门利益博弈和主导权之争,PPP 模式因认识的差异而在不同时期不同领域形成不同的理解;也因为 PPP 模式在公共领域引发革命性的变革,以公共物品供给侧改革为契机,赋予 PPP 模式促进社会经济可持续发展、完善国家治理体系和创新治理能力的功能。这意味着公共物品供给侧改革是一场综合的、全方位的社会经济变革,既涉及政府职能转变、治理方式创新,也涉及公共资源配置方式市场化和公共服务社会化,因此,不同的规范性文件对不同模式的政府购买服务的表述有所不同。

2013 年9 月26 日国务院办公厅颁发《关于政府向社会力量购买服务的指导意见》,这是国务院第一次明确政府购买服务政策的指导性意见,其目的是“加强和创新社会管理,改进政府提供公共服务方式”。该指导意见明确指出“政府购买服务是指通过发挥市场机制作用,把政府直接提供的一部分公共服务事项,按照一定的方式和程序,交由具备条件的社会力量承担,并由政府根据服务数量和质量向其支付费用”,其购买对象仅及于政府直接提供的部分公共服务,购买主体为各级行政机关和参公事业单位,承接主体为依法登记成立或批准成立的社会组织、社会机构和企业组织。2014 年12 月25 日财政部、民政部、工商总局印发《政府购买服务管理办法(暂行)》,在重申上述指导意见基本精神的基础上,对政府购买服务的概念、基本原则、购买主体、承接主体、购买内容及指导目录、购买方式及程序、预算及财务管理、绩效和监督管理等内容进行规范性规定。就政府购买服务概念而言,《政府购买服务管理办法(暂行)》对政府购买服务概念的内涵和外延作了一定扩充:一是把购买对象由政府直接提供的一部分公共服务事项扩大至政府履职所需服务事项;二是承接主体由具备条件的社会力量,增加了“事业单位”;三是付费支付依据由服务数量和质量调整为合同约定。由此可见,2013 年的《关于政府向社会力量购买服务的指导意见》与 2014 年的《政府购买服务管理办法(暂行)》对政府购买服务的概念界定并不完全一致,内涵与外延均有所发展,反映了处于变革、发展中的政府购买服务的不确定性。

2014 年 12 月 2 日发改委颁行《关于开展政府和社会资本合作的指导意见》,第一次正式提出了政府购买服务可以采用 PPP 模式的政策指引,明确提出政府为增强公共产品和服务供给能力,可以特许经营、购买服务、股权合作等方式,与社会资本建立利益共享、风险分担及长期合作关系,并认为“对于缺乏‘使用者付费’基础、主要依靠‘政府付费’回收投资成本的项目,可通过政府购买服务,采用建设—拥有—运营(BOO)、委托运营等市场化模式推进。要合理确定购买内容,把有限的资金用在刀刃上,切实提高资金使用效益”。该指导意见对政府购买服务 PPP 模式缺乏具体的界定。

2015 年 5 月 19 日国务院办公厅转发财政部、发改委、人民银行《关于在公共领域推广政府与社会资本合作模式的指导意见》,全面推广政府购买服务 PPP 模式。该指导意见给出了增加公共产品、公共服务“双引擎”政策导向,明确以 PPP 模式推广为契机创新公共服务供给机制,实施公共物品供给侧改革。同时,该指导意见也相应地提出了政府购买服务 PPP 模式的概念和基本原则,即政府采取竞争性方式择优选择具有投资、运营管理能力的社会资本,双方按照平等协商原则订立合同,明确权利义务关系,由社会资本提供公共服务,政府依据公共服务绩效评价结果向社会资本支付相应对价,保证社会资本获得合理收益。政府购买服务 PPP 模式实施必须遵守依法合规、重诺履约、公开透明、公众受益和积极稳妥的基本原则,政府与社会资本合作必须纳入法制化轨道,建立健全制度体系,保护参与各方的合法权益。

上述分析表明,政府购买服务与政府购买服务 PPP 模式虽然同属于公共服务供给机制改革的范畴,但并非属于同一层次的、并列的概念。首先,政府购买服务的范围要大于公共服务 PPP 模式。政府购买的服务既可能是政府依公共职能必须提供的公共服务,也可能是政府履行行政职能所需的服务;政府购买服务 PPP 模式只适用于公共服务,政府履职所需的服务如社会管理性服务、行业管理与协调性服务以及其他政府履职所需辅助性事务等类型,则不能采用 PPP 模式提供。其次,政府购买服务具有多种不同的方式如购买、委托、租赁、特许经营、战略合作等方式,以事定费、按质论价、费随事转,而政府购买服务 PPP 模式只能采用长期的合作契约方式,并依据 PPP 契约而支付费用。再次,政府购买服务的承接主体为社会力量,既可能是依法登记或批准成立的社会组织,也可能是公益二类或转为企业的事业单位,还可能是依法登记成立的企业组织;政府购买服务 PPP 模式的合作对象只能是社会资本,且这里的社会资本并非社会力量,更强调资本的属性,故作为政府购买服务 PPP 模式的合作主体只能是包括经营性国有企业在内的依法成立的境内外的企业组织。最后,政府购买服务在《政府采购法》《预算法》中有着明确的规定,而政府购买服务 PPP 模式却具有相当的特殊性,故公共服务 PPP 模式指导意见既没有指明制定的政策依据,也没有说明应当适用的法律;而 2014 年《政府购买服务管理办法(暂行)》则明确列明了制定的法律和政策根据。事实上,公共服务 PPP 模式指导意见与《关于政府向社会力量购买服务的指导意见》分别使用了"公共服务"与"服务"不同用语的差异,本身说明了公共服务 PPP 模式与政府购买服务间的区别。

(二)《政府采购法》对 PPP 模式的适用和有条件的剔除

政府采购是各级国家机关、事业单位和团体组织使用财政性资金依法购买采购目录以内的或者采购限额标准以上的货物、工程和服务的行为。政府采购最早只是为了满足政府使用,后来才逐步扩大到满足公共需要。政府采购行为在法律上必须满足 4 个基本条件:(1)其主体是具有公共职能的、为社会公众提供公共服务的公法人和公共组织;(2)其使用的资金是财政性资金,来源具有公共性;(3)其对采购的范围有严格的限制并配套相应的程序;(4)政府采购对象包括货物、工程和服务。政府采购行为究竟是民事行为还是行政行为,理论界存在较大的争论。行政行为论者多从政府采购的目的、当事人地位和采购资金来源等特殊性,认为政府采购是一种行政行为,且是一种行政契约行为。但这种观点有失偏颇。政府采购本质上就是一种购买行为,与销售行为共同构成基本的市场交易行为。这种交易行为既不会因为目的差异而发生质的变化,例如,将私人购买满足个人消费作为一种民事行为,而将政府购买满足的公共消费作为一种行政行为;也不会因为资金来源不同而发生质的变化,因为私人购买的钱来源于个人,而认为其是民事行为,而政府购买使用的钱是公共的因而是行政行为。政府采购只是一种特殊的民事行为,之所以是特殊的民事行为,是因为购买的人向来拥有公共权力,若视其为普通的民事主体,则有可能会出现以权压人的结果。一切的"特殊"皆缘于购买者身份的特殊,以这种特殊身份来改变其民事行为的性质——一种由购买行为与销售行为共同构成的交易行为,是不合理的。

政府采购是一种特殊的民事行为,以这种特殊民事行为为规范对象的《政府采购法》理应对其特殊性予以特别的关注,使政府采购由不平等交易走向平等交易。首先,针对政府采购中的强势地位,既要防止采购主体恃强凌弱、仗势欺人,又要防止以权谋私、滋生腐败。因此,《政府采购法》要求采购人必须依法采购,不得以不合理的条件对供应商实行差别待遇或者歧视待遇,同时必须遵守公开、公平、公正的法律原则,使政府采购阳光透明,保证市场有序竞争;其次,采购人使用的是公共资金,既要保证资金使用的效率、安全,也要注重资金使用的合理性和正当性,由此,政府采购资金必须纳入预算管理,采购的物品、工程和服务必须满足采购目录要求,必须满足法定方式和法定程序;最后,政府采购必须纳入监管范畴,并对政府采购过程中的违法行为人课以严格的法律责任。监管既包括政府采购监督管理部门对采购人及采购活动的监督检查,也包括采购人内部监督管理。"集中采购机构应当建立健全内部监督管理制度。采购活动的决策和执行程序应当明确,并相互监督、相互制约。"《政府采购法》对政府采购特殊性的特别关注,其目的不在于改变采购行为的民事性质,而在于保证采购程序依规、透明、合法,采购资金安全、富有效率,采购活动合法、公开、公平、公正。

公共服务 PPP 模式在本质上也是一种政府购买服务。从《关于在公共领域推广政府与社会资本合作模式的指导意见》、财政部《政府与社会资本合作模式操作指南(试行)》以及 2014 年《政府购买服务管理办法(暂行)》以及新修的《政府采购法》有关规定来看,政府采购与政府购买服务 PPP 模式在适用范围上存在一定的交叉、重合,均作用于公共领域,且存在相当多的共性,无论是政府采购还是公共服务 PPP 模式,都要求公开透明、公平、公正,强调诚实信用,禁止权利滥用,都必须维护公共利益。但是,公共服务 PPP 模式与政府采购相比具有不同的价值追求,前者更强调政府与社会资本在公共服务领域中的平等的合作伙伴关系,尊重参加者各自不同的价值观和利益追求,平等地保护各方投资者的合法权益;政府采购则偏重于保护公共资金使用安全、提高采购资金的使用效益和保障采购活动依法合规、公开透明。

公共服务 PPP 模式与政府采购在价值目标上的差异,使两者在法律或政策上形成一定的区别:(1)公共服务 PPP 模式追求合作,政府采购强调规范。PPP 模式追求在公共物品供给机制改革过程中构建以公共性为基础的政府与私人机构间合作伙伴关系,价值多元、利益复杂,在多元的价值和利益关系中谋求公共利益,其制度目标的达成只能通过以契约为基础构建平等的合作关系,其制度更为复杂、庞大;相对而言,政府采购则显得简洁、简单,只要保证采购资金使用安全、物有所值、杜绝腐败,即可实现其制度价值和利益追求,因此,政府采购更强调规范。(2)公共服务 PPP 模式重在引导,政府采购重在监管。政府采购以规范为制度之本,旨在提高政府采购资金的使用效益,维护国家利益和社会公共利益,保护政府采购当事人的合法权益,促进廉政建设。为达成公共资金使用安全的目标,必须加强政府采购行为监管,其制度设计以公开、公平、公正为核心,要求政府采购必须依法合规、阳光透明;公共服务 PPP 模式旨在"鼓励和引导社会投资,增强公共产品供给能力,促进调结构、补短板、惠民生”,[①]“规范政府、社会资本和其他参与方开展政府和社会资本合作项目的识别、准备、采购、执行和移交等活动”。[②]因此,PPP 模式的侧重点在于鼓励和引导社会资本高效、有序地进入公共基础设施、服务行业,而政府采购制度的侧重点则在于监督政府采购资金的使用。(3)政府采购对象是货物、工程和服务,公共服务 PPP 模式对象是投资规模较大、需求长期稳定、价格调整机制灵活、市场化程度较高的基础设施及公共服务类项目,因此,政府采购的范围比 PPP 模式更加广泛。政府采购中的工程和服务与 PPP 模式下的公共服务、基础设施有所重合,但仍比 PPP 模式下的公共服务、基础设施的范围要广,PPP 模式的范围包含于政府采购的范围中。(4)政府采购合同是民事契约,但包含诸多的富有行政管理色彩的条款,公共服务 PPP 合同亦是民事契约,但蕴含一系列公共领域开放、政府放权的政策性条款。

上述分析表明:公共服务 PPP 模式与政府采购具有共同的法律属性,前者以合作契约为基础,确立政府与社会资本间的平等合作关系,其制度设计以合作契约为主线贯穿着契约精神和合作精神,构成公共物品供给侧改革的基本方式和途径;后者基于公共资金使用安全与效率考量,更加注重政府采购依法、合规性规范,制定严格的采购目录、明确采购人和供应商条件、构建具体的采购程序和方式,在强化公共资金安全控制的同时,也强调采购人与供应商间订立的合同适用合同法,并依据平等、自愿原则在合同中确立各自的权利义务,尊重契约精神和契约原则,平等地保护采购活动各方当事人的合法权益。因此,公共服务 PPP 模式在原则上应当适用《政府采购法》。

(三)政府购买型 PPP 模式的特别条件和《政府采购法》部分条款的剔除

政府以付费方式与社会资本合作,其实质就是政府购买服务。然而,与政府向社会力量购买服务相比较,公共服务 PPP 项目具有周期长、综合性强、投资额大的特点,因此,政府与社会资本合作的 PPP 模式不能完全等同于政府购买服务,作为与政府合作的一方当事人,PPP 模式中的社会资本仅仅指已建立现代企业制度的境内外企业法人,这意味着 PPP 模式的合作方不能是社会组织或者事业单位,也不能是本级政府所属融资平台及其他控股国有企业。前者不能满足社会资本的要求;后者存在隶属关系且缺乏独立性,不能符合现代企业制度的要求。政府购买服务的承接主体可能是建立现代企业制度的企业法人,也可能是其他社会组织等社会力量和事业单位。同时,政府与社会资本开展 PPP 合作时必须经过物有所值评

---

① 参见国家发展和改革委员会《关于开展政府与社会资本合作的指导研究》(发改投〔2014〕2724 号)相关内容。

② 参见财政部《政府与社会资本合作模式操作指南(试行)》第 2 条。

估和财政承受能力论证,政府购买服务则不需要这种特别的程序。

1.政府购买型PPP模式财政承受能力论证

政府购买服务PPP模式应用于缺乏“使用者付费”基础、主要依靠“政府付费”回收投资成本的项目,政府以购买服务的形式采用建设—拥有—运营、委托运营等市场化模式推进。在购买服务型PPP模式中,政府虽然无须投入公共资金建设、运营服务的基础设施,也不需要直接向社会公众提供服务,但私人机构向社会公众直接提供公共服务是基于合作契约所负担的责任或义务,而这种责任或义务在根本上应当由政府直接向社会公众承担,因此,政府对私人机构投入的社会资本在合作契约规定的期限内,以购买服务的方式由财政资金支付,为私人机构提供的公共服务付费是政府依法承担的契约责任。由此,购买服务型PPP模式涉及政府财政承受能力问题。购买服务型PPP模式财政承受能力论证是指识别、测算政府和社会资本项目的各项财政支出责任,科学评估项目实施对当前及未来财政支出的影响,它是衡量政府履行合同义务的基本标准,有利于规范PPP项目财政支出管理,有效地防范和控制财政风险,达成PPP项目可持续发展的目标。

从财政部颁布的《政府和社会资本合作项目财政承受能力论证指引》来看,财政承受能力论证必须经历责任识别、支出测算与能力评估、信息披露等基本环节。

责任识别指辨认、明了PPP模式中政府可能承担的财政支付责任,主要包括股权投资、运营补贴、风险承担和配套投入等方面,购买服务型PPP模式既可能是政府付费模式,也可能是可行性缺口补助模式,前者由政府承担全部运营补贴支出责任,后者由政府承担部分运营补贴支出责任;同时,还可能发生风险承担支出责任和配套投入支出责任。

支出测算应当综合考虑各类支出责任的特点、情景和发生概率等因素,对项目生命周期内财政支出责任分别进行测算,上述财政承受能力论证指引分别给出了股权投资支出、政府付费模式和可行性缺口补助模式的当年运营补贴支出额、风险承担支出数额以及配套投入支出数额等不同的测算公式。

能力评估以识别和测算单个项目的财政支出责任为基础、汇总年度全部已实施和拟实施的PPP项目,进行财政承受能力评估,具体包括财政支出能力评估与行业和领域平衡性评估,前者根据PPP项目预算支出责任,评估PPP项目实施对当前及未来财政支出的影响;后者根据PPP模式适用的行业和领域范围、经济社会发展需要以及社会公众对公共服务的需求,平衡不同行业和领域的PPP项目,防止某一行业和领域中的PPP项目过于集中。

财政部建立统一信息平台,每年定期披露当地PPP项目目录、项目信息及财政支出责任情况。应当披露的财政支出信息包括PPP项目的财政支出责任数额及年度预算安排情况、财政承受能力论证考虑的主要因素和指标等内容。

2. 政府购买型PPP模式的物有所值评价

“物有所值”(Value for Money,VFM)是一种综合评价方法,用以判断是否应当采用PPP模式代替政府传统投资运营方式提供公共服务。总体而言,物有所值评价尚处于探索阶段,缺乏足够的经验支持。财政部于2015年12月18日通知颁行《PPP物有所值评价指引(试行)》,要求采用PPP模式实施的项目在项目识别或准备阶段以真实、客观、公开为原则,从定性和定量两方面开展物有所值评价。

定性评价包括全生命周期整合程度、风险识别与分配、绩效导向与鼓励创新、潜在竞争程度、政府机构能力、可融资性六项基本评价指标。《PPP物有所值评价指引(试行)》第12条至第17条对各基本评价指标的考核对象进行了可操作性的界定,例如,其第12条规定:“全生命周期整合程度指标主要考核在项目全生命周期内,项目设计、投融资、建造、运营和维护等环节能否实现长期、充分整合”;而第13条则把风险识别与分配指标界定在“主要考核在项目全生命周期内,各风险因素是否得到充分识别并在政府和社会资本之间进行合理分配”;第14条“绩效导向与鼓励创新指标主要考核是否建立以基础设施及公共服务供给数量、质量和效率为导向的绩效标准和监管机制,是否落实节能环保、支持本国产业等政府采购政策,能否鼓励社会资本创新”,前六项基本考核指标权重为80%,补充评价指标权重为20%,并按有利、较有利、一般、较不利、不利5个等级的对应分值由定性评价专家组打分评定。专家组包括财政、资产评估、会计、金融等经济专家以及行业、工程技术、项目管理、法律专家构成。

定量评价是在假定采用PPP模式与政府传统投资方式产出绩效相同的前提下,通过对PPP项目全生命周期内政府方净成本的现值(PPP值)与公共部门比较值(PSC值)进行比较,判断PPP模式能否降低项目全生命周期成本。依据《PPP物有所值评价指引(试行)》第27条的规定,“PPP值可等同于PPP项目全生命周期内股权投资、运营补贴、风险承担和配套投入等各项财政支出责任的现值”;PSC值是以下三项成本的全生命周期现值之和:(1)参照项目的建设和运营维护净成本;(2)竞争性中立调整值;(3)项目全部风险成本。《PPP物有所值评价指引(试行)》第29条、第30条、第32条分别对前项指标进行界定,建设净成本主要包括参照项目设计、建造、升级、改造、大修等方面投入的现金以及固定资产、土地使用权等实物和无形资产的价值,并扣除参照项目全生命周期内产生的转让、租赁或处置资产所获的收益;运营维护净成本主要包括参照项目全生命周期内运营维护所需的原材料、设备、人工等成本以及管理费用、销售费用和运营期财务费用等方面,并扣除假设参照项目与PPP项目付费机制相同情况下能够获得的使用者付费收入等费用。竞争性中立调整值主要是采用政府传统投资方式比采用PPP模式实施项目少支出的费用,通常包括少支出的土地费用、行政审批费用、有关税费等费用。项目全部风险成本包括可转移给社会资本的风险承担成本和政府自留风险的承担成本。PPP 值小于或等于 PSC 值的,认定为通过定量评价;PPP 值大于 PSC 值的,认定为未通过定量评价。

财政部评价指引明确指出现阶段以定性评价为主,鼓励开展定量评价。定量评价可作为项目全生命周期内风险分配、成本测算和数据收集的重要手段以及项目决策和绩效评价的参考依据。物有所值评价结论分为"通过""未通过",只有物有所值评价结论为"通过"的项目,才能进行财政承受能力论证。依据《PPP 物有所值评价指引(试行)》规定,物有所值评价报告包括项目基础信息、评价方法、评价结论,附件构成评价报告的基本内容,通常包括(初步)实施方案、项目产出说明、可行性研究报告、设计文件、存量公共资产的历史资料、PPP 项目合同、绩效监测报告和中期评估报告等内容。物有所值评价报告及其附件除涉及国家秘密和商业秘密的信息外,应当在编制完成之日起 5 个工作日内在 PPP 综合信息平台向社会公开披露。

3. 政府采购方式适用政府购买型 PPP 模式的优化

以政府付费方式展开的政府与社会资本合作,尽管在本质上是政府购买公共服务,但是,这种服务的购买以长期合作契约为基础,它在客观上决定了《政府采购法》某些条款不能适应其要求,必须排除其对公共服务 PPP 模式的适用。

《政府采购法》确认的政府采购方式对购买服务型 PPP 模式应当适用保留。依据《政府采购法》第 26 条,政府采购采用公开招标、邀请招标、竞争性谈判、单一来源采购、询价以及国务院政府采购监督管理部门认定的其他采购方式,该法第 27 条还规定:"因特殊情况需要采用公开招标以外的采购方式的,应当在采购活动开始前获得设区的市、自治州以上人民政府采购监督管理部门的批准",这意味着公开招标是政府采购的主要采购方式。然而,公开招标是否可以一般地适用于购买服务型 PPP 模式,抑或第 26 条确认的采购方式是否可以无差别地适用于购买服务型 PPP 模式,尚存疑问。

购买服务型 PPP 模式在理论上具有综合、复杂、生命周期长、投资数额大、不确定因素多的特点,其持续健康运营有赖于构建相应的变更调适机制。即使购买服务型 PPP 模式本质上是购买服务,但它首先选择的是合作伙伴,而不是工程、货物或服务。换言之,政府采购是先选货才选人,而 PPP 模式是先选人再选货,以选货的方式去选人可能存在文不对题的问题。即使工程、货物或服务完全满足采购条件,也只是采购对象的选择,而不是合作伙伴的选择,因为采购对象只是购买服务型 PPP 模式选择合作伙伴的一个标准或者条件。同时,PPP 模式倡导或推广的政策目标是简政放权、转变政府职能和吸引社会资本投资、优化运营管理、提升公共物品供给能力与效率。以采购对象为唯一的判断标准,很难满足 PPP 模式市场化改革要求,如果以采购货物、工程或服务的方式来选择合作伙伴,难免失之规范。由此而言,《政府采购法》规定的采购方式对购买服务型 PPP 模式具有不适应性。

退一步讲,即使采购对象能够用来选择确定合作伙伴,《政府采购法》第 26 条的采购方式也不是都能一般地适用于购买服务型 PPP 模式,例如,第 32 条“采购的货物规格、标准统一、现货货源充足且价格变化幅度小的政府采购项目,可以依照本法采用询价方式采购”,其针对的采购对象只是货物,对购买服务型 PPP 模式并没有适用的空间。《政府采购法》确认的采购方式如果必须要适用于购买服务型 PPP 模式,也应当修改其适用条件,例如,公开招标方式,适用于采购需求的核心边界条件和技术参数应明确、完整,符合国家法律法规及采购政策,且采购过程中不作更改的项目。但购买服务型 PPP 模式因合作期限长而导致技术改进或技术参数优化,难以保持数十年采用同一技术参数、同一核心边界条件,尤其在公开招标过程中不得更改,其结果只能是要么招标过程不更改,中标后不断调整、修改;要么直接忽略长期合同的性质、无视购买服务型 PPP 模式存在的复杂的不确定性,同时,合作者若缺乏管理经验、缺乏足够的资本能力和必要的运营团队,那么,这种以公开招标的方式选择的 PPP 模式,其成功的概率也是微乎其微。故购买服务型 PPP 模式适用公开招标方式时,应当针对 PPP 模式选择合作伙伴的特点确定相应的适用条件。

竞争性谈判是各国 PPP 模式选择合作伙伴的基本方式,但在我国《政府采购法》框架内却存在制度障碍。政府与符合条件的供应商就采购事宜进行谈判,供应商按照谈判文件的要求提交相应文件和最后报价。竞争性谈判实行价低者得原则,政府依据供应商最后报价确定供应商。竞争性谈判难以适用于购买服务型 PPP 模式的主要原因,一方面,在于竞争性谈判实行价低者得原则,而多数 PPP 项目的边界条件复杂、不确定因素多;另一方面,在于价格不是购买服务型 PPP 模式选择合作伙伴的最主要条件,购买服务型 PPP 模式更重视合作伙伴的资本能力、团队能力和管理经验。政部 2014 年 12 月 31 日关于印发《政府采购竞争性磋商采购方式管理暂行办法》的通知,依据《政府采购法》第 26 条第 1 款第 6 项之规定,把竞争性磋商列为政府采购的新的方式,除明确竞争性磋商适用于“政府购买服务项目”外,其适用条件与竞争性谈判极为相似或相近,例如,“技术复杂或者性质特殊,不能确定详细规格或者具体要求的”“因艺术品采购、专利、专有技术或者服务的时间、数量事先不能确定等原因不能事先计算出价格总额的”“市场竞争不充分的科研项目,以及需要扶持的科技成果转化项目”等内容,均可从《政府采购法》第 30 条及《政府采购法实施条例》第 26 条、第 27 条找到相应的规定。而事实上,磋商也是一种谈判,竞争性磋商与竞争性谈判并无实质区别,因为竞争性谈判适用条件的问题,人为创造出竞争性磋商方式以示区别,也可谓用心良苦。值得指出的是竞争性磋商虽适用于政府购买服务项目,但能否当然适用于购买服务型PPP模式,尚值得推敲。

4.《政府采购法》优先购买条件的剔除

依据提高政府采购资金的使用效益、维护国家利益和社会公共利益的立法宗旨,《政府采购法》规定“任何单位和个人不得采用任何方式,阻挠和限制供应商自由进入本地区和本行业的政府采购市场”(第5条),采购人“不得以不合理的条件对供应商实行差别待遇或者歧视待遇”(第22条第2款但书),“不得以任何手段排斥其他供应商参与竞争”(第25条后半段),但该法第10条要求除具有法定情形外,“政府采购应当采购本国货物、工程或者服务。”购买服务型PPP模式的合作指向是公共服务,应当受到采购本国服务的法律限制。但从购买服务型PPP模式的合作者范围来看,充当政府合作伙伴的“社会资本”却包含境外企业,如财政部《政府和社会资本合作模式操作指南(试行)》第2条“社会资本是指已建立现代企业制度的境内外企业法人”。因此,购买服务型PPP模式在实践中可能突破《政府采购法》的法律限制,有必要在PPP模式立法中明确予以剔除,以避免下位法(行政规章)更改上位法(法律)的尴尬局面。

5.《政府采购法》“行政优益权”的淡化与限制

《政府采购法》基于维护公共利益的需要,赋予政府在采购合同履行过程中享有相应的特殊权利如单方变更合同权、履行监督权,这些特殊权利即属于“行政优益权”的范畴。从我国《政府采购法》规定来看,这种“行政优益权”的普遍存在让人们不断质疑政府采购行为的性质,并重新思考政府采购合同所折射的契约精神。

(1)合同订立主导权。政府采购合同旨在提高公共资金使用效率,谋求更多、更好的公共利益,政府主导整个采购合同环节,如采购目录的制定、供应商资格条件的审查,合同的基本条款等方面,弱化了契约自治精神,更多地凸显了政府的意志。

(2)合同履行控制权。为了保证政府采购合同全面、实际地履行,一方面,《政府采购法》要求采购合同必须采用书面形式,且合同必须具备的条款由财政部会同有关部门确定,同时赋予中标、成交通知书法律效力,中标、成交通知书发出后,采购人改变中标、成交结果或者中标、成交的供应商放弃中标、成交项目的,均应当依法承担法律责任。另一方面,《政府采购法》授予采购人分包履行同意权和变更权,即经采购人同意,供应商可以通过分包方式履行合同。供应商分包履行时,应就采购项目和分包项目向采购人负责,分包供应商就分包项目承担责任。政府采购合同的双方当事人不得擅自变更、中止或者终止合同,但政府采购合同继续履行将损害国家利益和社会公共利益的,采购人有权变更、中止或终止合同。

(3)合同监督权。我国《政府采购法》设有“监督检查”专章计12条,系统地规范了政府采购活动的监管问题,此外,“质疑与投诉”章以8条之多构建了供应商质疑、利害关系人投诉的程序与处理问题，并赋予政府监督管理部门可依法处理“质疑与投诉”的权利，其实质也是一种监督管理活动。依据《政府采购法》规定，各级政府财政部门负责政府采购监督工作，依法履行对采购活动的监督管理职责，财政部门在合同履行期间和履行后有权随时抽查，对采购标准、采购内容等事项逐项核实。同时，《政府采购法》基于政府部门间的职责分工关系，由各级财政部门对法律、行政法规和规章执行情况进行监督检查，全面监督政府采购活动；审计机关则对政府采购进行审计监督；监察机关负责加强对参与政府采购活动的国家机关、国家公务员和国家行政机关任命的其他人员实施监察。同时，任何单位和个人对政府采购活动中的违法行为都有权控告和检举，有关部门、机关应当依照各自职责及时查处。

(4)合同撤销权。依据《政府采购法》第 73 条规定，凡具有该法第 71 条、72 条规定 10 种情形之一且影响中标、成交结果或者可能影响中标、成交结果的，尚未确定中标、成交结果的，终止采购；中标、成交供应商已经确定但采购合同尚未履行的，撤销合同；采购合同已经履行的，给采购人、供应商造成损失的，由责任人承担赔偿责任。由是观之，政府对采购合同享有广泛的撤销权，政府采购活动如果存在诸如应当采用公开招标方式而擅自采用其他方式采购、擅自提高采购标准、以不合理的条件对供应商实行差别待遇或者歧视待遇、与投标人进行协商谈判、与供应商或者采购代理恶意串通以及在采购中接受贿赂或者获取其他不正当利益、开标前泄露标底、拒绝监督检查检查或者在监督检查中提供虚假情况的，政府均可依法撤销中标、成交结果或者采购合同。

(5)制裁权。《政府采购法》赋予政府广泛的处罚权或制裁权，这些包括第 71 条第 72 条规定的采购人、采购机构及工作人员违法的法定情形，第 74 条、第 75 条采购人拒绝采用集中采购和没有依法公布政府采购项目的采购标准和采购结果的情形以及第 76 条采购人、采购代理机构违法隐匿、销毁应当保存的采购文件或者伪造、变造采购文件的情形、第 77 条规定的供应商违法的法定情形。制裁措施包括纪律处分、行政处罚甚至刑事制裁。

从理论上来看，政府在政府采购合同订立、履行过程中享有广泛的“行政优益权”，这种特殊权利完全淡化了政府采购的交易色彩，平等、协商的契约精神受到了强权限制。供应商订立政府采购合同除满足自己的经济利益外还必须服从国家利益并满足社会公共利益需要，由此负担了不对等甚至是不平等的条件的限制。而政府依法享有“行政优益权”，这种特殊权利的行使也使供应商必须负担更多的法律义务，在拥有丰富权力资源且贯以国家和公共利益的名义的情况下，这种行政优益权存在极度滥用的风险。即使“行政优益权”行使理性、合理、合法，供应商合法权益也可能遭受侵害，例如，采购人擅自提高采购标准或擅自改变采购方式或者没有公布政府采购标准和采购结果而政府行使撤销权时,供应商也即遭受无妄之灾,而必须为采购人及其工作人员的故意或过失行为埋单。此外,“行政优益权”存在不仅难以达成提升财政资金使用效率的目标,而且极可能成为滋生腐败的“摇篮”,在2012年武汉市出租车采购事件中,万余出租车刹车存在安全隐患、减配缩水,但价格却每辆高出4万元。[①]

“行政优益权”必须受到法律限制,这不仅仅是法治战略实施的需要,还是平等交易的对价需要,也是行政权控制与平衡需要。政府在采购合同中享有广泛的行政“优益权”,意味着作为采购合同相对人的供应商必须承担过多的法律义务,它有悖于采购合同的平等交易的基础,有悖于当事人地位平等的交易精神,从这个角度来看,政府采购法可谓是典型的特权法。而防止这种特权滥用以维护国家利益、社会公共利益和供应商的合法权益,应当成为政府采购立法中的一个重要的任务,限制“行政优益权”、避免公权力对私权利益侵害以及填补救济私人因合同变更或者解除而遭受的损害,更应成为政府采购立法的基本思路。

以这种特权法适用于以平等、自愿、合作的购买服务型PPP模式,必然存在极大的不适应性。即使法律对“行政优益权”的行使予以必要的限制,但其“特权法”的精神尚在,“特权法”的命理尚存。行政“优益权”在政府与社会资本合作的购买服务型PPP模式中应当予以淡化、限制,甚至基于平等、合作、互惠互利的市场规则将其予以剔除。

三、PPP模式与合同法的衔接与完善

政府与社会资本合作使公共物品供给从供给方式到供给质量发生了显著的变革性的变化,尽管公共物品供给的政府责任最终仍被保留下来,但社会公众作为公共物品的消费者再也不能理所当然地享受着在政府供给状态下的廉价或免费的公共物品,或者说,社会公众能够从政府那里享受廉价或免费的公共物品越来越少。政府在公共领域独占的裁量权通过市场方式或者准市场方式让渡,其公共物品供给责任不断减轻;以社会资本为代表的私人机构则通过受让方式与政府分享这种裁量权而进入公共领域,分享公共领域开放所创造的发展和获得利益的机会。公共领域这种变革性的变化只是PPP模式运行的结果,而这种合作遵循依法合规、重诺履约、公开透明、公众受益的基本原则,政府与私人机构的法律地位平等、权利义务对等,平等协商、互惠互利、诚实守信、严格履约的契约精神是指导和处理政府与私人机构间合作关系的基础。尽管政府与社会资本间通过特许经营、购买服务和

① 参见《央曝武汉万余的士刹车存隐患 政府:将召回维修》,载腾讯·大楚网:http://hb.qq.com/a/20121203/000110.htm,最后访问日期:2016年1月5日。

股权合作方式进行的合作也可能形成某种新的特权——特定领域公共物品的生产经营权，但它更强调契约与合作精神，从根本上排斥以独占、特权、管制为特征的传统供给模式。因此，PPP 模式在公共领域弘扬了以自由、平等、协商、互惠互利为核心的契约和合作精神，合同法成为 PPP 模式的基本行为规范。

（一）竞争性谈判的导入

竞争性谈判是一种法律程序，所有的经济主体都投标参与项目，公共采购人则召开一次与被准许参与该程序的投标者对话，并在谈判过程中与其商讨制定公共采购人的项目要求，而投标者则在此基础上提交各自的项目方案。竞争性谈判适用于"特别复杂"的政府采购项目，这里的"特别复杂"通常包括采购人在客观上不具备能力或技术手段来实现其采购的需求和目标时、不能够准确说明采购所规定的法律条件或者不能够准确说明采购所规定的经济条件等情形。依据《政府采购法》第 30 条规定，竞争性谈判所适用的情形包括：(1)招标后没有供应商投标或者没有合格标的或者重新招标未能成立的；(2)技术复杂或者性质特殊，不能确定详细规格或者具体要求的；(3)采用招标所需时间不能满足用户紧急需要的；(4)不能事先计算出价格总额的。由此而言，我国《政府采购法》关于竞争性谈判的制度设计与德国及欧盟法规定存在较大的差异，竞争性谈判在德国法中是一种独立的公共采购方式，而在我国更像是公开招标的辅助性方式，如该法第 30 条第 1 款第 1 项及第 3 项，均为招标方式适用的特例情形。德国法界定竞争性谈判适用于"特别复杂"的情形，而我国法规定"技术复杂或者性质特殊，不能确定详细规格或者具体要求"和"不能事先计算出价格总额"两种情形当然属于德国法的"特别复杂"情形，德国法采用一般的"特别复杂"的概括性规定，具有更广泛、更灵活的适用空间。故德国法中的竞争性谈判是 PPP 模式项目最重要的采购方式，西方 PPP 模式经验丰富的国家也多把竞争性谈判引入 PPP 项目谈判，其主要原因在于 PPP 模式具有复杂、周期长、综合性强的特点，在合同谈判前即"对项目总体价格和对标书进行清晰准确的描述都存在很大的困难"。然而，竞争性谈判在我国能否适用于 PPP 模式尚存在不同认识，一方面，公开招标为政府采购基本方式，竞争性谈判只是一种辅助性方式；另一方面，竞争性谈判在我国采用一次性谈判、最低价中标原则，被认为难以适应复杂的 PPP 项目的特殊要求。

竞争性谈判在德国及欧盟法上被强制区分为参与竞争阶段、谈判阶段与报价竞争等不同阶段，每一个阶段确立不同的程序和法律规则，如德国法把参与竞争阶段进一步细分为公示、标的描述、申请期限、资格审查和投标人选择等基本环节，要求公示要尽可能地描述采购订单的内容和要求，依法阐明资格标准或最低要求以及中标标准，标准的阐释必须是客观的且非歧视性的；标的描述应当是确定的，应尽可能精准地概述其需求。标的描述在谈判阶段不得更改，所有标的描述确定的事项在谈判阶段不能偏离,采购人不能购买与其开始规定不同的产品与服务。凡是还能够进行磋商的给付要求就不能定性为确定。我国《政府采购法》第38条也将竞争性谈判划分为成立谈判小组、制订谈判文件、确定邀请参加谈判的供应商名单以及谈判、确定成交供应商等基本环节。

相较于德国法,我国竞争性谈判与德国存在明显的不同,德国法竞争性谈判的法律规则更凸显竞争性。

一是德国法上的竞争性谈判以竞争性参与为起始程序,以公示方式邀请所有的适格的潜在的供应商参与谈判,因此,德国法要求公示应当对特别复杂的标的进行尽可能细致的确定性的描述,阐释竞争参与者的资格条件及中标标准。我国竞争性谈判由谈判小组从符合相应资格条件的供应商名单中邀请不少于三家的供应商参与谈判,谈判文件由竞争性谈判小组制定,谈判文件应当明确谈判程序、谈判内容、合同草案的条款以及评定成交的标准事项。由于参与谈判的供应商是由谈判小组挑选的,对于未被选中的潜在的供应商而言相当不公平,是差别对待、歧视待遇。同时,谈判小组挑选也意味着隐秘操作,其他供应商在客观上丧失平等发展的机会。由此观之,我国竞争性谈判缺乏参与竞争的机制,缺乏公开透明的运作机制,使竞争性谈判在起始时处于非公开、无竞争状态,有可能形成"暗箱操作"的危险。

二是德国法中委托人在谈判中享有高度的灵活性,但必须遵循同等待遇、机密性、竞争性和透明度等法律原则,故德国法中竞争性谈判不仅是竞争参与,也是竞争谈判,在谈判中不断优化解决方案及解决方案建议。谈判视具体情况的发展需求选择确定谈判的层次,每一个谈判层次集中地探讨采购订单的某一个特定部分,并形成解决方案或者解决方案的建议。换言之,德国法中,谈判是公开的,由委托人同时与所有的竞争参与者进行。我国竞争性谈判是秘密的,谈判小组与单一供应商分别进行谈判,"谈判的任何一方不得透露与谈判有关的其他供应商的技术资料、价格和其他信息",只有谈判文件有实质性变动时,谈判小组才以书面形式通知所有参与谈判的供应商。这意味着德国法上的竞争性谈判可以集思广益地形成"特别复杂"问题的解决方案,并在谈判中不断完善;而我国政府因技术复杂或者性质特殊而不能确定详细规格或具体要求的或不能事先计算出价格总额的问题,只能由政府邀请的供应商"背靠背"式地提出解决方案,难以形成有效的合力,形成并完善解决方案。

三是德国法竞争性谈判选择的是最经济报价,我国竞争性谈判选择的是最低报价。谈判阶段的目标是查明和确定委托人的需求以及怎样能最好地满足需求。原则上,参与竞争的投标人应该在报价时弄清楚受托人和最终价格。谈判的对象既可能是采购订单所有的细节,也可能是公示没有告知的技术手段、法律或融资条件。所有的参与竞争者在报价阶段必须以书面形式提交最终报价，且最终报价必须“以已经提交的、在谈判阶段已被详细阐述的解决方案为基础”来确定。德国《公共采购条例》就标的描述问题创制了多种可能性，尤其倡导以下三种标的描述：“一个针对所有投标人的、由其一个或多个已经不再保密的解决方案建议组合而成的统一的标的描述；一个带有功能性标的描述因素的统一框架草案；或者以投标人各自的解决方案建议为基础的标的描述”。由此可见，德国竞争性谈判最终以最经济报价为选择结果，最经济报价既不是价格最低的报价，也不是方案最简的报价，而是集合所有的竞争参与者智慧的、最能够实现谈判目标的最佳、最合适的报价，所有的竞争参与者可能因解决问题的整体或特定部分的方案建议合理而参与谈判项目，而竞争性谈判的参与者也可能因为各自的优势或能力而共同合作承接谈判项目。我国竞争性谈判小组在谈判结束时必须要求所有参加谈判的供应商在规定时间内进行最后报价，采购人从谈判小组提出的成交候选人中根据符合采购需求、质量和服务相等且报价最低的原则来确定成交供应商，因此，竞争性谈判结果最终以低价者得，其选择的方案只能是报价最低的，却不一定是最合理的，更不可能是在竞争性谈判过程中实现参与者的合力，形成方案最佳、报价最合理、供应商密切合作的解决方案。以报价为唯一取舍标准，其结果可能是更大的经济消耗或者财政支出，因为以最低价方式中标的供应商在合同履行过程中会想方设法要求采购人变更合同造价、增加项目投入。

综上所述，德国法中的竞争性谈判是一种公开的、竞争性的程序安排和制度设计，注重参与竞争和谈判竞争，以竞争为核心并重视运用参与者集体的智慧从而形成“特别复杂”问题的解决方案和建议，其谈判是多层次、多环节的制度安排，最终形成有关“特别复杂”问题的综合性、整体性的合理方案，并促进竞争参与者间的合作，形成合力与合作方案。我国竞争性谈判仍是一种非公开、非竞争的“背靠背”的谈判方式，谈判小组“邀请式的参与”使符合资格的供应商筛选变得主观、任意；而谈判内容不公开、谈判结果也不公开。尤其竞争性谈判缺乏层次性，单纯追求价低者得，无法集思广益、形成合理的解决方案，缺乏层次性安排。这种不合理的制度设计使在欧美国家广泛运用于 PPP 模式的竞争性谈判，在我国却不能用于 PPP 模式。

事实上，竞争性谈判的本质就在于竞争，竞争性参与、竞争性谈判、竞争性报价，谈判的目的在于查明和确定委托人的需求以及怎样能够最好地满足其需求。因此，谈判的对象可能是谈判标的所有细节，也可能是公示没有告知的技术手段、法律或融资条件。所有的参与竞争性谈判的供应商在公开、透明、开放的程序中，进行一个或多个层次的多样化磋商，每一个谈判层次集中探讨标的描述的某一个特定部分，并形成解决方案或者解决方案建议，并通过资格取得的排除方式逐步淘汰竞争参与者。从实践来看,PPP 模式具有投资金额大、周期长、风险大的特点,涉及工程技术、管理经验、融资条件、成本控制和法律环境等诸多因素,政府基于主观或客观因难以形成科学、合理的解决方案,需要集思广益、更需要社会资本间的合作,因此,竞争性谈判无疑对拟采 PPP 模式运营的公私合作制项目具有更大的适应性,这种竞争性谈判可能更侧重于给付范围、风险分配、补偿机制、财务指标、公共产品和服务的质量控制以及安全服务、合同的争端解决机制、合同适应性机制等方面。政府通过与所有的符合条件的供应商多层次、多样化谈判,形成和完善与私人机构间的合作方案。

同时,以价格为中心的各种影响因素以及成本控制方案也可能构成谈判的对象。

所有的参与竞争者在报价阶段必须以书面形式提交最终报价,且最终报价必须"以已经提交的、在谈判阶段已被详细阐述的解决方案为基础"来确定,这意味着每个投标者都以其方案建议为基础来提出报价。德国《公共采购条例》就标的描述问题创制了多种可能性,尤其倡导以下三种标的描述:"一个针对所有投标人的、由其一个或多个已经不再保密的解决方案建议组合而成的统一的标的描述;一个带有功能性标的描述因素的统一框架草案;或者以投标人各自的解决方案建议为基础的标的描述"。在公私合作制项目中,标的描述还应当包括一个以产出为导向的给付描述,且这种给付描述可以包含需要补充的变量或目标规定。

委托人在接受参与竞争者提交的正式报价后应当进行审查。这种审查应当考量报价是否包含了"全部的执行项目所必需的细节",一个投标人的报价必须同公开或者非公开招标程序规定的一样清楚、完整,投标人必须要承担报价完整性和可比性的责任。委托人接受投标人报价后在经济性评估前可以向报价者索要"详述、解释和补充",但这种详述、解释和补充的影响是相当有限的,因为它不能扭曲竞争,也不能歧视报价者。任何可能导致扭曲竞争或者歧视的"详述、解释和补充",在法律上均是被禁止的。同时,委托人以经济性评估的方式挑选出最经济报价,并在宣布最终的中标者前,要求提出最经济报价的投标者进一步解释报价的特定细节或者确认在报价中给出的承诺。

(二)契约自由精神的限制

政府与社会资本合作的基础是 PPP 契约。PPP 模式的运行必然会形成各种各样、性质不同的合同束,这些合同当然应当一般地适用合同法,并无太大的法律阻碍。

然而,合同法以契约自由为基本原则,崇尚行为人意思自治,人们依据自己内心真实的愿望为自己创设权利和义务,人的意志构成权利义务的基本来源和依据。契约自由作为意思自治的核心载体,契约既是当事人相互同意的结果,也是自由选择的结果,故现代私法非常重视契约自由精神,不仅确认"依法订立的契约在当事人之间具有相当于法律的效力”，而且依法订立契约所形成的权利神圣不可侵犯。契约自由要求尊重并保护当事人的意思自治，不得干预和限制行为人的意思自治。现代契约制度的价值既在于契约自由，也在于契约正义。契约自由是契约制度的灵魂，为整个私法自治的核心原则，是市场经济赖以建立和发展的法律基础。契约自由保障个人自主和自由选择的权利，有助于促进交易、增进效率。契约自由实现的基础是自由与平等，这意味着契约制度必须处理好契约自由与契约正义的关系，必须以公平与正义匡正契约自由。这是因为契约自由要求当事人间具有平等的地位，但现实社会中的当事人间地位往往有强弱之分，当事人在契约选择过程中势力或影响力存在明显的差异，这种差异有可能侵蚀、破坏契约自由的平等基础，强者往往逞其所欲，弱者则无所措，自由对强者乃为平常，对弱者难以奢求。因此，必须以社会正义限制契约自由，否则，强者必滥用自由、为所欲为，弱者也必避无可避、任人践踏，真正的契约自由与公平正义有可能被颠覆。对契约自由予以合理限制、保障弱者的自由权利、规范强者的滥用行为，是实现现代私法契约正义与契约真正自由的必然选择。

随着社会不断进步、法律理念不断更新和法律制度不断完善，契约自由在越来越成为私法基石的同时，以社会正义为基点合理限制契约自由也逐渐成为一种潮流、一种范式和一种精神。从契约法律实践来看，契约内容或者条款不得违背法律法规、公序良俗，同时，当事人也不得利用优势或垄断地位通过格式合同及条款而减免自己的责任或者加重相对人的责任。契约自由的限制多集中于公共事业或者公共利益领域，例如，公共教育、医疗及其他公共事业经营者既不得以缔约自由拒绝缔约，也不能自行选择相对缔约人，公共事业或者公共物品与服务或涉及民众基本的生活需要，或涉及人的生命、健康及其救济，或涉及民众的教育机会和教育公平，对于这些事关民众重大利益或社会公共利益的重要契约，法律规定其应当采用书面形式，以排除或限制口头契约的适用，或规定某些契约应当经登记才能生效，以维护交易安全和公共利益。在这些公共领域贯彻契约自由精神，有可能损害契约正义，有可能妨碍社会进步和社会公平。

PPP契约为公私合作的产物，正如我们反复强调的那样，这里的“公”指的是以国家代表身份出现的政府或其他公共部门，“私”则泛指私人机构，包括自然人和私法人，合作指的是公私双方为共同完成公共任务而采取的协作行动，这种协作行动是以对等互惠、责任分担为基础的，由此形成以分工合作、共担风险、共享收益为基本特质的互补性合作伙伴关系。私人机构以资本、效率、灵活性和专业知识的投入服务于公共领域，向社会公众提供公共物品或服务；政府和公共部门以分享公共资源控制权和公共物品供给裁量权为代价,提高公共物品质量、降低政府财政压力。[①]政府与社会资本在公共领域的合作是一种互惠互利的合作,一种以权利、义务的契约配置为载体的合作,这种合作目标——公共任务的完成——只能以平等、自愿为基础条件的民事契约,其在本质上排除以强制、干预为特质的行政合同属性。因此,PPP契约与一般民事契约并无性质差异,其订立、履行和终止应当一般地遵循契约自由精神,贯彻私法自治原则,充分尊重当事人的意思自治。

讨论PPP契约究竟是公法合同还是私法合同虽然有助于法律关系的辩证,有助于确立PPP契约的定位,但对于快速发展的PPP产业契约调整而言并无实质意义。如前所论,PPP契约的特殊性既表现为政府或者公共部门为其一方当事人,又表现为PPP契约作用于基础设施和公共事业领域。一方面,PPP模式主要用于使公共物品与服务的供给问题,涉及民生保障、社会养老、道路交通、生态环境等领域的不特定多数人的基本利益,这种利益的公共属性在客观上使公共物品与公共服务的供给不能完全实行市场化,或者说公共领域的社会资本不能完全按照市场规律以资本利益最大化为基本目标。另一方面,政府在公共领域与社会资本合作拥有得天独厚的优势,不仅拥有强大的公共权力资源,而且可能挟公共利益之名任意干预PPP项目运营,这意味着社会资本与政府在公共领域缺乏合作的客观基础,换言之,社会资本与政府在公共领域要达成平等互惠、合作"共赢"的目的,完成公共物品或服务供给任务,政府必须秉持合作精神,放弃或限制行政优益权或者公共利益优先权,贯彻契约自由精神,以法律方式平衡公共利益与资本利益关系,促进PPP模式制度价值目标的实现。

1. 行政优益权的PPP契约限制

公共物品与服务供给在传统上由政府控制或者独占,以传统思维评价公共物品与服务供给的人,通常亦习惯于认定政府具有公共物品与服务供给的责任。因此,PPP契约以政府或公共部门为一方当事人,往往被理解为政府是"执行公务、实现行政目标",甚至视其为"实现公共利益"。[②] 政府在与社会资本合作的PPP模式中,可能会忽视相对人的意思,PPP契约被过度地嵌入超越私法的规则并赋予行政机关特殊的权力,片面强调"行政优益权",[③]从而背离政府与社会资本合作的本质,妨碍公私合作关系的建立。

行政优益权在理论上是国家为保障行政主体有效地行使职权、履行职责、达成

① 参见李霞:《公私合作合同:法律性质与权责配置》,载《华东政法大学学报》2015年第3期。

② 邢鸿飞、赵联宁:《行政合同在BOT项目中的运用及其法律保障》,载《河海大学学报》(哲学社会科学版)2001年第4期。

③ 参见[英]L.赖维乐、布朗等:《法国行政法》,高秦伟、王锴译,中国人民大学出版社2006年版,第135页。

公共利益目标而通过法律授予其各种职务或物资上优益条件的资格,通常行政优先权和行政受益权组合构成行政优益权,前者指国家为保障行政主体有效行使职权而依法授予其职务优先条件如先行处置权、获得社会协助权等权利,行政机关的行政行为具有公定力,在法律上推定有效,当然具有执行效力;后者指行政机关享受国家所提供的各种物资优益条件。这种行政优益权在行政法上具体表现为行政机关在行政契约关系中所享有的较行政相对人优先的权利,依法选择合同相对人的权利、对合同履行的指挥权和监督权、单方面变更或解除合同的权利以及对相对人实施制裁的权利。以特许经营为例,政府作为特许经营契约当事人,是特许经营物品或服务的主管部门,政府特许经营契约的签订与履行在本质上是行政主体以契约方式履行公共服务职能,实现公共物品与服务的供给,并监督管理特许经营者的公共物品与服务的经营活动。因此,特许经营合同以政府公共领域裁量权和行政优益权为基础,虽名为契约,实为政府监管手段,合同的内容与当事人的意思自治无直接的关联性,行政主体依法保留了诸如产品与服务价格调整权、依法收回特许经营权、单方合同解除权等政府特权和主导性权利条款,甚至行政主体可依法对特许经营者财务进行监管。

然而,传统的特许经营并不等同于政府与社会资本合作,甚至可以说传统的以执行公务、实现行政目标为目的的特许经营在根本上不属于 PPP 模式。只有本着自愿、平等、互惠、互助的合作精神,政府放弃或有限使用公共领域裁量权的特许经营,才具备合作“共赢”的价值基础和契约自由的精神源泉,这种以特许经营权为条件、在自愿、平等、合作、互惠基础上展开的政府与社会资本合作,才是真正意义上的 PPP 模式。故 PPP 模式在本质上排斥以行政优益权为核心的行政契约,国家紧锣密鼓、不断出台各类 PPP 政策,但结果却是政府不够自信,社会资本缺乏热情甚至反应冷淡,究其原因,以社会资本为代表的私人部门对不平等的合作充满恐惧,害怕政府不守信用、滥用公权,以行政优益权和公共利益保护之名肆意撕毁契约、解除合同,侵害社会资本的合法权益。因此,PPP 模式立法应排除或限制以 PPP 契约固化行政优益权条款。

2. 私人利益的 PPP 契约限制

公共领域 PPP 模式是私人利益与公共利益的共存体。从理论上来看,私人利益不同于个人利益,它涵盖了包括自然人、法人及其他组织在内的各种利益;与私人利益相对应的则是公共利益。但是,公共利益不是一个与个人利益相对立的术语;相反,公共利益是私人利益的总和,是所有人或绝大多数人的共同利益。因此,“私人或个体利益是公共利益的组成部分,不存在任何超越私人利益的‘公共利益’”。[①] 公

① 张千帆:《“公共利益”的构成——对行政法的目标以及平衡的意义之探讨》,载《比较法研究》2005 年第 5 期。

共利益也并非完全独立于私人利益之外的特殊利益,公共利益是“反映在个人利益之中的最一般的、相对稳定的、不断重复的东西,是人的最强大的利益基础”。[①] 因此,私人利益与公共利益具有一致性和同源性,具有共存共生的关系。公共利益以个体利益为基础,是个体利益社会标准下的有机组合与相互协调、融合的结晶,既矛盾冲突,又相互转化。相较于一般的公共利益与私人利益的共存共生关系,政府与社会资本合作 PPP 模式中的共存共生关系可能更多地表现出其冲突特质。一方面,政府在公共领域引入社会资本并与其合作以放弃其独占垄断权和公共裁量权为代价,其基本目标是提高公共物品与服务的供给效率与质量,缓解政府公共投入能力不足的窘境和压力,提升社会公共利益发展水平。政府在 PPP 模式中经常会或多或少地展现其公共资源和权力资源优势,干扰 PPP 项目正常运行,甚至存在损害私人利益的倾向。另一方面,社会资本介入公共物品与服务供给,旨在谋求资本利益最大化,实现私人利益增加的目标,公共物品与服务供给数量、质量、效率只是社会资本谋求私人利益的手段,资本对利益的天然偏好,可能诱导其利用一切机会、不择手段地谋求私人利益。这意味着政府与社会资本合作的 PPP 模式必须有效地处理好公共利益与私人利益共存共生关系,兼顾公共利益与私人利益间的平衡,达成合作“共赢”的目标,否则,必将陷入无休止的冲突与矛盾状态。

私人利益在 PPP 模式中的代表是资本利益,无论是私人还是社会机构、国有企业持有社会资本,其谋求资本利益的根本属性并没有改变,资本的使用、运营皆以利益最大化为目标,这是一切资本持有者基本的行为范式,且这种资本目的也并不会因资本投资或运营的领域而发生改变。因此,政府与社会资本在公共领域展开 PPP 模式运作,其基本的行为特质是公共物品或服务供给方式发生改变,也即由政府垄断供应转向由社会力量参与供应。政府全部或部分放弃公共物品或服务的生产、销售裁量权,向社会资本开放更多的公共领域是 PPP 模式运营的基本条件。但是,公共领域物品与服务供给的公共性维持始终是 PPP 模式的核心价值,决定着合作各方基本的行为方向和行为属性,政府与社会资本必须围绕公共物品与服务供给方式、效率、质量展开有效的合作,必须经常性地对公共物品与服务的价格展开有效的磋商。因此,PPP 模式立法必须充分考量社会资本在 PPP 模式中的公共性与营利性关系,必须以法律形式抑制社会资本利益最大化追求,确保公共利益目标的实现。PPP 模式立法在确认契约自由为基本精神的同时,明确禁止或限制透过契约自由损害公共利益的行为,由此私人利益可能因 PPP 模式作用的公共领域或者以 PPP 模式供给的公共物品与服务的公共性而受到限制,私人组织不再享有透过契约追求资本利益最大化的自由,公共利益因法律或者合作各方不断对公共物

---

① 颜运秋:《公益诉讼理念研究》,中国检察出版社 2002 年版,第 34 页。

品与服务供给方式、质量、效率与价格的磋商和约束而获得兼顾与平衡，PPP 模式立法必须在 PPP 契约法律体系及技术框架中融入公平、公开、理性和责任等兼顾公、私利益精神的法律原则。

3. 公共利益保护的国家担保责任

现代国家职能的延伸和扩张使国家不仅要维护国家安全、维护社会秩序、保障人们的基本权利和自由，而且要为人民提供公共物品与服务供给，提升人民福祉。这在客观上导致政府行政职能不断扩张、行政任务不断膨胀，形成了“国家超载”：行政机构膨胀、财政支出增加、公共物品和服务供给不足。[①] 当英国政府于 1948 年宣布建成世界上第一个福利国家时，即以国有化方式将私人组织、社会机构提供的公共物品与服务收归国家统一配给。这种国有化的公共政策不仅导致其政府财政负担加重，而且削弱了个人的进取和自立精神。[②] 保守党执政后为提升社会福利水平，依据“福利多元主义”理论，实施社会福利“民营化”，[③]政府与私人组织、社会机构在公共服务领域内展开广泛的合作，政府以市场竞争方式把公共物品与服务供给外包给私人组织、社会机构。英国公共物品与服务供给的民营—国有化—民营化的发展轨迹表明公共领域从来就不是政府的固有领域，也不是国家的固有职能。然而，公共物品与服务供给事关人民福祉、事关国计民生，当人民习惯于国家提供公共物品与服务时，其民营化可能影响社会稳定、社会正义和人民福祉。因此，即使政府要“瘦身”、要变“角色”、要换“身份”，也不能搞“切割”、甩“包袱”，必须在法律上明确国家在公共物品与服务供给责任，明确政府具有不断改善公共物品与服务供给、促进公共利益发展的责任。

政府与社会资本合作供给公共物品与服务是以国家担保责任为基础的。担保国家理论是指导公私合作立法的基本理论，这种理论的假设前提是国家自愿缩减其过度扩张的职能、转变公共福利供给方式。担保国家理论在公共领域内构建了一种新型的“国家模型”，国家不直接向其国民提供公共物品与服务，仅担保私人组织适当履行公共任务，即“担保国家是以国家持续承担公益责任为主要特征，但国家不再亲自执行任务。尽管如此，一方面，担保国家积极促成社会的发展；另一方面，仍然恪守社会法治国的原则，而负有对社会现状与发展的最后责任”。[④] 担保国家理论为人们厘清政府与社会资本合作中的两个基本问题：一是公、私合作与政

---

① 参见李霞：《公、私合作合同：法律性质与权责配置》，载《华东政法大学学报》2015 年第 3 期。

② 参见[英]安东尼·吉登斯：《第三条道路——社会民主主义的复兴》，郑戈译，北京大学出版社、三联书店 2000 年版，第 14 页。

③ 参见陈婉玲：《义工组织法人制度研究》，北京大学出版社 2014 年版，第 39 页。

④ 德国学者艾费特(Eifert)的观点，参见许登科：《德国担保国家理论为基础的公私协力法制》，台湾大学法理学研究所 2008 年博士学位论文，第 36 页。

府行政职能、行政任务不存在直接的关联性,政府与社会资本合作应当自觉地放弃公共权力资源,以平等的合作者身份处理与社会资本间的关系;二是国家基于担保责任可以以法律形式规范公共物品与服务供给的方式、方法、质量、价格等内容,也可以以法律方式授权专门机构展开监督、检查和管理,这种专门机构既可能是依法设立的独立监管机构,也可能是政府除合作者之外的其他职能部门,既可能是政府、公共机构,也可能是依法成立的私人组织。基于担保国家理论,公共物品与服务由私人组织提供或者公私合作提供,国家直接承担的公共任务转由私人组织完成,只是一种公共任务在公私间的重新分配,而不是国家责任的湮灭。国家必须保证公共物品与服务供给的质量、数量,必须保证其价格得到必要的合理控制、社会公众利益不因资本利益最大化追求而受到损害。

(三)竞争性磋商的辩证

竞争性磋商作为一种新型的政府采购方式,由财政部的〔2014〕214 号文《政府采购竞争性磋商采购方式管理暂行办法》和财库〔2014〕215 号文《政府和社会资本合作项目政府采购管理办法》创设,指采购人通过组建竞争性磋商小组就采购事宜进行磋商,供应商提交响应文件和报价后,采购人从磋商小组评审后的候选名单中确定供应商的采购方式。[①] 竞争性磋商以物有所值评价标准为基础,引入阶段式的"先明确采购需求、后竞争报价"采购模式,具有灵活性、适应性、遏制低价竞争[②]等优点。

竞争性磋商能够适应 PPP 政府采购。传统的政府采购均为现钞购现货,政府直接购买市场上现存的产品与服务,且这些产品与服务可以直接付现、直接提货。PPP 政府采购在形态上是一种项目购买,其购买对象为具有公共性的公共物品与服务,政府也非以现金方式支付,社会资本合作者根据政府"描述产出要求",制订解决方案。政府与私人组织间签订长期采购合同,私人组织根据政府或公共部门要求负责提供公共物品与服务,并承担相应的财务风险与市场风险,政府或公共部门按照 PPP 契约要求向私人组织购买长期服务。从实践来看,PPP 政府采购存在明显的直接适用现行法障碍:一是 PPP 政府采购与传统政府采购在范围有所交叉,既有重复又有冲突,既涉及公共物品与服务购买,又涉及特殊的公共物品与服务经营,究竟是适用《政府采购法》还是《招标投标法》抑或《特许经营法》,存在明显的

---

① 《政府采购竞争性磋商采购方式管理暂行办法》第 2 条:"竞争性磋商采购方式,是指采购人、政府采购代理机构通过组建竞争性磋商小组(以下简称磋商小组),与符合条件的供应商就采购货物、工程和服务事宜进行磋商,供应商按照磋商文件的要求提交响应文件和报价,采购人从磋商小组评审后提出的候选供应商名单中确定成交供应商的采购方式。"

② 参见郝新华:《竞争性磋商采购:治理注会行业低价竞争的杀手锏?》,载中国注册会计师协会网:www. cicpa. org. cn/Modia_Fax/201507/t 20150701_47247. html. ,最后访问日期:2017 年 6 月 20 日。

标准障碍；二是以公开招标为主的政府采购方式更适应现钞现货交易的需要，不能适应长期、复杂、非现金交易的阶段式购买的 PPP 政府采购需要，政府采购方式非创新不能满足 PPP 政府采购需要；三是 PPP 政府采购对象复杂、目标模糊、持续期限长，且盈利模式、利益分配、风险承担都是可变化、非固定的，需要合作各方不断交流沟通才能形成最终采购需求方案，传统的政府采购方式难以满足 PPP 型政府采购要求。

以财政部部门规章将竞争性磋商引入 PPP 政府采购且作为其主要的采购方式，虽然在一定程度上缓解了传统的政府采购法律制度直接适用造成的冲击与矛盾，弥补了现行法政府采购方式适用于 PPP 政府采购的不适应性，但这种以创新名义而进行的政府采购方式的转变，仍存在法律衔接的问题。

1. 竞争性磋商引入导致 PPP 政府采购方式发生重大变化

现行法有关政府采购方式由《政府采购法》第 26 条规定，其方式包括公开招标、邀请招标、竞争性谈判、单一来源采购、询价以及国务院政府采购监督管理部门认定的其他采购方式，法律明确要求“公开招标应作为政府采购的主要采购方式”。PPP 政府采购既是一种特殊的政府采购，也是一种新型的采购类型，但其政府采购性质并没有改变，在法律解释上当然应当以公开招标为其基本形式。然而财政部《政府采购竞争性磋商采购方法管理暂行办法》明确规定竞争性磋商可以适用于政府购买项目，且无论是理论界还是实务界，普遍认为它是 PPP 政府采购的主要方式。换言之，竞争性磋商的导入在事实上改变了 PPP 型政府采购的基本方式。从规范的层次来看，《政府采购法》的效力及层次远高于《政府采购竞争性磋商采购方法管理暂行办法》，以部门规章改变 PPP 政府采购应当采用的法律确认“主要方式”，明显有悖于法理，因此，以部门规章导入竞争性磋商对 PPP 型政府采购而言，有违现行的《政府采购法》相关规定。

2. 竞争性磋商的导入改变了 PPP 政府采购的基本程序

《政府采购法》基于规范采购行为需要，对公开招标、邀请招标、竞争性谈判、单一来源采购、询价等方式设定了严格的法定程序，以公开招标为例，我国《政府采购法》第 40 条规定：“采取询价方式采购的，应当遵循下列程序：(一) 成立询价小组，询价小组由采购人的代表和有关专家共三人以上的单数组成，其中专家的人数不得少于成员总数的三分之二。询价小组应当对采购项目的价格构成和评定成交的标准等事项作出规定；(二) 确定被询价的供应商名单。询价小组根据采购需要，从符合相应资格条件的供应商名单中确定不少于三家的供应商，并向其发出询价通知书让其报价；(三) 询价，询价小组要求被询价的供应商一次报出不得更改的价格；(四) 确定成交供应商，采购人根据符合采购需要、质量和服务等且报价最低的原则确定成交供应商，并将结果通知所有被询价的未成交的供应商。”《政府采购法》既无竞争性磋商购买方式,也就当然没有相应的法定程序。

磋商程序由《政府采购竞争性磋商采购方法管理暂行办法》规定,大致包括以下主要环节:

(1)项目确立与供应商邀请,采购人拟采用竞争性磋商采购方式时,采购人应当在采购活动开始前,报经主管预算单位同意后,依法向设区的市、自治州以上人民政府财政部门申请批准;采购人、采购代理机构可选择发布公告、从供应商库中随机抽取或者采购人和评审专家书面推荐的方式邀请不少于3家符合相应资格条件的供应商参与竞争性磋商采购活动。

(2)制定竞争性磋商文件,其原则是根据采购项目特点和采购人的实际需求制定,并经采购人书面同意。采购人应当以实际需求为原则,不得擅自提高经费预算和资产配置等采购标准;磋商文件不得要求或者标明供应商名称或者特定货物的品牌,不得含有指向特定供应商的技术、服务等条件。磋商文件包括供应商资格条件、采购邀请、采购方式、采购预算、采购需求、政府采购政策要求、评审程序、评审方法、评审标准、价格构成或者报价要求、响应文件编制要求、保证金交纳数额和形式以及不予退还保证金的情形、磋商过程中可能实质性变动的内容、响应文件提交的截止时间、开启时间及地点以及合同草案条款等内容。

(3)成立竞争性磋商小组,磋商小组由采购人代表和评审专家共3人以上单数组成,其中评审专家人数不得少于磋商小组成员总数的2/3。采购人代表不得以评审专家身份参加本部门或本单位采购项目的评审。采购代理机构人员不得参加本机构代理的采购项目的评审。

(4)响应文件审查,磋商小组在对响应文件的有效性、完整性和响应程度进行审查时,可以要求供应商对响应文件中含义不明确、同类问题表述不一致或者有明显文字和计算错误等内容作必要的澄清、说明或者更正。供应商的澄清、说明或者更正不得超出响应文件的范围或者改变响应文件的实质性内容。

(5)竞争性磋商,磋商小组所有成员应当集中与单一供应商分别进行磋商,并给予所有参加磋商的供应商平等的磋商机会。在磋商过程中,磋商小组可以根据磋商文件和磋商情况实质性变动采购需求中的技术、服务要求以及合同草案条款,但不得变动磋商文件中的其他内容。实质性变动的内容,须经采购人代表确认。对磋商文件作出的实质性变动是磋商文件的有效组成部分,磋商小组应当及时以书面形式同时通知所有参加磋商的供应商。供应商应当按照磋商文件的变动情况和磋商小组的要求重新提交响应文件,并由其法定代表人或授权代表签字或者加盖公章。由授权代表签字的,应当附法定代表人授权书。供应商为自然人的,应当由本人签字并附身份证明。

(6)最后报价,磋商文件能够详细列明采购标的的技术、服务要求的,磋商结束后，磋商小组应当要求所有实质性响应的供应商在规定时间内提交最后报价，提交最后报价的供应商不得少于 3 家。磋商文件不能详细列明采购标的的技术、服务要求而需经磋商后由供应商提供最终设计方案或解决方案的，在磋商结束后，磋商小组应当按照少数服从多数的原则投票推荐 3 家以上供应商的设计方案或者解决方案，并要求其在规定时间内提交最后报价。最后报价是供应商响应文件的有效组成部分。

(7)综合评审，经磋商确定最终采购需求和提交最后报价的供应商提交报价后，由磋商小组采用综合评分法对提交最后报价的供应商的响应文件和最后报价进行综合评分。磋商小组成员应当按照客观、公正、审慎的原则，根据磋商文件规定的评审程序、评审方法和评审标准进行独立评审。未实质性响应磋商文件的响应文件按无效响应处理，磋商小组应当告知提交响应文件的供应商。

竞争性磋商程序不同于《政府采购法》规定的任一采购方式的程序，尤其是物有所值评估方法的引入、“先明确采购需求，后进行竞争报价”阶段式购买步骤和非现钞购买等特点，改变了《政府采购法》有关购买方式和购买程序的制度设计，对 PPP 型政府采购而言，如此重大的制度创新，仅仅由财政部以部门规章方式规范，既悖于法理，也难彰显其价值追求。

3. 竞争性磋商的关键在于专家参与的落实与保障

PPP 政府采购的客观状况特别复杂，且与这种特别复杂的、持续时间长的政府采购相伴随的往往是采购需求与采购目标模糊、资金巨大且难以落实。借助专业知识和专业技能，对 PPP 采购方案进行系统、全面、合理的设计在客观上决定着 PPP 政府采购的成败。因此，专家参与是 PPP 政府采购能否达成采购目标的关键。从法律实践来看，各发达国家在 PPP 政府采购中均非常重视运用法律手段，促进专家参与 PPP 政府采购活动。在美国，磋商程序以资格审查为前提，只有符合 PPP 政府采购项目资格的私人企业，才能参与 PPP 政府采购磋商活动。依据美国法规定，采购人在发出 PPP 型政府采购项目公告后，必须对申请的私人企业进行资格审查，采购人的这种资格审查必须在专业顾问协助下完成；对于供应商提案的评估与筛选，同样必须由专业顾问参与。采购人在 PPP 型政府采购磋商过程中，专业顾问是其不可或缺的助手，从 PPP 政府采购项目公告到申请参与的私人企业资格审查，从采购程序、要求、资格评价与评分标准到采购目标、私人企业解决方案，没有专家参与，采购人就几乎无法决定任何采购事宜。同时，政府在 PPP 型政府采购公告发出后，必须举办各种交流和研讨会，邀请各种专家、学者与采购人、有意参与磋商的私人企业展开广泛的交流并充分理解 PPP 型政府采购项目，促进参与各方公平、开放的对话。采购人在私人企业解决方案提交后，组织专家以评估和打分的方法进行方案评估，并根据物有所值评估方法对私人企业得分进行排名，采购人基于排名顺序与企业展开谈判。采购人如果与排名第一的私人企业谈判却不能获得满意的合作协议时,应当以书面方式终止谈判,并启动与下一家企业的谈判,直至达成一个令人满意、合理的合作协议。

专家参与同样是欧盟、英国 PPP 政府采购的基本方式。欧盟及英国竞争性对话(Competitive Dialogue)由 2004 年欧盟公共采购指令《2004/18/EC 指令》创设,并纳入 2006 年 3 月 31 日生效的《公共合同条例》,旨在为那些"特别复杂"(Particularly Complex)的合同提供一个更加灵活的解决方案。所谓"特别复杂"的项目,是指采购机构不能客观定义技术方法以及直接说明其采购需求和采购目标且无法直接解释其法律或融资构造的项目,即"采购机构在执行一个特别复杂项目时非出于其自身的原因而无法确定采购需求或者希望市场给他们带来关于技术、融资或法律的解决方案"。[①] 在欧盟法中,专家涵盖了特定的 PPP 型政府采购项目所需的各种专业人才,诸如专业教授、工程师、会计师、审计师、律师,凡项目需要的专业知识、技能,均须有专家参与。采购人可以竞争性对话方式筛选供应商,以明确其采购需要及具体要求;最后的中标的优胜方案必须是最具有经济效益、最符合投标标准的投标方案;竞争性对话可以在多个阶段进行,目的是减少解决方案或投标人的数量;采购人招标完成后仍可进一步讨论、对话。欧盟法上的竞争性对话机制最重要的特色是实行动态甄选制度。采购人对 PPP 项目目标、标准、有效竞争方法、评估标准等进行系统设计,确保竞争性对话既能有效引入竞争,又能确保过程的公平、公开和公正,同时为甄选预设适当的弹性空间,鼓励私人契约提出创新性解决方案。

---

① Arrowsmith S., Treumer S., *Competitive Dialogue in EU Law: A Critical Review*, Cambridge: Cambridge University Press, 2012, pp. 3 – 143.

第八章 PPP 模式的域外法律实践

虽然 PPP 模式在我国推广只有 20 余年,但作为其蓝本,公私合作制在全球范围却有着丰富的实践并形成了较完善的法律资源。从总体上来看,PPP 法律框架普遍包含了“PPP 专门法”(PPP Laws)、特许经营法(Concessions Laws)、私有化法案(Privatization Laws)、采购法(Procurement Laws)等法律,并形成专门立法、专项立法和以现行法规范三种法律调整模式。专门立法是由立法机关或行政机关制定关于 PPP 模式的统一法,如德国、法国、日本、韩国等国家。专项立法则不制定 PPP 统一法,就具体的 PPP 项目形成单项法案(主要体现为地方政府条例和专项政府规章),一案一法,专事专办,这种模式针对性强,既保持法条的弹性,可以根据不同 PPP 项目的不同特点灵活运用,其框架基本稳定,对其他相似项目具有较好的参照意义。[①] 采取专项立法模式主要是英美法系国家,如英国、美国以及我国香港地区等国家与地区,我国在某些项目中也采用了这种方法,如《上海市延安高架路专营管理办法》。有些国家不就 PPP 专门立法,而以现行的法律加以规范,如法国的 PPP 模式主要以政府特许经营为主,政府特许可以直接适用于法国行政法中的公共特许工程法律制度。

从微观角度来看,PPP 模式在各国或地区运用与实践的程度有很大差异,英国运用 PPP 模式最娴熟,形成了一套完整的公共采购法律、政策体系,并巧妙地借鉴与转化适

---

① 参见袁竞峰、邓小鹏、李启明、汪文雄:《PPP 模式立法规制及其在我国的应用研究》,载《建筑经济》2007 年第 3 期。

用欧盟相关法令、指令;[①]美国 PPP 相关法律规范由联邦和州相关法构成,散见于联邦立法和州立法之中,PPP 实践既要适用相关的州立法,也必须同时满足联邦法律的要求;澳大利亚 PPP 实践缺乏统一的立法,但澳大利亚于 2008 年出台了指导 PPP 模式实践的系统的规范文件,《国家 PPP 政策框架》(National PPP Policy Framework)、《国家 PPP 指南概览》(National PPP Guidelines Overview)和《国家 PPP 指南细则》(National PPP Guidelines Material)。[②]

PPP 模式的法律实践在欧洲大陆上非常发达,德国在贯彻欧盟法和借鉴英国 PPP 法例的基础上,形成了自己特有的 PPP 立法体系,其“公私合作特别行动小组”还于 2005 年通过 PPP 宏观法律框架——《公私合作促进法》;法国于 2004 年制定第一部 PPP 行政法规——《公私合作合同行政法规》,[③]2006 年 8 月 1 日出台了《公共事业市场法典》(Code Desmarches Publics),亦可称其为《行政合同法典》,[④]法国国民议会于 2008 年 7 月 28 日颁布了 PPP 模式公私合作合同法律;西班牙于 2003 年出台《西班牙特许经营法》,于 2005 年颁布《西班牙新公共服务特许经营风险分担法》(Risk Sharing in the New Public Works Concession Law in Spain);[⑤]希腊于 2005 年推行“希腊 PPP 法”(Law 3389/2005 on Public-Private Partnerships)。[⑥]

此外,PPP 模式在亚洲与拉丁美洲也有不俗的表现。受 20 世纪末私有化潮流影响,公私合作遍及社会、经济领域,PPP 模式立法空前高涨。智利于 1991 年分别制定《智利特许经营法》(Concession Law in Chile)和《智利特许经营规范》(Chilean Regulations of the Concession Law);韩国于 1994 年制定第一部 PPP 基本法——《促进私人资本参与社会间接资本投资法》(Act on Promotion of Private Capital into

---

① 英国财政部针对 PFI/PPP 制定了一系列专门政策,如《PPP 政策和指导》(Public Private Partnership Policy and Guidance)、《PF2 标准化合同》(Standardization of PF2 Contracts)、《采购和合同管理》(Procurement and Contract Management)、《使用私人资本的物有所值分析》(Value for Money Assessment for Using Private Finance)、《PPP 基础设施指导》(Archived Guidance of PPPs in Infrastructure)、《PPP 预算和会计安排》(Budgeting and Accounting for PPP Arrangements)等文件。详见:Procurement and Contract Management, Private Finance 2 (PF2), etc From: Infrastructure UK and HM Treasury, First published: 5 December 2012. Last updated: 16 July 2013。

② 参见莫小龙、王长斌等:《澳大利亚发展公私合作伙伴关系的经验与启示》,载《中国财政》2013 年第 6 期。

③ 参见徐琳:《法国公私合作(PPP 模式)法律问题研究》,载《行政法学研究》2016 年第 3 期。

④ La réforme du Code des marchés publics, “libéralisation de la commande publique et nouvelles pratiques Gazette du Palais”, 01 Octobre 2011 No. 274 Par SENO Maxime.

⑤ See Hidalgo Alvaro, Pintos Diaz, “The National Health Systems in Spain: The Impact of Regulatory Reforms on Health Care”, *Medicine and Law*, Vol. 28, Issue 1, 2009, pp. 47 – 70.

⑥ See Spirou Claire, Koumpli Vassiliki, “Public Private Partnerships under Greek Law, Revue Hellenique de Droit International”, Vol. 63, Issue 1, 2010, pp. 439 – 458.

Social Overhead Capital Investment, Act No. 4773),[1]1999 年韩国制定《私人参与基础设施法执行法》(Enforcement Decree on the Act on Private Participation in Infrastructure),并经数次修改;日本于 1999 年颁布《PFI 法》(现行《PFI 法》为 2013 年修订),并出台一系列 PPP 具体引导规则,如《物有所值指南》《进程指南》《风险共享指南》《合同指南》《监督指南》等原则。[2] 阿根廷在 2001 年颁布《促进私人参与基础设施法》,巴西于 2004 年出台《投标和 PPP 项目合同法》(Brazil Law for Bidding and Contracting of PPP Projects)和《PPP 法》。[3]

国际组织在 PPP 模式立法实践也发挥了相当的作用。联合国贸易法委员会的《私人参与基础设施立法指引》(2000 年)(Legislative Guide on Privately Funded Infrastructure Projects),[4]为公共设施建设项目上的公私合作提供了一个有效的法律框架,欧洲复兴开发银行(EBRD)发布的《现代特许经营法律核心原则》(2006 年)(EBRD Core Principles for a Modern Concession Law)[5]和 OECD 公布的《公私伙伴关系中的公共治理原则》(OECD Principles for Public Governance of Public-Private Partnerships),[6]这些规范性文件对指导 PPP 模式立法实践发挥了积极的指导作用。

他山之石,可以攻玉。世界各国 PPP 模式的法律实践,可以为我国解决政府与社会资本合作法律问题提供借鉴。目前,PPP 模式在我国的应用得到了广泛关注,政府主导的 PPP 热潮风起云涌,政府部门频发规范性文件和规章,规范和指导社会资本参与公用事业的兴建与运营,PPP 模式的规模和领域向纵深发展,但 PPP 立法略显滞后。立法问题是 PPP 模式真正得以推广的关键所在,只有清晰的立法思路和立法理念才能减少立法成本,少走弯路。面对着各执己见、众说纷纭的立法现状,研究域外相关立法理念、立法体系、立法内容和法律文本,结合我国 PPP 实践,梳理立法规律,找出立法经验,将对我国 PPP 立法模式的选择、立法框架的设计和相关法律问题的处理有所裨益。

---

① See Kim, Chan Jin, "Legal Aspects of Private Foreign Investment in Korea", *Korean Journal of Comparative Law*, Vol. 1, 1973, pp. 2 – 60.

② 参见裴俊巍、包倩宇:《日本如何推进 PPP》,载《中国政府采购》2015 年第 7 期。

③ See "Public Private Partnerships: Experiences of Developing Countries in Africa, Asia and South America", *European Public Private Partnership Law Review*, Vol. 5, Issue 3, 2010, pp. 125 – 131.

④ See "Privately Financed Infrastructure Projects", *United Nations Commission on International Trade Law Yearbook*, Vol. 28, 1997, pp. 259 – 288.

⑤ See McArdle, Wayne, "EBRD: A Review of Project Finance Activities, International Business Lawyer", Vol. 24, Issue 9, 1996, pp. 431 – 433.

⑥ Ibid., pp. 306 – 309.

一、英国以《公共合同法》为中心的PFI/PPP法律体系

英国自1948年建成社会福利国家后,公共物品与服务供给逐步结束私营的状态,国家职能得以延伸、扩张,提升民众福祉、增加公共福利成为英国政府重要职责。自20世纪70年代后,英国在公共领域推行公共物品与服务民营化政策,减轻国家公共领域财政压力。1992年,英国实施"私人主动融资"(Private Finance Initiative,PFI)计划,由私人提供"高质量和更具成本效益的公共服务",并在公共领域构建政府与社会组织、私人企业合作伙伴关系,旨在将"私有化"好处扩展到那些无法被"私有化"的核心公共服务领域,"以签署协议的方式,通过私人部门和设计、融资机构以及建设、资产管理等部门建立合作伙伴关系,将私人部门承担的角色和任务延伸到以往由公共部门提供公共服务的领域(如健康卫生、教育、交通运输设施、监狱和政府行政管理职能),以实现最终交付高质量成果的目标"。[①] 1997年,布莱尔政府在继续推广PFI模式的同时,引入公私伙伴关系(Public Private Partnerships,PPP)概念,指出公私伙伴关系是公共部门同私人部门联合一起工作的安排。从广义上来讲,任何公共部门同私人部门协助来实现政策、提供服务及基础设施均是公私伙伴关系,外包、PFI等均属于PPP范畴,PFI/PPP成为英国许多公共项目的默认交付机制,政府在投资建设道路、法院、社会住房、医院及学校时均会采用PFI/PPP模式。

(一)英国以《公共合同法》为中心的PFI/PPP法律框架

尽管英国早在1782年就建立了政府采购制度,但直到1973年加入欧洲经济共同体后,才逐渐形成较完善的政府采购体系和运作规则。1993年英国政府特别在财政部设立私人融资工作组(Private Finance Panel,PFP)和私人融资办公室(Private Finance Office),[②]旨在促进PFI方案、推进公共部门和私人企业参与私人融资动议,协助公私合作过程中私人融资可能遇到的问题。为了确保风险的真正转移,政府不会给予私人部门任何固定回报率的承诺,在最大限度推广私人融资的基础上政府投资将主要用于不适合引入PFI或者利用PFI无法实现物有所值的领域。公开、透明、效率、竞争等原则是英国PFI的基本原则,目标是实现政府采购的物有所值(VFM),政府采购不仅要追求直接采购成本最低,还要力求采购商品、工程在实际运行中的维持和维护成本最低,总之,要使纳税人的钱得到最有效的使

---

① Julie Froud, "The Private Finance Initiative: risk, uncertainty and the state", *Accounting, Organizations and Society*, Vol. 28, 2003, pp. 567 – 589.

② HM Treasury: Public Private Partnerships the government's approach, 2000, p. 28.

用。[①] 英国并未对 PFI/PPP 模式进行专门立法，而是将 PFI/PPP 纳入政府采购框架，从整体上来看，英国 PFI/PPP 法律框架由四个部分构成，即欧盟政府采购指引、英国《公共设施合同法》、英国《公共合同法》以及英国财政部制定的实施细则、标准条件和范本。

欧盟 PPP 法令、指令和指引是英国 PFI/PPP 基本的法律渊源。英国于 1973 年加入欧洲经济共同体，其 PFI/PPP 活动除要遵守本国法律规定外，还必须遵守欧盟的规定。[②] 作为独立国家联合体，有关 PFI/PPP 活动的欧盟指令主要涉及政府采购，[③]这些指令包括欧盟委员会 1992 年颁布的《关于协调公共服务采购程序的指令》(93/36/EEC)、1993 年颁布的《关于协调公共货物采购程序的指令》(93/36/EEC)和《关于协调公共工程采购程序的指令》(93/37/EEC)，欧洲议会和欧盟委员会于 2004 年重新颁布的《关于协调公共工程、货物和服务采购程序的指令》(2004/18/EC)和《关于协调供水、能源、交通和邮政服务程序的指令》(2004/17/EC)等。[④] 从理论上来看，欧盟指令对英国并不能直接发生法律适用的效力，不过，英国政府不断修改、修正其国内相关法律制度并使之转化为国内法加以适用。[⑤] 从这一角度来看，英国政府采购法就是对欧盟的采购指令、指引全面转化的结果。2004 年以前主要根据欧盟关于工程、服务和供应采购指令、指引，分别形成了 1993 年的《公共服务合同法》、1995 年的《公共工程合同法》和《公共供给合同条例》。[⑥] 2004 年欧盟对原来的各个公共采购指引进行了修订，将原来的服务、工程和供给指引合并成了一个指引，同时还颁布了公共设施采购指引。英国政府依据欧盟修改后的公共采购指引相应地修订了其国内法，并于 2006 年颁行了《公共合同法》和《公共事业单位合同法》。这两部法律构成英国 PPP 型政府采购的法律基础。

英国财政部制定的一系列专门政策指引是英国 PFI/PPP 具体操作规范，如《PPP 政策和指导》(Public Private Partnership Policy and Guidance)、《使用私人资本的物有所值分析》(Value for Money Assessment for Using Private Finance)、《PPP 基

---

① See VIFerk, Petra, Summary of PPP Days 2012: Developing Institutions for Efficient PPP Programs, European Public Private Partnership Law Review, Vol. 6, Issue 4, 2011, p. 239.

② 英国虽然已公投决定脱欧，但尚未正式开启脱欧谈判，故本书仍以英国现有法制体系为背景。

③ 根据效力和适用方式的不同，可以将欧盟的法律规范分为欧盟成员间签订的国际条约和欧盟法令两大类。欧盟法令又分为条例(Regulations)、指引(Directives)和决定(Decisions)。具体而言，生效的条例对欧盟各成员国直接发生效力，不需要成员国颁布或者修改国内法律实施条例，而指引则需要成员国另行颁布或修改法律来实施，决定则不具有广泛的约束力，只约束具体的政府机关或个体。

④ European Commission, Public Procurement in the Community, COM(86)375, 1986.

⑤ Commission of the European Communities v. Kingdom of Denmark: Award of a works contract—Bridge over the "Storebaelt", Case C-243/89, 22 June 1993.

⑥ See Alan Davis, "Financing PFI Projects in the UK in the Credit Crisis and State Aid", *European Public Private Partnership Law Review*, Vol. 4, Issue 3, 2009, pp. 152-157.

础设施指导》(Archived Guidance of PPPs in Infrastructure)、《PPP 预算和会计安排》(Budgeting and Accounting for PPP Arrangements),等等。① 同时,为规范 PFI/PPP 运行,英国财政部还制定了各种规范性指导文件,规范 PPP 模式的实践,如《竞争性对话程序》(Competitive Dialogue Procedure)、《联营体指南》(Joint Venture: a guidance note for public sector bodies forming joint ventures with private sector)、《重大项目审批程序指南》(Major Project Approval and Assurance Guidance)、《物有所值指南》(Value for Money Assessment Guidance)和《PPP 项目标准合同范本》,等等,这些规范性文件对 PPP 型政府采购具有约束力。

表 10 英国 PFI/PPP 相关法律文本目录汇总②

针对政府采购服务:Directives 92/50(Procedures for the Award of Public Service Contracts)
1993 年政府采购服务法案:The Public Service Contracts Regulations 1993
针对政府采购供给:Directives 93/36(Procedures for the Award of Public Supply Contracts)
1995 年政府采购供给法案:The Public Supply Contracts Regulations 1995
针对政府采购工程:Directives 93/36(Procedures for the Award of Public Works Contracts)
1995 年政府采购工程法案:The Public Works Contracts Regulations 1995
2000 年政府采购工程/服务/供给合同法案修正案:The Public Contracts(Works, Services and Supply)(Amendment) Regulations 2000 SI 2000 No. 2009
2003 年政府采购工程/服务/供给合同与公共事业单位合同法案修正案:The Public Contracts(Works, Services and Supply) and Utilities Contracts(Amendment) Regulations SI 2003 No. 46
2006 年公共合同法案:The Public Contracts Regulations(2006)
2006 年公用事业单位合同法案:The Utilities Contract Regulations(2006)
2007 年政府采购合同与公共事业单位合同法案修正案:The Public Contracts and Utilities Contracts(Amendment) Regulations(2007)
2008 年政府采购合同与公共事业单位合同法案 CPV Code 修正案:The Public Contracts and Utilities Contracts(CPV Code Amendments) Regulations 2008(CPV Code: Common Procurement Vocabulary Code)

① Procurement and Contract Management, Private Finance 2(PF2), etc From: Infrastructure UK and HM Treasury, First published: 5 December 2012. Last updated: 16 July 2013.

② 载英国立法网:http://www. legislation. gov. uk/all? title = public,最后访问日期:2016 年 7 月 26 日。

续表

2008 年政府采购合同与公共事业单位合同法案邮政服务修正案:The Public Contracts and Utilities Contracts(Postal Services Amendments)Regulations 2008
2009 年公共合同法案:Public Contracts(Amendment)Regulations 2009
2006 年公用事业单位合同法案:Utilities Contracts(Amendment)Regulations 2009

(二)英国《公共合同法》确定的招投标程序

2006 年英国《公共合同法》是英国 PFI/PPP 模式核心法律制度,其迭经 2007 年、2008 年、2009 年三次修改,①从内容上为 PFI/PPP 采购活动确立了四种法定程序。

1. 公开招标程序

公开招标程序通常适用于需要反复采购的简单商品和服务。在公开招标程序中,所有对政府机构在欧盟官方期刊上发布的采购广告作出竞标回应的候选人均必须被允许参加甄选,并且在本程序项下不存在任何形式的预先资格审查或预先选择。

2. 限制性招标程序

限制性招标程序也属于一种适用于采购一般商品和服务的简单程序。所谓限制性,即政府部门可以预先选定一定数量的候选人进行投标,借此减少对大量投标人进行评定的高昂成本。在适用限制性招标程序时,所有对政府机构在欧盟官方期刊上发布的采购广告感兴趣的候选人可以向该部门表示其参与竞标的意向,并说明其资质情况、财务情况、是否满足政府部门设定的其他标准的情况。该政府部门可以按照法律规定的标准对这些感兴趣的候选人进行一定的预选,最终在保证有效竞争的前提下拣选数量相对较少的候选人邀请他们投标。② 但是,无论是公开招标程序还是限制性招标程序,都不包含商谈的部分。

3. 竞争性谈判程序

竞争性谈判程序是适用于 PFI/PPP 等复杂项目采购的程序,也是 2006 年《公共合同法》中最重要的组成部分之一。与公开招标程序、限制性招标程序相比,竞争性谈判程序是一种更为灵活的程序,在该程序下政府部门可以就项目的甄选与投标人充分商谈。政府部门通过对竞标人的预先审核确定一定数量的竞标人而与他们就项目的任何方面进行商谈,由竞标人提出可行的解决方案和技术指标。政

---

① See The Public Contracts Regulations 2006, Regulation 18(The competitive procedure).

② See John Chave, "Experience of Contract Standardisation in UK PFI", *The Business Law Review*, Vol. 26, Issue 5, 2005, pp. 106 - 109.

府部门将通过商谈选取其认为能够满足其要求的最佳解决方案后将终止商谈并要求竞标人进行最终投标,在最终投标后即不再允许实质性谈判。最后,政府部门将根据最终投标的结果选取经济上最合理的竞标人。

4.竞争性对话程序

竞争性对话程序亦即磋商程序,英国2006年《公共合同法》中将其又具体分为两类:一类是有预先通知的对话程序;另一类是没有预先通知的对话程序。[①] 依据2006年《公共合同法》,竞争性对话仅适用于公开招投标程序、限制招投标程序与竞争性谈判等程序无法适用的情形,例如,采购涉及供应商的商业秘密等排他性权利时不能采用竞争性的招标,或者涉及复杂的设计工作导致无法预先设定采购标准和指标以及非营利性的研发活动,等等。竞争性对话程序的特点是政府部门可以邀请特定的候选人进行谈判,而与竞争性谈判程序不同,法律对对话程序中的磋商过程本身没有设定详细的规定。[②] 政府部门在确定优选投标人(Preferred Bidder)后仍将与其进行实质性的谈判。

(三)英国《公共合同法》与竞争性谈判制度

依据2006年英国《公共合同法》,英国PFI/PPP所涉及的英国政府采购法律制度以竞争性谈判为核心,凡特别复杂的PFI/PPP项目,其公共合同的缔结必须通过法定的基本甄选程序来确定私人部门合作伙伴及其提出的方案。英国PPP模式法律制度导入竞争性谈判,目的在于以市场竞争方式节约成本、提高效率、增加PPP方案合理性。因此,竞争性谈判的实质是公共采购人寻找最佳的合作伙伴,如果PFI/PPP的甄选程序不能充分引入竞争机制或者程序本身存在不透明、歧视或者不公平,私人部门参与公共领域竞争的热情必然会受到损害,政府与私人部门合作的信任基础也必然受到破坏,以PFI/PPP模式达成公共物品与服务供给效率的目标也必将大打折扣。尤其PFI/PPP项目具有多样化、创新性及复杂性等特性,必须确保相关的甄选标准具有确定性和足够的弹性,以便进行横向比较,避免私人部门创新性的解决方案得不到正确的评价而减损PFI/PPP的功能。[③] 因此,以竞争性谈判制度为核心的法律制度具有极大的适应性,其良好的竞争性和制度弹性具有较高的平衡价值,极富制度设计技巧。

竞争性谈判制度由英国率先导入PFI/PPP模式立法,对投资额巨大、超越财政

① See Peter Sheridan, "PFI/PPP Disputes (Part 1)", *European Public Private Partnership Law Review*, Vol. 4, Issue 2, 2009, pp. 92 – 103.

② See Alan Davis, "Financing PFI Projects in the UK in the Credit Crisis and State Aid", *European Public Private Partnership Law Review*, Vol. 4, Issue 3, 2009, pp. 152 – 157.

③ See Linda M., "Public Private Partnerships in Australia: An Overview of Their Nature, Purpose, Incidence and Oversight", *University of New South Wales Law Journal*, Vol. 29, Issue 3, 2006, pp. 250 – 262.

能力、结构特别复杂的政府采购。英国《公共合同法》对 PFI/PPP 模式适用竞争性谈判的制度设计包括公共机构对特别复杂合同的认定和竞争性谈判的基本流程。①

1. 公共机构对特别复杂合同的认定

英国 2006 年《公共合同法》既是欧盟有关 PPP 法令、指令转化的结果，也是英国发达的 PFI/PPP 模式运营经验的总结。竞争性谈判机制被创造性地应用于公私合作实践，以市场竞争的驱动力促进公共领域效率的提高，可谓集思广益，对特别复杂的合同（Particularly Complex Contracts）而言，其解决方案可谓不断创新、不断完善。根据 2006 年英国公共合同法，特别复杂的合同指的是政府采购机关不能客观地界定能够满足其需求或目标的技术手段或者明确项目的法律或金融成分。具体而言，项目技术上的复杂性指的是采购中的政府部门无法获得实现其目标的具体技术手段，或者采购的政府机构在面对多种解决方案时无法确定哪一种方案为最优；项目法律和金融上的复杂性主要指私人部门投标者在设计整体的解决方案时需考虑种类繁多的履约义务，单靠私人部门预先对此类项目进行法律定位存在相当大的困难。公共采购如果遇到特别复杂的合同，即可排斥公开招投标程序的适用，通过竞争性谈判完成 PFI/PPP 合同的缔结。

依据 2006 年英国《公共合同法》，任何一个 PFI/PPP 项目是否属于法律规定的特别复杂的项目，必须由法律规定的公共机构认定，而有权从事认定行为的公共机构（Contracting Authorities）由 2006 年英国《公共合同法》第 3 条以概括与列举方式规定。具体而言，公共机构一般包括英国中央政府部门、各地方政府部门、国会中的上议院和下议院、司法机构以及由上述公共机构组成的联合体。此外，如果某个公司或个人的集合组织是由某一个前述机构全部或部分出资设立或者受到某个前述公共机构的管理或者半数以上该公司的董事会成员或者该组织的成员均由某个前述机构指派，且该公司或者组织主要为了满足公共利益（General Interest）的特定目的而设立却不具有行业或者商业属性，该公司和个人的集合也属于 2006 年英国《公共合同法》项下的公共机构。②

2. 竞争性谈判的基本流程

基于 2006 年英国《公共合同法》规定，英国政府商业办公室出台了《关于新法规中竞争性谈判程序的指南》（Guidance on the Competitive Dialogue Procedure in the new Procurement Regulations, 2006）、《竞争性谈判指南》（Guidance on Competitive Dialogue, 2008）。基于法律、法令和指南规定，英国竞争性谈判程序基本流程包括谈判前、谈判中和谈判后等主要阶段，具体流程如表 11 所示：

① See UK Treasury: The Public Contracts Regulations 2006, 2006 No. 5, Regulation 13 and 14.

② Ibid., Regulation 3.

表 11 英国竞争性谈判程序流程①

阶段	步骤	相关事务	期间
第一阶段	1. 事前准备	投资评估、物有所值审查	合理时间
	2. 发布合同通知前	选择适当程序、对需求进行说明、设计谈判流程	
	3. 在欧盟官方刊物发布通知	对招标事项前期说明、确立审核标准	至少 37 天;电子方式通知至少 30 天
	4. 对参与人初步筛选	确立拟参加谈判候选人、发布解释性文件	
第二阶段	5. 竞争性谈判	邀请候选人参加谈判、与候选人讨论解决方案、多轮谈判后结束	
第三阶段	6. 最终投标程序	提交最终投标书、评选标书	未设定时间限制
	7. 商谈并进一步细化投标文件	对标书细节补全与修改、不得对实质内容修改	
	8. 确定合同最优中标人	选定最优投标人、对该投标人方案进一步论证	至少 10 天的暂置期
	9. 签署合同	双方签订标准化合同	

(1)设定竞争性谈判计划并初步准备。英国政府采用 PFI/PPP 模式时必须经法定机构认定与评估。项目所涉及的公共物品与服务究竟应采用何种商业模式,是否属于法律规定的特别复杂的情形、初步设定项目的具体目标以及政府财政支出的承受能力,必须评价项目的风险结构以及如何合理分配风险。同时,政府部门还应当确立私人部门参与者的评定标准。基于前述各项计划与评估,确认是否符合 2006 年英国《公共合同法》竞争性谈判适用的条件。从 2006 年《公共合同法》规定来看,竞争性谈判的选择标准只能是经济上最具优势的竞标人标准(The Most Economically Advantageous Tender, MEAT),②而不能是最低价格标准(Lowest Price)。经过对项目的初期准备,如果政府部门认定此项目属于特别复杂的项目,且通过公开招标程序和限制性招标程序无法满足采购的需求,则应当决定采用竞争性谈判程序。

① See OGC/HIVIT:Competitive Dialogue in 2008,2008,p. 9.

② See UK Treasury:The Public Contracts Regulations 2006,2006 No. 5,Regulation 15.

(2)以资格审查为中心的动态甄选程序。公共采购人经由公共机构认定采用竞争性谈判程序时,即应在官方期刊发表公告、对申请人资格进行审查以筛选参与人,为竞争性谈判的启动做准备。[①] 公告必须明确采购目标适用竞争性谈判程序,并对诸如采购的评定标准、拟邀请参加竞争性谈判的参与人是否存在预先评定、竞争性谈判过程是否将进行数轮以减少竞标人数量以及是否允许替代性(variant)解决方案等事项进行说明。依据2006年英国《公共合同法》及竞争性谈判程序规则,除公告外,政府主管机构还可以选择使用说明性文件(Descriptive Document)来说明具体的项目信息,法律对于说明性文件并无具体形式上的要求,既可以是项目信息预通知(Project Information Notice, PIN),也可以是谈判邀请函(Invitation to Participate in Dialogue, ITPD)。[②] 对拟参加竞争性谈判的候选人进行初步筛选的前提是政府机关预先说明了初选所采用的标准和原则,必须保证能够真正产生竞争性,一般不应少于3家。当完成对参与者的初选之后,主管机关在甄选参与人完成后,应当向选定的参与者发出谈判邀请函,并重申采购的目的及要求以及拟采用竞争性谈判的次数和阶段等内容。依据2006年英国《公共合同法》及竞争性谈判程序规则,采购人必须平等对待参与人并对商业信息保密,充分了解参与人提供的解决方案,以期通过谈判对解决方案加以细化并最终设定合同条款。[③]

(3)投标人解决方案细化与拓展。采购人可以向投标人发出提交详细解决方案要求(Invitation to Submit a Detailed Solution, ISOP),要求其提供更为详细并含有价格信息的进一步解决方案。[④] 为了使采购机关能够确定最能满足其需求的方案,整个谈判过程可以延伸数轮以逐步减少投标者数量,最终必须达到使各方都对解决方案的所有重要细节如招标费用、进行谈判、沟通、人员、结束谈判等达成一致的目标。在最终标书出具之前,相关方面必须已经充分获得相应的内部审批,或者能够确保最终标书一旦被接受,各方均可以没有障碍地缔结合同。

(4)提交最终标书并确定优选投标人。一旦采购机关宣布谈判过程结束,即应当向竞标人发出提交最终标书要求(Invitation to Submit a Final Tender, ISFT),就最终标书不得再进行协商和改动,并在其中列出对标书的要求以及强调最终标书尚待采购机关的选择和接受。[⑤] 选定最终标书的前提是必须存在真正的竞争关系,即需要至少两个以上的投标人提交最终标书。如果不存在真正的竞争,则采购机关原则上应当停止竞争性谈判程序而引入商谈程序来进行采购。在确定优选投标

---

① See UK Treasury: The Public Contracts Regulations 2006, 2006 No. 5, Regulation 16.

② Ibid., Regulation 17.

③ Ibid., Regulation 18.

④ Ibid., Regulation 23 - 26.

⑤ Ibid., Regulation 18(25)(a).

人之前,采购机关可以要求投标人澄清、阐明或者完善最终标书,但是这种澄清、阐明、完善或提供额外的信息的行为都不应改变标书或标书邀请的基本特征。

(5)选定优选投标人并签订合同。在对所有最终标书进行评选后,采购机关可以按照最具经济上优势的标准(CMEAT Criteria)来选定优选的投标人,并可以要求该投标人在不改变标书和标书邀请的基本内容和导致扰乱竞争秩序或者产生歧视的前提下,澄清标书的某些方面或者对标书确定的承诺作进一步承认。① 但同样的是,这种变更也需要限缩性解释。在确定优选投标人到与其签订合同之间必须预留至少10天的暂留期间,主要是为了给其他未被选中的投标人一定质询的时间从而保证采购的透明度。

二、美国联邦PPP专门法统御各种PPP模式应用

作为一个联邦国家,美国具有很长的运用公私合作制的历史,且其PPP项目的主要驱动力来自基础设施建设对资本的高度需求,美国"太平洋铁路"即为其最著名的PPP案例。② 但美国PPP模式的发展并不一帆风顺,一方面,美国政府财政资金充裕、金融市场发达、金融税收法律政策健全,足以支撑20世纪大规模基础设施建设与维护;另一方面,公共舆论反对政府把公共物品与服务交由私人部门提供,政府雇员公会认为PPP模式的运用剥夺了政府雇员的工作机会,各级政府也担心公众在得知私人部门从PPP项目中获取大额利润而产生对政府的不信任。因此,美国富裕的政府财政和充足的财政支付能力在一定程度上阻碍了PPP模式的运用与发展。

(一)美国PPP立法:联邦法与州法并行的法律框架

美国没有统一的PPP立法,其PPP立法散见于联邦立法和州立法之中。PPP在实施中既要适用相关的州立法,但同时也应满足联邦法律的要求。与PPP相关的联邦立法包括美国完备的政府采购法律框架、与项目融资相关的美国JOBS(JOBS ACT Title III)法案、美国小企业就业法案、美国证券法、美国公司法、美国复苏和再投资法案等法律文件;同时,美国各州也纷纷出台促进PPP模式运用与发展的法律,截至2013年年底,美国已有37各州制定了PPP促进性专门立法。③ 美国联邦政府和各州政府参与和实施PPP模式的历史进程并不同步,立法内容也不尽统一。近年来,美国联邦和各州政府意识到PPP在对国外资本、私人资本利用率和

---

① See UK Treasury:The Public Contracts Regulations 2006,2006 No.5,Regulation 18(25)(b).

② 美国太平洋铁路建设由美国政府与加州中央太平洋铁路公司、联合太平洋铁路公司、西太平洋铁路公司三家私人公司合作建设。1863年动工建设,1869建成交付使用,全长3069公里,耗时6年。

③ See State Legislation:37 States Enable P3s(as of April 2016). Accessed April 10,2016. http://www.ncppp.org/resources/research-information/state-legislation/.

公共福利公平性双重价值上的推动作用,纷纷加大立法力度,推动并规范 PPP 模式的顺利实施,[①]新一届特朗普政府更是在其"百日计划"中力主以 PPP 模式推进美国基础设施建设。

1. 美国联邦 PPP 模式专门法

美国早期公私合作缺乏专门的立法,有关 PPP 模式的法律规范散见于其政府采购法律体系。美国政府采购规模大、范围广,而采购费用来自于纳税人缴纳的税费,因此政府采购主体必须向公众保证节俭、合理、合法和诚实地使用有关税收资金并通过政府采购实现公共政策目标,并直接或间接地维护公共利益或为公众谋取福利。美国是全球政府采购法律最为发达的国家,以 1761 年美国《联邦采购法》为基础,美国有关政府采购的法律、法规多达 4000 多个,形成了一个体系复杂、相当完善有效的政府采购法律体系。从总体上来看,美国政府采购法律框架结构大致包括四个层次:

(1)政府采购基本实体法。美国的政府采购在法律上区分为国防采购和民用采购并分别立法,前者遵循的是美国《武器装备采购法》,后者的基本依据是美国《联邦财产与行政服务法》。但无论是国防部门还是民用机构,都要统一执行美国《联邦采购法规》(Federal Acquisition Regulations,FAR,也称美国《联邦采购条例》)的相关规定。[②]

(2)政府采购基本程序法。美国联邦政府采购委员会在 1972 年确认了 4000 多个与政府采购相关的法律、法规、行政规章,这些法令有相当部分涉及采购程序,如 1809 年的美国《政府采购修订法案》第 3709 条款、1947 年的美国《武器装备采购法》、1949 年的美国《联邦财产与行政服务法》、1958 年的美国《国家航空航天局采购条例》、1974 年的美国《联邦采购政策办公室法》、1984 年的美国《合同竞争法》、1994 年的美国《联邦采购简化法》以及 1996 年的美国《信息技术管理改革法和联邦采购改革法》。[③]

(3)政府采购其他相关法。针对政府采购可能发生诸如贪污、贿赂、欺诈等问题,美国还制定了其他相关法,如 1933 年颁布的美国《购买美国产品法》、1962 年的美国《谈判真实法》、美国《贪污受贿、渎职及利益冲突法令》、美国《反回扣法令》

---

① 2014 年年底,中美两国元首在亚太经合组织领导人非正式会议上就中美构建新型大国关系再次达成了广泛共识,支持通过国内外投资者参与 PPP 模式,促进公共建设领域的商业投资。参见人民日报:《持续推进中美新型大国关系》,载新华社网:http://news.xinhuanet.com/world/2014-11/13/c_127204031.htm,最后访问日期:2016 年 4 月 6 日。

② 参见巳汉阳、史丁莎:《美国政府采购法律体系简介》,载《招标与投标》2016 年第 9 期。

③ 参见傅宏宇:《美国 PPP 法律问题研究——对赴美投资的影响以及我国的立法借鉴》,载《财政研究》2015 年第 12 期。

和美国《虚假赔偿法令》等法律。此外,规范政府采购合同履行过程和政府采购赔偿方面的法令主要有美国《及时支付法令》、美国《司法平等法令》等文件。

(4)政府采购相关行政和司法判例。美国政府采购法律体系中还包括大量的行政和司法判例。总审计署办公室、合同上诉理事会、美国联邦赔偿法院和美国联邦上诉巡回法院,都具有发布有关政府采购事务适用法律的规章制度、判例和法律解释的权力。如果这些判例被归入普通法律制度,则这些规章制度和司法解释都对政府采购事务产生普遍的约束力。

美国PPP模式专门法的制定始于1998年美国《交通基础设施融资和创新法案》(Transportation Infrastructure Finance and Innovation Act,TIFIA),究其原因在于美联邦财政支付能力下降,必须寻找基础设施建设替代途径。而私人资本参与基础设施建设和运营的热情高涨使PPP模式成为基础设施项目投资的重要方式。① 有关PPP模式专门法的制定,旨在鼓励各州和地方政府参与PPP项目,包括私人活动债券项目、州际公路收费项目、美国交通部未来之门项目以及联邦贸易委员会PPP试点计划等项目。在2008年金融危机后,美国政府陷入财政困境,严重的财政危机导致政府对基础设施建设与运营投资剧减,PPP模式则成为美国政府进行必要基础设施建设和运营的重要融资模式,②2009年美国政府发布《复苏和再投资法案》(American Recovery and Reinvest-merit Act of 2009,ARRA)使公众开始关注美国基础设施投资恶化的现状,该法案计划向基础设施领域投入约880亿美元的资金,为推动PPP模式提供政策激励。③

表12 美国联邦PPP专门法目录汇总

1998年美国《运输基础设施融资和创新法案》:Transportation Infrastructure Finance and Innovation Act,TIFIA
2009年美国《复苏和再投资法案》:The American Recovery and Reinvest-merit Act of 2009,ARRA
2002年《美国标准公司法修正案》:Model Business Corporation Act(Amendment)
美国《联邦所得税法》:The Federal Income Tax Act

① See Inter-American Development Bank,National Legislation,Regulations and Procedures Regarding Government Procurement in the Americas,FTAA/WGB/TD/IDB/02/98,13 March 1998.

② See John Cibinc,Jr and Ralph C. Nash,Jr,*Administration of Government Contracts*,Washington:George Washington University Press,1995,3rd Edition.

③ See For the Good of the People:Using Public-Private Partnerships to Meet America's Essential Needs,NCPPP White Paper 2002.

续表

2007 年美国《外国投资与国家安全法案》:Foreign Investment and National Security Act of (2007)
2001 年美国《爱国者法案》:USA PATRIOT Act
针对旅游法案中新目的地的修订:Services to Allow New Destinations for Tourism Act(HR 441)
美国《边境基础设施和就业促进法》:Border Infrastructure and Jobs Act of 2013(HR 548)
美国《跨境贸易促进法》:Cross-Border Trade Enhancement Act of 2013(HR 1108) Amendment on calculation of transactions for the lease of land ports of entry and international bridges, and for other purposes(HR 1266)
2010 年美国《公共交通 PPP 立法者工具包》:Public-Private Partnerships in Transportation-a Toolkit for Legislators
2014 年 11 月美国《公共设施公私伙伴关系立法指导》:Public-Private Partnerships for Public Facilities-Legislative Resource Guide

2. 美国各州 PPP 模式专门法

美国各州 PPP 模式专门立法活动大致与联邦保持一致。在 2008 年金融危机爆发前,各州 PPP 模式立法极为慎重,只有共 8 个州出台公私横向合作(Horizontal P3/Transportation)专门立法。在 2008 年金融危机后,向私人部门融资用于基础设施建设以缓解政府财政压力逐渐成为一种时尚、一种潮流与趋势。尽管美国各州政府参与和实施 PPP 模式的动机并不相同,其立法内容也存在较大的差异,但基于运用 PPP 模式可以有效拉动经济发展、实现社会福利增长的认识,各州纷纷加大立法力度。① 截至 2015 年年底,美国已有 37 个州出台了 PPP 专门立法,既包括公私横向合作关系/交通运输(Horizontal P3/Transportation)专门立法,又包括公私纵向合作关系/社会基础设施(Vertical P3/Social Infrastructure)专门立法。②

---

① See Kimberly Susanmarie Meyer, "Testing Tradition: Assessing the Added Value of Public-Private Partnerships, 2012", Accessed September 10, 2016. https://www.researchgate.net/publication/269694120_Testing_Tradition_Assessing_the_Added_Value_of_Public-Private_Partnerships.

② See Associated Builders and Contractors, Inc. Nearly 75% of states have public-private partnerships. Each state's individual legislation and current news can be found on this page. Search for public-private partnership legislation by state or by type. Accessed September 10, 2016. http://www.ncppp.org/resources/research-information/state-legislation/.

表 13 美国各州公私横向合作关系/交通运输法案一览

州名(State)	Horizontal P3/Transportation 公私横向合作关系/交通运输
亚拉巴马州 (Alabama)	Ala. Code § § 23 - 1 - 80 - 95:Causeways, ferries, toll bridges, or toll roads Ala. Code § § 23 - 2 - 140 to 163:Bridges, toll roads, tunnels
阿拉斯加州 (Alaska)	Alaska Stat § § 19.75.011 to 990:Knick Arm Bridge
亚利桑那州 (Arizona)	Ariz. Rev. Stat. § § 29 - 7701 - 7710:Transportation
加利福尼亚州 (California)	Cal. Gov. Code § § 5956 - 5956.10:Infrastructure Financing Cal. Sts. & High. Code § 143: Construction & Lease of Transportation Projects
科罗拉多州 (Colorado)	Colo. Rev. Stat. § § 32 - 9 - 128.5: Mass Transit Projects Colo. Rev. Stat. § § 43 - 1 - 1201 to 120: High-Tenancy Toll Lanes, Toll Roads, Turnpikes Colo. Rev. Stat. § § 43 - 2 - 219: County, bridges, highways, and toll facilities Colo. Rev. Stat. § § 43 - 3 - 202.5: Turnpike Projects Colo. Rev. Stat § § 43 - 4 - 401 to 414: Toll Tunnels Colo. Rev. Stat § § 43 - 4 - 801 to 812: Bridge Projects, Service Transportation & Infrastructure Projects
特拉华州 (Delaware)	Del. Cod. Ann. Title 2 § § 2001 to 2012:Transportation
哥伦比亚特区 (District of Columbia)	D. C. Law 20 - 228, D. C. Official Code § 2 - 271.01:Office of Public-Private Partnerships
佛罗里达州 (Florida)	Fla. Stat. Ann. § § 334.30:Transportation Fla. Stat. Ann. § § 337.251:Lease DOT property Fla. Stat. Ann. § § 382.22 to 251:Florida Turnpikes Fla. Stat. Ann. § § 343.875:Local Transportation Facilities Fla. Stat. Ann. § § 348.0004:Public Transportation Florida HB 85

续表

州名(State)	Horizontal P3/Transportation 公私横向合作关系/交通运输
乔治亚州 (Georgia)	Georgia SR 598 Ga. Code Ann §§ 32-2-78 to 80:Transportation
伊利诺伊州 (Illinois)	IL. Rev. Stat. Ch. 20. §§ 2705/2705-450: High-speed rail and magnetic levitation transportation IL. Rev. Stat. Ch. 605. §§ 5/10-802:Bridges IL. Rev. Stat. Ch. 605 §§ 130/1 to 130/999:Iliana Expressway
印第安纳州 (Indiana)	Ind. Code Ann. §§ 8-15.5-1-1 to 8-15.5-13-9:Toll Roads Ind. Code Ann §§ 8-15.7-1-1 to 8-15.7-16-8:Transportation Projects
路易斯安那州 (Louisiana)	La. Rev. Stat. Ann. §§ 48:2071 to 2074;and §§ 48:2084 to 48:2084.15:Louisiana's transportation system Louisiana SB 242
缅因州 (Maine)	Me. Rev. Stat. Ann. Titl. 23, §§ 4251:Transportation Facilities Maine LD 721(HP 493)
马里兰州 (Maryland)	Md. Code Regs. §§ 11.07.06.01 to 14:Non-highway projects Maryland HB 560(SB 538)
马萨诸塞州 (Massachusetts)	Mass. Gen. Laws Ann. Ch. 6C. SS1 to 74:Transportation Facilities
密歇根州 (Michigan)	Mich. Comp. Laws §§ 124.401 to 426:Transportation
明尼苏达州 (Minnesota)	Minn. Stat. Ann §§ 160.84 to 98:Toll Facilities
密西西比 (Mississippi)	Miss Code Ann §§ 65-43-1 to 85:Toll Roads and Bridges
密苏里 (Missouri)	Mo. Rev. Stat. §§ 227.600 to 669:Mass travel facilities Mo. Rev Stat. §§ 238.300 to 367:Transportation Projects
内布拉斯加 (Nebraska)	Contracts for Transportation Facilities
内华达(Nevada)	NRS 338.142:

续表

州名(State)	Horizontal P3/Transportation 公私横向合作关系/交通运输
美国新泽西州(New Jersey)	NJ Stat. 18A:64 – 85:College Structure or Facility
新墨西哥(New Mexico)	House Bill 299
北卡罗来纳州(North Carolina)	N. C. Gen Stat. § § 136 – 18:Rail Properties N. C. Gen Stat. § § 136 – 89. 180 – 198:Turnpikes
俄亥俄州(Ohio)	Ohio Rev. Code § § 5531. 09 to 12:State Infrastructure and Tolls
俄勒冈州(Oregon)	Or. Rev. Stat. § § 184. 631:State Highways Or. Rev. Stat. § § 367. 800 to 826:Transportation Projects Or. Rev. Stat. § § 383. 001 to 075:Tollway Projects
宾夕法尼亚州(Pennsylvania)	PA. Conso. Stat. 74 § § 9101 to 9124:Transportation Projects
波多黎各(Puerto Rico)(与美国关系特殊)	P. R Laws Ann. Tit. 9 § § 2001 to 2021:Transit Facilities
南卡罗来纳州(South Carolina)	S. C. Code Ann § § 57 – 3 – 200:Bridges highways, roads, and streets
田纳西州(Tennessee)	Tenn. Code Ann. § § 54 – 3 – 101 to 113:Tennessee Tollway Act
得克萨斯州(Texas)	Tex. Transportation Code Ann § § 223. 001 to 223. 210:Toll or Highway Improvement Projects Tex. Transportation Code Ann § § 366. 401 to 409:Turnpike Projects Tex. Government Code Ann. § § 2267 and 2268:Various Infrastructure Projects
犹他州(Utah)	Utah Code Ann § § 63G – 6 – 503; § § 72 – 6 – 118; § § 72 – 6 – 201 to 206:Tollway Facilities
弗吉尼亚(州)(Virginia)	Va Code § § 33. 2 – 1800:Transportation Facilities Va. Code § § 56 – 575. 1:Public Infrastructure and Government Facilities

续表

州名(State)	Horizontal P3/Transportation 公私横向合作关系/交通运输
华盛顿州(Washington)	Wash Rev. Code § § 47.29.010 to 900:Transportation Facilities
西弗吉尼亚州(West Virginia)	W. Va. Code § § 17 - 27 - to 18:Transportation Facilities
威斯康星州(Wisconsin)	Wis. Stat. Ann. 84.01(30):Transportation Facilities

(二)美国 PPP 模式立法的冲突与协调

受多元主义思想的影响,美国把个人权利维护作为政策和法律制定的首要目标。美国国会由参议院和众议院组成,任何一个法案能否获得国会通过,取决于法案能否满足多数人的利益。因此,要想实现以法案形式形成的社会公共性目标,所采取的方式应尽量具有普惠性,而不能对某些社会群体的核心利益造成损害,否则,法案难以在国会获得通过。① 同时,美国联邦制的国体决定着,在美国,不仅存在统一的联邦法律、法令,而且也存在各州立法机关制定的州法律、法令。在这种联邦法与州法并存的独特立法格局中,解决和协调法的冲突始终是立法机关的基本任务。从总体上来看,美国 PPP 模式法律、法规的冲突首先表现为联邦法与州法冲突,解决这一问题的基本原则是不同的 PPP 项目可以适用各州立法机关颁布的州法,但州法的适用必须满足联邦法律的要求。换言之,美国 PPP 模式立法以联邦专门法统御各州法,各州制定的 PPP 法必须与联邦立法保持一致。其次表现为法律间的相互矛盾与冲突,这里既有新法与旧法的冲突,也有制定法与判例法的矛盾,还可能存在不同法之间的边界模糊与冲突,解决这类矛盾与冲突的基本原则是以新法替代、排除旧法的适用,以专门立法协调判例法,再对联邦法与州法边界进行必要的厘定。美国化解涉事各州 PPP 立法冲突的主要路径是在联邦层面制定 PPP 法案,以专项 PPP 立法模式牵引州 PPP 立法,从而形成了联邦专项 PPP 立法下各州综合 PPP 立法的"金字塔式"立法模式,PPP 模式立法在联邦层面有所侧重,各州立法往往在联邦法指引下进行细化。

(三)美国 PPP 模式立法的主要内容

1. 政府财政预算划拨与采购对象资格

美国 PPP 项目多由项目所在州财政进行支持,且要受到州年度拨款法案限制,

---

① See Ben Brubeck, Six Signs the White House is Serious About Improving Infrastructure and Utilizing P3s, NCP PP VP of Policy.

因此,PPP 的联邦法与州法一般均要求 PPP 项目必须纳入财政预算。同时,各州法律对于政府采购信息公开的范围和程度尽管有所不同,但一般要求对项目进行介绍,对拟采购材料的类别、质量和数量加以规定,并公布评价标准。部分州允许私人部门以主动提出的方式进行项目申报,此时法律规定政府应同样地进行信息公布,并在规定的时间内允许其他相关方提供工程计划,以保证采购过程有充分的竞争性。在私人合作方选择方面,各州法律对评估和选择合作方的过程有所规定,但规定的细化程度差异较大,亚拉巴马州法律仅要求选择最低出价、合理而负责的投标人;加州法律要求合作方的选择需根据最优报价或最高价值;部分州允许政府部门根据需要设立 PPP 合作方评估标准,并在采购时进行公布。因此,PPP 模式的联邦法与州法需要对这些事项进行统一规划,以避免矛盾与冲突。

2. PPP 所涉公共部门和私人部门的项目融资与担保

项目融资的核心概念在于通过合同进行风险分担,并通过结构性融资安排对项目现金流在不同参与者间进行分配,使项目在无追索或有限追索的前提下获得可融资性。与其他类别的项目融资类似,美国 PPP 涉及无追索或有限追索的、资本密集的基础设施项目投资,主要集中于公共交通领域,包括道路、桥梁、高速公路、港口和机场等领域。除此之外,其他的社会性公共设施(如法庭及医院)亦有 PPP 项目参与。PPP 项目的担保协定一般授予融资方提前介入权,在项目公司出现借款合同违约时,融资方有权介入并继续运营该项目、获得项目收益,避免出现担保物赎回权丧失,而导致对项目资产进行变价出售。如果担保财产涉及第三方(如特许经营权),在约定介入权时,融资方需与第三方(如特许经营权的授权方即政府)签订补充协定,约定融资方为利益相关方,使其有介入 PPP 项目的法律资格。①

3. PPP 项目中公私部门争端解决机制

在联邦层面,第三方对 PPP 项目提出异议的诉权受到一定限制。尽管如此,第三方依然可以通过将直接受害人列为原告的方式进行诉讼,以期法院实施判定临时或永久禁令以及金钱损害赔偿等救济。美国 PPP 项目一般采用仲裁作为纠纷解决的基本方式。相比诉讼而言,在美国进行仲裁效率更高、灵活性更大,双方当事人支付的费用也较低。此外,仲裁对纠纷各方信息以及项目内容及证据的保密性较强。由于 PPP 项目一般涉及基础设施领域较为复杂的大型项目,争端方可以选择相关领域的专家作为仲裁员组成仲裁庭,以保证仲裁庭有充分的专业知识对争端进行公平裁定。当仲裁程序符合规定且无重大瑕疵时,美国法律认可仲裁的终局效力,相关法院将强制执行仲裁裁定。

---

① See HR 548 – Border Infrastructure and Jobs Act of 2013.

4. PPP 项目中企业组织相关法律问题

美国企业组织法律奉行公司自治原则，赋予股东或控制人较为宽泛的权利，由其根据自身需要进行企业治理。在实践中，美国 PPP 项目的特殊目的载体（Special purpose vehicle，SPV）较多采用有限责任公司或有限合伙企业的形式，这两种形式可以更好地规避项目失败对项目方带来的风险。

5. 税收法律问题

联邦和州政府一般对 PPP 项目提供较大的包括加速折旧、税收减免在内的税收优惠。如果项目方对项目公司的股权投资超过了 80%，或者设立控股超过 80% 的中间公司控制合伙制项目企业，项目方可以利用企业双重收税的例外，通过联营集团联合报税的方式避免双重收税。在更多的情况下，项目方对项目公司的股权投资不会超过 80%（美国多数 PPP 项目为高杠杆融资，股权投资一般不超过 30%），此时项目方须成立有限合伙企业或有限责任公司，以避免不必要的双重征税。①

6. PPP 所涉外国投资与就业率的监管

2001 年美国《爱国者法案》、2002 年美国《国土安全法案》和 2007 年美国《外国投资与国家安全法案》对外国投资者投资关键基础设施相关的行业做出了保护性规定，这些行业包括能源、金融服务、供水以及交通等领域。除以上立法外，美国对 PPP 项目的限制性规定并不多见。整体而言，美国对外资在美投资持较为开放的态度，PPP 项目的行政审批并不苛刻，而银行系统对贷款的监管也较为宽松。PPP 项目适用的劳动法律由该项目是否由联邦政府或州政府财政支持决定。如果受联邦政府财政支持，则项目适用联邦劳动法；如果受某州政府财政支持，则适用该州劳动法。私人部门在对 PPP 项目进行分析时需要考虑项目的劳工因素，包括保证雇员数量、维护雇员集体谈判权等因素，以确定项目在符合劳动法要求的前提下获得预期收益。

7. 项目收费

私人部门在 PPP 项目中的收费权应服务于公共利益；政府部门会通过确定初始价格、限定最高年增幅等方式对收费权进行限制。美国 PPP 项目的收费标准一般都包含了价格调整机制。基于对短期内经济和项目收益的预期，大部分 PPP 项目合同确定了在项目开始运营后数年内收费标准的年均涨幅；此后，则根据当期物价指数或其他经济指标对年均涨幅上限进行限制。这种双重调价机制保证了项目

① See Ben Brubeck，Six Signs the White House is Serious About Improving Infrastructure and Utilizing P3s，NCP PP VP of Policy.

收益在短期内的稳定性以及在长期内因为经济波动而产生的弹性。[①] 此外,美国各州 PPP 立法常要求 PPP 项目合同中包含项目收益共享的条款。PPP 的收益共享机制一般要求私人部门在获得预期收益后,与政府共享超额收益。

8. 政府风险分担

除非战争或国家紧急状态,对美国 PPP 项目进行出于政治目的的、不进行正当补偿的强制征收风险很小。尽管如此,项目资产依然可能受制于美国宪法所规定的征用权,依据美国宪法第五修正案(针对联邦政府)以及第十四修正案(针对州和地方政府),征用权的行使需满足"进行公共使用"以及"进行正当补偿"的要求。目前,美国法院、总统和国会对征用权的行使条件尚存争议,而各州可以自主决定对其州内财产进行征用。因此,虽然被强制征收的可能性不大,但并不排除 PPP 项目,尤其是基础设施 PPP 项目在其运营期间内受到美国政府征用权的影响。[②] 另外,当 PPP 项目需要政府提供土地的使用许可或所有权时,美国政府须行使征用权以获得相应的土地权属。虽然 PPP 项目的公共性可以有效保证征用权行使的合法性,但依然存在纠纷乃至诉讼的风险。

三、德国《公私合作制促进法》制度创新

20 世纪 70 年代,基于对地方自治团体(Kommune)自治权利的规范性与灵活性的认可,德国政府将公共领域许多公共事务交由私人执行,并尝试批准地方自治团体以租赁或经营等方式实施 PPP 项目计划,这种尝试在很大程度上是基于私人部门具有更加优良的管理经验、专业技术、知识产权的考量,而不仅仅是出于缓解公共部门财政压力的考量。尤其,由于法治政府、有限政府建设需要国家角色理念的转变,德国国家与社会的关系得以重新定位,即以谋求人民福祉、增进公共福利为目标,构建新型国家与社会角色分担与责任分配模式。强化政府与私人部门合作伙伴关系,发挥私人部门的管理效率与专家资源的优势,提升高质量的公共物品与服务;政府则更加专注于其擅长且不可替代的公共行政任务。在这种重构角色分担与责任分配模式中,国家以"担保国家"角色对公共物品与服务供给负最终责任,进而将公共物品与服务供给的履行责任和担保责任相分离。同时,又以凸显"担保国家"角色而将公共服务的履行责任和担保责任相分离。因此,基于担保国家理论构建的国家与社会角色分担与责任分配模式,成为政府与私人部门合作的

---

① See Amendment on Calculation of Transactions for the Lease of Land Ports of Entry and International Bridges, and for Other Purposes, HR 1266.

② See The National Council for PPP: New Laws Pave the Way for Transportation P3S, 2016, Accessed August 10, 2016. http://www.ncppp.org/new-laws-pave-the-way-for-transportation-p3s/.

理论基础，通过 PPP 模式的广泛运用，德国更多的公共物品与服务由私人部门与政府合作供给。2005 年 9 月 1 日，德国公布施行《公私合作制促进法》（德国联邦法律通报 I2676）。

（一）德国 PPP 模式的框架立法

基于担保国家理论，德国创造性地运用 PPP 模式为政府公共任务找到新路径。作为一个法治国家，这种新的路径必须依赖于一种新的制度创新。2005 年 9 月，德国联邦政府颁行了《公私合作制促进法》（Gesetz zur Beschleunigung der Umsetzung von，直译为《公私合作制加速实践和改善其法律框架条件法》，以下简称德国《PPP 促进法》），对 PPP 模式的制度创新进行了规范化和法制化的安排，排除传统制度可能存在的法律冲突和制度矛盾。德国《PPP 促进法》针对 PPP 模式在采购、融资、税收等方面可能存在的法律制度冲突，运用修改、剔除、例外适用以及创设新制度等立法技巧和法律安排，对其现行法秩序进行调整和修正，借此为公私合作制的发展扫清障碍，并制定明确的法律框架条件，促进公私合作制在德国的顺利发展。

德国《PPP 促进法》是典型的 PPP 模式统一法，也是一部典型的混合所有制在公共领域运用的创新性法律。因此，德国《PPP 促进法》涵盖两项基本任务：一是排除 PPP 模式运用的法律障碍，保障 PPP 模式能够确实成为公共物品与服务供给方法，缓解政府公共福利供给的责任；二是创新制度安排，为 PPP 模式运用提供制度安排。例如，针对 PPP 项目周期长、资金大、特别复杂的特殊性，德国《PPP 促进法》引入竞争性谈判法律制度，确立新的投融资法律制度。从总体上来看，德国以《PPP 促进法》修正的法律规范包括德国政府采购和许可民间参与法、营业竞争限制禁止法、远距离道路私人财务法（费用或对价的收取）、预算法及税法等法律。如有不适合公私合作 PPP 之条件或不利实施公私合作 PPP 之阻碍，既在该法中予以排除。①

1. 德国《PPP 促进法》对德国《反限制竞争法》的修改

德国《PPP 促进法》对德国《反限制竞争法》的修改包括两项：一是增加第 99 条第 6 款；二是修改第 101 条，创新招标程序、导入竞争性谈判。

德国《反限制竞争法》第 99 条以“公共采购”为题，对公共采购的基本类型进行规范。该条第 1 款为公共采购的定义，即指公共采购人与企业之间以货物供应、建筑工程或提供服务为内容的有偿合同以及旨在产生服务采购的悬赏征答程序，第 2 款至第 5 款细化了公共采购的具体类型，分别界定了货物采购、建筑工程采购、服务采购以及悬赏征答程序的概念，例如，第 2 款规定：“货物采购，是指购置商

---

① See ProII/Drey（Hrsg.），Die 20 Besten：PPP-Beispiele aus Deutschland，Bundesanaeiger Verlag 2006，section 8.

品的合同,即如买卖合同或分期付款买卖合同,或融资租赁合同、使用租赁合同或收益租赁合同,而不论这些租赁合同是否约定留购权。此类合同也可以包括次要给付”。德国《PPP 促进法》在第 99 条增加了第 6 款,即“一项公共采购,其既可以购买货物也可以购买服务为对象,当服务的价值超过货物的价值时,即属于服务采购。一项公共采购,除了服务给付外,还包括建筑给付,该建筑给付与主要给付对象是辅助工作,则该采购亦属于服务采购”。因此,该条进一步明确服务采购的范畴,从价值超过、辅助性建筑给付与服务采购的认定角度,扩大了服务采购的范围,以满足特别复杂的 PPP 型采购需求。

德国《PPP 促进法》对德国《反限制竞争法》第 101 条“招投标的方式”进行修改,修改核心是导入竞争性谈判程序,满足 PPP 模式的需求。其具体修改有两处:一处是第 101 条第 1 款,表述为“公共供货、建筑、劳务委托合同的招标程序有以下几种:公开招标程序、并公开招标程序、议标程序或竞争性谈判程序”;另一处是 101 条增加第 5 款对竞争性谈判的适用进行规范,即“竞争性谈判是公共采购人进行比较复杂的采购时所采用的程序。在这种程序中,首先要发出邀请,然后挑选出几个企业谈判,谈判过程中讨论委托合同的所有细节问题”,并将原第 5 款延至第 6 款。

2. 德国《PPP 促进法》对德国《公共采购条例》的修改

德国《PPP 促进法》对其 2003 年 2 月 11 日施行的德国《公共采购条例》的修改有 3 处:(1)在德国《公共采购条例》第 4 条增加第 4 款、第 5 款,基本内容是“被委托机构在提供给付服务时,可从其他企业获得帮助”以及采购合同招标程序开始前,“采购人接受了某出价公司或申请公司的咨询服务或其他支持,则采购人必须确定:该出价公司或申请公司的加入不会引起采购合同招标程序的不公正”;(2)在第 6 条增加第 2 款、第 3 款,即德国《建筑业发包条例》第 2 条、第 25 条适用于采购人面向多家公司招标的情况,且采购人只有在招标时才能要求出价必须通过特定的法律形式;(3)增加第 6a 条竞争性谈判相关规定,不过该项增加因与德国《建筑业发包条例》、德国《财务及服务业发包条例》重复而被取消。

3. 德国《PPP 促进法》对德国《远程公路建设私人融资法》的修改

德国《PPP 促进法》对 2003 年施行的德国《远程公路建设私人融资法》某些术语进行了修正,例如,第 1 条第 1 款的“在收费基础上”,被修改为“在养路费基础上”,第 5 款“运营者”被“私人企业”所替代等内容。而养路费被重新界定为“公法收费(收费)和私法酬金(酬金)”;原法以“联邦远程养路费的权限为担保”被修改为以“联邦远程公路路段的建设、运营和维护权限,尤其是以收取路段养路费并根据第 3 款和第 5 款的指示管理和运营交通标志和交通设施的权限为担保”,从而扩大了远程公路建设融资担保的范围,增强了私人公司参与远程公路设施建设的融资能力。围绕德国《远程公路建设私人融资法》有关养路费测定与核算、养路费法规、养路费批准许可等基本问题，德国《PPP 促进法》大幅修改了相关规定，赋予参与远程公路建设的私人企业以更加灵活、更加独立的法律权限，同时限制政府的相关机构对私人企业养路费收取、使用的权限。

4. 德国《PPP 促进法》对联邦预算法规的修改

针对 PPP 模式建设、运营过程可能存在的风险，德国《PPP 促进法》第 4 条对其联邦预算法规作出相应的修改，明确要求政府在进行 PPP 项目预算时“应当考虑到采取相应措施而带来的风险分配问题”，同时在联邦预算法规第 63 条第 2 款增加“完成联邦任务所需的不动产可出售以长期自用，只要能证明这种项目建设方式在完成联邦的任务方面更具经济性”。依据德国《PPP 促进法》之前项规定，公共部门在评估是否采用公私合作 PPP 模式时，对于是否将风险转移给民间机构，应该实行效益评估。① 换言之，新规定之重要意义不仅在于指出民间机构在公私合作 PPP 个案中需要处理与关心之处，且考虑到了风险结构也可能由公共部门负担，故公共部门更应该仔细评估，对公共部门之利益与风险更应如此。

5. 德国《PPP 促进法》对土地、投资与税法的修改

德国《PPP 促进法》为促进公私合作事业发展，对 PPP 项目用地实行特殊政策，“公法法人购买土地或回购土地，若该土地是公私合作制框架下被用于公共事业建设或土地税法第 3 条第 2 款规定的用途，且土地购买者与公法法人之间就项目结束后土地的归还问题达成一致意见，则可免税。若公法法人放弃回收土地或该土地不再被用于公共事业，则免税条款不再使用”。同时，德国《PPP 促进法》对 2003 年颁行的德国《投资法》进行修改，在其第 7 条第 2 款增加第 3 项，即“在第 1 项规定的前提下，资本投资公司可获得第 1 款第 1 项意义上的土地用益权，该用益权服务于完成公共任务，只要用益权支出与专项基金中已存在的用益权价值总和不超过专项基金总值的 10%”。

公私合作制在德国广泛运用于政府垄断、专权的公共事业领域，政府与私人企业对公共服务的提供、财政取得与执行建立广泛而持久的合作伙伴关系。2005 年 9 月施行的德国《PPP 促进法》，对推进德国公私合作事业发展具有深刻的意义：一方面，德国《PPP 促进法》排除了不利于民间资本参与公共产品与服务的现行法律架构，为改善民间参与公共物品与服务供给创造了有利的法律条件；另一方面，规范了公私合作程序，以竞争性谈判解决公私合作合同的缔结程序，更好地适应了特别复杂的公共采购。

---

① See Schenke R. P., Klimpel S., Verhandlungsverfahren versus wettbewerblicher Dialog: Neuere Entwicklungen im Vergaberecht Öffentlich Privater Partnerschaften (OPP)/Public Private Partnership (PPP). Deutsches Verwaltungsblatt, 121: 1492 – 1497, 2006.

(二)德国 PPP 立法的关键要素

德国自 20 世纪 90 年代开始广泛讨论公私合作问题,德国联邦政府在 1999 年的行动纲领中宣示要构建一个适合德国的 PPP 法律框架,于 2005 年 9 月施行的德国《PPP 促进法》以统一立法的方法,综合革新了德国《反限制竞争法》、德国《公共采购法》、德国《远程公路建设私人融资法》以及德国预算法、税法、投资法等相关规范,排除了现行法中不不利于私人企业参与的法律因素,为公共领域公私合作制全面展开创造了法律环境。事实上,对公私合作制至今仍没有一个严谨的、规范的定义,尽管德国法仍在努力将其打造成一个法律化的概念。公私合作制在理论上被描述成了履行公共职责而在公私部门之间开展长期的、具有合同性质的合作。德国法上的公私合作制在本质属于某种共同体,这种共同体旨在替代政府履行公共职责,因此,为了公共物品与服务供给而占有诸如专业技能、生产设备、资金等资源,为了持久、持续、高效的公共物品与服务供给而划分管理权限、明确各自职责、分享利益、分担风险。德国法极其重视公私合作制这些功能性特点,且运用 PPP 模式立法方法,巩固公私合作制特点,发挥公私合作制的功能,这是德国 PPP 立法成功的关键要素。①

1. 公、私部门以 PPP 项目为纽带的长周期合作

公私合作制意味着由公私部门双方共同在某公共项目的计划、融资、建造、运营以及应用等环节上,即在整个项目周期内一起进行的合作,该项目的目的是满足公共利益的需要,在公私合作之前一般由公共部门独立完成。② 从具体操作上来说,公共部门通常可以将项目生命周期内的两个或两个以上的环节委托给私人部门,在必要的情况下,公私双方也可以专为此项目成立一家特殊目的的公司,由该公司独立承担该项目的整体责任,而传统的公共采购方式则是将构成项目的各个必要环节分别视为单独的项目对外招标,由中标人各自独立完成或提供。

2. 公私合作制项目的基础——输出导向型的公共给付描述

一个公私合作制项目的基础并不是一个详尽的带有给付目录的公共给付描述,而是一个功能上的、以结果为导向的(输出导向型)的公共给付描述。它确保了私人部门在诸如如何最好且最有效率地实现公共部门规定目标等问题上拥有足够的决策及行动空间,也确保了公共部门能很好地利用私人部门的效益优势和革新

---

① See Luca Schicho, "In-House-Procurement Involving PPPs in the Jurisprudence of the European Court of Justice: To Exempt or Not to Exempt, that is the Question", *Austrian Review of International and European Law*, Vol. 11, Issue 1, 2006, pp. 81 – 104.

② See Christopher Bovis, "The Effects of the Principles of Transparency and Accountability on Public Procurement and Public Private Partnerships Regulations", *European Public Private Partnership Law Review*, Vol. 3, Issue 1, 2008, pp. 17 – 35.

优势。公共部门的任务主要集中在确定合作的目标,特别是确定并监督私人部门提供的公共产品和服务的质量。① 其中公共部门对私营企业的监管具有重要的意义,因为公共部门还保留了它在公共产品和服务提供问题上的担保责任。

3.公私合作制项目风险的适当分配

德国《PPP促进法》要求所有的公私合作制项目必须重视风险评估和风险合理分配。公共采购人不得以各种公共资源优势或权力资源优势向私人部门转嫁风险。因为不合理的风险分配极可能引发公私合作制项目的失败,而政府对公共物品与服务供给承担最终的供给责任,因此,即使私人部门能够接受这种不合理的风险分配,政府也无法转嫁公共福利与公共利益维持的风险。公私合作制风险分配必须是适当的、合理的,PPP契约有关风险分配的描述对可能存在的项目风险如规划风险、土地风险、计划风险、施工风险、运营风险、市场风险、融资风险、操作风险、政治风险、通货膨胀风险、法律风险以及社会骚乱风险必须清晰、客观,必须对风险类型进行科学的归类,并最终按照某一特定的项目风险由最能左右该风险的主体承担的原则来确认责任的归属。②

4.公私合作制激励机制、惩罚机制和补偿机制

公共部门在运用公私合作PPP进行公共事业供给的过程中,其职责之重点在于如何能够依法确保公私合作PPP模式合乎公义,并且维持一定品质的公共服务,即国家应负起监督和管制的责任。公共部门应始终保持公共事业中公私合作PPP模式的运行在公共职权可控范围内。③ 但公私合作PPP模式的运用必须为私人部门提供经济上的动机与诱因,使私人部门可以估算出自己的利益,在风险分担的同时,能够让私人部门在PPP项目实施过程中适当持续地依照约定享有合理的回报。为顺利推动公私合作PPP,德国公私合作PPP的相关立法引入公私部门的激励机制并排除不利于公私合作PPP的制度障碍是至关重要的。为了提高公私合作制项目的效益和稳定性还须建立激励和惩罚机制,这其中还特别包括以公共产品和服务为导向的补偿机制。④

---

① See Christopher H. Bovis,"Future Directions in Public Service Partnerships in the EU",*European Business Law Review*,Vol. 24,Issue 1,2013,pp. 1 – 36.

② See Christopher H. Bovis,"Public Service Partnerships as Instruments of Public Sector Management in the European Union",*Columbia Journal of European Law*,Vol. 18,Issue 3,Summer 2012,pp. 473 – 518.

③ See Ratschkov, I.; Kalinina, E., Änderungen des russischen Gesetzes über die Konzessionsvereinbarungen:neue Hoffnungen auf PPP-Projekte. Wirtschaft und Recht in Osteuropa,18:142 – 145,2009.

④ See Christopher H. Bovis,"Public Service Partnerships as Instruments of Public Sector Management in the EU",*European Public Private Partnership Law Review*,Vol. 6,Issue 4,2011,pp. 201 – 228.

四、韩国“齿轮传动结构”式 PPP 模式法律框架

韩国 PPP 的实践始于 20 世纪 90 年代,主要形式是 BOT 模式,运用于交通基础设施领域,其主要法律依据为韩国《公路法》、韩国《港口法》。因缺乏统一的法律制度保障,韩国民间资本投入交通基础设施领域的热情并不强烈。1994 年韩国颁布首部 PPP 法——《促进私人资本参与社会间接资本投资法》(Act on Promotion of Private Capital into Social Overhead Capital Investment, Act No. 4773)来统一规范 PPP 活动,从而结束了以各种部门法如韩国《高速公路法》(Toll Road Act)、韩国《铁路建设法》(Railroad Construction Act)、韩国《港口法》(Harbor Act)来规范、处理民间资本介入基础设施的实践,这些部门法自《促进私人资本参与社会间接资本投资法》颁行后不再适用于 PPP 项目。1994 年韩国《促进私人资本参与社会间接资本投资法》主要界定了 PPP 的适用范围、公共部门及私人部门的地位、采购程序以及冲突解决程序等问题。1997 年的亚洲金融风暴重创了韩国经济,韩国政府财政资金急剧减少,其基础设施投资能力急剧下降。为刺激韩国经济发展、增强民间资本投入基础设施意愿,韩国政府遂于 1998 年修订韩国《促进私人资本参与社会间接资本投资法》法案,更名为《基础设施公私伙伴关系法》(Act on Private Investment In Infrastructure, Act No. 5624),确定了该法案的优先效力,废除一些对私人资本的限制,促进私人资本在韩国城镇化中发挥更大的作用。2005 年韩国借鉴英、日诸国公私合作制经验,第三次修订 PPP 法案,将韩国《基础设施公私伙伴关系法》更名为《民间参与基础设施法》(Act on Private Participation in Infrastructure, Act No. 7386),公私合作制模式运用的范围由交通基础设施扩大为道路、交通、文化、教育、公共住房等所有与民众生活密切相关的领域。①至此,韩国 PPP 模式立法日趋完善,形成了独具特色的韩国 PPP 法律体系。

(一)韩国 PPP 立法的“齿轮传动结构”

韩国 PPP 模式立法呈齿轮传动结构。1994 年韩国颁行了《促进私人资本参与社会间接资本投资法》,1998 年更名为《基础设施公私伙伴关系法》,2005 年再次更名为《民间参与基础设施法》。每一次的更名均经历一次修正,每一次修正凸显着 PPP 地位的日益重要。经过 10 余年的多次修正,韩国已经形成了一套完整的呈“齿轮传动结构”状态的公私合作立法框架。基于公私合作制(PPP)模式实践的经验总结,韩国于 2011 年由其战略与财政部制定《公私合作 PPP 项目基本计划》(Basic Plan for Public-Private Partnership Projects, No. 2011 - 60,以下简称韩国《基本计划》)。《基本计划》在性质上只是一份综合性政策文件,但却几乎涵盖了此前

① See PIMAC: Global Financial Crisis and Fiscal Implications of P3s in Korea, 2010.

所有的PPP法案以及相关的行政法规、法令。一方面，韩国政府将原来散见于法律、法规、政令等刚性制度中的核心事项集中于韩国《基本计划》；另一方面，也强化了各制度间的互补与融合。因此，韩国《基本计划》兼顾法的刚性与政策的灵活性特点，调整因情势变更而产生的不合理因素，并将变更情势通过韩国《基本计划》的内部结构传导到行政部门的令状中，由其先对法律中的执行部分进行修改和补充，再通过立法机关对相关法律中的实质问题作出修正，从而形成一整套高效PPP立法体系。①

从内容来看，韩国《基本计划》所集合的刚性制度包含了韩国《基础设施公私合作法案》（Act on PPP in Infrastructure）、韩国《基础设施公私合作法案的执行令》（总统令）（Enforcement Decree of the Act on PPP）、韩国《特许经营协议中的BTO标准》（BTO Standard Concession Agreement）、韩国《公共财政中的BTO标准》（BTO Standard Financial Model）等PPP基本法律，除此之外，韩国《基本计划》还集中了其他的相关法案，具体涉及3类：（1）基础设施部门相关法，如韩国《公路法》、韩国《铁路企业法》、韩国《城镇铁路法》、韩国《港口法》、韩国《航空法》、韩国《水坝与辅助设施建筑法》、韩国《废水再利用促进法》等法律；（2）基础设施公私合作相关法，如韩国《收费公路法》、韩国《铁路建设法》、韩国《首尔城区建设中新机场促进法》、韩国《电信业法》、韩国《无线电波法》、韩国《学校基础设施促进法》、韩国《房屋法》、韩国《国有土地规划与利用法》、韩国《森林资源种植与管理法》、韩国《山区管理法》、韩国《国家森林行政管理法》；（3）PPP金融相关法，如韩国《银行法》、韩国《韩国理财公司法》、韩国《发展银行法》、韩国《进出口银行法》、韩国《兴业银行法》、韩国《金融投资服务与资本市场法》、韩国《保险业法》、韩国《农业合作法》、韩国《渔业合作法》、韩国《专业信用金融业法》。

（二）韩国《基本计划》彰显的PPP法主要内容

韩国齿轮传动结构式的PPP法始于韩国《促进私人资本参与社会间接资本投资法》，定型于韩国《民间参与基础设施法》，韩国《基本计划》虽只是规范性政策文件，并不是严格意义上的PPP法律文件，但韩国PPP立法模式是以政策的调整带动法律的不断完善，韩国财政部制定的《公私合作PPP项目基本计划》实为诸法精髓之集大成者，在事实上构成其PPP法的核心。② 韩国财政部《基本计划》的制度框架依据PPP项目的不同特征构建而成，在总体上可区分为两种基本类型：一类是“政府公开招标项目”（Solicited Projects），即由政府发现潜在的PPP项目并且主动寻找特许经营者；另一类是“企业自提项目”（Unsolicited Projects），即企业可以向

---

① See Ministry of Strategy and Finance：Basic Plans for Public-private Projects，2011，pp. 1－7.

② Ibid.，pp. 1－7.

政府提议开发那些有较高市场需求却因为政府预算限制而被搁置的项目。①

1. 公开招标与企业自提 PPP 项目的认定

韩国《基本计划》第 1 章第 5 条第 3 款②对公开招标项目的认定作了基础性规定:(1)原则上,如果主管机关认为,运用 PPP 模式实施一项对国家政策贯彻有重要意义的工程会提升效率,那么该机关应当预先制订计划,并以公开招标的形式开展该项目;(2)公开招标项目应当满足 PPP 项目的一般要件。另外,还应满足如下特殊要件:第一,该项目应在韩国《基础设施公私合作法案》(Act on PPP in Infrastructure)第 2 条第 1 款和韩国《基础设施公私合作法案的执行令》(总统令)(Enforcement Decree of the Act on PPP)第 1 条和第 2 条列举的设施条目范畴内;第二,该项目应遵守与基础设施相关的中长期计划和中央政府投资项目的优先命令;(3)如果主管机关在项目可行性预研阶段发现该项目有实施传统政府公共财政型项目的可能,该机关应运用 PPP 项目的物有所值预先检测方式审查该项目是否可以用公开招标项目的形式开展。

企业自提 PPP 项目的认定根据韩国《基本计划》第 1 章第 6 条进行概括式认定。依照韩国《基础设施公私合作法案》(Act on PPP in Infrastructure)第 9 条,企业自提项目应由私人部门提出申请,主管机关根据韩国《基础设施公私合作法案》第 4 条和第 5 条的规定以及公私基础设施投资管理中心的审查意见对该申请进行认定,决定是否应以 PPP 项目模式实施。在认定 PPP 项目时,主管机关还应考虑以下要件:第一,主管机关应进行成本/收益分析,以确保国家经济平稳运行;第二,私人部门的方案或私人部门主动融资方案(PFI)与传统政府公共财政型项目相比,应能起到减轻政府负担和提升公共服务质量的作用。

因 PPP 项目总成本涉及私人部门与公共部门的比值以确定是否物有所值,所以在通常情况下,项目成本总量不能变更,但也有例外。韩国《基础设施公私合作法案的执行令》(总统令)(Enforcement Decree of the Act on PPP)第 22 条第 2 款对该例外事项作出规定:因专管机关要求、有关法案、下位法规或不可抗力而使项目计划发生改变,而对项目总成本不得不做出变更。但这种变更应遵循两个原则:一是与特许协议执行时建筑成本的变更无关的其他成本的溯及既往的变更须禁止;二是成本增加和减少的依据应事先在特许协议中载明。此外,对特许经营权人的补偿方式可采用调整用户使用费或政府财政支持的形式。

2. PPP 项目具体模式的选取

任何一个项目——无论是公开招标还是企业自提,一旦认定为 PPP 项目,韩国

---

① Ibid., Art. 5 - 6.

② Ibid., Chapter I Art5(3).

主管关机即会依据韩国《基本计划》规定进一步认定其具体模式的性质。依据韩国《基本计划》，任一 PPP 项目如果要选择采用 BTL 模式，则必须满足以下要件：(1)遵守法令，凡韩国《基础设施公私合作法案》(Act on PPP in Infrastructure)第 2 条第 1 款和韩国《基础设施公私合作法案的执行令》(总统令)(Enforcement Decree of the Act on PPP)第 1 条和第 2 条所列事项以及中央和地方政府以通过公共财政投资的公共建设项目，均必须为社会公众提供公共产品和服务；(2)经济与金融上的适应性，以 PPP 模式建设、运营的项目必须能够通过采用私人部门的创新与效率而提升项目内设施的质量与安全性，提升公共服务质量，减少在项目全寿命期内所生成的总成本，并在项目按时完工后，私人部门能取得回报；(3)项目应具备急需性，即采用 BTL 模式的项目若因财务状态出现问题而被拖延，但该项目收益很可观且设施的扩建又是社会公众所急需的，则此时政府应当追加投资；如果该项目虽由私人部门投资建成，但项目竣工后，设施的所有权须转移至中央政府或地方政府，也应采用 BTL 模式；(4)政府付费占核心地位，但政府付费的额度也不是一成不变的。具体而言，主管机关应在项目运营期将实际政府付费分为两种：一种是租金。因特许经营权人的过错使 PPP 项目中的某些设施无法获得，失灵设施的比例越高，租金数额越少；另一种是运营成本的付费。主管机关应依据公共设施提供服务的质量而做相应调整。

BTO 模式成功运营的关键在于公共设施使用者缴费形成的私人部门回报率能否达成预期效果。韩国《基本计划》为公、私合作各方确定缴费标准的计算公式和相关参数。回报率的测试应先由项目申请人就已同意 PPP 项目自愿提交回报率议案，主管机关在收到回报率议案后必须确认回报率是否合理。具体考虑的要素包括：(1)国内外金融机构贷款利率；(2)项目运营收益和风险分担程度；(3)以类似项目的回报率作比照。同时，主管机关还应考虑项目的总成本、合适的回报率、免费使用期、所有权的持续期间和利润等因素，确定用户使用费缴交的额度。依据韩国《基础设施公私合作法案的执行令》第 23 条第 2 款的规定，特许经营权人收取用户的使用费之前，应在不迟于 60 个工作日内提出申请。

3. 公私部门在 PPP 项目中的投融资比例

在项目投资抵押资产比值方面，对于 BTO 公私合作 PPP 项目而言，特许经营权人应依据一定标准和原则为其募集资金提供抵押资产(净产值)，这些原则包括：(1)在相关公共设施的建设期，特许经营权人提供的抵押资产比率应不少于该抵押资产净产值与为保障公共建设的质量与安全而对相关公共建立投入的成本比值的 20/100。如果这一比值在 15/100 至 20/100，那么可以以债券的形式对建设项目的完成情况作替代性抵押，以达到 20/100 的比值，但应以 5/100 的替代率为限。建设期的这一抵押资产比值在项目运营期也应保持在 10/100 以上，抵押资产不应包括政府补贴,以制衡私人部门在管理和运营公共设施中的权力;(2)如果投资人中的金融投资机构投资额占投资总额的1/2以上,那么抵押资产比值可减少至15/100;(3)如果该项目是从传统政府公共财政投资项目转化而来,且政府出资额已经达到抵押资产比值的40/100,那么私人部门抵押资产比值可以下调至1/20。①

对于BTL公私合作PPP项目而言,因为政府公共财政对私人部门回报率的支持,这一模式的抵押资产比值设定上会比较的灵活。具体而言,主管机关应在5/100至15/100的区间内灵活设立抵押率最小值,并规定了设定5/100最小比值的条件,即项目总成本少于10亿韩元的。以上的比值均应在特许经营协议中作明确规定。

在项目投资人变更方面,无论是转让抵押份额抑或投资人身份的变更均应预先申请,待主管机关批准后方能变更。但如下情形,主管机关对投资人变更申请不予批准:第一,因投资人变更将会让特许经营权人的信用恶化;第二,投资人变更会导致项目的按期完工、管理和运营等方面无法实现;第三,投资人变更将会对公共利益造成损害。另外,投资人抵押的资产净现值如果少于5/100的,须负有告知义务。②

4. PPP项目的风险分担

韩国《基本计划》对PPP项目风险的合理分担问题有着详细的规则,这些规则包括风险分担与转移的一般原则、投资风险分配体系、投资风险分配与恢复的程序、BTL项目利润率变化风险分担、公共部门请求买下公共设施的权利、提前终止项目的救济措施及补偿金数额确定问题。

(1)风险分担与转移的一般原则。PPP项目具有期限长、投资大和法律关系复杂特点,PPP项目从规划到缔约、从建设到移交、从投资到运营,可能引发风险的不确定因素极其复杂。涉及PPP项目实施的各种风险应依据公共部门过错、特许经营权人过错及不可抗力等因素进行类型化处理,同时,应综合考量、吸收和借鉴国内外相同或近似的PPP项目、风险管理的难易程度及风险分担的公平与否并是否在契约中进行清晰的约定,若已办理分配风险的,风险分担比例应具有可计算性。为防止PPP项目风险,韩国法要求PPP项目对可预测风险应以保险的方式进行风险转嫁,其他保外风险应区分项目建设期和项目运营期由项目参与各方分担。

(2)投资风险分配体系。PPP项目履行时,如果项目实际收入小于预估值,那么私人部门即可能存在项目风险。因此,当用户缴费等收入不能满足风险分担方

---

① See Ministry of Strategy and Finance: Basic Plans for Public-private Projects, 2011, Chapter IV Article 32(Investment Risk Sharing System).

② Ibid. Article 33(Procedures for Sharing Investment Risk and Recovery).

案的比例,主管机关应酌情予以补偿,但这种补偿必须符合法律规定的条件且限于一定的比例,否则,私人部门不能申请补偿。同样,如果项目实际收入大于预估值,那么公共部门即可能存在项目风险。依据韩国 PPP 法,超过的部分应由公共部门回收。韩国《基本计划》规定了具体的回收方式、计算公式和相应的参数与权重。

(3)投资风险分配与恢复的程序。原则上,投资风险分配方案应依据每个会计年度金融状态来决定,但特许经营协议各方可以对相关的事项进行协商以统一意见。特许经营协议应对投资风险额度超过部分予以恢复的内容加以明细规定。

(4)BTL 项目的利润率变化风险分担。因金融市场的变化,主管机关应对风险分担的额度进行调整和变更,具体分担方式等事项见表 14。

表 14　利润率变更风险分担处置的方式①

利润率变更风险分担处置的方式
1. 在私人部门管理和运营公共设施权利有效期之后的每两年,公共部门应对私人部门补偿一次
2. 风险额度应在项目周期内以私人部门所递交的平均利润率为准而划定
3. 公共部门财政补贴应在私人部门风险恢复的最大值范围内确定
4. 公共补贴应减去私人部门无法恢复的风险部分
5. 风险分担方式的明细应在公共部门与私人部门签订的特许协议中作明确规定

(5)公共部门请求买下公共设施的权利。如果因自然灾害和不可抗力等因素使 PPP 项目的建设、管理或运营无法实现,可恢复公共基础设施的特许经营权人可依据韩国《基础设施公私合作法案》(Act on PPP in Infrastructure)第 59 条和韩国《基础设施公私合作法案的执行令》第 39 条和第 40 条的规定要求中央政府和地方政府购买项目,包括附属项目。②

(三)公共招标与企业自提 PPP 项目的实施流程

依据韩国 PPP 法规定,采用公共招标(Solicited Projects)的 PPP 项目实施流程分为 6 个阶段:(1)合格 PPP 项目的认定,具体包括项目可行性预研、对有政府公共财政型项目潜质的工程的物有所值预审、正式项目可行性分析、合格 PPP 项目的认定;(2)项目计划的公示,具体包括公私基础设施投资管理中心的审议、方案要求的内容、方案要求的公示、特许协议草案的附加、私人部门依据要求对方案的修改;(3)项目计划的初步审查,包括计划提案人的确定、计划内容应陈述的事项、项目申

① See Ministry of Strategy and Finance: Basic Plans for Public-private Projects, 2011, p. 55.

② Ibid. IV Article 34(Sharing Risk of Interest Rate Changes in BTL PPP Projects).

请人的构成(身为项目投资人的金融机构不能发出担保信);(4)项目计划的实质审查,具体包括事前资格审查(目的、审查标准内容及其他审查事项)、项目计划的评估、评估要素的构成、评估与标准权重的分配与误差率、项目计划评估的公共部门偏好、潜在特许经营权人的确认与公告;(5)特许经营权人的确定,具体包括特许经营权人的确定、特许协议的主要条款、协商、专家的使用、公私基础设施投资管理中心审议的启动条件和忽略情形、战略与财政部预先咨询程序的启动条件、全项目成本的审议与忽略程序、特许协议的执行;(6)项目竣工的认定,具体包括项目计划的实施标准、项目竣工的确认。①

非公共招标(Solicited Projects)PPP项目的实施流程则分为6个阶段,分别为项目方案的递交、项目方案内容的审议与项目认定、备用案的要求、对初始提案人和项目方案的偏好、特许协议的执行与特许权人的认定、公开招标项目细节修改程序的应用。②

① See Ministry of Strategy and Finance: Basic Plans for Public-private Projects, 2011, p. 60.

② Ibid., 2011, Part III, Chapter II, Article 92 - 104.

第九章　PPP 模式立法资源的整合与架构

现代国家存在明显的职能延伸和拓展倾向，公共福利或者公共物品与服务供给则是一个明显的例证。福利国家即意味着国家职能不再局限于维护国家安全、控制社会秩序、保障国家领土完整和人民生命健康安全，还必须运用财政能力增加社会公共福祉。从历史角度来看，公共领域从来就不是政府垄断的领地，也不是政府独占的后花园，至少，今天我们印象中的公共领域没有那么庞大。私人企业从事公共物品与服务供给可谓由来已久，例如，英国私人企业在数百年前就开始修建道路，且法律认可这种“谁建设、谁管理、谁收费”的模式，私人部门介入公共教育、医疗、公共卫生的事例也绝不是特例。只有在国家职能扩张至公共领域时，某些公共物品与服务供给才成为政府的专利，私人部门要从事某些所谓的公共物品与服务供给，必须取得政府的许可、特许。PPP 模式的运用在很大程度上是政府财政能力不足和公共物品与服务市场化共同作用的结果，这种普遍的、共同的原因使各国 PPP 实践具有共性，调整 PPP 模式的法律具有共通性。从这一角度来看，发达国家有关实践以及所形成的立法经验和法律制度，可以成为我国 PPP 模式立法的重要资源。他山之石，可以攻玉。在整合我国 PPP 立法资源、创新 PPP 立法之际，这些立法资源显然具有重要的参考价值。

现行基础实施和公用事业 PPP 模式“立法”多由部委规章、地方法规、规范性文件构成，这些“立法”资源为 PPP 模式立法积累了一定经验。但部门利益博弈、PPP 内涵与外延的模糊等复杂因素导致现有"立法"资源呈现不同的发展主线:发改委力推特许经营,财政部则主导政府采购。发改委主控的《基础设施和公用事业特许经营管理办法》和财政部主导的《关于规范政府和社会资本合作合同管理工作的通知》及《PPP 项目合同指南》被误读为"PPP 基本法"。然而,PPP 与特许经营、政府购买服务虽有交叉、重叠,却非完全重合。同一事物形成不同的发展路径和规范体系,相互间存在矛盾与冲突在所难免,例如,发改委认为特许经营法应属行政法范畴,无论哪类项目,确定是否进行特许经营时,都参照政府投资项目审批决策程序管理;而财政部则认为 PPP 协议应属于民商法范畴,PPP 项目管理应体现"引入市场竞争机制、政府和社会资本平等有序合作的运作机制",而不是以审批替代管理。

一、PPP 域外立法资源类型化

PPP 域外立法成果纷繁复杂,如果仅仅整体梳理这些成果的表现形式,而不能抽象出其立法经验的一般规律,那么,新兴 PPP 国家就很难将这些具有极高价值的立法成果本土化。对发达国家 PPP 立法实践加以总结并进行类型化抽象,其根本目的在于借鉴他山之石,希望这些立法经验能够为本国法律实践提供参考。事实上,公共部门和私营部门都是按照类型化的思路来面对具体问题的,[①]具体到域外 PPP 立法成果的类型化,就是抽取各典型国家 PPP 立法经验中的规律性东西,并以相应的具有高度概括性和抽象性的概念工具来指称它,从而形成不同的 PPP 立法成果的类型。PPP 立法资源类型化必须实行双重类型化,即要依据社会福利国家和公私合作制在资源配置方面的共性,求解 PPP 模式类型化的理论依据;要借助刚性制度分析框架,将 PPP 类型转化成 PPP 立法模式的类型。基于 PPP 立法资源的双重类型化,进一步探讨、解构包括法律关系、法律机制、法律制度在内的各种构成要素,形成点、线、面立体结构体系,最终构建 PPP 立法模式和价值取向,借以服务我国 PPP 模式立法实践。

(一)PPP 模式立法类型化的理论依据

西方在经历 20 世纪初的经济繁荣后相继进入低谷期,社会各利益群体间的冲突越发激化。为化解由经济发展带来的风险和不确定性因素、保持社会相对稳定,这些国家均以福利国家建设作为共同的改革路径,以满足社会公众对公共物品和服务日益增长的需求。福利国家的概念最早由威廉·坦普尔于 1941 年提出并定义为一种为普通平民服务的国家。自 1948 年英国宣布建成第一个福利国家至今,福利国家历经了"前危机"(1973 年前)、"危机"(20 世纪 70 年代中期和后期)、"后危机"(1980 年及以后)3 个阶段。在前危机期间,西方福利国家经历了 30 年的发

① 参见贾增春主编:《外国社会学说史》,中国人民大学出版社 2000 年版,第 109 页。

展,逐步扩大了公民个人的自由,缩小了贫富差距,促进了社会公平,实现了人民的团结,促进了社会进步。福利国家建设以公共权力扩张为基础,在财富第一次分配的基础上进行大规模的社会财富再分配,即以合理的税种结构和高额的税率将财富从国民手中征调到政府手中,形成公共财富,然后再将其中的一部分抑或绝大部分根据社会公平的原则,转移到属于不同阶级和利益集团的个人和家庭手中。[①] 作为社会成员分享综合改革成果的主要路径,福利国家的建构使第二次世界大战后欧洲进入了一个发展的黄金时代。但是,福利国家建设直接带来了一系列诸如政府财政负担过重、民众懒惰不思进取等消极后果。

具体地,福利国家建设受各国的文化传统、经济发展水平、社会结构和政治体制的差异等因素影响,形成了三种不同的模式:[②](1)"新自由主义"福利国家,如美国、英国、加拿大和澳大利亚。这种模式对经济社会成果的分配主要依据市场,社会的再分配程度比较低,国家运用宏观和微观两种手段促使市场机制发挥作用,因而个人福利主要受市场逻辑的支配。(2)"合作主义"福利国家,如奥地利、法国和意大利。合作主义以赋予公民社会权利为理论前提,坚持国家只是在社会福利中起辅助作用,目的是完成其他社会团体和中间机构不能完成的任务。[③] 合作主义福利国家通过在政府、雇主组织和劳工组织之间形成的一种制度化合作,使他们在市场机制中各司其职,最终使社会和经济目标达到最佳平衡状态。(3)"社会民主主义"福利国家。这种模式的基本特征是通过把各种社会福利和社会服务普遍化、法律化的方式将福利制度变成了基本的国家制度,使国家在社会福利的实施中发挥重要作用。其对经济社会成果的分配主要依据国家主导下的社会再分配,市场机制受到很大限制。

20 世纪 70 年代以来,随着经济的高速发展,对公共产品和服务投资的需求与日俱增,单单依靠国家财政支持公共产品和服务的供给结构根本不能满足民众的公共需求。历史是审慎的导师,而非原则的导师。基于公共财政能力欠缺与民众多样化的公共需求,西方福利国家以公共领域有限市场化为线索,放松由国家垄断经营的基础设施领域和公用事业领域管制,引入民间资本,建立竞争机制,进行公共产品和服务供给结构的改革。这种以市场化或民营化为特质的公共物品与服务供给侧改革的基本途径就是增加私人部门或私人资本在公共领域的投入,以 PPP 模式向社会民众提供包括基础设施领域在内的公共物品与服务,由此,公共物品与服务的供给能力有了显著的提高,促进了近 20 年来西方国家的经济增长。传统的

---

① 参见周弘:《福利国家向何处去》,社会科学文献出版社 2006 年版,第 2、18、21 页。

② 参见[丹麦]艾斯平·安德森:《福利资本主义的三个世界》,郑秉文译,法律出版社 2003 年版,第 29 ~ 30 页;汪行福:《分配正义与社会保障》,上海财经大学出版社 2003 年版,第 237 ~ 238 页。

③ 参见汪行福:《分配正义与社会保障》,上海财经大学出版社 2003 年版,第 239 页。

福利国家与现代的PPP作为两种制度设计,虽然在内涵与外延上差异很大,但其理念与实质却是一脉相承的,具有某些可以互相借鉴与传承的共同属性,即福利国家PPP模式在低成本、高效率的前提下,均为在特定时期公共资源合理配置的有效方式以及满足社会公众对公共产品和服务的需求的策略;有所不同的是,公私合作制策略旨在私有化与国有化、公共性与私营性、经济性与社会性之间找到最佳平衡点。

1.社会权利是改革发展成果分享的依据

福利社会的一个基本特征是社会福利平等,它是20世纪社会的时代标志。在福利社会时代,社会权利得以彰显,这种以分享社会成果以及文明生活的权利构成了福利国家政治与法律的基础。这种政治与法律基础决定着每一个社会成员基于社会权利都有权分享社会文明和进步的成果。社会权利纳入公民基本权利进入宪法肇始于1919年的德国《魏玛宪法》,1976年正式生效的联合国《经济、社会及文化权利公约》进一步明确了社会经济权利的内涵和外延。从理论上来看,社会权利包含两项具体的权能:一是受益权,即公民有依法从社会获得其基本生活条件的权利;二是请求权,即公民有依法向国家要求为其提供基本生活条件的权利。从权利特征上来看,社会权利的实现更依赖于国家的积极作为。公民实现社会权利不仅需要及时排除非法侵害,而且有权要求国家提供其实现的条件,这就否定了在公民权利实现过程中的国家绝对不干涉主义。因此,社会成员的社会权利无论在哪一种形态的社会福利国家,均是社会公众分享改革发展成果的权利基础,其基本原理也同样适用于公私合作制(PPP)改革。

2.“市场—社会团体—国家”三元机制是社会福利供给的主要机制

从社会福利国家的基本类型来看,改革发展成果分享的机制主要是由市场机制、国家财政再分配机制和社会团体的第三次分配组合所形成的财富分配机制。

“新自由主义”福利国家的主要分配机制是市场机制。市场机制是由大众的、分散的、个体的行为方式转换而来的机制,不能人为创制。从总体上来看,市场机制虽然存在市场失灵的缺陷,但仍不失为人类能找到的最有效的资源配置方式。亚当·斯密认为:“关于可以把资本用在什么种类的国内产业上面,其生产物能有最大价值这一问题,每一个人处在他当时的地位,显然能判断比政治家或立法家好得多。”[①]布坎南甚至认为市场秩序是“无所不知的实现周密设计的头脑的产物”,“如果这个设计者能知道全体参加者的效用函数……能够精确地复制市场调节过

① [英]亚当·斯密:《国民财富的性质和原因研究》(下卷),郭大力、王亚南译,商务印书馆1974年版,第27页。

程所有个人,个人就会自发地达到个人效用最充分、最大化的目标"。① 但国家在尊重市场秩序的基础上对其进行适当干预,同样具有正当性和不可避免性,历史证明,放任市场、放弃干预必然会导致周期性的经济衰退或者经济危机。尤其,市场的自生自发秩序过于注重形式公平,在某种程度上忽视了实质公平。因此,市场是经济的中心,但政府必须发挥重要的作用。这既是市场分配机制与国家再分配机制的两元组合,也是政府在市场中的角色定位,国家必须在尊重市场秩序的前提下处理政府与市场的关系。

基于政府与市场的关系以及政府在市场中的不同表现,形成了"社团主义"福利国家与"社会民主主义"福利国家模式。

"社团主义"福利国家的实质仍然是市场分配的自然延伸,社会团体在资源分配中起到了比较重要的作用,国家只在最后出场。社团主义基于这样一种假定:社会中包含许多在利益和价值方面相互冲突的群体,它们由个体组成。在权力分散的竞争性政治市场中,各种群体依据自己的资源取得影响力,这些利益集团自身不图谋组织或取代政府,但它的积极行动对政府构成压力,以确保社会中的多种利益要求有组织地流入政治过程。利益团体是社会政治行动的基本单位,它是位于公民个体和决策者之间的利益传递机制,利益团体的行动不仅主导着社会的基本政治秩序,还对经济秩序有着重大影响。社团主义的中心任务,是有序地将社会利益组织、集中和传达到国家决策体制中去,因而它主张促进国家和社会团体的制度化合作。由此,分配机制演化为市场—社会团体—政府的三元分配组合。

在"社会民主主义"福利国家模式中,政府承担了推行全面福利的重要责任,社会福利依赖于国家,国家分配是改革发展成果分享的主要机制,"高税收""高福利"是其典型政策特征。但随着20世纪70年代中期西欧经济繁荣的结束,这些国家社会福利受到经济不景气的冲击:一方面,福利国家开始出现财政危机、道德危机和效率危机;另一方面,全球化对福利国家的结构性根源造成了破坏。在福利国家的后危机阶段,西欧各国的社会民主党就开始调整自己的政策理念,探索超越传统的社会民主主义、新自由主义和社团主义的新的理论框架,其重要成果就是"第三条道路"——福利社会。由此,公私合作伙伴式的社会福利多元供给体系登上历史舞台。

3. 福利社会理论对公私合作制的指导

福利社会理论由安东尼·吉登斯率先提出,这种理论在社会福利供给上带来两种新的变化:一是以福利主体多元化取代国家化,国家、市场、社会团体和血亲网络是社会福利的提供主体。福利社会理论认为,国家不应该扮演直接提高福利的

---

① [美]布坎南:《自由、市场与国家》,平新乔译,生活·读书·新知三联书店1988年版,第26页。

角色,而是应鼓励雇主、自愿机构、家庭及其他直接责任承担者做出应有的贡献。与福利国家强调公民的权利和国家对公民福利责任不同,福利社会在承认国家福利责任的同时,更强调个人责任,提出“无责任即无权利”的观念,福利的提供应该是国家、社会、市场和家庭的多元组合;二是以“积极福利”取代“消极福利”。传统的福利国家更看重物质利益的分配,以税收获得财政收入、以财政补偿为贫困者提供福利,在一定程度上鼓励了依赖福利的惰性。[①] 福利社会理论强调的是机制性的利益传导,鼓励教育和培训,为弱势群体提供积极、向上的机会;用机会平等来取代结果平等,用实质公平取代形式公平。福利社会理论要求所有的福利供给主体间展开积极、有效的合作,构建政府与私人部门、社会团体间的公私合作伙伴关系,并以合作方式输送社会福利。因此,福利社会是一个“社会投资国家”,以 PPP 模式的伙伴关系为基础的福利社会既反对单纯凸显社会团体或国家的单一供给式福利国家,也不认同新自由主义对市场机制的盲目推崇。在国家和市场之间建立一种最佳平衡状态,就必须让作为社会福利提供者的政府、市场、社区、自愿组织等多元福利供给主体相互合作、互惠互利。

(二)PPP 模式立法中的福利政策与法律

社会福利的分配需要必要的公共政策指引,更需要法律的规范。公共政策作为实质上利益分配的制度安排,对于公平理念的实现至关重要。从理论上来看,利益分配是一个动态过程,包含了利益选择、利益集合、利益分配和利益落实等基本环节,公共政策的利益导向、利益调控和利益分配功能完全契合于利益分配的动态过程,能够有效地达成公平、正义的社会目标。然而公共政策对利益分配也存在明显的不适应性,这种不适应性表现为公共政策只是一种原则性指引,只规定行为的方向而不规定行为的具体规则,且这种指引必须根据政治、经济、社会等因素的变化而适时调整,缺乏稳定性,同时,政策主要是依靠宣传、政治动员和行政手段去贯彻落实的,缺乏足够的强制性。因此,公共政策指引形成的利益格局是脆弱的,公共政策不能作为社会福利分配的基本的行为规则,单纯以政策调整利益分配关系不足以消除经济活动中的无规则和规则不力的状态。相对而言,法律具有其他社会规范所不具有或者不完全具有的特性,即明确性、稳定性和权威性。这表明以法律手段调整分配关系不仅可以为参加分配关系的主体提供一个明确的模式标准和合理的预期,同时还可以使涉及分配的法律更易于在社会生活中得到真正的实施。因此,各国以 PPP 模式分配利益正逐步从“政策”主导转向“法律”实施。

(三)福利社会的分类对 PPP 模式立法类型化的影响

福利社会的形成和发展必须由立法完成,如美国 1935 年《社会保障法》、英国

---

① 参见[英]安东尼·吉登斯:《超越左与右:激进政治的未来》,社会科学文献出版社 2000 年版,第 75 页。

1948 年《国民救济法》等法律,法律对社会福利和财富分享具有重要的制度保障功能。如前所述,福利社会理论的核心是构建一个以国家、市场、社会多元主体合作的福利分配机制,在国家与市场之间达成一个相互合作、互惠互利的合作机制,公私合作制在一定程度上契合了福利社会理论。对 PPP 立法模式的解构,毫无疑问应从国家或其民族的共同信念与共同意识中找寻划分标准,并进行高度和抽象概括。

1. 以欧盟为代表的外源法转化型 PPP 立法

基于"社团主义"福利社会的理论基础,欧盟各国逐步形成了外源法转化型 PPP 立法模式。依据"社团主义"福利社会理论,个人权利在统一市场中逐步会自愿结成相同或近似的利益团体,并由利益团体将组织内部聚合的资源在成员国间进行分配,以实现组织整体的经济性和社会性双重目标。欧盟作为世界规模最大的政治经济统一体,正在把这种"社团主义"理论的精髓发挥到极致,欧洲统一大市场的建立,使欧盟成为各成员国公共利益的载体,各成员国将利益诉求聚合于欧盟并由其构建统一的利益协调机制,通过这种统一的利益协调与传导机制,欧盟将其承载着利益的政策和法律输送回成员国,欧盟各成员国的立法机关将欧盟统一的外源政策与法律转化成其国内法,由此形成一种独特的外源法转化型立法模式。

欧盟各国 PPP 立法多为外源法转化型模式,作为落实福利社会的新制度安排,英国、德国和法国等主要成员国均通过国内立法机关颁行专门法的方式,把欧盟统一颁行的有关政府采购的法令、指令和指引转化为国内法,并颁行实施,例如,德国《PPP 促进法》,英国在 2004 年以前根据欧盟关于工程、服务和供应采购指令、指引形成了 1993 年英国《公共服务合同法》、1995 年英国《公共工程合同法》和英国《公共供给合同条例》;[①]2004 年在欧盟修改各项公共采购指引并合并原来的服务、工程和供给指引为公共设施采购指引的基础上,英国立法机关于 2006 年颁行了英国《公共合同法》和英国《公共事业单位合同法》,实现了外源法转化为英国 PPP 法的目标。

2. 以日本、韩国为代表的内源法主导型 PPP 立法

除欧盟外,多数国家的 PPP 立法均为内源法主导型立法,这种模式以"社会民主主义"福利社会理论为基础,强调国家在多元福利供给系统中的主导地位,私人部门、社会团体在公共物品与服务供给系统中只能居于辅助性的次要地位。换言之,国家应当运用公共权力资源,发挥其在公共资源中的优势,本着税负实质公平原则,对不同的社会利益群体实行差异化征税,由此形成公共财政收入并实施公共

---

① See Alan Davis, "Financing PFI Projects in the UK in the Credit Crisis and State Aid", *European Public Private Partnership Law Review*, Vol. 4, Issue 3, 2009, pp. 152 – 157.

财富等直接利益进行再次分配。同时,国家积极建构利益传导、协调、决策等机制,为其他多元福利供给主体提供间接机制利益。私人部门、社会团体在市场领域和社会服务领域具有自己的优势,以法律方式引导其参与公共物品与服务,可以有效地弥补政府财政能力不足等问题,提升人民的公共福祉,提高公共物品与服务供给的数量和质量。多元福利供给主体在公共领域以PPP模式展开合作,国家则以公共政策与法律将这种合作关系转化为相对稳定的政策与法律关系。

PPP内源法主导型立法模式的代表是韩国、日本。20世纪90年代,日本对公私合作制进行探索和实践,在1999年7月完成公私合作制综合立法,颁行《关于充分发挥民间事业者的活力来促进特别设施整备的临时措施法》,并成BTL(Build-Transfer-Lease,建设—移交—租赁)项目的法律依据。韩国在1994年前的PPP实践,主要由韩国《公路法》、韩国《港口法》等基础设施法调整,于1994年8月韩国国会颁行其首部PPP综合法——《促进民间资本参与社会间接资本设施投资法》(Act on Promotion of Private Capital into Social Overhead Capital Investment,Act No. 4773),该法迭经修改、更名,2005年定名为《民间参与基础设施法》(Act on Private Participation in Infrastructure,Act No. 7386)。

3. 以美国为代表的政策指引型PPP立法

美国、澳大利亚等国实行政策指引型立法模式,其理论依据来自"新自由主义"福利社会理论,其基本特质是在多元福利供给体系中,市场居于核心地位,发挥竞争机制对效率的促进作用。针对市场失灵可能对社会公平造成的损害,政策指引型立法理论认为可通过政策、法律和行规等正式与非正式制度性措施予以补救。因此,采用政策指引型立法的国家在PPP模式中坚持市场导向,政府开放绝大多数非核心公共领域,并把公共物品与服务供给完全交由市场,政府则以公私合作制方式购买相应的公共物品与服务,由此政府与私人部门结成政策指引型合作伙伴关系。

美国采用政策集中指引和地方分散立法的PPP制度体系,在具体的法律实践中,美国没有PPP综合立法,有关PPP法律散见于各种专项的联邦法和州法,目前,美国已有37个州出台了PPP综合法。美国公私合作制法受政治和立法程序的剧烈影响,相关规范分散,在政策指引下,不同时期的PPP法律经常会相互矛盾、冲突,联邦法与州法互相抵触、相互排斥,因此,化解不同时期PPP相关法律与政策的冲突是美国PPP立法模式顺利运行的关键。但是,美国PPP法以政策指引为线索,成熟的市场和充分开放的公共领域,在客观上弥补了PPP立法的不足。

澳大利亚作为英联邦的成员国,其PPP立法却呈现不同的发展路径,由各州自行立法、中央政府以国家政策指引方式指导其PPP模式的实践,各州则根据这些政策与指南制定、颁行具体的公私合作制操作规则。澳大利亚公私合作制模式立法肇始于2000年的维多利亚州,澳大利亚联邦各部门和州政府相继发布了PPP模式的规范指引、准则和协议等文件。从总体上来看,澳大利亚各州PPP立法差异较大,且政府重视的程度也有所侧重,其PPP发展水平不平衡,私人部门参与基础设施、公用事业建设路径并不畅通。2004年澳大利亚联邦政府组建国家PPP论坛(National Public Private Partnership Forum),并在2008年颁行澳大利亚《基础设施法案》(Infrastructure Australia Act 2008),组建澳大利亚基础设施委员会(Infrastructure Australia),统一负责公私合作制协调与沟通工作。该委员会根据澳大利亚《基础设施法案》授权,制定、实施澳大利亚《国家PPP政策及指引》(National PPP Policy and Guidelines),联邦各州以政策指引为依据构建各州具体的PPP政策与规则体系。

二、PPP模式在我国台湾地区的"立法"实践

我国台湾地区对公私合作制的运用始于20世纪90年代。1989年台湾当局成立了PPP模式的推广专门机构——"公营事业移转民营推动项目小组",并促成了"公营事业移转民营条例""公营事业移转民营条例实施细则"等公营企业民营化法规的生效。但台湾学者并不认可"公营事业移转民营条例"的PPP法律属性。台湾学者普遍认为1994年制定并颁布的"奖励民间参与交通建设条例"(以下简称"奖参条例")才是民间参与公共建设(PPI)真正意义上的首部法源依据。"奖参条例"提出的主要奖励措施包括协助取得土地开发利用、融资与税捐优惠、补贴利息等类型,这些制度创新为台湾当局完善PPP"法令"提供了合理的分析框架,影响深远。[①] 由此,我国台湾地区掀起了民间参与公共建设的热潮,台湾当局甄选出包括高铁、高速公路、捷运等在内的22项重大公共建设项目,采用BOT模式来吸引民间资本参与投资,其高铁BOT项目成为亚洲区域大型交通基础设施PPP模式的重要样本。[②]

(一)台湾当局鼓励民间参与公共建设的"立法"进程

1994年我国台湾地区"奖参条例"是公认的台湾地区首部公私合作制规范。1996年台湾当局提出要"落实奖参条例,并修'法'扩大其适用范围(如住宅、工业区、环保设施等),以健全民间参与公共建设的法制基础。"[③]1998年我国台湾地区完成"促进民间参与公共建设法草案"的起草工作,并迭经我国台湾地区"立法"机

---

① 参见詹镇荣:《粗进民间参与公共建设法之现实与理论》,载《月旦法学杂志》2006年第7期。

② 台湾高铁BOT项目因设计缺陷、中标团队实力不济以及政治干预等影响负债累累,但其创新的投融资模式对台湾地区PPP模式产生重大影响。参见刘忆如、王文宇、黄玉霖:《BOT三赢策略》,台北,商鼎财经顾问股份有限公司2000年版,第21页。

③ 许登科:《民间参与公共建设法制中民间机构之法律地位》,载《中正大学法学集刊》2011年第4期。

构“三读”完成制定程序,于2000年1月2日最终通过我国台湾地区“促进民间参与公共建设法”(以下简称“促参法”),我国台湾地区“促参法”是台湾民间参与公共设施建设PPI的统一基本规范。[①] 与我国台湾地区“奖参条例”相比,“促参法”将公共建设适用范围扩大至环境污染防治设施、电业设施、卫生医疗设施、社会及劳工福利设施、文教设施、重大工商业及科技设施、新市镇开发、观光旅游设施等领域,有效地促进了台湾地区PPP模式的运用和实施,取得了良好的社会经济效果。例如,2009年台湾当局适用“促参法”而积极推动的“爱台12建设”PPP项目,总经费新台币3.99兆元,其中当局投资新台币2.79兆元,民间投资新台币1.2兆元,建设项目遍及交通、经济、政治、农业,截至2014年年底,预算执行率已达98.6%。[②]

我国台湾地区“促参法”本着“民间之最大参与”与“当局之最大审慎”两大基本原则,有其深刻的理论基础。从理论上来看,“促参法”受到大陆法系和英美法系双重影响,混合了“新自由主义”和“社会民主主义”的福利社会理论。“促参法”一方面注重市场竞争机制在资源配置中的核心作用;另一方面也对公共部门在社会福利分配中寄予厚望,强调公共部门应肩负更多的监督责任。民间最大参与原则对应的是“新自由主义”的市场中心论,台湾当局最大审慎原则体现了“社会民主主义”的主导论。[③] 从实践来看,“促参法”的出台与我国台湾地区高铁BOT工程有着直接的关联。台湾当局基于“促参法”规定,授予参与台湾高铁BOT工程的私人部门土地优先开发权,凡用地涉及区段征收的BOT案,私人部门均可直接向地区当局提起优先选择对其有利的土地分区配置。

(二)我国台湾地区民间参与公共建设的法律框架

我国台湾地区的公私合作制模式,以“促参法”为综合基本规范,以“奖参条例”“政府采购法”等骨架,辅之以一系列促进民间机构投融资、土地征用、税收减免等事务的专项法规,形成了一种“伞状”模式。[④]

1.1991年我国台湾地区“公营事业移转民营条例”

1989年台湾当局成立了“公营事业移转民营推动小组”,1991年制定并颁布“公营事业移转民营条例”,作为我国台湾地区尝试PPP制度的开始,“公营事业移转民营条例”规定台湾地区公有企业民营化的主要方式是出售股权和标售资产。

---

① 参见陈爱娥:《促进民间参与公共建设实践中的行为形式与权力划分》,载《月旦法学杂志》2006年第7期。

② 参见许登科:《民间参与公共建设法制中民间机构之法律地位》,载《中正大学法学集刊》2011年第4期。

③ 参见林淑馨:《民间参与公共建设的迷思与现实:日本公立医院PFI之启示》,载《公共行政学报》2011年第6期。

④ 参见薛春明、張陆满:《建构促参双赢,筛选原则解析》,载《营建知讯》2013年第9期。

2003年，台湾当局在总结公营事业民营化经验、教训基础上，对“公营事业移转民营条例”进行修订、颁行。修正后的“公营事业移转民营条例”完善了公营事业民营化规定，并放宽了部分限制性规定，例如，在原有的出售股权、标售资产的基础上，增加了公司合并、以资产作价与人民合资成立民营公司和办理现金增资三种新的公营事业民营化的方式，明确公营事业民营化不受台湾地区“预算法”部分条例的限制，公用或军事特性之公营事业移转民营时，其主管机关可认购特别股，据此对公营事业民营化享有部分特别决定权。[①] 于1992年台湾当局实行“公营事业移转民营条例施行细则”，详细规定了公营事业民营化的施行细则。[②]

2. 1994年我国台湾地区“奖励民间参与交通建设条例”

台湾当局在探索PPP应用的过程中，逐步引进欧美国家的BOT制度，并于1994年年底制定并颁布实施了“奖励条例”。“奖参条例”是台湾首个有关交通基础设施PPP的正式“法规”，目的在于鼓励民间资本参与公共交通建设，提出的主要奖励措施包括协助取得土地开发利用、融资与税捐优惠以及补贴利息等方面。为全面落实民间参与公共建设政策、增加“奖参条例”的实践经验、确立推动更高层次法源，在1996年年底，台湾当局举行“行政院国家发展会议”，明确了“落实‘奖参条例’，并修订扩大其适用范围(如住宅、工业区、环保设施等)，以健全民间参与公共建设的法制基础”。[③]

3. 1998年我国台湾地区“政府采购法”

1998年，台湾当局发布了所谓“政府采购法”，其内容包括总则、招标、决标、履约管理、验收、争议处理、罚则、附则共8章114条。其中，第二章(招标)和第三章(决标)部分对招投标等程序的规定与民参案件关系最密切。“促参法”中对民参案件的招投标程序也有适用或不适用“政府采购法”之程序的规定。“促参法”第47条规定：参与公共建设之申请人与主办机关于申请及审核程序之争议，其异议及申诉，准用“政府采购法”处理招标、审标或决标争议之规定。前项争议处理规则，由主管机关定之。第48条规定：依本“法”核准民间机构兴建、营运之公共建设，不适用“政府采购法”之规定。我国台湾地区自1998年发布“政府采购法”至今不过10多年，却为了进一步适应发展的需要，于2001年、2002年、2007年和2011年对“政府采购法”进行了四次修正。

---

① 参见林明鏘：《台湾BOT的制度缺陷与修法建议台湾BOT的制度缺陷与修法建议》，载《月旦裁判时报》2015年第6期。

② 参见王文宇：《关于“奖参条例与促参法草案”的十点修订建议》，载《月旦法学杂志》1998年第3期。

③ 王文宇：《评促进民间参与公共建设法草案》，载《万国法律》1998年第10期。

4. 2000 年我国台湾地区“促进民间参与公共建设法”

1998 年 7 月底,台湾当局放弃了个案“立法”的模式而采用通案“立法”,起草完成了有 BOT 基本规定之称的“促进民间参与公共建设法草案”,并送交我国台湾地区“立法”机构审议。2000 年 1 月 2 日,台湾地区“立法”机构经“三读”通过“促参法”,成为我国台湾地区基础设施 PPP 的基本规定。“促参法”以推动“民间最大的参与”和“行政部门最大的审慎”为原则,对公共建设采用广义的定义,以加强民间参与。同时,“促参法”建立了行政部门的有效配合机制,合理规范行政部门与民间机构的权利义务关系,放宽其他限制,提供融资、减免租税等支持,并明确规定了甄审和监督等程序,为民间参与提供了各项便利。“促参法”作为我国台湾地区基础设施 PPP 的最主要依据,为公私合作模式的推广提供了法律依据。① 后于 2000 年 10 月颁行“促进民间参与公共建设法施行细则”。

(三)我国台湾地区“促参法”鼓励民间参与的优惠措施

为了鼓励民间资本参与交通项目的建设,我国台湾地区“促参法”吸收、合并了已有规范,从资金融通、税收减免、土地资金优惠和相关土地开发等方面对民间资本参与铁路建设给予法律支持。②

1. PPP 项目资金融通优惠措施

“促参法”对 PPP 项目资金融通提供政策扶持,民间机构在项目营运期间可以将可能遇到的风险转移由政府承担,以确保民间机构在项目运营期间收回成本并获得预期收益。台湾当局基于“促参法”和“奖参条例”的相关规定,相继出台了“政府对民间机构参与交通建设补贴利息或(政府)投资部分建设办法”“发行人募集与发行有价证券处理准则”和“民间机构参与交通建设长期优惠贷款办法”等法规。PPP 项目主管机关应当与金融机构洽谈,为民间机构获得中长期贷款,方便民间机构融资。同时,凡申请参与交通建设的投资人需要在其申请项目的财务计划报告上提供项目公司自偿能力的计算结果与分析资料,并载明要求当局给予补贴利息或者当局投资部分工程项目建设的额度和方式。③ 民间机构若经评估认定,其所参与的 PPP 项目即使享受优惠政策也无法自偿时,甄选审委会应就其非自偿部分所需当局的贷款利息补贴或者当局需要承担的工程建设部分的额度与方式进行评定。在对民间投资进行自偿能力评定后,审委会决定项目的规划、建设和土地征

---

① 参见国家环保总局环境与经济政策研究中心:《台湾城市环境基础设施建设与运营市场化问题调研报告》。

② 参见许登科:《面对“促参法”与推动“促参案”的几个基本法理初探——以相关法院见解为中心的交互呈现与分析》,载《月旦法学杂志》2014 年第 11 期。

③ 参见林明锵:《促进民间参与公共建设法制与检讨——从地方自治团体有效管制观点出发》,载《月旦法学杂志》2014 年第 11 期。

用，当局承担总工程 25% 的投资和建设。

2. PPP 项目的土地租金优惠和优先开发权

台湾当局对 PPP 项目实行土地租金优惠政策，当局通过出台“奖励民间参与交通建设使用公用土地租金优惠办法”“奖励民间参与交通建设毗邻地区禁限建办法”“奖励民间参与交通建设区段征收取得土地处理办法”“奖励民间参与交通建设使用土地上空或地下处理及审核办法”等规范，系统解决 PPP 项目土地征用、使用以及优先权制度等问题。基于前述规定，台湾当局对 PPP 项目土地取得采取“公私协力”法律原则，如果公共建设项目所需用地涉及都市计划变更，主办机关应当协调都市计划主管机关依照都市计划法办理变更；涉及非都市土地使用变更时，主办机关应协调区域计划主管机关依照区域计划法办理变更。在土地拨用或征收方面，当公共建设项目所需用地为公有土地时，主办机关应当在办理拨用后，采取恰当方式提供给民间机构使用，并给予适当优惠及法规松绑；当公共建设项目所需用地为私有土地时，先通过协商争取以一般买卖价格购买土地，如果协商无效则由主办机关出面，依法办理私有土地的征收。依据前述有关 PPP 土地征用相关“法令”，民间资本投资交通建设项目依规定享有土地使用租金等优惠政策，民间投资人有权申请优先取得并开发 PPP 项目比邻土地及建设项目。

3. PPP 项目税收减免优惠政策

我国台湾地区“促参法”涉及的捐税优惠仅限于重大公共建设项目，其相关条款主要有第 36 ~ 38 条。第 36 条规定民间机构在公共建设项目开始营运后，最长以 5 年为限免纳营利事业所得税；第 37 条规定民间机构在重大公共建设项目投资支出金额 5% ~ 20% 限度内，抵减当年度应纳营利事业所得税额或以后 4 年度的营利事业所得税；第 38 条规定民间机构为兴建公共建设项目而进口的机具设备（我国台湾地区无供应商）免征关税，为经营项目而进口的机具设备分期缴纳关税。台湾当局基于“促参法”规定，陆续颁布了“奖励民间参与交通建设免纳营利事业所得税办法”“奖励民间参与交通建设进口货物免征及分期缴纳关税的办法”“奖励民间参与交通建设适用投资抵免办法”“奖励民间参与交通建设减免地价税、房屋税及契税标准”等规范，以贯彻落实税收优惠政策，鼓励民间机构参与基础设施建设。

（四）我国台湾地区 PPP 模式的实践经验

自 2009 年以来，台湾当局以“公共利益至上”与“提供民间机构合理回报”为修法原则，检讨“促参法”及其相关配套规范的实施状态，从兴利除弊的角度，完善公私合作制法律体系，凡为公众使用或促进公众利益的建设领域均可开放民间参与，进一步扩大公共领域开放；对民间参与的投资人给予更多的优惠或奖励，提升私人部门参与的积极性。①

PPP 模式的运用,绝不是简单的奖励措施、税收减免能够奏效,不同阶层、不同利益群体的交错,不同的法律间的冲突与矛盾,均需要有一部权威的、综合的法律加以调适、协调。实践证明,PPP 模式采用专项立法模式,解决不了复杂的法律矛盾,制定统一的综合立法是解决 PPP 法律问题的唯一途径。1994 年我国台湾地区"促进民间参与公共建设法"的施行可以说是公私合作制实践的选择,以统一的综合规定剔除现行制度障碍,以统一的综合规定确立权威的制度,这是 PPP 模式立法必须遵循的"立法"方法。

我国台湾地区 PPP 模式实践的另一个经验是构建事权统一、权威的专门机构。台湾"促参法"授权台湾地区行政管理机构依规定成立"公共工程委员会",统一协调、处理 PPP 模式实施过程中的各种复杂的问题,并直接负责有关 PPP 的各种规则,避免政出多门、事权分散。我国 PPP 实践涉及发改、财政、交通、建设、教育、卫生等多个部门,但中央政府一级并没有明确 PPP 项目协调的主要负责部门,各部门在推广 PPP 模式进程中,各是其所是、非其所非,政策、指南、办法、条例层出不穷,存在巨大的政策风险和政策漏洞。

三、以多元利益均衡为核心的 PPP 立法的基本结构

从某种意义上来说,基于 PPP 模式所形成的不同的社会关系,归根结底都是一种利益关系。利益,历来都是人们追求的对象,也是人们追求的结果。② 人类社会是利益关系的集合体,不同社会呈现出不同的利益关系。人们所奋斗争取的一切都与他们的利益相关。生产关系起源于利益关系或者说生产力水平及其发展要求决定利益关系和利益格局。从某种意义上来看,社会制度的起源和演进是从利益关系开始的,是先有利益关系后有生产关系,然后才有上层建筑。③ 理论界对利益认识较一致的看法是利益是一种满足需要的方式,"需要既是形成利益的根本前提,也是区分不同利益主体和利益形式,从而构筑利益体系的根本依据"。④

(一)PPP 模式利益关系调适的立法宗旨

PPP 模式立法的核心任务是利益关系的协调与平衡。PPP 立法,无论是福利

---

① 参见赖義霖、谢秉铨:《从〈促进民间参与公共建设法〉模式来探讨传统市场的改建之研究》,载《第六届物业管理研究成果发表会论文集》2012 年 10 月。

② 利益,历来也是思想家们讨论的热门话题,对于什么是利益,不同的人有着不同的理解,我国先哲就有多种不同的利益观,例如,孔子、孟子的重义轻利的利益观,商鞅、韩非子的趋名逐利的利益观,墨子的兼爱交利的利益观、荀子的欲望合理的利益观,凡此种种,难以穷举。

③ 参见柳新元:《利益冲突与制度变迁》,武汉大学出版社 2000 年版,第 15 页。

④ 周叶中:《论民主与利益、利益集团》,载《学习与探索》1995 年第 2 期。

社会理论还是公共财政维持理论，都必须面对复杂的、多元的利益冲突与协调问题。这是因为 PPP 在本质上是公、利益关系的总和，利益关系复杂性、多元性的特质决定着 PPP 立法必须兼顾各方利益、调和利益冲突与矛盾。任何一个成功的公私合作伙伴关系的基础是履行承诺的义务、致力于共同的目标、信任对方、团队建设、共同承担风险及开诚布公地解决冲突和问题，因此，多元利益均衡是 PPP 模式在全生命期内正常运行的核心。如何实现 PPP 模式这种复杂利益关系的多元利益均衡？这是立法必须解决的理论和现实问题，从总体上来看，要达成多元利益均衡目标，必须处理好要素、结构和功能等各层面的综合法律关系，运用法律与政策构建刚性制度，妥善处理下列五种利益关系：

1. 确立公共利益的最高利益标准

无论是基础设施建设还是公用事业，公私合作制作用的领域均无法避开 PPP 项目的公共性。换言之，PPP 模式的运用旨在发挥市场在资源配置中的决定性作用，引入多元化投资者向社会公众提供更多的公共物品与服务，克服官僚机构阶层化形成的低效率问题，缓解因政府公共财政资金短缺或结构失调而形成的公共物品与服务供给压力，从而提高公共福利水平。因此，PPP 模式的运用并没有改变公共物品与服务供给的本质属性，也不能改变公共物品与服务供给的功能，公共利益应当而且也必须成为 PPP 模式最高利益标准。①

2. 可持续发展过程中的代际利益关系协调

运用公私合作制解决的是基础设施和公用事业领域投资、增强公共物品与服务供给问题，PPP 项目全寿命周期动辄几十年，既涉及公共资源合理分配、可持续发展，也涉及人类发展过程中的代际利益关系。因此，PPP 项目从规划、立项到设计、建设、运营，不仅应把未来相当长时期内可能存在的风险和不确定因素进行综合考量，而且必须把广大人民群众对现实生活满意度与对未来美好的憧憬有机结合起来，把当代人对公共资源的需求和后代人对公共资源的享有机结合起来，协调好代际利益关系，实现科学、合理和可持续发展是 PPP 模式立法的基本指导思想。

3. 妥善处理不同社会阶层的利益关系

不同的社会阶层存在是一种客观的、历史现象，中国封建社会中士、农、工、商的阶层分类就是明显的例证。今日之中国社会，虽然淡化不同阶层的差异、淡化不同阶层利益的冲突，但人们不能据此否认不同社会阶层的客观存在，更不能否认不同阶层间的利益矛盾与冲突。政府与社会资本间的合作绝对不是政府与任何人、任何阶层的合作，而是政府与私人企业、私人资本（也许用资本家概念更为清晰、准确）的合作，是政府与社会精英阶层的合作。这些私人企业、私人资本的所有者，是

① 参见陈婉玲：《公私合作制的源流、价值与政府责任》，载《上海财经大学学报》2014 年第 5 期。

社会精英阶层,是强势群体,他们推动当今之社会发展,但也存在明显的扩张倾向;他们向消费者提供公共物品与服务的同时,却同样存在满足其资本贪婪的属性。以私人企业为代表的社会资本与政府在公共领域合作向民众提供公共物品与服务,在提升民众福祉和供给效率的同时,形成两种值得警惕的现象:一是社会资本以公共物品与服务供给之名,行私人资本逐利之实;二是政府与社会资本以合作之名,行抛弃公共责任之实。尤其是政府与社会资本合作的结果可能使政府形成路径依赖,这种路径依赖可能使放宽对公共物品与服务供给的规范、监管之责,社会弱势群体或阶层利益受到侵害。综观各国 PPP 模式立法,国家运用政策与法律强化公共物品与服务供给监管、规范 PPP 模式运营,对弱势群体施以倾斜性保护是 PPP 模式立法平衡不同阶层利益的基本手段。

4. 妥善处理不同区域间的利益关系

PPP 立法必须处理好不同区域间的利益关系,任何一个国家都必然存在发展不均衡问题,区域间的差异性决定政府与社会资本合作的能力差异,有需求强、财政能力亦强的区域,也有需求强、财政能力弱的区域,还有需求弱、财政能力亦弱的区域。公共产品和服务的供给具有全面性和均等化的特点,它满足社会公众生存需求的物质和机制保障,同时也为弱势群体向上构建畅通的渠道,即普惠性。要处理好一国范围内不同地方间以及地方内部不同区域间的关系,必须根据不同区域 PPP 模式运用能力和公共物品与服务供给能力来决定。不同地区由于经济发展不平衡,社会公共资源享有率差异很大,既不能造成强者越强和弱者越弱的马太效应,也不能不顾区域需求盲目发展。对经济发展落后的地区,国家更应该注重公共资源的供给效率,而不是运用 PPP 模式的社会效应。

5. 妥善处理好中央与地方利益关系

世界各国的政治经济体制均以中央与地方的利益博弈为核心,处理二者关系基本依靠政策和法律两种手段。PPP 伙伴关系模式最明显的特征是灵活性强,故地方的自主权是 PPP 运行的根本保障。但出于地方逐利性和排他性的考量,中央层面基于刚性制度的统筹和协调实属必要。

(二)PPP 模式利益关系协调的制度建设

PPP 模式立法为了达成复杂多元利益关系调适、维护公共利益的目标,必须秉持公共利益至上法律原则,坚持原则性与灵活性相统一的立法理念,确立灵活多样的调适机制和刚性制度建设。

1. PPP 模式的利益导向机制

追逐利益是人类的本性,也是一切私人(社会)资本参与公共物品与服务供给的根本目的。限制资本利益的过度追求是公共利益至上的必然要求,在资本利益与公共利益发生矛盾与冲突时,必须基于多数人的公共利益考量,限制资本利益;

保护资本合理的利益追求是对人的个性的尊重,是对资本本质的尊重。因此,利益导向机制不是要扼制人类利益的欲望,而是要合理地引导它;不是要压制资本的本性,而是要合理地引导资本对利益的追求。公私合作制的合作关系具有双向利益关系,公共利益的无限扩张必然会榨取资本利益,同样,资本利益的过度膨胀也必然会侵害公共利益。在这种双向利益关系中,其利益平衡是以双向抑制为基础的,即政府与私人(社会)资本必须自觉地压制自己所代表的利益,以合作共赢的基本立场处理利益追求问题。

PPP 模式的"利益导向机制"首先是引入"市场竞争机制"。公共领域开放、公共物品与服务供给多元化在本质上就是市场化,就是要发挥市场在公共资源配置中的决定性作用。政府与社会资本合作尽管有缓解公共财政压力的因素,但并非是唯一的因素,有限政府建设、激发市场活力、增加人民福祉同样是公共资源领域开放的主要原因。因此,政府与社会资本在公共领域的合作就是要以"市场竞争机制"作为根本的利益导向机制,优化公共领域投资结构、改革公共领域管理、提高公共物品与服务供给效率与质量。同时,通过公共物品与服务付费使用来促进公共物品与服务使用效率、改变人们传统的公共资源使用观念和态度。以市场竞争机制为利益导向机制,不仅仅是政府与社会资本合作的导向机制,也是社会公众、公共资源运用的导向机制。私营部门通过管理激励措施和市场约束能解决或缓解资产所有权和控制权不一致产生的难题,风险转移到私营部门也会迫使私营部门追求效率最大化,产权清晰的市场一旦确立,各种资源就能更高效、合理地配置。

PPP 模式立法必须建立的另一个利益导向机制是风险激励机制。尽管 PPP 模式运用在项目文件准备、融资、税务、转包和技术细节等方面是一项复杂的制度安排,但是基本原理却是"自主经营、自负盈亏、独立核算、风险分担"。基于公共领域的公共性及公共利益至上原则的限制,这些基本方针并不能向国有企业改革那样自如运用、彻底贯彻。例如,基于公共利益至上原则的限制,公共物品与服务的价格必须受到法律的限制;公共物品供给必须实现全面供给、公共服务也必须坚持普遍服务,公共物品与服务绝对不能沦为少数人的物品与服务。因此,公共物品与服务在价格、质量以及普遍性上必须接受监督;运营企业只能存在有限的自主定价、自主经营。既然"自主经营"有限,"自负盈亏"也必须有限,即私人资本只能承受市场化应当承受的风险,不能承担非市场化风险。因此,风险激励机制的核心是维护社会资本合理的回报。国家可以以税收减免、财政补贴、土地使用租金减免以及承担最终担保责任等方式,控制 PPP 项目风险,降低社会资本的风险压力。在任何行之有效的激励方案中,大部分风险都由供应商承担,原因在于只有资金存在风险的一方才有动力做出最好的判断。①

2. PPP 模式的利益表达机制

以 PPP 模式运作的公共物品与服务供给关系有着多元的利益结构,反映着复杂的利益关系。不同的参与者代表着不同的利益主体:私人部门作为合作者本身代表着不同层次、不同结构的资本利益关系,涉及不同的利害关系主体;政府作为公私合作制的合作者,既是公共利益的代表,也是公共利益的提供者;消费者参与 PPP 模式,使用、消费公共物品与服务。因此,不同的利益必须能够以特定的方式、途径表达出来,这就是利益表达机制。缺乏必要的、适当的利益表达机制,PPP 模式难以保持健康的运行。例如,私人资本利益如果缺乏必要的、适当的表达机制,则 PPP 项目公司根本不能享有必要的经营自主权;消费者如果不能以必要而适当的利益表达方式和途径,其合法权益有可能遭受公、私利各方的多重损害。建立 PPP 模式利益表达机制是保证 PPP 模式健康运营的基本制度。

PPP 模式利益表达机制以信息公开和信息披露为基本前提。PPP 项目具有公共性,因其作用于基础设施与公用事业,从事公共物品与服务供给,事关国计民生、人民福祉,且可能涉及公共财政支出、公共土地资金减免或税收优惠,并非完全为私人投资或私人资本。公共物品与服务供给也涉及消费者合法权益保护。故 PPP 模式表达机制的确立必须以信息公开为基础,缺乏信息公开与正常的信息披露就不能建立起正当的、必要的利益表达机制。PPP 伙伴关系中的"利益表达机制"是"听证机制"和"信息公开机制"。这一观点的理论基础为"生产服从消费、生产者服从消费者"这一基本法则。多样化的公共产品与服务的消费需求和优质化的消费口碑在客观上对公共资源配置和公共服务的供给提出更高要求,引入"听证机制"与"信息公开机制"是公共产品消费者主权的产物。

3. PPP 模式的利益规范机制

任何一种利益,皆具扩张性与排他性,概因利益以权利存在为基础,权利在法律上却具有独占与排他的基本属性。利益指人为满足生存与发展而形成的各种客观需求,亦即个人或个人的集团寻求得到满足和保护的权利请求的愿望或需求,利益是由个人、集团或整个社会的、道德的、宗教的、政治的、经济的,以及其他方面的观点而创造的。因此,利益既与一定的个体或集团的需求联系在一起,也与一定的规范确认的权利联系在一起。前者是一种客观存在,后者是一种扩张与排他的能力。PPP 模式中的利益虽然不排除非物质的精神利益存在,但主要指经济性的物质利益(经济利益),这种经济利益对于任何个人或者团体、组织更为重要,应当属

① 参见[英]达霖·格里姆赛、[澳]莫文·K. 刘易斯:《PPP 革命:公共服务中的政府和社会资本合作》,济邦咨询公司译,中国人民大学出版社 2016 年版,第 263 页。

于基本利益范畴。

尽管人们基于社会公正和社会和谐的立场提出了利益共享的社会目标,其实质是在承认和尊重不同利益主体的利益享有权基础上谋求社会共同利益公平地惠及不同层次的利益主体,借以实现社会公正。毫无疑问,利益共享只是一种社会理想,也是一种社会追求。各种复杂的、多样化、多层次的利益主体间的利益变化万千,利益共享在中央与地方、发达区域与欠发达区域以及不同阶层、不同群体间的实现,作为一种社会目标,其基本理念就是让全体人民共享改革与社会发展的利益,不仅指存量利益,也指增量利益。从这一角度来看,PPP模式可谓是一种利益共享的经济方式,政府开放基础设施与公共事业领域,私人部门以充裕的资金和丰富的经验参与公共物品与服务供给,实现与政府共享市场经济发展的成就,增加公共物品与服务的数量和增量;消费者在政府与私人部门合作的过程中共享着更加优良、更加丰富和更加低廉的公共消费品,享受着基于公共设施和公共服务的改善与便利所带来的利益。

要实现基于PPP模式所形成的利益共享,必须有效规范PPP模式的规划、立项、建设、运营和退出等基本环节和基本秩序,否则,利益的扩张性和排他性会不断驱使PPP模式各方参与者走向合作的相反面。换言之,无论是以政府为代表的公共部门,还是以资本为代表的私人部门,都会在PPP模式运营过程中谋求各自的"私利",若侵蚀合作共赢的基础,最终必然导致PPP模式运营难以为继,使利益共享沦为一种空想。有效规范PPP模式运行的关键在于构建必要的利益规范机制。这种利益规范机制对于政府与社会资本间的合作伙伴关系,既包括基于意思自治、契约自由等市场规则建立起来的契约约束规范,也包括政府基于吸引社会资本参与基础设施和公共事业建设需要所形成的诸如政策导向、优惠措施、税收减免、政策扶持等政策指引机制;既包括由法律创建的旨在维持PPP秩序的刚性规则,也包括以法律形式授权PPP模式参与各方灵活协商、合作自治的任意性规则。通过利益规范机制,明确各方(公共部门、私营部门与消费者)的公权力、私权利和相应义务,以确保合作的顺利完成,最终使合作各方达到比单独行动更为有利的结果。

4. PPP模式的利益监督机制

PPP模式立法必须构建能够适应需要的利益监督机制,保障公私合作制的健康运行。以多元利益关系构造的PPP模式是公共资源市场化配置的模式,也是私人资本谋求增值、发展的模式。无论是市场竞争规则对公共物品与服务供给秩序的需要,还是资本谋求利益最大化抑或公共利益至上原则的贯彻,均需要有效的利益监督机制以保证参与各方遵守公、私合作的各项法律制度和行为规则,排除客观存在且可能发生的各种各样的违法行为,遏制资本对利益的过度追逐,以及非法利益的攫取。公私合作制模式的利益监督机制必须能够贯穿PPP伙伴关系的全过程,从规划、立项、审批到建设、运营、移交、退出,每一个核心环节都必须有与之相适应的利益监督机制。

PPP 模式的利益监督机制以有效的评估机制为基础,这种评估机制包括公共部门对 PPP 模式运行事前、事中与事后评估机制。评估机制可能由公共部门依法成立的独立机构实施,也可能由具有专业评估能力的第三方机构实施,甚至还可能由 PPP 项目内部设立的评估机构实施。这种评估机制为 PPP 模式运行的利益监督机制提供客观的标准和前置性评价。对于 PPP 而言,事后评估机制则显得更加重要。在很多国家,PPP 在多种类型的基础设施建设项目中都得到了应用,包括硬经济基础设施(公路、桥梁、铁路和电信等)、硬社会基础设施(医院、学校、供水排水和监狱等)、软经济基础设施(技术研发等)和软社会基础设施(社区服务)。[①] 这些基础设施能否在一个相当长的周期内满足社会公众日益增长的需求,在事前和事中评估周期中很难达到结果准确,因此,在工程验收交付之后的定期跟踪评估就显得尤为重要。这种事后评估能否发挥作用,则取决于监督机制是否健全,单靠公共部门的监督远远不够,必须建构民众、社会团体和公共部门多渠道的监督体系。

PPP 模式运行的利益监督机制必须是一个综合的立体的监督体系。这种监督体系必须能够为 PPP 模式参与各方提供有效的监督约束途径和方法,以满足各方维护其自身利益和共同利益的需要,并形成重要的约束力量。从总体上来看,PPP 模式运行的监督机制除 PPP 项目内设机构监督外,至少还应包括公共监管机制与社会监督机制。无论是基于公共产品理论、公共利益理论还是委托代理理论或信息不对称理论,公共监管机制都是维护 PPP 模式健康运营的不可或缺的手段。公共监管机构可能是政府职能部门依法实施的监管,也可能是法律授权、依法设立的独立机构实施的监管,但无论是政府监管还是独立监管,其公共机构性质并无实质性差异,公共利益和公共物品与服务供给效率均为其核心任务。同时,其社会监督也是保障 PPP 项目健康运行的基本方法,PPP 模式作用于公共领域,公共物品与服务供给涉及社会全体成员或者绝大多数成员的共同利益,单纯依靠公共监管并不能充分保障公共利益不受侵害。因此,赋予社会公众、社会舆论以及消费者对公共物品与服务供给的质量、数量、价格以及普遍服务等方面实施监督,具有重要的制度价值。

5. PPP 模式的利益救济机制

利益救济机制是体现社会公平正义的标准,无救济则无权利,无权利则无正义。PPP 模式的利益救济机制由争议解决机制、退出救济机制和责任追究机制等具体机制构成。

---

① 参见[英]达霖·格里姆赛、[澳]莫文·K. 刘易斯:《PPP 革命:公共服务中的政府和社会资本合作》,济邦咨询公司译,中国人民大学出版社 2016 年版,第 260 页。

(1)争议解决机制。PPP 模式是一种多元利益结构体,不可避免地存在不同主体间的利益冲突。在 PPP 模式运行过程中,利益冲突甚至主体对抗均为必然现象,当特定的主体基于利益冲突发生矛盾甚至对抗时,法律预设的争议解决机制如果能够有效地解决矛盾与冲突,将促进 PPP 项目健康发展;反之,PPP 项目必然受到冲击甚至夭折。从实践来看,PPP 模式在争议发生时有着友好协商、专家裁决和仲裁等多样解决方式。PPP 模式的争议解决机制至少应包括集体协商机制、调解机制、专家裁决机制、仲裁机制和诉讼机制。诉讼机制因涉及 PPP 模式基本法律关系性质,存在极大的争议,即合作各方发生争议时究竟适用民事诉讼程序还是行政诉讼程序的问题。我国财政部在《PPP 项目合同指南》中认为 PPP 从行为性质上属于政府向社会资本采购公共服务的民事法律行为,构成民事主体之间的民事法律关系;同时,政府作为公共事务的管理者,在履行 PPP 项目的规划、管理、监督等行政职能时,与社会资本之间构成行政法律关系。在此基础上,《PPP 项目合同指南》特别提示,就 PPP 项目合同产生的合同争议,应属于平等的民事主体之间的争议,应适用民事诉讼程序,而非行政复议、行政诉讼程序。但发改委在《关于开展政府与社会资本合作的指导意见》及《政府与社会资本合作项目通用合同指南》中规定了协商、调解、仲裁或诉讼等争议解决方式,但认为 PPP 项目合同是行政机关为实现公共利益或者行政管理目标,在法定职责范围内,与公民、法人或者其他组织协商订立的具有行政法上权利义务内容的行政协议,其争议属于行政协议纠纷,只能采用行政诉讼方法解决。显然,作为政府与社会资本合作的推进机关,财政部与发改委对 PPP 争议解决机制的认识差异可能产生相当大的负面影响。

(2)退出救济机制。基础设施与公用事业领域素为公共部门独占领域,在 PPP 模式推广运用过程中,政府有条件地开放公共领域、放弃其公共资源独占权,旨在吸引社会资本投入、缓解政府公共财政压力。社会资本参与公共领域投资,犹如上了公共物品与服务供给的动车,而这列动车虽然搭上市场在资源配置中起决定性作用轨道,但司乘人员却是政府或公共部门,基于部门利益需要,有可能假借公共利益之名滥用其操控权而损害社会资本利益。社会资本以 PPP 模式参与基础设施建设、运营,如何保证既能安全上车又能安全下车,这是每一个社会资本持有者最关心的核心问题。退出救济机制解决的是社会资本在合作期限届满前部分或全部退出项目,转移后续风险和收益的法律机制。从实践来看,退出救济机制首先应当明确社会资本退出条件,只有符合法定条件的社会资本才能援引、适用退出救济机制;其次,明确退出的方式以及各种方式适用的条件,如政府回购、资产证券化;最后,明确政府补偿的办法和补偿标准。

(3)责任追究机制。PPP 模式运行非正常终止时,对负有责任的责任人依法追究其法律责任。责任追究机制包括责任主体的确定、违法行为的概括性和列举式描述、归责原则的选择抑或重构、承担责任的形式等内容。

(三)PPP 模式利益均衡的立法完善

从“系统功能”的角度来看,应以机制框架为基础,着力构建和完善相关制度以保障利益均衡实现。具体包括:

1. 完善社会资本进入和退出制度

市场准入包括一般市场准入和特殊市场准入。前者指的是投资者进入市场从事经营活动的一般条件和程序规则;后者涉及的是投资者进入对公共利益有重大影响的特殊市场和程序规则,PPP 市场当属此列。在混合经济下,一般市场准入对市场自由的尊重和特殊市场准入对国家干预的有限依赖都是十分必要的。事实上,市场准入制度的完善意味着起点的公平,意味着任何市场中的人和可以进入市场中的人都能为追求自我经济利益而从事生产经营活动,在形式上造就了人们参与市场利益分配的起点公平,从而为社会的利益均衡提供了一个基本条件。从实务角度来看,完善的私营部门退出安排同样应当是私营部门参加 PPP 项目不可或缺的重要保障。如果一国 PPP 政策与法律只重框架性规定轻细化调整,那么私营部门参与 PPP 项目将顾虑重重。与此同时,单一私营部门的企业生存周期、私营部门联合体参与 PPP 项目的优势和阶段关注、PPP 项目融资的鲜明特色等方面均反映了私营部门在 PPP 退出机制安排方面的现实需求。因此,以退出限制的实质目的为导向的退出条件设置,体现了政府方和私营部门双方的关注;而资本市场、专业 PPP 股权交易市场等多渠道、多样化的私营部门退出途径,有助于促进不同私营部门积极参与 PPP 项目。

2. 明晰公私产权制度

按照新制度经济学代表人物阿尔钦的观点,产权是一个社会所强制实施的选择一种经济品的使用的权利,而产权系统实际上表现为“分配权力的方法”。[①] 根据该种理论,现行国家所有权无论是在实质上,还是在逻辑上均为现行政权的有效元素,所有权被包容于政权架构下且必须服务于政权。如此,公共权力无形间成为国家所有权行使过程中的主导性力量。例如,特许经营权源自于公共权力机构的特别许可,如果公共权力既从所有制层面控制了公共自然资源归属权,又在实现领域控制了其配置权、审批权、收益权且具有强制性,则特许经营权无论是从权源、权利产生、实现均需受制于公共权力,故特许经营权人为获取经营权必须与公共权力进行交易,公私混合的垄断市场主体也就必然形成,这有悖于公私合作 PPP 伙伴关系的初衷。

诚然,作为公法主体并非不能享有私法所有权,但一旦进入所有权法域,就必

① See A. Alchian, “Some Economics of Property Rights”, Il *Politico*, Vol. 4. 1965, p. 30.

须恪守私法规则而不得享有公法主体之豁免权、优先权。但如果通过强制规范使所有权屈从于所有制,则所有权应有的平等地位、独立人格、自由意志等价值无疑被悬空搁置,而产权结构自然公私难辨,且具有超乎私法所有权的优越性,由此派生的其他权利束亦难依照私法规则行使、救济。因此,PPP项目在建设、运营等环节中的所有权归属及所有权与经营权分离等问题,应以刚性制度事前确立,以减少公私部门的利益冲突。

3. 合理的定价和调价制度

PPP项目价格形成机制是PPP项目相关主体之间利益风险分配机制的重要体现。城市公共服务PPP项目价格机制设计遵循的主要原则之一是,在保证公共利益的同时保证PPP项目公司有合理的收益和适当的风险。即以最低的价格和最低的风险提供公共产品或服务,在保证项目生存能力和投资吸引力的同时,还应该有足够的激励效果,以促进PPP项目公司提高项目建设和运营管理水平,改善服务,促进项目的可持续发展。定价和调价制度应包括以下内容:(1)要依据一定标准确定公共产品与服务付费模式,即按照服务独享的实际情况,确定固定价格或从量价格。(2)采用企业竞争性定价和政府限制价格相结合的定价方式。政府限价制度也充分体现了政府在给予企业合理利润的基础上,利用企业追求高利润的自然属性,鼓励企业进行成本控制。(3)由于项目的特许经营期限长达30年,考虑经营过程中物价、标准、政策等变化的影响,需要在PPP合同协议中约定价格调价办法,包括调价因素、调价公司、调价管理程序等方面,以合理控制项目的运营风险。例如,在污水处理项目中,可约定污水处理服务固定单价和计量单价每两年调整一次,按成本权重法设计调价公式,并根据长期运营中物价变化对成本的影响来进行调整,以公平补偿或调剂PPP项目公司的成本变化,调价因素主要包括人工费、动力费、药剂费和污泥处置费等类型。

4. 权责统一的政府经济职能制度

现代政府是社会生活的核心,而这种核心作用又主要是通过政府的经济职能展现出来的。各国政府都非常重视运用法律手段建立政府与私营部门的合作伙伴关系,通过PPP立法,为公私合作双方达成最合适和互利的协议设置了基本的规则;通过PPP立法,提高、限制或者禁止公私合作的领域;通过PPP立法,为公私合作双方提供合理的契约基础,并分配承担契约潜在的风险;引入竞争机制,筛选出最佳私营主体也是政府的核心经济职责,在选定私人部门合作方后,政府在PPP契约机制中的责任和参与并不会因为其中负责具体经营的私人部门合作者而终止。政府作为代表公共利益的合作方,仍对确保居民能够获得充分的服务和私人机构的契约履行负有责任。监督任务可能包括"监督服务质量,解决合同纠纷和客户投诉,实施制裁和业绩奖励"以及在合同终止和续签时重新谈判合同条款。政府在

PPP机制中基于公共政策或公共利益的需要,也保留了除督权以外的相应权利。首先,保留使用费率设置和实施权。其次,保留接受公共投诉并调查处理的权利。再次,保留信息获取权。最后,保留PPP关系协调权。①

5. 公私部门利益均衡法治化制度

笔者认为,法律作为社会利益的调节器,是均衡利益的有力保障。借助法律达到利益均衡将是恒久的利益均衡。"法律体现的意志背后是各种利益。法律是适应利益调节的需要而产生的,法律的发展根源于利益关系的变化,法律制度实质上是一种利益制度。"②英国在20世纪70年代后期的合同革命,政府利用市场提高公共服务供给效率的制度构建,对世界性难题作出回应。德国作为罗马法"国库理论"的继承者,长期坚持用罗马法来处理政府和商业市场的结合问题,目前面临的主要问题是欧盟指令受公法制约。英国的政府分工理念与中国差异较大,普通法具有高度的弹性、灵活性,其法律框架值得研究。中国的法律结构和现有的法律体系与他国不同,需要将PPP制度构建与法律实际结合起来。

四、PPP基本法的立法思路与原则

PPP模式立法涉及公共利益安全、政府公权限制、契约精神弘扬、制度冲突与衔接以及严格的程序控制等关键问题,无论是由国务院制定统一的行政法规还是其各部委出台规章、规范性文件,都不能完全满足PPP模式的法律需求,并可能危及法的公信力和权威性,形成下位法变更上位法的悖论格局。故PPP模式立法应整体布局、统筹设计、综合策划,形成以基本法为统领的多层次的、相互协调的PPP模式法律体系。PPP模式基本法应实行统一立法和综合立法方法,由国家立法机关制定,并以授权国务院制定具体的实施细则。

(一)PPP模式的立法选择

综上所述,受法律传统、法律制度和社会经济发展水平等因素的影响,各国PPP立法模式各不相同。

第一,针对特定领域PPP制定专门法模式。1998年美国制定的《运输基础设施融资和创新法案》即属于PPP模式的专门法,旨在鼓励各州政府及私人部门积极参与PPP项目;2009年美国颁行《复苏和再投资法案》,拟计划向基础设施领域投入致力于克服2008年金融危机造成的政府财政能力恶化状况的资金约880亿美元,为PPP模式项目提供政策激励;美国约有37个州制定了PPP模式的专门法,既

① 参见陈婉玲:《公私合作制的源流、价值与政府责任》,载《上海财经大学学报》2014年第5期。

② [美]E.博登海默:《法理学——法律哲学与法律方法》,邓正来译,中国政法大学出版社1999年版,第66页。

包括公私横向合作关系/交通运输(Horizontal P3/Transportation)专门立法,又包括公私纵向合作关系/社会基础设施(Vertical P3/Social Infrastructure)专门立法,各州多样化的专门法丰富了美国PPP立法实践。

第二,对PPP模式进行综合立法,用以排除现行法中可能阻碍公私合作制实践的法律制度的统一立法模式。例如,德国《PPP促进法》对其《反限制竞争法》《公共采购法》《远程公路建设私人融资法》《联邦预算法》《土地购置税法》《投资法》《土地税法》以及相关的养路费法规、建筑业发包条例等法律法规进行了系统的修正;或增加适用于PPP模式实践的方式、方法如竞争性谈判;或者排除现行法某些条款对PPP模式的适用,如排除土地税法对PPP模式下私人把土地转让给项目法人并用于公共事业建设情形的适用;或以立法技巧运用修饰现行法某些词汇使其满足于PPP模式运用的要求,如将公路收费统一调整为养路费并赋予养路费更多的权能如抵押融资。再如,我国台湾地区1994年颁行"奖励民间参与交通建设条例",其模式为专门立法,然而2000年颁行"促进民间参与公共建设法",改为统一立法模式。从总体上来看,统一立法虽然不如专门立法灵活、多样,但更具全局性和整体性,能够全盘考量PPP模式的法律制度。

第三,以公共采购法、招投标法等现行法对PPP模式进行法律规制的立法模式。欧盟对PPP模式立法采取审慎的立法态度和进路,坚持PPP模式只是公共设施民营化或私营化的一种方法,虽然丰富、复杂,但并没有超越政府采购与特许经营的基本范围,因而不赞同制定单独的PPP规则,而是在公共采购与特许经营法律框架下完善和具体化来调适PPP模式的法律制度,例如,欧盟2004年颁布了《2004/17/EG指令》,增加为PPP量身定制的竞争性对话程序,以满足PPP模式在政府采购的招投标程序上的特殊要求;再如,2014年2月欧盟颁布关于政府采购和特许经营程序的三个指令(《2014/24/EU指令》《2014/25/EU指令》《2014/23/EU指令》),增强PPP模式运用的法律确定性并尽可能简化PPP模式的法律程序。不过,欧盟各成员国对欧盟外源法的转换方法并不完全相同,德国走向了通案立法之路,英国却既不采用通案立法,也不实行个案立法,而是在2004年以前根据欧盟关于工程、服务和供应采购指令、指引,形成了1993年英国《公共服务合同法》、1995年英国《公共工程合同法》和《公共供给合同条例》。[①] 2004年在欧盟修改各项公共采购指引并合并原来的服务、工程和供给指引为公共设施采购指引的基础上,英国立法机关于2006年颁行了英国《公共合同法》和英国《公共事业单位合同法》,实现了外源法转化为PPP法的目标。

---

① See Alan Davis, "Financing PFI Projects in the UK in the Credit Crisis and State Aid", *European Public Private Partnership Law Review*, Vol. 4, Issue 3, 2009, pp. 152 – 157.

总而言之,PPP模式立法灵活多样,结合本国和地区具体情况为基本判断标准可能是PPP立法模式选择最为科学、可行的方法。任何一种既存的立法模式,只有能否适应本国和地区具体情况问题,没有孰优孰劣的问题。对于我国PPP立法模式选择而言,究竟以何种模式完成PPP法律制度的建构,尚在探索过程中。从总体上来看,我国社会主义市场经济虽然推进了30余年,但公共领域仍然存在计划经济影响和正面清单思维,公共物品与服务供给应由政府专司的传统思想根深蒂固。在以市场决定资源配置为中心的全面深化改革进程中,政府与社会资本在公共领域以公共资源分权、分享为基本路径进行合作,客观上决定了PPP模式的推进必将面临巨大阻力,因此,公共领域要实现从集权到分权的转变,需要法律的权威和法治的信仰。我国PPP模式立法不能盲目照搬其他国家和地区经验和模式,搞单一的移植,必须结合我国基本国情,以"共治、共建、共享"的合作精神的落实为基础,以解决利益与风险的不确定性和行政权力过于强大等问题为导向,尽快制定综合、权威的PPP统一立法,才能适应PPP事业的发展。

(二)我国PPP模式既有立法资源的整理

20世纪90年代,我国即已鼓励民间资本参与基础设施建设并开展PPP实践,2010年5月13日,国务院发表《关于鼓励和引导民间资本健康发展的若干意见》(国发〔2010〕13号),明确提出鼓励和引导民间资本进入法律法规未明确禁止准入的基础设施和市政公用事业领域,规范设置投资准入门槛,创造公平竞争、平等准入的市场环境。这是新一轮PPP模式推广的基础性、指导性的政策文件。2013年9月国务院发布《关于加强城市基础设施建设的意见》(国发〔2013〕3号),提出规划引领、民生优先、安全为重、机制创新绿色优质的基础设施建设的基本原则,"在保障政府投入的基础上,充分发挥市场机制作用,进一步完善城市公用事业服务价格形成、调整和补偿机制。加大金融机构支持力度,鼓励社会资金参与城市基础设施建设。"2013年11月12日通过的中共中央《关于全面深化改革若干重大问题的决定》要求尊重市场决定资源配置的市场经济一般规律,"大幅度减少政府对资源的直接配置,推动资源配置依据市场规则、市场价格、市场竞争实现效益最大化和效率最优化",要支持非公有制经济健康发展,"坚持权利平等、机会平等、规则平等,废除对非公有制经济各种形式的不合理规定,消除各种隐性壁垒,制定非公有制企业进入特许经营领域具体办法"。[①]

基于上述发展PPP模式的基本的政策性指导文件,国务院各职能部门可谓各显神通,紧锣密鼓地出台了各种PPP模式的法规、规章、办法等规范性文件,并逐步形成了以发改委、财政部为中心的不同的PPP模式推进路径。截至2017年2月

---

① 2013年11月12日《中共中央关于全面深化改革若干重大问题的决定》。

底,我国现行有关 PPP 模式的法律、法规、部门规章与规范性文件 60 余件,涉及 PPP 模式推广与运用的各重要环节和重要制度,这些立法资源大致可区分为四类:

1. 法律、法规,目前我国 PPP 模式的法律、法规主要有《招标投标法》《政府采购法》《预算法》,国务院相应颁布了各法的实施条例。

2. 国务院颁发的指导性政策文件,如《国务院关于调整固定资产投资项目资本金比例的通知》《关于创新重点领域投融资机制鼓励社会资本投资的指导意见》《国务院关于深化预算管理制度改革的决定》。

3. 部门规章或规范性文件,主要有三类:一是发改委颁发的部门规范性文件,如《天然气基础设施建设与运营管理办法》《城市地下综合管廊建设专项债券发行指引》《关于开展政府和社会资本合作的指导意见》《基础设施和公用事业特许经营管理办法》;二是财政部颁发的部门规范性文件,如财政部《政府与社会资本合作模式操作指南(试行)》《2015 年地方政府专项债券预算管理办法》《政府和社会资本合作项目财政承受能力论证指引》《PPP 物有所值评价指引(试行)》《政府与社会资本合作(PPP)综合信息平台运行规程》《政府购买服务管理办法(暂行)》《政府采购竞争性磋商采购方式管理暂行办法》《政府采购非招标采购方式管理办法》;三是由发改委或财政部分别牵头、联合颁发的规范性文件(具体各规范性文件见本书附录)。

4. 地方性法规,如《北京市城市基础设施特许经营条例》《山西省市政公用事业特许经营条例》《深圳市公用事业特许经营条例》《青岛市市政公用基础设施特许经营管理暂行规定》《昆明市特许经营权管理办法》。这些地方法规或为省、直辖市、自治区立法机关颁布实施,或为拥有立法权的较大的城市立法机关制定施行,名称不统一、范围不一致,存在较大差异。

从总体上来看,我国现有 PPP 模式的立法资源存在诸多问题:

1. PPP 立法模式选择模糊,定位不准,立法走向难以预测

现有的 PPP 模式立法资源以政府采购和招标投标法为核心,PPP 模式主要适用政府采购和特许经营相关法律、法规,在程序上主要适用招投标法。由此观之,我国有关 PPP 模式立法在模式选择上似乎接近以欧盟为代表的以公共采购法、招投标法对 PPP 模式运用进行法律规制的第三种立法模式。但其具体制度设计却与这种模式的立法风格大相径庭。现行法对 PPP 模式的主管机关缺乏明确的规定,国务院作为最高行政机关,既没有协调、成立统一的 PPP 模式实施专门机构,也没有明确指定其负责实施 PPP 模式的职能部门,在实践中,发改委与财政部逐步成为推广、实施 PPP 模式,为 PPP 模式实施提供制度供给和政策指导的主要部门。然而,发改委与财政部或许对 PPP 模式实践缺乏统一的大局意识,或许对 PPP 模式运用缺乏清晰认识,或许基于部门利益的考量,其推广 PPP 实践的方式、方法、路径及

基本制度都存在很大差异,甚至相互矛盾、相互牵制。

发改委在PPP模式适用范围上更偏好基础设施建设,在立法模式选择上更倾向于个案立法模式,以专门法促进PPP模式运用与发展,因此,2015年月1日,发改委主导并联合其他五部委联合发布《基础设施和公用事业特许经营管理办法》。发改委选择特许经营作为专门立法的突破口,其基本理由有三:一是特许经营的内涵和外延相对清晰、其适用范围容易界定;二是路径依赖,即20世纪90年代开始的PPP模式实践肇端于基础设施领域,基本上使用的都是特许经营方式,且中央和地方的大量规范性文件也多以特许经营为规范对象;三是以特许经营立法规制PPP模式实践符合国际惯例,如欧盟2014年《特许经营合同授予程序指令》。客观地说,发改委以旧瓶装新酒的方式,采用特许经营法规制PPP模式实践,其理由并不充分,特许经营范围固然清晰,但只是PPP模式的一种方式而已,以特许经营立法推广实施PPP模式虽然简单,但在客观上也排斥了PPP模式多样性和复杂性,降低了PPP模式实践对公共领域市场化改革的影响。这种路径依赖或者路径选择存在严重的经验主义倾向,缺乏创新和改革的勇气,缺乏在实践中探索的精神。至于符合国际惯例之说,更是一种误解,欧盟前述指令清楚地指出特许经营只是一种PPP模式,而不是PPP模式的全部。

财政部PPP模式立法进路与发改委个案立法完全不同,从财政部已经出台的PPP模式规范性文件来看,财政部更倾向于通案立法模式,制定PPP模式一般法。2014年11月29日,财政部发布《政府与社会资本合作模式操作指南(试行)》,对PPP模式的项目识别、项目准备、项目采购、项目执行和项目移交进行了系统的规范;2015年4月3日,财政部发布《政府与社会资本合作项目财政承受能力论证指引》,识别、测算政府与社会资本合作项目的各项财政支出责任,要求各级政府对区域内PPP项目财政承受能力进行评估并披露相应信息;2015年12月28日发布《PPP物有所值评价指引》,要求在真实、客观、公开的原则基础上对PPP项目实施定性评估与定量评估,并在PPP综合信息平台上披露评价报告与相关信息。财政部颁行的规范性文件虽然也有具体的、专门性的,如2014年12月15日《政府购买服务管理办法》,但并没有改变其综合立法的目标追求。2016年年初,财政部公布《政府与社会资本合作法(征求意见稿)》,其内容涵盖了各种PPP模式,统一的顶层制度设计表明了财政部采用通案立法模式的态度。

财政部与发改委对政府与社会资本合作立法模式选择的差异,不仅耗费了有限的立法资源,而且为PPP模式立法埋下隐患。事实上,财政部与发改委争夺在过去2年多时间里,两部委争前恐后,先后发布规范性文件60余件,不利于建立统一的PPP法律体系,且有可能重蹈《政府采购法》与《招标投标法》并存的覆辙。

2. PPP 模式立法层次低、法出多门、法律权威不足

在现有立法资源中，除《政府采购法》《招标投标法》以及《预算法》由国家立法机关制定外，其他多为部门规章。这些以部门规章施行的规范性文件，来源于众多的国务院职能部门，有国务院办公厅颁发的，如《国务院办公厅关于加强城市地下管线建设管理的指导意见》，有国务院各部委发布的，如建设部于 2004 年 2 月 24 日颁布的《市政公用事业特许经营管理办法》。在国务院各部委中，除发改委、财政部争控 PPP 模式立法主导权、不断出台各种规范性文件外，参与联合发布或单独发布规范性文件的部委职能部门还包括交通运输部、民政部、国土资源部、教育部、人力资源社会保障部、国家卫生计生委、中国人民银行、国家税务总局、环境保护部、水利部、国家体育总局以及保监会、银监会等。例如，发改委、财政部、水利部在 2015 年 3 月 17 日联合发布《关于鼓励和引导社会资本参与重大水利工程建设运营的实施意见》，财政部、国土资源部、住房城乡建设部、中国人民银行、国家税务总局、银监会于 2015 年 4 月 21 日联合发布《关于运用政府与社会资本合作模式推进公共租赁住房建设和运营管理的通知》。在密集出台的 PPP 模式规范性文件中，令人印象深刻的是法出多门、权威不足。缺乏系统的、统一的制度供给，仅由各部委职能部门提供政策性规范文件，不利于作为全面深化改革的重要抓手、推动公共领域市场化基本途径的 PPP 模式的实践。尤其是基于 PPP 模式复杂性和部门利益博弈的影响，发改委与财政部为争夺 PPP 模式立法主导权、密集发布 PPP 模式规范性文件，在客观上将影响审慎、合理、科学的 PPP 模式立法实践，增加了 PPP 模式立法的复杂性和困难性，建议全国人大加强 PPP 立法及其立法监督，及时纠正这种竞争性立法现象。

3. 以下位法修改上位法、以政策更改法律有悖法理

PPP 模式实践作为社会经济改革的一项创新，将形成一种新的所有制形式——混合所有制，其有利于推进改革领域改革，特别是公共物品与服务供给机制的改革。用法律手段巩固改革成果并为改革深化保驾护航，这是法律的一项重要功能。在新一轮 PPP 热潮中，新颁布的各种 PPP 模式的规范性文件中，既无全国人大及其常务委员会颁布实施的法律，也无国务院颁布的行政法规，甚至拥有法律、法规制定权的全国人大、国务院没有发表过任何有关 PPP 模式实践的规范性意见，也未就 PPP 模式立法有任何授权，国务院各部委积极地制定 PPP 模式规范性文件，其积极意义不言自明。但以下位法修改上位法、以政策更改法律却显然有悖于法理。

PPP 模式并非是新兴的一种产物，而是在 20 世纪八九十年代就曾在我国出现的模式，PPP 模式之所以经历了兴起、没落到再度走红的历程，是因为市场经济的发展和公众需求的提高。然而，在当下 PPP 模式再度兴盛的背景下，我国对于 PPP 模式的法律制度建设还是相对落后的。发改委以项目审批为逻辑起点，更多地认

为PPP项目仍是一种审批关系;而财政部则是从政府采购的角度来看待PPP模式,认为在PPP模式下,政府与社会资本之间仍然是采购合同关系。发改委与财政部这种认知差异直接导致PPP模式推进路径与制度建设的不同。而PPP模式作为一种所有制创新方式,呈现泛化发展的倾向,在客观上也加剧了制度的泛化,存在多重制度交叉与交集的现象,例如,PPP模式在资本选择方式存在政府采购法与招投标法的重叠和交叉现象;PPP的运行模式也与公用事业特许经营制度存在交集。典型的例子即原建设部的《市政公用事业特许经营管理办法》和国家发改委牵头的六部委《基础设施和公用事业特许经营管理办法》,也被认为是PPP模式的法律依据。这种重叠、交集直接导致PPP模式制度建设上的混乱。要解决这些问题,首先应当提高PPP立法的位阶,改变目前政府部门立法的状况,将PPP模式的立法权上调至国务院乃至全国人大及其常委会,通过新法取代旧法的方式使PPP模式的整体定义相对统一。同时,要将其他制度和PPP模式进行区分和分离,避免出现泛化的PPP模式,导致法律法规的重叠和冲突。而对于其他法律制度有益之处,在PPP模式立法的过程中则可以采用准用或是委任性规则进行嫁接。

(三)PPP基本法的立法方向

从整体上来看,我国现有的PPP模式立法资源存在明显的立法层次低、定位模糊、法出多门、权威不足等突出问题,这与国家把PPP模式作为深化改革、推进公共领域市场化的重要抓手的要求不相匹配。要改变这一状况,必须改变PPP模式制度供给的思路,创新立法,重新设计PPP模式构建的方法与途径,就此而言,由国家立法机关统一制定PPP基本法,也许是解决PPP模式概念众多、位阶较低、法出多门、权威不足以及协调与其他法律制度冲突的最关键、最有效的方法。

PPP模式对于现阶段我国深水区改革而言,其制度创新的价值、全面深化改革的促进以及公共物品与服务供给机制市场化的意义,无疑值得充分肯定。PPP模式所带来的"共建、共治、共享"的合作精神可能成为破解改革难题、打破市场壁垒、消除市场障碍以及建设法治国家的契机。但PPP模式并非万能,也不会必然提高公共物品与服务供给的效率和质量,而且,PPP模式复杂的多元利益结构、长期稳定的交易安排和不可避免的制度冲突,在客观上决定了PPP模式立法的复杂性。PPP模式基本法不是简单的对政府PPP政策的确认、转化和背书,也不是简单的法律条款的形成,立法者必须以"社会资本最大的参与"和"政府最大的审慎"为指导思想,运用高超的立法技巧,灵活协调处理PPP模式实践过程中形成的政策与法律、法律与法律间的冲突与矛盾,构建系统的、协调的能够推进PPP模式运用和公共领域改革的法律制度。

1. PPP模式基本法应当坚持权利平等、机会平等、规则平等,消除各种隐性壁垒

党的十八届三中全会作出了全面深化改革的重要决定,市场在资源配置中的

决定性作用越来越被认识和重视。政府与社会资本在公共领域合作,公共资源共享和混合所有、混合经营将取代政府独占和公共部门垄断经营的状况。合作的核心要义是平等、独立、互惠互利、包容协商。政府与社会资本合作关系是一种相互尊重、彼此包容、互惠互利、相互促进的关系,而不是分离疏远、相互对抗的关系。PPP 模式基本法应当弘扬合作精神,以法律形式确认政府与社会资本间的平等地位,公共领域开放、公共资源分享,以及公共物品与服务供给对合作双方而言是平等合作、互惠互利。一方面,公共领域逐步开放是全面深化改革、发挥市场资源配置决定性作用的结果,同时,也是有限政府与法治政府建设的必然要求;另一方面,社会资本进入公共领域,分享公共资源并获得新的营利机会,必然要求减少政府特权,缩减政府特许经营的空间。简言之,社会资本投入公共领域,是资本与政府的合作,而不是资本要政府充当大爷,特许经营许可是政府的权力,不是政府合作的条件,以特许经营旧瓶装 PPP 模式新酒的方法并不可取。因此,基于合作精神,PPP 模式基本法应当权利平等、机会平等、规则平等,确认政府与社会资本合作关系是一种平等的以契约自由为基础的民事法律关系,行政契约关系只是一种例外适用。同时,废除公共领域不合理的或特权的规则、习惯,促进社会资本进入公共领域。

2. PPP 模式基本法应当致力于方向控制、促进引导、政策扶持,剔除各种法律障碍

PPP 模式立法应当不同于传统的部门法制定,也不同于传统的特别法制定,究其原因在于 PPP 模式实践在我国是一种特殊的所有制形式创新,它不同于西方国家公共物品与服务供给私有化或民营化,也不完全是公共资源配置市场化问题,它以多元供给方式提升公共物品与服务的数量和质量,发挥市场对公共资源调节机能,缓解政府财政压力和促进政府职能转变。因此,PPP 模式实践不能被视为一种单纯的经济现象,也不能被视为单纯的公共领域变革。对于社会主义市场经济的中国而言,PPP 模式实践是公共领域发生的一场综合性的、制度性的全面变革。在这场变革中,公共资源的共建、共享和共治只是一种尝试、一个突破口,其根本的目的在于促进社会经济的市场化、民主化和现代化。PPP 模式基本法必须把握住公共领域改革的方向,推进公共资源共建、共享和共治,以合作精神指导 PPP 模式立法,促进和引导社会资本参与基础设施和公用事业领域建设,并对参与建设的社会资本实施政策扶持,排除现行法中政府与社会资本合作的各种法律障碍。因此,PPP 基本法不能简单地确认、转化或背书政府的 PPP 政策,必须控制 PPP 模式实践的方向,促进和引导 PPP 模式实践,在立法方法上变直接调整为间接控制、变具体规范为结构性框架设计,以方向引导规范政府在 PPP 模式中的合作行为,既要明确国家对公共物品与服务负有保障责任,也要明确 PPP 模式实践的边界和标准,确认政府的核心职能不能实施 PPP 模式;政府权力不得滥用、不得侵害社会资本的合法

权益。

3. PPP 模式基本法应当致力于协调、平衡,弘扬合作精神和契约精神

政府与社会资本合作涉及多元利益关系,这些利益关系以合作共赢为基础形成 PPP 模式的法律关系,且存在先天性的利益冲突。例如,公共利益与资本利益在合作共同体中始终是一对矛盾体,公共利益增加必然导致资本利益减少;同样,资本利益增加也会导致公共利益减少。合作共赢的基本逻辑思路是公共利益与资本利益在合作共同体中可通过总量增加达成双赢的目标,换言之,社会资本投入基础设施和公用事业领域,可以增加公共物品与服务供给的数量、提高供给质量,这种量的增加与质的改善使公共利益有所增加,民众福祉有所提高;而公共领域开放和公共资源共享使社会资本觅得新的发展机会和营利能力,随着公共利益的增加和改善,社会资本利益相应获得增加。相反,公共利益如在社会资本投入后没有增加,或者公共利益享有需要付出更高的代价,且这种过高的代价引发公众不满或社会矛盾激化,资本利益增长的预期必将难以实现,最终资本利益也必然受到损害。

从这一角度出发,合作共同体也是政府与社会资本的利益共同体。PPP 模式基本法应致力于 PPP 模式法律关系中各方利益的协调与平衡,这种协调与平衡的理论基础就是合作精神与契约精神。因此,一方面,PPP 模式基本法要避开法律政策化,防止把基本法变成一个政策性纲领,降低基本法的规范性和权威性。即使某些 PPP 政策需要法律化,也必须以法律的逻辑结构和规范形式加以表述。另一方面,保持 PPP 模式基本法的灵活性和开放性特点,避开直接的法律控制和强制措施,以契约约束适应复杂的 PPP 模式法律关系。

从总体上来看,PPP 模式基本法在合作理念和契约精神指导下,重点协调与平衡好公共利益保障与多元利益有效救济的关系,具体地包含以下关系:一是公共利益至上与资本利益最大化的平衡关系,在确保公共利益的前提下保留资本合理的利益回报,在公共利益与资本利益发生冲突时,必须坚持公共利益优先原则。二是政府与社会资本间的风险分配关系,PPP 法律关系极复杂,合作周期长、投资巨大、风险类型众多。不同的风险有着不同的形成原因。构建合理的风险分配机制,既有助于风险控制,也能够保护各方合法权益。风险分配的原则可按照最有利于控制风险发生或者风险最小的原则处理。三是政府职责与契约角色间的转换关系,政府在 PPP 模式中的身份极复杂、敏感,既是 PPP 项目的策划者、审批者、监管者,也是 PPP 契约的合作者、契约权利义务的享有者与承担者,政府身份的复杂性使其利用公共权力资源凌驾于其他契约当事人可能性增加,政府管理者的角色惯性也可能成为其不当干预 PPP 项目运营或者不能适当履行其契约义务的根源。PPP 模式基本法作为框架性结构立法,必须妥善处理好政府角色定位与转换问题。比较理想的制度设计是将 PPP 项目的立项者、审批者与 PPP 项目缔约者相区别,由不同

的政府职能部门分别担当,同时把PPP项目分为政府立项项目和企业自提项目,逐步扩大公共领域开放范围,缩减政府立项范围。同时,PPP模式基本法还必须把PPP项目的监管者与政府职能部门分割开来,逐步推行独立的第三方监管模式。四是处理好政府与社会资本合作的契约关系,确立合作契约性质认定以民商契约为原则,行政契约例外适用为补充。换言之,PPP契约在大多数情况下应当赋予其平等、自愿、等价有偿的民商契约的性质,但实践中某些PPP契约与行政权关系密切,不认定其为行政契约可能会损害其他合作当事人利益,在这种特殊情况下,应当例外认定其为行政契约的性质。

(四)PPP模式基本法的立法原则

PPP模式的实施有多种多样复杂的因素,既有突破财政能力不足对基础设施发展的限制,也有发挥社会资本在专业、技术和管理上的优势并使之服务于公共物品与服务改进,还有促进政府职能转变、推动经济发展和投融资体制机制改革等方面。在这场以PPP模式推进为抓手的公共领域改革进程中,政府从传统公共物品与服务供给机制中的直接操作者、供给者变成间接操作者和组织者、管理者、规制者,而转变后的角色更复杂,这直接关系PPP模式实践的成败,也是PPP模式基本法必须解决的关键问题。以结构性框架立法为特色的PPP模式基本法的作用不在于为PPP模式实践提供具体、细致的刚性规范,而在于为PPP模式实践提供灵活的原则性的方向指引;不在于解决PPP模式实践所面临的全部法律问题,而在于协调、平衡PPP模式实践中重大的、原则性的基本问题。

1. 以原则性与灵活性相结合的方法解决PPP模式定义与适用范围

PPP模式运用于公共领域,涉及各种复杂的法律关系。许多国家立法对PPP的概念都没有予以明确的界定,例如,2004年欧盟发布的《PPP及共同体公共合同和特许经营绿皮书》就没有直接定义PPP模式,仅仅列举出判断是否是PPP的具体标准。在欧盟,凡符合下列标准之一的,即属于PPP模式:(1)公、私双方就计划实施的项目确立长期的持续合作;(2)私人部门对公共基础设施建设安排了复杂的、由各类参与者共同投资的融资途径或者建设资金通过复杂的融资安排且公共资金对私人融资进行必要补充;(3)私人合作者在基础设施和公用事业项目中负责设计、施工、运营、融资等环节,而公共合作者主要关心公共利益目标、服务质量、价格政策,并监督公共政策的落实;(4)基础设施和公用事业运营风险由公共部门独自承担转变为公、私双方共同分担。但从我国PPP模式实践来看,PPP模式基本法更应以原则性与灵活性相结合的方法明确PPP的定义与适用范围。这是因为目前主导PPP模式实践的发改委与财政部对PPP的定义有着不同的见解,这种认识差异已经对PPP模式实践产生相当大的影响,PPP模式基本法通过对PPP给出概括性定义并以列举方式明确PPP模式的适用范围,有利于规范PPP模式的运行。至于如何给出PPP的一般性定义,我们认为应当包含以下各项基本要素:(1)PPP模式是市场经济的产物,市场经济的治理需要依靠法律,在此前提下,对于PPP模式的任何阶段、方式和协议等出现了问题,都需要运用法律来解决而非依靠行政手段解决,这就奠定了PPP模式基本法的主导地位;(2)要将PPP模式定义为多个阶段进行的长期运作的模式,这样就能够避免仅从一个阶段来定义PPP模式,避免出现和其他制度(如政府采购制度)的冲突;(3)不能把PPP模式仅仅理解为一个融资模式,PPP模式还应当是管理模式和社会治理机制的创新,只有认识到这一点,PPP模式才能够真正发挥社会资本的潜力。因此,PPP模式基本法在定义PPP时,必须从历史的、整体的、宏观的角度加以把握,只有这样定义,才能够使PPP模式基本法站在一个更高的角度,从而避免和其他法律法规及制度发生冲突,同时又不失去自身的特点。

在概括性界定PPP定义的基础上,宜以列举方式明确PPP模式适用的范围。从目前的法规来看,对于PPP模式适用的范围规定不一致,国务院《关于鼓励和引导民间投资健康发展的若干意见》从交通运输、水利工程、电力、石油天然气、电信、土地整治和矿产资源勘探开发七个方面鼓励和引导民间资本进入基础产业和基础设施领域,鼓励民间资本参与城市供水、供气、供热、污水和垃圾处理、公共交通、城市园林绿化等公用事业建设;发改委《关于开展政府与社会资本合作的指导意见》列举"燃气、供电、供热、污水及垃圾处理等市政设施,公路、铁路、机场、城市轨道交通等交通设施,医疗、旅游、教育培训、健康养老等公共服务项目,以及水利、资源环境和生态保护项目等";财政部《关于运用政府与社会资本合作模式有关问题的通知》则强调适用于"如城市供水、供暖、供气、污水和垃圾处理、保障性安居工程、地下综合管廊、轨道交通、医疗和养老服务设施等"具有一定收费定价机制、有稳定现金流的项目。从PPP模式与全面深化改革特别是公共领域改革的关系来看,PPP模式的适用范围当然是越广越好,但社会资本参与公共资源开发、利用必须符合资本营利这一前提条件,如果缺乏营利机制和营利条件,社会资本不可能参与PPP模式的实践。要明晰PPP模式的适用范围,既需要有这种理论认知,也需要一定的实践数据。我国的PPP项目从数量来看,主要分布在三个领域:一是能源,有409个项目,占40%;二是水务和污水处理,有375个项目,占37%;三是交通运输,有230个项目,占23%。通信仅有4个项目。我国PPP项目从价值分布来看,主要集中在四个领域:一是交通运输,占43%;二是能源项目,占37%;三是通信项目,虽然只有4个项目,但项目价值占12%;四是水务和污水处理,占8%。[①] 这些项目基本符合社会资本营利条件,具有稳定的现金流和收费定价机制。如果缺乏收费定价机

① 参见刘薇:《PPP模式理论阐释及其现实例证》,载《改革》2015年第1期。

制,国家即使给予完全补贴,社会资本也不会趋之若鹜。因此,PPP 模式基本法应以列举的方式来明定 PPP 模式的具体适用范围,在列举的同时在最后设立兜底条款即其他基础设施和公共服务,既清晰明了,又留有余地。

2. 准确界定 PPP 模式目标理念与立法宗旨

各国政府极力推广 PPP 模式,其目的并不完全相同。21 世纪的 PPP 实践掺杂着更多更复杂的目标追求,犹如欧盟 2004 年《PPP 及共同体公共合同和特许经营绿皮书》指出的那样,"PPP 需求的增加源于很多不同的因素。从成员国面临的预算限制角度来看,PPP 模式满足了公共部门对私营部门资金的需求。另一种解释是,公共部门需要私营部门的专业技术(Know-how)和工作理念以使公共生活更多获益。PPP 的发展还有部分归因于国家在经济生活中的角色发生转变,从直接操作者变为组织者、规制者和管理者"。[①] 由此可见,推广 PPP 模式实践的目的或为拓宽公共建设融资渠道、缓解政府公共财政困难,或为改革公共管理、利用先进的私人管理经验和管理技巧,或为改革行政管理体制、转变政府职能。总之,PPP 的目的与 PPP 模式基本法的立法目的并不相同。就 PPP 模式立法目的而言,应当包括三个层次:一是为了规范公共资源配置、高效率地提供公共产品以满足社会公众的需求。[②] 从供给效率的角度来看,在一个资源稀缺的世界里,效率是一个重要的社会目标。理论和实践都证明,市场配置资源是最有效率的形式,问题的焦点不再是产权归谁所有的传统思维定式,而是谁来使用的问题。谁有能力,谁能使资源有效使用,谁又能使生产要素得到最佳配置,谁就应该是公共资源的使用者。效率才是公共资源市场化配置的实质。[③] PPP 模式实际上就是公共资源配置和重组,改变现行公共物品与服务供给体制低效率状况,防止部门间的权力博弈和利益冲突。因此,要将规范公共资源配置、高效地提供公共产品作为 PPP 模式基本法的立法目的,PPP 模式所有的法律机制与制度设计均必须服务于这一根本目的。二是促进和规范政府与社会资本合作。PPP 模式实践是全面深化改革特别是公共领域改革的重要抓手,制定 PPP 模式基本法是为了促进而不是限制 PPP 经济的发展,一方面,完善 PPP 模式运行的法律机制,健全 PPP 模式各重要环节的法律规则,规范 PPP 模式参与各方行为,公平、合理地平等保护各方的合法权益;另一方面,使国家鼓励社会资本参与基础设施与公用事业建设的各种政策性扶持、优惠措施法律化,

---

① 国家发改委法规司:《我国 PPP 立法要重点解决的 7 大问题——基础设施和公用事业特许经营立法国际调研报告》,载中国水网:http://www.h2o-china.com/news/249852.html,最后访问日期:2017 年 2 月 16 日。

② 参见张守文:《PPP 的公共性及其经济法解析》,载《法学》2015 年第 11 期。

③ 参见陈婉玲:《公私合作制的源流、价值与政府责任》,载《上海财经大学学报》(第 16 卷)2014 年第 5 期。

以法律形式促进 PPP 模式在公共领域的应用。三是促进政府职能转换。PPP 模式基本法以合作与契约精神为理念,贯彻平等、自愿、协作包容、互惠互利的合作精神,赋予契约约束的法律效力。政府与社会资本在公共领域的合作只能是一种平等、自愿、互惠的合作,以法律为准绳、以契约为载体。政府在 PPP 模式中作为缔约方,依法享有合作契约权利、承担合作契约义务。PPP 模式基本法通过法律制度设计,明确政府在 PPP 项目中的法律地位,限制政府公权力的行使,克服传统的权能政府的惯性,促进政府职能转换。

3. 筛选并确认能够指引 PPP 实践全过程的基本法律原则

PPP 模式基本法应当是贯穿于整个 PPP 模式立法、用于指导 PPP 各项法律机制、法律制度构建的基本准则。在现有 PPP 立法资源中,不少规范性文件涉及 PPP 模式的法律原则,例如,2014 年 11 月 29 日财政部颁布的《政府和社会资本合作模式操作指南(试行)》要求财政部门应本着社会主义市场经济基本原则,以制度创新、合作契约精神,加强与政府相关部门的协调,积极发挥第三方专业机构的作用,全面统筹政府和社会资本合作管理工作,《政府和社会资本合作模式操作指南(试行)》第 5 条规定:"各参与方应按照公平、公正、公开和诚实信用的原则,依法、规范、高效实施政府与社会资本合作项目;"2015 年 4 月 25 日发改委财政部等六部委联合发布《基础设施和公用事业特许经营管理办法》,该办法第 4 条规定:"基础设施和公用事业特许经营应当坚持公开、公平、公正,保护各方信赖利益,并遵循以下原则:(一)发挥社会资本融资、专业、技术和管理优势,提高公共服务质量效率;(二)转变政府职能,强化政府与社会资本协商合作;(三)保护社会资本合法权益,保护特许经营持续性和稳定性;(四)兼顾经营性和公益性平衡,维护公共利益";2015 年 5 月 19 日,国务院办公厅转发财政部、发改委以及人民银行《关于在公共服务领域推广政府和社会资本合作模式指导意见》,明确指出政府与社会资本合作模式必须以全面深化改革思想为指导,发挥市场在资源配置中的决定性作用,引导和鼓励社会资本积极参与公共服务供给,并确立了依法合规、重诺履约、公开透明、公众受益和积极稳妥的基本原则。上述规范性文件所称的原则或为 PPP 模式实践的政策方针,如《基础设施和公用事业特许经营管理办法》确认的转变政府职能、维护公共利益,或为推广 PPP 模式的基本原则,如依法合规、重诺履约、公开透明、公众受益和积极稳妥。但是这些原则并非 PPP 模式的法律原则,更不是基本原则。

法律原则的确定对于一部法律而言,起的是宏观指导和填补漏洞的作用。前者用以指导 PPP 立法实践;后者在法律缺漏时用基本原则诠释,更能满足法律整体精神要求。PPP 模式阶段众多、期间较长、法律关系错综复杂,因此,建立 PPP 模式基本法,需要确立 PPP 模式的宏观原则。事实上,PPP 模式最大的特点是法律关系复杂、利益关系多元,PPP 模式构建的基础是以公共利益维护为核心的契约关系,以契约精神指导分工合作、利益共享、风险共担是处理 PPP 模式各重要环节权利义务的基本纲领,因此,确立 PPP 模式基本法的法律原则必须坚持三项标准:(1)贯穿 PPP 模式各重要环节及整个过程;(2)具有纲领性指导作用;(3)适用于 PPP 模式各项基本的法律机制和法律制度。立法机关应当依据这些标准筛选和确认 PPP 模式基本法的法律原则。

(1)公共利益至上原则。PPP 模式是针对公共物品与服务供给所为的制度安排,PPP 模式在公共领域实施既有发挥社会资本融资、专业、技术和管理优势,提高公共服务质量、效率的需求,也有转变政府职能,建设有限政府与法治国家的需求。而公共领域引入 PPP 模式最直接的原因则是政府公共财政能力不足、公共物品与服务供给质量与效率不能满足民众日益增长的需要。公共领域引入社会资本,不仅打破了公共部门独占公共资源、垄断经营的局面,而且在公共领域引入适当的竞争,可以提高公共物品与服务供给的质量与效率。因此,公共性是 PPP 模式的根本属性,既事关国计民生、公共资源合理分配,又涉及社会公共利益、人民福祉。公共利益至上应当成为 PPP 模式基本法的法律原则。

(2)保护社会资本合理回报原则。从理论上来看,公共利益与资本利益关系可谓既统一又矛盾。公共领域引入社会资本能够促进公共利益增长,公共利益增长能够为社会资本获得更多的营利机会,进而推动资本利益增长。政府与社会资本在公共领域共同体中能够通过紧密合作达成共赢。同时,公共利益与资本利益又彼此限制,公共利益增加可能导致资本利益减少,同样资本利益增加也可能导致公共利益减少。此外公共领域不断开放在客观上也为社会资本创造更多的发展机会。PPP 模式基本法为促进和规范 PPP 实践,在坚持公共利益至上法律原则的同时,必须确立保护社会资本合理回报的法律原则。过分强调公共利益至上,反而会降低公共利益。因此,PPP 模式基本法坚持保护资本合理回报原则,必须平衡好公共利益与资本利益的关系,既要维持公共利益与资本利益适度增长,又要在其相互冲突时优先保护公共利益;坚持保护资本合理回报原则也要求适度转嫁 PPP 项目运营风险,准确界定风险控制标准,构建科学、合理的风险分担体制,防止片面转嫁风险。国家在社会资本经营困难或退出 PPP 项目时,也可适当予以补偿。

(3)平等合作原则。任何合作均必须基于平等、自愿,政府与社会资本在公共领域的合作亦不例外。首先,平等合作原则要求 PPP 模式基本法必须确认当事人法律地位平等,政府在公共资源与公共权力上的优势必须受到法律限制,政府不得凭借其拥有的公共权力而凌驾于其他合作主体之上;其次,平等合作原则要求 PPP 模式基本法贯彻当事人意思自治,特别是合作各方必须完全自愿,既不得凭借各自的优势地位挟持对方合作,也不得以虚假条件或利益诱导其他当事人进行合作;最后,平等合作原则要求 PPP 模式基本法必须基于合作精神,确认分工协作、互惠互利、包容谅解的合作方法,构建各种协商处理机制。

(4)契约限制原则。政府与社会资本合作的基础是契约关系,以合作契约为纽带,政府与社会资本在公共领域间展开广泛、连续而持久的合作。PPP 模式基本法在贯彻契约自由精神、依法赋予当事人依据各自自由意思缔结契约、履行契约和依法解除契约的权利同时,也必须对 PPP 模式实践中的契约进行必要的限制。这是因为 PPP 模式作用于公共领域、涉及公共利益,公共性是 PPP 模式最基本的属性,它在客观上要求任何合作当事人均必须在公共利益与资本利益间作出必要的平衡,以公共利益高于私人利益的精神,适当放弃一定的资本利益。例如,PPP 项目的自主定价权必须受到限制,普遍服务必须成为社会资本的基本义务,公共物品与服务质量必须受到严格的控制,等等。PPP 模式基本法对契约限制必须予以明确规定,防止以契约自由之名损害合作各方当事人合法权益的现象发生。

(5)风险合理控制与分担原则。风险控制与分担是 PPP 模式实践中的重大问题,存在于 PPP 模式各重要环节。PPP 模式基本法必须对 PPP 风险进行科学合理的分类,并基于最能有效控制风险发生或者最能有效减少风险损害的分配依据,构建合理的 PPP 风险控制机制,把不同的风险责任配置给最有控制能力的人。另外,PPP 模式基本法在确认风险分担原则的同时,既要限制政府向社会资本转嫁全部 PPP 风险,也要防止社会资本以契约方式不承担任何风险。

PPP 模式基本法有关法律原则的筛选与确认,直接关系 PPP 模式各方当事人的合法权益,关系社会公众的利益能否得到最大、最佳的维护,直接关系公共领域改革的成败,因此,PPP 模式基本法的法律原则设计不同于传统的民商事法律原则,公共性与私益性的兼顾、公共利益与资本利益的平衡是 PPP 模式基本法法律原则筛选与确认不可回避的问题。除前述公共利益至上、保护社会资本合理回报、平等合作、契约限制和风险控制与分担原则外,PPP 模式基本法还必须充分考量公平、公开、公正以及竞争的市场法则,考量物有所值评估制度的合理运用,考量 PPP 模式信息披露与商业秘密保护关系问题。

附录　PPP 模式法律、法规及规范性文件目录

一、法律

1.《中华人民共和国招标投标法》

2.《中华人民共和国预算法》

3.《中华人民共和国政府采购法》

二、行政法规

1.《中华人民共和国预算法实施条例》(国务院令 413 号)

2.《中华人民共和国招标投标法实施条例》(国务院令 613 号)

3.《中华人民共和国政府采购法实施条例》(国务院令 658 号)

三、部门规章及规范性文件

1.《市政公用事业特许经营管理办法》(建设部令〔2004〕126 号)

2.《国务院关于调整固定资产投资项目资本金比例的通知》(国发〔2009〕27 号)

3.《关于鼓励和引导民间资本投资健康发展的若干意见》(国发〔2010〕13 号)

4.《国务院关于加强地方政府融资平台公司管理有关问题的通知》(国发〔2010〕19 号)

5.《关于加强城市基础设施建设的意见》(国发〔2013〕36 号)

6.《关于政府向社会力量购买服务的指导意见》(国办发〔2013〕96号)

7.《政府采购非招标采购方式管理办法》(财政部令〔2013〕74号)

8.《天然气基础设施建设与运营管理办法》(国发〔2014〕8号)

9.《国务院关于加强地方政府性债务管理的意见》(国发〔2014〕43号)

10.《国务院关于深化预算管理制度改革的决定》(国发〔2014〕45号)

11.《关于创新重点领域投融资机制鼓励社会投资的指导意见》(国发〔2014〕60号)

12.《关于发布首批基础设施等领域鼓励社会投资项目的通知》(发改基础〔2014〕981号)

13.《关于开展政府和社会资本合作的指导意见》(发改投资〔2014〕2724号)

14.《关于公共基础设施项目享受企业所得税优惠政策问题的补充通知》(财税〔2014〕55号)

15.《政府购买服务管理办法(暂行)》(财综〔2014〕96号)

16.《政府采购非招标采购方式管理办法》(财政部令〔2014〕74号)

17.《关于推广运用政府和社会资本合作模式有关问题的通知》(财金〔2014〕76号)

18.《关于政府和社会资本合作示范项目实施有关问题的通知》(财金〔2014〕112号)

19.《关于印发政府和社会资本合作模式操作指南(试行)的通知》(财金〔2014〕113号)

20.《关于规范政府和社会资本合作合同管理工作的通知》(财金〔2014〕156号)

21.《政府采购竞争性磋商采购方式管理暂行办法》(财库〔2014〕214号)

22.《关于印发政府和社会资本合作项目政府采购管理办法的通知》(财库〔2014〕215号)

23.《关于做好政府向社会力量购买公共文化服务工作的意见》(国办发〔2015〕37号)

24.《国务院批转发展改革委关于2015年深化经济体制改革重点工作意见的通知》(国发〔2015〕26号)

25.《关于在公共服务领域推广政府和社会资本合作模式的指导意见》(国办发〔2015〕42号)

26.《国务院关于调整和完善固定资产投资项目资本金制度的通知》(国发〔2015〕51号)

27.《国务院办公厅关于推进城市地下综合管廊建设的指导意见》(国办发

政策工作组:《电信监管:制度结构和监管责任》,载高世楫、俞燕山编著:《基础设施产业的政府监管——制度设计和能力建设》,社会科学文献出版社 2010 年版。

29. 敖双红:《公共行政民营化法律问题研究》,法律出版社 2007 年版。

30. 北京大岳咨询有限公司、深圳市大岳基础设施研究院编:《中国 PPP 示范项目报道》,经济日报出版社 2015 年版。

31. 财政部政府和社会资本合作中心编著:《PPP 财政承诺管理》,中国商务出版社 2015 年版。

32. 财政部政府和社会资本合作中心编著:《PPP 物有所值研究》,中国商务出版社 2014 年版。

33. 财政部政府和社会资本合作中心编著:《国外 PPP 案例选编》,中国商务出版社 2015 年版。

34. 财政部政府和社会资本合作中心编著:《政府和社会资本合作项目会计核算案例》,中国商务出版社 2014 年版。

35. 曹富国、何景成:《政府采购管理国际规范与实务》,企业管理出版社 1998 年版。

36. 陈富良:《放松规制与强化规制》,上海三联书店 2001 年版。

37. 陈干全:《公共服务民营化及其政府监管研究》,安徽大学出版社 2008 年版。

38. 陈健:《中国土地使用权制度》,机械工业出版社 2003 年版。

39. 陈京良:《我国转轨时期的政府规制》,财政经济出版社 2000 年版。

40. 陈明:《农地产权制度创新与农民土地财产权利保护》,湖北人民出版社 2006 年版。

41. 陈任:《英国合同赔偿制度研究》,法律出版社 2013 年版。

42. 陈婉玲:《经济法责任论》,中国法制出版社 2005 年版。

43. 陈婉玲:《义工组织法人制度研究》,北京大学出版社 2014 年版。

44. 程明修:《行政法之行为与法律关系理论》,新学林出版股份有限公司 2005 年版。

45. 仇保兴、王俊豪:《中国市政公用事业监管体制研究》,中国社会科学出版社 2006 年版。

46. 褚松燕:《权利发展与公民参与》,中国法制出版社 2007 年版。

47. 戴晶斌:《现代城市公私伙伴关系概论》,上海交通大学出版社 2008 年版。

48. 杜静、仲伟俊:《私人主动融资(PFI)模式在公共项目中的应用》,东南大学出版社 2014 年版。

49. 丰海英:《政府经济行为研究》,中国经济出版社 2008 年版。

50. 高鹤文:《准公共产品领域国有经济功能研究》,吉林大学出版社 2011 年版。

51. 顾镜清:《风险管理》,中国国际广播出版社 1993 年版。

52. 郭鹰:《民间资本参与公私合作伙伴关系(PPP)的路径与策略》,社会科学文献出版社 2010 年版。

53. 何寿奎:《公共项目公私伙伴关系合作机理与监管政策研究》,西南财经大学出版社 2010 年版。

54. 何翔:《公共产品政府垄断的高成本机理与治理研究》,中国社会科学出版社 2013 年版。

55. 胡丽:《城市基础设施 PPP 模式融资风险控制研究》,重庆大学出版社 2013 年版。

56. 黄锦堂:《行政组织法》,翰芦图书出版有限公司 2005 年版。

57. 黄小勇:《现代化进程中的官僚制》,黑龙江人民出版社 2003 年版。

58. 黄璇:《寻求合作共治——当代中国治理的价值取向与哲学阐释》,北京大学出版社 2015 年版。

59. 济邦咨询公司编著:《基础设施与公用事业民营化的中国实践》,学林出版社 2007 年版。

60. 贾康、孙洁:《公私合作伙伴关系理论与实践》,经济科学出版社 2014 年版。

61. 贾增春主编:《外国社会学说史》,中国人民大学出版社 2000 年版。

62. 焦富民:《中国合同责任制度研究》,江苏人民出版社 2003 年版。

63. 句华:《公共服务中的市场机制》,北京大学出版社 2006 年版。

64. 柯永建、王守清:《特许经营项目融资(PPP):风险分担管理》,清华大学出版社 2011 年版。

65. 孔繁斌:《公共性的再生产——多种性质你的合作机制建构》,江苏人民出版社 2008 年版。

66. 李以所:《德国公私合作制促进法研究》,中国民主法制出版社 2013 年版。

67. 林华:《PPP 与资产证券化》,中信出版社 2016 年版。

68. 林鸿铭:《政府采购法之实用权益》,永然文化出版股份有限公司 2010 年版。

69. 梁慧星、陈华彬:《物权法》,法律出版社 2010 年版。

70. 刘继才:《实物期权与 PPP/PFI 项目风险管理》,科学出版社 2010 年版。

71. 刘戒骄:《公用事业监管的美国经验》,载周林军、曹远征、张智主编:《中国公用事业改革:从理论到实践》,知识产权出版社 2009 年版。

72. 柳新元:《利益冲突与制度变迁》,武汉大学出版社 2000 年版。

73. 吕涛:《社会资本与地位获得:基于复杂因果关系的理论建构与经验检验》,人民出版社 2014 年版。

74. 穆向丽:《农用地使用权征用的补偿制度研究》,中国农业出版社 2011 年版。

75. 欧亚 PPP 联络网:《欧亚基础设施建设公私合作(PPP)案例分析》,王守清主译,辽宁科学技术出版社 2010 年版。

76. 欧阳恩钱:《公民资格范式的公用事业民营化法律控制研究》,中南大学出版社 2010 年版。

77. 潘伟杰:《制度变迁与政府规制研究》,上海三联书店 2005 年版。

78. 裴育:《政府采购经济学分析》,西南交通大学出版社 2003 年版。

79. 彭宗超等:《听证制度——透明决策与公共治理》,清华大学出版社 2004 年版。

80. 秦玉秀:《建筑企业 BT(建设—移交)业务法律操作实务》,中国法制出版社 2013 年版。

81. 盛和太、王守清:《特许经营项目融资(PPP/BOT):资本结构选择》,清华大学出版社 2015 年版。

82. 世界银行 2000/2001 年世界发展报告:《与贫困作斗争》,中国财政经济出版社 2001 年版。

83. 树海著:《公共支出分析》,上海财经大学出版社 1999 年版。

84. 宋波、徐飞:《公私合作制(PPP)研究:基于基础设施项目建设运营过程》,上海交通大学出版社 2011 年版。

85. 孙宪忠:《国有土地使用权财产法论》,中国社会科学出版社 1993 年版。

86. 台湾地区行政法学会:《行政契约与新行政法》,台北,元照出版公司 2002 年版。

87. 台湾地区行政法学会:《行政契约之法理/各国行政法学发展方向》,台北,元照出版公司 2009 年版。

88. 台湾地区行政法学会:《行政契约之基础理论、法理变革及实务趋势/行政程序法之最新发展》,台北,元照出版公司 2013 年版。

89. 汪行福:《分配正义与社会保障》,上海财经大学出版社 2003 年版。

90. 王灏:《城市轨道交通投融资问题研究:政府民间合作(PPP)模式的创新与实践》,中国金融出版社 2006 年版。

91. 王俊豪、周小梅:《中国自然垄断产业民营化改革政府管规制政策》,经济管理出版社 2004 年版。

92. 王俊豪等:《中国城市公用事业民营化绩效评价与管制政策研究》,中国社会科学出版社 2012 年版。

93. 王俊豪:《我国政府管理制体制改革》,经济科学出版社 1999 年版。

94. 王磊:《公共产品供给主体选择与变迁的制度经济学分析》,经济科学出版社 2009 年版。

95. 王丽芳:《中国公用事业民营化的制度与法律研究》,光明日报出版社 2013 年版。

96. 王丽娅:《民间资本投资基础设施领域研究》,中国经济出版社 2006 年版。

97. 王梅:《市政工程公私合作项目(PPP)投融资决策研究》,经济科学出版社 2008 年版。

98. 王名扬:《法国行政法》,中国政法大学出版社 1997 年版。

99. 王守清、柯永建:《特许经营项目融资(BOT、PFI 和 PPP)》,清华大学出版社 2008 年版。

100. 王松江、王敏正:《PPP 项目管理》,云南科技出版社 2007 年版。

101. 王树文:《我国公共服务市场化改革与政府管制创新》,人民出版社 2013 年版。

102. 席恒:《利益、权力与责任——公共物品供给机制研究》,中国社会科学出版社 2006 年版。

103. 肖北庚:《WTO 政府采购协定及我国因应研究》,知识产权出版社 2010 年版。

104. 肖林、马海倩:《特许经营管理》,上海人民出版社 2013 年版。

105. 肖兴志:《自然垄断产业规制改革模式研究》,东北财经大学出版社 2003 年版。

106. 谢地:《政府规制经济学》,高等教育出版社 2003 年版。

107. 颜运秋:《公益诉讼理念研究》,中国检察出版社 2002 年版。

108. 阳斌:《当代中国公共产品供给机制研究》,中央编译出版社 2012 年版。

109. 杨重光、吴次芳:《中国土地使用制度改革十年》,中国大地出版社 1996 年版。

110. 姚艳霞:《政府采购国际法律制度比较研究》,山东人民出版社 2006 年版。

111. 叶响裙:《公共服务多元主体供给:理论与实践》,社会科学文献出版社 2014 年版。

112. 应松年:《当代中国行政法》,中国方正出版社 2005 年版。

113. 于安:《德国行政法》,清华大学出版社 1999 年版。

114. 余晖、秦虹:《公私合作制的中国试验》,世纪文景出版社 2005 年版。

115. 余晖:《管制与自律》,浙江大学出版社 2008 年版。

116. 余凌云:《行政契约论》,中国人民大学出版社 2006 年版。

117. 余凌云:《全球时代下的行政契约》,清华大学出版社 2010 年版。

118. 袁持平:《政府管制的经济分析》,人民出版社 2005 年版。

119. 岳军:《公共投资与公共产品有效供给研究》,上海三联书店 2009 年版。

120. 詹镇荣:《民营化法与管制革新》,台北,元照出版公司 2005 年版。

121. 张豪:《土地使用权提前收回制度研究》,法律出版社 2011 年版。

122. 张会恒:《我国公用事业政府规制的有效性研究》,中国科学技术大学出版社 2007 年版。

123. 张极井:《项目融资》,中信出版社 2003 年版。

124. 张家瑾:《我国政府采购市场开放研究》,对外经济贸易大学出版社 2008 年版。

125. 张康之:《合作的社会及其治理》,上海人民出版社 2014 年版。

126. 张启智、严存宝:《城市公共基础设施投融资方式选择:基于 BOT、TOT、PPP、PFI、ABS 方式研究》,中国金融出版社 2008 年版。

127. 张桐锐:《合作国家》,台北,元照出版公司 2002 年版。

128. 张万宽:《公私伙伴关系治理》,社会科学文献出版社 2010 年版。

129. 张维迎:《博弈论与信息经济学》,上海人民出版社 2000 年版。

130. 张文显:《法哲学范畴研究》,中国政法大学出版社 2001 年版。

131. 张兴祥:《中国行政许可法的理论与实务》,北京大学出版社 2003 年版。

132. 章剑生:《行政程序法基本理论》,法律出版社 2003 年版。

133. 赵焕臣、许树柏、金生:《层次分析法——一种简易的新决策方法》,科学出版社 1986 年版。

134. 赵长茂、李东序:《市政公用事业市场化改革的依据和途径》,中共中央党校出版社 2008 年版。

135. 中国清洁发展机制基金管理中心编:《PPP 项目开发案例:上海华电莘庄工业区燃气热电冷三联供改造项目》,中国商务出版社 2014 年版。

136. 钟雯彬:《公共产品法律调整研究》,法律出版社 2008 年版。

137. 周阳:《基于公共利益的城市水务外商投资 PPP 模式及其应用研究》,经济科学出版社 2010 年版。

138. 周耀东:《中国公用事业管制改革研究》,上海人民出版社 2005 年版。

139. 周义程:《公共产品民主型供给模式的理论建构》,中国社会科学出版社 2009 年版。

140. 朱锦清:《国有企业改革的法律调整》,清华大学出版社 2013 年版。

141. 朱明侠、王晓民、牛志敏编:《特许经营案例研究》,中国人民大学出版社

2013 年版。

142. 邹昊:《政府采购体系建设研究》,清华大学出版社 2011 年版。

143. 周弘:《福利国家向何处去》,社会科学文献出版社 2006 年版。

144. 财政部投资评审中心编:《政府投资项目标底审查实务》,经济科学出版社 2000 年版。

二、论文

1. 卞彬:《论公用事业行业垄断价格的特征与规制》,载《经济体制改革》2007 年第 1 期。

2. 曹君丽:《公共项目公私合作的退出机制研究》,载《中国集体经济》2013 年第 33 期。

3. 曹君丽:《金融支持城镇化建设模式研究——基于公私合营(PPP/PFI)项目融资的视角》,载《技术经济与管理研究》2013 年第 1 期。

4. 曹远征:《基础设施商业化与政府监管》,载《经济世界》2003 年第 4 期。

5. 常欣:《放松管制与规制重建:中国基础设施引入竞争后的政府行为分析》,载《经济理论与经济管理》2001 年第 11 期。

6. 常欣:《新阶段中国垄断性行业改革的三线推进战略》,载《中国工业经济》2004 年第 2 期。

7. 陈爱娥:《政府业务委托民间办理的法律规制——公私部门合作法制的建构》,载《月旦法学教室》2003 年第 8 期。

8. 陈爱娥:《促进民间参与公共建设事件中的行为形式与权力划分》,载《月旦法学杂志》2006 年第 7 期。

9. 陈富良:《中国政府规制体制:改革路径与目标模式》,载《改革》2001 年第 4 期。

10. 陈军:《公私合作背景下行政程序变化与革新》,载《中国政法大学学报》2013 年第 4 期。

11. 陈军:《能动与重构:公私合作背景下行政诉讼制度路径抉择》,载《行政与法》2013 年第 3 期。

12. 陈林跃、程璇:《从实缴出资到认缴出资的模式变化——〈公司法〉修正案对出资验资条件的修改》,载《企业经济》2014 年第 12 期。

13. 陈明灿、张蔚宏:《我国促参法下 BOT 之法制分析:以公私协力观点为基础》,载《公平交易季刊》2005 年第 2 期。

14. 陈清秀:《特许合约与公权力之行使》,载《月旦法学杂志》1998 年第 34 期。

15. 陈婉玲:《公私合作制的源流、价值与政府责任》,载《上海财经大学学报》

2014 年第 5 期。

16. 陈婉玲、曹书:《政府与社会资本合作(PPP)模式利益协调机制研究》,载《上海财经大学学报》(哲学社会科学版)2017 年第 1 期。

17. 王俊豪、陈无风:《城市公用事业特许经营相关问题比较研究》,载《经济理论与经济管理》2014 年第 8 期。

18. 程明修:《公私协力与行政合作法——以德国联邦行政程序法之改革构想为中心》,载《兴人法学》2010 年第 7 期。

19. 仇保兴:《西方公用行业管制模式演变历程及启示》,载《城市发展研究》2004 年第 2 期。

20. 崔明亮:《基础设施收益权质押法律制度研究》,载《华北水利水电大学学报》2014 年第 6 期。

21. 单锋:《公共利益的经济法哲学透视》,载《学海》2006 年第 3 期。

22. 党兴华、权小锋、杨敏利:《风险投资委托代理关系中的监控与激励博弈分析》,载《科研管理》2007 年第 1 期。

23. 邓敏贞:《公私合作制下公共利益损害的司法救济与责任担当》,载《湖北警官学院学报》2013 年第 7 期。

24. 邓敏贞:《公用事业公私合作合同的法律属性与规制路径——基于经济法视野的考察》,载《现代法学》2012 年第 3 期。

25. 邓敏贞:《论公用事业消费者的权利——基于公私合作背景的考察》,载《河北法学》2014 年第 4 期。

26. 邓小鹏、申立银、李启明:《基于行政法学角度的 PPP 合同属性研究》,载《建筑经济》2007 年第 1 期。

27. 杜亚灵、尹贻林:《PPP 项目风险分担研究评述》,载《建筑经济》2011 年第 4 期。

28. 段绪柱:《公私合作制中的政府角色冲突及其消解》,载《行政论坛》2012 年第 4 期。

29. 范进学:《定义“公共利益”的方法论及概念诠释》,载《法学论坛》2005 年第 1 期。

30. 高俊杰:《论民营化后公用事业规制的公益目标》,载《现代法学》2014 年第 2 期。

31. 高秦伟:《公私合作与正当程序的“民营化”》,中国法学会行政法学研究会 2008 年年会,贵阳,2008 年 9 月。

32. 高秦伟:《美国行政法中正当程序的“民营化”及其启示》,载《法商研究》2009 年第 1 期。

33. 顾林琳:《PPP 模式促进基础设施事业发展的机制研究》,载《金融纵横》2014 年第 8 期。

34. 郭虹:《PPP 模式在各国工程咨询服务中的应用》,载《中国高新技术企业》2008 年第 17 期。

35. 郭晓琨:《PPP 项目风险分担问题研究》,载《现代商贸工业》2009 年第 1 期。

36. 何寿奎、孙立东:《公共项目定价机制研究——基于 PPP 模式的分析》,载《价格理论与实践》2010 年第 2 期。

37. 胡象明:《关于公共部门的界定与公共管理学的研究范围——兼谈公共管理学与行政管理学的关系》,载《武汉大学学报》(社会科学版)2001 年第 5 期。

38. 黄华珍:《私募股权投资基金在 PPP 项目中的应用研究》,载《建筑经济》2016 年第 4 期。

39. 黄腾、柯永建、李湛湛等:《中外 PPP 模式的政府管理比较分析》,载《项目管理技术》2009 年第 1 期。

40. 贾康、孙洁:《公私伙伴关系(PPP)的概念、起源、特征与功能》,载《财政研究》2009 年第 10 期。

41. 贾康、孙洁:《公私伙伴关系模式的特征与职能》,载《经济纵横》2009 年第 8 期。

42. 江必新:《中国行政合同法律制度——体系、内容及其构建》,载《中外法学》2012 年第 6 期。

43. 柯永建、王守清、陈炳泉:《基础设施 PPP 项目的风险分担》,载《建筑经济》2008 年第 4 期。

44. 孔小明:《PPP 合同法律环境分析》,载《工程项目技术与设计》2009 年第 1 期。

45. 孔志国:《公共选择理论:理解、修正与反思》,载《制度经济学研究》2008 年第 1 期。

46. 赖丹馨、费方域:《公私合作制(PPP)的效率:一个综述》,载《经济学家》2010 年第 7 期。

47. 李定毅:《动产浮动抵押担保的风险及其防范》,载《法学杂志》2009 年第 3 期。

48. 李建良:《公法与私法的区别》(上),载《月旦法学教室》2003 年第 5 期。

49. 李亢:《从分散到统一——澳大利亚公私伙伴关系制度及启示》,载《理论月刊》2010 年第 1 期。

50. 李丽红、高喜珍:《财政投资项目后评价管理机制研究》,载《商业经济》

2004 年第 5 期。

51. 李沫萱、张佳艺:《北京地铁四号线的产权关系及其经营模式分析》,载《北京交通大学学报》2010 年第 2 期。

52. 李茹、李茂华:《评述几种主要的项目融资模式》,载《新西部》2013 年第 21 期。

53. 李双金、郑育家:《控制权收益、道德风险与软预算约束》,载《财经研究》2010 年第 5 期。

54. 李霞:《公私合作合同:法律性质与权责配置——以基础设施与公用事业领域为中心》,载《华东政法大学学报》2015 年第 3 期。

55. 李晓明、胡长顺、曹军念:《收费公路经营及政府公共管制的理论与方法》,载《中国软科学》2003 年第 6 期。

56. 李秀辉、张世英:《PPP:一种新型的项目融资方式》,载《中国软科学》2002 年第 2 期。

57. 李延均:《公共服务领域公私合作关系的契约治理》,载《理论导刊》2010 年第 1 期。

58. 李以所:《德国"担保国家"理念评介》,载《国外理论动态》2012 年第 7 期

59. 李以所:《德国投资法的修订:基金公司参股 PPP 项目》,载《战略与改革》2014 年第 12 期。

60. 李以所:《公私合作伙伴关系(PPP)的经济性研究——基于德国经验的分析》,载《兰州学刊》2012 年第 6 期。

61. 林敏娟:《公共服务战略管理中的公众参与:原因、机制与意义》,载《税务与经济》2011 年第 5 期。

62. 林明昕:《行政契约法实务问题之回顾——兼论公、私法契约之区别》,载《中正大学法学集刊》2005 年第 18 期。

63. 林晓镍、韩天岚、何伟:《公司资本制度改革下股东出资义务的司法认定》,载《法律适用》2014 年第 12 期。

64. 刘灿:《试论我国自然垄断行业放松规制的所有制度》,载《经济评论》2004 年第 4 期。

65. 刘峰、刘建安:《国际 BOT/PPP 项目融资适用性比较——兼述参与 BOT/PPP 项目的益处》,载《国际工程与劳务》2014 年第 6 期。

66. 刘少波、蒋海:《风险投资进入与退出的信息经济学分析》,载《财贸经济》2000 年第 3 期。

67. 刘伟、唐小我、马永开:《基于价格上限管制下上下游垄断企业的福利分析》,载《系统工程理论与实践》2005 年第 6 期。

68. 刘向杰、田泽永:《公私合营项目无追索融资模型研究》,载《经济问题》2008 年第 9 期。

69. 刘晓君:《城市污水资源化特许经营项目的政府监管》,载《水利经济》2006 年第 3 期。

70. 刘新平、王守清:《试论 PPP 项目的风险分配原则和框架》,载《建筑经济》2006 年第 2 期。

71. 刘艳华、洪功翔:《地方政府融资平台实现机制研究述评》,载《财政研究》2011 年第 6 期。

72. 刘燕:《公共选择、政府规制与公私合作:文献综述》,载《浙江社会科学》2010 年第 6 期。

73. 楼莲凤、王敏:《运用委托—代理理论完善政府投资项目监管体系》,载《企业经济》2007 年第 7 期。

74. 鲁庆成:《公私合伙(PPP)模式与我国城市公用事业的发展研究》,华中科技大学管理科学与工程系 2008 年博士学位论文。

75. 吕志勇、陈宏民:《我国自然垄断产业市场改革的几个关键问题研究》,载《产业经济》2003 年第 8 期。

76. 欧阳芳锐、王先甲:《政府对一类风险回避型垄断企业价格管制的激励机制设计与分析》,载《系统工程》2004 年第 1 期。

77. 裴俊巍、包倩宇:《日本如何推进 PPP》,载《中国政府采购》2015 年第 7 期。

78. 彭涛:《论公私合作伙伴关系在我国的实践及其法律框架构建》,载《政法论丛》2006 年第 6 期。

79. 彭桃花、赖国锦:《PPP 模式的风险分析与对策》,载《中国工程咨询》2004 年第 7 期。

80. 亓霞、柯永建、王守清:《基于案例的中国 PPP 项目的主要风险因素分析》,载《中国软科学》2009 年第 5 期。

81. 沈仲衡:《西方法哲学利益观述评——兼论利益在法学理论研究中的意义》,载《当代法学》2003 年第 5 期。

82. 史际春、肖竹:《公用事业民营化及其相关法律问题研究》,载《北京大学学报》(哲学社会科学版)2004 年第 4 期。

83. 世界银行执行董事会、英国财政部基础设施融资中心:《在全球危机期间支持 PPP 融资》,载《世界银行调研报告》2009 年。

84. 宋华琳:《公用事业特许与政府规制——中国水务民营化实践的初步观察》,载《政法论坛》2006 年第 1 期。

85. 苏永江、李湛:《风险投资项目的退出问题研究》,载《预测》2001 年第 4 期。

86. 谈毅、冯宗宪、邵丰:《风险资本退出时机选择与企业股权价值的评估》,载《中国软科学》2002 年第 5 期。

87. 谈毅:《创业投资过程中的团队生产、监控与激励》,载《科研管理》2004 年第 9 期。

88. 汤伟钢、严玲、尹贻林:《公共项目交易中的治理模式研究》,载《财经问题研究》2006 年第 7 期。

89. 唐祥来、倪琳:《国际基础教育公私伙伴关系(PPP)模式:争论与启示》,载《外国教育研究》2013 年第 4 期。

90. 涂铭、汪霄:《PPP 项目风险因素和承担机制》,载《基建优化》2007 年第 4 期。

91. 涂铭、汪霄:《PPP 组织模式的分类及风险研究》,载《商业时代》2007 年第 32 期。

92. 汪应洛、李垣、刘益:《企业柔性战略——跨世纪战略管理研究与实践的前沿》载《管理科学学报》1998 年第 1 期。

93. 王丙亮、游锐:《大型基础设施建设 PPP 项目风险分配研究》,载《经济论坛》2009 年第 2 期。

94. 王灏:《PPP 的定义和分类研究》,载《 都市快轨交通》2004 年第 5 期。

95. 王克稳:《政府业务委托外包的行政法认识》,载《中国法学》2011 年第 4 期。

96. 王丽娅:《PPP 在国外基础设施投资中的应用及对我国的启示》,载《海南金融》2003 年第 11 期。

97. 王涛、赵守国:《董事会制度:成因、作用及启示》,载《西北工业大学学报》(社会科学版)2005 年第 6 期。

98. 王文宇:《关于奖参条例与促参法草案的十点修订建议》,载《月旦法学杂志》1998 年第 3 期。

99. 王秀芹、梁学光、毛伟才:《公私伙伴关系 PPP 模式成功的关键因素分析》,载《国际经济合作》2007 年第 12 期。

100. 王学庆:《垄断性行业的政府管制问题研究》,载《管理世界》2003 年第 8 期。

101. 王要武、孙成双:《建设项目风险分析专家系统框架研究》,载《哈尔滨建筑大学学报》2002 年第 5 期。

102. 王子朴、梁金辉、陆卫平、霍建新:《国家体育场投融资模式及赛后运营财务分析》,载《体育科学》2010 年第 1 期。

103. 吴承锋、张国金:《BOT 项目融资风险的模糊综合评价方法研究》,载《探讨与研究》2005 年第 8 期。

104. 吴德美:《英国民间融资方案(PFI)的政治经济分析》,载台湾《政治大学问题与研究》2009 年第 1 期。

105. 吴正武、裘孟荣、袁飞:《风险资本退出时机和退出方式的确定原理》,载《商业研究》2002 年第 20 期。

106. 吴志光:《ETC 裁判与行政契约——兼论德国行政契约法制之变革方向》,载《月旦法学杂志》2006 年第 135 期。

107. 吴卓瑾、乔宝云:《构建合理的 PPP 管理框架,推进财政和国家治理现代化》,载《中国财政》2014 年第 15 期。

108. 谢建平:《权力清单制度:国家治理体系和治理能力现代化的制度性回应》,载《华东师范大学学报》(哲学社会科学版)2014 年第 6 期。

109. 谢煊、孙洁、刘英志:《英国开展公私合作项目建设的经验及借鉴》,载《中国财政》2014 年第 1 期。

110. 辛柏春:《BOT 项目协议的法律性质》,载《行政与法》2005 年第 5 期。

111. 邢鸿飞、赵联宁:《行政合同在 BOT 项目中的运用及其法律保障》,载《河海大学学报》(哲学社会科学版)2001 年第 4 期。

112. 邢鸿飞:《政府特许经营协议的行政性》,载《中国法学》2004 年第 6 期。

113. 许登科:《民间参与公共建设法制中民间机构之法律地位》,载《中正大学法学集刊》2011 年第 33 卷。

114. 徐琳:《法国公私合作(PPP 模式)法律问题研究》,载《行政法学研究》2016 年第 3 期。

115. 杨瑞龙、聂辉华:《不完全契约理论:一个综述》,载《经济研究》2006 年第 2 期。

116. 杨秋波、侯晓文:《PPP 模式风险分担框架的改进研究》,载《项目管理技术》2008 年第 8 期。

117. 叶秀贤、孙慧、范志清:《韩国 PPP 法律框架及其对我国的启示》,载《国际工程管理论坛》2011 年第 2 期。

118. 英国 PPP 模式考察团:《PPP 模式发祥地考察报告》,载《投资北京》2006 年第 3 期。

119. 于斌、乐国安、刘惠军:《自我控制的力量模型》,载《心理科学进展》2013 年第 7 期。

120. 于良春:《论自然垄断与自然垄断产业的政府规制》,载《中国工业经济》2004 年第 2 期。

121. 余晖:《中国基础设施产业政府监管体制改革总体框架》,载周林军等主编:《中国公用事业改革:从理论到实践》,知识产权出版社 2009 年版。

122. 余凌云:《论行政契约的含义——一种比较法上的认识》,载《比较法研究》1997 年第 3 期。

123. 虞青松:《公私合作契约的赋权类型及司法救济——以公用事业的收费权为视角》,载《上海交通大学学报》(哲学社会科学版)2013 年第 5 期。

124. 袁文峰:《论公私合作案中公私行为的判断标准——以德美公私行为理论的比较为中心》,载《行政法论丛》2014 年第 15 卷。

125. 谢宗博:《从英国 PPP 模式里学些什么?》,载《中国财经报》2016 年 7 月 7 日,第 5 版。

126. 湛中乐、刘书燃:《PPP 协议中的法律问题辨析》,载《法学》2007 年第 3 期。

127. 湛中乐、刘书燃:《PPP 协议中的公私法律关系及其制度抉择》,载《法治研究》2007 年第 4 期。

128. 张菊梅:《公共服务公私合作研究——以多中心治理为视角》,载《社会科学家》2012 年第 3 期。

129. 张明宇:《PPP 模式在英国保障性住房中的应用》,载《价值工程》2012 年第 5 期。

130. 张平:《地方基础设施建设引入公私合作模式的困境及突破路径》,载《经济纵横》2015 年第 4 期。

131. 张新立、陈辉:《基于实物期权的风险投资退出决策模型研究》,载《运筹与管理》2007 年第 4 期。

132. 张喆、贾明、万迪昉:《不完全契约及关系契约视角下的 PPP 最优控制权配置探讨》,载《外国经济与管理》2007 年第 8 期。

133. 张志华、周娅等财政部预算司课题组:《地方政府预算约束的硬化》,载《经济研究参考》2009 年第 43 期。

134. 章志远、李明超:《公用事业特许经营中的临时接管制度研究——从"首例政府临时接管特许经营权案"切入》,载《行政法学研究》2010 年第 1 期。

135. 章志远:《公用事业特许经营及其政府规制——兼论公私合作背景下行政法学研究之转变》,载《法商研究》2007 年第 2 期。

136. 赵旭:《如何改进公用事业公私合作的政府监管》,载《中国建设报》2008 年第 7 期。

137. 赵渊:《董事会中心说与股东会中心说:现代美国公司治理学说之辩》,载《比较法学》2009 年第 4 期。

138. 赵宇、李洪波、张宗益:《垄断行业的进入博弈及管制绩效评价研究》,载

《系统工程学报》2006 年第 6 期。

139. 钟瑞友:《对立与合作——公私法关系的历史展开与现代抉择》,载《公法研究》2009 年第 1 期。

140. 周自强:《准公共物品的政府供给与市场供给比较分析》,载《河南金融管理干部学院学报》2005 年第 6 期。

141. 周志忍:《公共悖论及其理论阐释》,载《政治学研究》1999 年第 2 期。

142. 朱蕾、袁竞峰、杜静:《基于 PPP 合同行政属性的政府介入权研究》,载《建筑经济》2007 年第 10 期。

143. 邹焕聪:《论公私协力的公法救济模式及体系现代化——以担保国家理论为视角》,载《政治与法律》2014 年第 10 期。

144. 邹焕聪:《论公私协力中私人主体的基本权利能力——以公私合作公司为中心》,载《天津法学》2013 年第 2 期。

三、学位论文

1. 陈军:《变化与回应:公私合作的行政法研究》,苏州大学宪法学与行政法学 2010 年博士学位论文。

2. 陈晓:《论我国 PPP(公私合营)模式的法律框架》,中国政法大学经济法学 2010 年硕士学位论文。

3. 丁韶华:《项目融资中的控制权配置——博弈及相关法律问题研究》,南京大学金融工程专业 2013 年博士学位论文。

4. 黄怿炜:《PPP 项目评价方法与决策研究》,同济大学管理学 2007 年硕士学位论文。

5. 柯永建:《中国 PPP 项目风险公平分担》,清华大学土木水利学院建设管理专业 2010 年博士学位论文。

6. 赖丹馨:《基于合约理论的公私合作制(PPP)研究》,上海交通大学经济及管理学 2011 年博士学位论文。

7. 李林:《公私合作关系中 PPP 合作机制研究》,重庆大学技术经济专业 2011 年硕士学位论文。

8. 李永强:《关于 PPP 组织模式的研究》,南京工业大学管理科学与工程专业 2006 年硕士学位论文。

9. 刘丽云:《PPP 投资的风险治理研究——基于激励和第三方监管视度》,中国科学技术大学金融学 2010 年硕士学位论文。

10. 刘向杰:《公私合作项目的政府行为研究》,西南交通大学公共管理学院 2011 年博士学位论文。

11. 刘宇文:《PPP 项目再融资最优资本结构研究》,清华大学建设管理系 2012 年博士学位论文。

12. 孟紫霞:《PPP 模式下合同制治理的问题及对策研究》,大连理工大学公共管理与法学专业 2013 年硕士学位论文。

13. 彭贵:《英国浮动抵押制度研究》,西南政法大学民商法专业 2006 年博士学位论文。

14. 盛和太:《PPP/BOT 项目的资本结构选择研究》,清华大学建设管理专业 2013 年博士学位论文。

15. 孙洁:《城市基础设施的公私合作管理模式研究》,同济大学管理科学与工程专业 2005 年博士学位论文。

16. 吴娟:《基于公私合作模式的公用事业项目风险研究》,湖南大学技术经济与管理专业 2005 年硕士学位论文。

17. 许登科:《德国担保国家理论为基础之公私协力(OPP)法制》,台湾大学法理学研究所 2008 年博士学位论文。

18. 杨汉平:《政府采购法律问题研究》,中国政法大学经济法学 2001 年博士学位论文。

19. 姚驰:《英国 PFI/PPP 法律制度研究及借鉴》,中国政法大学 2011 年硕士学位论文。

20. 支行:《我国地方财政投资软预算约束问题成因研究》,北京交通大学 2014 年硕士学位论文。

21. 周林军:《美国公用事业管制法律制度改革及对我国的启迪》,西南政法大学经济法学 2003 年博士学位论文。

四、报纸杂志

1. 苏燕蕾:《PPP 模式可应急却不能救穷》,载《中华建筑报》2014 年 4 月 18 日,第 3 版。

2. 徐向东:《PPP 项目实践的十大法律问题》,载《东方早报》2014 年 12 月 2 日,第 9 版。

五、法规政策

1. 国家财政部、民政部、国家工商总局:《政府购买服务管理办法(暂行)》。

2. 国家财政部:《财政部关于推广运用政府和社会资本合作模式有关问题的通知》。

3. 国家财政部:《财政部政府和社会资本合作模式操作指南(试行)》。

4. 国家财政部:《财政部政府和社会资本合作项目政府采购管理办法》。

5. 国家发改委:《国家发改委关于开展政府和社会资本合作的指导意见》。

6. 国家计委:《国家计委关于促进和引导民间投资的若干意见》。

7. 国家建设部:《建设部关于加快市政公用行业市场化进程的意见》。

8. 国家建设部:《建设部市政公用事业特许经营管理办法》。

9. 国务院:《国务院关于创新重点领域投融资机制鼓励社会投资的指导意见》。

10. 国务院:《国务院关于加强城市基础设施建设的意见》。

11. 国务院:《国务院关于投资体制改革的决定》。

12. 国务院办公厅:《国务院办公厅关于妥善处理现有保证外方投资固定回报项目有关问题的通知》。

13. 国务院办公厅:《国务院办公厅关于政府向社会力量购买服务的指导意见》。

14. 中华人民共和国中共中央委员会:《中共中央关于全面深化改革若干重大问题的决定》。

六、外文资料

1. Aghion P. , Tirole J. , "Formal and real authority in organizations", *Journal of Political Economy*, Vol. 105, 1997.

2. Ahwireng-Obeng F. , Mokgohlwa J. P. , "Entrepreneurial Risk Allocation in Public-private Infrastructure Provision in South Africa", *South African Journal of Business Management*, Vol. 33, 2002.

3. Alan Davis, "Financing PFI Projects in the UK in the Credit Crisis and State Aid", *European Public Private Partnership Law Review*, Vol. 4, Issue 3, 2009.

4. Allan R. J. , "PPP: A Review of Literature and Practice", *Saskatchewan Institute of Public Policy Paper*, Vol. 4, 1999.

5. Athias L. , *Political Accountability, Incentives and Contractual Design of Public-private Partnerships*, Mimeo, ATOM, University of Paris Sorbonne, 2007.

6. B. Carter, T. Hancock, J. Morin and N. Robin, *Introducing RISKMAN: The European Project Risk Management Methodology*, NCC Blackwell Limited, UK, 1994.

7. Benjamin Klein, "Transaction Cost Determinants of Unfair Contractual Arrangements", *The American Economic Review*, Vol. 70, No. 2, 1980.

8. Bennett J. , Iossa E. , *Building and Managing Facilities for Public Services*, Journal of Public Economics, 2006.

9. Bentz A. , Grout P. , Halonen M. , "What Should the State Buy?", *CMPO*

Working Paper ,Vol. 40 ,No. 1 ,University of Bristol,2001.

10. Besley T. Ghatak M. ,"Government Versus Private Ownership of Public Goods",*Quarterly Journal of Economics*,Vol. 116 ,No. 4 ,2001.

11. Bhargara H. ,Sundaresan S. ,"Contingency pricing for Information Goods and Services under Industry Wide Performance Standard", *Journal of Management Information Systems*,Vol. 20 ,No. 2 ,2003.

12. Bolz, Urs (Hrsg), *Public Private Partnerships in der Schwerz*, Schulthess, September 13 ,2005.

13. Buse K. , Walt G. , "Global Public-Private Partnerships: Part 1-A new development in health?",*Bulletin of the World Health Organization*,2000.

14. C. B. Chapman, Cooper D. F. , *Risk Analysis for Large Projects: Models, Methods and Cases*,John WileySons,1987.

15. Cao Yuanzheng, Yingyi Qing, Barry R. Weingast,"From Federalism,Chinese style to Privatization,Chinese Style", *Economics of Transition*,Vol. 7, No. 1,1999.

16. Chapman C. B., "A Risk Engineering Approach to Project Risk Management" ,*Project Management*,Vol. 18 ,No. 1 ,1990.

17. Christopher Bovis, "The Effects of the Principles of Transparency and Accountability on Public Procurement and Public Private Partnerships Regulations", *European Public Private Partnership Law Review*,Vol. 3,Issue 1 ,2008.

18. Christopher Bovis, "Future Directions in Public Service Partnerships in the EU",*European Business Law Review*,Vol. 24 ,Issue 1 ,2013.

19. ChristopherBovis,"Public Service Partnerships as Instruments of Public Sector Management in the European Union", *Columbia Journal of European Law*,Vol. 18, Issue 3,Summer 2012.

20. Coase R. ,"The Nature of the Firm" ,*Econometrica*, Vol. 4 ,1937.

21. D. B. Hertz,H. Thomas,*Risk and Its Application*,John Wiley and Sons,Inc. New York,1993.

22. D. Custos, J. Reitz, "Public-Private Partnerships", *American Journal of Comparative Law*,Vol. 8,No. 3 ,2010.

23. Daphne Barak-Erez,"A State Action Doctrine for an Age of Privatization", *Syracuse Law Review*,Vol. 45 ,1995.

24. Darrin Grimesy, Mervyn K. Lewis, "Evaluation the Risks of Public Private Partnerships for Infrastructure Projects",*International Journal of Project Management*, 2002.

25. David Hall, Robin de la Motte, Steve Davis, *Terminology of Public-private partnerships*, Public Services International Research Unit, 2003, p. 6.

26. David J. Spielman, K. Von Grebmer, "Public-Private Partnerships in Agriculture Research: An Analysis of Challenges Facing Industry and the Consultative Group on International Agricultural Research", *Environment and Production Technology Division*, Vol. 13, 2004.

27. De Bettingnies Je, Ross T. W., *Public Private Partnerships and the Privatization of Financing: An Incomplete Contracts Approach*, Mimeo UBC, Vancouver, 2007.

28. De Lemos, Teresa, Eaton, David, Betts, Martin, De Almeida, Luis Tadeu, "Risk management in the Lusoponte Concession-A Case Study of the Two Bridges in Lisbon, Portugal", *International Journal of Project Management*, Vol. 22, 2004.

29. Ell Starbird S., Penalties, "Rewards and Inspection: Provisions for Quality in Supply Chain Contracts", *Journal of the Operational Research Society*, Vol. 52, No. 1, 2001.

30. Engel E., Fisher R., Galetoic A., *Public-Private Partnerships: When and How*, Mimeo, Yale University, 2009.

31. Engel E., Fisher R., Galetoic A., "The Basic Public Finance of Public-Private Partnerships", *Cowles Foundation Discussion Paper No.* 1618, Yale University, 2008.

32. European Commission, *Guidelines for PPP*, March 16, 2003.

33. Esther Cheung, Albert P. C. Chan, Stephen Kajewski, "Reasons for Implementing Public Private Partnership Projects", *Journal of Property Investment & Finance*, Vol. 27 Issue 1, 2009.

34. Faruqi S., Smith N. J., "Karachi Light Rail Transit (LRT), A Private Finance Proposal", *Journal of Engineering, Construction and Architecture Management*, Vol. 4, 1997.

35. Ferreia, M. L. Ribeiro, Roqerson, J. H., "The Quality Management Role of the Owner in Different Types of Contract for Process Plant", *Total Quality Management*, Vol. 10, No. 3, 1999.

36. Francesconi M., Muthoo A., "Control Rights in Public Private Partnerships", *IZA Discussion Paper* 2143, 2006.

37. Gibbon H., "A Guide for Divesting Government-owned Enterprises", *Chatham House*, 1987.

38. George. L. Priest, "The Origins of Utility Regulation and the 'Theories of Regulation' Debate", *Journal of Law and Economics*, Vol. 36, 1993.

39. Gransber Douqlas, Molenaar Keith, " Analysis of Owner ' s Design and Construction Quality Management: Approaches in Design /Build projects", *Journal of Management in Engineering*, Vol. 20, No. 6, 2004.

40. Grimsey D., Lewis M. K., " Evaluating the Risks of Public Private Partnerships for Infrastructure Projects", *International Journal of Project Management*, Vol. 20, 2002.

41. Grimsey, Lewis, *Public Private Partnerships: The Worldwide Revolution in Infrastructure Provision and Project Finance*, Edward Elgar, 2004.

42. Grossman, Sanford, Hart O., "The Costs and Benefits of Ownership: A Theory of Vertical and Lateral Integration", *Journal of Political Economy*, Vol. 94, 1986.

43. Grout P., *Public and Private Sector Discount Rates in Public-Private Partnerships*, CMPO Working Paper No. 03/059, University of Bristol, 2002.

44. Grout P., "The Economics of the Private Finance Initiative", *Oxford Review of Economic Policy*, Vol. 13, No. 4, 1997.

45. Harris S., *Public private Partnerships: Delivering Better Infrastructure Services*, Inter-American Development Bank Working Paper, 2004.

46. Hart O., A., Shleifer, R., Vishny, "The Proper Scope of Government: Theory and Applications to Prisons", *Quarterly Journal of Economics*, Vol. 112, 1997.

47. Hart O., Firms, *Contracts and Financial Structure*, Oxford University Press, 1997.

48. Hart O., " Incomplete Contracts and Public Ownership: Remarks and An Application to Public-private Partnerships", *Economic Journal*, Vol. 113, 2003.

49. Hart O., Moore J., " Property Rights and Nature of the Firm", *Journal of Political Economy*, Vol. 98, No. 6, 1990.

50. Hasity H., O. Steen, John R. Jenkins, " We Built it, and They Came! Now What? Public-private Partnerships in the Replacement Era", 41 *Stetson Law Review* Vol. 249, April 29, 2012.

51. HM Treasury, *Public Private Partnerships: The Government ' s Approach*, 2000.

52. Hidalgo, Alvaro; Pintos, Diaz, " The National Council for Public-Private Partnerships", *For the Good of the People: Using Public-Private Partnerships to Meet America' s Essential Needs*, 2002.

53. Iossae, Martimort D., *The Simple Micro-economics of Public-private Partnerships*, CMPO Working Paper No. 08/119, University of Bristol, 2008.

54. Jane Broadbent, Richard Laughlin, "Accounting Choices: Technical and Political Trade - offs and the UK's Private Finance Initiative", *Accounting, Auditing & Accountability Journal*, Vol. 15 Issue: 5, 2002.

55. Jennifer M, Brinkerhoff, "Government-nonprofit Partnership: A Defining Framework", *Public Admin*, December 10, 2002.

56. Jody Freeman, "Extending Public Law Norms Through Privatization", *Harvard Law Review*, Vol. 116, No. 5, 2003.

57. Jody Freeman, "The Private Role in Public Governance", *New York University Law Review*, Vol. 75, December 10, 2000.

58. Jody Freeman, "The Contracting State", *Florida State University Law Review*, Vol. 28, 2002.

59. JoelD. Wolfe, *Power and Privatization Choice and Competition in the Remaking of British Democracy*, ST. Martin's Press, 1996.

60. John Chave, "Experience of Contract Standardisation in UK PFI", *The Business Law Review*, Vol. 26, Issue 5, 2005.

61. John Cibinc Jr, Ralph C. Nash Jr, *Administration of Government Contracts*, George Washington University Press, 1995, 3rd Edition.

62. John E. S., Isr Wipadapisut, "Alternate Financing Strategies for Build-operate-transfer Projects", *Journal of Construction Engineering and Management*, Vol. 2, 2003.

63. Jonathan Tomkin, "Public Private Partnership-A Question of Trust", *Hibernian Law Journal*, April 15, 2013.

64. Julian Siering, Adam Svensson, *Managing External Stakeholder Relationships in PPP Projects*, *Chalmers University of Technology*, No. 163, 2012.

65. Julie Froud, *The Private Finance Initiative: Risk, Uncertainty and the State*, Accounting, Organizations and Society, 2003.

66. Katharine Lyall, Public-Private Partnerships in the Carter Years, *Public Private Partnerships: Improving Urban Life*, Perry Davis, ed., Montpelier, VT: Capital City Press, 1986.

67. King S., Pitchford R., "Private or Public? A Taxonomy of Optimal Ownership and Management Regimes, Mimeo, Department of Economics", *University of Melbourne*, 2001.

68. Kolzow D. R., "Public/private Partnership: Economic Development Organization for the 90s", *Economic Development Review*, Vol. 12, No. 4, 1994.

69. Laffont J. J., and Tirole J., "Using Cost Observation to Regulate Firms",

Journal of Political Economy, Vol. 94, 1986.

70. McArdle, "Wayne, EBRD: A Review of Project Finance Activities", *International Business Lawyer*, Vol. 24, Issue 9, 1996.

71. Marcus Ahadzi, "Graeme Bowles, Public-Private Partnership and Contract Negotiations: An Empirical Study", *Construction Management and Economics*, 2004.

72. Laffont, Tirole, *A Theory of Incentives in Procurement and Regulation*, Cambridge, Mass, MIT Press, 1993.

73. Linda M., "Public Private Partnerships in Australia: An Overview of Their Nature, Purpose, Incidence and Oversight", *University of New South Wales Law Journal*, Vol. 29, Issue 3, 2006.

74. LucaSchicho, "In-House-Procurement Involving PPPs in the Jurisprudence of the European Court of Justice: To Exempt or Not to Exempt, that is the Question", *Austrian Review of International and European Law*, Vol. 11, Issue 1, 2006.

75. Martimort D., "An Incomplete Contract Perspective on Public Good Provision", *Journal of Economic Surveys*, Vol. 19(2), 2005.

76. Martimort D., "Pouyet J., Build it or not: Normative and Positive Theories Public-private Partnerships", *International Journal of Industrial Organization*, *Special Issue on PPPs*, Vol. 26, 2008.

77. Martinus P., "Good Project Governance for Proper Risk Allocation in Public-private Partnerships in Indonesia", *International Journal of Project Management*, Vol. 24, 2006.

78. Matsumura T., "Partial Privatization in Mixed Duopoly", *Journal of Public Economics*, Vol. 70, No. 3, 1998.

79. Meine Pieter van D., "Public-private Partnerships in Basic Service Delivery: Impact on the Poor, Examples from the Water Sector in India", *International Journal of Water*, Vol. 4, No. 3, 2008.

80. Mitchell-Weaver C., Manning B., "Public-private Partnerships in Third World Development: A Conceptual Overview", *Studies in Comparative International Development*(*SCID*), Vol. 26, No. 4, 1991.

81. Mohamed Chohra, Mu Shiyu, Cheng Hu, "Risks and New Transformations of PPP Contracts", *Journal of Southeast University*, Vol. 21, No. 4, 2011.

82. National Audit Office, *Review of the VFM Assessment Process for PFI*, 2013.

83. Nestor M. Davidson, "Values and Value Creation in Public-private

Transactions", *Iowa Law Review*, Vol. 94, 2009.

84. Ozdonganm I. D., Birgonul M. T., "A Decision Support Framework for Project Sponsors in the Planning Stage of Build-Operate-Transfer (BOT) Projects", *Construction Management and Economics*, March 8, 2000.

85. Paul Hare, "PPP and PFI: The Political Economy of Building Public Infrastructure and Delivering Services", *Oxford Review of Economic Policy*, Vol. 29 Issue 1, December 10, 2013.

86. Paul M. Schoenhard, "A Three-Dimensional Approach to the Public-Private Distinction", *Utah Law Review*, Vol. 2, 2008.

87. Peter Sheridan, "PFI/PPP Disputes", *European Public Private Partnership Law Review*, Vol. 4, Issue 2, 2009.

88. R. W. Hayes, J. G. Perry and G. Willmer, *Risk Management in Engineering Construction Implications for Project Managers*, Project Management Group, UMIST, Thmoas Telford Ltd., UK, 1987.

89. Ramamurti R., "Why Haven't Development Countries Privatized Deeper and Faster?", *World Development*, Vol. 27, No. 1, 1999.

90. Ramina Samii, Luk N. Van Wassenhove, S. Bhattacharya, "An innovative PPP: New Approach to Development", *World Development*, Vol. 30, No. 6, 2002.

91. Renee A. Berger, "Private-Sector Initiatives in the Reagan Administration", in *Public-Private Partnerships: Improving Urban Life*, Perry Davis, ed., Montpelier, VT: Capital City Press, 1986.

92. Reyniers D., Tapiero C., "The Delievery and Control of Quality in Supplier-producer Contracts", *Management Science*, Vol. 41, No. 1, 1994.

93. Robert D. Putnam, "Tuning In, Tuning Out: The Strange Disappearance of Social Capital in American", *Political Science and Politics*, Vol. 28, No. 4, 1995.

94. Roberts B. B., *Integrated Quantitative Risk Management: results and lessons-learned*, SMC and Aerospace Corporation, February, 1999.

95. Robinson B., *Paying the Proper Price to Manage Risk*, *Balance Sheet*, MCB University Press, 2001.

96. Rutgers J. A., Haley H. D., "Project Risks and Risk Allocation", *Cost Engineering*, Vol. 38, No. 9, 1996.

97. Shleifer A., "State Versus Private Ownership", *Journal of Economic Perspectives*, Vol. 12, 1998.

98. Shubik M., *Game Theory in the Social Sciences (Concepts and Solutions)*,

MIT Press,1982.

99. Spirou, Claire. Koumpli, Vassiliki, "Public Private Partnerships under Greek Law", *Revue Hellenique de Droit International*, Vol. 63, Issue 1, 2010.

100. Stanley B., Baul E., Madhav V., "Performance Measurement and Design in Supply Chains", *Management Science*, Vol. 47, No. 1, 2001.

101. Stanley, Paul E., Madhav V., "Information, Contracting and Quality Costs", *Management Science*, Vol. 46, No. 6, 2002.

102. Stephen H. L., "Coming to Terms with the Public-Private Partnership: A Grammar of Multiple Meanings", *American Behavioral Scientist*, Vol. 43, 1999.

103. Steve Steckler and Lavinia Payson, Infrastructure, "Privatization for New York: Competing for a Better Future", in E. S. Savas, ed., *Report of the New York State Senate Advisory*, 1992.

104. Stoughton N. M., Zechner J., "IPO-mechanisms, Monitoring and Ownership Structure", *Journal of Financial Economics*, Vol. 9, No. 1, 1998.

105. Su Dongwei, Belton M. Fleisher, "An Empirical Investigation of Underpricing in Chinese IPOs", *Pacific Basin Finance Journal*, Vol. 7, No. 1, 1999

106. Ted Kolderie, *An Equitable and Competitive Public Sector*, University of Minnesota Press, 1984.

107. "The National Health Systems in Spain: The Impact of Regulatory Reforms on Health Care", *Medicine and Law*, Vol. 28, Issue 1, 2009.

108. Vaillancant Roseau, *Pauline*, *Public-Private Policy Partnership*, Cambridge MIT Press, 2000.

109. Varian H. R., *Microeconomic Analysis*, New York, Norton, 1992.

110. Viscusi W. K., Jr J. E. Harrington and J. M. Vernon, *Economics of Regulation and Antitrust*, The MIT Press, 2000.

111. Wang S. Q., Tiong R. L. K., Ting S. K., Ashley D., "Evaluation and Management of Political Risks in China's BOT Projects", *Journal of Construction Engineering and Management*, Vol. 126, No. 3, 2000.

112. Williamson O. E., *Markets and Hierarchies: Analysis and Antitrust Implications*, Free Press, New York, 1975.

113. World Bank, *Public-Private Partnership Units*, December 12, 2007.

114. Zayed T. M., Chang L. M., "Prototype Model for Build-Operate-Transfer Risk Assessment", *Journal of Management in Engineering*, Vol. 18, December 24, 2002.

115. Zhang X. Q. , Kumaraswamy M. M. , "Procurement Protocols for Public-private Parternered Projects", *Journal of Construction Engineering and Management*, Vol. 126, No. 3, 2001.

病中书事(代后记)

因为灵敏的嗅觉,我参与了这场以 PPP 为命题的盛宴。几年来,我带领为数不多的青年孜孜不倦专注于此,坚持以学者的理性对其进行审视和思考,产生了不少相关成果,形成了自己所谓“接地气”的研究核心和学科品牌,弟子们因此在求学、深造和就业上也获益匪浅。2015 年学校启动“个性化学科项目”建设,我雄心勃勃地参与并获得立项,由此描绘了一个以 PPP 法治为龙头的“产业与区域经济法制”个性化学科建设规划与宏图,设立研究中心,开通公众号,打起学科旗帜,试图以此开辟一番天地。但不断的疾病困扰,不仅耽误了时间,也消磨了斗志,羁绊着前进的步伐。没有任何一次写作像这次这样力不从心、令人沮丧了,自著作立项至交付出版历经两年有余,疾病缠绵此起彼伏,寻医问药费尽心力,这部应景之作时断时续,撰写计划一再拖延,框架内容一再缩减,若不是先生的鼎力支持与合作,自己根本无法了却为 PPP 著述的心愿。

日前,与昔日同窗齐聚华政园,演绎了一场轰轰烈烈的毕业 30 年追忆之梦,恰逢自己执教 30 周年,实在是一个值得纪念的事件。我以 22 岁懵懂走上了大学教坛,历经沉浮从未回首,精耕细作,春风化雨,着实桃李芬芳,培养了一批又一批有用之人。但人生风雨,慷慨不再,虽然用岁月攒足了教书育人的资本,如今却成了孤独的“学术个体户”,少了挥洒讲台、与年轻人薪尽火传的快乐,多了枯灯对影,独自砥砺前行的清冷。至今无法释怀的是呕心沥血教书育人几十年,怎么就再也无缘三尺讲台传道授业,而只能去坐科研的“冷板凳”?私自反省,这抑郁的“心结”也许就是万病之源了。壮志因愁减,惆怅与病俱,创伤疗愈专家说:“一些生命故事残留的影响会在身体层和情绪体留下伤痕与烙印,包括长期的身心压力或遗忘了的伤害,这将持续地干扰与作祟着,让我们无法尽情享受生命,感受到自己的安好。”联想自己多年“偏居一隅”的工作生态,不禁唏嘘。

几年来,一方面身体受慢性疾病纠缠,长期精神萎靡;另一方面又能顺势而为,勤勉耕耘竹帛立身。真不知道这一路如何走来。近来,身体的不适又延伸至眼睛,西医扬汤止沸,头痛医头、脚痛医脚,不得已前往家乡寻找杏林高手,隔日扎针放血。眼疾给工作与生活带来的不便是难以言表的,既不能阅读,也无法写作,白日畏光无法外出社交,晚上睡觉双眼不能正常闭合。眼睛是心灵的窗口,失去灵动的眼神将身体变成灵魂的禁闭室,生活显得单调无趣。虽说法灸神针能带来希望,应该积极配合治疗,但每每凭着意志与疼痛抗争,有时会陷入犹豫、焦虑。弟子们有心为我筹备一次从教 30 年盛会,希望我在桃李荟萃的浓浓情谊中获得激情与力量,我却觉得不妥。人生是一场流动的旅程,释放生命中的束缚,化解僵化了的创伤,只有靠自己内心的调适,最困难的日子最考验心智。古诗云:“沉舟侧畔千帆过,病树前头万木春。”相信只要努力打赢这场与身心较量的战斗,未来将会更美好!

借此作品付印之际,留下与著作无关的片言只语,谨作纪念。

陈婉玲记于家乡泉州

2017 年 8 月 2 日

图书在版编目(CIP)数据

政府与社会资本合作(PPP)模式立法研究 / 陈婉玲，汤玉枢著. -- 北京 : 法律出版社, 2017
(产业与区域经济法治研究丛书 / 陈婉玲主编)
ISBN 978 - 7 - 5197 - 1175 - 7

Ⅰ. ①政… Ⅱ. ①陈… ②汤… Ⅲ. ①政府投资－合作－社会资本－立法－研究－中国 Ⅳ. ①D922.280.4

中国版本图书馆 CIP 数据核字(2017)第 185097 号

政府与社会资本合作(PPP)模式立法研究
ZHENGFU YU SHEHUI ZIBEN HEZUO(PPP)MOSHI LIFA YANJIU

陈婉玲　汤玉枢 著

策划编辑 陈　妮
责任编辑 陈　妮
装帧设计 李　瞻

出版 法律出版社
总发行 中国法律图书有限公司
经销 新华书店
印刷 固安华明印业有限公司
责任校对 郭艳萍
责任印制 吕亚莉

编辑统筹 财经出版分社
开本 710 毫米 × 1000 毫米　1/16
印张 23.25
字数 450 千
版本 2017 年 8 月第 1 版
印次 2017 年 8 月第 1 次印刷

法律出版社/北京市丰台区莲花池西里 7 号(100073)
网址/www.lawpress.com.cn
投稿邮箱/info@lawpress.com.cn
举报维权邮箱/jbwq@lawpress.com.cn
销售热线/010 - 63939792
咨询电话/010 - 63939796

中国法律图书有限公司/北京市丰台区莲花池西里 7 号(100073)
全国各地中法图分、子公司销售电话：
统一销售客服/400 - 660 - 6393
第一法律书店/010 - 63939781/9782　西安分公司/029 - 85330678　重庆分公司/023 - 67453036
上海分公司/021 - 62071639/1636　深圳分公司/0755 - 83072995

书号:ISBN 978 - 7 - 5197 - 1175 - 7　**定价**:75.00 元
(如有缺页或倒装,中国法律图书有限公司负责退换)

我是创业家，我是大BOSS

傅强 王胜会 曾君 · 编著

電子工業出版社
Publishing House of Electronics Industry
北京 • BEIJING

内容简介

本书提供了八个方面的创新创业实操、实务、实战内容，包括创始团队、产品开发、商业模式、用户画像、财务税务、人力资源、融资投资和压力疏导等。通过本书，读者可以未踏入双创却身临其境，既仰望星空又脚踏实地，在系统框架中构建双创规则，在前人的案例中学习双创经验。

本书既适合初创企业的CEO、中小微企业的老板、怀揣梦想的创业家、创新创业的大学生开办企业和运营公司使用，也适合创新创业导师授课和双创咨询师在路演大赛中点评使用。同时，创新创业教育培训机构、双创路演大赛组织方、创业企业孵化器均可将本书作为参考书籍。

图书在版编目（CIP）数据

我是创业家，我是大BOSS/傅强，王胜会，曾君编著. —北京：电子工业出版社，2018.10

ISBN 978-7-121-35058-0

Ⅰ. ①我… Ⅱ. ①傅… ②王… ③曾… Ⅲ. ①创业－通俗读物 Ⅳ. ①F241.4-49

中国版本图书馆CIP数据核字（2018）第214078号

策划编辑：于　兰
责任编辑：于　兰
特约编辑：贾敬芝
印　　刷：三河市鑫金马印装有限公司
装　　订：三河市鑫金马印装有限公司
出版发行：电子工业出版社
　　　　　北京市海淀区万寿路173信箱　　邮编：100036
开　　本：720×1000　1/16　印张：14　字数：224千字
版　　次：2018年10月第1版
印　　次：2018年10月第1次印刷
定　　价：55.00元

凡所购买电子工业出版社图书有缺损问题，请向购买书店调换。若书店售缺，请与本社发行部联系，联系及邮购电话：（010）88254888，88258888。

质量投诉请发邮件至zlts@phei.com.cn，盗版侵权举报请发邮件至dbqq@phei.com.cn。

本书咨询联系方式：QQ1069038421，yul@phei.com.cn。

前 ◦ 言

如果给你眼前的创业者画像，你肯定会看到不少“背包、笔记本电脑加翻页笔”的匆匆身影，他们就是最初、最真实的创业者。或者更清晰地描述一下就是：他们时刻迸发出新点子，每天晚上写BP（商业计划书）、写策划案；白天背着背包、带着笔记本电脑、骑着共享单车，亲自到工厂现场调研、市场一线考察；游说合伙人，招募员工，穿梭于投资人之间，用翻页笔讲创业计划书、吸引投资……

他们过着最朴实的生活，但怀揣着最遥远的梦想。因为他们知道，创新创业的梦想应该高飞，如星辰般璀璨，才能使生命不枯涩；而工作应该勤勤恳恳，方能向梦想靠近。

他们是创业先锋的后来人，在前辈们走过的道路上砥砺前行；他们也是后来人的创业实践家，为自己向往的事业开拓更广阔的平台和空间，打磨能够继续传承的经典。

“滴血的手指才能弹出绝唱……”，他们的双创生活，时而幽幽低诉，时而滚涌若潮，急促时是千军万马，缓和时如温暖晨曦。

或者说，他们才是真正的创业家，他们就是未来的大BOSS。他们正期待着蹚过沟沟壑壑、坑坑洼洼的过来人用经历过的若干个创业项目案例给自己敲响警钟，避免创业踏进失败的“大坑”和“陷阱”；给自己指明道路，找到创新创业、基业长青的“运作手册”……

看得出来，一个创业家必须是全才，换个时髦一点儿的词就是“斜杠青年”“跨界人才”。他们方向明确、目标坚定、做事执着，团队建设、产品设计、盈利模式、客户开拓、财务税务项项精通！融人、融钱、融资源样样拿手！开玩笑吧，这怎么可能？可以的，我们用一本书就教你全部搞定。

本书是创新创业的实战操作手册，它总结了他人创业的经验和教训，呈现了成功者的成长轨迹，凝集了创业项目路演的BP（商业计划书）；其中探讨的模式有的是已经成功的典型，有的是独一无二的创意，还有的即将在平静的水面荡起一道涟漪……

本书的特点可以概括为三条线，即“一条主线、一条明线、一条暗线”。

1. 内容设置上的一条主线：共计八大模块，包括创始团队、产品开发、商业模式、用户画像、财务税务、人力资源、融资投资和压力疏导等。

2. 体例设置上的一条明线：主旨观点提炼，模式模型、工具方法、标杆案例点评。

3. 模式设置上的一条暗线：用失败或问题案例敲响警钟，重点借鉴成功或优秀BP，通过正在盈利运营的企业创始人的实操感受，以及创业导师在路演现场的项目点评分析，让读者得到更真实的创业体验。

在本书的撰写过程中，特邀北京冠美口腔医院管理有限公司总裁、时代风范文化发展有限公司董事长腾静女士参与了第3章、第4章和第5章部分内容的撰写，本书插画由已为多部图书绘制画作的中央美术学院附中的插画设计师宋凝同学绘制，全书由傅强、王胜会、曾君统撰定稿。

本书撰写人员及具体分工如下：

傅　强、王胜会　第1章

王胜会　第2章

傅　强、腾　静　第3章

傅　强、腾　静　第4章

傅　强、腾　静　第5章

曾　君　第6章

王胜会　第7章

曾　君　第8章

王胜会　第9章

傅　强　第10章

在本书的撰写和相关研究过程中，我们还得到了智囊传媒、北京大学创业训练营、弈博明道作家导师团和冠美百思特商学院的大力支持。借此出版机会，对所有参与本书项目的合作机构和朋友表示敬意和感谢。

目 录 CONTENTS

第1章

成功路径：创学与复盘，余音缭绕

创业有风险，进入需谨慎。与不少创业者接触，正式、非正式地采访过来人，他们深有感触，“打工还是创业抉择很难，我刚创业的时候天天担心公司还能坚持多久，到后来又焦虑这个公司能不能发展壮大，发展好了又担心它会倒下，创业这条路走得越长、越远，担心越多。”是的，创业者每时每刻都处于战战兢兢、如履薄冰的状态。

据统计，在美国，新创公司存活10年的比例为4%。第一年以后有40%破产，5年以内80%破产，活下来的20%在第二个5年中又有80%破产。哈佛商学院的研究发现，第一次创业的成功率是23%，而已成功的企业家再次创业成功的比例是34%。

作为老板经营企业，担心是很正常的，不担心才不正常。

输了就输了，倒了就倒了，大不了二次创业，大不了屡败屡战，做事可以失败，但是做人不能失败。创业者是创业家，要拥有必胜的信心，要勇于战胜分分钟的激情、白日做梦和急于求胜的心魔。

不必继续纠结，没有所谓最好的生意时机，“天时、地利、人和，加上贵人相助”真不好找，往往每天都是“万事俱备，只欠东风”。有些初创企业，就是夫妻俩、几个朋友、几个同事一边吃饭一边聊天，想法来了，就一起开始创业了。

1.1 此CEO非彼霸道总裁

卢梭曾经说过，人类走向迷途，往往不是由于无知，而是由于自以为是。我们不应该被电影里霸道总裁的形象所迷惑，初创企业的办公场所不都是在CBD商圈、20层以上的高级办公楼里，不都有游泳池、自助餐、下午茶，更不是智商超高的董事长、白富美的女同事天天围绕身旁，也不是种子轮—天使轮—A轮—B轮—C轮—D轮，有烧不完的投资注入……

脸谱网（Facebook）的创始人兼首席执行官马克·扎克伯格能够在创业刚刚起步之际就赢得PayPal前CEO彼得·泰尔的天使投资，还能够找到不少行业专家给他做顾问，甚至不用多费事就可以见到时代公司的总裁，这都得益于美国的利他主义文化、成熟的产业链。但是在中国，恐怕没有几个创业者可以如此幸运，中国的创业环境更严峻。

我们只是普通的创业者！

创业很残酷，开始需谨慎，机会很难得，识别并抓紧。CEO非霸道总裁，换角色前要想清楚。照妖镜可以看清旁人，也可以照亮自己。

照妖镜是中国古典神怪小说中所描写的一种宝镜，能照出妖魔的原形。照妖镜放在现在多用来比喻能识别“坏人”的工具和方法，它照的对象不仅仅是别人，也有自己。照妖镜可以识别敌人或朋友，也可以真正认识自己。

作为新企业的创始人和最初聘用的老员工，他们的行为直接关系着整个企业的管理水平和绩效高低。要取得高绩效的成果，首先要造就高效能的主管人员。对照一下，作为新企业的领头人，我们的日常行为是否具备以下七大高效能特质。

插画 1　创业者自画像：男女老少创业，有钱没钱创新

1. 做符合企业利益的事

企业是你家，企业的利益就是你的利益，就是跟随你的创始团队成员或员工们的利益。高效能创业家的各项决策均应该以企业利益为出发点，根据企业的远景目标和发展方向做出决策，不忘初心，方得始终。

2. 设定合理的目标

自己忙死又把员工们搞死是不可以的，高效能创业家应为团队设定合理的目标。首先，团队目标必须与企业目标保持一致。其次，目标必须具备一定的挑战性，不可以定得过高，如果加班加点干也完不成，会使员工丧失信心；如果目标定得过低，“我就盯着你们，老板不走谁也别想离开，没事了也得在公司耗着”，这是一种变态！

3. 制订行动计划

CEO在台上使劲儿“吹”，在众人面前大声“唱”，前提是背后必须得有人落实。高效能创业家在行动前一定会先做好计划，考虑清楚自己期望取得什么成果或达到什么目标，以及明确可能会受到哪些阻碍，而且也清醒地认识到行动计划并不是固定不变的，应当根据外部环境和企业内部优劣势条件的变化予以修正。同时，还要在计划中设置里程碑、关键点、利益点、落实点与风险监控点，合理安排自己的时间、预估团队的任务量。

4. 承担决策责任

初创企业文化建设从你开始有创业想法时就开始构建了，只是你没有意识到，所以不要从你开始推卸责任、优柔寡断。高效能创业家往往能够定期反思自己的决策，如果衡量后确认预期结果没有达到，首先不应该责怪当事的员工履职不到位，而应该检讨是否是自己的用人决策不当。

5. 建立无缝沟通机制

你防着我，我防着你，你不先开口我不主动找你，是不可以的。高效能创业家应确保制订的和修改的行动计划和信息需求能够获得执行者的正确解读和理解，与团队成员分享各类信息、数据、报表，乐于征询意见，并在沟通的过程中使对方明确，如果要分工与协作，自己需要哪些信息和支持，真正做到沟通无障碍、信息不失真，大家群策群力完成任务。

6. 召开富有成效的会议

拒绝文山会海、繁文缛节，你这里不是几十年前的老国企，你花着投资人的钱，你每天睁开眼就是一天的房租、水电、员工工资，你得想着股东的红利。高效！高效！从开会开始。高效能创业家应确保组织召开和参加的各种会议富有成效。要提高会议成效，组织者首先要确定会议方案、参与者及角色、讨论的主题、需要达到的目的，并制订相应的执行流程；在会议进行时遵循相应的计划和形式，即会中的发言时间、辩论方向、中止原则和落实责任人等均控制到位，会后做到必要的跟进与反馈。

7. 在说话时多用“我们”而不是“我”

初创企业不分老板、员工，有的以花名给大家命名，有的以江湖大侠绰号相称，共生共赢，“我们”是真的我们。高效能创业家在思考和发言时应多说“我们”而少说“我”，把团队当作一个集体，把自己当成集体的协调者、润滑剂，为整个团队营造出团结、和谐、互助的氛围。大家可以头脑风暴，群策群力，互相补台，共享成果。

1.2 “隔壁老王”不可复制可复盘

鸡蛋，从外打破是别人的食物，从内打破才是鲜活的生命。人生亦是如此，从外打破是压力，从内打破是成长，被动的鹦鹉学舌、东施效颦终将失去自我，主动创新求变才会获得重生。

“隔壁老王”和“小明”一样同属于网络神秘人物。“隔壁老王”一般指代多重身份，他或许是“白富美”“高富帅”，或许是集万千吐槽黑锅于一身的悲情人物。在这里，“隔壁老王”可以是成功的创业家，也可以是失败的负债者，还可以是无厘头的草根创业者。

创业成功的模式很难复制，进入需谨慎。“隔壁老王”创业成功了，赚钱了，不代表其他人也行；“隔壁老王”创业失败了，赔钱了，也不代表其他人不行。因为天时地利人和，此时非彼时，不知道现在、当时、当下你缺了什么，反过来说，你自己也不知道自己的潜能有多大。

当然，从国内外成功企业的发展历程来看，下述这些方面只要具备一点，即是拥有话语权的企业：从0到1、从无到有的创新创造，或者抢占先机、开始最早的商业模式，或者拥有知识产权（著作权、商标等）、海量好内容、知识管理变现能力，或者牵头参与制定国家标准GB、高于国家标准的企业标准Q……

强势与弱势的区别不在于身体的强劲或精神的凛冽，而在于谁能掌握话语权。

创业要与时俱进、与市俱进、与客俱进。“隔壁老王”创业成功的经验可以学习，失败的教训可以避免。学习经验，吸取教训，避免失败，拥有话语权，有一个好的方法，那就是复盘。

我们可以拿苹果的史蒂夫·乔布斯、Facebook的马克·扎克伯格、特斯拉的硕士辍学生伊隆·马斯克来复盘，也可以拿华为的任正非、联想的柳传志、海尔的张瑞敏，以及BAT（百度、阿里巴巴、腾讯）/JAT（京东、阿里和腾讯）/SAT（社会、阿里、腾讯）来复盘，还可以拿身边的创业老板来复盘，比如本书的作者，他们/她们都是一线的创业者。

复盘，原是围棋术语，本意是对弈者下完一盘棋之后，重新在棋盘上把对弈过程摆一遍，看看哪些地方下得好，哪些地方下得不好，哪些地方可以有不同甚至是更好的下法等。

复盘是一种学习方法，更是一种行为习惯。一般用来自学，或请高手给予指导分析，现在被广泛应用于各个领域。这里是指在项目或工作阶段完成或完毕后进行的复演、复训，旨在总结工作或项目中的优劣表现，以便未来面对同样的问题时能更好地解决。

标杆学习：向领头羊学复盘

但凡成功企业和有成就的人，都是标杆学习的高手，都有事后复盘的习惯。

标杆学习（Benchmarking），也被称为“标杆管理”或“标杆瞄准”，或者在管理咨询项目中经常用的“行业内对标”“跨行对标”，是指企业将自己的产品、生产、服务等与同行业内的领头羊或行业外的典范企业、领袖企业（标杆企业）做比较，找出差距，借鉴他人的先进经验、避免踏进别人栽过跟头的“坑”，以快速提升自我，从而提高竞争力。

标杆学习是追赶或超越领头羊企业的一种良性循环的管理方法，其实质是模仿、学习和创新的持续改善的过程，是带着超越目标的决心、归零的心态努力学习的过程。

美国施乐公司早在1979年就开始推崇标杆学习，从生产成本、交货周期、营销费用、服务规范、零售价格等领域中，找出一些明确的衡量项目、量化指标和对照标准，然后将施乐公司在这些项目执行中的做法，与日本的主要竞争对手进行比较，找出差距，梳理、分析、总结这些优秀企业的成功之道，全面调整其企业战略、经营策略和规范、计划，由此改进业务流程，很快取得了明显成效。

美国施乐公司在实践中总结了自己在进行标杆学习时所遵循的12步流程，具体如表1-1所示。

表 1-1　美国施乐公司标杆学习流程

序号	步骤	规划	寻找	调查分析	消化	实施
1	确定标杆学习的领域/对象	●				
2	确定标杆企业		●			
3	确定数据收集方法，进行数据收集		●	●		
4	确定自己同标杆企业的差距			●		
5	确定企业未来要达到的业绩水平				●	
6	沟通所得到的结论，形成共识				●	
7	建立功能目标				●	
8	确定行动计划					●
9	实施行动方案并测评过程					●
10	重新审视以上流程，指导达到要求					●
11	方案达到要求，确定为企业的标准					●
12	将所有有用的经验整合进方案					●

是的，学习了标杆，就要及时复盘。复盘技术运用的标杆就是联想集团。

复盘，最初作为创业型企业产品迭代和会后总结的一个实用工具，具有很强的操作性。联想集团把复盘作为重要的管理方法论进行推广和普及，是为了搞清楚企业每次战略规划制订或计划方案执行的过程中，导致成功或失败的真正原因是什么，不断总结和抓住促进企业更好生存与良性发展的根本规律，沉淀、汇聚所有联想人的经验，持续提升联想人的综合能力和职业素质。

在联想集团，复盘其实很直白。柳传志说过一段话："把一件做成的或者没做成的事完成之后，需要从头到尾地理一遍，梳理的过程需要包含事先是怎么想的，以及在过程中出了什么问题及其原因，及时吸收经验教训。"

简言之，复盘就是通过回顾、分析、总结一步步提升团队整体实战能力的方法。掌握完成工作任务或项目运营的技能，不重复犯错，就是复盘技术最简单的逻辑。回到企业复盘过程中常常遇到的问题和阻碍，初创型企业可以从经验丰富的联想复盘模式中拿来哪些东西做重点参考呢?

1. 联想集团特别重视三个方法论

即目的性强、分阶段实现目标、复盘。其中，复盘凸显了较强的操作性和实践性，整合了其他两个方法论的目标和优势。

复盘，本身就具备很强的文化属性，联想人明确复盘过程中需要具备五种态度：开放心态、坦诚表达、实事求是、反思自我、集思广益，这些内容沉淀并落地就形成了一家初创企业的核心价值观。

要想不走形式地真正做好复盘，就要把企业整体效益放在第一位，没有领导和下属之分，所有参与项目的人都要敢于批评与自我批评，而不是仓促盖棺定论，急于否定一个人。

以夫妻创业为例，有的创业者有意无意地把家庭和公司混为一谈，私人的、家里的消费都在公司报，这会极大挫伤员工的积极性。他们会认为自己都在为你们夫妻打工赚钱，而不是为了企业。在这样的情况下即使复盘，员工们也不会以身作则，更不会真心提出意见或建议，因为没有对企业的认同感就做不好复盘。

还要注意一点：复盘要求对事不对人，把后续提升人和组织的能力作为目标，而不是秋后算账的手段，只有形成这种安全感和信任，才能真正做好复盘。有的事因为人的原因没有做好，必须说出来。说明问题、分析原因越深刻，对于员工的成长、能力提升就越好。

一般而言，初创企业最开始引入复盘，大部分只是把它当作一个会后总结的工具，然而，坚持下来，时间一长，每个人都有了复盘的习惯，那么就会形成你们公司的一种特色鲜明的管理机制和企业文化。

2. 联想集团复盘的四个步骤

(1) 回顾目标，当初的目的或期望的结果是什么。

(2) 评估结果，对照原来设定的目标找出整个执行过程中的亮点和不足。

(3) 分析原因，找到成功的关键和失败的根本原因，包括主观和客观两个方面。

（4）总结经验，包括体会、感悟、提醒、反思、规律，还有行动计划，以及需要实施哪些措施、保持哪些老习惯和叫停哪些项目。

3. 联想集团复盘的精神

联想集团认真总结每一步的成败得失并找出其根本原因，吸取经验教训，快速调整改进，发扬优势，规避错误，克服困难，达成目标。

避免犯同样的错误，就是不被同一块石头绊倒两次，这样可以节省成本、资源和时间。当找到和掌握了规律，就能够更有效地利用有限的资源进行最优分配，始终保持在正确的方向上，避免走岔路，少浪费时间，提高效率。

4. 联想集团复盘的十大注意事项

对于初用复盘方法的一把手和创业家来说，理解下述联想集团总结的注意事项，能够帮助你们更有效地使用复盘。

（1）分清目的与目标的不同，正确的目的保证目标的方向正确；反过来，明晰而适配的目标能更好地保障目的的实现。

（2）除确定目的之外，最好能描述出来可量化的目标，界定具有里程碑意义的时间节点。没有量化并能够考核的目标，很难保证目的实现，也难以与拿到的业绩对照评估。

（3）事前所提的目的、目标不清晰，复盘时可以补救再修正，以便于考核对照，同时提高下次制定目标的准确度。

（4）与原定的目标相比较，客观分析超预期结果的重要亮点。

（5）改不足与找亮点同样重要，不能忽视成效，抓住问题小辫子不放，“过分谦虚要不得，忽略改进提升更遗憾”。

（6）多引入外部典型案例、对标项目，让结果评估视界更广阔、结论更客观。

（7）分析成功因素时，多列举客观因素，遴选典型制成模板去推广。

（8）分析失败原因时，多从自身深挖关键要素，挑不足、补短板。

（9）总结经验（规律）时，要尽可能追根溯源，接受来自多方的意见和建议，尽量不局限于就事论事。

（10）总结经验要慎重，总结规律更要严谨。不能刻舟求剑，不可“只见树木，不见森林”，不要把一时一地的认识当成规律。

1.3 死过三次与烧不死的火凤凰

柳传志曾经说过，做企业每隔几年就要死去活来一次。做企业就是外人看着辉煌、自己承受苦难的过程，企业家精神是从九死一生中修炼的。如果没有吃过足够多的苦、受过一般人难以承受的委屈，怎么可能闯过企业发展一路上的沟沟坎坎？

不要荒废了最有梦想和冲劲的年纪。每位创业者不妨思考一下：“我”为什么要创业？“我们”如何一起创业？“我”和我的项目核心竞争力是什么？我的模式为什么别人模仿不了？我们能够坚持多久？我们能够“死撑”“硬扛”多久？

“人生在世，注定要受许多委屈。而一个人越成功，所遭受的委屈也越多。要使自己的生命获得价值，就不能太在乎委屈，不能让它们占据你的心灵。要学会一笑置之，要学会超然待之，要学会转化势能。智者懂得隐忍，原谅周围那些人，让我们在宽容中壮大。”柳传志对接班人杨元庆如是说。

“烧不死的鸟是火凤凰”，这是华为人对待委屈和挫折的态度和挑选干部时的准则。没有一定的承受能力，今后如何能挑大梁？烧不死的鸟是火凤凰！真金不怕火炼，这样的人无疑会飞得更高更远！

我真的想好要创业了，那我具备烧不死的火凤凰的精神吗？呼朋唤友组建的初创团队具备吗？要挑选“烧不死的火凤凰”式团队成员，就需要辨别这些人是否具备“烧不死”的优秀品质。

看似不起眼的工作习惯、做事方式，却是初创团队成功与否的关键所在。火凤凰创始团队成员十项品质的具体表现如表1-2所示。

表 1-2　火凤凰创始团队成员十项品质的具体表现

火凤凰品质	具体表现
高效完成任务	能够快速、高效地完成常人看似不可能完成的任务及履行承诺
坦诚交流	能够把想法和观点明确、直接地表达出来，没有那么多“小心眼”、顾虑和私心
善于倾听	能够倾听、理解他人的想法，能够虚心接受他人的意见和建议，团队中不要设防
积极参与	自动、自发、完全地融入团队工作中，自觉承担任务并推动团队发展
乐于分享	乐于沟通和交流信息、知识、技能和经验，能够为“知识库系统”增砖添瓦
合作再合作	愿意与他人一起工作并共同完成一项任务，包括项目经理和组员
思路灵活	能够适应各种变化，根据实际情况从不同的角度思考，灵活地处理棘手问题
善于解决问题	找出解决问题的方法并制订落地计划，如果A方案行不通，还有B计划
尊重他人	体谅和支持团队中的其他成员，尊重老前辈，爱护职场新人，师徒共勉共进
具备团队责任感	带着积极的心态和强烈的责任心工作，奖罚分明，努力、拼搏、奋斗

1.4　创业，你真的准备好了吗

不要相信那些一年创立、两年融资、三年上市的故事，更不要相信有人在厕所用6分钟就赚到永远也花不完的钱的故事，否则你“死”都不知道自己是怎么“死”

的。这些故事肯定是吹嘘的，即便不是，故事的主人公也是百分之一、千分之一的幸运儿，即便跟你吹牛的那个人就是幸运儿，也不等于你会是下一个幸运儿。

在做出抉择之前，不妨多问几句：创业，我真的准备好了吗？提醒各位有志之士，创业是急不来的事情！“无欲速，无见小利。欲速则不达，见小利则大事不成。”如果创业过于性急图快，反而不能达到目的。

好吧，不危言耸听了！以下有40道算术题，现在就测试一下，看看谁做得又快又正确。

计时！开始！

算术测试

以下是一组简单的算术题，+ 号等于乘，÷ 号等于加，− 号等于除，× 号等于减。请按说明完成。

8 + 2 =	14 − 7 =
9 + 11 =	6 × 5 =
4 × 3 =	8 + 3 =
6 ÷ 2 =	7 × 2 =
9 − 3 =	9 + 2 =
7 × 4=	8 − 4 =
4 + 4=	9 + 6 =
8 − 4=	1 ÷ 1 =
12 × 2 =	8 × 7 =
20 − 10 =	13 − 1 =
9 − 1 =	16 − 4 =
5 + 6 =	8 × 2 =
2 × 1 =	9 ÷ 9 =

10 － 5＝	6 × 2＝
12＋2＝	8＋4＝
6 ÷ 6＝	10 － 2＝
8＋5＝	4 － 1＝
6＋6＝	18 － 3＝
17 × 2＝	8＋2＝
14 ÷ 7＝	15 × 3＝

结束！

怎么样？是不是像回到了小学生时代？太简单了，一分钟甚至不到30秒就完成了，又体验了一把小学时“口算题卡”的“速度与激情”。但是，我敢保证，绝大多数人都算错了。如果提前强调一下两个注意事项，我敢保证谁都不会做错。

注意事项

（1）评分标准：速度+正确率。

（2）题目中的+号等于乘，÷号等于加，－号等于除，×号等于减。

所以，我再次郑重地问一声：“创业，你真的准备好了吗？”

创始团队，组建了吗？产品开发，创新了吗？商业模式，设计了吗？用户画像，呈现了吗？财务税务，厘清了吗？人力资源，选用预留好好管理了吗？融资投资，钱出出进进赚到了吗？压力疏导，自我激励也激励团队其他成员了吗？如果说从0到1的创新不行，可以做到从1到*N*吗？癫了吗？疯了吗？

我们一边创新创业、创意创想，一边好好学习，直到盈亏平衡，到月月盈利，到年年分红，到“百年老店”“世界500强”，最后终于迈向真正的事业成功……

其实，我们最应该担心的是我们自己够不够努力，自己有没有看清楚灾难，有没有把握住好机会。有一点是不用我们担心的，那就是创业者一定会遇到眼泪、冤枉、委屈、倒霉事儿等，真的，一定会碰上。既然如此，就不要悲观消极地等待了，先开始干了再说。等真的遇到了，兵来将挡、水来土掩就可以了。

测试量表：创业机会评价指标

创业前进行测试评价，已经为广大创业者所普遍接受。较为完整的创业机会评价指标体系，是创业学研究者杰弗里·蒂蒙斯（Jeffry A. Timmons）总结的包含七类分项指标的体系，即行业与市场、经济因素、收获条件、竞争优势、管理团队、个人标准及战略差异化，具体如表1-3所示。

表 1-3　创业机会评价指标体系

标准	吸引力	
	最高潜力	最低潜力
行业与市场		
市场	容易识别，可以带来持续收入；市场驱动；能取得重复收入的夹缝市场	需要深度开发；不集中；一次性投入与收获
客户	可以开发引流；购买力强	对其他品牌忠诚或者无法获取
用户利益	小于1年的回收期	3年以上的回收期
增值	高；提前支付	低；对市场的影响力极小
产品生命	长久	不长久
市场结构	不完善、分散的竞争或新兴的行业	高度集中或成熟或衰落的行业
市场规模	1亿～10亿美元的销售额潜力	未知的，可能少于2000万美元，也可能达到数十亿美元的销售额
成长率	成长率30%～50%，甚至更高	收缩或少于10%
市场容量	完全或接近完全的市场容量	容量不足
可获得的市场份额（5年内）	20%以上；占据领导地位	少于5%
成本结构	低成本的供货商；具有成本优势	成本下降
经济因素		
实现盈亏平衡的时间	1.5或2年以下	多于4年
投资回报率潜力	25%以上；高价值	少于20%

续表

标准	吸引力	
	最高潜力	最低潜力
资本要求	低到中等；有投资基础	很高；没有投资基础
内部收益率潜力	每年25%以上	每年少于15%
自由现金流特征	有利；持久；达到销售额的20%，甚至30%以上	低于销售额的10%
销售额的成长	从适度到高达15% ~ 20%	少于10%
资产密集度	相对于销售额的比例低，风险低	相对于销售额的比例高，风险高
自发流动资本	要求低，并且要求不断增加	要求高
研发/资本开支	要求低	要求高
毛利率	超过40%，并且持久	低于20%
税后利润	高；超过10%；持久	低
达到盈亏平衡点所需时间	少于2年；盈亏平衡点不会缓慢上升	大于4年；盈亏平衡点缓慢上升
收获条件		
增值潜力	高战略价值	低战略价值
估价倍数和可比性	20倍的市盈率（P/E）；8 ~ 10倍的息前税前收入（EBIT）	小于5倍的市盈率（P/E）；3 ~ 4倍的息前税前收入（EBIT）
退出机制和战略	当前或预想选择	未确定的；非流动性资产投资
资本市场环境	有利的时机；资本可得，可实现流动性	不利的时机；信贷紧缩
竞争优势		
固定和可变成本	最低；高运营杠杆作用	最高
对成本、价格和分销的控制	适度到很强	弱
管理团队		
创始团队	全明星组合；自由经纪人	弱的或单个创业者
行业和技术经验	领域内顶尖的；有极佳的商业记录	未发展完全
完整性	高标准	有问题的
理性诚实度	知道他们不知道什么	不知道他们不知道什么

续表

标准	吸引力	
	最高潜力	最低潜力
个人标准		
目标和适合度	得到你想要得到的，但是，你要能力足够	出人意料，如同在游戏中
上升/下降趋势的问题	可实现的成功/有限的风险	线性的，成功与风险并存
机会成本	可接受的工资缩减等	安于现状
愿望	和生活方式相匹配	仅仅为了挣钱
风险/收益承受力	风险经过周密计算；低风险回报率	疲于风险规避或赌博者
压力承受力	变压力为动力并茁壮成长	在压力下崩溃
战略差异化		
适合程度	高	低
团队	一流团队	二流团队
服务管理	优异的服务理念	认为不重要
时机	顺流而行	抵制潮流
技术	突破性的	有很多替代品或竞争者
灵活性	能够适应；能够迅速执行或停止	缓慢；顽固
机会导向	一直在搜寻机会	对周围环境和商机反应迟钝
定价	处于或接近领先地位	比竞争者廉价出售；低价
分销渠道	可获得的；有销售网络	不可知；不可获得
错误容忍空间	宽容战略	不宽容；刚性战略

好的，不急，将你正在做的或者想要做的事业，在行业与市场、经济因素、收获条件、竞争优势、管理团队、个人标准及战略差异化这七个方面一一对照一下吧！如果经过验证，你要做的事在吸引力方面具有最高潜力，那么，你创业就可以义无反顾了！

1.5　坐下来能写、站起来能讲、走出去能谈

接下来，我就先来说说创业人才，再继续说创始团队吧！“坐下来能写、站起来能讲、走出去能谈”，这是初创企业打拼初期最需要的人才所具备的“三能”品质。刚成立的企业部门和岗位不太可能齐全，“一个萝卜一个坑”，往往是“我是一块砖，哪里需要往哪里搬”。

所以，在初创企业就职，你不得不选择“做小池塘里的一条大鱼”。“大鱼”“大”在哪儿呢？这个“大”就大在写方案、讲标、商务洽谈等你必须样样都做、样样都行。“三能”创业人才模型构建如图1-1所示。

拿我们自己来说，就是在办公室里需要撰写项目建议书、竞标文案、合作协议，回到家里还可以再写会儿书，写书既是我们创业的过往经验和教训的沉淀，也是我们的一个创业项目……

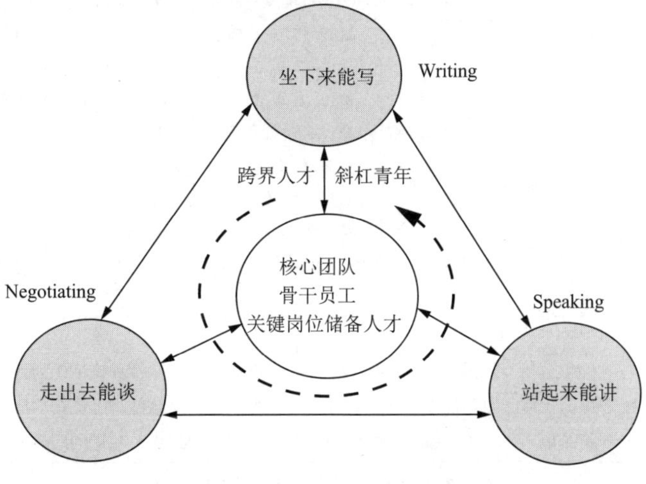

图1-1　“三能”创业人才模型构建

再拿我们自己来说，就是在会议室里能开高效晨会、夕会，在酒店里能主持大型峰会、论坛，在高校、职业院校和甲方企业那里能够讲课……

还拿我们自己来说，就是在客户那里可以讲标，在投资者面前可以讲BP、融多轮资，在合作伙伴面前可以用真诚打动他的团队……

HPT（Human Performance Technology）模型即人员绩效技术模式，是一种绩效分析与改进的操作方式，是通过确定绩效差距，设计有效益、有效率的干预措施，实现期望的人员绩效。它涉及行为心理学、教学系统设计、组织开发和人力资源管理等多学科理论，是一种绩效改进的策略。

运用在这里，就是不管你之前是否是多面手，但来到创业企业，就要运用各种工具和方法，助力创始人和团队其他成员都成为“三能”创业人才。

1.“三能”创业人才开发HPT模型的逻辑和构造

如图1-2所示的“三能”创业人才开发HPT模型强调创业者整体绩效的提高和能力的锻造，同时也体现了工作环境的复杂性和各要素之间的关联性，并可以为使用者有效提高绩效、改善方式方法、改进流程节点提供明确的操作步骤。

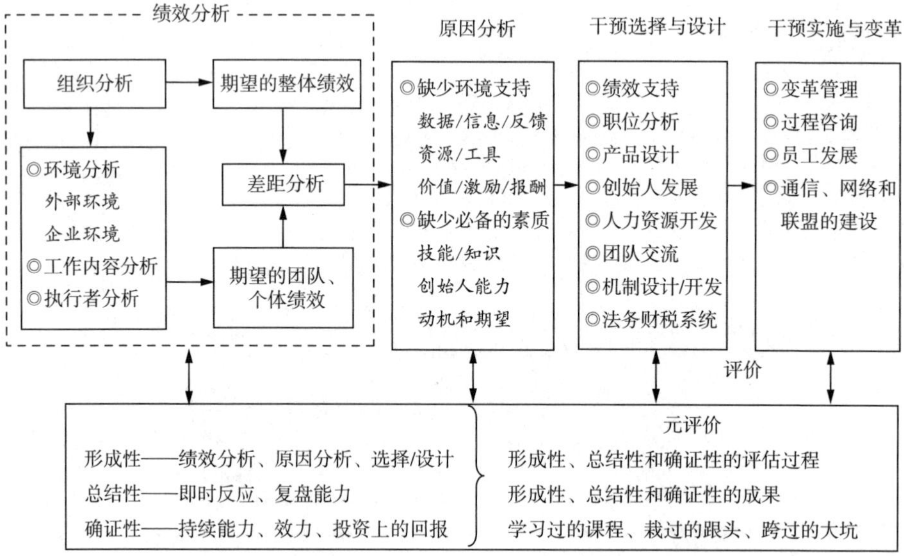

图1-2 “三能”创业人才开发HPT模型

2. “三能”创业人才开发HPT模型的操作步骤

为保证“三能”创业人才开发的有效性，HPT模型在实际执行过程中应遵循以下五个操作步骤，具体内容如图1-3所示。

1. 绩效综合分析	包括企业内部环境、工作内容的分析，通过期望的整体、团队、个体绩效与实际达成的绩效进行量化对比，以判断创业人才的自身能力及融人、融智、融财、融资的能力
2. 能力差距分析	产生绩效差距的原因分析，即坐下来不能写、站起来讲不了、走出去谈不成的真实原因
3. 设计与开发	包括绩效支持，“写”“讲”“谈”的培训、潜能开发与发展，组织内部交流、组织外部分享，以及人力资源、财务系统等方面的配套设计与开发
4. 组织与执行	包括管理改革、过程咨询、员工发展，以及通信、网络、联盟建设等方面的内容，可以创新举办“写”“讲”“谈”比赛，提供“写”“讲”“谈”项目锻炼
5. 复盘与成果	包括形成性、总结性等方面的评估，以及信度、效度等方面的评估，坐下来能写出成果或文件吗？站起来能讲得有互动、有影响力吗？走出去能谈成订单或合同吗

图1-3　“三能”创业人才开发HPT模型的五个操作步骤

第2章

创始团队：前喻、并喻与后喻

我们看过很多次项目路演，曾经的天使投资人投与不投就是冲着创始团队去的，如果团队中有这几位关键人物，好！十几页PPT搞定，投了。

我们也为三年内的初创企业诊断过、咨询过，出现投资人不再跟投、业绩走下坡路、经营决策出现严重分歧，甚至没有逃出过“初创企业2.9年存活期”的魔咒，也都是因为创始团队成员之间出现了问题。

那么，创始团队基因如何测评？如何呼朋唤友组建团队？如何明确职责与分工？成员之间如何相处……美国社会学家玛格丽特·米德在《文化与承诺》一书中，将人类社会划分为“前喻文化”“并喻文化”和“后喻文化”三种文化并存的时代。在“前喻文化”中，晚辈主要向前辈学习；“并喻文化”中，晚辈和前辈相互学习；而随着科技革命的蓬勃发展，现在已经进入了前辈反过来向晚辈学习的“后喻文化”时期。

“如果说过去存在若干长者，凭着在特定的文化系统中日积月累的经验而比青年们知道得多些，那今天却不再如此。”米德总结道。

今天，在创始团队中，老、中、青结合，“00后”冲出校园，90后领导80后、70后，60后、50后作为管理咨询顾问和专家，团队成员的文化层次、知识结构和过往的职场经历呈现多元化，这很正常。

2.1　心要简单、人要糊涂

网上有个段子:《欢乐颂》开播时，你说你缺个老谭;《我的前半生》开播了，你说你缺个贺涵;《恋爱先生》开播了，你又说你缺个程皓……

但你却忽略了，老谭、贺涵、程皓身边的女人不是潜力无限的，就是独立能干的，所以你缺的不是老谭，也不是贺涵，更不是程皓，而是让自己拥有自我价值的决心。

你若盛开，老谭、贺涵、程皓自来；其实，你就是缺个为自己奋斗的理由!

你若盛开，蝴蝶自来!

创业也靠缘分，创业的缘分就是创业路上遇见了该遇见的人；创业也靠福分，创业的福分就是能和有缘人共享、共担创业的酸甜苦辣，共进退。

有的人只会锦上添花，不能雪中送炭，不适合当合伙人、股东。

有的人只会火上浇油，不能坦诚相待，不适合合作共事。

“命由己造，相由心生，境随心转，有容乃大。”“可见之物，实为非物，可感之事，实为非事。”我不想讨论“面相学”“周易”。我认为创业者之间、创业者与物与事之间皆有缘。创始团队中与他人相处，你把对方当成菩萨，他就是菩萨；你把他当成魔鬼，他就是魔鬼。这就和照镜子是一样的：面带笑容地对着镜子，你看到的就是那个阳光的你；愁眉苦脸地对着镜子，你看到的自然就是那个阴霾的你；在创业路上，因缘而聚，因情而暖，因不珍惜而散。

所以，心要简单，人要糊涂，事要利索，珍惜你身边现有的可用之人，招揽与岗位匹配的可选之人。没有人力资源部，没有招聘主管，没有关系，先自己来。不是只有正式预约、正式面试才是选人，参加活动、听课学习、谈话聊天都可以深入了

插画 2　成功的创始团队到底是什么模式？好像无一定论

解，都有可能碰到合适的合作伙伴。

在创始团队中，不忘人恩，不念人过，不思人非，不计人怨。

当你为项目、为产品、为活动而烦恼的时候，想想创业也是在做减法，不仅产品和服务要有所为有所不为，人活一天就少一天，与人见一面就少一面，还有什么好烦恼的呢。当你不开心的时候，想想自己还剩下多少天可以折腾，还剩下多少时间够你消耗。你开心，这一天过了；你不开心，这一天也过了。

创业，开心就好！不要在意钱多钱少。多年以后，当你老了，谁在乎你是乞丐还是富豪。

团队成员相处，看淡就好！莫计较权大权小。多年以后，当你老了，谁在乎你曾头顶几尺官帽。

新企业，活着就好！有饭可吃，有觉可睡，有衣可穿，有项目可做，有活动可搞，有用户可交流，有书可看，有事可做，有路可走，有人相伴就是最好的。

2.2　创始团队基因检验模型

中国的先哲认为，世界由金、木、水、火、土构成。到了19世纪，人们认为世界的最基本成分就是化学元素周期表上100个左右的元素。现在人们认为世界最基本的成分是夸克、电子等。

而对于创始团队成员需要具备的素质而言，需要先明确界定一下何为素质。

素质是潜藏在个体身上的一种内在抽象的东西，但它可以通过语言和行为等表现出来。也有不少先哲认为，人的素质是可以量化的。比如，荀子提出“量能授官”之说，董仲舒提出“量材而授官，录德而定位”之说，而元朝的许衡不但认为人的素质可以量化，还将量化方法具体化了。

许衡认为，人的素质高低是由这个人与出生时所禀之气决定的。所禀之气中有清有浊，有美有恶。清、浊、美、恶的程度差异便决定了素质的优劣与水平。

比如，“只为受生之初，所禀气有清者，有浊者，有美者，有恶者，得其清者则为智，得其浊者则为愚，得其美者则为贤，得其恶者则为不肖。若得全清全美，则为大智大贤，其明德全不昧也。身虽与常人一般，其心中明德，与天地同体；其所为，便与天地相合，此大圣人也。若全浊全恶，则为大愚大不肖，其明德全昧。虽有人之形貌，其心中暗塞，与禽兽一般；其所为，颠倒错乱无一是处。”

许衡说：春属木，夏属火，秋属金，冬属水，四季属土，土寄旺四季，各十八日。木是仁，火是礼，土是信，金是义，水是智，夫妇是阴阳。人受五行之气成人，天与人的仁、义、礼、智、信同。仁是温和慈爱、得天地生万物的道理；义是决断事物，不教过去，不教赶不上，都是合宜的道理；礼是体面敬重为长的道理；智是分辨是非的道理；信是老实不说谎的道理。

当然，成功的创业者自有其优秀的基因所在，失败的创业者也自有其劣根性不好剔除，具体都有哪些指标，无一定论。然而，企业家精神是每个创业者应该具备的，或者说，即使打工也要具有优秀的企业家精神。

企业家精神，英文是Entrepreneurship，翻译成中文的含义就是指企业家才能。企业家才能，在经济学里被定义为四大生产要素中，除“土地、资本和劳动”三个生产要素之外的“稀缺资源”，我们认为创始团队成员的特质可以概括为以下五个指标，如表2-1所示。

表 2-1　创始团队成员的五大特质

序号	指标	特质描述
1	敏锐的商业嗅觉	对商业机会的洞察力，一旦发现巨大的商业机会就睡不着觉
2	关键战略资源的整合能力	一流人才、一流资本、关键合作伙伴
3	超凡的领导力	让优秀的人追随的能力
4	创新与冒险	企业家必须追求用创造性的方式创造价值，同时敢于冒险。敢不敢冒险是区别企业家与职业经理人及其他一切平庸者的关键
5	社会责任感	只为赚钱只能被称为商人，只有具备社会责任感，推动社会向健康方向发展，才能被称为企业家

所谓“锲而不舍，金石可镂；锲而舍之，朽木不折”，也就是说，在发生包括经济、公关、资金链等任何危机时，资本家可以变卖股票退出企业，劳动者也可以辞职另谋高就，然而企业家却是唯一不能放弃企业的人，企业家要坚持不懈创新创造，要承担社会责任。

英特尔总裁葛洛夫说：“只有偏执狂才能生存。”是的，创始团队要有韧劲，如果自己都不相信自己所做的事业，遇到困难就撤退，等于是自己打败了自己。真正的企业家要有“不到黄河心不死”的劲头，才可能稳操胜券。

创始团队的基因也会影响整个企业的文化与氛围。如果你身处深圳富士康与深圳华为，可能会有截然不同的感受：富士康压抑、死气沉沉，华为朝气蓬勃、活力四射；富士康采用刚性的军事化管理模式，华为采用柔性的人性化管理模式；富士康强调忠诚、服从、守纪，华为强调个性、自由、创新。

然而，创始团队共有的基因，除了受人的因素影响外，事的因素也会反作用于团队的共有特质。那么，你们创始团队的基因中也需要这些特质吗？你们创始团队的基因中具备这些特质吗？具体如何检验呢？创始团队基因检验模型如图2-1所示。

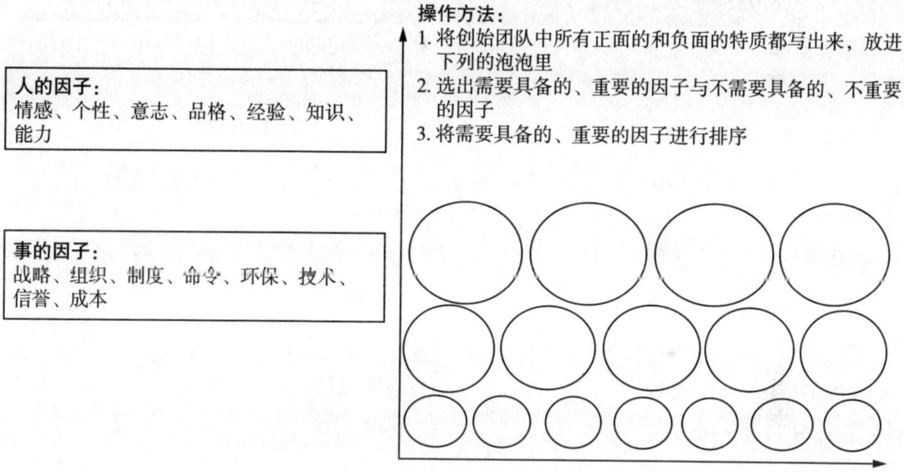

图2-1　创始团队基因检验模型

不同的企业文化产生不同的组织，不同的管理模式产生不同的效果，不同的创始团队产生不同的员工。

测试点评：初创企业团队“真自我”

本套测试的目的是为初创企业团队成员检验表象特质和潜在基因。

测评量表中共有44个形容词，请从头到尾读两次。

第一次读，判断你目前的形象。如果你觉得哪个词符合自己的个性或形象，就在“我正是”那一列的方格内打“√”。

第二次读，根据你对自己未来的期望做判断。如果哪个词符合你想要成为的创始团队中的那种人，就在那个词后面的方格内画“O”。

本套测试作为“真自我”测评的工具，如表2-2所示，仅供参考，并不想引发初创企业团队成员之间的矛盾与冲突！请如实作答！也请根据你对团队成员日常行为的表现做开放式的取舍！

表 2-2　初创企业团队成员“真自我”测评量表

题目	我正是	我想要成为的	题目	我正是	我想要成为的
1. 雄心勃勃的	□	□	23. 引人注目的	□	□
2. 好争论的	□	□	24. 冲动的	□	□
3. 独断的	□	□	25. 独立的	□	□
4. 吸引人的	□	□	26. 懒惰的	□	□
5. 好斗的	□	□	27. 乐观的	□	□
6. 粗鲁的	□	□	28. 能说会道的	□	□
7. 谨慎的	□	□	29. 有耐性的	□	□
8. 迷人的	□	□	30. 实际的	□	□
9. 聪明的	□	□	31. 有原则的	□	□
10. 爱竞争的	□	□	32. 轻松的	□	□
11. 肯合作的	□	□	33. 机智的	□	□
12. 有创造力的	□	□	34. 自我中心的	□	□
13. 好奇的	□	□	35. 自信的	□	□
14. 愤世嫉俗的	□	□	36. 敏感的	□	□
15. 大胆的	□	□	37. 精明能干的	□	□
16. 果断的	□	□	38. 顽固的	□	□
17. 坚毅的	□	□	39. 猜疑的	□	□
18. 迂回的	□	□	40. 胆小的	□	□
19. 宽大的	□	□	41. 强硬的	□	□
20. 受挫的	□	□	42. 可信的	□	□
21. 慷慨的	□	□	43. 温和的	□	□
22. 诚实的	□	□	44. 顺从的	□	□

1. 计分方法

如果一个词标有一个记号，无论是“√”或者“O”，记1分；有两个记号及没有记号的都不记分。把实际得分相加，得到总分。

2. 测试点评

（1）得2 ~ 5分者：如果你的得分属于这一类，则你高度正面的自我形象会让你愿意承担风险，寻找机会，因为你有信心，并且对自己的能力感到满意。其他人可能受到你的鼓舞，以你为榜样，或者团结在你的周围，和你一起完成你所计划的事业。得分落在这一组的人，成功的机会和个人的成就感都很高。

（2）得6 ~ 11分者：如果你的得分属于这一类，表明与一般人相比，你对自己是满意的，即使“真正的自己”和“理想的自己”有一些矛盾，基本上你是能够接受的。得分落在此组的人是具有健康人格的人。

（3）得12 ~ 21分者：如果你的得分属于这一类，你最应该做的就是尽可能减少“真正的自己”和“理想的自己”之间的矛盾，要么使理想的自己更接近真正的自己，要么使真正的自己更接近理想的自己。也只有如此，才能增加你自己的信心和你行为的自由，有助于你在事业上取得成功。

（4）得22 ~ 33分者：如果你的得分属于这一类，你对于自己在别人心目中的形象可能并不满意，对于自己追求成功的能力也没有什么把握。如果想达到你的理想目标，你必须花费更多的时间和精力来改变你的人格特征。得分落在这一组的人通常是有很多遗憾的，或是对自己期望过高但达不到预期的目标，或是对自己要求太严格但达不到理想状态。

（5）得34分以上者：如果你的得分属于这一类，你经常会对自己感到失望，几乎没有信心，常常自责。一旦有什么事情出现了差错，你都会对自己不满、埋怨。你常常会有受挫和失望的情绪。要改变自己的人格并不容易，但只要你发现问题，及时纠正，持之以恒，相信成功的路就在你的脚下。

BOSS观点：做真正的伙伴，不要“萍水相逢”

“夫妻本是同林鸟，大难临头各自飞”。萍随水漂泊，聚散无定；有的人因创业而聚首，有的人因创业而离散。

创业之初，创始团队成员激情爆棚，一呼百应；但每当遇到问题和挫折时，每当发不起工资、交不起房租水电费时，每当受到质疑时，每当不被他人理解时，往往创始团队的内部成员首先瓦解。

春秋五霸之主齐桓公可谓一代豪杰。在他死后，膝下五子为争王权宝座，百日不为其父举丧，可怜英武盖世的齐桓公被蝇叮蛆嗜，只剩一具白骨暴于灵床之上。试想，亲子尚且如此，况寻常之情乎?

见利忘义和舍生取义是多么大的反差。父子和朋友之间孰重孰轻，无须多辩，德之所在，人性使然。在万事如转烛的无常命运中，锦上添花易，雪中送炭难；落井下石易，狂流引渡难。可曾见，花开时，蜂拥蝶扑；花谢时，风扬雨砸。创始团队成员之间，如何相处、利益如何分配、合作如何持久……

创业，简单地说，其实就是一个或者几个叫联合创始人的人实践创新点子的过程。这个过程充满了各种不确定性，本金花光了，收入太少，还比不上打工的年薪，找不着投资人或投资人不愿意继续投入，员工吸引不来或来了留不住……每一次遇到类似的情况，每个创始人都可能在犹豫或者怀疑自己，怀疑创业项目本身，怀疑团队，自问要不要坚持下去?

作为创业导师，我们见过不少创始团队兵分瓦解、反目成仇、兵戎相见……萍水相逢，擦肩而过。不要问“何必当初相识? ”也不要再问“相逢何必曾相识? ”

马云说得对，男人的胸怀是被委屈撑大的。创始团队最重要的是打死都不言弃、不屈服、不丧志，屡败屡战，越挫越勇。

良言一句三冬暖。对于身处困难中的人来说，一句帮助的热语，一点滴露般的施与，如同断崖处伸出的援手，亦是雪夜中送与的炭火。

真正的伙伴绝不会为创业而创业；真正的伙伴，是每当团队处在岔路口迷茫时，他会为最初的理想始终坚持一个方向，驱除“自我逻辑”，鼓励团队一起向前继续走下去……

2.3　停止内耗，搞定“超级业务员”

初创企业团队瓦解的前期会有一定的预兆，也就是说，稍加注意，成员分裂的危险信号是可以被发现的。它主要有这样三种情况：团队成员精神离职、形成非正式组织、产生超级业务员。

1. 团队成员精神离职

精神离职产生的原因大多是个人追求与团队目标不一致，也有任务压力、技能匮乏、个人情绪等方面的原因。团队成员精神离职的表现一般有如下四个方面。

（1）工作不在状态，行动较为迟缓，在团队内部不愿意协作，对公司组织的课程沙龙、以赛促培、拓展团建，均提不起兴趣。

（2）工作期间无所事事，基本上在左顾右盼、动动这个摸摸那个的状态下结束一天的工作，好像每天就是为了写工作日志而坐在那里。

（3）对本职工作了解不够深入，个人能力在工作中发挥不到30%，不思进取。

（4）几乎没有迟到、事假或病假，团队主管指派的任务通常都能够完成，但是总给他人一种“当一天和尚撞一天钟”“今朝有酒今朝醉”的感觉。

针对精神离职的现象，团队领导者可以采取以下四种对策解决。

（1）专业沟通，推心置腹，描绘战略蓝图，展望行业趋势，使个人目标与企业愿景相融合。

（2）用有挑战性的任务和经过努力可以实现的目标来提升其工作状态，用物质、精神的激励手段提升其工作热情。

（3）安排休假、调休倒休、调动岗位、降级，让精神离职者冷静思考，自行调整工作状态或接受组织安排。

（4）用团队十大奖励策略来降低团队整体的精神离职率，如图2-2所示。

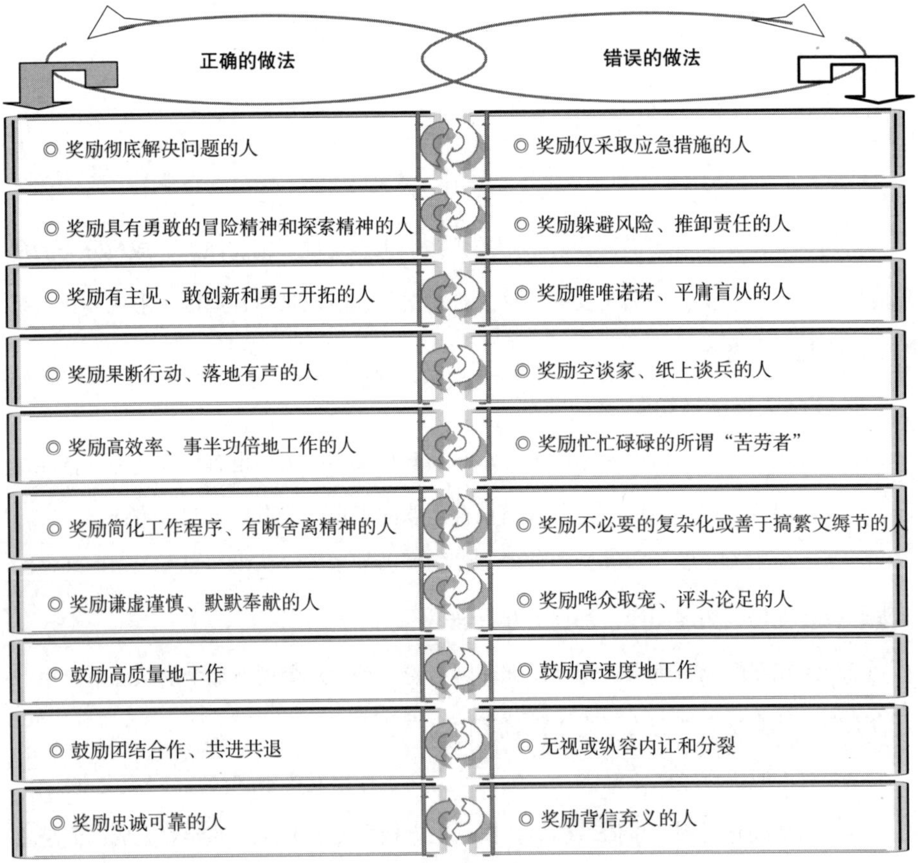

图2-2　降低精神离职率的正确/错误做法

2. 形成非正式组织

团队是全体成员认可的正式组织。非正式组织是团队正式机制之外形成的一种小团体，例如同乡、校友、舍友、闺蜜、业务上的好兄弟等。非正式组织的产生主要有以下两种原因。

（1）团队领导的故意行为。这种组织的产生是管理者出于强化自身管理职能的需要，培养亲信，增强管理效力，从而基于领导意志形成的非正式组织，这种组织通常是松散型组织。

（2）团队成员在价值观、性格、经历等方面产生某种一致性时形成的非正式组织。这种组织通常是紧密型组织，但是其愿景往往与团队愿景不一致。一般而言，它是小道消息、八卦的源发地。

这种紧密型的非正式组织会偏离团队的价值观，破坏团队文化，阻挠团队的创新精神和开拓精神。紧密型非正式组织的产生往往是团队分裂的信号。针对团队中的紧密型非正式组织，团队领导者可以采取以下两种方法予以解决。

第一，考察评估。团队非正式组织的数量、非正式组织成员列表、非正式组织与团队愿景是否一致、非正式组织对实现团队目标的正向或负面的影响等。

第二，瓦解非正式组织。让团队管理层融入非正式组织，管理层对非正式组织的骨干成员施以影响，并积极引导，使他们融入松散型的非正式组织，最后彻底清除非正式组织的顽劣者。

3. 产生“超级业务员”

团队需要的是整体的行动力、销售力、目标达成率，这就要求团队个体之间的技能必须具有互补性。如果某个成员的个体能力较强而又不能真正融入团队，那么这种个体差异就会导致“超级业务员”的出现。

“超级业务员”的特征表现为个人能力强大，能独当一面，在团队中常常以绝对的业绩领先于其他成员；同时，组织纪律散漫，游离于团队的管理之外，好大喜功，并常常自居为团队功臣之列。

“超级业务员”的能力是任何团队都需要的，然而其带来的管理问题又是任何团队都不愿意面对的。当面对这种矛盾时，一些团队领导者无所适从，经常听之任之，对其采取有别于团队其他成员的特殊政策。然而，“超级业务员”对团队的破坏力是巨大的，长期采用放纵的管理方式，其后果显而易见，他们会破坏团队的凝聚力，迅速地瓦解团队组织。

针对团队中的“超级业务员”问题，领导者可以采取四种办法予以解决，具体如图2-3所示。

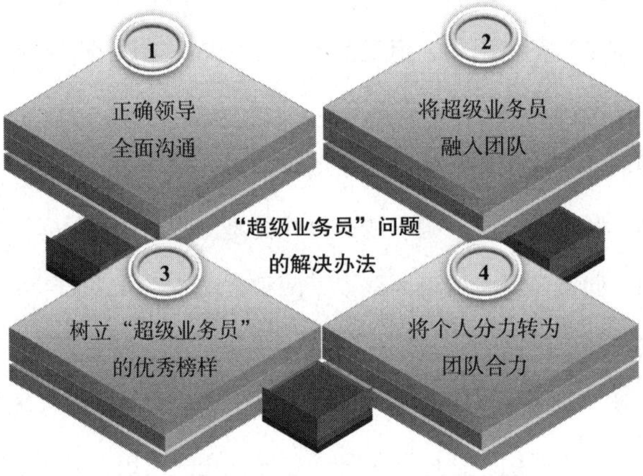

图2-3 针对“超级业务员”问题的解决办法

那么，到底应该如何坚持做好自己，停止内耗呢？或者说，你想扮演并能扮演好哪个角色呢？这需要先明确一点：即一支由一流人才组成的团队不一定是最优秀的，而通过成员角色匹配优化组合的团队则往往能够出色地完成任务，带给组织高绩效。

团队角色需要具备互补合作的本质属性，从工作技能的需要来说，团队的角色必须是技能互补的、多方支持的、互相补台的。

目前，使用比较普遍的对团队成员角色的划分模型是贝尔宾（Meredith Belbin）提出的九种团队成员角色模型，包括观念产生者、监督评价者、专家、推进者、执行者、完善者、协调者、凝聚者和资源调查者。这九种成员角色的分类情况及优缺点分析如表2-3所示。

表 2-3　团队成员九种角色说明表

成员角色	定位	优点	缺点
观念产生者	善于提出新观念和新战略，特别关注重大问题，寻求突破和创新	富有创造力和想象力，敢于突破陈规，注重战略	不注重细节问题的处理
监督评价者	起到分析问题、评价意见、促进团队决策的作用	认真，善于观察，精于分析和判断	可能缺乏对团队其他成员的激励和鼓动能力
专家	专家为团队注入专业的技术信息	具有技术等领域的专业性	可能专心于技术，对其他的问题不够关注
推进者	具有举一反三的能力，思路比较开阔，解决问题的方法比较周全	以行动为特征，动机强烈，可以激发热情，思维敏捷	对团队的人际关系维持不够有耐心
执行者	将观念转变成实际的工作程序，有效执行工作计划	组织能力强，实践经验丰富，吃苦耐劳，能自我约束	不够灵活，对新的变化反应不敏感
完善者	确保团队不犯错误，不遗漏必要的信息，维持团队的工作紧迫感	工作认真、勤奋，追求完美	过于注重细节问题
协调者	促进团队决策，保证团队成员不偏离航向和轨道，确保资源整合	虚心听取意见和建议，处理问题保持客观、公正	过于注重人际关系，容易忽略组织目标
凝聚者	支持其他成员，对其他成员提出的意见进一步完善，对有困难的成员提供支持和帮助	擅长人际交往，能与他人保持和善友好的关系，对人、对事都表现得比较敏感	有时会犹豫不决，不能当机立断，一般不做重大决策
资源调查者	关注团队外部的观念、发展情况和可利用资源，建立外部联系	性格外向，热情，善于沟通	可能过度乐观，有时热情不能持久

2.4 创始团队打造的三个环节

美国有句谚语：一个人做生意，两个人开银行，三个人搞殖民地。

安德鲁·卡耐基有句名言：带走我的员工，把我的工厂留下，不久后工厂就会长满杂草；拿走我的工厂，把我的员工留下，不久后我们还会有个更好的工厂。

松下幸之助在1945年就提出：公司要发挥全体员工的勤奋精神。他不断地向员工灌输“全员经营”“群智经营”的思想。

彼得·德鲁克强调，现代企业不仅仅是老板和下属的企业，而应该是一个团队。

可见，团队不是群体，群体不等于团队。团队，不是一些人聚在一起工作那么简单，更不是一些人在搞群体性的形式主义。团队（Team）是指所有成员聚焦于一个共同的工作目标，一同主动地工作，同时成员之间能够很好地分工与协作，注重分享、责任和相互尊重，这样的一个有机的组成才能称为真正意义上的“团队”。

可见，创始团队，尤其是能做成事的优秀创始团队是一个企业生存进而基业长青的关键之所在。一般来讲，从群体发展到真正的团队需要一个过程，也需要一定的时间来验证，同时还需要一些项目合作来打磨精兵干将。

创始团队的每一位合格的领导者至少应具备六个方面的基本特质，即“6P特质”，包括领导远见、热情、自我定位、优先顺序、人才经营和领导权利。

1. 领导远见（Purpose）

合格的领导者必须对未来有明确的规划，同时向下属描绘一个可实现的蓝图，并说服、激励下属为实现目标而努力。作为领导者，首要责任是解释公司的目标，然后向员工分配任务、辅导员工工作，领导者的责任是将明确的规划变为现实。

2. 热情（Passion）

领导者必须对所从事的工作和事业拥有极大的热情。合格的领导者在全心全意地履行经营信念和承诺的同时，还要调动下属的积极性。一个不能调动下属工作热情、不会激励下属的人，是没有资格做领导的。热情就是每天像打了鸡血一样兴奋、有劲，每天都像第一天上班那样新鲜、有趣。

3. 自我定位（Position）

领导者在组织中的角色包括：为人上司，为人下属，为人同事，作为自己。在工作中领导者应明确自己扮演的角色和面对不同的角色应该担负什么样的责任。

4. 优先顺序（Priority）

领导者每天都会被大大小小的烦琐工作所包围，优秀的领导者能够正确判断规划、协调处理事务的优先顺序。工作中要想快速见成效，就必须科学地取舍，在有限的时长和可获取的资源范围之内，根据事情的轻重缓急对其进行处理。

所以，领导者既要选定做什么，又要决定舍弃什么，这两个“定”同等重要，而且都需要领导者的勇气和智慧做铺垫。

5. 人才经营（People）

组织中最重要、最具有能动作用的资源是人才。作为领导者，在专注于业务运营和用户管理的同时，还要重视人才建设，科学严谨地识人、选人、用人、留人、激人。

领导者应该坚信，客户、合作伙伴、同事和下属都是可以信赖的资源，都是组织百年基业的绩效伙伴。领导者应具备人才经营的观念和方法，使所有人员的能力得到充分发挥，为企业创造更多的价值。

6. 领导权力（Power）

领导者的影响力既与其自身的领导能力、领导方式和行为有关，也和领导权力有关。领导权力运用得当可以使领导者的影响力倍增，而如果滥用权力或只使用权力进行管理，则会使其影响力大打折扣。

根据上述领导能力的六个方面的基本特质，对创始团队的领导能力进行测评时需要侧重于四个方面：生理和心理素质、知识素质、个人技能、人际技能，具体内容如表2-4所示。

表 2-4　领导能力测评的四个方面

测评维度	测评内容
生理和心理素质	体力，精力，形象，人格特质、职业兴趣、职业素养等
知识素质	专业知识、基本知识（常识性知识）、相关法律法规知识、公司知识、客户知识、竞争对手知识等
个人技能	自我管理技能：时间管理、压力管理、情绪管理等
	自我觉醒技能：认知风格评估、价值和优先级的选择、变革态度评估等
	解决问题的技能：运用理性方法、使用创造性方法培养下属创新性
人际技能	支持性沟通能力：辅导、指导、咨询、倾听
	运用权力和获得影响力的能力：获得权力，施加影响，适当授权
	激励员工的能力：诊断员工行为、态度，创造激励环境，对成果给予回报
	冲突管理能力：分析原因、制订策略、解决冲突

那么，在分析了“6P特质”和领导能力测评的四个方面的基础上，这里总结出打造优秀创始团队的三个环节。

第一，创始团队创新氛围的营造应遵循OPENED原则。

（1）**O**：开放（Open Minded），即鼓励畅所欲言、提出好点子，倡导创新、创意、创造，允许每个人用创造性的方法和技术进行业务创新，建立试错、容错机制。

（2）**P**：理解（Perceptive），要求创始人多从其他合伙人的角度看问题，确保从团队业绩和个人收获两方面得到回报。

（3）**E**：平等（Equal），即每个人的多样性受到尊重，每个人不同但平等。老板不要老发脾气，你占理了也不要把别人训得一无是处。所以，有人调侃，老板叫总裁不好，“总是裁人”，老板叫董事长好，“懂事的长辈”。

（4）**N**：培养（Nurturing），即领导者善于授权，非亲力亲为，通过单个任务的执行、大项目的分工与协作，或者直接培训、手把手指导，促进下属进步，搭建人才梯队。

（5）**E：**鼓励（Encouraging），即鼓励成员寻找不同的富有创意的路径和更优化的执行方案。不要他一提出问题你就给出解决方案，而是善用引导技术让他自己找，也就是要给他“渔”而不是“鱼”。

（6）**D：**描述（Descriptive），指沟通良好，配合密切，存在创意表达所需要的呈现机制和机会之间的平衡。比如，开会形成会议纪要，产品设计有除产品经理之外的设计师、生产工人可以看懂的图纸。

第二，创始人团队的分工协作要真正做到每位成员职责清晰、分工明确和协作顺畅。带领企业实现既定的目标，需要掌握以下十条经验，具体如图2-4所示。

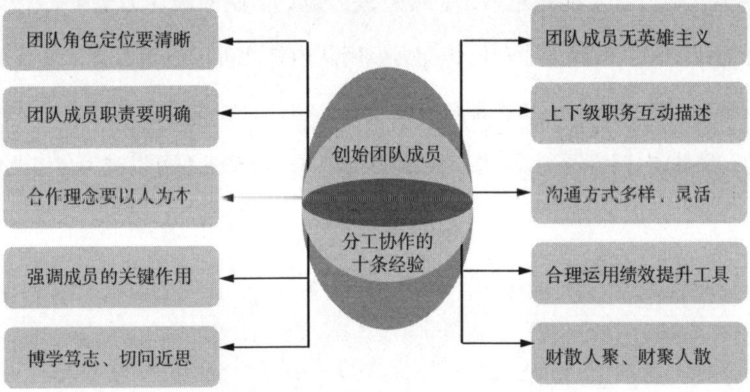

图2-4　创始团队成员分工协作的十条经验

第三，创始人团队成员的兼容互补，应当包含四个方面的关键行为，即包容、支持、谦逊、资源共享。

（1）**包容。**经常检查自己的缺点，如果意识到缺点，大方承认，即使你是老板、团队主管或者“老人”，让大家共同帮助你改进，这是创始团队协作中展示自己的真诚较为有效的方法。我们做管理咨询，听到“我没有问题，都是下属的错，他们跟不上我的脚步”时最郁闷，听到老板说“先从我开始找毛病”时最欣慰。

（2）**支持。**要使工作得到认可，必须得到团队其他成员的信任。这需要在工作中互相支持、互相鼓励，以及积极发起和参与各种活动，关心团队其他人的生活。不懂得借助外人，凡事亲力亲为，看谁都不顺眼，对谁都不放心，最要不得。培养得力助手，搭建人才梯队，构造人才“蓄水池”，能外包的给第三方机构，能合作的建立战略联盟。

（3）**谦逊。**自己可能在某些方面比他人强，但谦逊的人可以做到将自己的注意力放在他人的强项上，因为他知道团队中任何一位成员都有专长和不足。经历的事越多，见的人越多，搞的项目越多，就会发现，能力越强的人越谦虚，知识越丰富的人越爱学习。

（4）**资源共享。**不管一个人的能力有多强，如果他没有充分地融入团队，就不可能形成整体合力，甚至能力越强、态度越差，他对团队的破坏力也越大。资源共享可以很好地评估团队的凝聚力和协作能力。团队内外均可以抱团取暖，没有永远的朋友，也没有永远的敌人，成功者都在强强联合，初创企业难道还在那少得可怜的“一亩三分地”里斗得你死我活？谁说今天是竞争对手，明天就不可以成为合作伙伴？

第3章

产品开发：设计、制造和销售齐上阵

一个新产品从无到有，从一个创意，到雏形，再到上线，是经过了无数次反复试制才推向市场的。在这个漫长的过程中，很多大公司都希望将自己的产品开发进行流程化、工序化、标准化，明确产品、运营、开发、测试等部门/岗位的职责、任务，分工与协作，避免职位出现空缺的时候无所适从，可以实现直接在人才梯队中找个合适的人马上顶替；同时，为以后的产品开发或项目进程吸取教训或积累经验，并提供一个可复制的模板。

然而，对于中小型企业，尤其是初创企业来说，一般都没有UED团队（User Experience Design，即用户体验设计），没有产品开发流程，也没有对应的管理标准。那么，对于初创企业的新产品开发负责人来说，产品开发是否能够按时、按订单要求完成，产品是否能够高质量地交付用户，是一件很值得担忧的事情。

在笔者看来，成熟的创业者应善于扬弃成功大企业应用的传统产品管理和开发流程，善于结合最新的技术、工具和客户的刚需、痛点寻找商业模式，从而实现从“未知”到“已知”，从“不确定”到“确定”的转变。

3.1 先产品再创业，不要本末倒置

创业者是如何决定要开始创业的呢？我身边的创业者有的是企业高管，遇到晋升瓶颈或职业生涯拐点，拉着一帮人甚至是自己的下属一起做合伙人或股东；有的是二次创业、多次创业，产品没有了、市场失败过几次又爬起来继续；也有的是大学刚毕业，几个同学想到一个好点子，写了详细的商业计划书拿到投资后开始创业……

这其中，有的是为了创业而创业，有的是有了点子、设计出来产品后才创业，有的取得了阶段性的成功还在继续奋斗……但是，是先明确用户刚需或痛点做产品再创业，还是先成立公司再开发、设计、试制产品呢？这里的顺序有先后逻辑关系吗？

马克·艾略特·扎克伯格（Mark Elliot Zuckerberg）说过，“我一直觉得应该从你想要解决的问题开始着手，而不是从你决定要创建公司这件事情开始。而且，最好的公司都是那些立志想要带来一些社会影响和变化的人创建的，哪怕那个社会影响只是很小的一点，不是那些想要赚大钱的或就是因为有人手所以随便开家公司的。”“在硅谷，人们总是先决定要创业再决定要做什么，这在我看来是本末倒置的”。

“我创立Facebook，是因为我觉得能在互联网上与人连接是非常重要的。那个时候互联网上有很多网站，你可以找到差不多所有的东西，新闻、音乐、书、食品、衣服……”

然而，扎克伯格认为，“人”才是我们生活中最重要的，就和我们自己一样，每个人都需要朋友，都有与同学、同事甚至陌生人建立联系的诉求。当我们可以分享、可以交互时，我们就可以和家人、朋友建立起更好的关系，我们的生活也就会变得更加美好。同时，我们的知识也会呈指数增加，人脉圈子更广阔，合作项目也丰富。

但是，当时受技术条件所限，还没有一项服务可以帮助我们找到这个关键——人。所以，“找人”就成了一种大众诉求，成了Facebook诞生和存在的理由。即使一开始只是开发了一个小产品，只为学生服务；即使一开始新产品被用户们抵制；即使怎样……

扎克伯格坚信：总有一天有人会创造出连接世界的产品，不是你，不是他，就是我。

我在哈佛大学的时候，经常和朋友一边吃美食一边探讨未来。推出Facebook第一版本的时候，我记得我们特别兴奋，我们的产品连接了学生，当时我们想：不会太晚，总会有人创造出连接全世界的产品。

有趣的是，这样的产品有一天会出自我们之手。我们只是大学生，我认为只有像微软或者谷歌这样的大公司，才可能创造出这种产品。因为他们聚集了上几千名工程师和上亿的用户，他们应该研发这个产品，但是他们为什么没做呢？

我常常思考这个问题，我们只是大学生，即没规划又没资源。我们是如何创造出聚集15亿人的世界上最大的互联网社区呢？因为我们用心。

一开始的时候就有人说：“Facebook只适合学生用，所以它永远不会更重要。”可是我们还是继续把Facebook开放给更多的人使用。

后来，有人说：“好，虽然多了些人用Facebook，但是他们很快就不会再用它。”可是我们仍然继续。

然后，有人又说：“好，可能Facebook在美国好用，但不会在其他的国家有用。”我们继续把Facebook延伸到了世界其他国家。

接着，又有人说：“社交媒体最终不会赚钱。”可是我们建立了多元业务体系。

再后来，又有人说：“用户不会习惯在手机上用Facebook。”今天我们发展成一家以移动为中心的公司。

当然，当时扎克伯格并不知道这些问题的答案，其他人也不知道，他们每次遇到阻力而继续前进，是因为他们都很用心。当时，很多公司在打造社交媒体产品，但是又担忧、惧怕遇到问题，然而扎克伯格坚信Facebook连接世界的价值。

扎克伯格还分享了“动态消息”新产品坚持推向市场的纠结过程。你经历过做出新产品开发决策前的众人质疑吗？你坚持下来了吗？

当我创建Facebook的时候，不是要创立一个公司，我想解决一个非常重要的问题——如何把人们联系在一起。Facebook成立几年后，我们继续迭代老产品、策划开发了“动态消息”这个新产品，可以帮助你看到你朋友的资料，使人与人之间的连接更容易了。

现在人们习惯和接受了“动态消息”这个好产品，但是，在当时很多人都不喜欢。那时候Facebook有100万用户，大约10万用户加入了Facebook讨论组，他们说如果我们不再提供给他们原来的Facebook，他们就再也不用Facebook了。这是当时Facebook10%的用户，拉来10万用户再加上维护这些用户可不是一朝一夕的工夫，但是丢失就是一瞬间的事儿。

我们做企业很注重市场调研，当然关心用户尤其是数量不小的用户的想法。但是，就像Facebook知道连接人是非常重要的一件事一样，我们也知道规划和初心是非常重要的。大部分的公司会害怕失去用户，所以他们选择放弃。Facebook坚持住了，今天“动态消息”成为全世界媒体很重要的一部分。所以我们也要坚持住。

扎克伯格认为创业应始于解决问题的需要，而不是开公司、当BOSS或赚大钱。

对于Facebook，人们逐渐接受，继而爱上它，并且持续地使用它。我记得在几周内，三分之二的哈佛学生就都在Facebook上了，另外MIT之类的学校的学生主动给我们写邮件让我们在他们学校开放Facebook，而我们就真的满足了他们的需求，因为这也是我们想要的。

我们一开始的时候真的没有想过要创办一家公司，只是一个一个地满足人们的需要去做，继而推动着我们的产品不断进入新的学校，并最终走出学校，迈向企业和所有组织。

沉淀到一定程度之后，当我们自己做不过来需要招人的时候，我们才决定要做一家公司，目标就是连接全世界。其实，这并不是我们开始的时候就想到过的。

我一直认为凡事要从想要解决的问题开始着手，而不是从决定要创业这件事情开始。而且，最好的公司都是那些立志想要影响或改变社会的人创办的，而不是那些只想赚大钱，或者只是随波逐流随便开家公司的人。

对于带着破釜沉舟之决心的创业者来说，创业本身是一件非常难、随时都可能放弃的事情。而真正让我们能够坚持下去的是，相信自己在做的事情、相信自己、相信团队、相信合作伙伴，并且坚信我们在做的事业是在创造价值。

扎克伯格基于观察和数据分析做出重大决策，再推出新产品，产品必须有市场。

首先，我觉得如果你把事情做到极致，就不必做看起来很大、很疯狂的决策。你可能更需要了解你的用户的行为习惯。

比如，以News Feed为例，这是一个差异化较大的新产品。用户有这个需求的结论是在数年之中不断调研得出的，在这期间我们一直观察用户的使用行为。可见，起初的Facebook是没有类似News Feed这种能够看到其他人分享信息的产品的。

一开始的时候我们只设计了用户页面，然后我们发现大家经常做的就是点来点去。他们会点击进入其他人的页面里，甚至几百个之多，目的很简单，就是为了看好友们的资料有没有更新。

我们从中了解到，人们不只是对找到一个人感兴趣，更是对这个人每天的状态更新感兴趣。所以一开始我们开发了这样的功能——可以显示用户的哪个好友又更新了信息，有个标记，用户就知道该点进谁的页面去查看。第一版的News Feed非常简单，就是把用户好友更新的信息按照时间顺序放到用户的首页上。

所以我觉得，如果事情发展得基本顺利，那么通过数据量化、大数据分析并且梳理真实的反馈，是可以列出下一步计划的。然后，你就可以利用经验和复盘技术去决定该用什么方法、什么工具才能够更有效地解决问题，并且依据这些假设、预估的方案进行低成本的实验，以便得到更多的有效数据和体验式反馈，不断修正直至得到落地执行的操作手册。

扎克伯格通过授权测试和试错改进优化产品，更新迭代，使用户一路见证、验证并享用。

在很多情况下，创立一家公司也像运用很多科研方法一样，要反复尝试大量的假设推理。如果你的实验设计框架搭建得足够好，逻辑上你就具有了一步步向前推进的有效流程。事后总结起来这也是一种哲学方法。

所以，在Facebook内部，我们每天做的计划、策划案和项目都充分授权给独立的工程师。我们投资搭建的就是这样一个开放式的、各得其所的实验结构。

每时每刻，世界上都不只有一个版本的Facebook，同一时刻可能有成百上千个版本在运行。因为工程师们提出并验证不同的点子，并且引导1万或10万的用户去尝试。然后，他们会得到一个结论：实验结果好或者坏，项目下马还是继续推进。

不管这个实验是让News Feed变得更好，还是带来UI的变化或其他的新功能，他们都能够用自己版本的成果、信息、数据去和一个典型版本比较。这里比较的数据可能是分享量、转发量、成本收入、活跃度等Facebook很关注的绩效指标。

通过无数次、维度不同的实验，以及对每一个合适的人进行合适的授权，你可以预见到（甚至已经做到），比起每一个决定都要经过一步步流程审批，这样的进展要快上不知道多少倍。所以，我认为构建一个多元化产品开发的机制，以及共同学习的文化，并且不断向之努力是非常关键的。

3.2　产品开发MVP&“咖啡馆模式”

传统产品开发的过程，不论公司大小以及有无创意都是一样的。比如，苹果iPod产品，就是按照传统的生产方式和线性的专业知识链执行开发的。首先，设计师提出一个基本的外观和功能，将它展示给工程师；工程师的职责是实现这种功能，然后再将图纸和说明书等发给制造商；制造商选配生产线进行大规模的生产；最后，销售人员把产品卖给消费者。

这就是苹果公司产品开发过程的传统模式，因为在以效率为核心的前提下，这种模式更适用，但这种模式会对产品的创新、创意造成灾难性的影响，因为最初的想法在这种先后推进顺序中会被削弱。工程团队看到设计图会说：“我们不能完全做到，只能做到80%。”生产工人会说：“当然，产品功能的实现只能完成其中一部分。”结果可想而知，最初的所谓完美设计变得面目全非。

然而，最小可行化产品（Minimum Viable Product，MVP），一种能够开发出满足客户真正需要的产品的开发策略，可以避免此类事情的发生。

MVP的作用就在于我们可以使用最少的人力、物力、资源去打造一个产品，去检测我们的客户是否真正需要。当然，MVP要求尽可能快速、高效率地把我们的产品放到客户面前来检测是否符合客户需求。

所以，MVP的实质就是对用户有用的产品，核心概念就是要在你造出产品之前把它卖出去。其中有三个步骤：第一步，了解你的客户需求，了解他们是否有亟待解决的各种问题；第二步，在产品卖出去之前，提前让客户下订单；第三步，通过客户试用与反馈来发现他们的需求点在哪里。通过这三个步骤，我们可以节省很多时间、人力、物力、财力来发现我们的东西是否符合客户需求，而不必造成无谓的浪费。

那么，还有什么能够让开发产品的创新灵感永存呢？答案是“咖啡馆模式”。咖啡馆模式与MVP的理念是相通的，好产品要进行创意、开发与设计，而不是装配线能够自动生产出来的。

咖啡馆创意模式诠释了21世纪企业创新中产品开发与设计的新方法逐步形成的过程。尽管多数高科技企业已经接受充分授权、内外部观点碰撞的创新模式，但世界上最具创新性的苹果公司早期却采用的是自上而下的严密管理模式，而且还对参与新产品开发的人和计划实行保密制度。比如，史蒂夫·乔布斯和乔纳森·伊夫都不会让大众参与下一代iPhone的开发。

如果开放的网络会带来更多的创新，我们该如何解释苹果公司的这种情况呢？就开放性而言，与维基百科相比，苹果公司更像是威利旺卡（Willy Wonka）的巧克力工厂，充满了神秘感。其实，最简单的解释是，乔布斯和伊夫都是全能的天才，他们开发出一系列革命性的产品。然而，你、我、他/她这些创业者们也都是吗？显然不是。

标杆案例：苹果公司的“咖啡馆模式”

起初，苹果公司在很大程度上对外界设置了一道壁垒。乔布斯通过“概念车”的比喻来验证他们的管理方法。车展上，当你看到那些充满魅力的新型概念车时，你会想，“我现在就想买它”。

五年后，这辆概念车终于上市了，但它的性能可能已经从法拉利降到福特斑马（Pinto）了——所有你想要的突破性功能已被淡化，留下来的特征看上去和去年的款型也没什么差别。

这种遗憾同样也可能发生在iPod身上：伊夫和乔布斯很可能会勾勒出一个音乐播放器的设计蓝图，可是制造商却生产不出来。

可见，虽然乔布斯和苹果的工程师们在专业方面都是才华横溢的，但是他们谁都不能独立设计、生产、制造和反复打磨出像iPhone那样复杂的产品，就像史蒂夫·乔布斯和史蒂夫·沃兹尼亚克（Steve Wozniak）在传说的车库中制造苹果电脑一样，新产品的开发需要研发人员和策划者、产品的制造者以及销售人员群策群力。

显然，苹果公司的产品开发必须革新、改变。当然，苹果公司的领导层是无可匹敌的，但其中必定要打破原有的一些固化模式，才能保证苹果公司将创新产品开发的这种慎重决定在苹果内部落地实施。

是的，苹果公司的组织框架还是层次分明、言之有序的，方便不同观点和创意发生碰撞和连接。同时，苹果公司内部采用“咖啡馆模式”，避免了好创意在开发过程中被“掏空”的问题。

插画3　创业团队在『咖啡馆模式』里的思考与碰撞

后来苹果公司将这种模式称为“并发”或“并行生产”。即所有团队，包括设计、制造、工程和销售等成员都会不定期地聚在一起头脑风暴、集思广益、交流想法、探讨解决方案，甚至争吵、辩论。而且，这种交流是非常开放的，最大限度地听取和接受他们正确、有用的观点。

当然，与传统的生产周期相比，这个过程充满了争议，可能浪费了时间，可能讨论无果而终，还可能会带来很多的翻译难题，但却更为自由——因为精通不同学科的人可以进行更多的交流，就像日常工作中同事们一边喝咖啡一边聊天一样。

初创企业可能没有那么多部门、那么多工程师，但是我们人人都是产品经理，通过运用“咖啡馆模式”开发的新产品会是多角度、立体式的，会是市场接受度更高、用户更满意的。

同时，“咖啡馆模式”的有效运用有一个关键问题，那就是如何真正搜集意见和建议、集思广益，也可以说是头脑风暴法的高效运用。

落地工具：头脑风暴法冲破藩篱

头脑风暴法又称为智力激励法、BS法或自由思考法，是由美国创造学家奥斯本（Osbourne）提出的一种激发性思维方法。

头脑风暴法运用于小组会议的组织方式，使所有参与者自由、愉快地畅所欲言，交换想法，达到激发参与者创意及灵感的效果，使各种设想在相互碰撞中激起参与者脑海的创造性风暴。

头脑风暴法可用于战略规划、群体决策、产品开发与革新、创造力开发等多个方面，其应用非常广泛，尤其是产品开发更甚。同时，不少企业常常运用头脑风暴法对管理人员或工作性质需要大量构思和创意的人员进行训练。通过头脑风暴法训练，可以打破参与者思维的框架限制，培养创造性思维，开发和锻炼创造能力。

头脑风暴法可分为直接头脑风暴法和质疑头脑风暴法，后者也被称为反头脑风暴法，具体内容如图3-1所示。

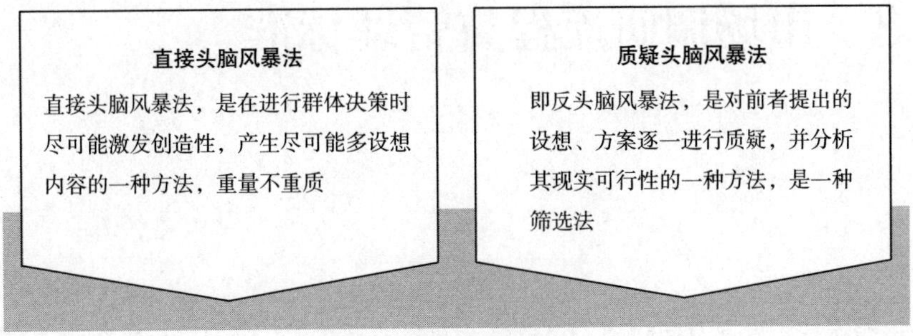

图3-1　头脑风暴法的类别

头脑风暴法一般以会议的形式进行，参加人数为6～12人，最好由不同专业或不同岗位的人员组成。其中设主持人1名，主持人只主持会议，对设想不做评论；设记录员1名，对与会人员的每一设想进行记录。

头脑风暴法讨论会议的主持人，应由对决策问题背景比较了解并熟悉头脑风暴法操作程序和处理方法的人员担任。

在运用头脑风暴法时，为确保获得预期的效果，所有参与者应遵循如表3-1所示的五项原则。

表 3-1　运用头脑风暴法的五项原则

序号	原则	解析
1	延迟评判	对各种意见、方案的评判必须放到最后阶段，认真对待任何一种设想，不论其是否适当和可行
2	自由畅谈	创造一种自由、宽松的氛围，激发参加者提出各种荒诞的想法
3	禁止批评	绝对禁止批评，不得对别人的设想和意见进行指责或者评价，避免对创造性思维产生抑制作用
4	追求数量	每个参与者都要积极地思考，尽可能多地提出设想和意见，产生的想法和意见越多，其中的创造性设想就可能越多
5	取长补短	除了提出自己的意见外，鼓励参加者对他人已经提出的设想进行补充、改进或整合

3.3 市场调研流程与管理标准

一般而言，发展时间较长、规模较大、基础较夯实、管理规范的企业，在其产品开发流程化与管理标准化方面做得较好，也实实在在享受到了“向管理要效益”的好处。

作为创业导师，我们一致赞同，初创企业要用好“工欲善其事，必先利其器”的“器”，初创企业要多向世界500强、中国国内做得比较好的标杆公司学习，看一下别的公司是怎么做的，对照自家企业，快速吸收、快速复制、快速创新。

当然，产品开发的流程与管理标准涉及方方面面，这里仅分享“市场调研流程与管理标准”“产品定价流程与管理标准”“产品试制流程与管理标准”三个最重要的方面。

图3-2为某企业市场调研流程图，是我们为其做管理咨询项目时，经过诊断企业问题、分析原因后提出的解决方案，在此作为范例供读者参考。

那么，企业市场调研流程图如何真正落地、高效执行、带来收益呢？还需要制定市场调研管理标准，进行四个阶段、*N*个节点的把控。

第一阶段：市场调研准备

节点D_1：确定市场调研相关事宜

（1）市场部根据实际情况确定调研目的、内容、人员与地点等，调研内容主要包括产品、价格、渠道、促销、对手、环境、需求等方面。

（2）确定市场调研对象，主要包括营销人员、促销人员、经销商、售后服务人员和目标消费者等。

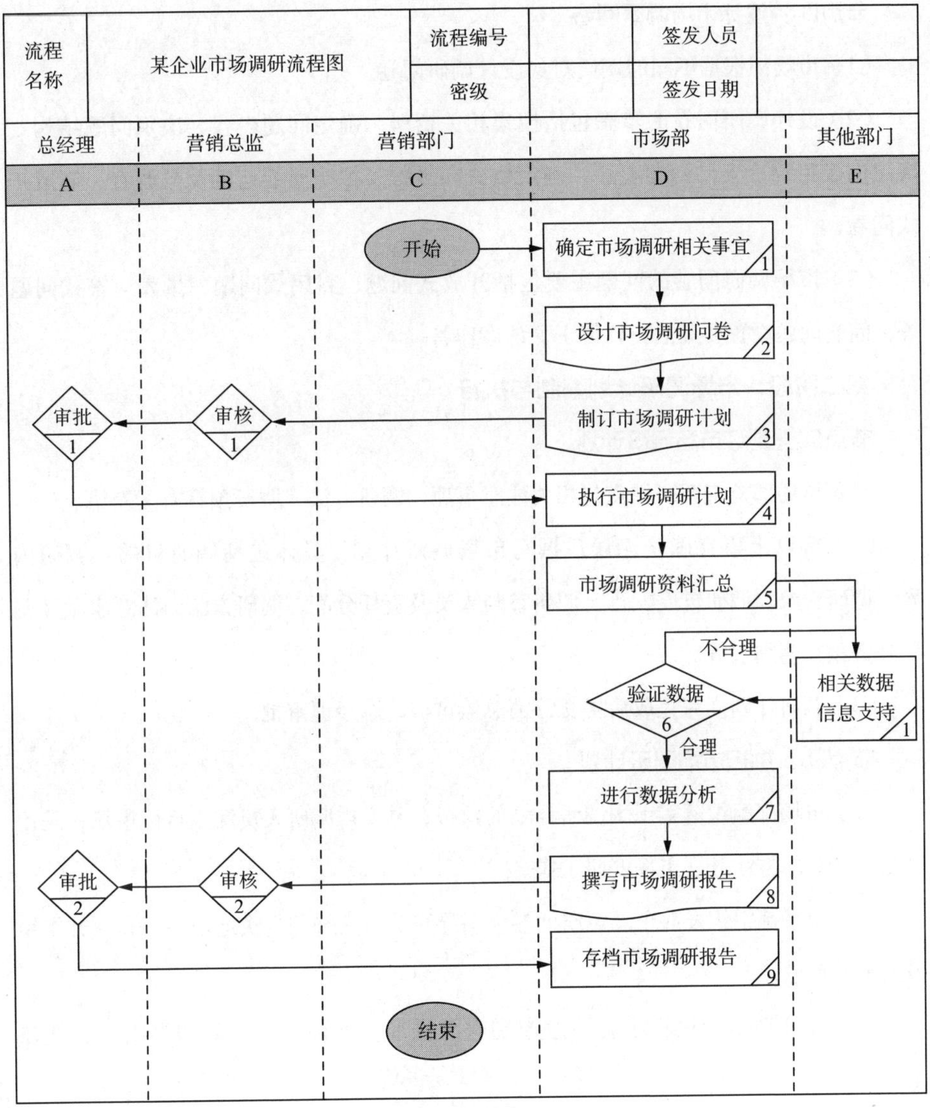

图3-2　某企业市场调研流程图

（3）确定市场调研方式，主要有电话访问、现场问卷等；市场调研的时间可以根据企业实际情况和市场调研的范围来确定。

节点D_2：设计市场调研问卷

（1）市场部根据不同的调研对象设计调研问卷。

（2）设计调研问卷的步骤包括搜集相关资料、确定问题内容、决定问题结构、决定问题措辞、安排问题顺序、确定格式和排版、拟定问卷初稿及预调查、制成正式问卷。

（3）市场调研问卷的问题主要包括开放式问题、封闭式问题、量表应答式问题等，问卷问题设置要灵活，以便于受访者作答。

第二阶段：市场调研计划编制与执行

节点D_3：制订市场调研计划

（1）市场部检查调研重点与相关注意事项、调研方法、调研预算有无差错。

（2）待以上事宜确认无误后撰写市场调研计划，具体包括调研目的、调研内容、调研对象、调研进度安排、调研参与人员及责任分配、调研方法、注意事项及调研经费预算明细表等。

（3）调研计划撰写完成后提交营销总监审核，总经理审批。

节点D_4：执行市场调研计划

（1）市场部组织落实市场调研计划的执行，并安排调研人员深入目标市场，采用计划中选择的方法开展市场调研工作。

（2）市场部组织发放市场调研问卷，引导受访者完整并真实地填写问卷，并组织及时回收问卷。

（3）在计划执行过程中要注意控制时间进度，保证在规定的期限内完成调研活动。

（4）市场调研活动完成后需要将相关资料提交市场部经理。

第三阶段：市场调研信息汇总及分析

节点D_5：市场调研资料汇总

（1）市场部对调研人员提交的资料进行整理并汇总。

（2）在市场调研资料汇总过程中要注意鉴别真实信息与虚假信息，并鉴定所得数据是否存在比较明显的误差，若存在偏差，及时剔除明显存在错误的数据和信息。

节点E_1：相关数据信息支持

（1）对于不好把握的数据和信息，市场部可以从其他相关部门获得数据和信息的支持。

（2）其他相关部门给出的数据和信息应当真实可靠，并对调研结果提出专业意见。

节点D_6：验证数据

（1）市场部汇总其他相关部门的意见或建议，对所得信息和数据进行鉴别。

（2）市场部通过判断与分析，需要再次剔除存在错误的数据和信息。

节点D_7：进行数据分析

（1）确定数据和信息无误后，市场部进行调研数据的分析。

（2）根据调研目的和对象的不同，可以采用不同的分析方法，常用的方法有SWOT分析法、回归分析法、关键因素分析法等。

（3）如有必要，可以使用不同的研究方法对同一问题进行解释，并互相验证结论的真伪。

第四阶段：撰写市场调研报告

节点D_8：撰写市场调研报告

（1）市场调研和分析结束后，市场部负责撰写市场调研报告。

（2）调研报告中必须阐释有关论据，包括问题的提出与结论的形式，以及论证过程、论据和分析研究问题的方法，还应包括可供企业决策者参考的全部调查数据、问卷和必要的市场信息，以及对这些情况和内容的分析和评论。

节点B_2：审核

（1）市场部将市场调研报告呈递营销总监和总经理逐层审核、审批。

（2）市场调研报告审批未通过的由市场部修改或者重新撰写，直至获批为止。

节点D_9：存档市场调研报告

（1）市场部对审批通过的市场调研报告建档保存。

（2）建档保存的调研报告可以作为企业营销活动的依据。

3.4　产品定价流程与管理标准

图3-3为某企业产品定价流程图，是我们为其做管理咨询项目时，经过诊断企业问题、分析原因后提出的解决方案，在此作为范例供读者参考。

那么，企业产品定价流程图如何真正落地、高效执行、带来收益呢？还需要制定产品定价管理标准，进行四个阶段、*N*个节点的把控。

第一阶段：确定目标价格

节点D_1：确定目标价格

（1）由营销部门确定产品的目标价格。

（2）营销部门在确定目标价格前，应该先进行相关数据资料的收集和整理工作，主要包括一手及二手资料的收集。

（3）一手资料主要通过市场调研的方式获得。

（4）二手资料主要通过情报收集及相关部门提供信息获得。

（5）产品目标价格应该结合企业自身及市场环境等实际情况进行确定。

第二阶段：竞争产品定价研究

节点C_1：成本测算

（1）财务部组织相关部门对产品单位成本进行测算。

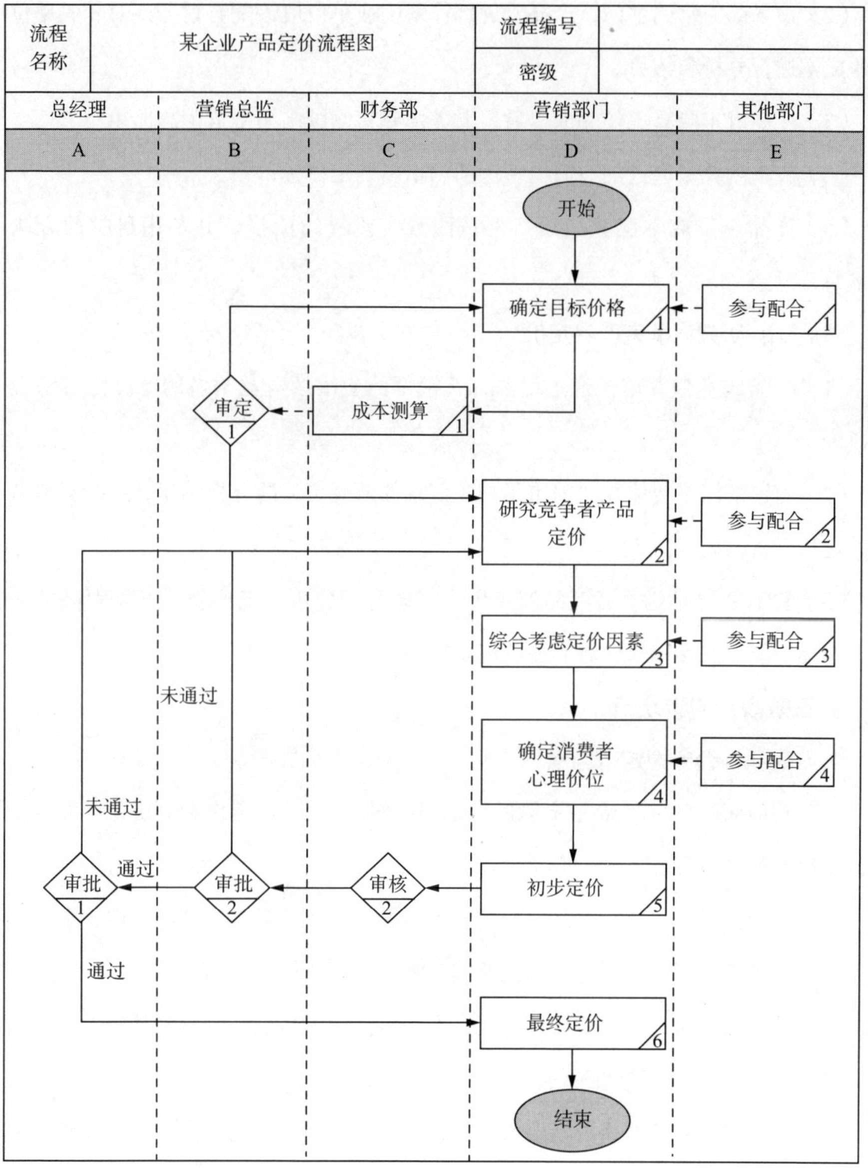

图3-3　某企业产品定价流程图

（2）市场部、营销部门、产品管理部等部门或单位应该配合财务部对相关单位产品的成本进行分析和核算。

（3）产品成本测算工作完成以后，财务部要将测试结果报营销总监审定。

（4）成本测算未通过的，应由营销部门重新确定目标价格。

（5）产品单位成本测算应该严格按照成本测算的流程，并利用科学的方法进行测算。

节点D_2：研究竞争者产品定价

（1）产品成本测算审核通过以后，营销部门应继续对竞争者的产品定价情况进行研究。

（2）营销部门主要依靠之前市场相关信息的调查资料的分析结果，进行竞争者产品的定价分析及研究。

（3）营销部门对竞争者产品的定价进行研究和分析，主要包括竞争者品牌知名度、产品性能、产品销售区域等相关因素。

第三阶段：初步定价

节点D_3：综合考虑定价因素

（1）营销部门在对产品进行定价之前，应该综合汇总、考虑和分析各种影响相关产品定价的因素。

（2）一般情况下，影响产品定价的因素主要包括产品成本、产品特性、企业自身情况、市场供求情况、市场竞争情况及国家相关政策法规等。

（3）营销部门对产品定价应该建立在充分掌握相关信息、资料的基础上。

节点D_4：确定消费者心理价位

（1）营销部门对消费者的消费心理进行分析和研究，以确定消费者的心理价位。

（2）营销部门通过市场调研的方法完成消费者心理价位的确定工作。

节点D_5：初步定价

（1）营销部门通过对影响产品定价因素的综合分析，确定产品的初步价格。

（2）产品价格的初步确定可以综合利用各种定价方法。一般情况下，产品定价方法主要包括总成本定价法、目标利润定价法、盈亏平衡定价法、随行就市定价法、产品差别定价法以及密封投标定价法等。

① 总成本定价法：按产品单位成本加上一定比例的毛利定出销售价。

② 目标利润定价法：根据企业总成本和预期销售量，确定一个目标利润率，并以此作为定价的标准。

③ 盈亏平衡定价法：考虑到销售额变化后成本也会发生变化，这种方法是运用损益平衡原理实行的一种保本定价法。

④ 随行就市定价法：将本企业某产品价格保持在市场平均价格水平上，利用这样的价格来获得平均利润。

⑤ 产品差别定价法：指企业通过不同的营销手段，使同种同质的产品在消费者心目中树立起不同的产品形象，进而根据自身特点，选取低于或高于竞争者的价格作为本企业产品的价格。

⑥ 密封投标定价法：在买方招标的所有投标者中，报价最低的投标者通常中标，它的报价就是承包价格，这种竞争性的定价方法就被称为密封投标定价法。

（3）产品价格初步设定完成以后，营销部门应该将产品定价形成产品初步定价方案，并呈递营销总监和总经理逐层进行审核、审批。

第四阶段：最终定价

节点D_6：最终定价

（1）营销部门将审批通过的初步定价方案确定为产品定价方案。

（2）审批未通过的初步定价方案应该及时返回至营销部门，营销部门根据指示意见及企业和市场的实际情况重新设定价格。

3.5 产品试制流程与管理标准

图3-4为某企业产品试制流程图，是我们为其做管理咨询项目时，经过诊断企业问题、分析原因后提出的解决方案，在此作为范例供读者参考。

那么，企业产品试制流程图如何真正落地、高效执行、带来收益呢？还需要制定产品试制管理标准，进行三个阶段、*N*个节点的把控。

第一阶段：下达试制任务

节点B_1：下达产品试制任务单、产品图纸

（1）产品研发部向试制车间、质量管理部、工艺技术部等下达产品试制任务单。

（2）任务单中要注明产品型号、结构区别号、配置主要总成件型号的技术状态及进度等要求。

（3）产品研发部收集试制产品零部件图纸、产品试制件配置明细表，由部门领导签署批准后，交产品试制车间，以备领料或提出采购需求。

节点C_1：接收并掌握产品试制要求、工艺要求、质量要求等

（1）试制车间在收到产品试制任务单及产品试制件配置明细表后，着重掌握试制要求。

（2）质量管理部、工艺技术部在收到产品试制任务单后，要组织试验检验员和工艺技术员学习、掌握产品试制要求、质量要求等，以便全力配合试制车间完成试制工作。

节点E_1：领取或提出试制需求

（1）试制车间材料员负责根据产品试制件配置明细表到仓库领取材料、零部件等。

（2）若仓库没有库存，试制车间应及时反馈产品试制采购清单。

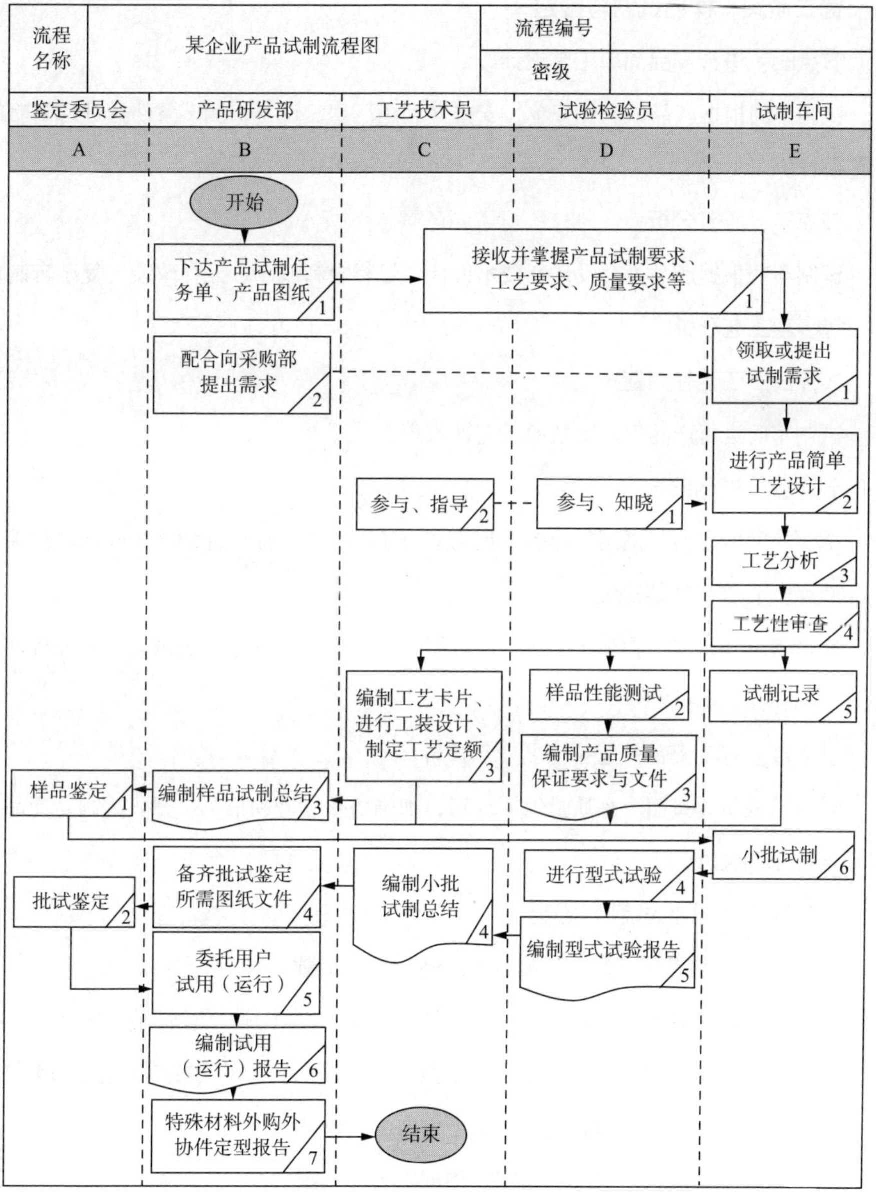

图3-4　某企业产品试制流程图

第二阶段：样品试制与鉴定

节点E_2：进行产品简单工艺设计

试制车间根据产品试制任务单，安排并利用厂房、设备、测试条件等进行简略的工艺设计。

节点E_3：工艺分析

试制车间根据产品方案设计和技术设计，进行材料改制、元件改装、复杂自制件加工等多项工艺分析。

节点E_4：工艺性审查

试制车间进行产品生产图纸的工艺性审查。

节点E_5：试制记录

试制车间所有参与试制工作的人员均应按照产品质量保证计划，做好试制记录。

节点D_2：样品性能测试

质量管理部试验检验员负责对样品试制的各阶段进行安全性测试、产品经济性能测试等品质指标测试。

节点D_3：编制产品质量保证要求与文件

试验检验员要按照产品质量保证计划，加强质量管理和信息反馈，编制新产品质量保证要求和文件。

第三阶段：小批试制与鉴定

节点C_3：编制工艺卡片、工装设计、制定工艺定额

（1）工艺技术部参与试制的工艺技术员负责编制工艺卡片，包括工艺过程卡片（路线卡）、关键工序卡（工序卡）、装配工艺过程卡（装配卡），以及特殊工艺守则卡等。

（2）根据产品试制需求，设计必不可少的工装模具。

（3）制定试制用材料消耗工艺定额和加工工时定额。

节点B_3：编制样品试制总结

（1）产品研发部负责根据试制车间提供的试制记录、质量管理部提供的质量保

证要求与文件、工艺技术部提供的工艺文件，编写样品试制总结，以供样品试制鉴定使用。

（2）在样品试制总结中，要着重总结图样和设计文件的验证情况，以及在装配和调试过程中反映出的有关产品结构、工艺及产品性能方面的问题及其解决过程。

（3）样品试制总结中要附上各种反映技术内容的原始记录。

节点A_1：样品鉴定

（1）产品研发部要按照鉴定大纲备齐完整成套的图样及设计文件，连同样品试制总结交公司鉴定委员会进行鉴定。

（2）样品试制鉴定着重审查样品试制的结果，包括设计结构和图样的合理性、工艺性以及特种材料解决的可能性等，确定能否投入小批试制，明确样品应改进的事项。

节点E_6：小批试制

（1）经鉴定委员会确定可以投入小批试制后，试制车间即可开展小批试制工作。

（2）小批试制程序与样品试制程序相似。

节点D_4：进行型式试验

（1）质量管理部要对小批试制出来的产品进行安全性测试、产品经济性能测试等，即进行型式试验。

（2）型式试验的试验项目、试验方法、产品技术条件、试验程序、步骤和记录表格等由试制鉴定大纲规定。

（3）比较、分析型式试验与样品试制的试验结果是否有差异，若有差异，应呈报产品研发部、试制车间等会商解决。

节点D_5：编制型式试验报告

质量管理部根据鉴定大纲的要求，结合测试的结果，编制型式试验报告。

节点C_4：编制小批试制总结

（1）工艺技术部负责根据试制车间的小批试制记录、型式试验报告编写小批试制总结，以供小批试制鉴定。

（2）小批试制总结的结构同样品试制总结的结构相一致。

节点A_2：批试鉴定

（1）产品研发部按鉴定大纲要求，备齐完整成套的图样及设计文件，连同小批试制总结交公司鉴定委员会进行鉴定。

（2）小批试制鉴定时，着重审查产品的可靠性，包括审查生产工艺、工艺装备与产品测试设备、各种技术资料的完备性与可靠程度，以及资源供应、外购外协件定点定型情况等，确定产品能否投入批量生产。

（3）明确产品试制生产改进的事项，做好产品生产工程评价。

（4）各阶段应具备的技术文件及需要遵循的审批程序，按产品图样、设计文件、工艺文件等类型确保完整性，并按步骤办理。

节点B_5：委托用户试用（运行）

（1）产品研发部在市场部的协助下，委托用户在实际工作条件下试用（运行）本公司的产品，以从市场需求的角度寻求产品改进方向。

（2）试用（运行）试验项目和方法由技术条件规定，试验程序、步骤和记录表格由鉴定大纲规定。

节点B_6：编制试用（运行）报告

根据用户反馈的试用（运行）经验、体会、建议等，产品研发部负责拟定试用（运行）报告。

节点B_7：特殊材料外购外协件定型报告

产品研发部还要根据产品试制过程中所需要的材料、零部件等，编制特殊材料外购及外协件定型报告。

第4章

商业模式：解决赚钱方式的问题

商业模式是企业的底层结构，是经济基础，是企业的运行机制，和人没有直接的关系。

从商业的角度来说，公司的目标无非是赚钱、持续地赚钱、持续地赚更多的钱。

有的人说满足了用户的需求就能赚钱，其实也不必然。比如说，氧气是人需要的，但是很少有人通过氧气赚钱，是不是氧气赚不了钱？那倒也不是。如果换一个场景，在青藏高原地区，有人登山缺氧的时候，或者因为生病缺氧的时候，氧气就可以赚钱了。为什么呢？因为这个时候氧气成了稀缺资源，产生了价值，客户愿意付费购买了。

所以说，商业模式的本质是利益相关者的交易结构。企业的利益相关者包括外部利益相关者和内部利益相关者两类。外部利益相关者指产品的用户、供应商和战略联盟、合作伙伴等，内部利益相关者指股东、首席执行官、高管、中基层管理者和员工等。

商业模式解决的是企业战略制定前的顶层设计问题，同时也是连接客户价值和企业使命、意愿、目标、效益的桥梁。商业模式为企业的多方利益相关者提供了一个将多元化交易活动相互连接和博弈的纽带。

一个好的商业模式能够创造被资本方、客户方、员工和大众共同认可的独特企业价值。

4.1 B2B、B2C、C2C、O2O

商业模式（Business Model）是组织构成的逻辑框架和盈利结构。泰莫斯的定义为：商业模式是指一个完整的产品、服务和信息流体系，包括每一个参与者和他在其中起到的作用，以及每一个参与者的潜在利益和相应的收益来源与方式。

商业模式就好像战列舰（Battleship，或又称为战舰）的结构，有发动机、船舱、甲板、炮塔、导弹等，只是不同种类的战舰这些结构的位置是不一样的，每一个部分在舰队中承担的角色和发挥的作用也是不同的。同样，每家企业所属的行业不同、提供的产品和服务不同、运用的技术不同，商业模式也是不一样的。

相对于能够远航、执行作战任务的战舰而言，只有先确定了舰队的结构，把相关的配置设计好，才能确定在这样的战舰上配备什么样的官兵，这和人力资源管理中常提到的“人岗匹配”是一致的。然后，再去设定合理的执行流程和运营机制，去训练、引导和激励官兵组成一支有战斗力的队伍。

同理，商业模式必须先于管理模式之前设计，当然商业模式的重构也一定高于企业战略、组织结构、人力资源管理的转型之上。

下面我们来看，中国B2B研究中心发布的“中国电子商务十二年：十大主流B2B商业模式”，如表4-1所示。

遗憾的是，笔者没有再进一步跟进，所以时至今日，当读者看到这张表时，不知又有几家企业倒下（创业本身就是风险），几家新企业加入（创业本身就是机会），又有了哪些新的B2B商业模式（创业本身就是创新、创造）。

表 4-1　中国电子商务十二年：十大主流 B2B 商业模式

序号	主流 B2B 商业模式	典型企业
1	以线上外贸服务为主的综合B2B模式	阿里巴巴、中国制造网
2	以线下内贸服务为主的综合B2B模式	慧聪网、环球资源
3	以“行业门户+联盟”为主的综合B2B模式	生意宝、中国网库、中搜行业中国
4	以小宗外贸服务为主的综合B2B模式	敦煌网、易唐网
5	以供求商机信息服务为主的行业B2B模式	中国化工网、全球五金网、全球纺织网
6	以行业资讯服务为主的行业B2B门户模式	我的钢铁网、联讯纸业
7	以招商加盟服务为主的行业B2B模式	中国服装网、糖酒招商网、小生意
8	以在线交易服务为主的行业B2B模式	金银岛网交所、浙江塑料城网上交易市场
9	以技术社区服务为主的行业B2B门户模式	中国机械专家网、程序员论坛、螺丝网
10	以项目外包服务为主的行业B2B模式	软件项目外包网、全球羊毛衫网

包括B2B在内，我们再来了解一下B2C、C2C、O2O等商业模式，在此基础上再来探讨商业模式如何创新。

（1）B2B，也写作BTB，是Business-to-Business的缩写，即商对商，也就是企业对企业的电子商务模式，供需双方都是商家（或机构、公司）。

在这个过程中，他们借助互联网技术或各种线上平台完成产品或服务的交易。电子商务是现代B2B Marketing的主要表现形式。

（2）B2C，是Business-to-Consumer的缩写，即商对客，企业通过互联网为消费者提供线上平台——网上商店，跨越中介直接向消费者销售产品或者服务。这种形式的电子商务一般以网络零售业为主，开展在线销售活动。

（3）C2C，是Consumer-to-Consumer的缩写，即消费者对消费者，个人与个人之间直接进行物品交换或买卖交易。举个例子，某人通过微信朋友圈把干果或图书出售给另外一个消费者。

（4）O2O，是Online-to-Offline的缩写，即线上线下相结合，把线下商务机会与互联网结合在一起，让互联网成为线下交易的“前台”。说白了就是线上揽客，线下交易。

O2O的特点在于把线上线下优势整合，让消费者在享受线上优惠价格的同时，又可以获得实体店的贴心服务。

这其中，B2C、C2C是在线支付，购买的商品会通过第三方快递公司送到你手中；O2O也属于在线支付，线上购买商品或者服务，再到线下去享受。O2O商业模式的特点是把线上的消费者引流入实体店中去。

也有人调侃说，C2C 就是我卖东西你来买；B2C 就是我成立个公司卖东西，你来买；O2O 就是我成立个公司卖东西，你来买，但是你要自己来拿；B2B 就是你也成立了公司，买我公司的东西。

当然，商业模式是不分行业的，在一个行业验证有效的商业模式还可以在另一个行业中使用。所以说，商业模式的创新是可以跨界找标杆的。

标杆案例：Facebook的盈利模式

作为全球最大的社交网站，Facebook仍在突飞猛进地发展。在很多人看来，这样的网站要赚钱一定很容易，单凭广告这项业务估计就能赚很多钱。

说得不错，广告肯定是Facebook的一大收入来源，但下面我们要讨论的是和广告一样可以给Facebook带来利润的其他盈利模式。

毕竟，依赖广告只能从部分商家获取利益，作为一个开放性连接世界的大平台，如何开发新品吸引更多的用户为自己产生价值，这才是Facebook正在做的事情。

Facebook的盈利模式主要包括网络广告、增值服务、第三方App应用服务三种方式。

1. 网络广告

（1）实名制的开放平台

因为Facebook上的用户都是经过实名验证的，对于Facebook而言，可以清楚地获取每个用户真实的信息和上网的轨迹，这对广告主来说是非常有价值的。对于传统的互联网广告，广告主通常要支付昂贵的成本，在互联网上跟踪用户的行为轨迹，去推测他们的性别、年龄、喜好、消费能力等。对于Facebook而言，这些数据、资料唾手可得。

任何人都可以在Facebook的自助广告服务里做多种排列组合，比如只对30岁以下、北京市、未婚的女性展示广告，或者只对北京、上海、广州的从事互联网行业的白领展示广告。

（2）传统广告

传统广告可以直接在Facebook的网站上购买。在网页的入口处点击“广告”，按照说明完成几个简单的步骤，准确填写你希望顾客点击广告链接后所链接到的网址，编写和上传简短的广告词和广告图，选择目标客户群体，选择你将为每次点击支付的费用，任何人都可以创建广告，并将其链接到任何网站。

（3）微软的广告条

那些需要在Facebook页面上投放定制或特色广告的商家可以直接从微软购买。微软是Facebook上条幅广告产品的独家供应商，为此微软对Facebook注资了2.4亿美元。

这些广告是专门为一些知名的大品牌用户设计的，它们就像搭建积木用的配件一样，能够让用户自由选择、任意整合或二次设计，并就此交换意见和评论。这种个性化的广告更像是一种品牌构建器，它能增强品牌用户与该品牌的黏性。

2. 增值服务

（1）用户购买虚拟产品。Facebook用户可以直接付钱购买虚拟产品，这项服务可为Facebook每年创造3000万美元的收入。这是很多网上社区、社群采用的一种比较重要的盈利模式，腾讯公司这方面做得也很好，比如Q币、钻级、会员等。当然，我们也必须清楚：用户量巨大是他们采取这种模式的基础。

（2）付费调查问卷。Facebook进行问卷调查，并将调查问卷结果发送给那些支付费用的用户。

3. 第三方App应用服务

Facebook未来真正的财源来自App开发商。这种服务类似于淘宝网，你可以在淘宝上免费注册开店，但是想成为诚信商家，想入驻淘宝商城，想在淘宝搜索结果中靠前，想获得淘宝的定制服务或VIP服务，必须交付一定的资金。而淘宝的大商家是很乐意花这笔钱的，因为他能在这里赚到更多的钱。

Facebook现在不遗余力地做平台，不做应用，尽量把能开放的数据全部公开，全力以赴培育App开发商，为App开发商打造更好的生财之道。Facebook就像一个大型的网上商店，而App开发商则是免费租赁店铺的商家，招揽客户购买自己的产品。

目前Facebook上有几万个App，有的App开发商在做网络招聘，像智联招聘，有的在做旅游，像去哪儿网，但是真正赚钱的还不是太多。等到Facebook平台“养出”100万个赚钱的App商家的时候，Facebook再面向App商家推销其增值服务，可以想象，那时Facebook赚钱会是多么轻而易举的事。

所以，Facebook没有直接向注册用户收费，而是把面向用户的赚钱机会让给App商家，同时规避了这些细分领域的成本、风险，Facebook只需要把平台做好就可以了，给App商家提供更多、更好的免费服务。也就是说，入驻Facebook的商家越多，后续当Facebook推出增值服务的时候，商家采用、Facebook赚钱也就水到渠成了。

4.2 “工欲善其事，必先利其器”的“器”

互联网技术的发展改变和催生了新的商业竞争环境和经济规则，使大量新型创业实践成为可能，一批基于互联网的新类型企业应运而生。比如，除了前面提过的企业外，雅虎（Yahoo）、亚马逊（Amazon）及eBay等只用了短短几年的工夫就获得了巨大发展，随着其“敲钟”上市，许多人也成为百万甚至亿万富翁，产生了强烈的示范效应。

这些新涌现的企业的赚钱方式明显有别于传统企业，于是，商业模式本身和商业模式创新备受关注，并被用于刻画描述这些企业是如何获取收益的。

创新分为两种，一种是技术创新，一种是商业模式创新。美国的一项统计数据表明，创新中有超过60%的是商业模式的创新，在中国这个比例可能更高。同样的技术采用不同的商业模式，会带来不同的收入。

商业模式创新（Business Model Innovation）本质上包括三个部分的内容：一是要阐明新的商业模式或创新后的商业模式什么样；二是要说明新的商业模式相对于传统的模式，或者其他组织的商业模式有什么区别，创新之处体现在哪里；三是要说明商业模式创新是如何做到的，整个过程都发生了哪些里程碑事件。

通俗地说，商业模式创新就是研究企业以什么新的、更高效的方式赚钱。

商业模式创新需要具备三个必要条件，即关键点、内容和优势，如图4-1所示。

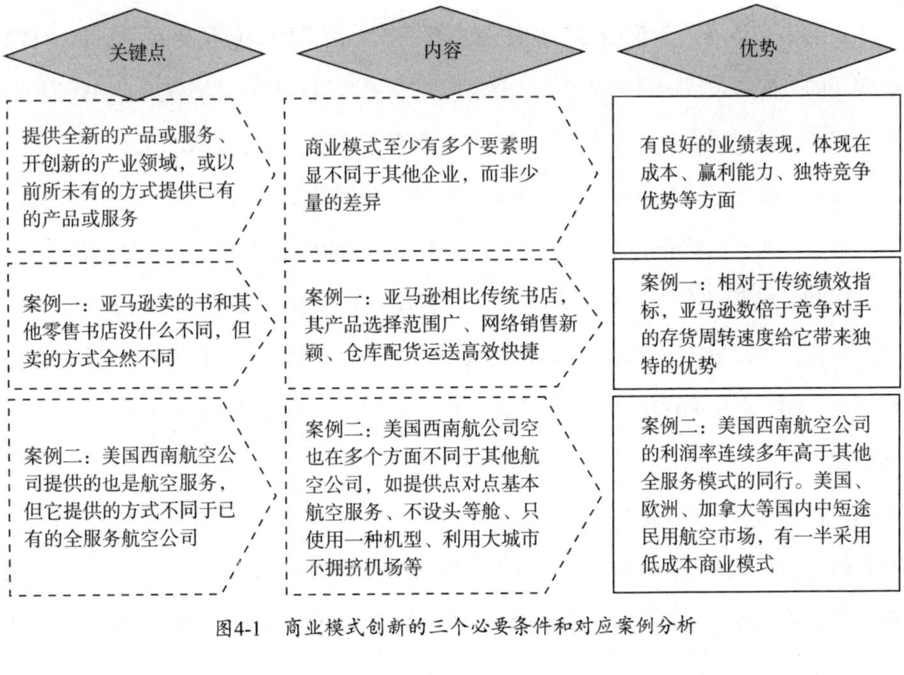

图4-1　商业模式创新的三个必要条件和对应案例分析

商业模式创新，换句话说，就是对企业包括开发新产品、推出新生产方法、开辟新市场、获得新原料来源、采用新产业组织形态等在内的基本经营方法进行变革。

一般而言，有四种改变的方法：改变收入模式（Revenue Model Innovation）、改变企业模式（Enterprise Model）、改变产业模式（Industry Model Innovation）和改变技术模式（Technology-driven Innovation），如图4-2所示。

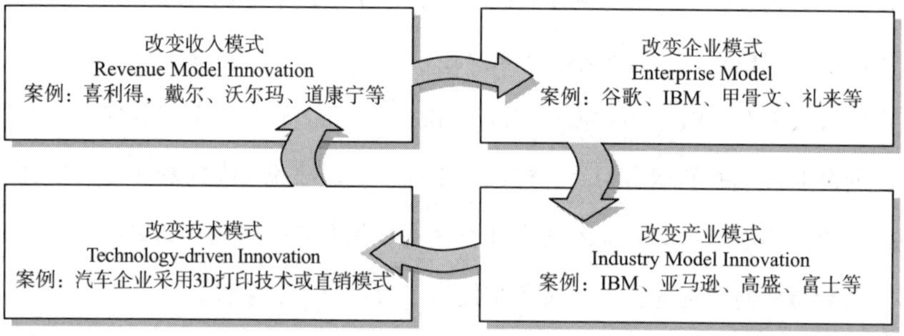

图4-2　商业模式创新的四种方法和对应案例

（1）改变收入模式，就是改变一个企业的用户价值界定和对应的利润结构或收入模型。这不是市场营销范畴中的挖掘用户新需求，而是深刻解读用户购买你的产品要实现的目的和达成的目标是什么。这就要求企业从探求甚至是培育用户的新需求入手，或者创新地提供一条龙服务，或者整合所有产品进行组合营销。

其实，用户的诉求并不是产品本身，而是一个解决方案（Solution）。一旦确认了这个解决方案，也就确定了新的用户价值标准，并可依次进行商业模式创新。

比如，国际知名电钻企业喜利得公司（Hilti），就是从这个角度寻找用户新需求，并重新认知用户新诉求、确认新价值所在的。一直以来，喜利得以向建筑行业提供各类高端工业电钻而威名远扬。但是，由于全球范围的激烈竞争使电钻成为微利的标准化产品（Commodity）。于是，喜利得公司换位思考，先来梳理用户所需要完成的工作，发现他们真正需要的不仅仅是一个电钻，而是在准确的时间和地点处于最佳状态的电钻。因为用户欠缺针对大量、多种类型的电钻的综合管理能力，经常造成工期延误。鉴于此，喜利得做出变革决策：不再出售电钻而是改为出租，并向用户打包推出电钻的库存、维修和保养等综合管理服务。喜利得创新了其商业模式，从硬件制造商摇身一变成为服务提供商，并把产品的生产外包，同时改变盈利模式。

异曲同工，戴尔、沃尔玛、道康宁（Dow Corning），Zara，Netflix和Ryanair等都是这样进行商业模式变革或创新的。

（2）改变企业模式，就是扭转一个企业处在产业链中的位置和扮演的角色，也就是说，改变其价值定义中“制造”和“采买”的搭配，一部分自给自足（Make），其他由合作者制造或向供应商采购（Buy）。换一种说法，也叫专业的人干专业的事，复杂的、费时费力的事外包给第三方。

一般而言，企业的这些诉求可以通过垂直整合策略（Vertical Integration）或出售或外包（Outsourcing）来实现。

比如，谷歌发现人们获取信息的方式已从桌面平台转移至移动平台，因考虑到自身仅仅提供桌面平台搜索引擎会慢慢失去竞争力，于是决定迅速垂直整合，大刀阔斧收购摩托罗拉手机和安卓移动平台操作系统，打入移动互连平台领域，从而改变了自己在产业链中的地位及商业模式，由“软”变“硬”。

IBM也是如此，出售个人电脑业务，并涉足IT服务和咨询业，同时扩充其软件部门，短时间快速实现由“硬”变“软”。

甲骨文（Oracle）、礼来（Eli Lilly）等也都是采取这种思路进行商业模式创新的。

（3）改变产业模式，这是一种极端、激进式的商业模式创新，它要求一个企业重新定义或大幅度改变其所属产业，或创造一个新的产业，这是从0到1、从无到有的创新。

比如，IBM通过推动智能星球计划（Smart Planet Initiative）和云计算，重新整合资源，进入新领域并创造新产业，包括商业运营外包服务（Business Process Outsourcing）和综合商业变革服务（Business Transformation Services）等，力求成为企业总体商务运作的大管家。

亚马逊亦同。它正在进行的商业模式创新延伸至产业链后方，为各类商业用户提供如物流和信息技术管理的商务运作支持服务（Business Infrastructure Services），并向商户们开放、共享自己的20个全球货物配发中心，全力进入云计算领域，成为提供相关平台、软件和服务的行业领头羊。

高盛（Goldman Sachs）、富士（Fuji）等也都在进行这类商业模式创新。

（4）改变技术模式。产品创新常常是商业模式创新最主要的驱动力，技术变革亦是如此。企业可以通过引进市场最新技术来主导自身的商业模式创新，如当年那么多传统企业和新兴行业利用互联网进行商业模式创新一样。一旦转型成功并能商业化，它将助力这些企业在产业链继续深耕、持续创新。

比如，汽车企业采用3D打印技术替代传统生产线来制造同质的零件，甚至借鉴戴尔的直销模式，满足用户网上下单、就近打印生产并提货的要求。

当然，无论选择哪种方式，商业模式创新均需要企业主动出击，具备对本身经营方式、用户需求、产业特征及宏观技术环境深刻的理解力和洞察力，因为这是决定商业模式创新成功与否的前提条件，同时也是最困难的实践。

4.3 商业模式创新之四维模型

作家兼创业者、斯坦福大学创业中心的亚历山大·奥斯特瓦德（Alexander Osterwalder）指出，在商业模式这一价值体系中，企业可以通过改变价值主张、目标客户、分销渠道、顾客关系、关键活动、关键资源、伙伴承诺、收入流和成本结构等因素来激发商业模式创新。也就是说，企业经营的每一个环节的创新都有可能成为一个成功的商业模式。

奥斯特瓦德研究发现，一般商业模式创新可以从战略定位创新、资源能力创新、商业生态环境创新以及这三种创新方式结合产生的混合商业模式创新四个维度进行，如图4-3所示。

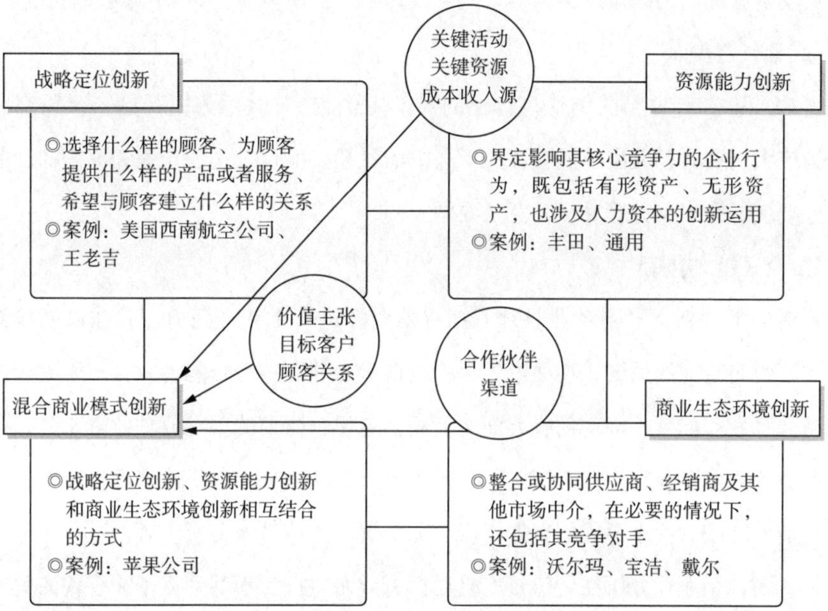

图4-3　商业模式创新的四维模型和对应案例

1. 战略定位创新

战略定位创新主要是针对企业的价值主张、产品定位、目标用户及客户关系方面的创新，具体指企业围绕哪些客户、为用户提供什么样的产品或者服务、解决用户的哪些痛点、实现多少价值等方面的创新。在激烈的市场竞争中，没有谁家的产品或服务能够满足所有的消费者，战略定位创新可以帮助企业发挥专长，避其短板，占领市场，提高核心竞争力。

在战略定位创新中，企业首先要发现自己的目标用户，其次是针对目标用户的需求开发产品或推出服务，在前两者都确定的基础上再构建客户关系。针对目标用户搭建起来的客户关系网络可以更有效地满足企业的价值主张。所以，你们公司和公司的产品或者服务都要“死盯”那部分人，投其所好。

比如，美国西南航空公司就发现了大航空公司执着于远程航运而对短程航运不屑一顾的市场空隙，只在美国的中等城市和各大城市的次要机场之间提供短程、廉价的点对点空运服务，最终雄踞美国四大航空公司之一。所以，“大”不等于“规模”“高端”，或者“覆盖面”。

再如，王老吉史无前例地将自己的产品定位在“饮料+药饮”这一市场空白区域，为广大消费者开发出了能够“防上火”的饮料。所以，初创企业和你们的产品或者服务要填补空白、见缝插针，就是要做不同。

2. 资源能力创新

资源能力创新，是指企业对其所拥有的资源进行重新排列组合并加以创新性运用，主要针对企业的关键成功要素，手段是促进企业资源融合能力以实现所需要的关键资源的开发和配置、降本创收方面的创新。这里，所谓的关键成功要素，是指提升其核心竞争力的企业行为；关键资源，是指助力企业创造并提供价值的资源，主要指其他企业不能或者很难替代的有形资产、无形资产，或者人力资本等。

一方面，企业要分析在价值链上自己拥有或希望拥有哪些别人不能替代的关键成功要素，根据这些要素及要素组合进行资源的开发与配置；另一方面，如果企业已经拥有某项关键资源，比如专利权，也可以围绕其及其周边资源制订相关的整合计划或再开发方案；对关键能力和关键资源的创新也必将触发收入源及成本的变化。所以，总结一下，就是你没有我有，你有我更优。

比如，丰田的精益生产模式改变了20世纪70年代以制造商为起点的商业模式，变为以最终用户需求为起点进行成本管理模式创新，大大提高了企业的经营管理效率。

再如，20世纪90年代，当通用公司看到传统制造行业的利润日趋减小时，他们改变传统的卖产品的商业模式，创新性地提出以利润和客户为中心的“出售解决方案”模式。在传统生产制造行业中，企业的关键活动是为客户设计并生产能够满足其需求的机械设备，但在“出售解决方案”模式中，企业的产品变身为一套完整的解决方案，而机械设备等传统商品仅仅作为这一方案的附属品。有资料显示，通用公司的新模式使其在一些区域的销售利润率超过30%。

3. 商业生态环境创新

商业生态环境创新是指企业将内外部的软硬件及周边环境看作一个整体，创造出一个可持续发展的多方共赢的运营环境。商业生态环境创新主要针对企业的合作伙伴打造战略联盟，包括供应商、经销商及其他市场中介，在必要的情况下，还包括其竞争对手。

市场瞬息万变，客户的需求也在不断变化，一个企业尤其是初创企业生存步步维艰，企业需要联合起来达到共赢。也就是说，没有永远的朋友，也没有永远的敌人，大企业与大企业尚且强强联合，初创企业如果各自为战、互相开战，结果只能是全盘皆输。初创企业应该抱团取暖、合作共创、共生共赢。

上述创新能力均为企业构建良性循环的商业生态环境的基础。没有良好的战略定位及内部资源能力，企业将失去与优秀的外部合作者合作共进的机会。

比如，20世纪80年代，美国最大的连锁零售企业沃尔玛和全球最大的日化用品制造商宝洁关系恶化，互相的抨击、揭短，各种口水战及起诉、反诉从未间断。这种敌对状态不可避免地给双方带来了巨大损失，但也敲醒了他们发热的头脑，最终双方建立了一种全新的供应商—零售商关系。

宝洁公司量身定制并为沃尔玛安装了一套“持续补货系统”，该系统使宝洁可以实时监控其产品在沃尔玛的销售及存货情况，然后协同沃尔玛进行销售预测、订单预测及制订持续补货计划，这种全新的协同模式为双方带来了丰厚的回报。

再如，戴尔公司在短短二十几年的时间内，从一个大学肄业的学生创建的企业一跃成为电脑行业的佼佼者，奥秘何在呢？那是因为，在戴尔独特的营销模式背后，是其搭建的多方共赢的商业生态平台，它在全球建立了一个以自己的网络直销平台为中心、众多供应商共享的商业生态经营模式。

4. 混合商业模式创新

混合商业模式创新，是一种集上述战略定位创新、资源能力创新和商业生态环境创新为一体的综合模式。奥斯特瓦德研究认为，企业的商业模式创新一般都是混合式的，因为在企业商业模式的构成要素中，战略定位、内部资源、外部资源环境之间是相互依存、互相影响的，每一部分的改变都会引起其他部分相应的变化。

所以，很多大企业的商业模式创新也是多元化的，可能是这部分的产品或者服务采用这种商业模式创新，而那部分的产品或者服务采用那种商业模式创新或几种商业模式进行整合创新。

比如，苹果公司之所以如此成功，不仅仅在于其独特的产品设计，还得益于其可行的战略创新。它选准了终端内容服务这一潜力股，因此将其战略从单纯地售卖转变为以终端为基础提供综合性内容服务。从其“iPod+iTune”到后来的“iPhone+App”都充分诠释了这一战略创新。

另一方面，苹果公司的成功也得益于其合作共赢的商业生态模式。比如，苹果公司发布开发包SDK的下载，以便第三方服务开发商针对iPhone开发出更适用、更优良的软件，因此而打造了一个便捷的合作平台，助人即助己，这也为苹果公司自己创造了良好的商业生态环境。

可见，商业模式创新既可以选择上述前三种模式中的一种去实现，也可以整合其中的两个或两种以上的模式同时进行。综上所述，商业模式是创业者实现企业价值的有力工具。

落地工具：打造企业核心竞争力

早在1990年，美国密歇根大学商学院教授普拉哈拉德（C.K.Prahalad）和伦敦商学院教授哈默尔（G.Hamel），在《哈佛商业评论》上发表的论文《企业核心竞争力》（*The Core Competence of the Corporation*）中，明确提出并阐释了企业核心竞争力的概念。他们认为企业核心能力是一种学识，是一种可以增强企业竞争力的学问。一般企业具有各种各样的能力，也拥有特定的专长，但能够给企业带来持续竞争优势和超额利润的能力和专长，才是企业的核心竞争力。

企业核心竞争力，就是企业长期积累而成的，确保企业过去、现在和未来竞争优势，并使企业在竞争环境中能够不断地取得主动地位的核心能力。

企业核心竞争力主要内容包括，把握全局、审时度势的决断力，勇于突破、敢于竞争的创新力，博采众长、开拓进取的文化力，以及保质保量、童叟不欺的亲和力等。

企业核心竞争力是企业产品或服务的市场份额持续扩大的关键，是成功企业的差异化竞争优势得以长期保持的原因，也是企业资源不断积累形成差异化最重要的战略资产。企业核心竞争力的打造需要关注六个方面。

1. 价值性

核心竞争力即企业的核心能力，相比于企业所拥有的其他能力或优势，核心能力对提高企业最终产品的用户价值起到非常重要的作用，是用户价值的来源。

2. 独特性

核心能力必须是企业特有的，“独一无二”的，甚至说是其他竞争对手或者同类企业难以模仿的。

3. 难以模仿性

由于核心能力是企业成长过程中反复实践、失败、学习、打磨、再创造而形成的产物，具有路径依赖性和非还原性，因而竞争对手很难模仿。

4. 延伸性

核心能力可以促进企业衍生出一系列新的产品和服务，助力企业涉足相关的新业务领域，搞多元化的生产经营战略。

5. 动态性

企业的核心能力并非一蹴而就、静止不变，随着新技术的日新月异和用户需求的千变万化，以及随之而来企业战略调整和目标迁移，核心能力体系必须重新构建。

6. 综合性

从知识结构来看，企业的核心能力不归属于某单一学科的范畴，而是多学科知识在企业运营中屡败屡战、时常复盘所累积而成的。

任何企业拥有的资源都是有限的，不可能服务所有用户，占领所有市场份额。因此，在市场竞争多变的环境中，企业经营战略、阶段性业务重点也应该有所转变。根据核心能力理论的观点，企业必须将优先的资源集中在核心业务上，强化自身的核心能力，将企业非核心的业务外包，才能够进一步将企业做大、做精。

提升企业核心竞争力应该遵循十项法则，具体如图4-4所示。

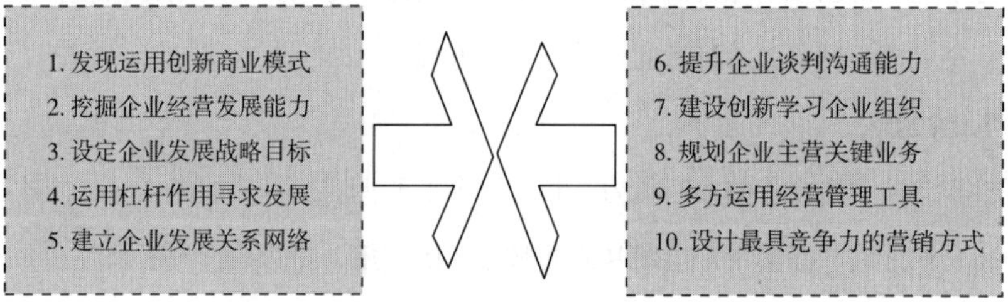

图4-4　提升企业核心竞争力的十项法则

4.4　不做商业模式的跟随者、复制者

要打造企业的核心竞争力，获得竞争优势，就不要做商业模式的跟随者、复制者。

商业模式要创新、要重构，就意味着要冒一定的风险。有的企业因为惧怕这些风险而情愿做商业模式的跟随者、复制者，你们公司呢？

通过跟随或复制获得竞争的胜利几乎是不可能的，因为跟随者或者复制者很难了解商业模式缔造者的下一个目标，很难把握他人商业模式的精髓，更谈不上创新与重构。

我们选择进行商业模式的创新与重构，在实践过程中要思考三个问题：一是“谁是利益相关者”，二是“这些利益相关者有什么价值可以交换”，三是“如何设计共赢的交易结构”。这三个问题的核心，即寻找新的价值增值方式。

在把握好这样一个核心的基础上，商业模式的创新与重构需要遵循五大关键和六种方式，如图4-5所示。

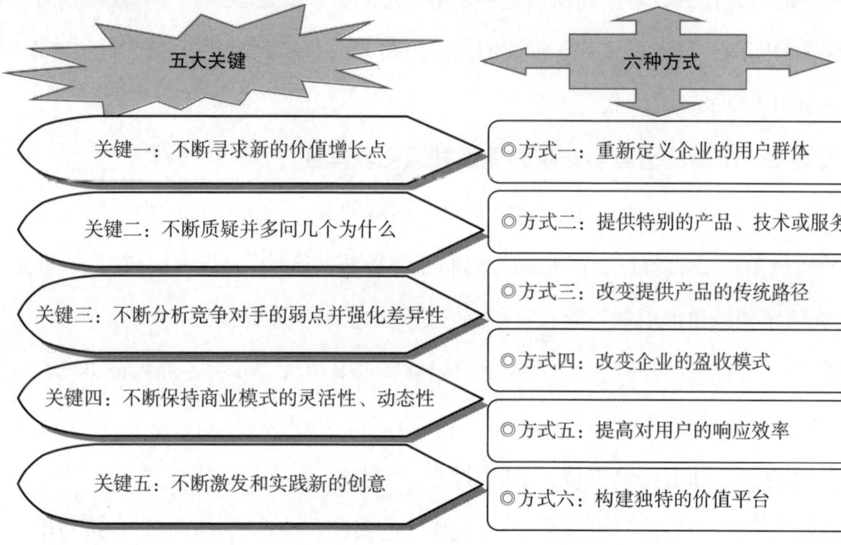

图4-5　商业模式创新与重构的五大关键和六种方式

关键一：不断寻求新的价值增长点

商业模式创新与重构，应考虑为参与商业模式的各方寻求持续的价值增值。在此过程中，企业会不断发现新的价值增长点。如果缺少这种追求，企业正在运行的商业模式会停滞不前甚至逐渐僵化，商业模式的获利空间也会越来越窄，带来的机会价值也会越来越少，那么模式的创新与重构就无从谈起。商业模式的价值创造没有最大，只有更大。

新价值增长点的寻求过程，实际上也是企业的核心战略、资源与伙伴网络、顾客界面之间的匹配方式不断调整的过程，这种调整使得商业模式得以完善、重构。

关键二：不断质疑并多问几个为什么

在企业商业模式创新过程中，一种看似非常简单，但却极其有效的规则是不断地问“为什么”，特别是已经普遍为人所接受的商业模式的运作方式，更值得质疑。企业的高回报来自对大家所熟知的假设进行挑战，而不是采纳和其他对手差不多的策略。企业要从客户的不满、质疑和厌倦中寻找灵感。

在不断问为什么、不断创新性思考、不断逆向思维的过程中，可以发现现有商业模式存在的问题，可以提供商业模式的拓展思路，可以扩大商业模式创新的空间，从而带来更为丰厚的商业回报。

关键三：不断分析竞争对手的弱点并强化差异性

利用竞争对手的弱点，是企业商业模式创新的又一关键所在。企业应该时刻关注和分析竞争对手的弱点，尽量看准他们还有哪些“软肋”，找准突破口，“乘虚而入”，在特定领域里形成并不断夯实自己的差异化基础，形成优势。

成功而又持久的公司往往都会形成自己独特的竞争优势，并不断保证自己在该领域的领先性、超前性或不易模仿性。

关键四：不断保持商业模式的灵活性、动态性

商业模式的灵活性、动态性，即商业模式的柔性。许多公司在其发展过程中，经常将已经获得成功的商业模式固化下来，这样做的目的是为了复制和推广已成功的商业模式，扩大成功模式的规模效应，降低运营成本。但是，另一个问题也随之产生——固化的商业模式丧失了适应新业务的能力，甚至可能会成为新业务发展的障碍。

精明的企业家不会局限于已有商业模式，而是会不断地调整商业模式的边界以迎接新的发展挑战，抓住新的经营机会。更为关键的是，在商业模式的构建初期，就要考虑到后期的延展性，这样才能保持商业模式的灵活性、动态性。

关键五：不断激发和实践新的创意

好的创意是创造新财富的有力工具，来源于企业内部的各种创意才是商业模式创新的真正源泉。高层管理者不要轻易否定员工们提出的任何一项新创意，而要激发他们进行创意的积极性。特别要倾听年轻人的声音，打破常规才是创造新财富的源泉。

方式一：重新定义企业的用户群体

洞察用户需求，尤其是潜在客户群体的需求，是企业经营的起点。企业随着用户需求的变化重新定义用户，细分用户，重新绘制用户画像，提出相对应的用户价值主张，可以从源头上创新企业的商业模式。

特别提醒的是，企业重新定义用户必须建立在对用户需求足够量样本的调研之上，尤其是用户的刚需，仅仅依靠传统的市场研究是不充分的，必须做到与用户进行直接有效的沟通，对用户需求进行动态的跟踪、反馈与解读。

方式二：提供特别的产品、技术或服务

提供什么样的产品、技术或者服务，是企业商业模式创新必须明确的前提条件。产品的差异化是竞争优势的重要来源，提供量身定制的产品、技术或者服务的商业模式是难以被模仿的，并能够为用户创造超额和附加的价值，能够更有效地创造细水长流的利润。

企业可以通过开发前卫的产品，通过宣传、促销的手段，通过新颖的设计，通过对产品、技术、服务进行捆绑、组合，以及提供综合的解决方案改变用户的感知等具体方法，把更新、更好、更快、更全的特别的产品、技术或者服务提供给用户。

方式三：改变提供产品的传统路径

改变提供产品、技术或服务的路径，必须改变分销渠道。分销过程中的流通速度是可以提高产品附加值的，企业可以通过删减渠道的层次或者环节，改变与分销商的合作方式或重新划定权责，节省成本，提高分销的效率。

分销渠道的调整和改变，最终目的是提高目标用户的覆盖率，使用户更便捷、更高效地使用产品、技术或享用服务，创造更多的用户价值。比如，电子商务颠覆了传统的商业运作模式，把交易过程插上了互联网的翅膀，可供选择的分销渠道大大增加。

方式四：改变企业的盈收模式

企业的收入模式决定了企业是如何取得盈收的。敏捷地改变收入模式中的以下要素，可以刺激客户的消费欲望，增加其购置数量，或者提高单位产品的收入。

（1）收入的介质，即开发什么样的产品、技术或服务获得收入。企业通过改变获利的介质，与对手形成差异化竞争优势，往往会获得新的利润来源。

（2）交易方式，即通过哪些方法和渠道取得收入。改变交易方式包括，开始采用信用交易、推行消费信贷、从零售到批发、建立招投标机制等。

（3）计费方法，即怎样对提供的产品、技术或服务定价。计费方法包括，选择不同的计费单位、实施分期付款、折扣、捆绑定价等。

方式五：提高对用户的响应效率

用户需求日益个性化，企业必须构建对用户诉求的快速回应与处理体系，对用户的要求和投诉做出处理，为用户提供产品、技术或配套服务等多方面的支持，帮助用户减少搜索成本，使其更便捷地消费产品、使用技术或享用服务，获得更多情感上的满足。

通过创新的用户响应机制，企业为用户呈现更多的额外价值，有助于提升用户的忠诚度。

方式六：构建独特的价值平台

国内外市场竞争环境日趋白热化，价值和利润在产业价值链中来回转移，今天价值链中最赚钱的环节也许明天就会走下坡路。企业只有综合衡量利润产生的模块和自身实力，才能在价值链中守住适合自己能力的位置。同时，企业需要主动建立与供应商、分销商、合作伙伴的联系，发挥多方协同、资源整合的效应，共同构建为用户提供多重价值、互利互惠的大平台。

第5章

用户画像：痛点、痒点、兴奋点与转介绍

用户画像，即准客户画像，也有人称其为用户角色定位，是一种助力创业企业勾画自己的目标用户，并以此设计出满足用户诉求的创意产品或服务项目的有效工具。

维基百科的定义是：用户画像就是与该用户相关联的数据的可视化展现。一句话来总结就是，用户信息标签化。

偏技术的定义是：用户画像可以简单地被理解成是海量数据的标签，根据用户的目标、行为和观点的差异，将他们区分为不同的类型，然后在每种类型中抽取出典型特征，赋予名字、照片及一些人口统计学要素和场景等描述，形成一个人物原型（Personas）。

在企业实践中，不少产品经理往往会以最易为大众接受和贴近生活的话语将用户的属性、购买行为与价值期待联系起来。但是，作为产品真实用户的虚拟代表，用户画像所形成的用户特性并不是脱离产品本身、服务项目和潜在市场构建出来的。

事实是，每个用户的问题各异，每个问题都会有它相应的解决方案，但是这些方案解决不了所有的问题，也不是所有的问题和诉求解决方案都能对应到所有的用户，而是一个用户逐渐认可、付费、持续享用的过程。通过用户画像形成的用户角色必须具备典型性和代表性，即能抓住产品的主要受众和目标群体的刚需，解决他们的诉求痛点或触碰他们的痒点、兴奋点，继而再形成自动自发的转介绍。

创办一家公司前，你思考过这些问题吗？你们公司产品的用户到底是谁？你们为谁提供什么样的服务？他们在哪里？他们有什么刚需、痛点或痒点？哪些是免费客户？哪些是潜在用户？哪些是付费用户？他们会在什么样的场景下付费？

5.1 痛点、痒点，比用户更了解自己

解决用户的刚需，为用户提供价值；“治疗”用户的痛点，解决用户的问题；找到用户的痒点，培育新的用户群；发现用户的兴奋点，不单单是实现一项产品功能。

用户痛点，就是用户必须及时解决的问题，就是他们刚性的、可以量化的需求，用户对此有着强烈的迫切感，如果不解决的话，他就会很痛苦、很苦恼、很纠结。

比如说，夏天人们怕热、易上火，王老吉凉茶的广告语就出来了：怕上火，喝王老吉。可见，王老吉就解决了用户的痛点，这个痛点还是人们夏天的刚需。所以，我们要做的就是发现问题、解决问题，最后告诉大众，我能帮你解决这个问题，因为我的产品可以帮到你，那么，你就是我们的用户了。

然而，痛点并不是全部，哪有那么多痛点，况且有时用户也并不知道什么是自己的痛点。痛点，的确是我们非解决不可的，抓住痛点也是获得真正用户而风险小的投入。但是，对于用户的痒点就不一定了。因为痒点更多的是大众的潜在需求，更多的是满足用户深层次的欲望。所以企业如何能刺激用户的痒点并将其转化为用户的痛点，就很值得研究了。

兴奋点就是你产品的卖点，通俗地讲，就是回答“你的产品和同类型的产品有什么不同？”“有哪些优点、亮点？”只要听众能坐好等你把产品介绍完，并且你自己很激动，他们也被打动，有跃跃欲试的表现，你就可以确认你已经找对了潜在用户的兴奋点。

有时候，兴奋点、痒点可以转化为痛点、刚需，但是有时候，痛点、刚需也会改

变，这可能需要我们去不断地发掘，甚至去培育。

创业者们很善于提出许多愿景与假设，但其中多半会在半路“夭折”。因为企业提供产品、技术或服务的用户群体是不一样的，甚至下一秒的需求相对于上一秒也会改变，“需求变更”像魔咒般打乱了产品开发的步伐。

很多失败的创业者都有个通病——他们将已有的、现成的解决方案一厢情愿地强加到用户头上，这个方法永远都行不通。每个用户的诉求不同，不同诉求产生不同的问题，每个问题都有相对应的解决方案，这就是要求我们重视用户反馈的原因所在。创业者们要针对用户，了解他们最大的问题，而不是反过来拿现有的解决方案去套他们最大的难题。

企业创新成功和创业失败的重要区别之一，就在于是否有一个系统化且行之有效的工具、方法和模型。找到自己的用户，既投入少又消耗资源少，还要少花时间，同时确保高效率，或者说要多产出高效益，这是我们创业者竭力追求的目标。

标杆案例：欧文斯第一次创业失败

特雷弗·欧文斯讲到，自己第一次创业花费了6个月的时间，但是最终失败了，很伤心。那是他第一次来到中国，他看到中国马路上有很多电动自行车，但美国不是这样。他考虑到天然气将越来越贵，开车成本也越来越高，所以他认为电动自行车在美国应该会有很大的商机。

回到美国后他花了三个月时间去联系一家工厂，想要制造出自己想要的产品，还为此精心建了一个网站。你猜猜他一共卖出了多少辆电动车？一辆。当时他实在是灰心丧气，沮丧到极点，花了这么多精力一点成效没有，的确是很痛苦的。

但是，痛苦也不应该放弃，总得再做点儿什么试试。于是，他开始做客户的细分。

VESPA是美国摩托车的品牌，VESPA烧的是油不是电。特雷弗·欧文斯觉得自己的产品比VESPA更好，因为它是电动的，更环保。他坚信客户对环保是非常关心的。他打算先去采访20个客户，了解他们对环保的看法。如果20个人里面有5个人说他们在乎环保，那么他觉得这个想法就可行了。

他在网上做了一则广告，特意把价格降低了，5分钟之后就有人打电话来问，然后他同客户像朋友一样聊天。

当他问客户为什么对这个产品感兴趣时，不同的客户给出不同的答案：有人说他的女朋友就有一辆VESPA，女朋友经常自己骑着VESPA走了，不带他玩，所以他想买一辆跟女朋友一起玩；有人说他之前曾在意大利留学，很怀念在意大利骑着小摩托车到处游玩的感觉……但是，没有一个人对环保感兴趣。他一下子就明白了这个产品永远不可能做成功。

这个故事的重点就是告诉大家，很多初创企业的创业者们很怕去跟客户沟通，他们可能会自我欺骗说客户不想沟通，或者觉得自己没有办法说服客户。但是，他从全球不同地方、不同文化的人那里都发现，人们是愿意向别人倾诉自己的困难的。如果有人能够愿意倾听难处，他们会非常感激。

所以，不要害怕，要勇于去寻找你的目标客户，倾听他们的难点。如果你不这么做，就要浪费时间和精力了。

标杆案例：Facebook增长用户小组

开发能够实现公司极速增长的产品、技术和服务是Facebook的强势之处。传统的用户倍增方式是建立市场营销团队，然后卖广告。以往很多时候这样做是有必要的，尤其是当你想向大众传递讯息的时候。但是，如果你真的想实现商品大卖，最好的方式应该是在产品本身上下功夫。

Facebook有“增长团队”，该团队的职责是为Facebook招徕更多的新用户。该团队在“用户增长”领域做了多种努力与尝试，一步一步地实现“5 亿用户”这个里程碑。

Facebook做的增长小组没有什么其他公司学不会的奇招，他们只是玩转了大数据，建立了底层的数据结构和信息库。所以Facebook能够尝试多种实验或者进行事前测算、方案预算，并且去做整个社区的增长。这是Facebook认为对于网络型初创企业最核心的重点所在。

总的来看，增长小组对于Facebook用户整体增长率的贡献不容小觑。在这里虽然无法给出一个具体的数字，但是哪怕仅仅观察他们做的一些特别具体的功能，比如“你可能认识的人”，就知道这个价值有多大了。

如何获得用户的真正“增长”？我们不妨把“增长”分解成为四个问题：

（1）如何界定并提高“用户获取率”？比如，如何获得更多的注册用户？

（2）企业如何搭建增长团队？这些人需要做些什么？如何在用户体验产品的兴奋期更快、更有效地激活他们？

（3）调动用户互联、以投入状态使用产品的激励要素都有哪些？该如何更好地设计并利用这些要素？

（4）如何能够让那些已经流失掉的用户返回来再度对产品燃起兴趣？如何形成强黏性？

从这些问题的分析过程中，你就能够梳理出一个产品开发的基本思路。接下来，你或者在现有的渠道中提升“用户获取率”，或者另辟蹊径从0到1开发新的用户增长路径。

当然，无论是要解决用户的痛点、痒点，还是想获得用户的真正“增长”，运用多种方法收集更有用的用户资料才是最重要的。用户资料的六种收集方法如图5-1所示。

收集方法	主要途径	主要特点或应用
广告收集法	◎报纸、杂志、路牌、电视和广播上面的广告	◎可以了解用户的公司名称、联系方式、经营范围和负责人相关资料
网站搜索法	◎各企业建立的专门网站	◎可以了解企业介绍、组织结构、联系方式和最近发展动态
扫街法	◎通过销售人员在特定的区域或行业内，直接上门探访获得	◎又称地毯法，此方法古老但比较可靠 ◎可使销售人员了解市场、用户和社会 ◎比较适合广告、保险业销售人员使用
展会收集法	◎可通过参加展览会、博览会、研讨会收集	◎可收集潜在用户的资料与名片，为接触相关负责人并与之建立联系创造条件
资料查询法	◎企业的年鉴、每年每个地区的大黄页、专业咨询公司的专业DM直投	◎可通过这些现成的媒介找到自己的用户
企业内部介绍法	◎转介绍企业的老用户和其他销售人员离职后留下的用户	◎是销售人员收集用户资料的一种好方法

图5-1　用户资料收集的六种方法

5.2　零距离互动、零时差交流、零空间体验

用户画像，或者说关于首批用户以及用户真正的需求等问题的解决，最好的方式莫过于找到那些潜在的用户好好地问一问。如何实现“零距离互动、零时差交流、零空间体验”呢？最好的方式莫过于一问一答的方式。

关于“初创企业如何快速找到首批用户并验证”的探讨，请欣赏本书作者之一傅强先生与特雷弗·欧文斯展开的系列对话。

插画 4　一问一答：有些问题就在倾听、沟通与交流中解决了

特雷弗·欧文斯（Trevor Ownes）是精益创业理论的思想领袖，LeanStartup Machine（精益创业器）和Javelin公司创始人兼CEO，是《精益创业：打造大公司的创新殖民地》一书的作者。

傅强：“我在做创业辅导的过程中，有一个学员问了我一个问题，“很多管理书上不是都在说用户实际上不知道他要什么吗？”那么，今天，我想也为难一下欧文斯，你同意不同意，其实所谓用户需求，实际上是很多用户不知道自己要什么，那这个需求怎么得到确定呢？”

欧文斯：“这就是为什么我们强调要尽快找到首批用户，要有非常清晰明确的概念用户来帮助我们确定他们的目标需求。”

傅强：“我的理解是，这个需求必须得到首批用户的认可，是吗？”

欧文斯：“没错。”

傅强：“而且，这个速度还要很快，是吗？”

欧文斯：“是的，最关键的就是要找到这个需求，而且速度要够快，效率要够高。”

傅强：“现在，确实创业比较困难，任何一个领域都有很多赛跑者。很多时候很多人都看到了这个需求，而且他们的速度都很快，那么如何才能够保证面对用户需求，创造出真正的有价值的服务项目呢？”

欧文斯：“首先，在一个很热的，尤其新生的市场里面，肯定是很难去竞争的。所以，这就是为什么我们要很快地找到准确的目标用户，首批用户的忠诚度是决胜的关键。”

傅强：“我的理解是，实际上不但需要把东西卖给他，只建立他和这个产品之间的关系，而且还要建立创业者和这批用户的人和人之间的关系，增加这样的联动，是这样吗？”

欧文斯：“对首批用户来讲是这样的，人与人的联系非常关键。即便是第一次见面，今天在座的各位，我基本上已经能认识了，闭上眼睛就能够想象出他们的样子。”

傅强：“很多创业者必须执着，看到一个痛点，就认真地把解决方案做出来，然后卖给用户。很多创业者都离不开这样一个循环——回到用户需求的本原，然后发现问题，提供解决方案。那么，您认为如何回到这个正确的道路上来呢？”

欧文斯：“首先，在创业的过程中，这种执着的精神是很必要的。但是，你说的这个问题的确很现实、很关键，也很难解决。所以这就需要我们导师在教授的过程中去点拨创业者，让其拥有这样一个逻辑思维，然后不断地循环练习最终得到解决方法。”

傅强：“最后我突然想起还有一个很关键的问题。我们每个人都有情怀，看乔布斯看多了，一说就是要改变世界，是不是我们自己的价值主张和用户需求，有的时候就像他说的经常碰不到一起？遇到这种麻烦怎么办？是不是自己的价值主张变得太虚无缥缈、不用坚持？还是说，这两者之间有很好的可以连接的地方？”

欧文斯：“我们的情怀理想是要基于用户需求，然后才能去实现的。如果只是专注于自己的想法，一是很自私，二是很难实现。”

对话继续……以下是特雷弗·欧文斯针对一些创业者和从事创业辅导的专家以及投资领域的相关人士，关于“如何找到用户真正的需求”的问答实录。

问答实录：如何找到用户真正的需求

问：“我们做了一个预防近视的App，因为很多人玩手机、用电脑，把眼睛都用坏了。但是我们现在没有更多的精力从用户那里验证真实的反馈，即使有些用户的反馈，但也千奇百怪。有的说这个App对自己的干扰比较少；但是，如果是家长给孩子用的话，希望干扰非常大，甚至包括锁屏还有掐断电源这些操作。所以，怎么从精益创业的角度理解这些千奇百怪的用户需求呢？”

欧文斯当场测试在座的人有谁愿意花钱去买这个产品。有三个人表示愿意。

欧文斯：“其实，在座的有孩子的家长，谁不关心自己孩子的眼睛？谁不在乎孩子的近视问题？但这里面有一个至关重要的问题，爱眼和买产品是两回事。产品的功能和用户买你的产品是两回事。创业关键要尽快找到你的首批用户进行产品的验证，通过验证最终找到用户的需求点。”

问：“找到首批用户进行细分，应该是问题的关键。如果是这样的话，可能会出现一个问题，我真正去找我们产品的用户时，可能找不到首批的用户，细分不出来。就像刚才说的找了很多用户，用户需求各种各样。那么，我们用什么样的方法和工具，能够快速地找到首批用户，即真正的和我们能有特别密切关联的用户呢？”

欧文斯：“先找自己的家人、亲戚、朋友，这是第一步。找熟人的成功率可能会更高。第二步就是稍微拓宽一点，但尽量不要去陌生的用户群当中。”

问：“如果寻问早期的使用用户，发现这个产品若定价是一百块钱会有很多人要，但一千块钱可能要的人就很少了，再到一千五百块钱就基本没有人要了。我想问的问题是，如果这个产品或者这个服务成本已经超过了一千块钱，但很少人要，这个算不算已经达到了已验证的认知？”

欧文斯：“不同的情况、不同的团队，答案不一样，取决于你有多少钱能往里面砸，赔本。要不然就是降低成本，要不然就是提高价格，只能选一样。”

问：“当用户越来越多，用户的问题也就越来越多。你怎么去识别出最有效的需求？有没有什么好的原则或者建议？”

欧文斯：“不是有一个环节要在卖之前先预定吗？让他们先花真金白银买你的东西，这时候让他们花钱，你就会知道他们真正想解决的最迫切的问题是哪一个了。”

问：“在现实环境中，我个人去找首批用户做细分还是有很大风险的，也许我不会找得很对。我能不能利用找一些专家或者是行业的行家来协助我更好地做这个细分？”

欧文斯：“这个想法很好，但是关键取决于你自己想要花多少时间来找这个目标用户、核心点。在我的Facebook上有很多人问我这个点子行不行，我也没法给出答案，就看你有多看中自己的点子，愿意花多少时间找用户，核心还是在自己身上。”

问：“因为顾客、问题、解决方案这三个方面主要是解决顾客价值的，所以一定要把顾客价值找准。创业其实最难的还有两个部分，一个是商业模式，另一个是核心竞争力，这更难，如何解决？”

欧文斯：“刚才提到这种已经有人进驻过的或者饱和的市场，我们一般会避开，你永远不知道这个成功的概率是多少。如果你的竞争对手本身的力量比较薄弱，你的机会就会更大。永远不要相信你的竞争者或者风投，只相信自己的用户。”

问：“我认真拜读过你的书，书里讲到了开发、测试和可验证的认知，我认为其中最大的创新点在于可验证的认知。我想问一下，去用户那边拿到可验证的认知是不是核心精髓所在？”

欧文斯：“我觉得创业者的两大核心要素，第一个是要坚持自己，有恒心地做下去；第二个是在关键的时候，需要改变的时候，要根据用户需求灵活地转变。所以，核心还是用户需求。”

问：“现在大家通常听到的是做最赚钱的公司还是做最值钱的公司，但你主张创业要先变成一个最赚钱的公司。当在最值钱和最赚钱的公司之中做选择的时候，你如何做？”

欧文斯：“其实还有第三种选择，我想实现的是能够改变我的用户的生活，就像乔布斯一样。”

问：“我想问一下欧文斯先生，除了精益创业，你还在做其他创业工作吗？或者将来的发展计划是什么？”

欧文斯：“我个人最感兴趣的三个领域是教育、医疗和政府，我觉得这三个领域是最能够推动创新、改变人生状态的领域。所以，我个人希望能把精力更多地投入到这三个领域上，为人类造福。”

5.3 潜在客户聚焦、细分与用户画像绘制

为了使客户了解继而认可产品所带来的价值，就要进行市场聚焦，即划分出最容易产生效益的一类人群，进行市场细分，占据一片我们能够专注的市场，并保持住绝对的竞争优势。比如，口腔医院可以专注儿童的口腔健康，也可以专注老年人的口腔健康。通过市场细分和用户定位，把所有力量集中在一个点上出奇招，快速打开市场突破口。

1. 聚焦用户细分市场的三项内容

用户细分理论的依据是满足客户需求的异质性进而调动或整合企业有限的资源进行有效的市场竞争，即指企业根据用户的专有属性、惯常行为、诉求、偏好及价值观等因素对用户群体细分，并提供有针对性的产品、技术、服务和销售模式。用户细分市场的内容如图5-2所示。

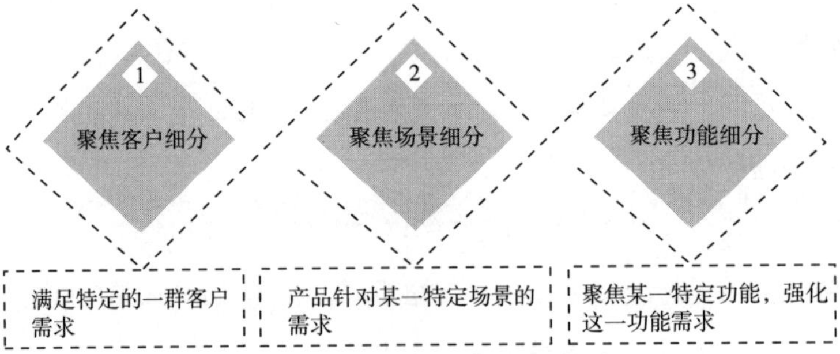

图5-2 聚焦用户细分市场的内容

2. 聚焦用户细分市场的五步流程

以口腔医院为例，我们来看一家口腔门诊是如何通过五步法对用户进行细分的。

第一步，精准口腔门诊客户特征。一般来说，客户需求主要是由其社会和经济背景决定的，因此描述客户经济收入、心理等特征精准，也即是对其社会和经济背景所关联的要素进行了精确定位，如表5-1所示。

表 5-1　根据客户特征精确定位口腔门诊的客户群

人群	需求
85后、90后父母	为孩子寻求口腔健康护理或治疗
女性白领	牙齿变白、变美
年龄偏大的高净值人群	种植牙

第二步，精准口腔门诊用户价值区间。不同用户给企业带来的价值是不一样的，有的用户持续为企业创造价值和利润，因此企业需要把不同用户进行分类并区别对待。在经过基本属性的划分之后，需要对用户进行从高价值到低价值的区间分隔（例如VIP用户、重点用户、大众用户、低消费用户、散客、游客等），以便根据20%的用户为企业带来80%的利润的“80/20原则”，重点锁定高价值用户。用户价值区间的变量包括：用户响应率、用户收入与支出比、用户利润贡献度、用户忠诚度、转介绍成交量等。

第三步，精准口腔门诊用户的共同需求。围绕用户细分和用户价值区隔，选定最有价值的用户细分作为精准目标用户群，并提炼他们的共同需求，以用户需求为导向精确定义企业的业务流程，为精准的用户市场提供差异化的营销组合。

第四步，选择精准的用户细分聚类技术。常用的有K-means、神经网络等，企业可以根据大数据分析，选择不同聚类技术来进行用户细分。同时，将汇总的原始数据转换成数据模型所支持的格式，这个过程就是在做数据初始化和预处理。

第五步，评估精准结果。在对用户群进行精准定位之后，结果应该通过测试来验证。一般来说，用户细分结果测试的规则包括四个方面，如图5-3所示。

3. 用户画像的绘制范例

绘制用户画像首先是为了让人能够理解并且方便计算处理，比如可以做分类统计：喜欢美白牙齿的用户有多少，喜欢美白牙齿的人群中，男女的比例是多少；其次，用户画像也可以做数据挖掘工作，比如利用关联规则推测，喜欢美白牙齿的人通常喜欢什么手机品牌；另外，用户画像还可以利用聚类算法分析，喜欢美白牙齿的人年龄段分布情况如何；等等。

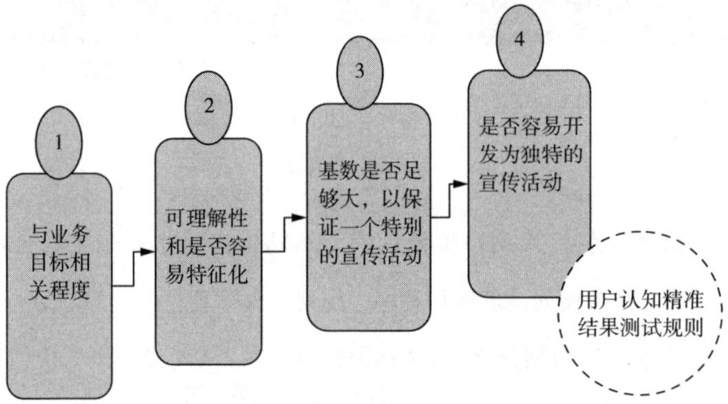

图5-3　用户细分结果测试的规则

有了根据用户细分的大数据分析收集到的用户信息，我们就可以开始给用户打标签了。用户标签，是一种立体化观察用户的朴素、简洁的方法。用户画像标签系统如表5-2所示。

表 5-2　用户画像标签系统

用户画像标签系统								
用户属性					用户兴趣			
基础属性	婚姻状况	家庭关系	教育属性	工作属性	游戏	旅游	文艺影视	理财投资
年龄、性别、地域	单身、已婚、未婚	母婴（0~6个月，或者6个月~1岁……）	学历、专业、毕业院校	工作地点、工作单位、所属行业	时长、客户端游戏、网页游戏、手机游戏	境内游、境外游、跟团游、自助游	文学、电影、电视剧、音乐	股票、基金、保险、彩票、银行理财

这些标签包括两种：一种是确定的标签，比如用户购买或者收藏了某个门诊的服务项目，留下了地址和联系方式；另一种是猜测的标签，比如客户的性别，是男性的概率为0.8。另外还有很多模型，比如潜在门诊用户模型、用户价值模型等。

用户标签通常是人为设定的高度精练的特征标识，如性别标签：男士、女士；地域标签：北京、上海、广州等。标签具有两个重要特征。一是语义化，便于大众理解每个标签的含义。这也使得用户画像具有了实践价值，能够较好地探索客户需求，如辨别用户偏好。二是短文本，每个标签通常只表示一种内涵，标签本身无须过多文本分析等预处理，这为运用电脑筛选标准化信息提供了便利。还是以口腔门诊为例说明用户画像绘制的具体过程。

（1）口腔门诊用户画像的绘制目标分析

用户画像的目标是通过透析用户行为，为每个用户设定标签、烙上印记，以及为该标签设置对应的权重。

标签表达了内容，用户对该内容保持哪些兴趣、偏好、需求等。

权重表达了用户的兴趣、偏好指数，也可能表达用户的需求度，可以理解为可信度、概率，如美白牙齿 0.8、种植牙齿0.6。

（2）根据口腔门诊用户行为，分析相关要素

一个事件模型包括时间、地点、人物等要素。每一次用户行为本质上是一次随机事件。口腔门诊用户画像构建的要素详细描述如图5-4所示。

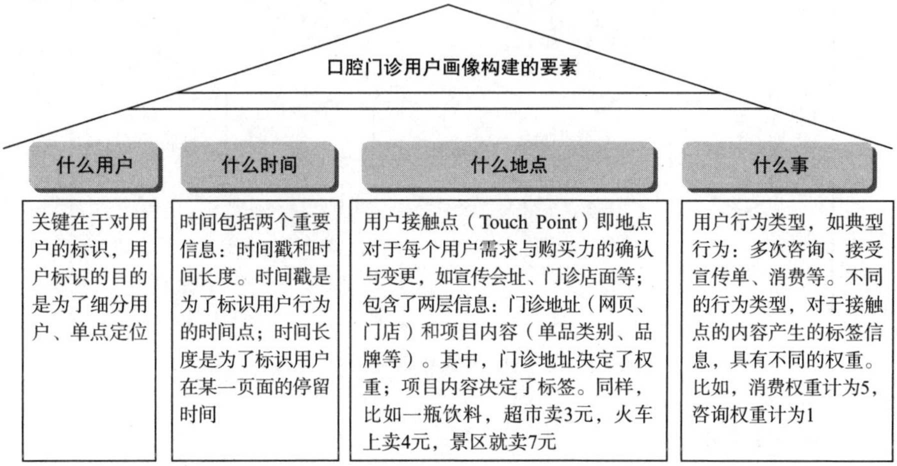

图5-4　口腔门诊用户画像构建的要素

综上所述，口腔门诊用户画像的数据模型可以概括为：口腔门诊用户标识 +时间+行为类型+接触点（门诊地址+内容），即因为某用户在什么时间、什么地点做了什么事，从而打上某个标签。

5.4 从忠实用户到粉丝到转介绍

想让客户成为你们公司产品和服务的忠实用户，再发展为铁杆粉丝，并且主动分享，把你们公司的产品和服务推荐给亲朋好友和他的朋友，这也不太难！只要遵循如图5-5所示的“七点”原则。

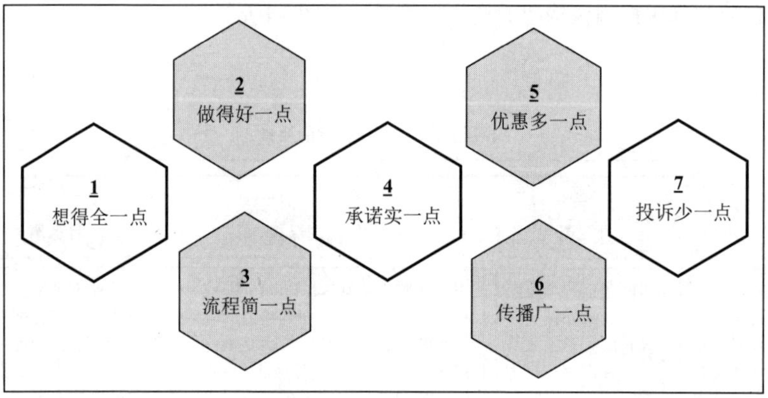

图5-5 促进用户转介绍的“七点”原则

1. 想得全一点

想得比用户全一点。首先，要了解用户的产品需求、目的和动机，在刚需、痛点、痒点和兴奋点的问题上，要比用户更了解他自己；其次，专心聆听用户的反馈，无论是好的意见或建议还是抱怨；最后，在工作之余，为用户讲解或者寄送不带商业色彩的信息资料，帮助用户了解和掌握产品或服务的常识或者操作方法。只有这样，用户才会使用，同时他在转介绍的时候，才会介绍得更真实、更可信、更有说服力。

2. 做得好一点

研究发现，在100个对你只是普通满意的用户中，有26个人可能会把你的产品或服务做转介绍。但是，在100个对你非常满意的用户中，会有高达66个人为你转介绍。也就是说，一年内你的用户增长率有可能高达66%。

但初创企业获得转介绍不是一蹴而就的，需要经历四个阶段的过程，如图5-6所示。

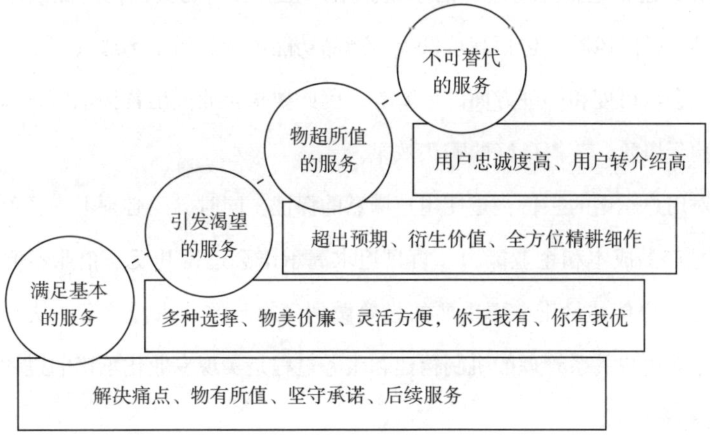

图5-6　用户转介绍进阶过程

所以从上图中可以看出，在提供了符合用户需求、让用户满意的产品之后，要想扩大再销售，让老用户做我们的义务宣传员、推销员，实现转介绍，不仅是客服人员，公司所有员工都需要做好超值服务工作，即做得比用户预期的好一点。这也许是分外之事，却也是用户感觉最有价值、受到尊重甚至物超所值的享受。

提供最大化的超值、增值服务，不仅要做到售前、售中、售后服务到位，还要提供顾问式服务，为用户创造衍生价值。一是营销人员要用心服务，而不是用嘴服务，承诺用户的服务项目必须兑现；二是包括营销人员在内的全员都会做顾问式销售，不仅把产品卖给用户，还能做好用户的参谋和促进用户转介绍。

3. 流程简一点

没有流程不行，流程复杂了也不行，那样就会让用户觉得你们公司的员工在推脱责任、敷衍他。流程简一点，是指用户进入页面、拿到产品、享受服务、消费过程、操作流程不要烦琐，要简单明了。这样不仅方便员工理解、推销产品，而且也让用户有踏实的感觉，方便用户记忆和转介绍。

4. 承诺实一点

为了争取和持续留住用户，首先需要明确你们公司到底能向用户提供什么产品或者什么服务，这就是企业对用户的承诺。用户在向公司购买任何产品或服务时，总会面临各种各样的风险，包括高价低配、产品功能不全、质量不过关、三包售后不完善，以及社会认可度和心理方面的风险等。因此要求企业做出各种承诺，以尽可能降低用户的购买风险，获得最好的购买效果。

企业对用户承诺的宗旨，是使用户满意的保证。同时，还必须考虑竞争等其他因素，特别是产品成本和企业能力，盲目追求高承诺会适得其反。企业不但要善于承诺，向目标用户传达承诺，更重要的是要做到言行一致，执行承诺。从一定意义上说，初创企业用户关系管理的机制构建和服务过程是实现专业化承诺的过程。

5. 优惠多一点

中国历来有馈赠礼品的传统。礼品作为一种现代新颖的广告载体，具有图案设计不受限制、结构可任意选择、美观耐用和质优价廉等诸多优点，已成为初创企业广告宣传的一种重要形式。馈赠的礼品一般分为有形礼品和无形礼品两类。

有形礼品，如口腔护理产品、会员卡，或者在过节或用户过生日的时候给用户送一些小礼品，送礼品不是越贵越好，是要送一个好心情，体现了企业营销人员的用心和关爱，也增加了用户的信任和黏性。无形礼品，包括馈赠信息和提供超值、衍生服务。

6. 传播广一点

在互联网时代，要学会用互联网思维贴近市场，探索初创企业发展的新路径。在用户管理方面，企业可以开通微信公众平台，时不时地推出线上、线下的互动活动。比如，给用户馈赠纪念品、随机发放红包等，提供不一样的体验，以提高用户对网络平台的关注度，既合理分流了低端用户，也减轻了企业店面的压力，还腾出了人力“进社区、进校区、进厂区”，为社区居民、院校师生、企业员工提供讲座、峰会、论坛等可以见面的、互动性强的、个性化的服务，实现边际效益最大化。

7. 投诉少一点

在互联网时代，负面新闻传播的速度也快。哪怕是一个用户的差评，对企业的发展和进一步转介绍的形成都会具有较大的不良影响。所以，当用户提出异议时，我们要努力化解，不让问题带出公司、门店或办公室。还要定期关注大众点评、美团或者企业所属行业网站等第三方平台的评价，汇总整改，让投诉少一点。

5.5　用户管理流程与服务标准

有了首批用户，普通用户转化为忠实用户，忠实用户又转化为粉丝，这是一个多投入和长期积累的过程。你可不想失去这些用户或者掉粉、使他们成为黑粉吧？怎么办？用户维系或者说用户精准管理与服务到位是必需的。

如图5-7所示为某企业用户管理流程，是我们为其做管理咨询项目时，经过诊断企业问题、分析原因后提出的解决方案，在此作为范例供读者参考。

那么，企业用户管理流程图如何真正落地、高效执行、带来收益呢？还需要制定用户管理服务标准，进行四个阶段、N个节点的把控。

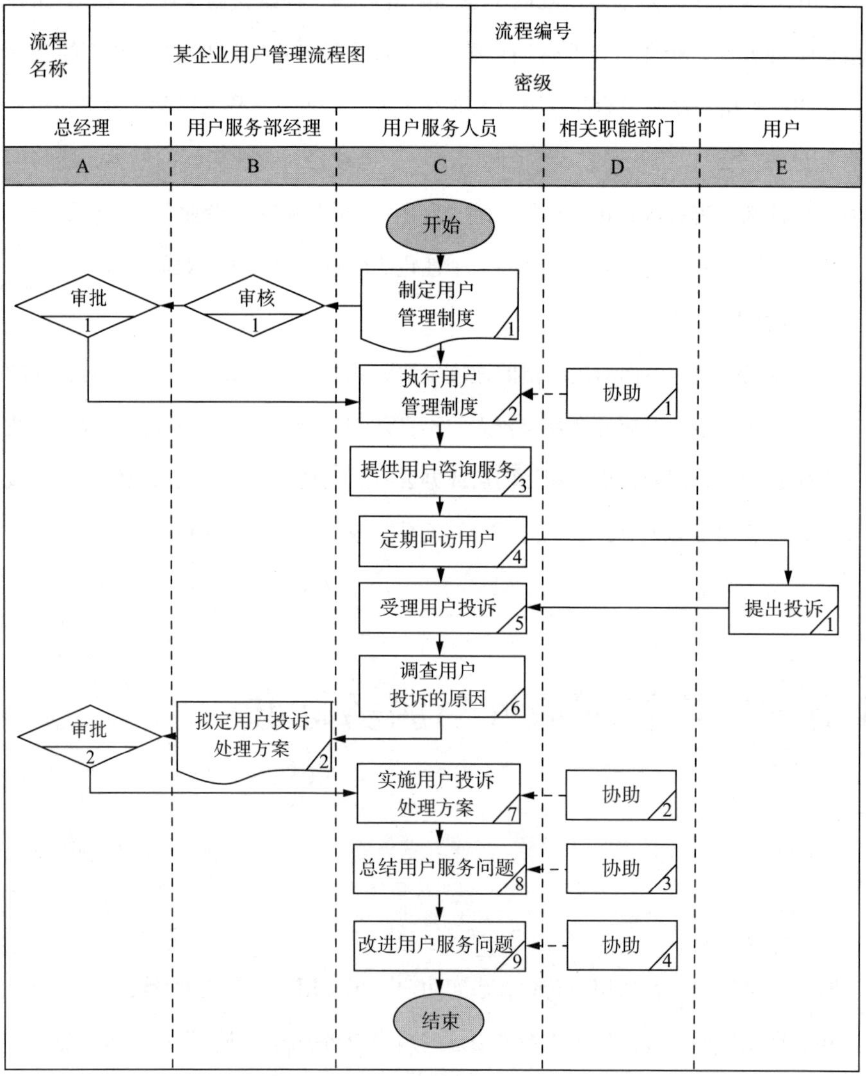

图5-7　某企业用户管理流程图

第一阶段：制定用户管理制度

节点C_1：制定用户管理制度

（1）用户服务部相关人员制定公司的用户管理制度。

（2）用户管理制度需要经过用户服务部经理审核、总经理审批后下发到公司相关部门执行。

节点B_1：审核

用户服务部经理根据公司规章制度，对用户服务部提供的用户管理制度进行审核，并上报总经理审批。

节点A_1：审批

总经理根据公司实际情况，对用户管理制度进行审批，审批通过后由用户服务部执行。

节点C_2：执行用户管理制度

（1）用户服务人员执行经总经理审批通过的用户管理制度。

（2）其他相关职能部门协助用户服务部做好用户服务工作。

第二阶段：提供用户服务

节点C_3：提供用户咨询服务

（1）用户服务人员随时接待来访用户，接听用户来电，并对用户提出的有关问题进行详细的解答。

（2）用户服务人员在解答用户提出的问题时，要清楚、简洁，保证自己的解答能够解决用户的疑问，提高用户的满意度，从而树立企业的良好形象。

节点C_4：定期回访用户

（1）用户服务人员根据公司的业务特点制订用户回访计划，并编制《用户回访计划表》。

（2）用户服务人员根据用户回访计划进行用户回访，并记录用户对本公司服务等方面的意见和建议。

（3）用户服务人员根据回访记录及时更新用户资料。

节点E_1：提出投诉

在回访过程中收到用户的投诉，用户服务部应填写《用户投诉登记表》，及时处理用户的投诉事宜，提升用户的满意度。

第三阶段：处理用户投诉

节点C_5：受理用户投诉

（1）用户服务人员要及时受理用户投诉，并记录好用户投诉信息。

（2）用户服务人员应及时将用户投诉信息记录提交至相关负责人。

节点C_6：调查用户投诉的原因

（1）用户服务人员依据用户投诉信息对投诉的原因进行调查。

（2）若用户投诉确实属于本公司的责任（如合同纠纷、质量问题等），应立即总结，并上报至用户服务部经理。

节点B_2：拟定用户投诉处理方案

（1）用户服务部经理经过多方验证、分析，若属于公司责任造成的用户投诉问题，用户服务部经理应立即拟订用户投诉处理方案。

（2）用户服务部经理将拟订好的用户投诉处理方案提交至总经理审批。

节点A_2：审批

总经理根据公司和用户的实际情况，对用户服务部经理拟定的用户投诉处理方案进行审批，审批通过后，由用户服务部实施执行。

节点C_7：实施用户投诉处理方案

（1）用户投诉处理方案经总经理审批通过后，由用户服务人员负责实施。

（2）各相关职能部门协助用户服务部针对存在的用户服务问题实施改进。

第四阶段：改进用户服务

节点C_8：总结用户服务问题

（1）在用户服务过程中，用户服务人员要定期总结用户投诉问题。

（2）针对用户投诉问题进行分类，并将不同类型的用户服务问题填写到《用户服务问题分类表》中。

（3）相关负责人员组织用户服务人员及其他相关职能部门人员共同总结用户服务问题。

节点C_9：改进用户服务问题

（1）用户服务人员根据用户服务问题分类制订相应的用户服务改进措施。

（2）用户服务人员及公司相关职能部门的人员按照用户服务改进措施改进用户服务工作，并制作《用户服务改进总结表》。

各位创业者读到这里，是否已经感觉到成熟企业在用户管理方面的精细化程度呢？作为初创企业，不着急，一步一步慢慢来。适合的拿来即用、稍改即可；不适合的可以作为反面教材，避免犯同样的错误，不踏进别人已经栽过跟头的大坑、小坑。

第6章

财务税务：超越孵化器代理记账

一个人的创业力量是有限的，要做大事业，必须有一个具备超强战斗力的团队；作为一家企业的创始人，最重要的就是牵头确立企业运营和团队之间必要的合作规则。这些规则中，涉及法律法规和个人利益的就更重要了，所以初创企业的财务税务，可不是简简单单地等同于代理记账。

同时，这个规则并不是针对某个人或某个阶段而设立的。除了遵循国家法律法规，企业必须有经营的规则、与人合作的规则。不单单要考虑眼下与合伙人的合作，还要眼光长远地考虑事业做大后与更多的人、机构之间的合作。如果能够据守设立的准则底线，相信把产品做好、业务做大就不那么复杂了。而且，事业也一定会基业长青。

不少朋友合伙创业的失败案例都告诉我们一个道理：不把兄弟情义、私人感情和合作伙伴区分开来，不把责权利提前摆在桌面上、写在协议里，结果只能是既伤了感情又做不好事业。真正干事的合作者会更看重讲原则、遵循游戏规则的合作伙伴。即便是再好的兄弟，一旦共同参与经济活动，对财富的积少成多都是有所期望的，这是人的正常心理，只不过在创业前期什么效益还没看到的情况下没有表达出来而已。

怎么处理好企业、创业团队、合伙人、员工与利益的分配关系，其实也是有章可循的。

6.1　33%：33%：34%股权出问题了

在公司层面，如何平衡创始人与投资人之间的权利分配，创始人如何在融资之后还对公司具有控制权，取决于创始人在企业成立之初做出的制度安排，其中最重要就是企业成立之初的股权结构安排。

如果你和投资人共同创办公司，对于股权结构如何安排？或者说股权应该怎么分配？常见的情况是，股权＝100%/人数。例如，股东有三个人，即33%：33%：34%。这就为公司埋下了定时炸弹。

股权结构非常重要，明确股权结构，即创始人对公司的控制权决定着公司成长速度和长远发展。

股权结构安排是指股份公司确定股东权利的制度安排。股权结构安排有两大功能：一是确认投资人在企业中的权利、责任和义务；二是依据投资人承担风险的能力、资本的多少设置不同类型的股权以吸引投资人投资，比如设置优先股。

如果只用几句话简洁地说明何为初创企业正确的股权设置比例，那么可以用三句话概括，如图6-1所示。

第一句	创业之初，如果只有一个股东，可成立一人有限责任公司，100%拥有股权
第二句	如果是两个或两个以上股东一起成立有限责任公司，两人持股比例尽量避免50%：50%，三人持股尽量避免33%：33%：34%
第三句	对于有两名以上股东的公司，你想要对公司具有绝对的控制权，你的持股比例需要超过2/3才可以

图6-1　初创企业正确的股权设置比例

当然，这还不够，还必须深入地好好探讨一下股权结构。

1. 股份的三种形态

（1）股东

一般意义上，股东是指向公司出资并对公司享有权利和承担义务的人。但根据公司的类型不同和取得股权的方式不同，对股东的含义有不同的表述。《中华人民共和国公司法》规定，在我国境内设立的公司可分为有限责任公司和股份有限公司。

若公司为有限责任公司，其股东是指在公司成立时向公司投入资金或在公司存续期间依法继受取得股权而享有权利和承担义务的人。一般情况下，创业者注册的都是有限责任公司。

若公司为股份有限公司，其股东是指在公司成立时或在公司成立后合法取得公司股份并对公司享有权利和承担义务的人。自然人出资后，只有通过公司注册地的工商局办理公司股权登记，才能成为真正意义上的股东。办理出资并在工商部门进行了股权登记的股东，对公司赢亏会按所占有股份的比例享受相应的权利和承担相应的义务。

（2）干股

还有一种常见的股权形式，即干股。干股是指未实际出资而获得的股份，但其实干股并不是真正意义上的股份，而是指按照相应比例分取红利的权利。干股在民营企业中较为普遍，很多民企老板们为了笼络公司业务骨干或给予公司帮助较大的人，希望这些人享受公司经营的成果，但是又不想给予这些人实际控制权或者只是给予部分控制权，所以就做了相应的股权安排，让其占有一定比例的股份，并且按照该比例进行年终分红，以达到进可攻退可守的目的，于是就有了干股。

干股，不一定需要签署书面协议，也可能只是口头约定，但是基本上无论哪种形式，持有干股的人都不对公司进行实际控制。持有干股只是享受作为奖励的一种分红，而不会承担公司亏损。所以，将干股叫作分红协议可能更贴切。

（3）股份期权

股份期权是指企业给予高级管理人员以事先约定的价格，在未来一定时期内购买公司股份（或股票）的权利。设置股份期权的目的，主要是激励高级管理人员发挥主观能动性，长期稳定地为企业服务，关注企业和自身的长期利益，更有利于企业的长期发展。“期权”并不是免费赠予的，它是以事先约定的价格，在未来一定时期内购买公司股份（股票）的权利。

公司对期权的分配和额度可以自行安排，但原则上不超过公司总股份的10%。另外要注意的是，如果高级管理人员本身就持有公司股份，而且比例已经超过10%，就不应当再享受期权。期权本来就是公司给予未持有公司股份的高级管理人员的。

如果公司已上市，期权股票主要来源于公司回购的股票，应该是能够自由流通的社会公众股。如果公司未上市，一般情况下，采用的是“虚拟”期权形式。股份期权的获得与高级管理人员的业绩考核直接挂钩。

2. 股份分配没有固定标准，能占多少股份，要看有多少能力

（1）企业股份的分配，目前并没有统一的标准，存在较多个性化情况。如何解决这个棘手的问题，在把握股份分配的基本原则以外，对于股份比例的划分关键在于企业目前的实际情况。

（2）股东获取股份的比例一定要与该股东为公司提供的价值量对等，即从股东投入的资金、拥有的行业经验、享有的社会资源、提供的知识产权，以及在公司拥有的权利、承担的责任和义务等方面来衡量其目前对于公司的价值。根据股东对于公司的价值，来确定股东应该得到的公司股份比例。

（3）在确定股份分配方案以前，首先要对目前该公司的总体价值进行衡量，即对目前的实物资产与无形资产合并计算。实物资产估算较为简单，而无形资产需要通过专业的评估或双方以要约的形式来确定。特别是对于新成立的公司来说，对无形资产的评估较为困难，主要通过要约与协商来确定一个双方都能接受的价格。

（4）在股份分配的方式上，股份划分可以不必一次性到位，最好以利润分成

（干股）、期权等各种形式处理股权问题。

目前，在中国互联网企业当中，腾讯的创业团队可以说是保留最完整的——首席技术官张志东、首席信息官许晨烨、首席行政官陈一丹等依然是公司高层。

腾讯之所以成功，马化腾认为，除了创业团队核心成员都是同学，相互了解外，更重要的是，公司的股权结构安排比较合理。这也是马化腾最得意之笔。

据悉，马化腾当年相邀四位伙伴共同创业，他提供了主要的启动资金。曾有投资人增加投资，提高股份占比，被马化腾一口回绝。马化腾认为，从该投资人的能力判断，其不适合拿更多的股份。投资人未来的潜力要和享有的股份匹配，不匹配就会出问题。股份占比高的不干事，负责经营的股份占比低，矛盾就会发生。相比早期传统行业的企业家对股权的懵懂，马化腾的股权管理意识已经明显苏醒。马化腾甚至提出，如果另外一个人更重要，就算他没钱投资，先欠着后面补都行，股份要跟你未来做的贡献和能力以及在公司的重要性尽量匹配。

不仅如此，马化腾还自愿把所持有的股份占比降到47.5%。在股份结构安排中，其他股东的总和比他要高一点，形成了均衡的局面，而不是一种垄断、独裁的局面。但同时，他又要求自己出主要的资金，持股比例较高，因为如果没有一个主心骨，股份大家平分，到时候又会出问题。

由此可见，股份的分配不但要结合自己企业的具体情况，还要考虑股份持有人的能力。股份分配的目的，就是想让强人一起来共建、共享这个企业。

落地工具：控制权、进阶与员工持股

单打独斗的创业时代早已过去，现在我们都在讨论创业，一个初始人团队是重中之重。在创业团队中一定都要是志同道合的人，即能和团队和睦相处的人；不能和团队磨合的人，即使再有能力也不能吸纳，否则将会非常麻烦。当然，要想让所有合作伙伴长久地团结在一起，最重要的还是要获得市场的认可。

创始人团队的规模2 ~ 7个人为佳，最好选择与你互补的团队成员。如果只有两个人，最好的安排是一个主外（市场和销售），一个主内（产品研发）。如果是三个人以上（含三个人），则可按主要职能来寻找合伙人，例如产品、研发、市场、运营、IT等，一般是先推产品、推市场，再是财务、人力资源、行政，这些职能在前期一般由团队成员兼任。创业团队很难奢侈到有专门的人力资源经理、财务经理。即使你找到了合适人选，你在当前能给他的股份也和他目前实际能起到的作用不成正比，除非他是一专多能。创业团队中的每个合伙人都要是万金油，能胜任多个岗位，兼任多种职能。

1. 创业团队成员权责的设置

权责设置中最重要的是要明确谁是CEO。创业团队在经营中一定会产生矛盾，如何解决这些矛盾，平衡各方面的利益，必须明确谁是最终的决策人。如果没有这点共识，团队就很可能面临争吵，进一步就有可能面临解散。CEO作为领头人，不光要有坚定的信心，还必须善于协调团队关系，形成合力，共同前进。

在很多失败的案例中，事先都没明确的领头人，往往大家先干了再说。当初未明确，就会为以后的发展埋下隐患。等企业开始运营了，往往领头人也选不好了；或是股份开始没明确，后面大家又觉得不公平；再有是团队韧性不足，碰到困难就容易放弃，各自另谋高就去了。创业初期要极力避免这些情况，团队要有明确的领头人。有些会忽悠的CEO为了激励团队，乱给承诺，殊不知这样的承诺都是定时炸弹，忽悠来的人入职后发现之前的承诺不能兑现肯定走人。

2. 控制权保留及股份分配进阶

在不确定合伙人未来能发挥多大的作用，但股权份额必须现在要给出去的情况下，创始人必然倾向于尽量压低份额。同样，合伙人在不确定公司未来的价值能有多大，但参与创业必然要付出时间、精力和财力的情况下，必然倾向于尽量提高份额。

不管是公司未来的发展还是合伙人能发挥的作用，都不是创业团队能够左右的。也就是说，合作风险是不可预估的，但双方都要在当下就决定付出对价，这就是谈判的难点所在。但是整个公司的股权也就100%，某个股东占比高一点，那其他的股东必然就低一点，双方之间是一个零和博弈，这就让谈判的难度变得更大。股权设计的本质就是利益分配。

（1）控制权保留

无论方案如何设计，一定需要确保创始人对公司的控制权。如果创始人想要确保对公司的绝对控制权，那么持股比例需要高于66.67%，考虑到后续融资还将进一步稀释股份，建议80%以上是最佳的。

（2）进阶：RSU

一般来说，创始人给合伙人的股权都是RSU(受限股票单位)，即受限制性股票。RSU与普通股不同，持有人需要在约定的工作年限（大多是4年）中，根据合同约定，按比例逐渐拿到公司分配的股票，一旦公司上市或被收购，就可以兑现了。

合伙人持有的RSU受到一定的限制，例如只享有分红权，但表决权（投票权）依然归创始人享有。与期权不同，RSU没有行权成本，风险相对期权而言也更小。目前在国内，较为常见的是通过一个有限合伙公司作为持股平台。一般情况下，创始人作为普通合伙人（GP），合伙人作为有限合伙人（LP）。通过这样的股权安排，可以确保创始人依然掌握合伙人的投票权，同时也方便清退不合格的合伙人。而在这种灵活的股权结构设计下，就算是稍微给合伙人多一点股权，也不会对公司运营造成实际影响。

（3）进阶：按点计股

在实务中，出现了新颖的股权设计方法：按点计股，就是按合伙人实际表现来分配股权。因为每个合伙人都有一些难以用金钱衡量的贡献，比如知识产权、人脉、社会资源等。若不考虑，合伙人会觉得不划算而表现消极；若考虑，那么又该如何公允地计量？如果面临这种情况，与其在一开始就固化各自的股权比例，不如按阶段释放一定量的股权，贡献越高，所得越多。举例来说，如表6-1所示。

表 6-1　按点计股设计示例

贡献描述	点数	股权分配比例
产品样机测试成功	*N*	分1/3的股权
产品累计销售额达到1000万元	*N*	分1/3的股权
公司实现盈利	*N*	分1/3的股权

在企业发展的不同阶段，不同合伙人发挥的作用大小也会有差异，所以获得的点数也不同。就前例而言，在样机测试阶段得点数最高的肯定是技术合伙人，而在销售阶段得点数比较高的很可能就是人脉广泛的合伙人了。这样的规则非常公平，如果技术合伙人也参与市场推广，成功向客户销售产品，那同样，也可以按销售标准来算点数。使用按点计股的时候，有两点需要特别注意。

第一，按点计股法比较适合几个合伙人之间实力相当的情况，不太适合核心主导、数人跟随性质的团队。

第二，按点计股法的关键在于按照行业现状、团队构成设计一套公平的计点制度，因为按点计股要符合行业和企业的实际情况，没有固定模板，必须自己动手。

3. 员工持股不要一步到位

做大企业必须让员工入股，但是具体操作还要根据公司实际情况制订详细的方案。制订方案时要尽量考虑周全长远，先开始试点后再根据试点的发展慢慢调整，不要急于一步到位，多给自己留一点余地。

（1）如果员工主动提出入股，就证明了公司的发展让员工看到了希望。其实就算员工没有提出入股要求，很多企业在需要留住人才时，都会主动提出让员工持股的福利措施。

（2）只有在制定公司的各项规章制度以及岗位职责，明确了股东的权益和职责后，才可以安排员工入股。这样让员工既按照原来分配的工作岗位做好本职工作，又可以成为股东。

（3）分配给员工的股份一般分为分红干股（也叫空股）和实际股份两种。分红干股是公司为了激励和留住员工而给员工或高层主管的一种承诺，比如承诺每年拿出年终盈利的多少作为股份分红。如果分配的是实际股份，实际控制人就应该对公司资产进行估值，再衡量需要拿出多少股份让员工增资入股。双方谈妥后，到工商局进行注册股东成员变更。办理完股东变更后，员工就成为公司真正的股东了。

总之，公司在分配股份时，需要根据实际情况灵活掌握。不建议股份一步分配到位，最好是先从提成方式的绩效工资过渡到干股分红，再由干股分红过渡到拥有真正的股份，让员工成为公司真正的股东。

6.2　防注册资本贪大，有限责任变无限

所有创业者在准备创业时会遇到的第一个与自己专业无关的晦涩名词——注册资本，这却是第一个要与新公司合规化发生关系的事项。注册资本看似仅仅只是一个数字，但其中学问不少。

注册资本是指合营企业在登记管理机构登记的资本总额，是合营各方已经缴纳的或合营者承诺一定要缴纳的出资额的总和。按照2006年新修订的《中华人民共和国公司法》及相关条例，“注册资本”的登记管理已经从“实缴登记制”调整为“认缴登记制”。关于这个变化，有以下几点特别需要注意。

第一，注册资本的实缴已经没有期限承诺的限制。如果非要为这个承诺加上一个期限，注册资本的实缴期限只要不超过公司经营期限即可。

第二，注册资本已经没有认缴最低限额。理论上，“1元公司”也可以存在。注册资本认缴额也没有上限。

第三，股东实际缴存的注册资本，即会计科目中反映的“实收资本”，已不再是工商登记事项，也不再需要《验资报告》。

以上三点简而言之，看起来好像国家对注册资本“啥都不管”，难道真的就可以随心所欲吗？答案是否定的，必须要警惕以下三点。

1. 注册资本能写多大写多大，先把自己写成“亿万富翁”再说

虽然实际缴存资金的环节，《中华人民共和国公司法》以及工商登记不再管控，但是除非你是真正的土豪，注册资本不能随便填写，写多了，惹出的麻烦也会很大！

首先，公司的投资人和公司未来走向资本市场的监管机构——证监会，都会关注注册资本，有可能要求认缴资本实际到位。当然，如果到时候发现无法实际缴纳，公司可以采用减资的方式降低注册资本，但是这个过程费时费力，会严重影响融资及申请IPO的进程。

即使是这样，部分创业者仍然认为先写大点有利于公司形象，以后再减不迟。但是，注册资本是法律上股东承担有限责任的承诺，当公司资产不足以清偿公司债务时，股东有义务按照承诺的注册资本清偿剩余债务，后果将相当严重。

根据法院最新判例，要求在经济纠纷诉讼中败诉公司的股东实缴补足注册资本后承担赔偿责任，也就是说，吹牛是要付出代价的！你写多大的注册资本你就要承担多大注册资本限额内的责任！如果你注册资本金写得过大，就相当于有限责任变成无限责任了！

2. 注册资本中设置与实际价值不符的非货币资产出资

部分创业者或者在某些所谓“专家”的建议下，在注册资本中用自己持有的专利权、软件著作权等非货币资产出资，希望通过提高资产评估价值，既不用掏钱，又能占有较大比例股份。

然而从税务实践来看，个人以非货币资产出资按个人转让非货币资产和投资同时发生，虽然不需要交纳增值税，但是应按照“财产转让所得”项目计算缴纳个人所得

税（详见财税［2015］41号文件）。虽然该规定在执行层面有争议，但是考虑到税收及潜在的麻烦，非货币资产出资真的有必要吗？

即使交了税完成了出资，该非货币资产入账后就变成了公司资产，需要分期计提折旧摊销，增加公司的成本费用，直接增加了公司会计报表盈利的负担。

3. 用投资人的投资估值溢价增资

投资人的投资估值溢价需要计入“资本公积”科目。

假设公司初始注册资本为80万，投资人以公司1000万的估值占比20%增资200万，那么公司注册资本应为多少？ 200万应计入“实收资本”多少？计入“资本公积”多少？

让我们用小学数学方法算一下。

假设投资人需要计入“实收资本”的金额为X，则X/（80+X）＝20%，经计算得X＝20。注册资本调整为80+20＝100万，投资人的投资中20万计入“实收资本”，180万计入“资本公积”。

资本公积是指投资者或者他人投入到企业，然而所有权仍归属于投资者，并且投入金额超过法定资本部分的资本，即所有股东共享的资本性积累。那么这180万就是大家的了！是大家的就可以随便使用了吗？当然不是！如果这180万用于转增注册资本，按税法的规定是先分后投！

所以，正确的做法应该是这样的。

第一，注册资本登记时应量力而行！注册资本要与自己的当期资金能力或可预期资金能力相匹配，为未来的资本运作和经营运行降低压力。如果你一时头脑发热，把注册资本已经写得很大，并且无法完成实缴出资承诺，那就要尽早安排减资。

第二，在公司章程中尽可能约定采用货币资金的出资方式。公司设立后，注册资本并没有完全到位前，任何一笔股东投资资金进入公司都一定要在汇款时注明“某某投资”，并及时办理股东变更，谨慎使用投资溢价“资本公积”增资。

第三，注册资本可能是创业者遇到的第一个困难，貌似简单，实操复杂，需要采用正确的方式。传统的工商注册代理机构未必能给出太多专业化的意见。如果遇到疑难问题，建议咨询专业的财税服务机构。

6.3　创业公司财务做账的四个阶段

企业财务的最高阶段是，建立了全面完整的企业财务制度，财务管理规范，人员配备齐全，不过财务处理成本当然也提升上去了。在条件允许的情况下，公司成立之初，就应着手规范财务管理，极大地减少后续可能出现的麻烦，让各方利益体对公司发展更加充满信心。创业公司财务做账基本要经过四个阶段，如图6-2所示。

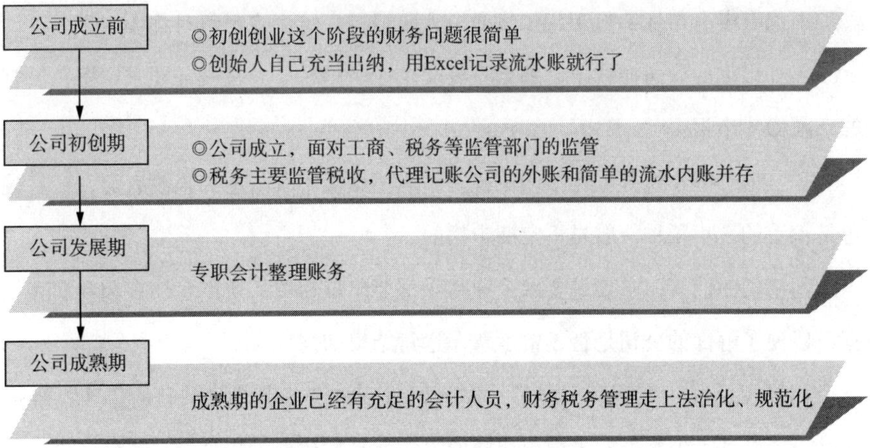

图6-2　创业公司四个阶段的财务做账

1. 公司成立前

一般情况下，创业公司是在融资还没到位前就开工了。如果你不是自己一个人单干，肯定要记录各项支出，比如购买设备、支付水电、聘请员工等。只有记录清楚支出，你才能向其他合伙人交代清楚钱都花到哪里去了。

这个阶段的特点是账务问题简单，创始人一般只要用Excel按流水账的方式记录清楚就行了。公司尚未成立，监管部门还没有介入，只要自己搞清楚了，问题就不大。所以，本阶段的财务处理方法就是创始人自己充当出纳，用Excel记录流水账就行了。

2. 公司初创期

你的公司成立之后，马上要面临监管部门的监管了。如果不涉及前置或者后置的审批部门，监管部门通常只有工商和税务。

税务主要监管税收。

（1）收入有没有开票，开票后有没有缴纳流转税，主要是增值税和其他附加税等，每月都要申报。

（2）你有没有帮你的员工代扣代缴个人所得税，这个也是每月都要申报。

（3）如果你的公司挣钱了，那么就要交企业所得税了。按税务要求申报，没有盈利的话就做零申报。

（4）其他一些小税种，比如印花税等，虽然金额不大，但如果没有交，一旦被罚那可是很重的。小税种一般是不定期申报的。

工商部门的监管，主要是要求企业每年都要申报相关的资产负债表和利润表相关数据，以便了解你的公司是否正常运营，运营结果如何。

公司经营已经让你筋疲力尽了，你又如何应对这些专业又琐碎的事务？既不理解，又不能胜任，怎么办？最简单快捷的方法就是找代理记账公司。代理记账公司会帮你把相关的票据按会计制度的要求整理好、完成记账，然后帮你报税，并且帮你上工商平台报相关的年报数据。

3. 公司发展期

如果公司经营了一段时期后，无论是“输血功能”的外部融资还是“造血功能”的公司收入都有所好转，创业公司才会考虑招聘专职的会计。新招聘的专职会计到位之后，完成财会系统建设，对之前做的流水账进行全面梳理，重新完善财务数据。

专职的会计到位之后，通常也不用请代理记账公司了，公司会计会全面接手。负责任的会计入职后，通常会整理好账务，达到财务管理的要求。

4. 公司成熟期

如果你的公司发展良好，有可能上新三板，甚至去主板上市了，这时公司已经储备有充足的会计人员。你已经成为大BOSS，思考如何登上人生的顶峰，不用担心做账这些细节问题了。

在成熟期的企业，账务基本已经规范了。

很多公司在挂牌或者申请IPO的过程中，可能还会存在财务制度、账务处理方法、预算管理、内部控制等不规范的问题。这个时候，你就应该找专业的财税咨询公司，由他们提供专业的服务。无论如何，再强调一下，公司的财务税务管理必须遵循国家法律、法规的底线。

落地工具：资产负债表、利润表和现金流量表三表必知

作为企业创始人，在自己擅长的领域里是专家，但对于公司财务管理，特别是资产负债表、利润表和现金流量表可能了解得不多。随着公司业务的不断发展，企业规模逐渐扩大，投资人开始陆续进入，你必须对这三张表高度关注，不能放任不管。

1. 资产负债表，一份“体检表”

资产负债表，是反映企业在一定日期（通常为各会计期末）的财务状况（即资产、负债和业主权益的状况）的主要会计报表。通过这张表，可以明确知道公司在某时点上到底拥有多少资产，存续多少负债，以及总资产减去负债后股东拥有多少净资

产（即股东权益）。

投资人可以通过分析资产负债表全面了解公司的健康状况，是否“超重”——欠银行和供应商太多的钱，是否“贫血”——账面上的现金和现金等价物是否过低，以及“新陈代谢”是否正常——存货和应收账款周转是否过大，这些反映公司健康状况的指标都可以在资产负债表中找到答案。

公司健康的财务状况是提供业绩持续增长的基础。即使公司当前的业绩很出色，财务状况不健康，也不能给予投资人充分的信心。只有那些拥有一张“强健”的资产负债表的公司，其发展前景才能良好。资产负债表主要包括资产、负债和股东权益三大类科目。资产负债分析主要指资产分析、负债分析和股东权益分析。

（1）资产分析

资产分为流动资产和非流动资产。其中，流动资产是指企业可以在1年或者超过1年的一个营业周期内变现或者运用的资产，需要重点分析的是现金及现金等价物、应收账款和存货。非流动性资产则是指不能在1年或者超过1年的一个营业周期内变现或者耗用的资产。

投资人应当随时关注公司账上现金数量和可以随时变现的短期资产规模。这些资产不仅可以帮助公司解决短期流动性不足的困难，也是为将来业务发展储备的最有价值、最可靠的财务资源。从财务角度来看，当现金及现金等价物长期占比过低，公司就很难抓住市场机会，实现快速扩张。反之，如果公司现金及现金等价物占比长期过高，就说明公司长期找不到好的投资项目，未来的成长性不足。

应收账款是客户收到货物或接受服务但未支付给公司的货款。如果公司的产品和服务深受市场欢迎，供不应求，客户将及时付清货款，甚至预付货款，从而应收账款占比较低。如果应收账款占比不断提升，规模不断扩大，就很有可能预示着公司的产品销路不畅，客户满意度下降，虽然在账面上主营业务收入和利润均有增长，但未来收入有可能会下降。同时，应收账款的上升加大了坏账风险，公司未来可能遭受损失。

存货是企业库存的尚未销售出去的商品、半成品和原材料。如果出现存货规模增长速度高于主营业务成本增长速度，企业应对存货构成进行核实，一般来说会有两种情况：一是产品快速增长导致存货增速过高，很有可能表明销售渠道不畅；二是原材料的快速增长导致存货增速过高，可能预示着下游需求旺盛。企业增加产能，未来销售就有可能实现快速增长。

（2）负债分析

根据能否在12个月内偿还，负债分为流动负债和非流动负债。

流动负债是指将在1年（含1年）或者不到1年的一个营业周期内偿还的债务，主要为短期借款、应付账款和预收账款等。短期借款的用途主要是补充营运资金，要求不得用于购置设备或进行固定资产投资（即短贷长用），否则会加大企业的财务压力。

流动负债中应付账款是公司因购买材料、商品或接受劳务供应等经营活动应支付的款项，是企业拖欠上游供应商的货款。如果企业的应付账款规模比较大，说明企业在市场上较为强势，通过占用供应商的资金，用于自身的发展。

流动负债中的预收账款是指企业向购货方预收的购货订金或部分货款，是公司预收下游客户的预付款或定金。如果预收账款出现快速增长，往往预示未来销售收入和业绩会快速增长，这是判断短期业绩变化的重要指标。

非流动负债又称长期负债，是指偿还期超过1年的一个营业周期以上的债务。非流动负债的主要项目包括长期借款、应付债券等。非流动负债主要是企业为筹集长期投资项目所需资金而形成的。

（3）股东权益分析

股东权益是指企业的总资产减去总负债剩余的部分，反映总资产中除了归债权人所有的部分外，还有多少归股东。因此，股东权益又称为所有者权益或净资产。

股东权益包括股本和留存收益。除非扩股增资，股本一般变动不大。留存收益包括“盈余公积”和“未分配利润”，是企业“实现的利润中提取或形成的留存于企业的内部积累”，可以用作再投资和作为利润分配。公司留存收益越多，说明自身造血功能强，业务扩展后劲更足。

2. 利润表的三个层面

利润表是反映企业在一定时期内（月、年）经营成果（利润或亏损）的报表，包括的主要数据为主营业务收入、成本、费用和利润，也是投资人最关注的公司基本层数据。

一张利润表可以评价一家企业的经营成果，分析企业的盈利能力和未来的趋势。也就是说，一家企业在这段时间内产生了多少营业收入，为实现这些营业收入，又花费了多少成本、支付了多少费用，最终赚了多少钱。

（1）收入层面

主营业务收入，或称销售收入，反映了公司在报告期内销售所有产品或服务所产生的收入。在大多数情况下，提升公司利润最根本的办法就是公司主营业务收入持续稳定地增长。主营业务收入的持续稳定增长才是体现公司发展壮大的主要标志。

很多公司虽然短期内利润表现不佳，但只要主营业务收入快速增长，市场份额不断提高，也能反映公司具有很大的发展潜力。同时，我们还需要了解主营业务收入的构成，了解哪些产品和服务对主营业务收入的贡献更大、哪些领域存在增长潜力，可以帮助管理层把握公司未来的表现方向。

除主营业务收入外，公司还有其他业务收入。其他业务收入是指各类企业主营业务以外的其他日常活动所取得的收入，比如固定资产出租收入、废旧物资出售收入，公司进行长短期投资产生的投资收益，以及政府补贴、资产重组收益等。

有时候，这些非主营业务收入也会成为公司利润的重要构成。但是企业要判断收入的可持续性，如果是非经常损益，那么由此带来的收入增长就很有可能只是表面繁荣，难以持续的。

事实上，利润表只是企业经营的成绩单。如果仅将目光聚焦在利润表上，而忽略了对资产负债表的分析，就是舍本逐末了。公司真正的实力和未来的发展要在资产负债表中才能体现出来。

（2）费用层面

为获得主营业务收入，公司需要有各种投入，在账面上主要体现为主营业务成本和所谓的三项费用，即销售费用、管理费用和财务费用。

主营业务成本是公司为产生主营业务收入需要直接支出的成本和费用，其中主要包括原材料采购成本和固定资产折旧费用。固定资产折旧部分一般变动不大，原材料采购成本受市场波动较大。比如，钢铁公司的主营业务成本会因铁矿石价格上涨而上升，从而盈利下降。

三项费用主要反映公司的运营费用，如营销费用、办公费用、工资、研发费用和利息等。

三项费用占主营业务收入的比例是衡量公司内部运营效率高低的重点指标，如果三项费用占主营业务收入低于竞争对手，说明公司在内部管理效率上较竞争对手具有优势。

（3）利润层面

利润＝收入－成本－费用。利润表中主要体现了是主营业务利润、营业利润、利润总额和净利润。

主营业务利润又称毛利润，等于主营业务收入减去主营业务成本，其表现大多由毛利率来衡量。毛利率越高，说明公司盈利能力和扩大再生产的能力越强。

营业利润等于主营业务收入减去主营业务成本和三项费用。营业利润率＝营业利润/主营业务收入，这是反映公司主营业务盈利能力的关键指标。如果公司想要提高营业利润率，不仅要尽可能降低主营业务成本，还需要在三项费用上挖潜增效。

净利润是营业利润加上投资收益和营业外收入后的公司税前利润扣除所得税后得到的。因为净利润加入了非主营收入带来的利润，可比性和持续性就会降低。

利润表按权责发生制反映公司账面上收入和支出情况。现金流量表，则是按收付实现制反映公司的现金流入和流出。权责发生制记账的特点就是无论公司是否有实际的现金收入和支出，只要交易一经确定，就可以记录为收入和支出。现金流量表更准确地反映了公司真实的经营状况。

所以，账面利润再好看，也需要通过现金流量表来披露公司实际的收入状况。

3. 现金流量表的构成

现金流量表一般由三个部分构成：经营活动现金流、投资活动现金流和筹资活动现金流。

（1）经营活动现金流

经营活动现金流反映了公司销售商品和提供服务实际收到的现金，减去实际支付的成本费用后得出的现金流量，这是企业现金的主要来源。企业价值取决于企业现有资产创造现金流的能力。如果企业出现净利润远大于现金流，甚至现金流出现负数的情况，表明公司账面利润的质量较差，销售产生的应收账可能存在无法收回的风险。

如果公司业务正处在高速扩张期，采购了大量的原材料，那么经营活动现金流就会很低甚至为负。只要销售可以保持快速增长，现金流最终会和净利润相匹配。

（2）投资活动现金流

投资活动现金流，主要反映公司在资本性支出上的投入，如并购、参股、投资有价证券等。由于公司发展需要不断进行投资，因此投资性现金流净额为负也是正常现象。如果投资活动现金流净额出现正的大幅增长，且不是由投资收益带来的，很有可能表明公司不再加大投入和扩大再生产，未来发展潜力不足。

（3）筹资活动现金流

筹资活动现金流是公司发行有价证券或向银行借款等融资行为带来的现金流入，以及偿还债务、支付股息和回购股票的现金流出。一般情况下，筹资活动现金流为负，说明企业通过直接融资渠道和间接融资渠道，为企业发展壮大获得了外部资金支持。

6.4　初创企业税务筹划与合理避税

李克强总理强调要进一步减轻企业税负，这无疑进一步减轻了中小企业的税收负担，为创始人提供更有利的税收环境。但是，创始人除了可以依法享受各项税收优惠政策外，同时还可以通过税务筹划达到减轻税负的目的，即"合理避税"。

在发达国家，税务筹划已经相当成熟。合理避税并不是偷税漏税，是在税法的框架内合理减轻税收，避免因为税务知识的不足，而导致企业多缴税或被税务监管部门罚款。

1. 根据政策来避税的常见方法

★目前主要对初创企业的优惠政策如下：

（1）根据国家税务总局发布的（财税［2017］76号）《关于小微企业免征增值税有关问题的公告》，增值税小规模纳税人应分别核算销售货物或者加工、修理修配劳务的销售额和销售服务、无形资产的销售额。增值税小规模纳税人销售货物或者加工、修理修配劳务月销售额不超过3万元（按季纳税9万元），销售服务、无形资产月销售额不超过3万元（按季纳税9万元）的，自2018年1月1日起至2020年12月31日，可分别享受小微企业暂免征收增值税优惠政策。举例来说，如图6-3所示。

> 在小型微利企业的实际经营中，如果当月下旬已经开出近3万元的发票，还有一笔即将到账的收入，则尽量延迟收款，不要当月确认收入，这样可以减少增值税的缴纳

图6-3　小型微利企业利用国家优惠政策合理避税

（2）根据《财政部 国家税务总局关于扩大有关政府性基金免征范围的通知》（财税［2016］12号）第一条规定：将免征教育费附加、地方教育附加、水利建设基金的范围，由现行按月纳税的月销售额或营业额不超过3万元（按季度纳税的季度销售额或营业额不超过9万元）的缴纳义务人，扩大到按月纳税的月销售额或营业额不超过10万元（按季度纳税的季度销售额或营业额不超过30万元）的缴纳义务人。

（3）根据《财政部 国家税务总局关于扩大小型微利企业所得税优惠政策范围的通知》（财税［2017］43号）第一条规定：自2017年1月1日至2019年12月31日，将小型微利企业的年应纳税所得额上限由30万元提高至50万元，对年应纳税所得额低于50万元(含50万元)的小型微利企业，其所得减按50%计入应纳税所得额，按20%的税率缴纳企业所得税。

★国家对高新技术企业的优惠政策包括两项：

（1）企业的研发费用可以按150%进行企业所得税的税前扣除。

（2）申请成为“高新技术企业”，可以少缴10%的企业所得税，按照利润的15%缴纳（非高新技术企业需要缴纳25%的企业所得税）。

这两项规定到底能为高新技术企业减轻多少税负，我们可以通过一个例子来看，如图6-4所示。

◎假如，某初创企业的净利润为200万，研发费用为100万
◎按照优惠政策的规定，企业的研发费用可按照150%进行企业所得税的税前扣除，那么该企业就可以扣除150万，只需对剩下的50万按照15%的税率缴税，即高新技术企业应缴纳的所得税额为7.5万

图6-4　高新技术企业税收优惠示例

而对于非高新技术企业来说，研发费用税前减免优惠申请难度较大，因为税务机关的要求比较严格，即便企业申请成功，也要按25%的税率对减免后的利润征收，还

需要缴纳企业所得税12.5万元。所以，建议企业仔细研究申请条件，尽快定性为高新技术企业，享受国家优惠政策。

另外，根据2018年全国两会的关于税收优惠的精神，政府进一步加大优惠力度，有望实现加计扣除高达75%的税收优惠，即企业可以按照175%进行企业所得税的税前扣除。

★年终奖缴税的优惠政策如下：

（1）年终奖的准确叫法是“全年一次性奖金”，年终奖个税计税方法是一种比较优惠的算法，是全年仅有的一次可以除以12计算合适税率的税收优惠。

（2）年终奖是对企业员工们一年来工作业绩的肯定。“年末双薪制”是最普遍的年终奖发放形式之一，大多数企业，尤其是外企普遍会使用这种方法。举例来说，如图6-5所示。

◎年底了，小李得到了4万元（月薪大于等于5000元）的年终奖，40000÷12≈3333，其得数3333对应的适用税率为10%，对应的速算扣除数为210，那么小李需要缴纳的年终奖个税应纳税额为：40000×10%－210＝3790（元）

◎如果不以全年一次性奖金计算，小李将为这4万元缴纳的个税额为：（40000－5000）×30%－4410＝6090（元）

图6-5　“年末双薪制”合理避税示例

企业要利用好“全年一次性奖金”的税收优惠政策，减轻税负，还需要注意以下事项。

（1）纳税人取得全年一次性奖金，单独作为一个月工资、薪金所得计算纳税。在一个纳税年度内，对每一个纳税人，该计税办法只允许采用一次。

（2）纳税人取得除全年一次性奖金以外的其他各种名目奖金，如半年奖、季度奖、加班奖、先进奖、考勤奖等，一律与当月工资、薪金收入合并，按税法规定缴纳个人所得税。

2. 企业容易忽视的纳税问题

（1）没有生意也要进行零申报。

根据相关法律法规，营业执照获批之后，企业都必须按月向税务部门申报企业的经营情况。不管有没有生意，也不管有没有赚钱，公司每个月都要根据运营情况进行财务处理，然后依法向税务部门做税务申报。目前，如果小规模企业一个季度的开票量未达到9万元，就可以进行零申报。零申报办理起来较为简单，但是如果忘记办理，企业将会面临2000 元的罚款。

需要注意的是，如果长期零申报，可能会被税务机关纳入重点监控范围，如有不实情况，将会被税务机关依法查处。

（2）增值税税率只与行业有关，与进项税的税率无关。

关于这一点，举例来说，如图6-6所示。

◎增值税第二条规定：图书销售的税率是13%，即只要企业是一般纳税人，销售图书的税率就是13%

◎那么问题来了，如果某销售图书公司也符合一般纳税人的条件，但他拿到的印刷图书的进项发票是17%，在进行缴税时，还继续适用13%的税率吗？（即缴税时，按13%的税率抵扣17%的税率）

◎答案是肯定的，该公司仍然适用于13%的税率，因为行业性质决定了增值税税率，与进项税的税率无关

图6-6　增值税税率计划示例

（3）合同作废也要记得纳税

在日常经营过程中，公司必然要与交易对手签订各类合同。如果交易未完成，双方协商后中止了合同，也是需要缴纳印花税的。

《中华人民共和国印花税暂行条例》第七条规定：应纳税凭证应当于书立或者领受时贴花。由此可以看出，企业是否要缴纳印花税，应该看合同的签订与否。也就是说，只要双方签订了应税合同，那么就应该在合同签订后申报缴纳印花税，而与该合

同的过后作废、是否履行无关。

（4）不拿发票就要多缴税

税务机关实施“以票控税”，企业所有的支出都要取得合法凭证，否则不能税前列支。能够取得合法凭证（发票）成了企业节税的重要方法。

然而有些人不以为意，当对方以优惠为名，诱导企业不开发票时，有些企业就会同意，这样做其实是吃亏的，举例来说，如图6-7所示。

◎某公司为一般纳税人，购买1000元的办公用品，如果不开发票只需付900元，而如果开发票则需付1000元。表面看起来，不要发票可以为企业节省100元

◎然而现实是：如果多付100元，企业的所得税就可以少缴250元；而如果少付100元，企业的所得税就要多缴225元。拿不拿发票的区别一看就明白了。所以，企业老板一定要记住：不拿发票就会多缴税

图6-7　不拿发票就要多缴税示例

标杆案例：创业者不可不知的节税技巧

1. 将个人专利以技术入股的形式投入公司使用

如果创始团队成员或员工个人拥有某项专利，并将其提供给公司使用，公司处理如何使用专利时，应为其合理估价，签订正式的交易合同，并以有价入股的形式纳入公司使用。如此一来，专利就会成为公司的无形资产，财务人员可以采用合理摊销的方式，将其计入成本费用，从而减少利润，达到合理少缴税的目的。

2. 合理提高员工福利，计入成本，摊销利润

公司可以在不超过计税工资的范畴内适当提高员工工资，例如：建立职工基金（比如：失业保险基金、养老基金、教育基金等），为员工办理医疗保险，增加企业财产保险和运输保险等。如此一来，不仅可以将费用在公司成本中列支，而且调动员工积极性，从而减少了企业利润，降低了税负。

3. 混合销售要依法而签，分别计税

混合销售是指一项销售行为如果涉及服务又涉及货物，其中包含两个要素：一是必须是同一项销售行为，二是必须涉及服务和货物，二者缺一不可。混合销售也有需要注意的税务筹划点，举例来说，如图6-8所示。

◎对于一家生产设备并提供安装服务的商家来说，肯定想要做低设备价格、做高安装服务价格，让本来该征收16%设备增值税销售额变成了征收10%的建筑服务销售额，以此降低增值税负担，提升税后收入

◎但是对于购买方来说，则希望获得更多的进项抵扣税，也就是希望对方按照16%的税率纳税，所以如何开票就成了甲乙双方博弈的过程

图6-8　混合销售分别计税示例

公司财务人员要认清这一点，尽量避免在税务往来中被对方筹划，导致自家多缴税。最公平合理的做法就是依法签订合同，分别计税。

4. 发票丢失，及时补救，仍能报销和入账

我国实行以票控税，因为涉及税收，如果出现发票遗失，你想要重开一张是不太可能的。但是，没有了发票就不能凭票报销和公司入账，那该如何处理呢?

如果你遗失发票，也不用紧张，可以采取以下两种措施进行补救。

第一种，如果遗失了从外单位取得的原始凭证，应当取得原开出单位盖有公章的证明，并注明原凭证的号码、金额和具体内容等，由公司会计机构负责人、会计主管人员和单位领导人批准后，也可代作原始凭证。

第二种，如果确实无法取得证明的，比如飞机票、火车票、船票等凭证，由当事人写出详细情况说明，公司会计机构负责人、会计主管人员和单位领导人批准后，也可代作原始凭证。

5. 成本费用中，公司费用与股东个人消费不能混杂在一起

例如，公司出资购买了房屋、汽车等，没有将权利人写成付出资金的公司，而写

成了股东，并且该笔资金也没有在账面上列示股东的应收账款或其他应收款。这样做合理吗？

这是典型的在成本费用中，公司费用与股东个人费用相混杂的案例。按照《个人所得税法》及国家税务总局的有关规定，上述事项视同为股东从公司分得了股利，必须代扣代缴个人所得税，相关费用不得计入公司成本费用，要在账面上列示股东的应收账款或其他应收款。

第7章

人力资源：常见六大问题与对策

企业构建起完善的人力资源管理体系，不仅可以调动员工的积极性、主动性和创造性，更重要的是，科学、高效地选才、用才、育才、留才、激才机制可以为实现企业发展战略提供强有力的保障。因此，伴随着互联网共享经济、知识经济的发展，作为整体回报率最高的投资之一的人力资源管理受到了越来越多企业管理者的青睐，人力资源管理已成为企业管理的核心技术之一。

但是，事实也摆在眼前，作为初创企业，刚刚注册成立公司就组建人力资源部门，标配HRD、招聘经理、绩效薪酬经理、员工关系主管、培训专员等岗位，不符合高性价比原则。

但是，初创企业团队再小，部门再精减，人力资源管理的业务职能也不能缺。不重视人力资源管理的初创企业势必出现危机，不重视人力资源管理的老板势必日后头痛。所以，不少初创企业或者百人以下的公司往往会设立一个综合部，把行政、后勤、人力资源管理和办公室等职能整合到一块。

国家职业标准把企业人力资源管理师资格鉴定考试的内容分为六大模块，即人力资源规划、招聘与配置、培训与开发、绩效管理、薪酬管理和劳动关系管理，不少企业就是按照这六大模块来配置人力资源管理人员的。

但是，我们不求高大上，我们要实用、落地，所以本章从最急需的六个方面来探讨“初创企业人力资源管理的常见问题与对策”，助力初创企业早期没有人力资源部也能够快速搭建人力资源管理框架与体系。

7.1　员工手册的编制问题与方案

员工手册相当于企业的“内部法律”，是进行新员工入职培训的教材，是员工进行自我培训和自我管理的指南与行为准则，同时也是初创企业文化建设的一部分。员工手册明确了员工的职责权限，能够对员工的日常行为起到一定的导向和规范作用。

员工手册的编写不仅可以使刚进入企业的新员工快速了解企业发展历史、理念、规章制度和行为规范，而且还可以规范员工的日常行为，提高企业整体的运作效率。

（1）企业在编制员工手册时，应对四大关键问题进行分析。

第一，在员工手册编写之前，应首先确定员工手册管理的对象及约束的内容。

第二，员工手册主要围绕企业概况、企业文化、组织结构、人事制度、员工规范和功能岗位职责六大部分进行编写。

第三，员工手册的编写应遵循国家的法律法规，体现权利和义务的对等，体现企业的个性特点，并进行不断修订和完善。

第四，员工手册的编写语言应做到言简意赅，通俗易懂。

（2）编写规范、有效的员工手册的五步流程，如图7-1所示。

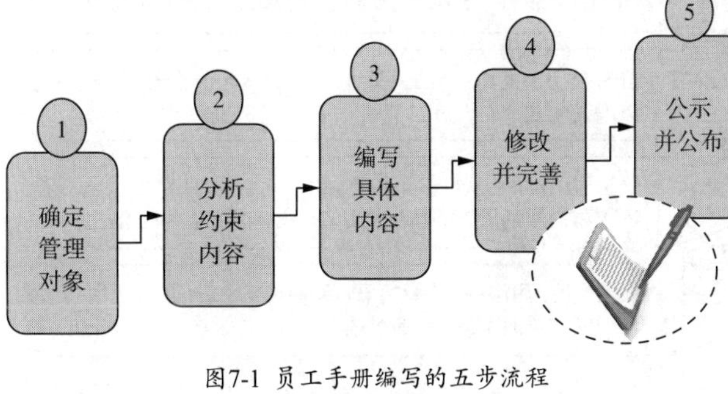

图7-1 员工手册编写的五步流程

（3）在开展员工手册编写流程中各个部分的工作时，要严格按照一定的标准进行，以确保顺利编写。员工手册编写工作的标准具体如表7-1所示。

表 7-1　员工手册编写工作标准

工作事项	工作标准
确定管理对象	在编写员工手册之前，首先分析员工手册需要管理和约束的对象，管理对象不同，员工手册所要体现的内容也不同
分析约束内容	对企业已有的管理制度及执行情况进行系统分析，评价现行制度和约束作用，从而提出补充和修改条款
编写具体内容	按照员工手册编写的原则和标准，编写员工手册的框架和具体内容；编写员工手册后，由人力资源部对整个手册的语言和内容进行初步审核，对于出现错误的地方，及时与相关部门负责人沟通确认，最终形成员工手册的初稿
修改并完善	制定员工手册后，将其下发以收集企业各部门有关领导及员工的意见；根据企业和员工的实际情况相应地进行调整和修改，直至最后定稿
公示并公布	将确定的员工手册在企业内部进行公示，并组织企业员工学习。员工签字确认后具有法律效力

（4）员工手册在编制过程中应当尽力避免出现贪多求全、陈旧过时、称谓混乱、段落及句子冗长、语法有误和口气生硬等问题，具体如图7-2所示。

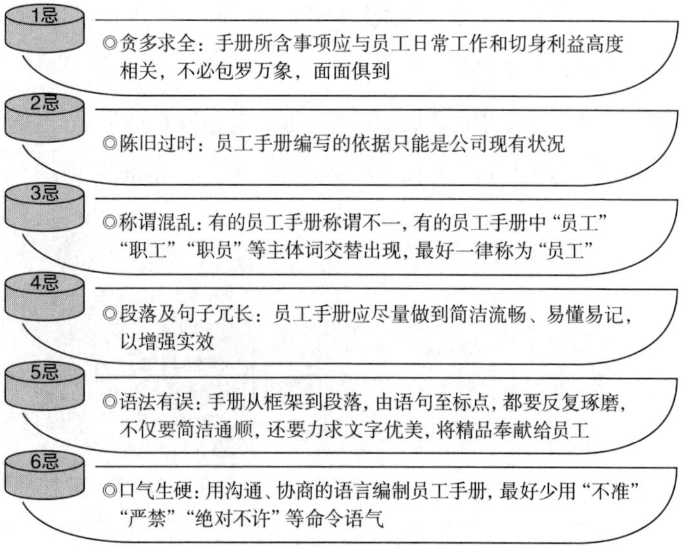

图7-2　员工手册编制六忌

标杆案例：员工手册编制方案

某公司员工手册编制方案

一、目标

为规范员工手册的编制工作，规范员工行为，实现公司规范化管理，特制订本方案。

二、管理对象与约束内容确定

1. 管理对象

公司在编写员工手册前，需要分析员工手册告知和约束的对象。对象不同，手册的体现内容就不同，约束规范也不同。

2. 分析约束内容

确定管理对象后，需要对公司已有管理制度的执行情况进行系统分析，从而发现制度的约束作用，明确需要补充与修改之处，按照员工手册编写的原则和标准，规划员工手册的内容框架。

三、具体内容编制与审核

1. 编制内容及分工

人力资源部要经过与相关部门的充分沟通，调动和发挥相关部门的专业性，与其共同草拟员工手册的内容，具体分工如表7-2所示。

表 7-2　员工手册编制内容和分工

序号	结构框架	具体内容编写人	协助人	审批人
1	写在前面的话	人力资源部	总经办	总经理
2	公司概述	负责对外形象宣传的部门	人力资源部	总经理
3	行为规范与特殊职业要求	人力资源部	各相关部门	总经理
4	管理制度			
5	附则			

2. 内容审核

员工手册基本编写完成后，人力资源部需要对整个手册的内容进行认真审核，如有疑问或错误，应及时与相关部门确认、修改，确保与实际情况相符。

四、编制语言审核

1. 语言风格审核

人力资源部审核员工手册是否与公司倡导的公司文化相吻合。

（1）保证语言风格的轻松并充满感情。

（2）“公司概述”部分应保证语言风格的激昂与客观。

（3）“行为规范与特殊职业要求”和“管理制度”及“附则”部分应保证语言风格的客观、严谨。

2. 用词与表达方式审核

人力资源部审核员工手册的表达是否简洁流畅，是否易懂易记，避免过多的长句。

3. 从整体的逻辑性与条理性审核

人力资源部审核员工手册每项内容之间的条理性，以及各项内容之间表述的逻辑性。

五、内容合法性审核

1. 内容是否合法

审核员工手册的内容是否与国家法律相冲突，公司需要充分考虑相关法律条款，由法务人员或外部法律顾问审核。

2. 程序是否合法

公司制定员工手册及相关制度时需要按照相关程序执行，并在每个阶段做好相关的文本记录及保存工作，做到有据可查，避免因为程序的不合法而承担风险。

7.2　人员编制的关键问题与解决

人员编制是企业编制管理的一项基础工作，通常按照企业及其内部各单位的性质进行定编。这是初创企业招兵买马的现实问题，也是需要多少人、发多少工资的问题。

定编，在人力资源管理专业中是“四定”即定岗、定编、定额、定员中的“一定”。定编为企业制订生产经营计划和人事调配提供了依据，有利于企业不断优化组织结构，提高整体劳动效率。

初创企业人员编制科学、合理，不仅能够促进企业的顺利运营及发展，同时对于在岗人员的个人职业发展也具有很大的作用。倘若人员编制工作出现纰漏，人少了，势必产生工作任务完不成的囧境；人多了，又会推诿扯皮，提高人工成本，浪费人力资源。

插画 5　最优团队绩效：不存在！人员最佳数量：不确定！

1. 初创企业人员编制的三大关键问题

初创企业在人员编制工作方面，需要对三大关键问题进行分析。

（1）企业组织人员编制工作，可以按照企业及其内部各部门能够容纳的人数、岗位人员的能力等规定人员编制的名额。

（2）企业组织人员编制的基本依据是企业本身的发展战略或业务目标。

（3）企业组织人员编制的目的是实现组织内部“人、岗、事”的合理匹配，达成“人尽其才，才尽其用”的目标。

2. 制作初创企业人员编制表

企业人员编制说明工具表包括人员编制要素、人员编制方法和人员编制原则等，具体如表7-3所示。

表 7-3　企业人员编制说明工具表

项目	项目分类	具体内容说明
人员编制要素	管理幅度	管理幅度是指一名主管人员所能够直接领导、指挥和监督的下级人员或下级部门的数量及范围
	管理层次	管理层次是指组织的纵向等级结构和层级数目，不同的组织结构其管理层次的多少也不尽相同，但多数可分为上、中、下三级或高、中、低、基层四级
人员编制方法	正向定编	正向定编是指先确定企业的总体定编人数，再分解为部门定编人数，然后落实各小组定编人员的具体数量
	逆向定编	逆向定编是指先进行小组人员定编，再进行部门人员汇总，最后得到企业总体人员定编的数目
	综合定编	综合定编一般是先确定生产人员的定编数量，再确定管理人员的定编数量
人员编制原则	以战略为导向	强调岗位与组织流程的有机衔接，以企业的战略为导向，并与提升工作流程的速度与效率相配合
	以现状为基础	强调岗位对未来的适应，一方面必须是以岗位的现实状况为基础，充分考虑岗位价值发挥的基础作用；另一方面，充分考虑组织的内外部环境变化、组织变革与流程再造、工作方式转变等一系列变化对职位的影响和要求
	以工作为中心	强调人与工作的有机融合，充分考虑任职者的职业素质和个人特点，体现职位对人员的适应程度，处理好岗位与人员之间的矛盾，实现人员与职位的动态协调与有机融合

续表

项目	项目分类	具体内容说明
人员编制原则	以分析为手段	强调对岗位价值链的系统思考，不仅要对职责、任务、业绩标准、任职资格等要素进行罗列，还要在分析的基础上对岗位价值链上每个环节应发挥的作用进行系统思考，包括岗位对组织的贡献、与其他岗位之间的内在关系、在流程中的位置与角色、其内在要素的互动与制约关系等

标杆案例：酒店餐厅员工定编方案

某酒店餐厅员工定编方案

一、总则

1. 目的

优化人力资源配置，最大限度地提高劳动效率，达到精简高效的目的。

2. 原则

（1）按需要定编、按编定员。

（2）人员缩编以不影响酒店正常运行为前提。

（3）缩编的依据：实行末位淘汰制，对绩效考核年度、季度考核平均成绩排名在后5%的人员，公司予以淘汰。

二、定编方法

1. 酒店餐厅员工定编定员参照指标

（1）酒店日均营业额。

（2）酒店人均销售额。

（3）管理部门与营运部门之间的比例。

2. 酒店餐厅员工数量确定考虑因素

（1）酒店餐厅营业面积。

（2）酒店餐厅盈利状况。

（3）酒店餐厅客流量。

（4）酒店餐厅管理能力。

三、酒店餐厅员工定编

1. 酒店餐厅原有人员状况

酒店各餐厅因营业面积大小不同，且赢利能力不同，因此员工数量也不同。酒店实行定编人员之前的人员分布状况及营业额如表7-4所示。

表 7-4 酒店定编之前的人员分布状况及营业额

餐厅	面积（单位：平方米）	人数	营业额（元）/日	人均销售额（元）/日
A	200	20	3000	150.00
B	300	25	3500	140.00
C	400	30	5500	183.30
D	600	45	7000	155.60
E	650	50	6800	136.00
F	800	60	8500	141.70
G	450	45	5000	111.11
H	680	45	7258	161.30
I	750	60	7556	125.93
J	350	35	4200	120.00
K	300	20	4115	205.75
L	660	55	7080	128.72
M	720	60	6900	115.00
N	400	28	5220	186.42

2. 人员缩编

根据酒店发展需要，对各餐厅实行减员计划，具体减员数量如表7-5所示。

表 7-5　酒店减员计划

餐厅	面积（单位：平方米）	原有编制	减员	计划编制
A	200	20	2	18
B	300	25	3	22
C	400	30	5	25
D	600	45	5	40
E	650	50	6	44
F	800	60	4	56
G	450	45	5	40
H	680	45	3	42
I	750	60	7	53
J	350	35	7	28
K	300	20	0	20
L	660	55	3	52
M	720	60	10	50
N	400	28	2	26

四、减员后人效比较

减员后人效比较（日均销售额不变）如表7-6所示。

表 7-6　酒店减员后的人效比较列表

餐厅	面积	原有编制	减员前人效	计划编制	减员后人效
A	200	20	150.00	18	166.70
B	300	25	140.00	22	159.10
C	400	30	183.30	25	220.00
D	600	45	155.60	40	175.00
E	650	50	136.00	44	154.55
F	800	60	141.70	56	151.79
G	450	45	111.11	40	125.00
H	680	45	161.30	42	172.81
I	750	60	125.93	53	142.57
J	350	35	120.00	28	150.00
K	300	20	205.75	20	205.75
L	660	55	128.72	52	136.15
M	720	60	115.00	50	138.00
N	400	28	186.42	26	200.77

五、其他事项

（1）原则上此次酒店各餐厅员工定编后，人员数量不再变动，遇营业淡旺季，人员数量可在此编制的基础上上下浮动。

（2）若遇营业旺季需增加工作人员，以临时工、兼职的形式进行招聘。

（3）短期聘用工聘用期满后，若工作表现优秀且愿意继续受聘，经公司同意后，在编制许可的情况下，可与本公司续签聘用合同。

7.3 员工招聘的面试问题与题库

初创企业既需要招聘中高管也需要基层员工，一般来说，面试中高管要实施半结构化面试，面试基层候选人用结构化面试就可以了。

按照面试的结构化（标准）程度可将面试分为非结构化面试、结构化面试和半结构化面试三种类型。其中，非结构化面试操作难度最大，结构化面试可以提前设计好，在此基础上针对现场面试的具体情况，加上一些量身定制的面试问题做半结构化面试即可。

结构化面试也称标准化面试，是相对于传统的经验型面试而言的。它是指根据所制定的评价指标，运用特定的问题、评价方法和评价标准，严格遵循特定程序，通过测评人员与应聘者面对面的言语交流，对应聘者进行评价的标准化过程。

（1）企业的面试人员需要掌握一定的面试专业知识和招聘认知知识，对以下三项关键问题进行分析。

① 企业可以根据所招聘职位的特点，选择运用哪种面试方式。

② 结构化面试一定要有一个固定的框架和详细的问题清单。

③ 非结构化面试需要面试官具有丰富的知识、经验和灵活的谈话技巧。

（2）无论是结构化面试还是非结构化面试，严格上来讲都需按照一定的程序组织和实施。可参照面试实施程序工具图，具体如图7-3所示。

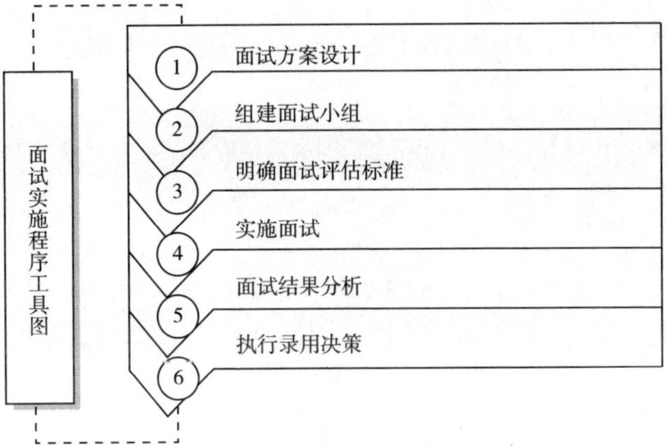

图7-3　面试实施程序工具图

（3）结构化面试与非结构化面试分析工具表，具体如表7-7所示。

表 7-7　结构化面试与非结构化面试分析工具表

面试方式	操作方法	特点分析
结构化面试	结构化面试是在面试之前，已有一个固定框架和试题清单，面试官可以根据结构化面试框架、设计好的问题以及相关细节逐一对每个应聘者按照统一标准进行提问	优点：对所有应聘者均按统一标准进行面试，可以提供与形式相同的信息，便于分析、比较，减少主观性，利于提高面试效率，对面试官要求较低 缺点：面试方式过于程序化，难以随机应变，收集信息的范围容易受到限制
非结构化面试	非结构化面试无固定模式，面试官与应聘者随意交谈，没有固定题目和限定范围，应聘者可以自由地发表议论和回答问题	优点：灵活自由，问题可因人而异，可以得到更为全面和深入的信息 缺点：缺乏统一的标准，容易产生偏差

标杆案例：结构化面试经典问题列表

根据问题类型和测评要点的不同，结构化面试中的20类经典问题如表7-8所示，供企业招聘人员进行试题设计时参考使用。

表 7-8　结构化面试经典问题列表

序号	类型	问题	测评要点
1	工作经历	请用简洁的语言描述你的工作经历和所获得的成绩	考察应聘者语言组织的流畅性、准确性，以及思维逻辑能力
2	求职的目的和动机	（1）你放弃以前的工作，重新求职的原因是什么	考察应聘者是否有明确的求职目的，求职动机是否合理
		（2）你为什么选择这份工作	
		（3）如果本企业的竞争对手以更优厚的条件聘用你，你会怎么做	
3	职业偏好	（1）喜欢什么工作类型或工作内容 （2）你习惯于单独挑战难题还是团队协作	考察应聘者的工作兴趣和工作习惯
4	岗位胜任力	（1）你所擅长的专业或技能是什么	考察应聘者的竞争优势与存在的差异
		（2）竞争这个岗位，你认为自己的优势是什么	
5	时间的规划和管理	（1）你是如何准备这次面试的 （2）描述一个典型的工作日程安排 （3）请举例说明你在工作中是如何安排事情的轻重缓急的	考察应聘者对时间计划的合理性及分配使用习惯
6	自我学习	（1）如果企业开展培训，你希望是哪些方面	考察应聘者的工作进取心
		（2）你利用业余时间进行自我学习的方式和途径是什么	
		（3）你喜欢阅读的书籍有哪些	
7	人际关系处理	（1）家人、朋友、同事和领导对你的评价是什么 （2）工作中你喜欢何种沟通方式 （3）当你与别人的意见不一致时，通常是如何处理的	考察应聘者的人际沟通能力

续表

序号	类型	问题	测评要点
8	管理能力洞悉	你认为合格的管理者应具备哪些素质和能力	考察应聘者对综合管理能力的理解
9	个人决策	当你尝试做一件全新的事情时，一般成功的概率会有多大	考察应聘者的判断力与决策能力
10	问题解决	工作中常遇到的矛盾和冲突是什么，你是如何处理的	考察应聘者的冲突处理能力
11	鼓励创新	你是如何鼓励员工发挥自身创造力的	考察应聘者的创造与革新能力
12	缓解压力	在压力状态下，你的工作表现如何？请举例说明	考察应聘者的抗压能力
13	判断能力	当你明知这样做不对时，你还会按照领导的意思去做吗	考察应聘者的工作独立性和个人判断能力
14	激励他人	对于下属取得的成绩，你通常会采取哪种方式进行有效的沟通	考察应聘者的激励能力
15	工作方法	当有同事违反工作纪律时，你会怎么处理	考察应聘者的工作态度和执行力
16	应变能力	如果你做了一件好事，却遭到别人的误解，你会怎么处理	考察应聘者的灵活应变能力
17	自我控制	面对领导和同事的严厉批评，你会怎么处理	考察应聘者是否具有良好的情绪控制能力
18	事业观	（1）在过去的生活或工作中，遇到的最失败的一件事情是什么	考察应聘者的心态是否成熟、价值观如何
		（2）工作中希望得到什么回报	
		（3）你认为怎样才能成功	
19	优缺点评价	（1）请列举你的三个优点 （2）请列举你的三个缺点	考察应聘者是否具有充分的自我认识能力
20	个性特征	说说平时你都喜欢一些什么活动，有哪些业余爱好	考察应聘者的个性特征及能否平衡生活与工作之间的关系

7.4　绩效薪酬的激励问题与机制

第6章涉及的股权分配属于绩效薪酬激励中的股权激励，所以，本章就不再探讨与股权相关的激励问题与机制了。

本节主要从绩效考核评估的问题、方法，以及岗位分类、薪酬结构和激励机制等五个方面进行分析。

（1）绩效考核评估结果不准确将会直接影响到员工的积极性、主动性和创造性的发挥程度，致使考核结果无法兑现，甚至影响到下一个周期考核计划的制订、绩效工作的改进等各项绩效管理业务。因此，企业在实施绩效评估时一定要确保每一个环节都能落实到位。在进行绩效考核评估时应重点关注三个方面的内容。

① 评估数据是否真实可靠，真正地反映被考核者的真实水平。

② 评估方法是否方便操作，有效避免考核者的主观因素。

③ 评估过程是否严密，有效避免外界干扰。

（2）一般而言，针对绩效考核评估的问题，企业通常的解决办法是选择合适的评估方法和正确的操作程序。绩效考核评估的八个方法具体如表7-9所示。

表 7-9　绩效考核评估方法工具一览表

序号	方法	操作程序
1	等级评估	根据工作分析，将被考评岗位的工作内容划分为相互独立的几个模块，每个模块用明确的语言描述完成该模块工作要达到的工作标准，并将标准分为几个等级，考评人根据被考评人实际的工作表现，对每个模块完成情况进行评估。总成绩即为该员工考核评估成绩
2	目标考评	目标考评法是根据被考核人完成工作目标的情况来进行考核的一种绩效考评方式。考核之前，考核人和被考核人应该对需要完成的工作内容、时间期限、考评的标准达成一致。在考核结束时，考核人根据被考核人的工作状况和既定的考核标准进行评估

续表

序号	方法	操作程序
3	序列比较	考评前，首先确定考评模块，但是不确定要达到的工作标准。将相同职务的所有员工在同一考评模块中进行比较，根据他们的工作状况排列顺序，工作较好的排名在前，工作较差的排名在后。最后，将每位员工几个模块的排序数字相加，就是该员工的考评结果。总数越小，绩效考评成绩越好
4	小组评价	小组评价法是指由两名以上熟悉被考核人员工作的管理人员，组成评价小组进行绩效考评的方法。为了提高评价的可靠性，在评价之前，应该向员工公布考评的内容、依据和标准；评价结束后，向员工讲明评价的结果。该方法最好和员工个人评价结合进行
5	重要事件	“重要事件”是指被考评人表现优秀和表现不良的事情，对这些表现要形成书面记录。考评人注意收集被考评人的“重要事件”，根据事件记录整理和分析，最终形成考评结果
6	评语	评语法是指由考评人撰写评语对被考评人进行评价的一种方法。评语的内容包括被考评人的工作业绩、工作表现、优缺点和需努力的方向。但该方法主观性强，不宜单独使用
7	强制比例	根据正态分布原理，优秀的员工和不合格的员工的比例基本相同，大部分员工属于工作表现一般的员工。强制比例法可以有效地避免由于考评人的个人因素而产生的考评误差。所以，在考评分布中，可以强制规定优秀人员的人数和不合格人员的人数
8	情景模拟	情景模拟法是一种模拟工作考评的方法，要求员工在评价小组人员面前完成类似于实际工作中可能遇到的任务，评价小组根据完成的情况对被考评人的工作能力进行考评。这是一种针对工作潜力的考评方法

（3）薪酬结构，简单来说，就是固定工资与浮动工资比例的问题；详细来说，还得按具体岗位设计不同的薪酬结构。

当然，薪酬结构不仅受企业工资制度的影响，还与岗位性质有一定的关系。薪酬结构设计是以企业内部岗位科学划分为基础的，通常岗位性质不同，薪酬结构也不相同，这样划分使得薪酬管理更具有一定的针对性。因此，对薪酬结构的设计应重点分析三个方面的内容。

① 岗位性质是属于哪一类别，管理类、职能类、技术类、销售类还是操作类。

② 薪酬构成应该如何根据岗位性质进行结构倾斜。

③ 基于岗位性质的薪酬结构，能否满足薪酬管理制度制定的基本原则。

（4）在进行薪酬结构设计时为避免制定的薪酬结构不符合客观实际，不具备可行性，应综合分析薪酬结构制定的各种影响因素，包括企业所处的发展阶段、采取的战略决策、薪酬制定遵循的基本原则和企业内部各类岗位的特点等。

企业岗位根据其职能性质分类，通常包括五类，如表7-10所示。

表 7-10　岗位分类及薪酬结构

类别	解释说明	薪酬结构
管理类	从事管理工作并拥有一定管理职务的岗位，比如有下级员工的中层和高层。其承担的计划、组织、领导、控制职责，成为企业主要付薪依据	年总收入=年基本收入+奖金和红利+福利与津贴
职能类	从事职能管理、生产管理等职能工作且不具备或不完全具备管理职责的职位。与管理类的区别在于该岗位下可能有下级人员，但企业付薪的主要依据不是其承担的计划、组织、领导、控制职责，而是其辅助、支持的职责执行情况	年总收入=年基本收入+年其他收入=（月固定工资+工龄工资+各类补贴或补助）+（月绩效工资+年度延迟支付工资+企业业绩分享）
技术类	从事技术研发、设计、操作的职位，表现为需要一定的技术含量。企业付薪依据主要是从事本岗位工作所具备的技能，一般付薪的项目不体现为计件的形式，但不排除少量的项目奖金	年总收入=（固定工资+工龄工资+技能工资+项目奖金+福利+年度延迟支付工资）
销售类	指在市场上从事专职销售的职位，一般工作场所不固定	多采用纯佣金制或基本工资+佣金制。该类岗位企业设置固定工资与浮动工资时适用的比例一般为50：50
操作类	指在企业内部从事生产作业的职位，一般工作场所比较固定	多采用基本工资+计件工资的形式

（5）原则上一个企业可选择包括绩效、薪资、福利、股权在内的多种激励机制。所以，企业根据自身经营管理的需要选择并制定合适的员工激励机制，激励机制的运行模式通常如图7-4所示。

激励机制运行过程就是激励主体与客体之间互动的过程，也就是激励工作的过程。

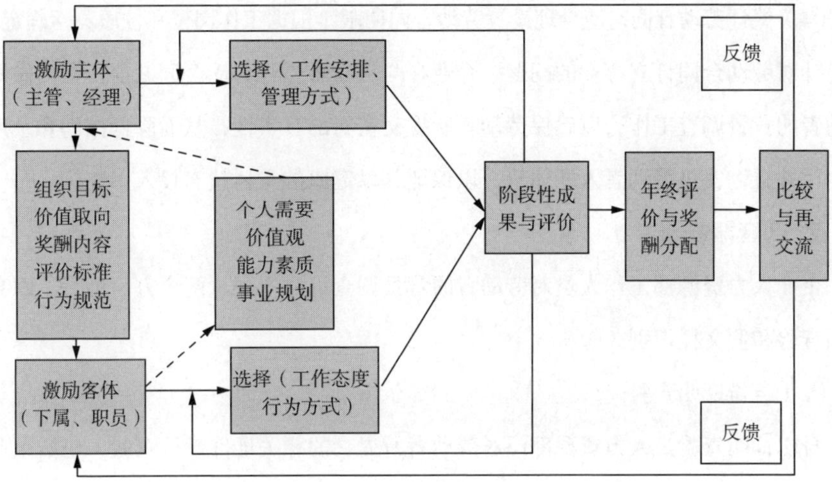

图7-4　激励机制的运行模式

7.5　和谐劳动关系的风险与规避

劳动合同的规范签订能够有效避免劳动争议的发生，降低或避免因劳动争议发生所带来的风险。初创企业必须重视劳动合同的签订，一定要按照《中华人民共和国劳动法》《中华人民共和国劳动合同法》等相关法律、法规的规定执行。

1. 劳动关系双方在签订劳动合同时，应分析四大关键问题

（1）订立劳动合同应遵循合法、公平、平等自愿、协商一致和诚信的原则。

（2）订立劳动合同应以书面的形式签订，避免出现发生纠纷而难以举证的现象。

（3）劳动合同的签订必须让劳动者本人签字，而不能采取代签的方式。

（4）签订劳动合同时应合理设置劳动合同期限（根据工作岗位和性质灵活确定）。

针对劳动合同订立存在的问题，企业在与劳动者签订劳动合同之前，主要做好对劳动者的背景调查工作，以确保劳动者所提交资料的真实性，从而降低招聘和录用的风险；并且，安排劳动者入职体检，以保证其以健康的身体状态投入工作。

2. 调查背景

企业人力资源部工作人员对劳动者的背景调查可以主要从两个方面进行，即身份证明查验和假文凭识别。

（1）身份证明查验

身份证明查验是人力资源部门对劳动者所提交的相关证件进行查验（包括企业人力资源部要求劳动者提交的身份证、工作证明、学历证书、职业资格证书、免冠照片、个人档案和社会保险等），避免出现身份不符或虚假证件等情况。

另外，企业人力资源部应提醒劳动者，如果所提交的信息有所更改，应及时告知人力资源部，以保证劳动者和企业双方的利益。

（2）假文凭识别

企业在查验劳动者的材料时，最关心的莫过于劳动者文凭的真假。企业人力资源部可以通过观察法、提问法、核实法和网上调查法，对劳动者文凭的真假进行鉴别。

3. 安排劳动者体检

企业统一组织劳动者进行体检，或安排其到指定的医院进行体检。需要选择合适的体检机构，以对劳动者身体健康负责。企业在选择体检机构时，需要考虑的因素如图7-5所示。

在确定好体检机构之后，具体的体检项目企业可以根据体检目的自行确定。体检项目一般包括血常规、肝功能、心电图、胸部透视、内科和外科检查等。劳动者检查结束后，企业根据其所提交的检查报告对体检结果进行分析，查看是否合格。

1　体检机构应具备医疗机构执业许可证，并聘有相关职业能力及职业资格的专业体检医师

2　体检设备优良，有足够的体检面积，体检区域有冷暖设施，并且通风良好

3　体检场所独立，检患分开，降低交叉感染的风险

4　体检服务价格合理，性价比高，口碑良好

5　体检信息化，利于体检档案的储存，并有完善的检后服务

图7-5　企业选择体检机构需要考虑的因素

4. 辞职、辞退等离职风险规避

（1）规范离职操作流程

离职操作流程如图7-6所示。离职操作时要注意保留员工的离职书面申请，与离职以后可能有争议的员工签订协议书，比如明确外出培训协议中的服务期限、竞业限制约定、工资奖金或者未结算的费用，还要注意不能扣压员工的档案、证件等。

员工或企业应当提前30天以书面形式通知对方，即提出离职申请

↓

直属领导应当在收到书面申请后3日内进行面谈，并告知人力资源部人员

↓

进行工作交接，员工填写离职工作交接表，按企业相关规定办理手续，签收离职证明

图7-6　离职操作流程

（2）重点风险管理及应对方法

对企业来说，员工的自动离职往往是不可预测的，员工离职率高可能会给企业带来多种消极影响。因此，针对员工离职可能会带来的风险，企业应制订相应的管理对策，具体内容如表7-11所示。

表 7-11　员工离职风险及应对方法

离职风险类型	应对方法
绩效损失风险	◎关于员工离职的方法和离职工作交接做事先约定 ◎在企业内部创建顺畅的沟通渠道，营造有激情的内部环境
关键技术/ 商业秘密泄露风险	◎实施加强商业保密的各种措施 ◎与员工签订竞业限制的协定
客户流失风险	◎实施客户关系管理，建立客户信息数据库 ◎实施品牌战略，即依靠品牌的知名度和美誉度来吸引顾客
岗位空缺风险	◎在内部设立“后备人员培养计划” ◎在外部设立“行业关键人才监测计划”

7.6　培训开发与发展通道设计

高效的培训与开发，依赖于初创企业培训体系的搭建与运营。也就是说，培训体系管理有利于提升初创企业的经营水平，有助于财务指标的实现。

（1）培训与开发机制的设计，应对三大关键问题进行系统分析。

① 培训需求分析是员工培训系统管理的核心内容，也是培训活动开展的首要环节，是其他培训与开发活动的前提与基础。

② 培训计划是对未来一定时间内将要进行的培训工作所做的事先安排。它是做好培训工作的前提条件。

③ 培训效果评估是通过收集培训对象从培训当中获得的收益情况，衡量培训是否有效的过程。要注意培训效果的转化。

（2）培训体系建设的常用工具是系统型模式。系统型模式为培训管理者在企业内部建立规范的培训运作体系提供了有效的工具。系统型模式的模型如图7-7所示。

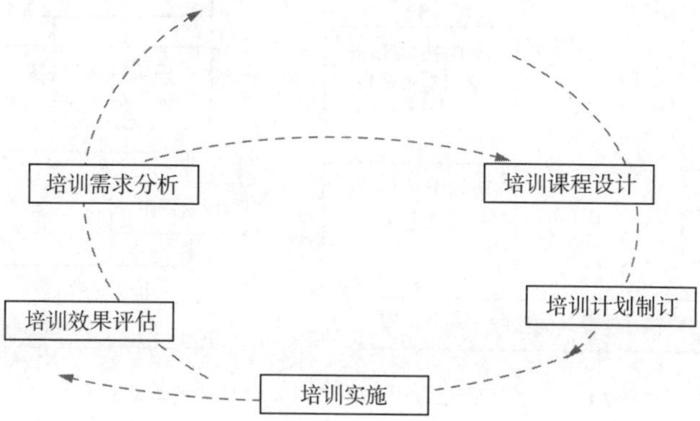

图7-7　系统型模式的模型

（3）系统型模式是培训理论发展的重要里程碑，尽管系统型模式并未有效地解决培训管理工作中的以供应为先的问题，但它对培训管理者的指导意义重大。

① 它改变管理者对培训条块化的认识，将分散的培训活动连贯起来，提高和改善了培训效果。

② 它帮助管理者明确企业内部培训机构应树立内部市场的观念，推动企业内部培训的市场化发展。

③ 它强化管理者对培训效果评估重要性的认识，奠定了企业培训模式发展的基础。

（4）培训体系建设的工具还包括顾问型模式、所罗门型模式、持续发展型模式等。其中，所罗门型模式由英国经济学家所罗门在其著作《培训战略与实务》中首先提出，并因此倡导而得名。所罗门型模式一、二如图7-8所示。

（5）初创企业既要注重员工技能的培训与潜能的开发，同时还要做好员工职业发展通道的设计。只有这样，再加上绩效薪酬的激励与和谐劳动关系的构建，才能更好地激励员工、保留优秀人才。解决员工职业发展通道的问题，可以从以下四种职业路径的设计着手。

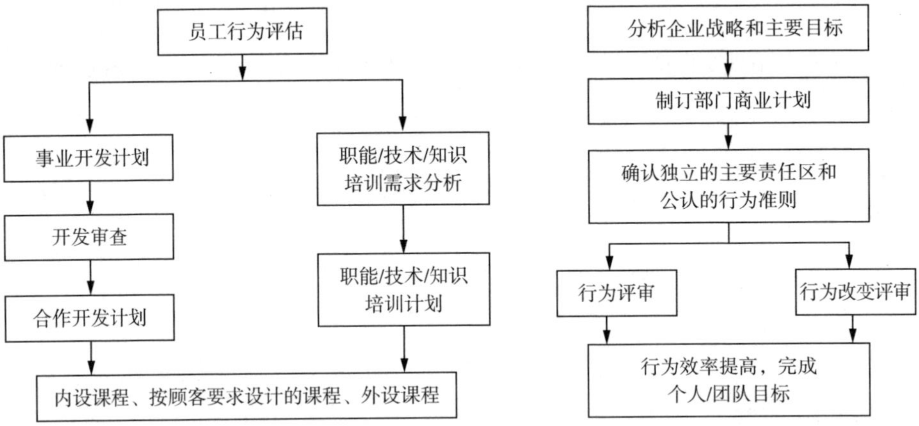

图7-8　所罗门型模式一（左）、所罗门型模式二（右）

① 传统职业生涯路径模式将员工的职业发展路径限制在一个部门或一个系统内一级一级地晋升。可通过如图7-9所示对传统职业生涯路径进行了解。

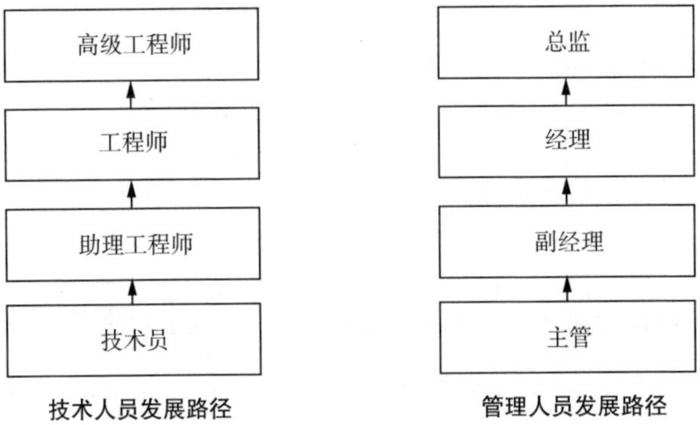

图7-9　传统职业发展路径

② 网状职业生涯路径要求先对企业中的工作岗位进行分析，从而确定各岗位对员工的素质、技能等的要求，然后将要求基本一致的工作岗位归为一类，再根据岗位类型进行职业生涯路径设计。因此，这种职业生涯路径是呈网状分布的，如图7-10所示。

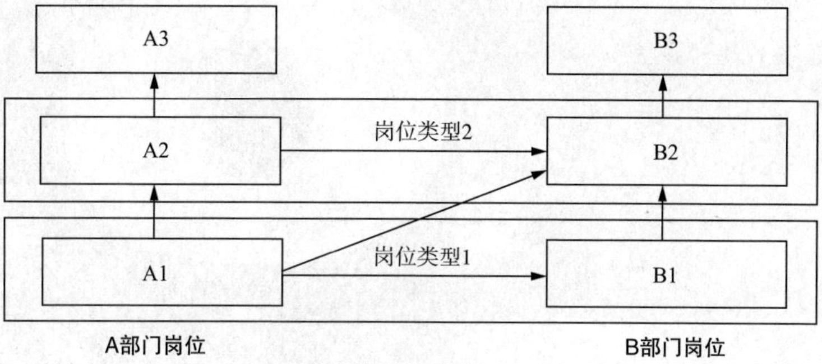

图7-10　网状职业生涯路径

③ 基于网状职业生涯路径的岗位类型分析，企业可采用为员工横向调动工作的机会，让员工接受新的工作挑战，增加工作激情。图7-10中从A1到B1工作岗位的调整就属于横向职业生涯发展路径。

④ 双重职业路径主要针对企业中具有专业技术的人员。企业为此类人员提供满足需求的机会，即这类专业人员的职业发展不体现在其在企业中的职位晋升上，而是体现在其薪酬变化上。双重职业生涯路径可有效地激励专业人员的工作积极性，从而确保其为企业做出更大的贡献。

第8章

融资投资：进进出出雪球越滚越大

企业因股东出资成立，其日常运转、再投融资继而发展壮大都离不开现金流和资金。可见，融资链接企业成长的全过程，每个阶段都需要融资的支持。然而，每个阶段的融资模式都是不同的，所以企业需要按照不同的生命周期和需求选择最合适的融资方式。

中小企业寻找投资人是双方风险和收益的分配。选择投资人要看其风险分担实力，同时说服其乐意接受还未实现的未来收益。

风险方面：风险在哪里？谁乐意承担？谁担得起？谁应该担多些？谁可以担少些？如果有一天，风险成真，你们是否承受得了？如何化险为夷？

收益方面：收益预估多少？哪些产品或服务能够产生收益？企业愿意出售多少股份？

网络上有个比喻，尽管听起来上不了台面却非常形象：资金是狗，人追狗难，狗追人易。

同时，公司估值是投资人和创业者反复博弈和协商的结果，仁者见仁，智者见智，很难达成一个皆大欢喜的数值。公司的估值受到众多因素的影响，特别是对于初创公司，估值高低还需要考量投资人持续出资的后劲、成功经验值和协议中的非财务条款等综合指标。最重要的一点是，时间和市场不等人，双方可以求同存异，不要因小失大而错失投资和被投资的机会。

8.1　五个时期的十种融资方式

随着自身不断成长和经营风险逐渐降低，企业会获得越来越多各类投资人的青睐，可选择的融资模式也会越来越丰富。中小企业融资成本相对较高，企业应按融资成本的高低顺序选择最佳的融资方式，降低融资成本。同时，随着企业成长风险的降低，企业可选择的融资模式逐渐增多。

企业在五个时期的十种融资方式，如表8-1所示。

表 8-1　企业五个时期的十种融资方式

序号	发展时期	主要的融资方式
1	种子期	天使投资、民间借贷、政府资助
2	创业期	创业投资（内源融资和外部融资，如典当、租赁和私募）
3	成长期	创业投资、金融机构贷款
4	扩张期	创业投资、私募资金、优先股
5	成熟期	发行股票上市

1. 种子期，三种融资方式

企业在种子期，主要的融资方式有：天使投资、民间借贷和政府资助。

在种子期，企业产品无踪、市场没谱，一切都处在空想之中。国内外的数据表明，种子期的企业成功率不足10%。如此大的风险，主要承担者当然是你自己和你的家族。简而言之，就是用自己的钱圆自己的梦。

政府出于税收、科技发展和促进就业等目的，会对某些特定的种子期企业提供小额资助，如无偿提供启动资金、小额担保贷款等。政府提供的小额资助一般不从创业企业的项目中直接收益，属于公益性的资助。如果创业者的构想特别出色、能力特别突出，也有可能打动风险投资机构。风险投资机构对种子期企业设有专门基金，并做好了十损其九的准备。如果企业经营成功，该基金将会获得几十倍甚至几百倍的回报。

2. 创业期，主要的融资方式

创业阶段企业的融资方式是创业投资。

创业期企业的筹建、产品研发等工作均已经完成，但人员、设备、技术、市场等方面并不完善，经营还没有进入正轨。一份对我国中小科技企业的调查报告显示，创业期经营失败的概率为80% ~ 90%。

总之，此时创业企业仍以创始人及家族追加投资这种内源式融资方式为主，获得外部融资的方式主要有典当、租赁和私募。

以典当融资形式获得资金的成本很高。例如，以车辆质押获得资金的成本为3% ~ 5%/月，以房产抵押获取资金的成本为2% ~ 3.5%/月。所以，典当融资只能救急，不是中小企业的主要融资渠道。

租赁与借贷类似，出租人收益仅限于利息，企业不必担心股权流失、控制权旁落。出租人为获得租金，保留标的物的全部或部分所有权，是租赁最独特的风险控制方式。如果企业经营出现问题，承租人破产，出租人不必排队与其他债权人瓜分企业破产后的剩余资产，可直接收回租赁标的物。租赁是企业与投资人之间较为理想的合作方式。

因此，对投资人来说租赁业务收益与债权融资相当，而风险更小。在美国，租赁固定资产投资渗透率已超过30%，在工程设备、大型医疗设备、运输工具等领域更是在80%以上。

最后，在这一阶段，企业可以通过股权融资引入战略投资人。除传统的增资扩股方式 外，双方还可以协商债转股融资，对双方风险和利润分配进行调整。

如果双方签订的投资协议中，允许企业回购股份，则意味着企业掌握了主动权。当企业经营良好，股权价值上升时，企业将行使回购权，投资人仅获得到本息；反之，企业经营不善，投资人分红较低，也无法通过企业主动退出，只能被动做股东。如果双方签订的投资协议中，允许投资人以债权换取股份，则意味着投资人掌握了主动权。当企业经营良好，股权价值上升时，投资人将债权转换为企业的股权，享受资本增值，分享企业的成功；反之，企业经营不善，投资人可按合同约定收回本息。

3. 成长期，两种融资方式

成长阶段企业的融资方式包括创业投资、金融机构贷款。

成长期的企业已步入正轨并开始盈利，人才、设备和管理都有了一定的储备，产品市场占有率不断提高，品牌知名度逐步受到认可。在此阶段，企业可选择的融资方式增多，迈入了中小企业融资的黄金阶段。

首先，企业开始有了盈利，可用于扩大再生产。这部分由存留利润转化的内源虽然数额不大，但意义重大。它标志着企业经营已步入良性循环。企业有能力仅凭盈利这个内源在市场中生存和发展，这一点会被投资人极为关注。

其次，由于企业已经经营了一段时间并初具规模，与供应商和经销商建立了稳定的合作关系并掌握了一定的话语权，有条件通过应付款项（面向供应商）和预收款项（面向经销商）占用产业链上下游的资金，积聚一笔可观的流动资金，而这笔资金对企业进一步扩大经营规模起到了重要的作用。同理，企业在此阶段也可以向银行申请流动资金贷款，或者通过商业担保公司增加担保，向银行申请中长期贷款。

最后，由于这一阶段的企业经营风险已经大为降低，发展前景良好，负担较轻，投资价值远大于成熟企业，所以各类型的投资人会不请自来。此时，企业要保持清醒的头脑，借助或引进专业人才进行战略规划，以防创业成果被人轻取。

4. 扩张期，三种融资方式

企业扩张期的主要融资方式包括创业投资、私募资金及优先股。

在这个阶段，企业的生产、销售、服务已初具规模，需要进一步扩大生产线，增强其研究发展的后劲，扩充销售队伍，进一步开拓市场，拓展其生产能力或服务能力。此时，融资成功率已接近70%。

5. 成熟期，一种融资方式

企业进入成熟期，其主要的融资方式是发行股票上市。

这个时期企业迅速发展壮大，盈利能力较强，创业投资人开始考虑退出。如果企业成功上市，将获得大量新增资金。这些资金一方面为企业发展增添了后劲，拓宽了资金来源的范围和规模，另一方面也为创业投资人的退出创造了条件。

8.2 商业计划书与投资人的职业习惯

商业计划书，英文名称为Business Plan（即BP），商业计划书是商业模式的载体，写BP的目的是融资，而商业计划书本质上是与投资人的一种沟通方式。所以，创业者写BP之前，要对投资人的工作方式有充分的了解。

创业者写BP的过程中最常见的错误就是喜欢用一种教导式的自大口吻强行向投资人灌输自己的理念，潜意识里觉得我自己很“牛”，我的项目很“牛”，而把投资人当小学生！这样的BP会自然而然地透露出装腔作势的口吻，往往会引起投资人的反感，特别是你的PPT和演讲并无太多实质性内容的时候，常常会让他们产生抗拒心理，继而失去看（听）下去的耐心。

事实是，投资人见多识广，都是你所在行业的“人精”，如果投资人不熟悉你的行业，往往都不会给你讲的机会，因为投资的规则之一就是不投不熟悉的领域。

大多数投资机构和投资人对项目会有一个考评标准，项目考察的要点，每个要点的权重，都有一些比较量化的标准。比如，项目模式的进入壁垒、项目在行业中的地位、竞争对手的数量和市场占有率、用户数据、核心专利数量和质量、团队股权结构是否合理等。

即使是对创始人的考察，投资人除了听创业者的演讲、面对面交流来感受他们的创业激情之外，也会对创业者的从业背景、知识结构、管理能力和综合素质等做相关的考察，得出一个评分。像徐小平一样激情型的投资者并不多，创始人单凭一份BP和一番热情洋溢的演讲就能打动投资人的时代已经过去了。现在的投资人越来越专业，要求越来越高。创始人要针对投资人关注的要点，做更加专业和充分的准备。

如果你对投资人所关注的要点不了解，单凭主观臆想写出的BP所展现的内容会与投资人的要求大相径庭。应该针对投资人的考评标准做出一份详略得当的BP，快速地让投资人理解你和你的项目，并做出专业判断，这才是我们的终极目的。

所以说，要做出一份详略得当的BP，就需要对投资人的职业习惯有一定的了解。先来看看投资人的职业习惯，那就是大部分投资人的工作状态，可以用三个字来形容：忙，忙，忙。

很多投资人每天都要接收海量的邮件，阅读大量的BP，不是在考察项目的路上，就是在讨论和筛选项目的会议中，日程安排往往以分钟计算。如果你把BP写成几万字、几十页厚的一个文字报告时，可以想象投资人会有什么感受?

所以BP并非越厚越好。部分创业者认为BP越厚就显得对投资人越重视，项目越充实，准备工作越充分，然而投资人并不是这样认为的。同时，部分咨询公司为了体现工作量，从而多赚钱，尽量把委托的BP写得厚厚的。而实际上，在主要内容表述清楚的情况下，简洁明了的BP才是投资人喜闻乐见的。

如果你对专业投资人这个群体的知识体系、职业习惯和行为习惯等理解存在偏差，那么写出来的BP，包括后面的路演方式、演讲策略等都会出现重大失误，进而得不到投资人的青睐。

落地工具：如何制作打动投资人的BP

十几页的商业计划书如何打动投资人？或者说怎样写出一份简洁明了的商业计划书呢？有八大重点需要把握，如图8-1所示。

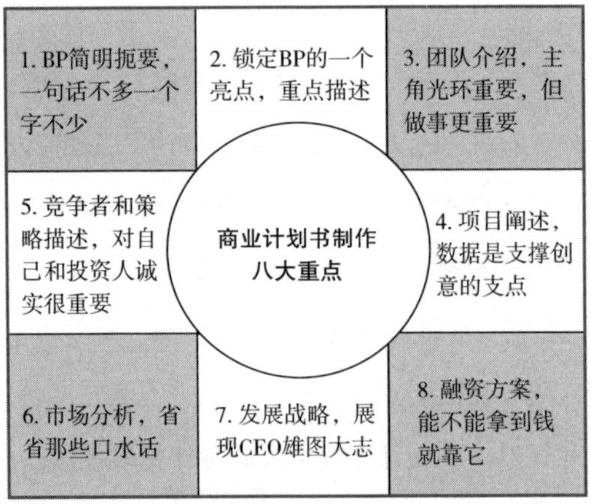

图8-1　制作一份打动投资人的BP的八大重点

1. BP简明扼要，一句话不多一个字不少

基本的原则是能用图片表示的内容尽量不要用表格，能用表格表述的内容尽量不要用文字，能用PPT展示的内容尽量不要用Word。

如何在投资人有限的时间内，让投资人快速理解你的项目？通过图片或者示意图配合少量的说明文字，数据做成柱状图和表格，方便投资人理解和对比。这样的商业计划书PPT，即使不能让投资人立刻决定投资你的项目，但至少会赢得投资人的好感，因为你没有浪费别人的时间。

用PPT还有一个好处，演示过程中方便投资团队和创业者在幻灯片前讨论。Word文档在演示上存在天生的缺陷，只能每人打印一份，然后大家埋头各看各的。

问题是写多容易，写简反而很难，讲述自己的项目时，似乎总有千言万语。

这里其实就体现了写BP的专业性。咨询师更擅长抓住BP写作的要点，而普通创业者，需要在反复路演和与投资人的沟通中才能逐步体会。

2. 锁定BP的一个亮点，重点描述

即找到你项目里最吸引投资人的那一个亮点，并且放在摘要里重点描述。

你要清楚你的项目核心竞争力在哪里，最闪亮的那一点是什么，并保证投资人阅读BP的第一分钟之内看到。在摘要里重点表述是最好的办法。

如果你的团队里有行业内知名企业的中高层人员，你应该把团队介绍放在前面；如果推荐的是一个硬件项目，拥有绝对的技术优势，最好的选择是单刀直入，向投资人描述核心技术和实验数据。

3. 团队介绍，主角光环重要，但做事更重要

团队成员中有国外名校留学经历的，应该重点描述。十年前这一招融资很管用。

没有海归光环也不要紧，如果你有行业知名企业的工作经验，层次比较高，也会给你加分。毕竟在行业知名企业干过中高层的人，行业嗅觉和工作能力不一定比海归差，知识体系也更加具有实操性。

随着股权投资业务的发展，以上两点的影响力也在逐步降低。现在的创业者越来越精明了，从海外不正规的大学混个文凭就敢说自己是名校毕业的，在行业知名企业工作几年的普通员工就敢在投资人面前说从事过核心岗位工作。

投资人更加谨慎了，不但要知道你在哪儿留过学，在什么公司干过，更加想知道你学得怎么样，有什么样的工作业绩。

以往可追溯的工作业绩能给你的能力加分。所以，在你的职业生涯中如果有能充分体现你能力的工作业绩，一定要重点描述，比如曾经在行业内知名企业开发过某个内部项目、作为乙方项目负责人为甲方提供过管理咨询，或者客户引流量增加的数据、创收金额持续递增的百分比等。

技术性项目及团队在介绍中要着重描述团队的科研实力，以及核心期刊发表量、影响因子和发明专利等。

4. 项目阐述，数据是支撑创意的支点

如果是互联网项目，你就要简明扼要地介绍商业模式的特点和创新点，客户需求是什么，基于什么问题或痛点引申出来的，问题的解决方案以及基于解决方案做出来的产品反馈如何，这是投资人审核项目的一个逻辑闭环。

落脚点是数据，数据是不会说谎的。如果你想说服投资人，最有力的武器就是用数据让他们闭嘴，虽然他们可能对你描述的技术表示怀疑。精明的创业者会先进行试点，搞出一个初级产品，通过访问量、销量快速验证他们的想法。这项工作投入不

大，比较容易实现。这些试点的数据比你提供的完整版产品和滔滔不绝的前景描述作用要大得多。另外，如果你的项目只是停留在BP上，没有试点，除非你有主角光环加持，一般情况下，融资是较为困难的。

如果是一些不能快速商业化验证的项目，比如医疗类硬件技术产品，则要尽可能多地提供权威的实验数据。

5. 竞争者和策略描述，对自己和投资人诚实很重要

面对投资人，你很难规避这个问题，绝对要深入思考。如果你自己没有想好如何击败你的竞争者，你的产品的成功概率是很低的。在投资人眼中，很多创业者的产品存在严重的同质化问题，仅仅幻想通过后期运营来脱颖而出，如果这种构想没有基于恰当的战略，将会显得苍白无力。投资人也会对你的竞争对手做充分的调研，刻意规避竞争对手的存在会给投资人留下不好的印象。

6. 市场分析，省省那些口水话

很多创业者喜欢在这一部分长篇累牍，实际上作用不大。对你项目感兴趣的投资人一定对这个领域有深入的了解，很清楚市场真实情况，如果他们不了解，他们根本不会看你的项目。这部分的目的并不是你告诉投资人市场有多大，而是让投资人知道你了解你自己的项目市场份额有多大。所以，关于这一部分内容，二三页就够了。

7. 发展战略，展现CEO雄图大志

发展战略是最考验一个CEO的能力的部分。对于大多数的创业者来说，发展战略高度同质化，但伟大的CEO在这一部分一定让他对面的投资人感觉震惊。可以想象一下，乔布斯制定苹果公司的发展战略的时候，会大书特书建立销售渠道、搞促销提高知名度吗?

8. 融资方案，能不能拿到钱就靠它

在与投资人谈融资前，最好先介绍一下你们团队目前的股权架构。投资人对股权架构极为关心，项目再好，如果股权架构不健康，投资人也是很怕去投的。比如，那种5：5、4：3：3的股权架构，最好在投资人提出疑问之前，把股权或者控制权先行

明确下来。也就是说，BP要内容完整、意愿真诚、基于事实、结构清晰，并且简洁、通俗易懂。根据以往的经验：一份优秀的BP有八句话就够了，如表8-2所示。

表 8-2　一份优秀的 BP 只要八句话

序号	一句话	侧重点
1	一句话说明你们提供了什么需要	产品
2	一句话说明还有谁提供了这些需要	竞争对手
3	一句话说明你们提供的比他们提供的强在哪里	优势
4	一句话说明你们如何做出这个“强”	研发
5	一句话说明你们如何把“强”弥补到“需要”那里去	市场运作
6	一句话说明你们弥补的需要能赚多少钱	盈利模式
7	一句话说明你们赚的钱能分给我们多少，要我们提供什么	回报
8	一句话介绍你们	团队优势

在担任创新创业大赛评委时，我又随机写下几点感言供参加过或即将参加路演（大赛）的朋友们参考，如图8-2所示。

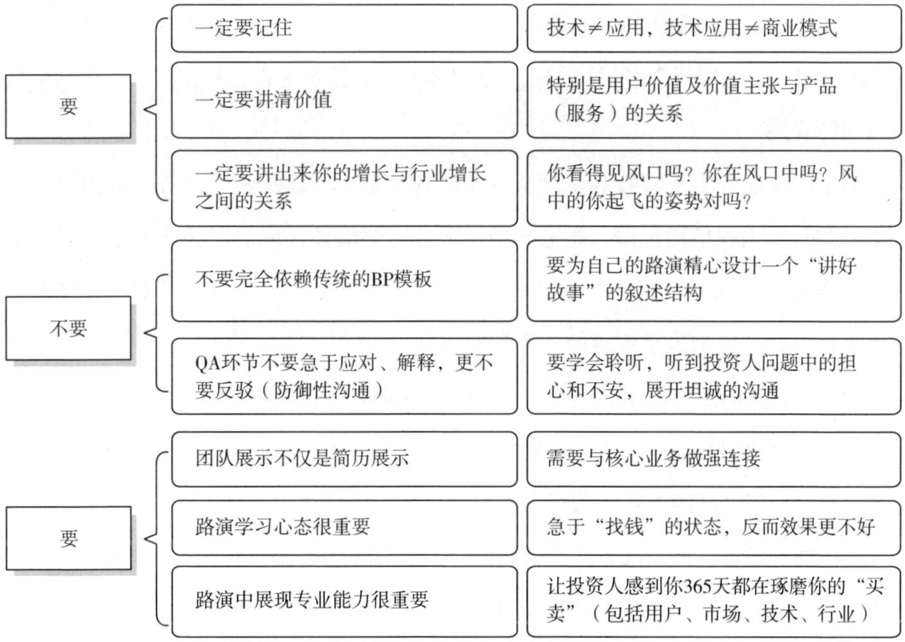

图8-2　一份优秀BP的“要/不要”

8.3 债权融资常用的三种方式

企业一般通过债权和股权两类方式融资。债权融资就是企业向债权人借钱的融资方式，需要还本付息。股权融资就是企业愿意出让部分所有权，通过企业增资引进新股东的融资方式，不需要还本付息，但新老股东同样分享企业的盈利与增长。

1. 债权融资具有三个特点

（1）债权融资获得资金的使用权而不是所有权，企业必须还本付息。

（2）债权融资一般不会产生对企业的控制权问题。

（3）债权融资具有财务作用，能够提高企业所有者权益的投资回报率。

2. 债权融资的常用方式主要有三类

（1）银行或非银行金融机构贷款。其具体方式有票据贴现、短期借款、中期借款和长期借款。

但是，企业想要从银行等金融机构及时获得足额贷款却十分困难，因为银行等金融机构特别重视信用风险，担心企业不能及时足额偿还本息，为此对企业提出系统的财务控制指标，比如资产负债率、增长率、利润率等，尤其在企业生产经营暂时面临困难时，很难满足银行的一系列要求。

（2）企业间的商业信用。企业以应付购货款和应付票据的方式从供货厂家获得资金，即通过企业间的商业信用，先购入企业所需的产品，再延期支付货款或利用预收货款、延期交付产品的方式，获得短期资金。

（3）债券融资。经发改委、交易商协会、上交所或深交所审批，企业可以在银行间市场和交易所市场面向机构投资人和个人公开发行债券，从而获得长期资金。

《中华人民共和国公司法》规定，股份有限公司、国有独资公司和两个以上的国有企业或者两个以上的国有独资主体投资设立的有限责任公司，为了筹集生产经营资金，可以发行公司债券。

3. 债权融资的优势与不足

（1）债权融资两大好处

好处一是成本低、风险低。债权融资风险较低，投资人对投资回报率的要求就较低，即债权的利息支出成本低于普通股票的股息支出成本。债权对投资人保护较为充分，比如根据《中华人民共和国合同法》第八十条的规定，债权人转让权利的，应当通知债务人。未经通知，该转让对债务人不发生效力。债权转让只需要通知债务人，不一定要获得债务人的同意。债权融资有抵税的优势，利息可以所得税前支付，从而债权融资的税后成本低于股票的税后成本，同时发行费用也显著低于股票。债权人在非破产情况下对公司的剩余索取权和剩余控制权影响较小，因而不会稀释公司的每股收益和股东对公司的控制权。

好处二是具有杠杆作用。债权人根据借贷合同约定，定期收取利息，到期收回本金。公司通过借贷资金获得的盈利扣除融资成本的部分可用于股利分配或扩大投资。

（2）债权融资两个不足

不足一是债权融资在合同中约定了利率和到期日，定期支付利息，到期还本，如不能履约则可能引起公司破产。

不足二是债权融资杠杆率不能过高。随着财务杠杆的上升，企业需要支付债权融资的成本也不断增加。随之财务风险和经营风险也不断加大，企业经营如果出现问题，可能导致企业破产。

落地工具：中小企业融资的12种方式

目前中小企业融资方式主要有12种，如图8-3所示。

1. 综合授信

银行对经营状况佳、信用记录好的企业，授予一定时期内一定金额的信贷额度，在有效期与额度范围内可以循环使用。综合授信额度，由企业一次性申报授信申请材料，银行一次性审批，确定品种、期限、利率和额度。企业可以根据自己的经营情况分期提款，随借随还，不但方便便捷，同时也节约了融资成本。

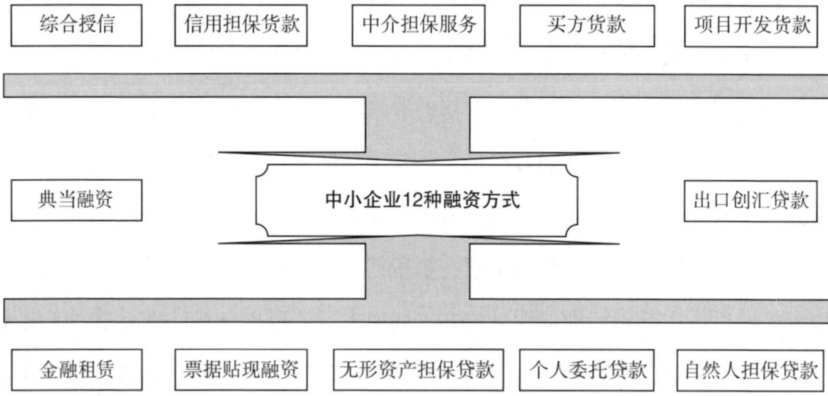

图8-3　中小企业12种融资方式

获得综合授信的门槛比较高，银行一般要求企业股权结构合理、年检合格、经营稳定、主业清晰、信用良好，并且同银行有较长期的合作关系。

该融资方式需要与银行保持较为紧密的合作关系，可以用结算账户和存款作为对价与银行谈判，互利互惠。还可以与多家银行谈判，尽量压低融资成本和扩宽融资渠道。

2. 信用担保贷款

截至目前，全国大部分省市已成立了中小企业信用担保机构。中小企业信用担保机构一般由当地财政拨款成立，具有公益性、行业自律性、非营利性。该类机构的资金主要来源于财政拨款、会员基金、社会募集的资金和商业银行的资金等。如果企业向银行申请借款，难以获批，则可以由中小企业担保机构增加担保。

该融资方式需要得到政府的大力支持，企业可以要求政府提供政策性的支持，作为企业在当地投资和缴税的回报。一般情况下，有担保机构的介入，银行发放贷款的难度就会大大下降。

3. 中介担保服务

除公益性担保机构以外，中小企业还可以向商业担保公司申请担保服务。当企业无法满足银行提出的担保措施时，如抵押、质押或第三方信用保证人等，商业担保公司可以为企业追加增信措施。虽然商业担保公司与银行相比，对抵押品要求更为灵活，但为了保障自身利益，往往会要求企业提供反担保措施。

该融资方式需要增加额外的担保费，企业必须得到担保机构的认可，且一般需要提供额外的反担保措施。

4. 买方贷款

如果企业的产品销路较好，有稳定的购买客户，但自身资金不足，无法提供符合要求的抵押品或寻求第三方担保比较困难，银行可以根据销售合同，对其产品的购买方提供资金支持。通常情况下，由买方签发银行承兑汇票，卖方持汇票到银行办理贴现，或卖方向买方收取一定比例的预付款，来解决生产过程中的资金困难。

该融资方式较为简单，企业作为买方，需要银行提供融资，要向银行提供交易合同和发票。

5. 项目开发贷款

如果高科技中小企业拥有重大商业价值的科技成果转化项目，但是初始投入资金不足或投入资金数额较大而企业无力承担，就可以向银行申请项目开发贷款。

根据银监会的要求，商业银行为促进企业加快科技成果转化，提升产品科技含量，对拥有成熟技术及良好市场前景的高新技术产品或重大突破类专利项目的中小企业，以及利用高新技术成果进行技术升级改造的中小企业，会给予政策倾斜，提供资金支持。

银行除了对与高等院校、科研机构已建立稳定项目开发关系或独立拥有研究部门的高科技中小企业提供流动资金贷款外，也根据项目资金需求，提供项目开发贷款。

该融资方式适合于企业大项目。银行发放流动资金贷款一般不会超过三年，但是发放项目开发贷款，期限可以与项目需要匹配，金额也较大。缺点是一般对项目准入的标准较高，需要各级政府有关部门的批复和认证，同时项目的现金流需要覆盖贷款的本息。

6. 出口创汇贷款

银行根据出口合同或进口方提供的信用证，对于生产出口产品的企业，发放打包贷款。如果企业有现汇账户，并未结汇，银行也可以提供外汇抵押贷款。银行对产品对路、销售看好的企业，也可以提供技术改造贷款。

该融资方式需要企业有出口业务。银行根据企业的出口合同和信用证，提供贸易性融资，准入门槛较低，视为低风险业务，利率较低。缺点是期限短，金额较小。

另外，要获得技术改造贷款，需要引入较有竞争力的生产线，产品具有较强的竞争力，才有可能说服银行为企业提供技术改造贷款。

7. 自然人担保贷款

商业银行向企业提供中短期融资，可由自然人作为独立第三方额外提供质押、抵押或信用担保等增信措施，也可以以上三种形式配合使用。

可作抵押的财产主要有个人名下的房产、土地使用权和交通运输工具等。可作质押的个人财产主要有存单、有价证券、理财产品等。信用担保则是银行与担保人签署不可撤销的连带责任担保合同，约定如果借款人未能按期偿还全部贷款本息或发生其他违约事项，银行向保证人求偿，保证人无权拒绝，必须偿付。

该融资方式主要为企业在无法获得银行授信额度和想扩大授信额度的情况下，增加的附加增信措施，较为常用。一般情况下，银行会要求法人提供个人不可撤销的连带保证。一旦企业无法偿还银行贷款，担保人要承担连带担保责任，即用个人名下资产偿还银行贷款本息。

8. 个人委托贷款

个人委托贷款，即由个人作为委托人提供资金，由商业银行根据委托人确定的贷款对象、用途、金额、期限、利率等，代为发放、监督、使用并协助收回的一种贷款。办理个人委托贷款的基本程序如下。

（1）由委托人向银行提出放款申请。

（2）银行根据双方的条件和要求进行选择配对，并分别向委托方和借款方推介。

（3）委托人和借款人双方直接见面，就具体事项和细节如借款金额、利率、贷款期限、还款方式等进行洽谈协商并做出决定。

（4）借贷双方充分协商后，共同到银行，分别签署委托协议。

（5）银行对借款人的资信状况及还款能力进行调查并出具调查报告，审查无误，三方签署委托贷款协议，向借款人发放贷款。

该融资方式主要是企业与融资人之间形成的借贷关系，银行仅为贷款的通道。企业需要找到愿意提供融资的金主，协商期限、利率和担保条件。因为个人借贷出现的问题较多，通过银行发放个人委托贷款，融资人会更为放心。比如，合同文本较为规范，银行作为中介机构起到了第三方见证的作用。缺点是会增加一定的成本，一般委托贷款费用为贷款全额的0.1% ~ 0.2%。

9. 无形资产担保贷款

依据《中华人民共和国担保法》的有关规定，依法可以转让的商标专用权、专利权、著作权中的财产权等无形资产都可以作为贷款质押物。

该融资方式需要企业的无形资产具有较高的商业价值且容易评估。一般适用于企业拥有较高技术含量的专利权、知名且处于细分行业垄断性的商誉，银行才会采信，给予企业一定的授信额度。

10. 票据贴现融资

票据贴现融资是指持票人为了资金融通的需要，在票据到期前以贴付部分利息的方式转让给银行。对于贴现行来说，就是收购未到期的票据。

在我国，商业票据主要是银行承兑汇票和商业承兑汇票。这种融资方式主要的优点是银行不按照企业大小、资信高低来放款，而是依据真实贸易背景下的销售合同来放款。票据期限往往少则几个月，多则一年。企业在这段时间内无法获得资金，但是申请贴现融资，就可以获得资金，手续远比申请贷款简便，而且融资成本较低。

该融资方式较为简单，企业向银行提供真实贸易合同和发票，并缴纳一定比例的保证金，即可开立银行承兑汇票用于支付货款，而且成本低，应积极采用。缺点是金额不大，期限一般为6个月到1年。

11. 金融租赁

在美国，金融租赁已成为与银行信贷、证券并驾齐驱的三大融资工具之一，租赁渗透率已高于20%，特别在设备投资领域中仅次于银行信贷。金融租赁是一种集贸易、租赁和信贷于一体，以租赁物的使用权与所有权为特征的新型融资方式。

企业需要购入某款设备，但苦于没有资金，可委托金融租赁公司出资购买，并由金融租赁公司以租赁的形式将设备交付企业使用。一般情况下，企业在租赁期内按时付清租金，到期后还可以获得该设备的所有权。

通过金融租赁，企业在缺乏资金的情况下，提前取得所需的先进设备，边生产和销售，边偿还租金，不失为加速投资、扩大生产的好办法。

该融资方式简便，时效性强，到期还本负担较轻，加速折旧，享受国家的税收优惠政策，具有节税功能。缺点是资金成本较高。

12. 典当融资

典当是借款人以实物为抵押，并以实物所有权转移的形式取得临时性贷款的一种融资方式。与银行贷款相比，典当融资成本高、融资规模小，但也有银行贷款无法相比的四个优势。

首先，与银行对借款人的资信条件近乎苛刻的要求相比，典当行对客户的资信条件要求较低，只关注典当的物品是否货真价实。而且一般情况下，商业银行主要办理不动产抵押，而典当行对抵押品限制较少，要求较低。

其次，典当行典当物品起点低，几乎没有什么限制。与银行相反，典当行服务对象更多为个人客户和中小微企业。

第三，典当贷款手续十分简便，大多立等可取，即使是不动产抵押，效率也比银行要高许多。银行贷款一般情况下手续繁杂且审批周期长，效率较低。

第四，客户向银行借款时，贷款的用途要符合“三个办法一个指引”的要求，不能超越监管部门和银行指定的范围。而典当行对贷款的用途基本无限制，使用起来十分方便，还可以循环使用，大大提高了资金使用率。

当然了，典当也有自身的缺点，除贷款利率较高外，典当行还会收取较高的综合费用，包括保管费、保险费、典当交易的成本支出等，进一步增加了成本。典当的融资成本明显高于银行贷款。

8.4　股权融资的四种估值方法

你对自己的公司每年能产生多少收入、结余多少利润一清二楚，但真正有几个创业者知道自己的公司在资本市场上值多少钱呢？在公司运营过程中，这个问题好像也不是一件大不了的事，但一旦面对资本市场，这个问题就会困惑创业者。

每个公司都有自身价值，那么如何来评估呢？价值评估（估值，Valuation）是资本市场参与者对一个公司在特定阶段价值的判断。非上市公司，尤其是初创企业的估值是一份独特的、具有挑战性的工作，其过程和方法通常需要科学性和灵活性相结合。

投资人与公司在进行股权融资（Equity Financing）或兼并收购（Merger & Acquisition，M&A）等资本运作的商业谈判过程中，一方面会对公司的发展趋势、业务发展、财务状况等感兴趣，另一方面也会关注公司对其要出让的股权的估值。这与我们在市场买东西一样，既要满意产品的质量和功能，又要能够接受产品的价格。

对于公司估值，市场上有一些定量的方法。传统的财务分析只是提供估值参考和确定公司估值的可能范围。但在实践中，还要考虑一些定性的因素。根据市场及公司情况，被广泛应用的主要有四种估值方法，如图8-4所示。

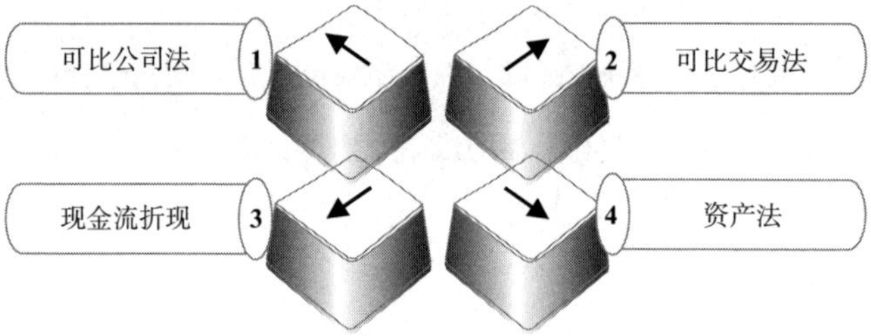

图8-4　股权融资的四种估值方法

1. 可比公司法

首先，要挑选与非上市公司同行业可比或可参照的上市公司，以同类公司的股价与财务数据为依据，计算出主要财务比率。然后，用这些比率作为市场价格乘数来推断目标公司的价值，比如P/E法（市盈率，价格/利润）、P/S法（价格/销售额）。

目前在国内的风险投资（VC）市场，P/E法是比较常见的估值方法。通常我们所说的上市公司市盈率有两种。

第一种，历史市盈率（Trailing P/E），即当前市值/公司上一个财务年度的利润（或前12个月的利润）。

第二种，预测市盈率（Forward P/E），即当前市值/公司当前财务年度的利润（或未来12个月的预计利润）。

投资人投资一家公司是投资该公司的未来，是对公司未来的经营能力给出当前的价格，所以他们用P/E法估值就是：

公司价值＝预测市盈率×公司未来12个月的预计利润

可以通过公司的财务预测估算出公司未来一年的利润，那么估值的核心问题就是如何确定预测市盈率了。

一般来说，预测市盈率是历史市盈率的一个折扣。例如纳斯达克某个行业的平均历史市盈率是40，预测市盈率就需要打个折扣，比如是30左右。那么，对于同行业、同等规模的非上市公司，参考的预测市盈率需要再打个折扣，比如是15 ~ 20。如果企业规模小于成熟上市企业，也就是对于同行业且规模较小的初创企业，参考的预测市盈率还需要在上述基础上再打个折扣，就成了7 ~ 10。

例如，某公司预测融资后下一年度的利润是100万美元，公司的估值就是700万~ 1000万美元，如果投资人投资200万美元，公司出让的股份就是20% ~ 35%。

P/E可以对有收入有利润的企业进行估值，但对于有收入没利润的公司，就没有意义了。比如很多初创公司很多年也不能实现正的预测利润，那么可以用P/S法来进行估值，大致跟P/E法相同。

2. 可比交易法

挑选与公司同行业、在估值前一段合适时期内被投资或并购的公司，将其融资或并购交易的定价依据作为参考，从中获取有用的财务或非财务数据，求出一些相应的融资价格乘数，据此评估目标公司。

例如，A公司刚刚获得融资，B公司在业务领域与A公司相同，经营规模上（比如收入）比A公司大一倍，那么投资人对B公司的估值应该是A公司估值的一倍左右。再例如，分众传媒在分别并购框架传媒和聚众传媒的时候，一方面以分众传媒的市场参数作为依据，另一方面，框架传媒的估值也可作为聚众传媒的估值依据。

可比交易法不对市场价值进行分析，而只是统计同类公司融资并购价格的平均溢价水平，再用这个溢价水平计算出目标公司的价值。

3. 现金流折现

现金流量折现法（Discounted Cash Flow Technique），是指通过预测公司未来盈利能力，据此计算出公司净现值，并按一定的折扣率折算，从而确定股票发行价格。

这是一种较为成熟的估值方法，通过预测公司未来自由现金流、资本成本，对公司未来自由现金流进行贴现，公司价值即为未来现金流的现值。

其中，贴现率（Discount Rate）又称门槛比率，是处理预测风险的最有效的方法。因为初创公司的预测现金流有很大的不确定性，其贴现率比成熟公司的贴现率要高得多。寻求种子资金的初创公司的资本成本也许为50% ~ 100%，早期的创业公司的资本成本为40% ~ 60%，晚期的创业公司的资本成本为30% ~ 50%。对比起来，更加成熟的有良好经营业绩的公司，其资本成本为10% ~ 25%。

这种方法比较适用于较为成熟、偏后期的公司。

4. 资产法

资产法是假设一个谨慎的投资者，不会支付超过与目标公司有同样效用的资产的收购成本。比如，中海油并购尤尼科，根据其石油储量对尤尼科公司进行估值。

这个方法给出了最现实的数据，通常是以公司发展所支出的资金为基础。其不足之处在于假定价值等同于使用的资金，投资者没有考虑与公司运营相关的所有无形价值。另外，资产法没有考虑到未来预测经济收益的价值。所以，比较起来，资产法对公司的估值结果是最低的。

8.5 风险投资估值的三大奥秘

风险投资（Venture Capital，VC），简称风投，主要是指向初创企业提供资金支持并取得该公司股份的一种融资方式。

风险投资是私人股权投资的一种形式，之所以被称为风险投资，是因为在风险投资中有很多不确定性，给投资及其回报带来很大的风险。

一般来说，风险投资都是投资于拥有高新技术的初创企业。这些企业的创始人都具有很出色的技术专长，但是缺乏管理经验。另外，就是公司的新技术能否在短期内转化为实际产品并为市场所接受，也存在较大的不确定性。

一般情况下，风险投资家既是投资者又是经营者。风险投资家一方面对行业了解非常深入，具有较强的技术背景，另一方面他们也拥有专业的经营管理知识。这样的双重背景，不仅能帮助他们能够很好地理解高科技企业的商业模式，而且能够帮助创业者改善企业的经营和管理。

中国很多在海外股市（新加坡、纳斯达克）上市的互联网企业都曾获得过风险投资的支持，比如腾讯、百度和搜狐，都曾获得过美国风险投资公司的资金支持。阿里巴巴的马云，也曾获得软银孙正义的风险投资支持。

1. 回报要求

在风险投资领域，似乎风险投资家对公司估值非常有神秘感，但有讽刺意味的是，他们的估值方法有时非常简单。

风险投资估值运用投资回报倍数。早期投资项目VC回报要求是10倍，扩张期/后期投资的回报则要求是3 ～ 5倍。这些数字是如何得来的？对利润的要求是不是太高了？我们来构建一个标准的风险投资组合（以10个投资项目为例），如表8-3所示。

表 8-3　标准的风险投资组合（以 10 个投资项目为例）

投资项目数目	投资结果
4个项目	失败
2个项目	打平或略有盈利
3个项目	2 ～ 5倍回报
1个项目	8 ～ 10倍回报

尽管VC希望所有投资的公司都能成为下一个苹果、下一个微软，理想是美好的，但现实就是这么残酷，大部分项目都会失败。VC为弥补其他失败的投资，要求在成功的公司身上赚到10倍。投资回报与投资阶段直接相关，投资早期公司的VC通常会追求10倍以上的回报，而投资中后期公司的VC通常会追求3 ～ 5倍的回报。

假设VC投资一个早期公司后，该公司没有后续融资，并于4年后以1亿美元上市或被并购。按照10倍回报原则，VC对公司的投资后估值（Post-money Valuation）就是1000万美元。如果公司当前的融资额是200万美元并预留100万美元的期权，VC对公司的投资前估值（Pre-money Valuation）就是700万美元。

公司最终的估值不是完全由投资人能够获得的预期回报倍数决定的，同时也取决于潜在投资人之间的竞争。比如，一个目标公司被很多投资人追捧，部分投资人认为该公司上市或被并购的概率较高，就有可能愿意降低自己的投资回报率期望，以较高的价格拿下这个投资机会。

2. 期权设置

投资人给被投资公司一个投资前估值，那么通常他要求获得的股份就是：投资人股份＝投资额/投资后估值。举例来说，如图8-5所示。

◎投资后估值500万美元，投资人投100万美元，投资人的股份就是20%，公司投资前的估值理论上应该是400万美元。但如果投资人要求公司拿出10%左右的股份作为期权，相应的价值是50万美元左右，那么投资前的实际估值就变成了350万美元

◎350万美元实际估值+50万美元期权+100万美元现金投资=500万美元投资后估值

◎相应地，企业家的剩余股份只有70%了

图8-5 “投资人股份＝投资额/投资后估值”示例

把期权放在投资前估值中，投资人可以获得三个方面的好处。

首先，期权仅仅稀释原始股东。如果期权池是在投资后估值中，将会等比例稀释普通股和优先股股东。比如10%的期权在投资后估值中提供，那么投资人的股份变成18%，企业家的股份变成72%。可见，投资人在这里占了企业家2%的便宜。

其次，期权池占投资前估值的份额比其占投资后估值的份额大，是因为它把投资后估值的比例应用到投资前估值。在上例中，期权是投资后估值的10%，但是占投资前估值的12.5%：

50万美元期权/400万美元投资前估值＝12.5%

最后，如果你想在当前出售公司，所有未发行的和未授予的期权将会被取消。这种反向稀释将会让所有股东等比例受益。例如，有5%的期权并没有完成授予，那么这些期权将按股份比例分配给股东，所以原始股东拿到4%，投资人拿到1%。公司的股权结构变成：

100%＝原始股东74%＋投资人21%＋团队5%

换而言之，风险投资人获得了企业家的部分投资前价值。一般来说，风险投资人都要求期权在投资人股前已设立，所以企业家唯一能做的是根据公司未来人才引进和激励规划，尽量压缩期权池的规模。

3. 对赌条款

通常情况下，投资人会采用P/E倍数为公司估值。目前在国内的首轮融资中，投资后估值是8 ~ 10倍。但是这个倍数对不同行业的公司和不同发展阶段的公司也不太一样。

投资后估值（P）＝P/E倍数×下一年度预测利润（E）

如果采用10倍P/E，预测利润100万美元，投资后估值就是1000万美元。如果投资200万美元，投资人股份就是20%。

如果投资人和企业家能够在P/E倍数上达成一致，估值的最大谈判点就在于预测利润了。如果投资人的判断和企业家对财务的预测存在较大差距（投资人认为企业家做不到预测利润），可能在投资协议里就会出现对赌条款（Ratchet Terms），对公司估值进行调整，按照实际做到的利润对公司价值和股份比例进行重新计算：

投资后估值（P）＝P/E倍数×下一年度实际利润（E）

如果实际利润只有50万美元，投资后估值就只有500万美元；相应地，投资人应该分配的股份是40%，企业家需要拿出20%的股份来补偿投资人：

200万/500万＝40%

当然，以上对赌案例是比较彻底的。部分投资人也会不那么激进，会给一个保底的公司估值。假如投资人要求按照公式调整估值，但是承诺估值不低于800万美元，那么如果公司的实际利润只有50万美元，公司的估值就是800万美元，而不是500万元美元，投资人应该获得的股份即25%：

200万/800万＝25%

除了可以用预测利润作为对赌条件外，对赌协议也可以用其他条件，比如用户数、收入、资源量等。

第9章

压力疏导：“共生效应”共享共赢

自然界有这样一种现象：当一株植物单独生长时，是那么凄凉、摇摇欲坠；而与众多同类植物共同成长时，则根深叶茂、生机盎然。人们把这种相互影响、相互促进的现象，称为“共生效应”。

事实上，人类团体中也有着这种共进、共退、共鸣、共生的效应。团队成员之间、部门与部门之间的分工与协作同样是在沟通、协商的基础上通过共生关系和竞争关系而实现的。

共生关系和竞争关系都有可能产生压力。压力，个人自行解决较好，团队中发挥共生效应集体消减最好。

那么，如何使创始人之间、老板与员工之间、同事与同事之间的共生效应发挥更大更好的作用呢？在这种关系中，团队成员之间的相互肯定或者否定决定着共生效应发挥作用的大小。

批评其实不完全等于否定。在心理学中，人们把批评的内容夹在先表扬和后激励之中，从而使受批评者可以愉快地接受批评，执行下一个任务，人们把这种现象称为“三明治效应”。这种批评技术就像在做一个“三明治”，第一层是认同、赏识和肯定对方的优点与积极面；中间这一层夹着建议、批判或不同观点；第三层是鼓励、希望、信任、支持与帮助。这种批评的艺术，不仅不会挫伤受批评者的自尊心和积极性，而且还会使其积极地分析事情、查找原因，并改正自己的不足和问题。

9.1 请出“中间人”发挥第三人效应

第三人效应，是由美国哥伦比亚大学戴维森教授在1983年发表的一篇题为《传播中第三人效应的作用》的文章中正式提出并详细阐述的。

在传播与说服心理学中，人们把通过第三人佯作无意间转述他人的某种意见，或创造某种条件让对方间接地听到你对他的评价与关注，从而产生意想不到的传播效果或劝说效果的现象，称为“第三人效应”。当然，压力的疏导也可以发挥第三人效应。

插画6 压力：自己想出来的疯魔，借助外力解决即可

尽管一般研究者习惯于将"第三人"界定为"其他人""别人""旁人"等较为宽泛的群体，但企业压力疏导管理中的"第三人"更应该是"群体"，而被试者感知的"第三人"更类似于"个人（自己）"。在创始人团队中，我更想引入"波特—劳勒综合激励模型"，以便更好地发挥"中间人的作用"。

1. 波特—劳勒综合激励模型

波特—劳勒综合激励模型是由美国行为科学家爱德华·劳勒和莱曼·波特提出的一种激励理论。具体内容是，一个人做出成绩后得到两类报酬，一类是外在报酬，如工资奖金、职级晋升、地位提升、职业安全感等。从马斯洛需求层次理论模型的五个层次来看，外在报酬往往满足的是一些低层次的需要。另一类报酬是内在报酬，即一个人因为自己取得的工作业绩或良好表现而感到的满足和幸福感，如找到自我存在的意义、感到社会对自己的认可、感受到他人对自己的肯定等，属于马斯洛需求层次理论模型中的高层次需要。

2. 波特—劳勒综合激励模型的表现形式

波特—劳勒综合激励模型是企业实际经营管理中运用较多的一种方式。综合激励方式常见的一种体现形式就是晋升机制。晋升是指员工由较低层级职位上升到较高层级职位的过程。晋升机制就是依靠晋升来激励员工，提高其工作积极性、主动性的制度设计。

晋升机制有两个作用，一是相对于企业而言的优化资源配置，二是相对于员工而言的有效激励。这两方面都有利于缓解员工的工作压力、降低骨干员工的流失率。

3. 波特—劳勒综合激励模型的主要内容

波特—劳勒综合激励模型的主要内容如图9-1所示。

从图中可见，奖励的价值体现为被激励者的满意度（公平感受）。这个过程，从获得机会和对获得奖励的预期形成的个人努力开始，通过具备的能力和对任务的熟悉程度，达成一定的工作绩效，按照绩效评估标准，相应给予内在奖励和外在奖励。当然，被激励者获得的满意度即公平感受是不同的。

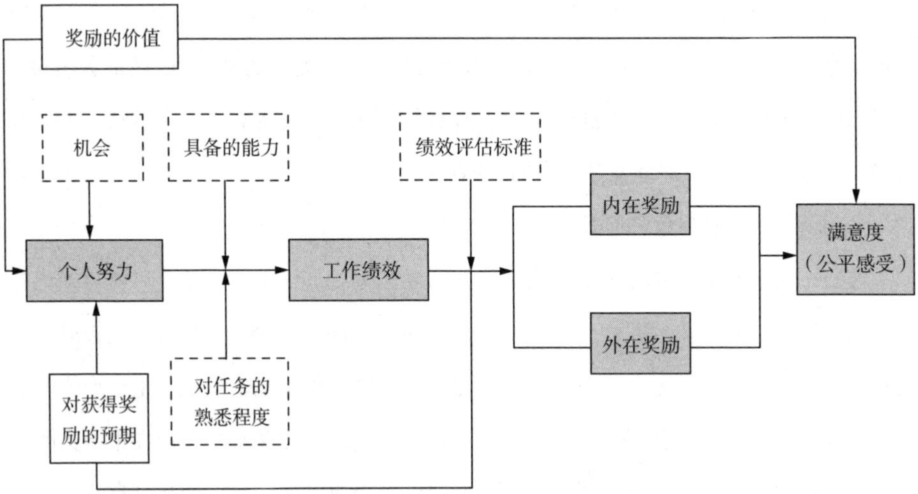

图9-1　波特—劳勒综合激励模型示意

9.2　情商水平实验，把脉情绪把控能力

1960年，著名的心理学家瓦特·米歇尔做了一个软糖实验。在斯坦福大学的幼儿园中，他随机选择了一群四岁的孩子。他在每个孩子的面前放了一颗软糖，临走前对他们说："小朋友们，老师要出去一会儿。你们面前的软糖不要吃哦！如果谁吃了，他就失去了再得到一个软糖的机会。如果你能够忍住不吃这颗软糖，老师回来后就另外再给你一颗软糖。"

老师走出大厅后，开始在外面观察这群小家伙的举动。只见这群四岁的孩子左看看右看看，一会儿把手伸出去，一会儿又缩回来。过了一会儿，第一个经不起软糖诱惑的孩子开始吃了，紧接着，第二个、第三个、第四个……越来越多的小孩把面前的软糖吃掉了。但是，还是有相当多的孩子坚持没有吃。为了让自己坚持住，有的小孩开始伸出自己的手指头数数玩；有的在那儿自言自语"软糖不一定好吃"；有的干脆闭上眼睛不去看诱人的软糖……

事后，瓦特·米歇尔继续跟踪发现：那些在实验中控制住欲望没有吃软糖的孩子上了中学以后，大多数表现较好，成绩优良，有合作精神，而且坚强有毅力；那些忍不住的孩子，后来被证明做什么事情都很容易放弃。

从这个软糖实验中我们得到了什么启示呢？情商不同于智商，情商才是事业成功的关键。情商（Emotional Quotient）通常是指情绪商数，简称EQ，主要是指人在情感、意志、耐受挫折等方面的情绪管控和社会适应能力。总的来讲，人与人之间的情商并无明显的先天差别，也就是说，情商也是可以后天培养训练的。提高情商就是加强个人情绪控制、做事坚持到底、不轻言放弃。

创业团队中情商高的成员往往有更佳的表现：社交能力强，性格外向易相处，不轻易发脾气，对事业较投入，情感生活较丰富但不逾矩，独处时能够慎独，团队合作时善于沟通、组织、协调并激励他人等。

测试测评：初创企业员工心理健康问卷

本问卷调查的目的是加强初创企业员工的心理健康管理，为他们创造一个良好的工作环境，提高心理健康水平，创造积极、健康向上的企业文化。

本问卷调查结果可以作为初创企业员工压力疏导的依据。

企业应该承诺对问卷调查的信息只做统计使用，并严格保密，不可拿结果取笑、八卦他人，请谨慎对待、认真填写！

1. 调查问卷说明

（1）本次调查采用不记名的方式进行。

（2）本调查问卷表中的调查内容共有十几道题目，请在符合你实际情况的框内打“√”。

2. 员工个人基本信息

姓　　名：__________　　性　　别：__________

所在部门：__________　　入职时间：__________

3. 关于心理健康的认知

（1）你对“心理健康”的概念清楚吗?

□非常清楚　□有点了解　□知道一点点　□很不清楚

（2）对于自身的心理健康，你的关注度如何?

□很关注　□比较关注　□很少关注　□无所谓

（3）一般情况下，你从哪里获取心理健康的知识?

□浏览网站的时候顺便看看相关的内容　□从书籍和期刊上获取相关知识

□课堂学习获取　□参加培训获取相关知识

□聊天时通过他人获知　□其他：__________

4. 关于压力和心态

（1）你在企业中是否会感觉压抑?

□从来不会　□偶尔会　□经常会

（2）你的压力主要来自哪些方面?

□工作　□学习　□家庭　□社会　□其他：__________

（3）你对自己的前途感到困惑或担忧吗?

□经常　□偶尔　□很少　□无

（4）你主要采取何种方式应对压力?

□转移　□发泄　□压抑　□自然调整　□找人倾诉

□其他：__________

（5）遇到压力你会最先向谁倾诉?

□家人或亲友　□知心朋友　□老师　□专业人员　□不找任何人

□其他：____________________

5. 关于人际交往

（1）你认为自己在与他人之间的沟通交往上存在障碍吗？

□有很大障碍　　□有时有障碍　　□比较少　　□无

（2）你与同事和上级相处时会感到有压力吗？

□有很大压力　　□有时有压力　　□比较少　　□无

（3）影响你心态的因素有哪些？

□经济水平　　□工作压力　　□周围环境　□个人价值观

□其他：____________________

（4）你最能接受什么样的人来实施这个项目，你最不能接受什么样的人实施这个项目？

____

（5）你认为企业应该提供哪些心理健康服务项目，如果你是企业领导，你对这部分的工作将如何管理？

____

（6）请简述你对员工援助计划（Employee Assistance Program，EAP）的建议和看法。

____

如果经过测评发现员工真的存在心理健康问题，甚至有可能导致离职，后果严重，那么有没有员工压力问题的疏导方法呢？有的。

在进行员工压力疏导时，初创企业应根据不同类型的压力问题采取针对性的方法，表9-1列出了员工常见的压力问题及其相应的疏导方法。

表 9-1　员工压力问题及其疏导方法

压力问题	问题说明	疏导方法
源于个人的压力问题	直接与个体工作角色相联系的压力来源	◎设置明确、清晰、可量化的有竞争性的目标 ◎让员工参与目标设定的决策，避免挫伤员工的自信心和积极性 ◎为完成目标，团队管理者应给予员工充分的授权和资源 ◎帮助团队员工进行职业规划，并适时对员工进行训练
源于群体的压力问题	由群体行为和企业管理行为所造成的压力来源	◎此类压力应通过正式的组织沟通机制疏导 ◎注意用员工可以接受的方式进行正式或非正式的沟通，而不是按照特定的模式来沟通
源于组织的压力问题	由企业管理环境引起的压力来源	◎营造健康、安全、轻松的职场环境氛围 ◎开展多样性、多元化的企业文化活动和室内外拓展训练，拓宽释放心理压力的渠道 ◎营造和谐、进取、积极向上的企业人文环境

9.3 “好人是夸出来的”——罗森塔尔效应

我们会不自觉地受到自己喜欢、敬佩、信任和崇拜的人物的影响，认同他们的观点，模仿他们的行为等，这就是罗森塔尔效应。

罗森塔尔效应（Robert Rosenthal Effect）又被称为“皮格马利翁效应”（Pygmalion Effect），也就是“期待效应”，即反映一种暗示的效果，由美国著名心理学家罗森塔尔和雅各布森最早在小学教学中进行实验、跟踪、检测并正式提出。

“夸”就是激励，就是暗示。暗示在本质上就是指人们的情感、观点或行为会不同程度地受到他人有意为之或无心插柳的影响。

1968年，罗森塔尔等人来到一所学校，随意（没有经过任何测试或筛选）从每班抽3名学生共18人，并将他们的名字写在了一张表格上交给校长，极其认真地说：“这18名学生经过科学测定全都是高智商型人才。”

事过半年，罗森塔尔等人重新回到那所学校，发现这18名学生无论在学业成绩上，还是在校其他方面的表现均特别突出。再后来这18人全都在不同的岗位上做出了远高于同期的成绩。这一效应就是期望心理中的共鸣现象。

罗森塔尔效应的存在值得我们思考。赞美、信任和期待具有一种能量，它能改变一个人的行为趋向，当这个人得到信任、赞美时，他便充满正能量，变得自尊、自信、自立，凡事勇往直前，尽力达到对方的期待，以避免对方失望，继而期许得到团队中更多人的赞美与支持。

运用到创业团队的管理中，就要求CEO对其他合伙人和员工投入感情、希望和特别的诱导，使COO、CTO、CFO、CHO和其他员工都得以发挥自身的主动性、积极性和创造性。比如你在下达某一项任务时，不妨对接受任务的同事这样说：“我相信你一定能办好”“办法一定比问题多”“需要协调资源我们都会支持你的”……这样接受任务的人就会依照你设定的目标努力，不打折扣、奋勇向前，人才也就在项目锤炼之中得以产生。

一个员工如果本身能力不是很高，但是经过激励后，能力就可能被最大限度地发挥出来，能够挑战并完成看似不可能完成的任务，久而久之，反复锻炼，也就变成了某方面的行家。

1. 激励管理的五个相结合

（1）组织目标和个人目标相结合。在激励机制中，设置目标是一个关键环节。目标设定的高低必须体现组织要求的同时兼顾员工的需求和能力，即员工经过努力可以实现的目标才是适合的程度。

（2）物质激励和精神激励相结合。物质激励是外在激励，是前提和基本，精神激励是内在激励，可以通过非物质的手段满足人们的社会心理需要。精神激励是人才激励的最高境界，以精神激励为主才是企业的最佳选择。物质激励是短期最有效而长期无效的激励方法，低经济奖赏、高荣誉价值的精神激励往往更能激发人的斗志。

（3）外附激励与内滋激励相结合。外附激励是领导或团队管理者运用的，包括对员工赞许、奖赏或者提供竞赛机会。内滋激励是员工自我感受到的认同感、义务感等。

（4）正激励与负激励相结合。所谓正激励就是对员工完成符合组织目标期望的行为进行奖励，使之强化和重复。所谓负激励，就是对员工进行惩罚。

正激励应设置间断期，时间和次数不固定，因为连续性的多次刺激易出现效力递减。负激励则要坚持连续性和明确性，消除员工的侥幸心理，但是目前针对90后、95后等员工建议更多地采取正激励方式。当然，正负激励都是必要的，不仅针对当事人，而且还会波及周围其他人。

（5）日常激励与针对性激励相结合。激励的初衷是满足员工的基本需要，这就是日常激励。但是，员工的需要又因人而异、因时而异，所以只有最迫切的需要优先得到满足，其效价才高，其激励强度才大。领导者需要不断了解员工需求层次和需求结构的变化趋势，有针对性地采取激励措施，才能激励到位。

2. 物质激励实施模型

物质激励是激励的必要方式，是指通过物质奖励的手段，鼓励员工认真工作。物质激励的出发点是确保员工的切身利益，不断满足员工柴米油盐酱醋茶等日常的物质需要。但物质激励并不一定是激励员工的最有效手段，将物质激励与精神激励结合起来效果会更好。

物质激励的具体做法及注意事项，可通过物质激励实施模型来展现，如图9-2所示。

3. 精神激励的12种方法

精神激励是激励的最高境界，也是最能体现企业管理者管理水平的激励方式。精神激励不仅能为企业节约经济资源，往往还更能促进员工工作的积极性。精神激励的常用方法有12种，具体内容如图9-3所示，企业可根据自身特点采取一种或多种精神激励方法。

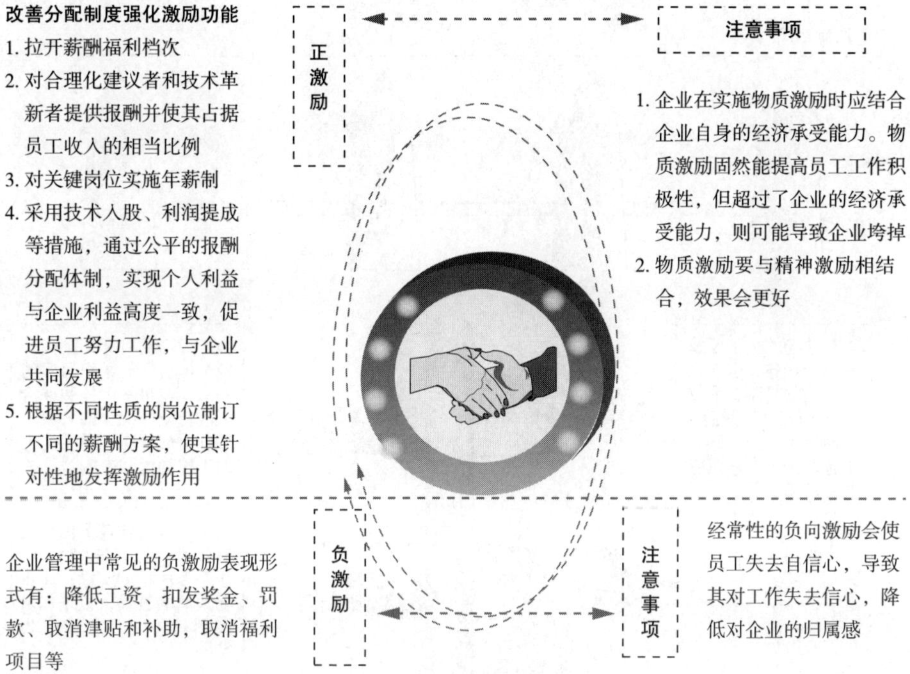

图9-2　物质激励实施模型

再次强调一下，物质激励和精神激励两者的作用不同，物质激励是基础，精神激励是升华，也是最能体现企业管理水平的最高境界。

其中，物质激励中薪酬激励机制是最常见的激励方式。薪酬激励机制是企业利用薪酬的刺激，使员工个人采取某种积极行为，努力实现目标，从而提高劳动生产率的做法。物质激励的常见形式包括给予物品、奖金、补助、福利、股权、期权、带薪假等，这些因素的有效运用要建立在企业相关业绩管理、考核制度的支持之上。

精神激励是内在激励，是在精神方面的无形激励。与物质激励相比较，精神激励不仅能为企业减少经济压力，而且能从根本上提升激励的内涵，更能体现出企业管理者的领导能力和企业的管理水平。

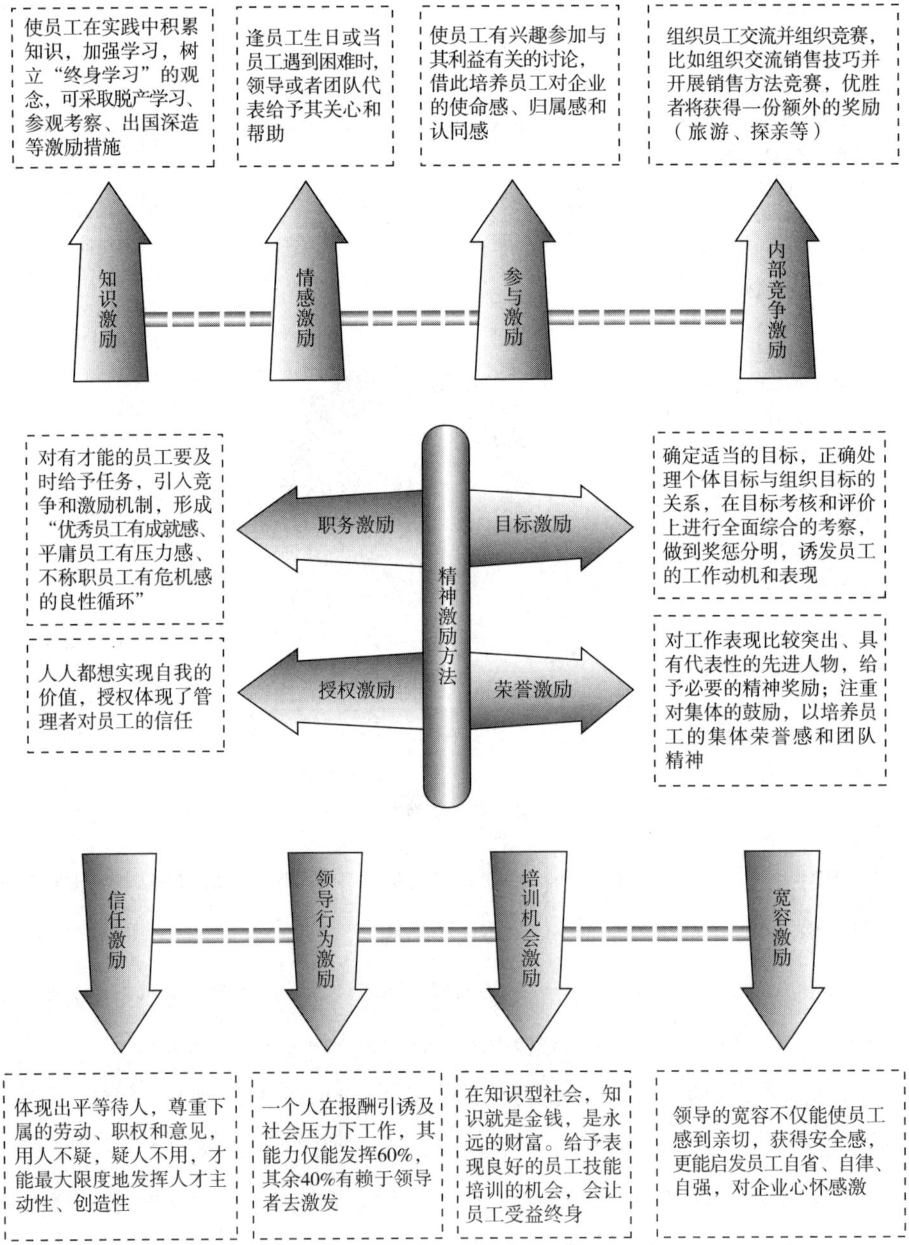

图9-3　精神激励的12种方法

标杆案例：创业动机大格局再思索

在《大学》中，"知止而后有定，定而后能静，静而后能安，安而后能虑，虑而后能得。"那么，止—定—静—安—虑—得这个思考过程，也是创业者思索创业动机的需要。

不忘初心，方得始终。这个初心，就是创业的动机，它非常关键，决定了事业最终的成败。我们最初的创业动机，很有可能就是让自己功成名就，财富丰足，这是一个小我推动下的利己行为。在大我模式的引导下，新的商业模式会让你的事业格局瞬间打通。

苹果CEO蒂姆·库克在美国麻省理工学院（MIT）2017年毕业典礼上的致辞，也证实了苹果公司为什么能成就今天的辉煌，创业动机的大格局值得每个创业者思索和学习。他的演讲主要涉及科技如何更好地为人类服务，以及学生如何发挥所拥有的让世界变得更美好的能力。

"随着你们离开这里向人生旅程的下一站进发，你们会有一些扪心自问的时候：'现在事情是往哪里发展？''这有什么意义？''我的人生目标在哪里？'"

"我承认，我一直都在问自己这样的问题，但我花了近15年的时间才找到答案。"

"我一直试图说服自己答案也许就在地平线的另一端，或者人生的下一个拐角处。这种挣扎几乎把我撕裂。一个我试着一直往前达成下一个成就，而另一个我却一直在问：'人生就不过如此了吗？'在无数次转折起伏后，我的寻找终于在20年前把我带向苹果（Apple）。"

"在那一刻之前，我还从来没有遇见一位拥有如此热情的领导者，或者一个有如此清晰又振奋人心的目标的公司，它指向为人类服务。就这么简单，为人类服务。在15年的求索后，我终于找到了与世界的连接，与一个相信当时还未出现的却能改写明日世界的科技的领导者连接，与我自己内心寻求更深远目标的渴望连接。”

“当然，在彼时彼刻，我并没意识到所有这些。但在今天，后知后觉让我意识到当时的突破点意义在哪里。如果我一直在一个没有自身清晰目标的地方工作，我是永远不会找到自己的人生目标的。乔布斯和苹果让我解放自我投入工作，拥抱他们的使命并将之变为我自己的使命。我如何才能为人类服务呢？这是人生中最重大的问题。当你朝一个更大的目标努力的时候，你会找到意义和目的。所以我希望你们能把这个问题从这里带走：你们将如何为人类服务？”

“简而言之，这意味着我们要将自己的价值观注入科技，并将进步的可能带给所有人。”

“无论你在人生中要做什么，无论我们在苹果要做什么产品，我们都需要以我们生来就有的人性为指导。就如乔布斯曾经说过的那样，仅仅科技本身是不够的。只有当科技与人文科学结合，遵循人性，我们的心才得以高歌。如果你能够将人放在你们的工作中心，那么你将能带来巨大的影响力。”

“比如说，iPhone能帮助盲人跑马拉松；苹果手表在患者心脏病发作之前就能及时发现其心跳异常的症状；iPad能帮助自闭症儿童与其周围世界连接。我对此持乐观态度，因为我相信你们这一代人，我们都将希望寄托于你们了。”

“就如马丁·路德·金博士所言：‘所有生命都是互相连接的。我们都彼此关联，属于一个更广大的使命。’如果你将这个思想作为你行为的指导，选择在科技与服务大众交织的路上度过你的人生，如果你奋力创造出最好，贡献出最好，并为所有人做出最好的事，而不仅仅是为一些人服务，那么我们所有人就有了希望。”

第10章

从0到1：黑天鹅是这样孵化的

自2013年我在北京大学创业训练营担任创业导师以来，看到了不少初创企业真实的生存状况。有许多创业者在商业逻辑以及商业模式的推敲上还相当粗糙，他们努力生产，但是用户并不买账；他们努力沟通，但是却无法把自己的产品与服务价值说明白；他们每个人都没日没夜地干，但是团队的工作效能却不是很高……

一句话，所谓的创业成功，说到底还是一个“小概率事件”！我们在平时之所以能听到所谓成功者的言论，其原因也只有一个——“死者”不会说话！但是，我还是坚信地等待“下一只孵化的黑天鹅的出现”。

《黑天鹅》是纳西姆·尼古拉斯·塔勒布（Nassim Nicholas Taleb）的作品，“黑天鹅”“黑天鹅事件”曾经是欧洲人言谈与写作中的惯用语，用来指不可能存在的事物。但这个不可动摇的理论随着第一只澳大利亚黑天鹅的出现而崩溃。

如果说曾经的法国大选拒绝“黑天鹅”，传统生活或智慧职场拒绝“黑天鹅”，是因为那里存在“没有规矩，不成方圆”，存在制度、规范、流程、表单、目标管理，以及既定的玩法和“潜规则”；而在创新创业的路上，“黑天鹅”真的是可以孵化出来的。比如，移动互联网这只“黑天鹅”，苹果智能手机、谷歌、电子商务以及“新零售”“区块链”等一只又一只的“黑天鹅”出现……

人们总是惯性思维，过度相信经验，殊不知一只创业“黑天鹅”的出现足以改变一个行业的发展路径。

“黑天鹅”出现的同时也代表着创新、创造、创意、创业的诞生。创新之势，要么从0到1，要么死亡；创造之美，内外兼修，处处是亮点；创意之巅，我与众不同，处处不同；创业之疯，不狂癫不着魔，不成功。

10.1 创新之势，要么从0到1，要么死亡

众创时代的逻辑主语发生了翻天覆地的变化：过去是以“机械设备”“运气和关系”“政策”等为主语，现在已经变为“草根创业者”“创业家”“孵化器孵化”“软实力”等，即从原来的“政策洼地”向如今的“创新创业高地”转变。

一谈到创新，创业者就会激动和兴奋，“我做的事业前无古人，后无来者！”“我们的产品独一无二，他们只能模仿、山寨，永远无法超越！”

麦肯锡全球研究院院长华强森（Jonathan Woetzel）认为，中国每年投入2000亿美元用于研发（仅次于美国），在创新方面做得最好的是聚焦顾客和效率驱动。在聚焦顾客的创新模型里，解决顾客的问题是关键；在效率驱动的理念主导下，创新的目标是提高生产率或优化产品配送的流程和服务标准。

在聚焦顾客的创新上，中国已经超过了它在一些领域内的占比，包括电器（中国占全球的36%）、网络软件与服务。麦肯锡发现中国服务部门在创新上具有很多机会（中国在服务业的生产力远低于发达国家的水平），到2025年，中国服务部门所做的创新可以每年增长5000亿～14000亿元的价值。

在制造业上，中国具有成为全球领先的数字化、联结型生产（工业4.0时代）平台的优势。新一代的制造可以每年增加4500亿～7800亿元的价值。

当下的创业者想像史蒂夫·乔布斯那样，做教父级的创新之神，也想像埃隆·马斯克那样进行“颠覆性创新”，还想像“华为人”那样在技术创新上持续领先、向苹果授权专利，来一次中国科技对美国科技的“逆袭”……

如果要分享创新，就拿掌管如特斯拉和Space X这样多家知名公司的埃隆·马斯克来说事。因为只要他看好的，他就会一直努力，不达目标誓不罢休；而对于那些反

对他的人，他不仅不会惧怕，还会不遗余力地反击。

所以，要是说谁有资格谈创新，非埃隆·马斯克这类“创新天才”莫属。创新的20条金言，分享给各位读者朋友。

（1）“伟大的产品造就了举世无双的企业。”

（2）“创办公司就好比烘焙蛋糕，完美的食料配比才能烤出可口的蛋糕。”

（3）“失败只是其中的一个环节。如果一帆风顺，那就说明还不够创新。”

（4）“创业需要创新、动力和决心，销售公司的产品亦是如此。”

（5）“PayPal让我开始思考一个问题，‘最有可能影响人类未来的问题还有哪些？’换个角度，‘最赚钱的方式是什么？’还有，‘在我的理解中，最能影响人类未来的是什么？’”（同时考虑一下：你创办企业的三个“问号”是什么？）

（6）“我认为最有价值的一条建议是：不断地反思如何把事情做得更加完美，不断地自我质疑。”（同时考虑一下：你勇于挑战自我、挑战强敌、挑战权威吗？）

（7）“当你不断地回顾已有的成就，不断地反思如何尽善尽美时，你需要一个反馈循环来帮助你厘清思路。”

（8）“坚持是通向成功的基石。不到万不得已，不要轻言放弃。”（同时考虑一下：“最终打败自己的就是你自己”这句话你认同吗？）

（9）“给自己充分的动力，否则你的奋斗之路苦不堪言。”（同时考虑一下：既激励自己也要激励创业团队的小伙伴们！）

（10）“创新的第一步是把可能变为现实，接着机会自然会出现。”

（11）“拼命工作！每周至少花80 ~ 100个小时在你的工作上。只有这样才能提高成功的概率。如果别人每周工作40个小时，而你每周工作100个小时，即便你们在做同样的事情，你也已经快人一步。”（同时考虑一下：身体是革命的本钱，不要血本无归！）

（12）“如果你觉得有些事十分重要，哪怕几乎不可能发生，也要努力去证明它。”

（13）“孤注一掷也不是不可以，只要你有信心。”（同时考虑一下：你做出决策的基础条件，大数据分析做了吗？市场检验了吗？最坏的结果你可以承受吗？）

（14）“当亨利·福特把汽车带入寻常百姓家时，人们开始议论：‘天呐，那马车怎么办？’亨利·福特的所作所为是一次划时代的创新，而且他成功了。”

（15）“如果你早上醒来后觉得未来很美好，那么这一天就很美好。好的心情可以影响一整天的状态。”（同时考虑一下：决不杞人忧天、庸人自扰，因为你的这种心情也会毫不掩饰地传染给公司的小伙伴们！切忌！切忌！）

（16）“需要指导手册的产品都不是好产品。”

（17）“极其苛刻地要求自己做好每一件事情。不放过一丝微小的错误，力臻完美。倾听负面反馈，特别是来自朋友的苦口良言。”

（18）“如果你是一位联合创始人或者首席执行官，任何事你都得亲力亲为。如果你都不去做那些烦人的事情，你的公司将难以成功。任何工作都没有高低贵贱之分。”（同时考虑一下：建好机制后，哪些事情可以授权给你信任的人，哪些事情永不放手，人和财到底怎么抓？）

（19）“人们对冒险褒贬不一。谁都不想揭自己的丑。”（同时考虑一下：改变会触及哪些人的既得利益？提前分好组，哪些人是支持我的一方，哪些人是反对我的一方，我如何拉拢那些关键人物？）

（20）“我不认为雇用一群人来共同完成一项复杂的工作是明智之举。量多不代表质优。人数多并不意味着能够弥补才能的缺失，并不意味着能够快速找到正确的解决方案。两个一无所知的人比一个一无所知的人好不到哪里去，更何况人越多就越容易拖慢项目进度，并增加项目成本。”（同时考虑一下：如何发挥“三个臭皮匠顶一个诸葛亮”的效果？如何发挥“1+1>2”的效果？如何调动现有人员的积极性、主动性和创造性？如何挖掘现有人员的潜力、潜能和潜质？）

标杆观点：颠覆性创新的四条体悟

然而，创新谈何容易，尤其是从0到1、从无到有的创新。没有时间考验，没有一股韧劲儿，那就别来谈创新，即便是从1到N的改善、改进的微创。

我们在醉心于埃隆·马斯克的“颠覆性创新”的时候，往往忽略了他曾经还说过这样一段话：“我的经验是创业一定要从小规模开始，逐步完善！你看那些大公司的早期历史，他们也都是一点儿一点儿发展起来的。相对而言，先从小规模开始做，反复打磨，迭代产品，完善服务系统，逐步进展，这样用户满意度提高的同时自然会带给你越来越多的信心，一步一步地做，每天都在进步，久而久之，积小胜为大胜，拿到的合同会越来越多，金额也会越来越大。”

面对“Space X三次连续发射失败时，为何没考虑打包走人”这样的问题时，埃隆·马斯克斩钉截铁地回答：“从不。我不知道什么叫放弃，除非我被困住或者死去。”

埃隆·马斯克的四条创新体悟如图10-1所示。

	四条体悟	期望和感受	事实和觉醒
1	第一次创业会经历整个世界的伤害	幸福指数会不断下降，你的产品或服务相较强大的竞争对手而言不能稍微好一点，而是要好得多	你必须有创新思维，而不是（创造）更好的同一性。你做事情不是只需要好出10%，而是要创造出10倍的价值。想想iPod是如何取代随身听的，或者iPhone是如何取代黑莓的
2	不成功决不罢休	初创公司最大的可能是会失败，最重要的是要做好准备，应对这样的风险	作为创始人，你要明白成功的重要性，我也从来不会说“如果我们失败了，那就结束吧”，我要告诉大众：不成功决不罢休
3	从小规模开始逐步完善	和大公司早期的历史一样，你积累越来越多，积小胜为大胜，一步一步从小做大	我们是一点一点赢得NASA对我们的信心的。有了我们这样的努力，未来可能普通的公民都能承担得起去太空旅行的费用了
4	再完美的PPT都不如产品有说服力	PayPal一炮而红后反思，当初要不是注意到了别人的反应，做出改变，自己或许不会这么成功	◎想要开公司，你就必须实实在在地做出产品原型。因为再精彩的纸上作业、PPT报告，都比不上拿出实际产品有说服力 ◎收集反馈很重要，用它来修正你先前的假设

图10-1　埃隆·马斯克的四条创新体悟

测试测评：创造能力自我评价量表

你的创造能力如何？你能够创造性地解决问题吗？你想测试一下自己的创造能力的高低或者分析受限的原因吗？你想掌握利用创造性解决问题的方法或工具吗？你想通过你的创造力提升公司的产品特色做到内外兼修、处处是亮点吗？你或许还想解决更多的问题，获得更多的收获，不急，慢慢来……

创造能力自我评价量表和分值分布区间与评价如表10-1所示，仅供参考。

表10-1 创造能力自我评价量表和分值分布区间与评价

创造能力自我评价量表	
问题	自我评价
A部分：你解决问题的途径	
1. 当我遇见问题时，我大胆思考，寻找解决的最佳方案	□是□否
2. 我并不害怕被发现与别人有所不同	□是□否
3. 我被自由思考的人激励	□是□否
4. 我发现洞悉未来很容易	□是□否
5. 我很容易想出解决问题的新创意	□是□否
6. 我喜欢我的生活按部就班	□是□否
7. 我工作时注意细节	□是□否
8. 在做决定之前我衡量所有的事实	□是□否
9. 我不喜欢认识新的朋友或者去我不熟悉的地方	□是□否
10. 在开始做一件事情之前，我喜欢阅读指南	□是□否
B部分：你的工作环境	
1. 在工作中，我被鼓励产生新创意	□是□否
2. 我能向我的上级领导表达我的感受	□是□否
3. 当人们遇到问题时，就向其他人寻求帮助，这种帮助是无偿的	□是□否
4. 问题在发生的时候就着手解决	□是□否
5. 我的组织对创新有一个很完整的跟踪记录	□是□否
6. 所有的建议必须被书面评判	□是□否
7. 同样的问题在工作中一次又一次的出现	□是□否

续表

8. 我的权限被严格限定	□是□否
9. 组织喜欢墨守成规	□是□否
10. 一个创意能否被接受取决于创意者在组织中的地位	□是□否

分值分布区间与评价

A部分	高分	30 ~ 40	你是一个有较高创造力的人。在利用创造力解决问题的过程中，你是非常有价值的创意之源
	中等分	20 ~ 29	你有创造潜能，但你倾向于分析性和系统性，因此阻碍了你的创造潜能的发挥
	低分	2 ~ 19	你的创造潜能被熟悉的环境、习惯和秩序所抑制，如果放开手脚，你将对自己释放的创造力感到惊讶
B部分	高分	30 ~ 40	你工作在一个鼓励创造和发明的环境中，你有机会发挥你的创造潜能
	中等分	20 ~ 29	在你的工作环境中发挥创造力有时可能会比较困难，这也许会阻碍你解决问题
	低分	2 ~ 19	你的工作环境不鼓励创造，墨守成规和拒绝风险成为优先的选项，这可能阻碍你的创意，产生失败感

（1）A部分和B部分的计分方法：

问题1 ~ 5：是＝4分、否＝2分；问题6 ~ 10：是＝2分、否＝4分。

（2）A部分和B部分的得分汇总：

A部分总得分：________；B部分总得分：________。

（3）A部分和B部分的得分比较与综合点评：

如果A部分为高分或中等分，而B部分为中等分或低分，那么你的创造力受到阻碍和压抑，你可能正在体验挫折。

如果A部分为中等分或低分，而B部分为高分或中等分，那么你的工作环境支持你采取更具创造性的方法，你可以同其他更具有创造力的人结成同盟，激励你自己找到更佳的问题解决方案。

10.2　创造之美，内外兼修，处处是亮点

创造（Creation），简而言之，就是把以前没有的事物造就出来。这是多么伟大的事情。如果你创造出来的东西以你的名字命名，如果你们公司拥有多个产品的知识产权，比如商标®，作品登记证书©、℗，以及ISBN、多项技术专利等，那简直是兴奋至极!

创业并获得财富及成功不仅需要创业者个人的艰苦奋斗，更需要有特别的创造能力和实践经验。把创造力限制在少数科学家、文学家和艺术家的创作上是一种很陈腐的观念。爱因斯坦曾强调：想象力比知识更重要，因为知识是有限的，而想象力概括着世界上的一切，推动着进步，并且是知识进步的源泉。创造力是每一位创业者都有机会发展的一种能力，创造是每一位创业者必须践行的、义不容辞的责任。

再深入界定一下，其实，创造的关键就是创造性地解决创业过程中所面临的种种障碍与问题，或者就是高效地运用CPS。注意，不是全球（卫星）定位系统GPS。

CPS模型（Creative Problem Solving Model），即创造性问题解决模型，是由美国学者帕恩斯提出的，也被称为Osborn-Parnes模型。这种模型是从“头脑风暴法”发展起来的。

CPS模型由四个部分组成：创造过程、创造的心理认知、创造的非认知调控、创造的障碍及其克服。其中，创造过程包括九个阶段：提出问题、寻找资料、弄清问题、生成方案、寻找标准、选择方案、接受方案、实施方案、回顾总结。

1. CPS模型的创新之举

CPS模型以团队创新性问题解决的探讨过程为基础，强调参与者在选择或执行解决方案之前，运用发散思维针对原因或障碍尽可能提出更多的处理思路，由此提

升问题解决者的创新能力、分析判断及解决问题的能力。

2. 创造性解决问题操作的八大要点

CPS模型强调创意思维和逻辑思维相结合，提倡在创造性解决问题时采用团队合作的方式。因为团队创造能集中所有个人的创造力，使其创造性思考时产生整体效果，让有限的个人创造力与其他团队成员的创意相互碰撞，以产生更大的创造效果，所以团队合作是创造性解决问题训练的一个重要因素。

在进行创造性解决问题训练或活动时，需要营造良好的气氛，全体参与人员应遵循以下操作要求，具体内容如图10-2所示。

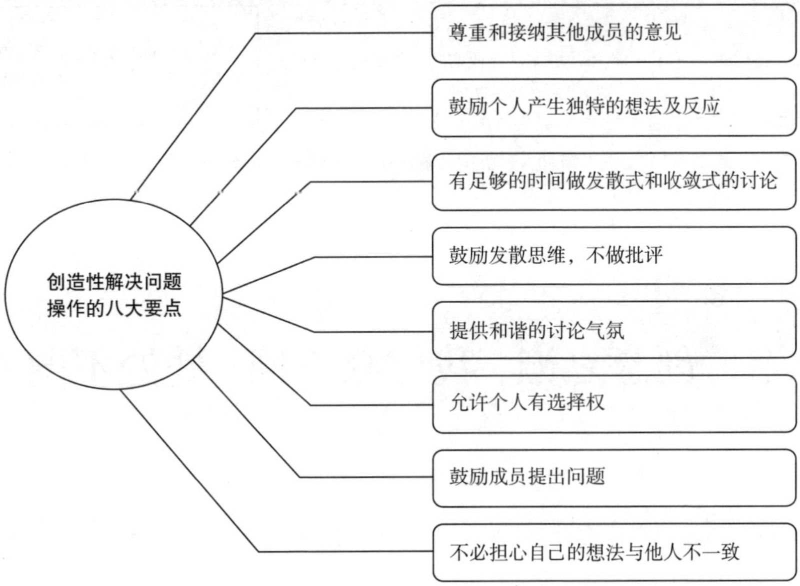

图10-2　创造性解决问题操作的八大要点

3. 四大操作步骤

创造性解决问题模型的操作应该分步骤进行，并且要注意通过发散思维来扩展方向，产生更多的解决方法；以及通过聚合思维加以分析比较，选择最有效、最优的执行方法。企业运用创造性解决问题模型（CPS模型）进行创造能力开发的具体操作步骤如图10-3所示。

步骤	实施内容	注意事项
1. 定义问题	◎明确问题的条件及目标 ◎确定问题的定义和结构 ◎定义了问题就找到了用户的痛点	找出真正的主题，抓住问题的核心，明确要达到的目的
2. 产生创意	◎激发创意，产生解决问题的点子 ◎提出不同的想法 ◎产生了创意就在头脑中形成了产品雏形	采用发散思维的方式，不要拒绝任何看似无法操作的创意
3. 评估创意	◎评估候选方案，选择最佳问题解决方案 ◎评估了创意就有了创造的对照标准	团队应明确评估标准，按照标准进行评估
4. 转化行动	◎分析方案的可行性 ◎将解决方案转化成实际操作的行动计划 ◎转化行动就是要求创意落地	细致分析解决方案，考虑有哪些已知条件、障碍、支持性资源等

图10-3　创造性解决问题模型操作步骤

10.3　创意之巅，我与众不同，处处不同

关于创意，我请其他人出来聊聊吧！

有创意吧？整合，或者说加一加、减一减、扩一扩、缩一缩、变一变、改一改、联一联、学一学、代一代、搬一搬（移植）、反一反、定一定，也是可以产生创意的，这是“和田12动词法”的主张，我赞同，我运用，你呢？

1. 搜狗百科对“创意”的界定

创意是创造意识或创新意识的简称，它是指对现实存在事物的理解以及认知，进而衍生出的一种新的抽象思维和行为潜能。

创意是一种通过创新思维意识，进一步挖掘和激活资源组合方式从而提升资源价值的方法。

创意是传统的叛逆，是打破常规的哲学，是破旧立新的创造与毁灭的循环，是具有新颖性和创造性的想法，是不同于寻常的解决方法。

创意是一种突破，产品、营销、管理、体制、机制等方面主张的突破。

创意是逻辑思维、形象思维、逆向思维、发散思维、系统思维、模糊思维和直觉、灵感等多种认知方式综合运用的结果。要重视直觉和灵感，许多创意都来源于它们。

2. MBA智库百科对“创意”的诠释

（1）什么是创意

创意是指对创业的一种新启示或新意向，并据此所做的进一步设想或方案。创意是创业设计诞生的开始，因此创业设计者应从各个方面广泛收集各种创意，以免埋没或遗漏好的商机。

（2）创意的来源

来源一：消费者。消费者的需求是开发新产品的起点和归宿，企业应通过各种方式调查、收集消费者的愿望和要求。

来源二：企业的业务人员和经销商。他们最了解市场、消费者的需求，对竞争的压力最敏感，是新产品构思的重要来源。

来源三：科技情报。掌握科学技术的新发明、新技术，引发创新构思。客观地分析竞争产品的成功和失败之处，从中找出新的突破点。

（3）创意筛选的三个阶段

第一个阶段：探索阶段。在正确的地点发现正确的创意，好的创新点子来源于你自身与外部环境。关注你的周围，你会对需要解决的问题变得很敏感。在你有意识地提高自身创新能力后，你会对周边的事物更敏感，并善于发现当前某行业或生活中存在的问题。这时如果你试着努力去解决存在的问题，你就会发现脑海里新点子不断涌现。

第二个阶段：评估阶段。在完全投入你的创意前，对创意进行评估是很重要的。如果你的创意一开始不是那么完善，在此阶段你可以做些修改与调整，同时要确定你的创业想法有对应的市场。在评估阶段，创造性地思考能对你的创意给予有价值的反馈。要多从商海中的成功者身上取经，用他们的经验丰富你的创意，从他们的失败和成功中获取收益。

第三个阶段：认可阶段。一旦你与你的委托人、同事和导师一起检验了你的创意，并把它完善到你觉得可以对外公开的时候，你便可以去寻求外部的认可以获取资金和其他可将你的创意构思向前推进的必要支持。

3. 知乎上有关“创意”讨论的摘录

创意值多少钱？只有一个创业的点子，没有任何技术，会值钱吗？

有人的Idea，就是一个光棍司令。

有人的Idea，自带战略战术经验，可谓是完整的一套可执行方案。

有人的Idea，除了自带战略战术经验，还带人脉等执行方案所需要的资源。

大多数自以为Idea值钱的人，都是第一种情况。这种情况，Idea的价值约等于零。

古人说，不知者无畏——只有不知道天高地厚的人，才会觉得自己的Idea是下一个千亿——对，即使有，也和你没啥关系。

强调Idea的创意，实际上就是告诉世界你除了创意外一无所有，没有团队，没有经验——而后者恰恰是成功的必要条件。

但是，所谓创业，其实正是从光棍司令慢慢地到拥有所有需要的见识和资源。这就像我们小时候玩的堆沙土的游戏一样，一捧一捧的沙土堆积起来，就成了沙堆。

（作者：Eidosper）

我有一个创意，就差一个程序员了——这种段子在知乎上真的是层出不穷的。

商业领域里有一句话：你想出来的未必能属于你，你真正做出来的才可能是你的。

开脑洞难，但把脑洞执行出来，更难！

后者比前者更有价值，更值钱。

很多人误会了创意的定义。

创意并不是单纯的一个“脑洞”。

简单来说，你打开脑洞想：人如果能飞起来……这个脑洞本身不叫创意。

你必须基于这个“脑洞”，把如何飞起来、用什么方式飞起来，等等这一系列步骤弄出一套可以实现的解决方案。这才叫创意。

相信我，有无数人都想过人可以飞起来。

但只有莱特兄弟的名字留在了历史书上。

（作者：护耳大脸）

前几年我刚刚入游戏行业的时候，经常在游戏策划贴吧混，看到里面很多“有理想有抱负”的新人同行发帖：“我有一个超厉害的创意，我要入行，把它实现，请问可不可行啊？”“如果我有一个很棒的创意，我要怎么样在面试中展示出来而不被盗用？”

然后一群“老人”出来“教育”他们，无非两点：

能通过实践去验证的创意才是好创意。

你以为的好创意可能是行业内的人已经实践过但死掉的创意。

不过新人们总是不服，一方面会觉得“老人”们都被工作磨灭了激情，另一方面还是不愿意放弃这个自己辛辛苦苦构思了很久的创意。

于是就有一批人成功地进入这个行业，然后在实际工作中去实践自己的梦想。有些人发现自己之前的构思在现在看来已经是“一坨狗屎”时，就放弃了这个创意；而有些人发现自己之前的构思有缺点，就运用在工作中学到的知识来完善它，然后等到自己有机会带项目的时候，再把这个东西实现，来验证对错。

（作者：知乎用户）

10.4 创业之疯，不狂癫不着魔，不成功

创业是一种冒险，无论是科技初创公司、小微企业还是大企业的创业项目，莫不如此。几十年来，创业者几乎轻车熟路：撰写商业计划书，说服投资人，组建团队，推出产品，最后使出吃奶的力气把产品卖出去。在这套标准动作中，说不准你会在哪个环节上犯下致命的错误，而且概率还很高。哈佛商学院高级讲师什卡·高希（Shikhar Ghosh）的最新研究显示，75%的初创公司最终都会失败。

担任创业导师以来，我接触了很多创业者，他们中有不少人忙于参加各种聚会和路演，希望由此获得资源及融资的机会。他们把路演PPT发给我，征求我的意见。老实说，绝大部分是“公司简介+融资说明”，根本没有在商业逻辑、产品爆点、客户获取、合作伙伴、竞争对手、财务分析及团队能力等关键创业要素上下功夫。这并不是他们不想把这些关键问题讲清楚，而是真的没想明白，也没有人教他们！

无论如何，创业后的生活肯定与你的过往生活完全不同。创业过程是魔幻似的存在，“这不符合我的逻辑！”“这是绝对不可能的！”“创业创得头破血流，绑上纱布，誓不回头！”“这太让人失望了！我坚持不了了！”“好兴奋！贵人啊！天助我也！”“今天是我人生中最糟糕的一天！我要发疯了！”“今天是我人生中最幸福的一天”……这些都是我们天天在经历的。

插画 7　真正的创业者：不狂癫不着魔，不成功

只不过，经过这一次又一次的洗礼，当你第二天早上爬起来，并没有放弃，下定决心继续前进时，你知道自己几乎又换了一个人、又重生了一次。

有人爱看弱者如何成功，当然也有人好奇强者如何失败；有人琢磨胜者如何漂亮地完成一步一步惊险的跨越，当然也有人好奇败者如何摸爬滚打屡败屡战。

但是，有一种反传统的模式极大地降低了创业风险。这种模式就是“精益创业”（Lean Start-up），它注重实验而非精心计划，聆听用户反馈而非相信直觉，采用迭代设计而非“事先进行详细设计”的传统开发方式。

把精益和创业两个词联系在一起乍一听很奇怪，因为创业是一件充满激情而又极度不确定的事情，甚至不知道客户在哪里、质量为何物，老的管理方法很难适用；而精益总能让人想起拥有流水线的传统大企业，所有产品的去向都十分稳定，成本和质量为王。

精益创业就是用精益的思想去解决创业的问题，是一种不断形成创新的新方法，表现为循环周期极短、关注顾客需求并快速做出决定。

标杆案例：精益创业高效迭代

史蒂夫·布兰克（Steve Blank）被尊称为“精益创业之父”，是硅谷连续创业者、创业导师及学者，被《哈佛商业评论》誉为当代的“创新大师”。

Steve Blank曾感悟：在选对路的前提下，创业就是不断从一个“坑”爬进另一个“坑”，关键是谁出“坑”的速度快，又能从上一个“坑”吸取教训，在打怪升级的路上以最快的速度狂奔。

Steve Blank把在视频游戏公司（Rocket Science Games）任CEO的失败经历总结为“从失败到自我救赎的六个阶段”，分享给初创企业的CEO，如图10-4所示。

Steve Blank继续总结：“当我创办下一家公司时，我特意避开了那些曾将游戏公司拖入深渊的行为。我们搭建了一个相互协作、团结的创始团队。当我和联合创始人一起将公司做大到一定规模后，我们聘请了一名职业经理人来担任CEO，并且给我们的两位大股东以10亿美元的回报。现在，当我再去听其他创始人谈他们的创业经历时，我会特别关心当他们失败时都是怎么做的。”

是的，我们一点一点体验了Steve Blank从失败到自我救赎的六个阶段，当我们也和他一样遇到同样的境况时还会不知所措吗?

自从我们走进创业者行列，采访越来越多的企业后发现，有些运营很成功的企业，却没有“人才蓄水池”，人才断档、找不到接班人；有些迅速发展的公司，越来越“繁文缛节”，得了“大企业病”，陷入了“创新的窘境”；更多的创业企业是在外部竞争残酷、内部管理无序的内忧外患中垂死挣扎，“身子都掉井里了，耳朵还挂得住吗？”然而，我们也看到，有许多真正的创业家已经开始新的实践，问题直指“企业为的是什么”“创业团队做什么”“老板与员工、企业和社会、组织和环境是什么关系”等组织发展的基本问题。

六个阶段	期望和感受	事实和觉醒
1. 震惊、惊讶 Shock and Surprise	融资成功，荣登《连线》杂志的封面，预测大卖	工程师走了，在烧钱、倒闭的节骨眼上，我想：这种事怎么会发生在我身上
2. 拒绝承认是自己的错 Deny any of it was your fault	满足投资人要求，背很多压力，计划到位	我得出结论：一定是别人搞砸了一切，这个黑锅本人才不背
3. 生气，责怪别人 Get angry and blame everyone else	这是游戏开发的错，这是工程师的错，销售和市场也有错，VC投资人不再放钱，说好的做彼此的天使呢	反正，总能找到合适的人去责怪、抱怨、推卸责任
4. 沮丧Get depressed	意识到这场失败不可避免并且后果很严重时，选择睡觉来逃避	几乎失去了对和行业有关的一切事物的兴趣，并且这个后遗症一直持续至今，我不想玩任何游戏
5. 逐渐接受失败 Gradually accept your role in the failure	思考我本应该做些什么，是否担起了CEO的责任？或者我根本没准备好迎接失败	这一阶段过得十分艰难，甚至经常会反复到前两个阶段，但是最终，我正视失败，担起了责任
6. 反省、洞察、总结，改变自己 Gain insight and change your behavior	这是失败过程中最难的部分，要想真正改变自己实属不易，我想认真总结教训，减少下一次创业失败的概率	认真审视自己的整个职业生涯，我学会了如何收敛自己的狂妄自大，如何让有能力的人跟我一起干而不是为我打工，如何更好地倾听，同时也力排众议做出正确的决策

图10-4　初创企业CEO从失败到自我救赎的六个阶段

“精益创业”的前提条件和火箭发射式的创业正好相反，它假设用户痛点和解决方案相对于企业都是未知的。你和你的产品经理想象出来的所谓用户痛点、解决方案和真实的痛点、解决方案之间存在巨大的差距。精益创业的框架是不断低成本试错、机制容错和快速迭代，从而到达创业成功的彼岸，这个彼岸极大可能与你们之前的想象不在一处。如何抓住用户痛点、搔到用户痒点、发现用户兴奋点和制订解决方案呢？就是在低成本试错、机制容错和快速迭代中积累认知，这正是“精益创业”的底层逻辑。

如果说火箭发射式创业是模式化、标准化的，创业路径可度量、创业参数可预测、创业技术实力可量化、创业团队成员可整合，那么精益创业则必须遵循五项基本原则，如图10-5所示。

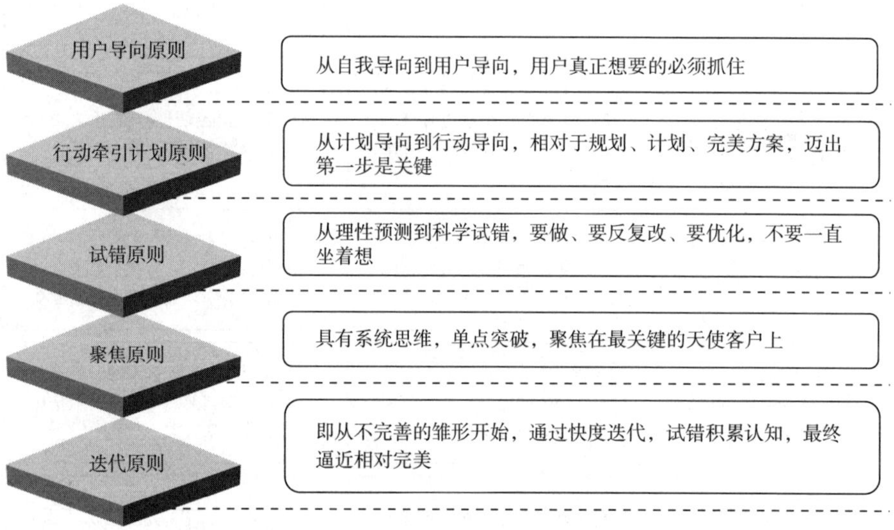

图10-5 精益创业的五项基本原则

如果遵循了这五项原则，初创企业的存活率一定会有所提升。

然而，我们要明白创业没有100%的成功率。纵观百年来的管理进阶历程，有些经验教训被总结传承下来，可有些东西是无法言传的，只能自己去实践、去感悟。正如一位管理学家所说：“50岁的律师完全可以坐下来沉湎于他所拥有的基础知识，但管理者却不能享受这样的奢侈。50岁的管理者也可以回顾、沉湎于过去的知识，但如果这样做的话，他很快会发现，他将失去工作。”

那些试图掌握创新创业规律的人也会发现，他们面临着更多、更大的困难。因为变动的新时代需要变动的管理，创业的新时代需要动态的行动。变化是创业家所要面对的一种“常态”，以前如此，现在如此，未来还会如此……

无论你是怀揣梦想的创业家、初创企业的CEO、中小微企业的老板或将要开办企业、运营公司的大学生，还是创新创业导师、双创大赛咨询师、授课老师，或创新创业教育培训机构的董事长、双创路演大赛的组织方、创业企业孵化器的负责人，你是否赞同本书关于创新创业实务实战的内容，包括创始团队、产品开发、商业模式、用户画像、财务税务、人力资源、融资投资和压力疏导呢？你是想看更多的成功案例，还是想读更多的失败教训？你认为初创企业创始人必须具备颠覆性创新天才技能，否则就“要么从0到1，要么死亡”吗？你认为创造能力和创造性解决问题是“内外兼修，处处是亮点”吗？你的创意经过验证是“与众不同，处处不同”吗？创始人团队如果不经历坎坷就“不狂癫不着魔，不成功”吗？

请你重新思考、重新定义、重新启程……